Karl Büchner   Die römische Lyrik

Karl Büchner

Die römische Lyrik

Texte   Übersetzungen
Interpretationen   Geschichte

Philipp Reclam jun. Stuttgart

2. Auflage 1983

Alle Rechte vorbehalten. © 1976 Philipp Reclam jun., Stuttgart
Gesamtherstellung: Reclam, Ditzingen. Printed in Germany 1983
Umschlaggestaltung: Hanns Lohrer, Stuttgart
ISBN 3-15-010257-X

Inhalt

Einleitung 7
   Zum Begriff der Lyrik 8

1 Catull 13
   Die Anfänge 13
   Voraussetzungen der Dichtung Catulls 17
   Person und Werk Catulls 22
   Die Lesbia-Lieder 27
   c. 76 und 68 45
   c. 64 63

2 Gallus und die Elegie 67
   Zur griechischen Elegie 69
   Leben und Werk des Gallus 75
   Lygdamus 84
   Die Eigenart des Gallus 85

3 Horaz 89
   Das Leben des Horaz 89
   Die Epoden 92
   Die Oden 104
   Vorklang der Oden 105
   »Satirische« Oden 109
   »Epodische« Oden 115
   Neues Weltverständnis, Entdeckung des Musischen in den Oden 119
   Die Römeroden 139
   Die Einheit der Römeroden 150
   Wesen und Entwicklung der Oden 163

4 Vergil 183
   Erste Versuche 183
   Vergils Leben 186
   Die Eklogen 188
   9. Ekloge 189
   1. Ekloge 195
   4. Ekloge 205

5 Die Elegiker 214
   Tibull und Properz 214
   Tibull 229
      Zur Vita Tibulls 229

    Corpus Tibullianum 231
    Tibulls Gedichte 238
  Properz 259
    Properz und Cynthia 259
    Das Leben des Properz 266
    Der Aufbau des Cynthia-Buches 268
  Ovid 277
    Amores 277
    Das Leben Ovids und der »Abschied von Rom« 294

6 Ausklang 303

  Statius 303
  Erneuerung der Lyrik aus alten Liedformen 308
  Neoteriker zur Zeit Hadrians 312
  Florus und »Pervigilium Veneris« 313
  Der Kreis des Naucellius 324
  Boethius 327
  Ambrosius 338

Erläuterungen 345

Literaturverzeichnis 377

Chronologische Hinweise 383

Stellenverzeichnis 385

Namen- und Sachregister 389

Einleitung

Will man die Erscheinung der römischen Lyrik einem breiteren Publikum darstellen, begegnet man nicht gewöhnlichen Schwierigkeiten, steht aber auch vor einer lockenden Aufgabe, die höchstens durch die Bedeutung ihres Gegenstandes entmutigen könnte.

Es gibt noch keine Monographie von wissenschaftlichem Rang, die das Phänomen an sich betrachtete, daß in Rom innerhalb eines knappen Jahrhunderts der Dichter unmittelbar zu sprechen beginnt. Namen wie Catull, Vergil, Horaz, Tibull, Properz und Ovid, die zur Weltliteratur gehören, sind mehr oder weniger mit dem Begriff der Lyrik verbunden, der auch bei uns gilt. Tritt man in die Welt dieser Dichter ein, erlebt man am Ursprung eine geistige Bewegung mit, die moderner ist als vieles, das es bis zur Mitte des vorigen Jahrhunderts gegeben hat. Zum ersten Male ist Dichtung ganz frei und sagt das Sein so unmittelbar und tief aus − wobei jeder Dichter seine eigene Weise und seine eigenen Mittel entwickelt −, nähert sich so sehr der reinen Form und überwindet die Verstrickung in den bloßen Stoff − und sei es den der konventionellen Gefühle −, daß sie mit Recht ihre Zeitüberlegenheit bis heute bewahrt und ein unverlierbarer Schatz des geistigen Europa ist und bleiben muß.

Die Schwierigkeiten hängen damit zusammen, daß man sich vielfach auf unbetretenem Boden bewegen muß; daß so viel von der vorhergehenden Dichtung des frühen Griechentums und des Hellenismus verloren ist; daß die römischen Dichter alle ihre eigenen Formen finden müssen. Dies wiederum führt bei Catull zu einer Fülle von Experimenten, in denen das Zukunftsträchtige erkannt werden will; die Klassiker Vergil und Horaz streben zu größeren und anderen Formen neben ihrer Lyrik; die Gattung der Elegie wandelt ihr Gesicht nicht nur von Dichter zu Dichter, sondern innerhalb der einen Dichterexistenz. Mit Allgemeinbegriffen würde man nicht viel verständlich machen können, geschweige denn, daß die moderne Literaturwissenschaft wesentlich zum Verstehen beitrüge. Wendet man ihre Begriffe an, ist man so klug als wie zuvor, da man ja von vornherein weiß, was möglich ist. Man muß also zuerst interpretieren. Und es erhebt sich sogleich die Frage, welche Auswahl man trifft.

Hier wird versucht, diejenigen Gedichte zu verstehen, die einmal die Gestalt des Dichters am deutlichsten hervortreten lassen, zum andern etwas von der Konsequenz und der Folgerichtigkeit der erwähnten poetischen Bewegung zeigen können. Da alle zu behandelnden Dichter − sieht man von den *carmina popularia* ab − *poetae docti* sind, läßt es sich nicht vermeiden, sprachliche, sachliche und stilistische Erklärungen beizufügen, ehe Struktur und Gestalt beschrieben werden kann. Sie sind in einem gesonderten Kommentarteil zu finden. Allerdings wird der das meiste von diesem Buche haben, der etwas von dem unwiederholbaren, aber doch verwandten Strom der Epochen zu erkennen sich freut, mithin Geist auch über den geistigen Erscheinungen anzuerkennen bereit ist.

Eine letzte Schwierigkeit und nicht die geringste ist die der Abtrennung von Lyrik im Bereich römischer Dichtung überhaupt und aus dem Lebenswerk einzelner Dichter im besonderen, das ja bei den Klassikern Vergil und Horaz als Einheit begriffen werden will; daher muß denn auch das Einzelgedicht stets im Bezug auf das Ganze gesehen werden. Hinzu kommt schließlich die Tatsache, daß fast über jedes der auszuwählenden Gedichte eine ganze Literatur existiert und seine Interpretation häufig umstritten ist.

Es gilt also, jene Gedichte interpretierend zu verstehen, die Geschichte gemacht haben und in ihrem Zusammenhang erkennen lassen, wie es zu der angedeuteten ersten europäischen Lyrik gekommen ist. Am konkreten Objekt soll klarwerden, wie Catull als der geniale Gründer aus dem Erlebnis heraus und mit dem auch bei den folgenden Dichtern zu beobachtenden Streben nach größeren Formen, etwas noch nicht Dagewesenes schafft, indem er die hellenistische Dichtung umwandelt; wie Gallus, nach dem *auctor* Catull als *inventor* der Gattung die Welt der Liebe als einen Sonderbereich des Lebens entdeckt und ihr seine ganze Dichtung weiht; und wie darauf die Elegiker Tibull, Properz und Ovid jeder in seiner eigenen Form diese Dichtung konsequent fortführen. Die Klassiker Vergil und Horaz sind ohne Catull nicht denkbar. Ihre Dichtung aber lebt noch aus anderem. Hier ist der Entdeckung des Musischen zu gedenken, die zu so eigentümlich römischen Gebilden wie den Vergilischen Eklogen und den Horazischen *carmina* führt. Eines der wichtigen Probleme wird die Frage sein müssen, warum der so konsequente Verlauf der Entwicklung der römischen Lyrik nach weniger als hundert Jahren zum Stillstand kommt. Ein Blick auf die Folgezeit mit ihrem Sinn für Spiel und Form und die volkstümliche Lyrik, die noch bisweilen in das Licht dauernder Schöpfung emportaucht, wird das klären können.

Zum Begriff der Lyrik

Lyrik ist ein griechisches Wort. Im Lateinischen ist es aus dem Fremdwort zum Lehnwort geworden. Es ist hergeleitet von dem Saiteninstrument der Lyra. Lyrik ist für die Antike die Form der Dichtung, die zur Lyra gesungen wurde – oder, wie in Rom, fingiertes Lied zum Saiteninstrument war. Bei den Römern galt als Lyriker Horaz. Catull, für uns der Inbegriff der römischen Lyrik, wird von Quintilian unter den Jambendichtern erwähnt, und von Lyrikern weiß er außer Horaz nur Caesius Bassus zu nennen (inst.orat. 10,1,96): »aber von den Lyrikern ist derselbe Horaz fast als einziger lesenswert«.

Der antike Begriff haftet – wie auch andere: Tragödie, Komödie, Epos – zu sehr an der historischen Erscheinung, um hier brauchbar zu sein, wo wir die römische Lyrik im umfassenden Sinne abzugrenzen haben. Zwar beginnt im Lateinischen eine Ablösung und Uminterpretation der Begrifflichkeit der griechischen Vorbildschöpfungen, derart daß *tragicus* oder *comicus* im wesentlichen Sinne über die Gattungen ausgreifen kann, doch geht das nicht so weit, daß man dramatisch, lyrisch und episch als poetische Grundformen unterscheide. Sucht man diese heute zu bestimmen und mit Inhalt zu füllen, gerät man leicht in Gefahr, die einem selbst vertrauten Erscheinungen, also etwa frühgriechische Dichtung und deutsche Klassik, zu verabsolutieren. Gewiß, man wird die drei Grundformen als die repräsentierende, die bekennende und die erzählende unterscheiden können. Aber bei den Mischformen fängt die Problematik an, und man fragt sich, ob man das Hauptgewicht auf die wesentlichen Dinge gelegt hat. Ist die Aeneis nicht ein mythisches, symbolisches Drama, und läßt sich auch nur die Erzählweise mit der Abbildlichkeit der Wirklichkeitsstrukturen bei Homer im mindesten vergleichen? Sucht man nach wesentlichen Definitionen des Begriffes Lyrik, findet man deren unzählige und sich unterscheidende. Eine der allgemeinsten findet sich bei Max Kommerell (Über die Gedichte), der wußte, was Dichtung war. Werden wir uns ihm ganz anschließen können, weil er so tief in die Mitte des Dichterischen vorstößt? Jedenfalls scheint er uns in der prekären Lage, die römische Lyrik aus der sonstigen römischen Dichtung ausklammern zu müssen, wirkliche Hilfe zu bringen.

Kommerell geht von der richtigen Beobachtung aus, daß man nach dem Wesen eines Dinges erst fragt, wenn man nicht mehr weiß, wozu es dient. So hat man auch früher nicht gefragt, wozu das lyrische Gedicht diene: es hatte seine Stelle im Leben der Gesellschaft. Dazu gehört, daß man es sagte oder sang; dann, wer es sang und vor wem; schließlich die Gelegenheit, die nicht von der Kunst, sondern von der Gesellschaft bestimmt wurde. Das eigentlich Dichterische konnte dabei durchaus wie zu aller Zeit da sein. Aber der Hörer hatte eine bestimmte Erwartung, die erfüllt sein wollte, und wenn der Dichter, vom Gott begeistert, davon abwich und sein Inneres bloßlegte, dann wurde das nicht geschätzt, sondern eher übersehen. Der Dichter mußte sich opfern. In späteren Zeiten wird dies – Ort, Gelegenheit, Vortrag, Hörerkreis, das lebendige Erklingen – vergessen, oder es fehlen die gesellschaftlichen Voraussetzungen für die übernommenen Formen und Anregungen.

Dann kann sich das lyrische Gedicht frei entfalten und bildet das Leben der einzelnen Gattungen reich und zart zu einem literarischen Kanon aus. Darum, so sagt Kommerell wörtlich (S. 11), reicht die römische Lyrik näher an uns heran als die griechische oder mittelalterliche. Die literarische Konvention, die sich dann bildet, ist eine Folge der ursprünglich gesellschaftlichen. Dieses Literarischwerden ist für manche Gattungen, etwa das Epos, ein Verlust, für andere, die Lyrik zum Beispiel, ein großer Gewinn. Es erlaubt erst ihre Spontaneität. Fielen der Vorrat von obligaten Gefühlen und Gebärden, Formen, Stil und Anstand, Erwartung eines Zuhörerkreises, schließlich die Poetik – so weit ist es im Römischen freilich nicht gekommen – weg, mußte das Lied lernen, sich selbst zu bestimmen. Das Gedicht war bloß noch gedichtet. In Erinnerung an die ursprüngliche Bestimmung lernt das Gedicht in Worten singen.

Es regt wahrhaftig zu weiterem Nachdenken an, wie Kommerell nun ein solches freies Gedicht in seinem Wesen beschreibt. Es hält sich irgendwie, sagt er, an die Seele. Gedichte sind Symbole der Seele, das will sagen, daß sie nicht nur Gefühle, sondern im eigentlichen Sinne des Symbols etwas sind, das mit der Kraft dessen, von dem es Symbol ist, ausgestattet ist, etwas Stellvertretendes, um das sich eine Gemeinde schart wie um ein Banner, etwas, das fest und bleibend geworden ist von dem, was sonst nur in seelischer Bewegung existiert. Was spricht aber das Gedicht aus, wenn es nicht bloß Gefühle wiedergibt, sondern die Seele im ganzen repräsentiert? Kommerell nennt es die Betroffenheit. Die Seele muß betroffen sein, ehe sie

sich aussprechen kann. Sie spricht aber ihre Betroffenheit in der Stimmung des Gedichtes aus. Stimmung ist nicht Sentimentalität oder vages Gefühl, in ihr ist etwas
Objektives, Welt und Schicksal, Augenblick und Situation beschlossen, das in der
Stimmung seine Einheit findet. Das ermöglicht es, an ein lyrisches Gedicht Maßstäbe anzulegen, was bei rein subjektiven Gefühlen nicht möglich wäre. Es gibt
vielmehr Stimmungen, die von einem Dichter so wahr ausgesprochen werden, daß
sich alle zu ihnen als der Wahrheit, als ihrer Wahrheit bekennen. Die Stimmung ist
es, welche die Gemeinde um das Gedicht versammelt, sie versetzt. Dieser Zauber,
den es ausübt, ist die Schönheit des Gedichts. Erkennt der Hörer die Wahrheit dieser Stimmung, so hat nicht etwa er selbst diese Wahrheit, an der er das Gedicht
mißt, sondern die Wahrheit ist bei dem Dichter. Was dieser erlebt, das empfinden
die, die es verdeckt und halb erleben, plötzlich als wahr. Nur der Dichter kann
dieses aussprechen, weil nur er es erlebt. Darum gehört zum ersten Gedicht ein an-
fängliches Sprechen. Der Dichter zweiten Grades, der wie die meisten Menschen
sich in den Konventionen der Gefühle schützt und birgt, ist oft im Formalen dem
Betroffenen überlegen, er mag Eleganz und Flüssigkeit besitzen: aber er verschüttet
auf dem Wege von der Betroffenheit zur Stimmung das Eigentliche und verfällt
wieder der Macht der Konvention, indem er sein Eigenstes verfälscht. Dieses erste
Sprechen des wahren Dichters bedeutet nicht, daß er neue Wörter bilden müßte,
abnorme Formen – auch das kommt vor. Das Wesentliche ist vielmehr, daß er die
Wörter so gebraucht, daß sie nicht gemein sind, sondern genau das ausdrücken, was
in die Stimmung paßt, daß sie das Ursprüngliche, Gebärdenhafte der Sprache erneuern. Mithin hört man in den Worten der echten Lyrik das schicksalhafte Beben
der bewegten betroffenen Seele.

Schritte der Befreiung des Gedichtes zum so beschriebenen – lyrischen – Gebilde
sind in der Geschichte unserer Dichtung Goethes Römische Elegien. Diese aber sind
ohne die römische Elegie nicht zu denken. Und so zieht Kommerell in ahnungsvol-
len Worten die Linie von ihr zu Goethe (S. 229): »Amor, der alte Amor, so bei
Goethe, haust in der Elegie; sie ist sein Gedicht und er ist ihr Gott; so muß er aus
ihr verstanden werden. Sein Besonderes in der alten Göttergesellschaft – das neue
Wehen, das er mit sich führt, und überhaupt die so abschließende, überleitende und
eröffnende Welt der lateinischen Elegie zu erforschen, wäre eine Aufgabe von un-
endlichem Reiz. Sie fordert indessen den berufenen Deuter der alten Gedichte; und
auch über ihr Nachleben in Goethe wäre ihm das meiste zu sagen vorbehalten. Die
Elegien des Properz berührten Goethe wohl stärker als die des Tibull. Ihr moderner Zug ist deutlicher: es sind Gedichte, die ganz dem leidenschaftlich bewegten
Zustand des Liebenden gewidmet sind. [...] Altertümlich ist freilich an Properz
– so sind sie nicht spontan wie die Gedichte Goethes – der Vorrat von Sprachwen-
dungen und Grundtönen. Altertümlich ist auch, daß die Gedanken vom leidenschaftlichen Zustand abschweifen zu mythologischen Vergleichen, die sich zu ganzen Szenen erweitern können, oder zur Vorgeschichte der großen Stadt oder zum
höfischen und politischen Leben oder zu dem von der Hirtendichtung herüberwir-
kenden Lieblingsthema der goldenen Zeit und der Frage nach dem ersten Anstifter
irgendeines die Gegenwart behelligenden Übels. Auf diesem Umweg kommt nun
das Spontane in die Dichtung und wirkt in der Elegie bis heute fort: spontan ist die
Art der Gedankenverbindung. Schein der Absichtslosigkeit als höchste Absicht!«

Für Kommerell gehört also die römische Elegie zur Lyrik im modernen Sinne. Und damit hat er sicher recht, wenn er vielleicht auch die Gewichte zwischen Properz und Tibull nicht ganz gerecht verteilt. Und legt er vor allem Wert auf die Spontaneität der betroffenen Seele, ist man überrascht, daß nicht in erster Linie an Catull erinnert wird, den Allerspontansten, der freilich auch ein *poeta doctus* war. Hier spürt man das Problematische selbst einer so wesentlichen Deutung der Erscheinung des Gedichtes wie der durch Kommerell, der doch in die Mitte zielt und letztlich die Gedichte vom Verhältnis des Menschen zur Welt her bestimmt. Jede Deutung des Phänomens ist abhängig von der philosophischen Position, sobald sie es ganz allgemein zu fassen sucht. Und hier könnte man etwa Zeugnisse des Selbstverständnisses der französischen Symbolisten als ernste Konkurrenz der existentiellen, bei Kommerell von Heidegger bestimmten, entgegenhalten. Soll wirklich als Dichter nur gelten, wer die Betroffenheit in der Stimmung unmittelbar ausspricht? Hat nicht auch die eingeübte Bewegung etwas Ansteckendes, die vielfach erprobte, durch Besinnung gefestigte, sich mit anderem Großen vergleichende? Kann sie nicht ebenso echt sein und trotz allem auch jenen Augenblick des Spontanen – und sei es als Schein, aber doch als wahren Ausdruck – festhalten? Der Begriff der Betroffenheit aber versetzt den Dichter ins Passive, macht ihn zum bloßen Mund des Seins. Gewiß könnte man wohl in der Großzügigkeit der Kommerellschen Begriffswelt ein spontanes Reagieren unterbringen. Aber ein dichterisches Temperament, das in erster Linie sich auslebt – wahr und echt –, sich agiert und vorspielt, nicht im stillen Aussprechen der Wahrheit, der Stimmung, sondern in der Dynamik des eigenen Seins seinen Gegenstand findet, das fügt sich doch nicht recht zu diesen Begriffen. Und das ist nun der Fall bei Catull. Daß er ein Dichter ist, kann wohl nicht bezweifelt werden. Sollen wir also ihn oder die Theorie aufgeben?
Sicher weder das eine noch das andere. Wir werden den Raum der Interpretation noch mehr erweitern müssen. Sie ist das Entscheidende. Ebenso legitim ist es aber, aus dem Besonderen Allgemeineres und Allgemeinstes zu entwickeln. Nur müssen eben die Allgemeinbegriffe aus dem Interpretierten hervorgehen, nicht frei im Raum des allgemein Menschlichen schweben. Letzte formale Kriterien werden ihre Geltung am ehesten behaupten. Und so dürfen wir unseren Gegenstand wohl so abgrenzen, daß wir unter Lyrik die direkte persönliche poetische Äußerung verstehen im Unterschied zum Epos, das Wirklichkeit nachbildet in der Erzählung, und zum Drama, das dichterische Wirklichkeit plastisch neu schafft. Kommerells feines Empfinden für Gedichte bürgt uns dafür, daß es richtig ist, wenn wir unter römischer Lyrik neben Catull und Horaz auch die Hirtengedichte Vergils und vor allem die Elegiker Gallus, Properz, Tibull, Ovid verstehen.

Die Anfänge

Lyrik ist dem Römer von Haus aus fremd. Das harte Leben des Bauern, das politische Ringen in der *res publica* und in der militärischen Disziplin des Feldlagers war kein günstiger Boden, auf dem Dichtung hätte gedeihen können. Man könnte hier schon einen Blick auf die ganz anderen Bedingungen in Griechenland werfen, wenn es nicht besser wäre, davon bei der Frage der Herleitung der Elegie zu sprechen. Natürlich hat es wie überall Lieder gegeben – die berühmten Tafellieder, religiöse Lieder, Arbeitslieder, Hochzeitslieder, Wiegenlieder, Triumphgesänge – und man wird sie bei der Interpretation im Auge behalten müssen. Sie sollen im Schlußkapitel ihr Recht erhalten, wenn auch nicht sehr viel davon faßbar ist. Aber zu literarischem Rang ist das alles nicht wie in Griechenland gekommen.

Mühsam hat sich der Dichter einen Platz in der römischen Gesellschaft errungen. Ließ Cicero zwar einen Ennius, das Epos gelten, das den Ruhm der Helden verherrlichte, hatten auch der Tragiker und der Komödiendichter einen gewissen Platz erobert, so ist doch Ciceros Wort überaus bezeichnend – und um so bezeichnender, als es sich um den geistigsten Römer der Zeit des größten Lyrikers handelt –, daß er einen Lyriker nicht lesen würde und sollte er noch einmal so lange leben als ihm bestimmt sei. Lucilius, der Freund des Scipio Aemilianus und des Laelius, der Persönlichstes direkt poetisch aussprach, wählte dafür nicht die lyrische Aussage, sondern schuf sich in seiner Satire sein eigenes Ausdrucksmittel. Es wäre gewiß verwegen, aber keineswegs absurd, wenn man einmal den Versuch unternähme, Lucilius als Lyriker zu behandeln. Doch würde es allzusehr aus dem antiken Rahmen fallen, wenn man einen Hexameterdichter in einem Zuge mit dem Lyriker behandeln wollte; und bei den Hexametern der Bucolica Vergils, den ›lyrischen‹ Hexametern, wird es einer besonderen Begründung bedürfen.

Die Lyrik in Rom ist vielmehr in ihren Anfängen eine Bildungsangelegenheit und knüpft an die hellenistischen spielerischen Kleinformen, besonders das Epigramm an. Der Bruder des Korinthzerstörers, Sp. Mummius, hatte poetische Briefe aus dem Feldlager nach Rom geschickt, in denen er die Ereignisse den Freunden schilderte. Aber noch bezeichnender ist, daß Q. Lutatius Catulus, der 101 v. Chr. mit Marius die Cimbern besiegt hatte, nicht nur einen Kreis von dichtenden Literaten wie Valerius Aedituus und Porcius Licinus um sich versammelte, sondern es nicht für unter seiner Würde hielt, seine Bildung dadurch zu zeigen, daß er Liebesepigramme dichtete.

Eine Nachbildung des 41. Epigramms des Kallimachos lautet bei ihm so (fr. 1 Mo.):

> Aufugit mi animus; credo, ut solet, ad Theotimum
> devenit. Sic est, perfugium illud habet.
> Quid, si non interdixem, ne illunc fugitivum
> mitteret ad se intro, sed magis eiceret?

Ibimus quaesitum. Verum, ne ipsi teneamur,   5
formido. Quid ago? Da, Venus, consilium!

Meine Seele flog mir davon; ich glaub, wie gewöhnlich ist zu Theotimus
sie gelangt. So ist's, das ist ihr Versteck.
Wie, wenn ich ihm nicht verboten hätte, diesem Ausreißer
einen Einlaß zu gewähren, sondern ihn hinauszuwerfen?
Ich will sie suchen gehen. Doch bange ich, ich
könnte selbst festgehalten werden. Was tun? Gib, Venus, du einen Rat!

Lehnt sich Catulus auch sehr frei an das hellenistische Epigramm an, so verwirklicht das Gedicht doch in der Intention das Spiel der typischen Form. Zuerst wird die Situation umrissen: seine Seele ist davongeflogen, natürlich wieder zu Theotimus. Was würde erst sein, so malt er sich die Lage weiter aus, wenn ich nicht verboten hätte, sie einzulassen. So kann er suchen gehen. Da fällt ihm ein, es könnte ihm dasselbe geschehen wie seiner Seele. Aufgrund der Situation wird eine Spannung aufgebaut und dabei mit der Trennung von Seele und Ich gespielt. Darauf folgt als dritter Schritt die Lösung, die keine ist. Auf die ratlose Frage: was soll ich tun? wird die Schuldige, Venus, um einen Rat gebeten. Eine Lösung im intellektuellen Spiel freilich ist es insofern, als mit überraschender Pointe Venus für alles haftbar gemacht wird.
Ein geistreiches Spiel also, das nicht sehr tief reicht und bei dem es darauf ankommt, die intellektuelle Erwartung zu erregen und zu befriedigen. Nicht anders steht es bei dem anderen, ebenfalls dem *Eros paidikos* gewidmeten Epigramm:

Constiteram exorientem Auroram forte salutans
    cum subito a laeva Roscius exoritur.
Pace mihi liceat, caelestes, dicere vestra:
    mortalis visus pulchrior esse deo.

Ich stand einmal und grüßte die erscheinende Aurora.
Da erscheint zur Linken Roscius plötzlich.
Ohne euren Zorn zu erregen, ihr Himmlischen, sei es mir erlaubt,
                                    es auszusprechen:
Der Sterbliche schien mir schöner zu sein als die Göttin.

Auch hier liegt dasselbe intellektuelle Spiel und die Struktur des Epigramms vor, und man fühlt sich fast an die Zeit des französischen Rokoko erinnert, wo es auch der Stolz war, allen Schmerz des Lebens und die innere Bewegung in einem feinziselierten Epigramm zu verhüllen und zu überspielen.
Mochte hie und da in einem Grabepigramm dem Empfinden etwas mehr Raum gewährt werden, die Manier der späten Griechen des Hellenismus war das Beherrschende und Neue. Das läßt sich beobachten an Cn. Matius, der seine Stilkünste an einer Übersetzung der Ilias übt und mit Sinn für ›Glossen‹ in seinen Mimiamben die lateinische Sprache um kühne Neubildungen bereichert. Mit Sinn für das Epichorische, Alltägliche und den Widerspruch zwischen der spröden Materie und der alles verwandelnden Sprachkunst hat Sueius zum Gegenstand seiner Gedichte ein *Moretum*, einen Kräuterkloß, gemacht und daran Geschick und Gelehrsamkeit gezeigt. Ein anderes behandelt Kücken:

sic incedunt et labellis morsicatim lusitant.

Schreiten so und mit den Schnäbeln spielen sie auf Beißerart.

Das neue Wort *morsicatim* interessierte die Philologen (Nonius), und so blieb uns dieser Vers erhalten. Derselbe Geist spricht aus den Werken des Laevius, vor allem seinen Erotopägnien, die sich durch einen lasziven Ton und ein kühnes Experimentieren mit den Versmaßen auszeichnen. Könnerschaft und Gesellschaftsspiel: darin hat man offensichtlich das Wesen der Dichtung gesehen, und man wollte auch in Rom hinter dem Modernen nicht zurückbleiben. Der Kreis um Catull teilt gewisse Eigentümlichkeiten mit diesen Vorgängern.

Mit Catull bricht ein elementares Ereignis in dieses Treiben hinein. Es hängt mit einem neuen Verhältnis zur Welt zusammen. Das Wort wird nicht nur formal ernst genommen, der ganze Mensch ist plötzlich beteiligt. Man kann beliebige Beispiele wählen. Immer zeigt sich Ähnliches wie bei folgendem Epigramm, das zu den durchaus unbeachteten zählt:

c. 73   Desine de quoquam quicquam bene velle mereri
        aut aliquem fieri posse putare pium.
     omnia sunt ingrata, nihil fecisse benigne
        ⟨iam libet⟩, immo etiam taedet obestque magis:
     ut mihi, quem nemo gravius nec acerbius urget,   5
        quam modo qui me unum atque unicum amicum habuit.

Hör auf, dich in irgend etwas um irgend jemanden verdient machen zu wollen oder zu meinen, irgendeiner könne frommen Sinnes werden.
Alles ist danklos, keine Freude macht es jetzt mehr,
Gutes zu tun, ja es widert sogar an und schadet mehr;
wie mir, den niemand schwerer und bitterer quält als der,
der mich zu seinem einen und einzigen Freund hatte. (Vgl. S. 345.)

Der erste Satz könnte als eine Gnome bezeichnet werden etwa des Sinnes »Undank ist der Welt Lohn«. Es folgt die Begründung. Diese Gnome ist aber dynamisiert mit dem losfahrenden, kühn an den Anfang gestellten *desine* (vgl. Carmina-Schlüsse des Horaz wie 1,23,11; 2,9,17; 3,3,70): Auf die auf Abänderung des Lebens dringende Paränese, zu der die Gnome geworden ist, folgt die erregte Schilderung des erkannten Weltzustandes. Das Verkehrte ist die Regel der Welt. Wie kommt Catull zu dieser verzweifelten Erkenntnis? Der Spezialfall wird als Beispiel angefügt: ihm ist es so gegangen. Bei dem letzten Distichon wird man den Gedanken an Archilochos fr. 79 nicht fernhalten dürfen, der in diesem Fragment einem Gegner das Schlimmste wünscht und am Schluß den Grund angibt: ihn, der mich verletzte und mit Füßen auf die Eide trat, obwohl er vorher mein Freund war. Horaz hat in der 10. Epode dieses Gedicht des Archilochos in seiner Weise umgestaltet. Dieses so schlichte, aus der Volkssprache zum Epigramm verdichtete Gebilde des Catull verrät also damit den *poeta doctus*. Der Witz aber besteht darin, daß Catull das Verhältnis von Fall und daraus gezogener Erkenntnis, wie es natürlich wäre, umkehrt. Solche Umkehrungen finden sich auch sonst (im 64. Gedicht staunen nicht nur die Meernymphen über das Schiff, sondern in kühner Umkehr des Gedankens die Menschen über die Meerjungfrauen). Hätte es im gewöhnlichen Fall zu einem Epigramm mit Pointe werden können, ist es jetzt offen. Man spürt, das Leiden geht weiter. Es ist einsame Lyrik, an sich selbst gerichtet. Die Epigrammform ist umgestaltet und aufgebrochen.

Das führt zu dem, was wir die Gestalt Catulls, wie sie sich in seiner Dichtung zeigt, nennen möchten. Das Gedicht ist eine Provokation der römischen Grundüberzeugung, daß man sich um die Menschen verdient machen soll und dann Dank ernten wird. Catull geht von diesen römischen Grundüberzeugungen und Lebensbegriffen aus, er steigert und intensiviert sie; die Freundschaft wird zur Liebe, aus dem politisch-gesellschaftlichen ein persönlicher Begriff. Tritt die Enttäuschung ein, ist die Verzweiflung, der Riß in der Welt da. Catull leidet an dieser Welt, die seinem Wollen und Wünschen, seiner hohen menschlichen Erwartung nicht entspricht, und dies sagt er aus, genial und tragisch. Sein Ausdruck erschöpft sich aber nicht in Stimmung und Gefühl, er strebt empor zur Erkenntnis, ist in der Form und der poetischen Welt aufgehoben, schaut mit Abstand und schmerzlicher Ironie dem Weltwesen zu. Leben wird in Dichtung verwandelt. Es handelt sich nicht mehr um bloßes Spiel der Form. Catull schöpft dabei aus den Klängen der Muttersprache. Es nähert sich sein Sprechen dem, was Kommerell erstes Sprechen nennt, ist aber der Form verpflichtet: das Neue aufs knappste, treffendste und verständlichste zu sagen, dazu wird er von seinem Genius angetrieben. Das führt zu dem Ergebnis, daß eine ganze, die herrschende Gattung, das Epigramm, aufgesprengt wird.

Das berühmteste Epigramm, das unsere Beobachtungen im einzelnen nur bestätigen könnte, sei hier nur genannt:

c. 85   odi et amo. quare id faciam, fortasse requiris.
            nescio, sed fieri sentio et excrucior.

        Ich hasse und liebe. Warum ich das tue, ist wohl deine Frage.
        Weiß nicht, doch daß es geschieht, spüre ich und härme mich ab.

Nach Darbietung des Faktums, Spannung und überraschender Aufschluß: »ich weiß es nicht, aber ich spüre es« – das ergäbe ein komplettes Epigramm. Das folgende *et excrucior* aber sprengt das intellektuelle Spiel mit seiner Pointe auf und macht die wenigen Worte zu einem tiefen Gedicht einsamer Lyrik.

Man begreift schon nach diesen exemplarischen Proben, daß nichts falscher sein könnte, als in Catull nur einen Artisten zu sehen, dem es darauf ankommt, traditionelle Motive in neuer Manier zu neuer Poesie zu machen. Ringen um Form und Ausdruck, Freude am poetischen Spiel, alles das ist für Catull wichtig. Das Neue und Bewegende aber wäre nicht möglich gewesen ohne den Menschen Catull und seine tiefe Leidenschaft. Zum Schluß hat ein Erlebnis zur Vollendung geführt: die Liebe zu Lesbia. Seine Leidenschaft will Catull fassen: er strebt nach Form und gerade, wenn in tiefster Bewegung Leben und Dichtung verschmelzen, entstehen die originalsten und in der Folge wirkungskräftigsten Gedichte. Das Verhältnis von Erlebnis und Form wechselt. Darum ist die Fülle der Möglichkeiten und Ansätze nur der Einzelinterpretation zugänglich. Man wird dabei die Lesbia-Gedichte in erster Linie zu betrachten haben, zumal sie etwas weiteres erkennen lassen, das wohl in jedem Römer schlummert. Der Drang zur Form wird zum Drang zur großen Form, zum Monument.

So elementar das Ereignis Catull auch die römische Dichtung aus der Bahn geworfen und zu neuen Zielen geführt hat, so ist Persönlichkeit viel, aber nicht alles.
Auch Catulls Dichtung hat Voraussetzungen, die sie ermöglichen.

Voraussetzungen der Dichtung Catulls

Von den Umständen, die den Boden bereiteten, auf dem ein Catull gedeihen
konnte, sind diese drei am wichtigsten: (1) der Zusammenbruch der alten Ordnung,
(2) die Entdeckung der Form und (3) der Halt, den der Kreis der Freunde bot.
(1) Das strenge Römertum, von dem man sagen mußte, daß ihm Lyrik fremd sei,
hatte sich in mancherlei Weise gelockert, ja viele seiner Bindungen hatten sich zer-
setzt. Im Scipionenkreise war römische *gravitas* mit griechischer Geistigkeit und
Anmut eine Verschmelzung eingegangen. Das Wort *humanitas* ist damals nicht als
Adelstugend, sondern als Inbegriff eigentlich menschlichen Wesens von der Sprache
gebildet worden, und der Scipionenkreis verkörperte sie in besonderer Weise. Das
leichte Scherzen eines Scipio Aemilianus konnte der Historiker Fannius mit dem
Vorbild des Sokrates und seiner Ironie verteidigen, und es ging das Gerücht, daß
die vornehmen Herren dem Dichter Terenz beim Umdichten der Menanderkomö-
dien halfen. Der Dichter Lucilius, der von sich sagte, er wolle lieber Lucilius sein
als irgendein reicher Steuerpächter, war Freund des Scipio und Laelius. Vor dem
Mittagessen konnte man zu dritt, menschlich entspannt, allerlei Unfug treiben.
Diese Auflockerung hat schließlich eine Gestalt wie Cicero hervorgebracht – der
noch gleichsam menschliche Brücken zu diesem Kreis hat –, in der sich die römische
res publica ihrer selbst im Gedanken und im Wirken bewußt wird. Cicero gestaltete, was der Scipionenkreis lebte, und zwar zu einem Zeitpunkt, als das Beste der
res publica im Schwinden war. Denn bestimmend für den Fortschritt der Zeit war
das Negative, daß der alte Glaube an die *res publica* als dem eigentlichen Inhalt
des Menschenlebens zerrann. »Nur dem Wort nach«, klagt Cicero im fünften Proömium des Werkes *de re publica*, »haben wir noch ein Gemeinwesen, in Wahrheit
haben wir es längst verloren.«
Wenn aber die maßgebenden Leute im Staate nur ihrem Egoismus lebten, nach
Macht und Reichtum gierten, auf nichts anderes aus waren als auf Lebensgenuß
und die Devise dieses schrecklichen Jahrhunderts hieß »überwältigen oder überwältigt werden«, – wer konnte es dann der Jugend verübeln, daß sie das Leben
auf ihre Weise genoß und ihre Zeit vertändelte? Konnte man es ihr verdenken, daß
sie in den alten Worten und Werten kein lockendes und sicheres Ziel mehr sah? Der
Historiker Sallust hat durchschaut, daß sie zu einer moralischen Fassade geworden
waren, hinter der jeder seinen eigenen Vorteil suchte. Der Verkehrung der Werte
und der Korruption im Staate entsprach die der Familie, wie man sich etwa durch
die Lektüre der Rede Ciceros für Cluentius überzeugen kann. Mochte es die gute
Sitte noch vielfach im bäuerlichen Bereich geben, mochten erlauchte Geister sich
der alten Werte um so bewußter versichern: im Vergleich zu dem, was vor allem
in Rom tagtäglich geschah, mußte alles, was ein Lyriker sagen konnte, harmlos erscheinen.
Diese Situation erleichterte die rücksichtslose und ungehemmte Aussage. Und so

behauptet sich die dichtende Jugend, behauptet sich Catull im Wort gegen die brüchig gewordene Welt der alten Römerart. Darum versteht man Catull nicht, wenn man nicht um die Spannung weiß zwischen ihm samt seinem Kreis und den *severiores*, den sittenstrengen Herren mit der gerunzelten Stirn. Ihren Wertungen macht er ein gespieltes Kompliment – gleichsam staunend die Hände über dem Kopf zusammenschlagend –, wenn er das Geschichtswerk des Cornelius Nepos *laboriosus* (c. 1) nennt. Er verachtet sie mit ihren *rumores* übermütig im Taumel des Küssens (c. 5). Von seinem Standpunkt aus sind diese *boni* die Bösen, die ihm nachrechnen (c. 5 *nequis malus*, c. 7 *curiosi*). Dann aber geht er zum Schein in sich und weiß, daß mancher davor zurückschaudern wird, seine Gedichte in seine Hände zu nehmen (c. 14a). Oder er verachtet sie geringschätzig, aber doch beruhigt, weil es fromme Bürger sind und sie ihm nicht ins Gehege kommen (c. 15). Im Scherz mag es ihm wohl auch so scheinen, als ob seine Gedichte gerade für sie recht wären, um sie etwas aufzumuntern (c. 16). Oder er macht sich den Spaß, die Wörter, die er sonst von diesen *severi* gebraucht (*insulsus* und *molestus*, c. 10), einer Freundin ins Gesicht zu sagen und so die Verhältnisse völlig umzukehren. Beim kräftigen Trunk aber mag das Wasser, dieser Verderber des Weins, zu den *severi* laufen (c. 27)! So ist Catulls Dichtung nicht zum kleinsten Teil, durch den Verfall der römischen Gesittung in dieser Zeit mit ermöglicht, zugleich eine Provokation dieser Welt. Sie ist als Gegenbild gegenwärtig. Am Ende aber wird sie für ihn wieder Wirklichkeit. Das hängt mit der Erkenntnis zusammen, die er aus der Liebe zu Lesbia gewann.

(2) Die Entdeckung der Form an sich, die auch den gewagtesten Inhalt rechtfertigte, war das andere, das für Catulls Dichtung wichtig wurde. In der Generation vorher hatte die Nachahmung der alexandrinischen Dichtung eingesetzt. Jetzt wurde sie bewußter ergriffen. *Cantores Euphorionis* nennt Cicero einmal geringschätzig Catull und seinen Kreis, indem er gerade diesen hellenistischen Dichter voll dunkler mythologischer Gelehrsamkeit als ihr Vorbild hinstellt. Für Catull hat er offenbar wenig Bedeutung. Eine Anspielung im 64. Gedicht ist alles, was wir feststellen können: für ihn spielte Kallimachos als Vorbild die entscheidende Rolle. In Catull und seinem Kreis erneuert sich sehr originell der Kampf des Kallimachos gegen das ›große‹, ›geschwollene‹ Epos und für das Zarte und Feine, das λεπτόν, das die Feingliedrigkeit des Gegenstandes nicht mit dem ›Fett‹ der Konvention und des Gewöhnlichen überdeckt. In den Gedichten 65 und 66 hat Catull eine Elegie des Kallimachos, die »Locke der Berenike«, übersetzt und diese Übersetzung dem großen Redner Hortensius gewidmet. Es war das ein Beweis, daß man jetzt in Rom die Artikuliertheit, die erlesene Gelehrsamkeit und Grazie des späten Griechen nicht nur nachempfinden, sondern auch nachgestalten konnte. Neue Vergleiche, die durch ein Stück des 1929 gefundenen Originals möglich wurden, haben gelehrt, daß Catull das Gedicht seinem Publikum nicht zu erleichtern brauchte und es erst recht nicht wollte.

Darüber hinaus werden bestimmte Kunstformen als solche entdeckt, wie in dem Gedicht mit dem aufgeregten galliambischen Maß (c. 63), wo nach Kallimachos die Tragödie des Attis behandelt ist, der sich im Dienst der Kybele entmannt und, zur Besinnung gelangt, sich voll Sehnsucht und Verzweiflung seiner griechischen Heimat erinnert; oder in dem großen Gedicht auf die Hochzeit des Manlius Torquatus und der Vinia, an dem außer Sappho, der Patronin aller Hochzeitsgedichte, und neben römischem Brauch auch Kallimachos beteiligt ist. Die Form, daß das Gedicht dramatisch die fortschreitende Handlung begleitet, ist hellenistisch und hat außer bei Theokrit (*Adoniazousai*) vor allem in den Hymnen des Kallimachos ihr Vorbild. Auch in den beiden größten ›hellenistischen‹ Gedichten, im Kleinepos über die Hochzeit des Peleus und der Thetis (c. 64) und in c. 68, der großen Selbstbesinnung, der ›magna charta‹ der römischen Elegie, steckt durch die Wahl der Form, des Kleinepos, durch den Gebrauch der Mythologie und in der Erzählweise viel Hellenistisches. Vor allem aber seit der erschließenden Arbeit von Friedrich Klingner über »Catulls Peleus-Epos« tritt immer deutlicher hervor, daß es sich in beiden Gedichten doch auch um etwas ganz Eigenes handelt. Die lyrische Ernte wird in die größere und dauerndere Form eingebracht.

Literaturgeschichtlich am einschneidendsten aber ist wohl die anfangs hervorgehobene Entdeckung der Form, der Meisterschaft an sich als etwas, deren Besitz Recht gibt, die es vermag, im *lepidus versus*, dem anziehenden und bezaubernden Vers, für alle Ewigkeit den Freund zu verewigen, den Feind zu brandmarken. »Sag es mir! Ich will dich und dein Lieb im zauberischen Vers zum Himmel erheben«, sagt Catull in c. 6 zu dem verliebten Freunde Flavius und will ihm mit diesem verwegenen Versprechen den Namen der Geliebten entlocken. Und dem Ravidus, den »Wahnsinn in die Jamben des Dichters getrieben hat«, droht er in selbstbewußtem Übermut, daß ihm der Versuch, seiner Geliebten zu nahe zu treten, eine »lange Strafe« eintragen wird (c. 40). In diesem Stolz auf die Meisterschaft, die süßen Kinder der Muse (c. 65), die eine Frucht der Begnadung, des *ingenium*, aber auch der künstlerischen Bemühung ist (c. 65,3 *cura sevocat a doctis virginibus*; c. 68,25 *haec studia*), spottet er über das vergebliche Bemühen des eitlen Dichterlings, des Mamurra, Chefs der Genietruppen Caesars (c. 105):

> Mentula conatur Pipleium scandere montem:
> Musae furcillis praecipitem eiciunt.

> Mentula sucht auf den Berg der pipleischen Musen zu steigen:
> Hals über Kopf mit der Fork' stürzt ihn die Muse herab.

Hatte schon Ennius den Vorgänger Naevius überlegen abgetan, weil er wie der Faunus und die Wahrsager sein Epos im kunstlosen Saturnier geschrieben hatte, so kämpft der Kreis mit mehr Recht gegen die *saecli incommoda, pessimi poetae* (14,23), die Plage des Jahrhunderts, die schlechtesten Dichter, gegen die *annales Volusi cacata charta*, das Epos des Volusius, beschmutztes Papier, das voller Landgeruch und witzloser Ungeschliffenheit ist (c. 36). Wie anders das Werk des Freundes, die Zmyrna des Cinna, an der er neun Jahre gefeilt hat: die *parva monumenta*, das zierliche Denkmal, das der Freund der Zukunft hinterläßt, liegt ihm am Herzen; das Volk mag sich an dem geschwollenen Antimachos erfreuen (c. 95).

Die Meisterschaft gibt diesem Kreis das Recht, alles zu sagen, was sie bewegt, auch das Anstößige. Dabei scheint aber noch etwas Römisches ins Spiel zu kommen, das diesen Stolz auf die Perfektion noch zusätzlich unterstützt und moralisch vertieft. Die Muse ist die *patrona virgo* (c. 1), das heißt der Dichter der Klient in ihrem Schutze. Der Dichter ist in der *fides* der Muse, er darf sich auf ihren Schutz verlassen, wenn er ihr nur recht dient. Recht dient er ihr aber, wenn seine Verse gut sind. Darum sind die Stümper *impii* (c. 14), keine liebevollen und gewissenhaften Diener der Musen. *Impii* heißen sie nicht im Gegensatz zu den *pii vates*, die in göttlicher Inspiration dichten; denn *pius* heißt nicht inspiriert, und wenn sich der Dichter selbst einen *pius poeta* nennt, so kann er nur das rechte Verhältnis zu seiner Patronin, der Muse, damit meinen. Die *impii poetae* sündigen vielmehr gegen den Geist, die Vollkommenheit der Dichtung. Im 16. Gedicht wagt es Catull, ganz ausdrücklich in diesem Schutze der Muse und aufgrund einer so verstandenen *pietas* einen Unterschied zu machen zwischen diesem Verhältnis zu den Musen, das heißt der Kunst seiner Gedichte, und seiner persönlich-moralischen Existenz. *Pius* ist der Dichter, wenn seine Verse *salem et leporem*, Witz und Anmut, haben. Dabei kommt es nicht darauf an, ob sie *molliculi ac parum pudici*, ein wenig schlüpfrig und zu wenig wohlanständig sind, *castus*, keusch und rein, muß der Dichter nur ›selber‹ als Mensch sein (c. 16,5 f.):

> nam castum esse decet pium poetam
> ipsum, versiculos nihil necesse est.

> Denn rein ziemt es dem Dichter für sich selber
> zu sein, Verschen dagegen brauchens mitnichten.

Catull ist kein Theoretiker der Dichtkunst. Wir wollen ihn darum nicht auf diese Regelung der Verhältnisse, wie sie ihm richtig schienen, als er sich in derber Unflätigkeit gegen Furius und Aurelius verteidigte, festlegen. Furius und Aurelius hatten seine ›Kußgedichte‹ unmännlich gefunden und daraus auf den Dichter geschlossen, und so ergab sich die Scheidung aus der Situation. Aber man wird sagen dürfen, daß über das Gefühl der Meisterschaft hinaus das Empfinden, aufgrund liebevollen und gewissenhaften Bemühens um die Musen (*pietas*) in ihrer *fides* geschützt zu sein – im Grunde ein religiöses Verhältnis – ihn das Eigene aussprechen läßt, auch wenn es provozierte. Römisch nannten wir das. Eine Bestätigung dafür ist darin zu sehen, daß diese Problematik überhaupt erst möglich war, als der Dichter ein neues und anderes Verhältnis zu seinen Gegenständen hatte als die hellenistischen Dichter zu den ihren. Ein großer Kenner der griechischen und römischen Dichtung drückt es so aus: »Was bei den Griechen Kunst ist, zwar Abbild eines Lebens, aber einer anderen Ordnung als dem Leben zugehörig, ist hier Leben, ein anderer Bereich, eine höhere Stufe des Lebens geworden. Kunst und Leben ist verwechselt und vermischt.« (Klingner, Dichter und Dichtkunst im alten Rom, Leipzig 1947, S. 29.)

(3) Schließlich gibt Halt, Anregung und Selbstbewußtsein der Kreis der Freunde. Den Sorgen des Lebens enthoben, spielt dieser Kreis der vornehmen Jugend (die *formosi*) und genießt Schönheit, Liebe sowie Witz und Anmut der Dichtung (*ludere*). Das Wort *amicus* – im Römischen vorwiegend politisch; wenn etwa Cicero formuliert: niemand kann leben ohne viele Freunde – bekommt einen neuen Klang. Diese Jünglinge sind zu leidenschaftlicher Hingabe wie in der Liebe so in der Freundschaft fähig. Der Herzensbund tritt zum ersten Male an die Stelle der politischen Gesinnungsgemeinschaft oder objektiven gemeinsamen Bildungsstrebens. Sie sind ein Herz und eine Seele: *unanimus* (c. 30) ist dafür das Lieblingswort. Sie sind

dulces süß (c. 30); *bellus* nett, *iocundissimus* der angenehmste (c. 14), *venustus* anmutig, *urbanus* witzig ist der Freund, und nennt man sich. Man bietet einander die ganze Seele an *animam tradere* (c. 30) und verfügt übertrieben in Gedanken und Hoffen darüber. Ist man über eine Unterlassung oder eine lahme Reaktion enttäuscht, fallen harte Worte: *durus* unempfindlich wie ein Stein (c. 30) ist der Freund dann, *perfidus* treubrüchig, *impius* frevlerisch ist sein Verhalten, und der Zorn der Himmlischen und der Fides ist ihm gewiß (c. 30). Sicherlich ist dann eine ebenso rasche und überschwengliche Versöhnung möglich. In ihrer leidenschaftlichen Hingabe, die sich vom ganzen Sein im Augenblick einnehmen läßt, die keine Kompromisse kennt und das Leben mit seinen Realitäten nicht gelten läßt, erleben diese Freunde gleichsam abgekürzt die Transzendenz der Menschen und die Problematik des Verfallens an diese Welt. Aber auch als Ersatz für den Halt, den die *res publica* bot, das Glücksgefühl der festen Verbundenheit – *quasi tuta omnia mi forent*, »gerade als ob mir alles sicher wäre« (c. 30) – und des Einverständnisses, dem gegenüber die Umwelt gleichgültig, ihre Werte und Überzeugungen nichtssagend und unmaßgeblich sind. Das aber, was am meisten verbindet und die stärkste Liebe erregt, sind eben die Gedichte, Anmut und Zauber des Geistes. Nichts zeigt das besser als das rasch aus dem Erlebnis hingeworfene 50. Gedicht. Da hatte Catull mit dem Freunde Licinius Calvus gescherzt und gezecht, man hatte gedichtet und mit Gedichten erwidert:

> atque illinc abii tuo lepore
> incensus, Licini, facethisque ...

> Und von dort ging ich fort von deiner Anmut
> heiß entzündet, Licinius, und deiner Feinheit ...,

er ist aber so erfüllt von dem Erlebnis, daß er nichts essen, nicht schlafen kann, sondern *indomitus* unbeherrscht sich auf dem Lager wälzt und nur den Morgen erwartet, um Calvus wieder sprechen zu können, schließlich halbtot dem *iocundus amicus* das vorliegende Gedicht schreibt, aus dem er seinen *dolor*, seine Leidenschaft ersehen soll. Darum muß er seine Bitten erhören und ihm nicht das Unrecht tun, nicht zu ihm zu kommen. Denn die Nemesis straft das Unrecht an den Liebenden. Man hat gezeigt, daß die Sprache der Neoteriker von Begriffen der politischen Welt lebt, deren Struktur im persönlichen Miteinander aufgefunden wird. Hier erweist sich – und ein bezeichnendes Beispiel wird uns noch beschäftigen –, daß Leidenschaft, ja Verstiegenheit und Überschwang eine Sondersprache des Kreises hervorgebracht haben, aus der es schwer ist, die Realitäten herauszuschälen, wenn sie nicht wie hier genannt sind.

Man reist, um die *cogitationes*, den dichterischen Ertrag eines gemeinsamen Freundes zu vernehmen, aber der *poeta tener*, der ›zarte‹ Dichter, der wie Catull selber das λεπτόν des Kallimachos erstrebt, trennt sich nur schwer von seiner *candida puella*. Denn sie vergeht in Liebe zu ihm, seit sie sein Gedicht – natürlich erst den Anfang – über die Göttermutter gelesen hat (c. 35). Kein Wunder, ist doch die Magna Mater jenes Caecilius auch herrlich begonnen. Es war Sitte in diesem Kreise, sich so über die Dichtwerke, die einander verbanden und für die man lebte, Komplimente zu machen. Das hatte schon Kallimachos getan (Epigr. 27), und so hat Cinna die Diana des Cato gerühmt (fr. 14), Valgius Rufus später den Codrus und Cinna (fr. 2), Vergil in den Bucolica Asinius Pollio, Cornelius Gallus, Varius und Cinna. Horaz wird sich in seinen Briefen darüber mokieren. Aber die oben angedeuteten Gedichte zeigen, daß es sich um mehr als Tradition und Konvention handelt. Die Freunde leben in diesem Spiel. Und so versteht man, daß ein Gedicht in tiefem Gram und schlimmer Niedergedrücktheit Trost und Hilfe sein kann, das Objektive, an das sie, die so subjektiv nur sich selbst und ihrem *ingenium* mit den Freunden leben, sich halten. – So ist wohl c. 60, vor allem aber c. 38 zu verstehen: *paulum allocutionis!*

Person und Werk Catulls

Die Beschäftigung mit antiken Gedichten kann nicht der Gefahr erliegen, das Biographische überzubetonen. Biographische Anlässe können ein Gedicht nicht erklären, es wird vielmehr immer die Kunstgestalt und ihre Deutung als das von der Person Losgelöste das Wesentliche bleiben. Das heißt nicht, daß man den Zeitbezug leugnen will, sondern nur, daß man das Geheimnis der Schöpferkraft und ihrer Früchte nicht antastet. Ein Erlebnis an sich, das sich in biographische Daten fassen ließe, gibt es aber ebensowenig wie ein Ding an sich. Das Gedicht ist das Erlebnis des Dichters in seiner Form. Noch so genaue, von Minute zu Minute festgestellte Abläufe sind im besten Falle äußerlicher Stoff, der die Neugierde befriedigen mag, den Blick auf das Gedicht aber eher verstellt, wenn diese Neugier das Interesse an der Gestalt überwiegt. Ist der Interpret der alten Gedichte also vor dieser Gefahr mangels Material geschützt, so sucht er doch möglichst viel den wenigen Nachrichten abzulocken, um etwas von der Person, die durch die Gedichte nahegekommen ist, zu erfahren und aus den Bedingungen der Leistung ihre Größe und Besonderheit mit abschätzen zu können.

Catull ist nur dreißig Jahre alt geworden, wenn wir der Chronik des Hieronymus glauben wollen, der es wahrscheinlich aus Sueton hatte, dessen Nachricht wiederum aus der häufig auf den Grabsteinen angegebenen Lebensdauer entnommen sein mochte. Da die häufigen Anspielungen in Catulls Gedichten nicht über das Jahr 55/54 hinausgreifen, ist es bei der Art Catulls, häufig auf Zeitgenössisches Bezug zu nehmen, ein mehr als wahrscheinlicher Schluß, daß er 54 v. Chr. gestorben ist, als Jüngling, wie Ovid weiß (Am. 3,9,62). Und er wird um 84 v. Chr. geboren sein; derselbe Hieronymus hat sich geirrt, wenn er das Geburtsjahr auf 87 v. Chr. legt. Er kam in Verona zur Welt, in der Transpadana, die seit dem Bundesgenossenkrieg römische Provinz war, deren Städte aber erst durch Caesar im Jahre 49 die volle römische Bürgerschaft erhielten. Es ist daher durchaus denkbar, daß sich römische Bürger als Handelsherren in solchen Städten niedergelassen hatten. Jedenfalls war die Familie begütert. Caesar stieg bei dem Vater Catulls ab, und das Landgut auf der Halbinsel Sirmio, das Catull im 31. Gedicht im Heimkehrerglück so liebevoll begrüßt, wird Familienbesitz gewesen sein. Vorstellbar, daß er etwa in Mailand eine gute Schulbildung erhalten hat, schon ehe er nach Rom ging. Das sind Vermutungen, aus der Parallelität des Lebenslaufs Vergils gewonnen. Vom Vater hören wir nichts – ganz anders bei Vergil und vor allem

Horaz –, jedoch von einem Bruder, den er tief geliebt haben muß – einem Teil seiner Existenz.

In Rom, wo er sich wohl zum Redner ausbilden und damit für die politische Tätigkeit in den Ämtern vorbereiten sollte, wurden der Dichterkreis um Valerius Cato und die Liebe zu Lesbia für ihn entscheidend. Valerius Cato war – wie auch Cornelius Nepos – ein Landsmann von ihm. Dieser galt (vgl. Sueton, de gramm. 11) als überaus geschickter Präzeptor für die Jünger der Dichtkunst. Man dichtete auf ihn:

> Cato grammaticus, Latina Siren,
> qui solus legit ac facit poetas

> Cato, Interpret und Sirene von Rom,
> der allein Dichter versteht und macht.

Helvius Cinna und Licinius Calvus, Mitglieder des Kreises um Cato, wurden seine nächsten Freunde. Im übrigen fand er offenbar sogleich Anschluß an die höchste Gesellschaft. Lesbia ist ein Pseudonym für Clodia, wie uns Apuleius (apol. 10) sagt. Aller Wahrscheinlichkeit nach war sie die Schwester des Publius Clodius Pulcher, des Todfeindes Ciceros, und zwar von den drei Töchtern des Konsuls Appius Claudius Pulcher (79 v. Chr.) die mittlere, die Gemahlin des Konsuls (60 v. Chr.) Q. Metellus Celer, der 59 v. Chr. starb. Es ging das Gerücht, daß Clodia ihn vergiftet habe. Jedenfalls hatte sie sogleich einen neuen Liebhaber in M. Caelius Rufus. Cicero verteidigte ihn im Jahre 56 gegen die Anklage *de vi* (wegen Gewalttätigkeit), die ihm Clodia angehängt hatte, weil sie sich für den kurz vorher erfolgten Bruch rächen wollte. Aus dieser Rede erfahren wir manches über diese ungewöhnliche Frau, freilich eine *male consularis*, in der Catull seine Göttin und Herrin fand.

Als Memmius, der Prätor von 58, im nächsten Jahre – wohl von Frühling 57 bis Frühling 56 – als Statthalter nach Bithynien ging, begleitete ihn Catull in seiner *cohors*, um, wie er offen eingesteht, zu Gelde zu kommen. Auf der Reise bringt er am Grab des Bruders in der Troas die Totenopfer fern der Heimat dar. Dieser Tod, der Catull über die Maßen erschütterte, muß kurz vorher erfolgt sein. Wir wissen nicht genau, wann und bei welcher Gelegenheit. Nach dem Tode des Bruders muß Catull längere Zeit in der Heimat gewesen sein, wie er in treuer Heimatliebe überhaupt die Verbindungen zu Norditalien weiter pflegte. Gestorben ist er in Rom, das ihm die größere Heimat geworden war.

Das Altertum hat nicht mehr als die 116 Gedichte gekannt, die auch wir besitzen (Horaz hat 103 lyrische Gedichte außer den Epoden, allerdings von durchschnittlich größerem Umfang). Ein Priapeum, ein Gedicht über die Fruchtbarkeitsgottheit Priapus, macht eine Ausnahme. Warum es nicht in die Sammlung gekommen ist, entzieht sich unserer Kenntnis. Doch hätte Catull sich die ausgefallenen Gedichte wohl eher erinnert als die Freunde, falls sie die Sammlung nach seinem Tode zusammengestellt haben sollten. Gewiß, es herrscht eine bestimmte Ordnung in ihr. Die Hauptgliederung beruht, wenn auch nicht ausschließlich, auf metrischen Gesichtspunkten. Um ein Zentrum von acht Gedichten (61–68) größeren Formates von verschiedenen, teilweise ausgefallenen Versmaßen, die, zum Schluß in Distichen übergehend, dem letzten Teil präludieren, legen sich vorher die Gedichte 1–60 in lyrischen und iambischen Maßen, die Polymetra; hernach folgen auf den Kern Distichen, ›Epigramme‹ (69–116). Es bestehen zwischen einzelnen Gedichten auch Beziehungen, und man kann die Neigung beobachten, allzu Verwandtes durch ein zwischengeschobenes Gedicht zu trennen. Man hat vom Prinzip der *variatio* gesprochen, das nur Catull selbst durchgeführt haben könne. Aber werden nicht auch die Freunde eine gewisse Ordnung angestrebt haben, stellen sich Fäden, die von einem Gedicht zum andern laufen, bei einer poetischen Grundhaltung und demselben Milieu, auf das die Gedichte so reich Bezug nehmen, nicht oft von selbst her? Zumal Catull nicht nur einzelne Gedichte, auf *codicilli* geschrieben, weitergegeben hat (c. 42), sondern auch selbst eine von ihm geordnete erste Sammlung beigesteuert haben mag. Zu ihr wird das Widmungsgedicht an Cornelius Nepos gehören. Denn hier entsteht eine ernste Schwierigkeit bei der Annahme, Catull habe es der kurz vor dem Tode zusammengestellten Sammlung selbst vorangesetzt.

Nugae nennt er hier seine Gedichte, unbedeutende Sächelchen im Vergleich zu Nepos' mühseligen drei Büchern Weltgeschichte, Unfug, dem aber die Muse doch ein langes Leben – aufgrund ihrer Form – geben möge. Man kann die Sache wenden, wie man will: ein Epos wie das 64. Gedicht, in dem die ganze Ernte seiner Leidenschaft in einer Form von den Maßen eingebracht ist, die einem Alexandriner noch erlaubt war, ein Hauptwerk wie die Magna Mater des Caecilius oder die Zmyrna des Cinna, an dem man Jahre arbeitete, unter die *nugae* gerechnet zu sehen, muß aufs höchste befremden. Hinzu kommt, daß dieser *libellus* den Umfang von drei Aeneis-Büchern hat; daß sich Bruchstücke finden, die man schwer auf Überlieferungsschäden zurückführen kann (c. 14b, das einen proömienartigen Eindruck macht); daß sich erstaunliche Wiederholungen wie die Variation über den Tod des Bruders in c. 65 und c. 68 finden. Vor allem aber wird man folgendem Argument besonderes Gewicht zumessen: Es wäre schwer zu verstehen, wenn Catull selbst ein Gedicht in die Sammlung aufgenommen hätte, das seinem Wesen nach für einen Leser unverständlich sein mußte. Die Interpretation wird erweisen, daß c. 68,1–40 ein wirklicher Brief ist, nur dem Adressaten entzifferbar. Das gibt den Ausschlag dafür, daß man sich dem letzten Kommentator, Fordyce, wird anschließen müssen, der in Appendix II die Frage in diesem Sinne nüchtern, aber einleuchtend beantwortet hat. Auch ein nicht nur für Fachleute gedachtes Buch kann sich der ausführlichen Klärung dieser Fragen nicht entziehen, wenn wirklich begriffen werden soll, inwiefern mit Catulls Gründertat etwas Neues in die römische Dichtung eintritt.

Die verwirrende Vielfalt der Gedichte ist schwer auf einen Nenner zu bringen. Vom Stofflichen her würde man nicht viel erfassen können. Es sind in der Hauptsache Ereignisse, kleine und größere, in den Beziehungen zu Menschen, zur Geliebten, zu Freunden und Feinden, zu bekannten Größen, zu Dichtern, die den Gegenstand bilden. Auf die Besonderheit des Frühlingsgedichtes voll drängender Ungeduld vor der Abreise aus Kleinasien (c. 46), die Begrüßung Sirmios voll quellfrischen Naturgefühls (c. 31), die Weihung des guten Schiffs, das ihn nach Hause getragen, ist eigens hinzuweisen. Näher kommt man ihnen, wenn man nach dem Geständnis des 85. Gedichtes alle in zwei große Gruppen gliedern wollte, in denen Catull einem Menschen oder einer Sache mit Haß oder Liebe entgegentritt. Im einen Fall rühmt er Anmut und Witz, die Dichtungen, gibt sich ganz hin; im andern trifft sein vernichtender Spott Witzlosigkeit und Dummheit, sittliche Verfehlungen, Häßlichkeit und alles erdenkliche Gemeine, das ihm als das Objekt des Hasses erscheint. Das gilt übrigens auch von den politischen Invektiven. Wenn er sich über Memmius und Piso empört, so nicht deshalb, weil sie Provinzen ausplündern, sondern weil sie gegen ihn und seine Freunde knauserig waren. Ebenso steht es bei den Gedichten auf Mamurra, den Günstling Caesars. Der Vers *socer generque perdidistis omnia* (»Schwiegervater und Schwiegersohn, alles habt ihr zugrunde gerichtet«) erwächst nicht aus politischer Leidenschaft und Einsicht, sondern dem Haß auf Mamurra, der im Glanze seiner Macht jetzt die Hauptrolle bei den Schönen spielt (c. 29). Und wenn Catull Caesar ein paar Mal mit höchstem Respekt nennt, von den *monumenta Caesaris* und dem *unicus imperator* spricht, so glaubt man ihm doch eher den Zweizeiler

c. 93 Nil nimium studeo, Caesar, tibi velle placere
nec scire, utrum sis albus an ater homo.

Strebe nicht, Caesar, danach zu sehr, dir gefallen zu wollen
oder zu wissen, ob du weißer, ob schwarzer Gesell.

Caesar ist ihm politisch gleichgültig und seine Günstlingswirtschaft darum verhaßt, weil er nicht davon betroffen ist.

Wichtiger als dies alles sind die Formen, am wichtigsten die innere Form. Mancherlei ist da von den Vorbildern her zu begreifen, den Formen des Liedes (c. 51), des Weihepigramms (c. 4), der Erzählung mit direkter Rede (c. 10), des Einladungsgedichtes (c. 13) usw. Stets gibt Catull diesen Gattungsformen eine originelle Wendung. Sicher ist es auch interessant zu sehen, daß die meisten Gedichte eine Anrede haben: vier sind an eine unbestimmte Mehrzahl gerichtet, 10 an Gegenstände, die für Catull zum lebendigen Gegenüber werden, 68, der größte Teil, an bestimmte, namentlich genannte Personen (2 an Götter); ohne Anrede sind unter den Polymetra nur 6 (davon 3 Erzählungen, 2 volkstümliche Spottgedichte, 1 mit Anrede ohne Namensnennung) und außer den großen Gedichten (63; 64; 66) 17 der Epigramme. 5 aber (8; 46; 52; 76; 79) und darunter die tiefsten und schönsten sind – an ihn selbst gerichtet. Er redet sich mit ›Catulle‹ an. Hier wird aus der Anrede die Selbstansprache, die Lyrik, einsame Lyrik.

Beim Problem der inneren Form kommt man zum unverwechselbar Catullischen. Sie wird am deutlichsten bewußt, wenn dieselbe Struktur bei gedanklich und metrisch ganz verschiedenartigen Gedichten verwendet wird wie in c. 1 und c. 100. Im ersten Gedicht springt aus der Situation, dem Anblick des hübschen, neu gebundenen Gedichtbüchleins die Frage hervor, wem er es schenken soll. Die Antwort erfolgt sogleich mit emphatischer direkter Ansprache: *Corneli tibi!* Und der Dichter scheut sich nicht, dies mit einem rationalen *namque* zu begründen, um schließlich mit einem losgelösten Wunsche für das Büchlein zu enden. Alle Stufen wiederholen sich im 100. Gedicht. Die Situation: Caelius liebt Aufilenus, Quintius die Aufilena, zwei Freunde Bruder und Schwester, ein wahres süßes Brüderpaar . . . *Cui faveam potius?* wächst aus der Betrachtung über die Situation die Frage. Wem

soll ich am ehesten huldreich sein? Die Antwort in emphatischer direkter Ansprache: *Caeli tibi,* die Begründung mit *nam* und abschließender Wunsch zeigen
genaueste Entsprechung. Die Ähnlichkeit ist so schlagend, daß man Bedenken
haben muß, zwischen Polymetra und Epigrammen einen grundsätzlichen und zu
starken Unterschied zu machen; außerdem sieht man deutlich, worauf es Catull
besonders ankommt: auf die Dynamik einer bestimmten Gebärde, die Musik einer
Bewegung, die Spontaneität eines Reagierens. Dieses mimische Element ist in den
verschiedenen Gedichten mehr oder weniger stark; man darf aber sagen, daß in
der gelungenen seelischen Bewegung und der Freude am Tänzerischen die Schönheit
catullischer Gedichte besteht, selbst dort, wo er bloß erzählt.
Von völliger Hingabe, dem Taumel und Rausch bis zum qualvollen Aufschrei, von
gutmütiger Belehrung bis zum scharfen Anfahren, zu eiskaltem Hohn, bösartiger
Vernichtung werden alle Möglichkeiten der Seele ausprobiert, ja verwegen und in
übermütigem Kraftgefühl ausgekostet. Dieser Grundzug beweist die Ursprünglichkeit der Catullischen Gedichte und verwandelt alle Vorlagen und Vorbilder zu
einem selbständigen neuen Leben. Und Catull sieht in diesem Agieren vor sich
selbst und der geformten Bewegung bewußt sein Eigenstes. Deutlich wird das vor
allem dort, wo er lange Spannungen aufstaut, um dann desto überraschender und
wirksamer herausfahren zu können (beispielhaft in c. 11). Auch die Sappho-›Übersetzung‹ ist ein Catullisches Gedicht erst, wenn die letzte Strophe, die quälende
Selbstbesinnung abrupt dem fast wörtlich übernommenen Gedicht der Sappho die
eigene moralische Wendung gibt. In kühnem Ausprobieren aller seelischen Möglichkeiten wagt sich Catull an alles. So findet man die Anregungen Catulls überall:
Apollonios von Rhodos, Archilochos, Ennius, Euphorion, Euripides, Homer, Kallimachos, Parthenios, Pindar, Sappho, Theokrit hat der gelehrte Kommentar von
Kroll anzuführen, wobei allein Kallimachos ein gewisses Übergewicht hat.
Die seelischen Bewegungen entspringen den Situationen und sind so verschieden
wie diese. Es wäre vergeblich, wollte man etwa – wie das bei Horaz weitgehend
möglich ist – die Grundform eines Catullischen Gedichtes suchen. Ihr Bestimmen-
des liegt noch tiefer: in der Unaufgelöstheit des Leidens am Schluß. Catulls Ge-
dichtschlüsse sind meistens offen. Nur bei gewissen abschließenden Zeilen können
sich festere Grundformen entwickeln. Diese Andeutungen werden bei der Interpretation Vergils und Horazens verständlicher werden.
Die Spontaneität der seelischen Bewegung verbindet nun auch die kleineren Gedichte, seien es die Polymetra, seien es die distichischen, mit den sogenannten hellenistischen der Mitte. Ob der Leser – denn um Buchpoesie handelt es sich in jedem
Falle – im Peleus-Epos verschlungene Wege geführt, an lyrischen Stellen aufgehalten und ergriffen wird; ob im Hochzeitsgedicht 61 die Dichtung sich mit der fort-
schreitenden Handlung verwandelt wie im Attis-Gedicht 63; ob die Locke (c. 66)
in ihrer Enthüllung souverän über Zukunft und Vergangenheit verfügt und sie in-
einanderwirkt; ob im 68. Gedicht der Gedanke von einem zum andern gleitet:
auch hier werden subjektive Empfindungsbögen ausgekostet. Dabei zeigt sich, daß
gegenüber früherer, das sachliche Nacheinander abbildender Dichtung schon bei
Kallimachos ein Reiz im freien, überraschenden Schalten des Gedankens liegt. Nur
daß dort mit der Sache gespielt wird, bei Catull das Spiel seiner Gedanken und
Gefühle neue poetische Welten schafft. Und eines der persönlichsten Gedichte,

c. 68, wird in seiner gestauten Spannung, seiner Zielstrebigkeit und seinem verklingenden, resignierenden Abschluß direkt an typische Bewegungsbögen der Polymetra angeknüpft werden müssen.

Die Lesbia-Lieder

Die Lesbia-Lieder sind nicht nur Catulls berühmteste Gedichte. Ihre Interpretation zeigt das, was allgemein vorausgeschickt werden konnte, am deutlichsten. Zugleich aber sind sie Zeugen einer Verwandlung Catulls, Weg zu neuen, immer tieferen Erkenntnissen, und sie werden so zum Grundstein einer neuen Art Dichtung in Rom, der Elegie. Sie können am treffendsten dem Mißverständnis begegnen, daß das Erlebnis bei Catull vergleichsweise unwichtig gegenüber der die Tradition neu formenden Technik sei. Vielmehr ist es die bis zum Äußersten erfahrene Leidenschaft, das Verfallensein an ein Wesen dieser Welt, das Erkenntnis und Einsicht gebracht und neue Formen der Aussprache geöffnet hat, nachdem vorher Echtheit von Liebe und Haß schon die Form des Epigramms aufgesprengt hatte.

Die große Leidenschaft kann glücken, wenn sie sich mit dem anderen in etwas Höherem eint. Sie kann scheitern und dabei zu Zynismus und Weltverachtung führen. Sie kann in diesem Falle der – sicher nicht notwendigen, aber in dieser Welt nur zu häufigen – Enttäuschung freilich auch den Prozeß der Selbstfindung in Gang bringen, im höheren, moralischen Selbst Unabhängigkeit und Ruhe erlangen oder wenigstens die Selbstaufgabe vermeiden. Catull hat sich jeder Situation gestellt und seine Liebe so lange festgehalten wie möglich. In diesem Ringen, von dem seine Gedichte Zeugnis ablegen, ist er gewachsen und hat schließlich Macht und Schönheit ethischer Größe anerkannt und von den Göttern Erhörung erfleht.

Man wird nicht mehr versuchen, den Liebesroman Catulls mit Lesbia zu rekonstruieren. Auch eine Datierung, wie sie noch die maßgebende Literaturgeschichte von Schanz und Hosius gibt – »das Liebesverhältnis währte etwa von 61–58« –, wird man mit Skepsis betrachten, zumal sie ganz von der Hypothese abhängt, daß Lesbia – eine Frau wie Sappho, will der Name besagen – wirklich die Clodia minor ist. Und wie schwer der Versuch einer Datierung aus dem Inhalt wäre, zeigt c. 43, das wie das andere Mamurra-Gedicht doch wohl in den Winter 55/54 gehört.

c. 43   Salve, nec minimo puella naso
        nec bello pede nec nigris ocellis
        nec longis digitis nec ore sicco
        nec sane nimis elegante lingua,
        decoctoris amica Formiani.   5
        ten provincia narrat esse bellam?
        tecum Lesbia nostra comparatur?
        o saeclum insapiens et infacetum!

        Sei gegrüßt, Mädchen, weder mit kleinem Näschen
        noch hübschem Fuß, noch schwarzen Äuglein,
        noch schlanken Fingern, noch trocknen Lippen
        noch wirklich allzu gewählter Sprache,
        Freundin des Bankrotteurs aus Formia.

> Von dir sagt die Provinz, du seiest hübsch?
> Mit dir wird unsere Lesbia verglichen?
> O geschmackloses und plumpes Jahrhundert.

Man denkt bei der Wendung *Lesbia nostra*, zur Zeit des Gedichtes sei zwischen Catull und Lesbia alles in Ordnung. Das kann nicht sein, da es im letzten Winter Catulls geschrieben ist. Man muß lernen, daß Catull soviel Objektivität behalten hat, daß er die einzigartige Schönheit auch nach dem Bruche noch anerkennt, ja Lesbia sich und seiner Dichtung noch zugehörig fühlt. Dann aber ist es natürlich sehr schwer, aus dem Inhalt genau zu datieren.

Doch gibt es wohl unumkehrbare Stufen in dem Verlauf einer Leidenschaft. Sie können nicht trügen, weil die einmal erfahrene Enttäuschung die frühere Unschuld des Tones nicht wiederfinden läßt, Geschehenes nicht rückgängig gemacht werden kann. So lassen sich – und daß man es kann, ist ein weiterer Beweis dafür, daß die Leidenschaft und das ganz persönliche Erlebnis des einen Catull die Wende der römischen Dichtung gebracht hat – eindeutig die Stufen des unbedenklichen Glückes und Genießens (1) von dem Leiden an der Leidenschaft (2) unterscheiden, diese wiederum von dem Stadium nach der Entdeckung, daß Lesbia treulos ist (3). Und eine vierte Gruppe (4) wieder ist charakterisiert und ebensowenig austauschbar dadurch, daß sich Catull mit der Untreue nicht abfindet, sondern sich losreißt, und zwar so kraß, daß an eine Versöhnung nicht zu denken ist. Es soll mit Absicht nicht weiter differenziert werden. Es genügt, die unwiederholbaren Stufen des Dramas zu erkennen, um sie nicht nur als artistisches Spiel zu nehmen, sondern als das, was sie sind: Früchte der Leidenschaft.

(1) Zur ersten Stufe gehören sicher die *basia*-Gedichte.

c. 5
> Vivamus, mea Lesbia, atque amemus
> rumoresque senum severiorum
> omnes unius aestimemus assis!
> soles occidere et redire possunt:
> nobis cum semel occidit brevis lux,   5
> nox est perpetua una dormienda.
> da mi basia mille, deinde centum,
> dein mille altera, dein secunda centum,
> deinde usque altera mille, deinde centum.
> dein, cum milia multa fecerimus,   10
> conturbabimus illa, ne sciamus
> aut ne quis malus invidere possit,
> cum tantum sciat esse basiorum.

> Laß uns leben, die Liebe, Lesbia, genießen
> und das ganze Geraune strenger Greise
> keinen Pfifferling wert einschätzend achten!
> Sonnen sinken und können wiederkehren:
> doch wenn uns ist das kurze Licht gesunken,
> müssen ständige Nacht wir, eine, schlafen.
> Gib mir Tausend, dann hundert Küsse weiter,
> darauf das andere Tausend, weitre Hundert,
> immerfort dann ein neues Tausend, hundert.

Haben dann wir geschafft unzählige Tausend,
wollen streichen wir sie, damit wir sie wissen
nicht mehr, Böse sie neiden uns nicht können,
wenn sie wissen, es sind soviel der Küsse! (Vgl. S. 346.)

Das Gedicht ist zweifellos am Beginn der Leidenschaft zu Lesbia verfaßt, wie schon Benoist im 19. Jahrhundert gesehen hat: »Catulle est à la première page de son roman d'amour.« Mit hinreißendem Schwung wird zu Beginn Lesbia zum Genuß des Lebens und der Liebe aufgefordert, bedenkenlos die Moralpredigt der älteren Herren als Gerede abgetan und für nichts erklärt.

Die Besinnung auf einen Topos vertieft das kaum, ist eher konventionell. Mit dem Gedanken an Alter und Tod hatte man seit Mimnermos (im 7. Jahrhundert v. Chr.) gemahnt, das Leben zu genießen. Das Konventionelle wird aber ausgeglichen durch den antithetischen Vergleich, in dem sich kühn *soles* und *occidit brevis lux* entsprechen, und durch die Metapher der langen Nacht für den Tod, wobei das Bild aus der Erfahrung der Volkssprache formuliert wird: *una perpetua.* Dann aber setzt sich das Rauschhafte verstärkt fort. Immer neue Küsse soll Lesbia ihm geben, gezählt in Hunderten und Tausenden. Das Gleichförmige geht in immer neuer metrischer Verwandlung in die Strenge des Versmaßes ein.

Am Schluß aber die Entdeckung, das verschmitzt-spitzbübische Spiel: das ist ja eine schöne Rechnung. Machen wir's wie die Bankrotteure, vernichten wir die Bücher, damit wir selber nicht den Stand wissen – wie prosaisch, wenn man diese Unendlichkeit von Küssen zählen würde –; dann aber auch, daß kein Neidischer sie mit dem bösen Blick treffen, sie aufrechnen kann. Weiß man die Zahl, hat man die Sache in seiner Macht.

Im Übermaß des Glückes taucht, wenn auch scherzhaft, der Gedanke an mögliche Gefahr auf, *aliquid amari,* würde Lukrez sagen. Catull will sein Glück fast nicht glauben. Diesem Glück ist die Zeit eines ebenso bedenkenlosen Eroberns vorausgegangen (c. 83 und c. 92), als der stumpfe Gatte Lesbias aus der Neckerei zwischen den beiden auf Abneigung schloß. Und ganz im gleichen Tone ist c. 7 gehalten:

Quaeris, quot mihi basiationes
tuae, Lesbia, sint satis superque . . .

Du fragst, Lesbia, wieviel deiner Küsse
mir genug sind und noch darüber . . .

nur daß hier im übermütigen Vergleich das Bildungselement stärker hervortritt.

(2) Deutlich hebt sich von dieser rauschhaften Unbekümmertheit eine zweite Stufe ab. Catull verfällt seiner Leidenschaft so sehr, daß sein Wille und sein Selbst immer weniger Bedeutung haben. Offenbar macht er sich keine Gedanken darüber, daß er den Gatten Lesbias betrügt. Das ist aus der lockeren Auffassung der Ehe in dieser Gesellschaft zu erklären. Er weiß auch nichts von einem Zweifel, ob Lesbia ihm treu ist. Aber er leidet unter der Übermacht der Leidenschaft, unter einem Mißverhältnis in seiner Seele und dann zwischen ihm und der Geliebten. Man kann nicht von Ernüchterung sprechen, wohl aber vom Anfang einer Besinnung und einer unwillkürlichen Gegenregung. In dieser Lage sind ein paar der schönsten Gedichte entstanden.

c. 51   Ille mi par esse deo videtur,
ille, si fas est, superare divos,
qui sedens adversus identidem te
      spectat et audit

dulce ridentem, misero quod omnis   5
eripit sensus mihi: nam simul te,
Lesbia, aspexi, nihil est super mi
      ⟨vocis in ore⟩

lingua sed torpet, tenuis sub artus
flamma demanat, sonitu suopte   10
tintinant aures, gemina teguntur
      lumina nocte.

Otium, Catulle, tibi molestum est:
otio exultas nimiumque gestis.
otium et reges prius et beatas   15
      perdidit urbes.

Jener scheint dem Gott mir an Kraft zu gleichen,
jener, ist's erlaubt, zu überwinden Götter,
der dir zugewendet dich immerwährend
      schauet und höret

liebreich lachen, was doch die Sinne alle
mir entreißt, mir Armen: denn freilich wenn ich,
Lesbia, dich erblicke, beharrt mir nicht mehr
      Stimme im Munde,

es erstarrt die Zunge, ein feines Feuer
strömt den Gliedern zu, in dem eignen Tone
klingen mir die Ohren, mit Nacht bedeckt sich
      zweifach das Auge.

Nichtstun kannst, Catullus, du nicht ertragen:
Nichtstun macht dich toll und zu übertrieben.
Nichtstun stürzte Könige schon zuvor und
      glückliche Städte.   (Vgl. S. 346.)

Catull stellt in der ersten Strophe sich, den Armen, Hilflos-Ohnmächtigen – *ille* ist
gesagt im Gegensatz zu dem am Ende des Satzes stehenden *mihi* – einem Manne
gegenüber, der einem Gotte gewachsen, ja den Göttern überlegen ist. Emphatisch
wird dieser Mann mit anaphorischem *ille* herausgehoben. Warum ist er einem Gotte
gewachsen oder überlegen? Der Grund folgt im Relativsatz, der ein Bild ausmalt.
Noch wissen wir nicht, wie sich das Bild zur Wirklichkeit verhält. ›Jener‹ sitzt der
Angeredeten gegenüber und schaut sie an und hört immerwährend, wie sie süß
lacht. Noch wissen wir nicht, wieso er deshalb einem Gotte gleich oder überlegen
ist, wir sind wieder auf das Folgende gespannt. Auch dieser Satz, wieder relativisch
angeschlossen, bringt noch keine Klarheit, weil die Beziehung des ›quod‹ noch nicht
deutlich bestimmt ist. Erst die folgende Begründung: »denn wenn ich dich sehe,

schwinden mir alle Sinne«, bei der das zusammenfassende *omnis sensus* aufgefaltet wird, läßt erkennen, daß das *quod* auf den Anblick Lesbias geht, so wie das *simul aspexi* – *simul* iterativ und momentan – dem identischen *spectat et audit* entspricht. Das *quod* muß derselbe Grund sein, der auch im folgenden Catull seine Sinne verlieren läßt, also der Anblick Lesbias, wie in dem *simul*-Satz eindeutig zum Ausdruck gebracht wird, nicht etwa die Tatsache, daß ein anderer Lesbia sieht. Dann erklärt sich auch der Anfang: jener Mann ist den Göttern überlegen, der die Angeredete sehen und schauen kann, differenziert und prägnant im Sinne des Könnens, und zwar – das ist keine allgemeine Generalisierung – *identidem*, in einem fort, d. h., solange er bei ihr ist. Dem geht es nämlich nicht so wie Catull, daß er, beim Anblick Lesbias, betäubt weder hört noch sieht, sondern er vermag es, sie beständig anzusehen, wie sie liebreich lacht. Selbst dieses bezaubernde Lächeln – betont ist es in die nächste Strophe gezogen – bringt ihn nicht um den Verstand. Damit ist aber der Sinn von *par deo* und *superare divos* in dem angegebenen Sinne bestätigt. Der unbestimmte *ille* ist nicht darum an Glück gleich den Göttern zu schätzen, weil er immer um Lesbia sein darf. Catull sagt ja kein Wort, daß er selber es nicht darf oder gar, daß er weniger bevorzugt ist; oder noch schlimmer, daß der andere etwa der Gatte ist. Er ist vielmehr lediglich dazu da, um eine übermenschliche Kraft zu symbolisieren, die Catull gänzlich abgeht. Das besagt aber zugleich, daß jener Mann, der mehr ist als ein Gott, eine Fiktion ist. Er ist erfunden, um an einem Gegenbild zu zeigen, wie der sein müßte – von göttlicher Souveränität –, der nicht von Lesbia bezaubert würde. Um es ganz auszusprechen: der *ille* ist kein Nebenbuhler des Catull – was sollte bei einem solchen auch die preisende Anapher *ille – ille* –, das Gedicht auf keinen Fall ein Eifersuchtsgedicht, wie es B. Snell aufzufassen versuchte.

In der ersten und zweiten Strophe hat man also einen durchaus logischen und straff geführten Gedanken: mächtiger als ein Gott müßte der sein, der deinen Anblick ruhig ertrüge, mir entreißt er alle Sinne, gewiß nicht nur ein Kompliment, sondern ein bewegender Preis für eine Frau. Und nun werden die einzelnen Symptome, die in der Wendung *omnes sensus* überschriftartig zusammengefaßt sind, entfaltet: kaum hat Catull Lesbia erblickt – der Name Lesbia ist kunstvoll aufgespart, erst hier erfährt der Leser, wer die Angeredete ist –, so kann er nicht sprechen, die Zunge wird starr, ein prickelndes Feuer strömt in die Glieder, die Ohren klingen und die Augen umhüllen sich mit Nacht. Man muß die Architektonik des Aufbaus bewundern. Nach der Zusammenfassung am Anfang wird in der Entfaltung des einzelnen zuerst das genannt, was ein *spectare* und *audire* nicht hindert, sondern den Allgemeinzustand des Verfallenen beschreibt; zum Abschluß kommt beides, was es unmöglich macht, Lesbia zu sehen und zu hören, das Klingen der Ohren und die Umnachtung der Augen, beides kunstvoll vertauscht in einem Chiasmus der Vorstellungen.

Dennoch ist das Ganze bis hierher, bei nüchterner Betrachtung, nichts weiter als eine gewichtig eingeleitete und sehr bewußte Schilderung eines Zustandes der Liebesbetörung. Man wäre unbefriedigt, wenn das Gedicht hier endete. Das Catullische Salz würde durchaus fehlen. Es folgt denn auch noch eine Strophe; sie ist aber so sonderbar, daß es auch heute noch Fachleute gibt, die sie entweder für unecht halten oder an das Fragment eines andern Gedichtes glauben.

Plötzlich wird nicht mehr Lesbia angeredet, sondern Catull in den härtesten Ausdrücken angefahren. Das Nichtstun ist an diesem Zustand schuld und seine Krankheit (*molestum*). Hätte er etwas Sinnvolles zu tun, würde er sich nicht so gebärden, sondern sich beherrschen. Mangelnde Selbstzucht, entnervender Friede, hat schon andere als den armen Catull, ganze Städte und Könige zugrunde gerichtet.

Was ist geschehen? Catull hat diesen Aufwand der drei ersten Strophen, in denen er seinen Zustand beim Anblick der Lesbia aufs genaueste beschreibt und aufs zarteste schildert, nur getrieben, um alles grausam zu zerstören. Schien er vorher völlig hingegeben seinem Gefühl, dem Gefühl unendlicher, sinnberaubender Liebe, die in der zärtlichen Anrede an die Geliebte einen Höhepunkt erreicht, so schaut er sich jetzt plötzlich zu. Ein anderes Ich steht auf, ruft zur Ordnung und zerstört alle Illusion, indem die wahrsten Symptome einer tiefen Empfindung, die freilich zu einer völligen Ohnmacht des Selbst geführt hat, auf die banalste Ursache zurückgeführt werden: das faule Leben läßt ihn zu sehr »ins Kraut schießen«.

Die ersten drei Strophen, in sich zwar abgerundet, würden, wie man erst jetzt sieht, ohne diese letzte Strophe kalt und beschreibend dastehen. Es würde nicht etwa nur eine Pointe, sondern überhaupt alles Leben fehlen. Das eigentliche Leben des Gedichtes liegt in der vierten Strophe, die ersten drei sind mit Absicht und Kunst aufgebaut, um durch die letzte ihren Sinn zu erhalten. Es ist kein glückliches Gedicht, das, froh der Liebe, ihre Gewalt und Stärke ausmalen will, sondern das Wesentliche ist die tragische Spannung, die sich auftut. Catull verzweifelt fast. Sein Ich ist gespalten in eines, das verfallen ist und in ein anderes, das nicht verfallen will. Und so kommt – das ist das Aufregende daran – am Ende eine ungelöste Spannung zum Ausdruck. Kein Gedanke, daß das Gedicht Lesbia in dem Sinne anredete, daß er sie sich in seiner Gegenwart denkt, daß er ihr das Gedicht widmet oder ihr zuschickt. Die Anrede an Lesbia ist nur eine zärtlich-liebevolle Vergegenwärtigung, die eigentliche Anrede gilt seinem Ich. So haben wir etwas, das in der Antike äußerst selten ist, einsame Lyrik, sich aus dem Herzen ergießend und den Zwiespalt des Herzens spiegelnd. Nebenher aber wird man nicht verkennen, daß auch eine gewisse Freude am Sichbeobachten und der eigenen seelischen Bewegung zu spüren ist. Diese gestaltete Empfindungskurve, der existentielle Widerstreit zwischen seinem verfallenden und einem moralischen Ich, macht die Wahrheit – eine neue Wahrheit – und die Schönheit des Gedichtes aus.

Catullischer und römischer, sollte man meinen, geht es nicht, und doch ist sein Gedicht zum großen Teil eine Übersetzung (Sappho fr. 2 D.):

φαίνεταί μοι κῆνος ἴσος θέοισιν
ἔμμεν’ ὤνηρ, ὄττις ἐνάντιός τοι
ἰσδάνει καὶ πλάσιον ἆδυ φωνεί-
σας ὐπακούει
καὶ γελαίσας ἰμέροεν, τό μ’ ἦ μὰν
καρδίαν ἐν στήθεσιν ἐπτόαισεν,
ὠς γὰρ ἔς σ’ ἴδω βρόχε’ ὤς με φώναι-
σ’ οὐδ’ ἓν ἔτ’ εἴκει,
ἀλλ’ ἄκαν μὲν γλῶσσα †ἔαγε λέπτον
δ’ αὔτικα χρῶι πῦρ ὐπαδεδρόμηκεν,
ὀππάτεσσι δ’ οὐδ’ ἓν ὄρημμ’, ἐπιρρόμ-

βεισι δ' ἄκουαι,
κὰδ δέ μ' ἴδρως κακχέεται, τρόμος δὲ
παῖσαν ἄγρει, χλωροτέρα δὲ ποίας
ἔμμι, τεθνάκην δ' ὀλίγω 'πιδεύης
φαίνομ', 'Αγ...
ἀλλὰ πὰν τόλματον...

Es erscheint mir jener den Göttern gleich
der Mann, der dir gegenüber sitzt
und dich von nahem süß
sprechen hört
und liebreich lachen. Das hat mir aber
das Herz in der Brust erschüttert.
Denn wie ich dich sehe, so kommt in
Kürze nichts mehr von Stimme zu mir,
sondern die Zunge ist gebrochen, ein feines
Feuer läuft sogleich unter der Haut entlang,
ich sehe nichts mehr mit den Augen, es tönen
die Ohren,
der Schweiß aber strömt mir herab, Zittern
erfaßt mich ganz, fahler als Gras
bin ich. Wenig fehlt und es scheint, ich sei tot,
Agallis (?).
Aber alles kann man ertragen...

Sapphos Gedicht ist wahrscheinlich ein Hochzeitsgedicht, gedichtet in der bestimmten Situation, in der das der Sappho liebe Mädchen ihren Kreis verläßt, mit einem ganz bestimmten Zweck, der Erhöhung der Festfreude. Es setzt ein mit dem Preis des Bräutigams (statt des Catullischen *ille* das bestimmte κῆνος), in dem zugleich das Mädchen erhöht und gepriesen wird. Er wird verglichen, wie ja überhaupt das Vergleichen, das εἰκάζειν ein Bestandteil des Eingangs antiker Hochzeitsgedichte ist. Mit den Göttern wird er verglichen. Er ist ihnen gleich – an Glück und strahlendem Glanz, in einem objektiven (weniger subjektiven) Sinne. Er ist so erhöht, weil er jetzt neben Agallis, der Braut, sitzt, und sie von nahem süß sprechen hört und liebreich lachen. Assoziativ – ›das aber hat mir‹ – geht der Gedanke zu der Wirkung dieses Sprechens und Lachens bei Sappho. Es hat ihr Herz erschüttert. Sooft sie nämlich Agallis sieht – und sie hatte ja immer Gelegenheit –, verändert sich ihr Zustand, und es folgen nun die Symptome der Pathologie der Liebe in großer Unmittelbarkeit und fast medizinischer Genauigkeit. Die Beschreibung hat sicher ihren Sinn an sich, sie spricht das Sein und seine Verwandlung rein aus, mit jenem griechischen Interesse für die Natur, wie wir es bei den Medizinern finden. Aber sie hat zugleich im Gedicht eine Funktion. Sie enthüllt die Stärke der Liebe, die das Mädchen bei ihr erweckt, und dies doch offenbar darum, weil Sappho darin einen Preis des Mädchens sieht. Dadurch ist dieser Exkurs mit dem Anfang zusammengebunden: das Mädchen, die Braut, wird im Preise des Bräutigams und der Stärke von Sapphos Liebe aufs zarteste indirekt an ihrem Festtage gepriesen und erhöht. Nach dem Exkurs aber folgt ein Rückruf, der freilich durch die Überlieferung nur noch ungenau zu fassen ist: alles kann man ertragen, so auch, daß Agallis jetzt aus ihrem Kreise geht; denn sie findet ja in der Ehe ihre Bestimmung.

Gegenüber Homer stellt Sappho einen unerhörten Fortschritt im objektiven Aussprechen ihrer Empfindungen dar. Der Unterschied und Abstand Catulls von ihr ist noch größer. Man muß sehen, wie sie und ihr Gedicht noch gebunden sind, wie das Gedicht auf die Gemeinschaft bezogen ist, und wie selbst die stärkste Empfindung, die allerdings nur in ihren Wirkungen mit fast medizinischer Unmittelbarkeit dargestellt ist, beherrscht wird. Kein Gedanke, daß sie an diesen Empfindungen zerbricht, ihre Liebe ist ein einheitliches starkes Gefühl, unproblematisch und natürlich, das sie als etwas Gegebenes hinnimmt und bei Gelegenheit der Hochzeit der Festfreude gleichsam zum Opfer bringt. Der Form nach schließt eins ans andere, vorrückend, bis ein Rückruf – zum Programm – erfolgt. Daher die Ruhe und Geschlossenheit dieses Gedichtes, das die stärksten Symptome der Liebe in viel größerer Unmittelbarkeit darstellt als Catull.

Catull hat also, wie man sogleich sieht, dieses Gedicht übersetzt. Es würde sich lohnen, Wort für Wort zu vergleichen, hier nur die Hauptsachen. Catull reiht nicht an, sondern baut eine große Spannung auf, ordnet und strafft, schafft einen logischen Gedankengang. Darin zeigt sich der Abstand der Jahrhunderte und der baumeisterliche Sinn der Römer. Er benutzt den Eingang Sapphos, um einen fingierten Mann, der stärker ist als die Götter, weil er Lesbias Zauber gegenüber standhält – *identidem* biegt den Sinn der Strophe mit einem Wort um –, sich gegenüberzustellen, dem sie alle Sinne entrissen hat. Mit dieser Zusammenfassung und Antithese bringt er im Gegensatz zu Sappho die folgende Beschreibung unter einen festen Oberbegriff (*sensus*) und eine genaue Stellung zum Anfang. Man hat sich gefragt, warum Catull die vierte Strophe nicht mehr übersetzt und blieb ratlos. Der Grund liegt, bedenkt man dieses Streben nach einem gespannten und geschlossenen Aufbau, klar auf der Hand. Wie Catull statt des sapphischen ὑπακούει aufgliedert in *spectat et audit* (auch für die Zufügung von *spectat* hat man keine plausible Erklärung), so hört er bei den Symptomen auf, die gleichsam der Beweis dafür sind, daß er selbst sie nicht hören und sehen kann wie der fingierte Göttergleiche. Darum werden im Unterschied zu Sappho diese beiden Symptome als Abschluß auch mit allem sprachlichen Pomp umgeben. *Sonitu suopte* und *gemina nocte* – beides ohne Entsprechung bei Sappho – sind keineswegs müßige Zusätze, sondern haben die Funktion, diese beiden Erscheinungen als die wichtigsten hervorzuheben, die das Gedankengefüge runden. Waren schließlich bei Sappho die Symptome ihrer Liebe ein Exkurs, von dem man sich zurückrief, etwas, das über das Programm hinausging und etwas unerhört Kühnes war, so dienen sie bei Catull nur dazu, etwas aufzubauen, das am Schluß durch eine bestimmte abrupte seelische Bewegung erst sein Leben erhält. Alles, was bei Sappho lose angereiht ist, wird also auf diese letzte Strophe bezogen, und die Stimmung schlägt plötzlich um. Daher die Dynamik des Gedichtes im Unterschied zu der Seinsruhe des Sapphischen. Catulls Leidenschaft aber, um zum Inhaltlichen zu kommen, ruht nicht wie die Sapphos in der Gemeinschaft geborgen, auf eine Ordnung bezogen und sich ihr fügend. Sie ist vielmehr einsam und ratlos. Catull ist hilflos zerrissen. Deshalb das Offene und Ungelöste des Gedichtes in Inhalt und Form im Gegensatz zu Sappho, die zum Anfang der festlichen Gelegenheit zurückkehrt.

Dynamik, Empfinden für die eigene seelische Bewegung, bewußte Umformung der Tradition, offene Form und einsame Lyrik, hilfloses Verfallensein und Empörung des besseren Selbst bei aller Vergeblichkeit, diese Grundzüge finden sich immer wieder. Weder der Mensch noch das Gedicht haben die Geschlossenheit des Klassischen noch die Gebundenheit des Archaischen. Ohne Zweifel aber wird man dieses Gedicht nicht in die Zeit ungehemmten Glücksgefühles setzen können, sondern jener zweiten Stufe zuweisen, von der die Rede war.

Dasselbe gilt von einem andern Gedicht. Man ist verführt, es zu verniedlichen, zumal hier nicht die Seinsmächte des Archaischen dahinterstehen, sondern hellenistisches Spiel.

c. 2   Passer, deliciae meae puellae,
      quicum ludere, quem in sinu tenere,
      quoi primum digitum dare adpetenti
      et acris solet incitare morsus,
      cum desiderio meo nitenti   5
      carum nescioquid libet iocari
      ut solaciolum sui doloris,
      credo sic gravis acquiescet ardor:
      tecum ludere sicut ipsa possem
      et tristis animi levare curas!   10

      Spätzchen du, du Entzücken meines Mädchens,
      das zu kosen sie, das ans Herz zu drücken,
      dem beim Anflug zu leihn des Fingers Spitze,
      den zu reizen sie liebt zu scharfen Bissen,
      wenn's der strahlenden, heiß von mir Ersehnten
      was für's Herz, was ihr lieb, gefällt zu scherzen,
      als ein Tröstlein für ihre Liebesschmerzen
      (glaub', dann ruht wohl die schwere Glut des Herzens):
      könnt wie sie ich mit dir so tändelnd spielen
      und mir lindern des Herzens bittre Qualen! (Vgl. S. 346.)

Ein Gedicht von einer unerwarteten Form. Das Ganze ist ein einziger Satz, der zum größten Teil aus einer Anrede besteht. Eine Vergegenwärtigung bis zu greifbarer Nähe – in c. 51 der Liebe des Catull, hier des Spielens mit dem *passer* – führt in beiden Gedichten zu einer ganz aktuellen Reaktion aus dem Gedicht heraus. Die bewußte Spontaneität des Ablaufs verbindet beide Gedichte. Catull redet den *passer* an, und diese Anrede wird darauf weitergesponnen, scheinbar mit ebensolcher Freude am konkreten lebensvollen Detail wie an dem Pathos der Liebe. Es ist aber nicht so, daß sich Catull den *passer* im Augenblick mit der Geliebten spielend vorstellte, Catull gleichsam in Gedanken vor sie hinträte und in dieser konkret vorgestellten Situation spräche. So würde es vielleicht Horaz machen, oder wohl auch die hellenistische Lyrik, die solche Stoffe etwa in einer Grabschrift auf einen toten Vogel gestaltete. Der Anlaß, weswegen Catull den Spatz anspricht, bleibt völlig im Ungewissen, sei es, daß er zufällig an ihn denkt, sei es, daß er der Qual seiner Liebe als ein Gegenbild erscheint. Mit anderen Worten, auch hier ist die Anrede nur eine Form, Catull spricht einsam Empfundenes aus, ausgehend von dem *passer* der Lesbia, ohne daß man Gegenwart annehmen müßte. Ebenso könnte der literarische Topos Ausgangspunkt für seine Phantasie gewesen sein.

Auf die Anrede folgen drei Relativsätze, in denen das Bild der mit dem Vogel spielenden Lesbia weiter ausgemalt wird, wie sie ihn ans Herz drückt, ihm die Fingerspitze hinhält und zum Picken reizt. Vom Bild der scherzenden Lesbia kommt der Gedanke auf den Anlaß dieses Spieles: dann nämlich vertreibt sich Lesbia die Zeit mit diesem Spiel, wenn sie zu zärtlichem Tun aufgelegt ist. Warum ist sie wohl dazu geneigt? Nun, für sie ist das ein Tröstlein. Wofür und wieso? Für ihren *dolor*, ein Liebesweh natürlich. Und der Erfolg wird sein, daß ihre drückende Glut beruhigt wird. Das ist nicht ganz ohne Ironie gesagt. Das Mißverhältnis von Ursache, Mittel und Wirkung weist darauf hin, daß Lesbia nicht allzu tief in der Leidenschaft steckt. Scheinbar absichtslos hat sich Catull immer weiter in dieses Spiel versenkt, ist den Gründen nachgegangen und hat schließlich die Erklärung für den Sinn des Tuns gefunden.

Da kommt der bittere Ausbruch, mit großem Atem sich über zwei Verse erstreckkend, während vorher der Gedanke Vers für Vers weitergeschritten war und schließlich stockte: könnte ich mit dir so spielen und die bitteren Qualen des Herzens lindern! Nicht, daß Catull an dem Getändel mit dem Vögelchen keinen Gefallen fände und das bedauerte, ist der Sinn dieses fast wehen Ausrufs; Catull stellt vielmehr dieser Liebe der Lesbia, über deren Glut, wie er ironisch formuliert, das Spiel mit dem Spätzchen hinweghilft, die eigene Leidenschaft gegenüber, gegen die es kein Mittel gibt. Wer doch auch so glücklich wäre, sich von den Schmerzen des quälenden Gottes so leicht befreien zu können! Glückliche Natur und vielleicht auch leichtfertige Natur, vor der Catull, der heißblütig-schwere, letztlich verständnislos steht, weil er auf der anderen Seite tiefernst genommen hat, was Sinnlichkeit und Spiel war.

Hier sieht man, wie das scheinbare Sichverlieren und Weiterfragen nach der Anrede an den *passer* höchst bewußt und planvoll gelenkt ist und bis zum Gegenbild der Lesbia führt, das den eigenen Zustand enthüllt. Wieder finden wir Catull nahe der Verzweiflung, leidend unter den *tristes curae*, von denen er sich befreien möchte, aber doch nicht kann, der Leidenschaft ausgeliefert. Dadurch erhält dieses Gedicht sowohl inhaltlich als auch der Form nach etwas Offenes. Es kommt nicht zur Überwindung, es fehlt ein Abschluß, ein ungelöstes und quälendes Leiden steht hoffnungslos am Ende da. Formal wird mit den beiden Versen, ähnlich wie in c. 51, das Idyll vernichtet, nichts an seine Stelle gesetzt. Das Gedicht ist von einer großen Spannung erfüllt, die erst am Schlusse ihre Entladung, nicht ihre Entspannung findet. An dieser Bewegung freilich spürt man wieder die Freude des Dichters, man hat das Empfinden, daß er auf diese Struktur aus ist und Wert darauf legt, daß hierin die besondere und Catullische Schönheit des Gedichtes liegt.

Man kann sich nicht vorstellen, daß beide Gedichte (c. 51 und c. 2) am Beginn der Leidenschaft stehen. Da herrschte Eroberungswille, wie er aus c. 92 oder c. 83 spricht, wo er den Gatten höhnt, ›*mule nihil sentis*‹ »Esel, merkst du nichts?« In beiden eben interpretierten Gedichten ist die Schwere charakteristisch, die Erkenntnis, daß man ohne die Geliebte nichts ist. In den *basia*-Gedichten wußte Catull, wenn man zugespitzt formulieren will, noch nichts von der auslöschenden Wucht der Leidenschaft. Aus allen diesen Gründen gehören diese Gedichte zur zweiten Etappe des Dramas, und man kann die Ansicht, daß c. 51 oder c. 2 Werbegedichte seien und zu den ersten Gedichten Catulls gehörten, nicht teilen.

Ebenso unmöglich aber ist es, sich vorzustellen, Catull könnte schon etwas von der Treulosigkeit Lesbias wissen. Im *passer*-Gedicht nimmt er ja noch an, daß der *dolor* – der Liebesschmerz darüber, daß der Geliebte nicht da ist – ihm selber gilt. In unseren Gedichten ist er wirklich blind verfallen. Das einzige, das ihn grämt, ist das Mißverhältnis in der Stärke der Leidenschaft und sein eigenes Ausgeliefertsein.

(3) Die Entdeckung der Untreue hat in ihm eine ungeheure Erschütterung ausgelöst und mit ihren Erkenntnissen die tiefsten Gedichte hervorgebracht. Es sind die Gedichte der dritten Stufe. Aus ihr verschieben wir das außer dem Epos längste Gedicht – von c. 61, dem Hochzeitslied für Manlius Torquatus, sehen wir dabei ab – auf die Schlußinterpretation im nächsten Abschnitt.

Für die heillose Lage, in der nach der Entdeckung die elementare Verfallenheit bestehen bleibt, ihre Unwürdigkeit aber die Kluft zwischen dem, was sein sollte, ein inniges Miteinander, und dem, was ist, ein Hörigsein, das keine echte Liebe mehr aufbringt, weiter aufreißt, findet er in den Epigrammen folgende Worte:

c. 72   Dicebas quondam solum te nosse Catullum,
          Lesbia nec prae me velle tenere Iovem.
      Dilexi tum te non tantum, ut vulgus amicam,
          sed pater ut gnatos diligit et generos.
      Nunc te cognovi: quare etsi impensius uror,   5
          multo mi tamen es vilior et levior.
      Qui potis est? inquis. quod amantem iniuria talis
          cogit amare magis, sed bene velle minus.

      Einstmals sagtest du, du kenntest nur Catullus,
      Lesbia, hieltest im Arm lieber als Juppiter mich.
      Damals warst du mir lieb, nicht so wie die Freundin dem Pöbel,
      sondern dem Vater der Sohn lieb und der Schwiegersohn ist.
      Jetzt hab erkannt ich dich. Wenn ich deshalb auch heftiger brenne,
      bist du um vieles mir doch feiler und ohne Gewicht.
      Wie, fragst du, kann das sein? Weil den Liebenden solche Verletzung
      zwingt zu lieben noch mehr, gut es zu meinen ihm nimmt.

Wenn auch durchaus nicht alle Distichen gedanklicher sind als die Polymetra, hier trifft es zu. Catull sucht seine Situation nach der Untreue, von der er verhüllt spricht, zu klären. Eine *iniuria* nennt er sie zum Schluß (7), nicht so sehr ein Vergehen gegen das *foedus amoris*, ein *periurium*, sondern eine persönliche Verletzung; es ist ein Eingriff und eine Verwundung seines Seins. Er erkennt, daß er Lesbia nicht wird lassen können, ja daß er sie nur noch leidenschaftlicher, durch brennende Eifersucht entflammt, begehrt, aber er macht einen Unterschied. Das *diligere* (3), von der sinnlichen Liebe durchaus gebraucht, aber mit dem Akzent auf dem Vorzuggeben im ganzen, ist zerfallen: das *bene velle* (8) kann er nicht mehr leisten, geblieben ist das *amare* (8), das *uri* (5). Den Unterschied faßt er in einem einzigartigen Vergleich aus der Sphäre der römischen Familie. Man sieht, wie er ganz in ihr wurzelt und in moralischer Not auf sie wieder zurückgeht. Vorher hat er Lesbia nicht wie eine gewöhnliche Freundin geliebt, sondern wie der Vater den Sohn oder den Schwiegersohn. Die Wahl der Beispiele ist weniger poetisch, sondern prosaisch genau. Catull kommt es darauf an, das Neue, das bis dahin noch nicht so gesehen war, so deutlich wie möglich zu sagen. Er will das objektive und geistig-übersinnliche Band eines Liebesbundes in Worte fassen, und es tritt ihm das Überpersönliche in der Liebe der römischen Familie, und zwar der des Vaters zum Sohn – der Plural ist generalisierend in beiden Fällen – und zum Schwiegersohn als das Vergleichbarste vor Augen. Sie führen das Leben der Familie weiter, sie gehören zur Existenz des Vaters wie Lesbia zu seiner. Im 68. Gedicht wird er für seine existentielle Liebe zu Lesbia, die ohne sittliche Bindung nicht denkbar ist, ein noch kühneres Bild finden.

Das Gedicht steht der Form des Epigramms nahe. Die ersten vier Zeilen analysieren in schlichten Worten – nur beim Zitieren der Worte Lesbias hebt sich der Ton in einem Topos übertriebener Liebessprache – den vorherigen Zustand. Das dritte Distichon stellt den jetzigen entgegen und bringt Spannung mit der überraschenden Feststellung, daß sie ihm zwar weniger wert ist, er aber um so heftiger in Leidenschaft erglüht. Das Schlußdistichon bringt die Lösung, eine Gnome, seine persönliche Erkenntnis als Pointe. In gewissem Sinne ist seine Situation abschließend erkannt, der Gedanke hat sich gerundet. Weil es aber nicht ein intellektuelles Problem ist, das sich logisch auflösen läßt, weil mit der Erkenntnis im Grunde nichts erreicht ist als die Erkenntnis des eigenen Zwiespaltes, hat selbst dieses Gedicht eine Art Offenheit.

Das wird noch deutlicher in dem lyrischeren Gegenstück c. 8, das hier nicht fehlen darf. Es mag etwas früher sein als die Klärung des 72. Gedichtes, setzt aber das entscheidende Ereignis, daß Lesbia nicht mehr will, voraus. Thornton Wilder hat es in den ›Iden des März‹ zitiert. Mit Recht, denn es ist eines der originalsten und schönsten Gedichte des Catull. Nur hätte er die ›Wiederholungen‹ des Mittelstückes nicht weglassen dürfen. Auf die wiederholten Bewegungsabläufe kommt es gerade an. Sie machen das Leben des Gedichtes aus.

c. 8   Miser Catulle, desinas ineptire,
          et quod vides perisse, perditum ducas.
          fulsere quondam candidi tibi soles,
          cum ventitabas, quo puella ducebat
          amata nobis, quantum amabitur nulla!   5
          ibi illa multa tum iocosa fiebant,
          quae tu volebas nec puella nolebat,
          fulsere vere candidi tibi soles.
          nunc iam illa non vult: tu quoque, inpotens, noli
          nec quae fugit sectare nec miser vive,   10
          sed obstinata mente perfer, obdura!
          Vale, puella! iam Catullus obdurat
          nec te requiret nec rogabit invitam.
          at tu dolebis, cum rogaberis nulla.
          scelesta, vae te! quae tibi manet vita?   15
          quis nunc te adibit? cui videberis bella?
          quem nunc amabis? cuius esse diceris?
          quem basiabis? cui labella mordebis?
          at tu, Catulle, destinatus obdura!

Armer Catull, so laß doch, sei nicht mehr albern,
was du verloren siehst, mußt als Verlust nehmen.
Die Zeit war einst, da dir die Sonnen hell strahlten,
sooft du kamest, wo dein Lieb dich hinführte,
geliebt von mir, wie keine wird geliebt werden.
An diesem Ort geschah damals an Spiel vieles,
was du begehrtest und dein Mädchen nicht wehrte.
Es glänzten wahrhaft dir die Sonnen hell strahlend.
Doch jetzt will sie nicht mehr: mach Schluß auch du, Schwächling,
und laufe der nicht nach, die flieht, noch sei elend,
vielmehr ertrag es starren Sinns und lern hart sein.
Leb wohl, Geliebte! Jetzt beweist Catull Härte,
wird nicht dich suchen, nicht dich bitten, dich Spröde.
Doch du wirst leiden, wenn dich keiner wird bitten.
Du Schlimme, weh dir! Welch ein Leben harrt deiner!
Wer kommt nun jetzt zu dir? Wem wirst du nett scheinen?
Wen wirst du jetzt nun lieben? Wessen Lieb heißen?
Wen wirst du küssen? Wem die Lippen wund beißen?
Doch du, Catullus, wanke nicht und lern hart sein! (Vgl. S. 347.)

Miser Catulle, redet sich Catull selbst an, hör doch auf, dummes Zeug zu machen (*ineptire*), und was du verloren siehst, das gib auch innerlich verloren. Seine Torheit besteht darin, daß er sich nicht an die Realität, das, was seine Augen sehen, hält, sondern sich weiter an seine Liebe, die damit etwas Scheinhaftes bekommt, klammert. In den einfachsten Worten spricht er, begütigend und väterlich, zu sich: darum der Konjunktiv, nicht der Imperativ. Es ist sein besseres Ich, das sich so überlegen an das andere verfallene und unglückliche richtet. Der nächste Vers ist zunächst ganz auf diese Mahnung zurückgewendet. In dem Vers *fulsere quondam candidi tibi soles* ruht aller Ton auf dem Einst, darauf, daß alles vergangen ist. Es ist aber noch etwas anderes in dem Vers: er ist poetischer, für Tag steht *soles*, die Sonnen, im Spiel mit der Doppelbedeutung des Glanzes, Schimmers, Sonnenscheins. Die gehäuften Wörter für dieses Strahlen zeigen, wie Catull noch mit den Intensitätseffekten der früheren Dichtung vertraut ist (was H. Tränkle gezeigt hat), erinnern aber auch daran, daß Catull für die Licht- und Glanzmetapher in Hinsicht auf Lesbia eine besondere Vorliebe hat. Mit anderen Worten: in dem Vers, der das Einst als verloren betonen sollte, kommt die Vorstellung zum Durchbruch, wie glücklich und herrlich das alles war. Und diese Vorstellung führt weiter. Zunächst in einem Relativsatz – wenn du dahin kamst, wohin dich dein Mädchen führte –, dann aber in der Prädikation der Geliebten, die vielleicht noch Wehmut enthält, aber doch zugleich die unumstößliche Gewißheit, daß sie – auch jetzt noch – geliebt ist wie keine je wieder: *amata nobis quantum amabitur nulla*. Und mit dieser emphatischen Gebärde ist er ganz in der Vergangenheit – *amata* schillert zwischen Perfekt und Perfektum praesens –, oder vielmehr die Vergangenheit ist in der Gegenwart und nur die Vergangenheitsformen erinnern noch daran, daß es sich nicht um volle Gegenwart handelt. Catull malt sich diese Vergangenheit aus, das Scherzen und Lieben und das Einverständnis mit einer gnädigen Herrin – hier sagt er freilich schlicht *puella*; *era* und *domina* scheint er höherem Stil vorzubehalten –, und so hat die Variation des Verses, der diese Beschwörung der Vergangenheit einleitete, einen ganz anderen Klang: *fulsere vere candidi tibi soles*, ein bewußt und schwerwiegend abgewandelter Refrain. Jetzt liegt aller Ton auf dem *vere*. All der Glanz, der sich in diesen Vers eingeschlichen hatte, steht jetzt für sich da und kommt zu seinem vollen Recht.

Aber es ist doch Vergangenheit. Die Imperfekte sind nicht zu übersehen. Und so bricht bei der tiefsten Vergegenwärtigung des Glückes – eine Bewegung, welche dann die Elegiker aufnehmen werden – abrupt der Gegensatz der Gegenwart in schärfstem Kontrast ein: *nunc iam illa non vult*. Doppelt schmerzlich ist die nüchterne Feststellung der Lage nach dem Schwelgen in vergangenem Glück. Darum muß Catull jetzt auch ein ganz anderes Geschütz gegen sich auffahren. *Inpotens*, einen, der keine Gewalt über sich hat, schilt er sich und fährt mit scharfen, gehäuften Imperativen gegen sich los. Das *obdura* am Schluß ahmt mit seinem Gegentakt gleichsam die Gebärde des Sichaufbäumens nach. Es ist römische Männlichkeit, die das Verfallen jetzt um so mehr als Schmach empfindet, als der Wille des anderen nicht entgegenkommt.

Catull will abgewiesen nicht betteln, sondern seine Würde wahren. Und er faßt sich wirklich, als ob es damit schon für alle Zeit genug wäre. Ja, im Gefühl der Sicherheit und eigenen Festigkeit nimmt er wie in einer neuen Lage Abschied. Das Gedicht hat sich in der Situation verwandelt, wie wir es später etwa bei Properz finden. *Vale puella! Iam Catullus obdurat ...* Ja, noch mehr: er ist sich seiner so sicher, daß er sich um die Zukunft der Verabschiedeten kümmert und ihr drohend das Elend, das ihr beschieden ist, vorhalten kann: *at tu dolebis, cum rogaberis nulla. / scelesta, vae te! quae tibi manet vita?* Aber gerade diese neue Vorstellung wird ihm zum Verhängnis. Bei der Vergegenwärtigung dessen nämlich, was ihr alles abgehen wird, drängt sich die Erinnerung an das vor, was er gehabt hat, und zwar bis in die intimsten Einzelheiten. Wahrlich, es ist bitter nötig, daß er sich wieder zur Härte mahnt: *at tu, Catulle, destinatus obdura.* Er empfindet das selbst und zugleich, daß es doch sinnlos ist. Von der Sicherheit des Anfangs dieser zweiten Bewegung ist nichts mehr da. Catull schaut rettungslos verfallen diesem Verfallensein zu.

Es ist ein Abschied an Lesbia, verursacht durch ihre Abwendung, der keiner ist.

c. 11   Furi et Aureli, comites Catulli,
           sive in extremos penetrabit Indos,
           litus ut longe resonante Eoa
                tunditur unda,

           sive in Hyrcanos Arabasve molles   5
           seu Sagas sagittiferosve Parthos,
           sive quae septemgeminus colorat
                aequora Nilus,

           sive trans altas gradietur Alpes,
           Caesaris visens monimenta magni,   10
           Gallicum Rhenum, horribile aequor ulti-
                mosque Britannos,

Das Gedicht ist ein Dokument der Leidenschaft und des Leidens an ihr. Es markiert einen Zeitpunkt, als die Liebe selber im Kern noch ungeschmälert besteht, während sie in ihren Spannungen schon die ethische Struktur aller menschlichen Situation (wie in c. 72) schärfer als in den beiden ersten Stufen hervortreten läßt. Die charakteristische Schönheit des Gedichtes besteht aber in seiner Unmittelbarkeit und Spontaneität. Jede, auch die feinste Regung drückt sich sofort im Vers aus. Das Tänzerische und das Musikalische ist sein eigentliches Kennzeichen. Es lebt von den zwei Kurven des Verfallens, das sich in dem Gedicht ereignet. Catull selber ist sich seiner künstlerischen Tat voll bewußt, das Schwanken und die Zerrissenheit seiner Seele in aller Unmittelbarkeit im Wort und Vers einzufangen. An der Echtheit, der immer wieder erprobten Genauigkeit und Ernsthaftigkeit des Empfindens braucht man darum nicht zu zweifeln. Auch der Moment der Eingebung und der Stimmung läßt sich festhalten.

Catull agiert spontan vor sich selber, das eigene Leiden wird genossen. Ist es nicht, wenn auch sublime, Clownerie etwa im Stile eines Karl Valentin, über dessen Scheitern, das er immer wieder komisch vorführt, das Publikum lacht, während er selbst tragisch leidet, mit der Welt zerfallen? Aber es fehlt doch das, was zum Clown gehört, das Publikum; es fehlt der gewollte Effekt, es sei denn, man wolle glauben, Catull habe das Gedicht als Huldigung an Lesbia geschickt, was aus dem Text nicht zu entnehmen ist. Gewiß, es wird ein Scheitern agiert, aber als unmittelbarer Ausdruck der Betroffenheit, einsam und – wenn das Urteil des Dichters etwas gilt – sein Weh in hoffnungslosem Leiden aussprechend. Der letzte Vers ist nicht abrupt und schroff, er ist eine ernste und wehmütige Wiederaufnahme.

(4) Wir werden sehen, daß aus dem Nachdenken über die Situation des Betrogenen, Verlassenen und Zurückgewiesenen weitere Erkenntnisse erwachsen. Erst in einer vierten Stufe ist die Entschiedenheit da. Da wird der Abschied nicht nur von Lesbia, sondern von seiner Liebe mit so harten Worten ausgedrückt, daß an eine Wiederversöhnung nicht zu denken ist, ebensowenig wie an ein Sichzufriedengeben. Man spürt, es ist etwas Neues, Unwiderrufliches geschehen. Diesen Zustand kann das 11. Gedicht repräsentieren.

> Furius, Aurelius, treu Catulls Begleiter,
> sei's er dringe tief zu den fernsten Indern,
> wo der Strand von östlicher weithin hallender
> Woge gepeitscht wird,
>
> sei's Hyrkanien zu und Arabiens Luxus,
> sei's den Sakern oder den pfeilbewehrten Parthern,
> sei's zum Meer, das braun färbt
> der siebenarmige Nil,
>
> sei's er überstiege die hohen Alpen,
> Caesars ewige Spuren zu schaun, des großen,
> Galliens Rhein, das grausige Meer und jenseits
> weit die Britannen,

omnia haec, quaecumque feret voluntas
caelitum, temptare simul parati,
pauca nuntiate meae puellae   15
    non bona dicta:

Cum suis vivat valeatque moechis,
quos simul conplexa tenet trecentos,
nullum amans vere, sed identidem omnium
    ilia rumpens;   20

nec meum respectet, ut ante, amorem,
qui illius culpa cecidit veluti prati
ultimi flos, praetereunte postquam
    tactus aratro est.

Könnten wir nicht sagen, daß das Gedicht im Jahre 55 gedichtet sein muß, da der
Rhein als Erinnerungsmal an Caesars Übergang eben in diesem Jahr bezeichnet
wird, so müßte es schon dem Tone nach eines der letzten Gedichte sein. Die Versmaße gewinnen aus ihrem Rhythmus und dem Charakter ihrer Benützer einen
festen Habitus: kaum sonst dürfte die sapphische Strophe für eine so scharfe Invektive benützt worden sein. Das Gedicht lebt von einem oder besser zwei Stil-
gegensätzen.
Die ersten vier Strophen sind zusammenzunehmen. Sie bilden eine wohl be-
reitstehende Form aus zu einer atemlosen Spannung. Es ist eine Anrede an die
Freunde, in höchsten Tönen ihre unbegrenzte Bereitwilligkeit rühmend, mit Parodie hohen Stiles. Was wird von ihnen verlangt? Im Gegensatz zu dem Erwarteten,
Großen etwas völlig anderes, scheinbar Nichtiges. Man hat sich mit Recht gewundert. Kroll behauptet, Catull führe die Schilderung der Freundschaft so breit und
überschwenglich aus, daß sie fast als die Hauptsache erscheine. Heinze dagegen
(zu dem zitierten Horaz-Gedicht c. 2,6) meint, daß die Poesie das Motiv schon
vielfach verwendet habe, werde dadurch wahrscheinlich, daß es Catull in einer
Ode parodiere, indem er die Freunde höhnt.
Aber wie kann ein Auftrag an Lesbia ein Hohn für die Freunde sein? Charakteristisch ist, daß beide Interpreten die vier Strophen für sich nehmen und in ihnen
die Hauptsache sehen. Die Hauptsache ist aber nicht die Schilderung der Freundschaft oder die Verhöhnung der Freunde, sondern der Auftrag an Lesbia. Die
Freunde spielen bei der Affäre eine untergeordnete Rolle. Bedenkt man die langen
Vorbereitungen in c. 51 und c. 2, die eine große Spannung aufbauen, um die
Hauptsache plastisch herauszuarbeiten, so kann man sich nicht daran stoßen, daß
das Wesentliche so spät kommt. Freilich ist das fern allem klassisch Ausgewogenen.
Auf die Freunde darf man die Interpretation ebensowenig konzentrieren wie auf
die pompösen ersten drei Strophen, weil sie nur dienende Funktion haben, eine
Absage nämlich zu überbringen, die so schwer ist, daß sie Catull ihrer Treue an-
vertrauen muß.
Etwas freilich haben Heinze wie auch Kroll trotz gegensätzlicher Meinungen gespürt, daß man nämlich die Verse dieser Strophen nicht bieder im Wortsinne neh-

alles dies bereit, was auch bring des Himmels
Wille, ihm zuliebe zugleich zu wagen,
meldet ein paar Worte nur meinem Mädchen,
weniger gute:

Pack sie sich und lebe mit ihren Männern,
deren sie dreihundert zugleich umfaßt hält,
keinem echt und treu, doch beständig aller
Kräfte entnervend,

rechne nicht wie ehmals mit meiner Liebe,
die durch ihre Schuld wie des Wiesenrandes
Blüte hinsank, seit sie des Pfluges Gehen
streifend berührte.   (Vgl. S. 348.)

men darf, sondern daß Ironie im Spiele ist, etwas wie Parodie. Hier wurden ihre
Beobachtungen noch weiter geführt. Fragt man sich, worin eigentlich die Ironie
liegt, so muß sie mit einem Mißverhältnis – wie in c. 2 – zusammenhängen, dem
Mißverhältnis zwischen dem Rühmen der Bereitschaft der Freundestreue und dem
Auftrag, für den das doch augenscheinlich alles nicht nötig ist. Offenbar genießt
Catull mit diebischer Freude den Stilwechsel und das Mißverhältnis zwischen der
– fingierten – hochstilisierten Anrede an die Freunde und dem trocken-kargen
Auftrag, den er selbst nicht übernehmen möchte. Eine schwungvolle frisch-fröh-
liche Absage an Lesbia ist geplant und wird mit Pomp ins Werk gesetzt. Catull ist
gerüstet, sich loszureißen. Es war gewiß ein Entschluß und es wäre ein schwerer
Gang, aber die Freunde werden es ausrichten; sind sie doch bereit, alles für ihn zu
wagen, was die Götter verhängen, ja bis ans Ende der Welt zu gehen.
In dieser Stimmung der Aufgeräumtheit mit der auf lange Sicht angelegten sachlichen und stilistischen Pointe setzt das Gedicht ein, und nach dem Ziehen aller
Register vertraut Catull den Freunden den Auftrag als etwas unverhältnismäßig
Geringes an, als er sich einmal endgültig durchgerungen hat. Damit ist eine erste
Bewegung abgeschlossen, freilich so, daß der Auftrag inhaltlich noch nicht bestimmt ist. Das geschieht in der fünften Strophe. War aber der Auftrag noch verhalten, sogar etwas ironisch gegeben – das bewirkte ja gerade das Mißverhältnis,
an dem Catull seine Freude hatte –, so bricht jetzt an diesem Punkte spontan seine
ganze bittere Entrüstung durch. Der einfache Abschied, der wohl geplant war und
in der ersten Zeile der fünften Strophe nun überdeutlich ausgesprochen wird, wird
zur grotesk übertriebenen Schilderung des unzüchtigen Treibens der Lesbia. Daran
schließt er, als könne er nicht los, eine negative Formulierung der Absage in Hinsicht auf sich selbst an – *nec respectet* . . ., die das *valeat* ergänzt, aber sachlich
nicht gefordert wäre. Und hier setzt nun eine zweite Wendung ein: Der Gedanke
an die eigene Liebe, um die sie sich nicht mehr kümmern und auf die sie nicht
mehr rechnen soll, weckt in Catull die Erinnerung – *ut ante* – und die Gedanken
an ihre Schuld und die unheilbare Wunde, die seine Liebe durch Lesbias Schuld
erlitten hat. Sie ist unheilbar getroffen wie die Blume am Wiesenrande, aber im
Grunde lebt und krankt sie noch. Nichts ist mehr da von den fast burlesken Über-

treibungen des Anfangs, von seiner siegesgewissen Triumphstimmung, die ihn zum Spielen begeisterte. Das Gedicht schließt auch nicht wie die vorletzte Strophe mit bitterem Hohn und leidenschaftlicher Schmähung, sondern fast wehmütig klagend und in dem Bewußtsein, daß es mit seiner Heilung, an die man nach den ersten Strophen glauben könnte, nicht weit her ist; daß er weiter an dieser hinsiechenden Liebe leidet, wenn er jetzt auch mit aller Kraft einen äußeren, nicht wieder gutzumachenden Schnitt mit Hilfe der Freunde vollzogen hat. Catull hat Lesbia trotz allem bis zuletzt geliebt: Wilamowitz hat mit dieser These so Unrecht nicht.

Spontan entstehende Stimmungen durchlaufen das Gedicht wiederum: vom überlegenen Scherz zu bitterer Invektive, zu wehmütiger Selbsterkenntnis und zu der Einsicht, daß die Krankheit noch nicht überwunden ist. Auch dieses Gedicht hat etwas Offenes, und es ist unvermerkt wieder einsame Lyrik geworden; denn weder an die Freunde noch an Lesbia, sondern an den Dichter selbst ist es letztlich gerich-

c. 76   Si qua recordanti benefacta priora voluptas
    est homini, cum se cogitat esse pium
nec sanctam violasse fidem, nec foedere nullo
    divum ad fallendos numine abusum homines:
multa parata manent in longa aetate, Catulle,   5
    ex hoc ingrato gaudia amore tibi.
nam quaecumque homines bene cuiquam aut dicere possunt
    aut facere, haec a te dictaque factaque sunt:
omnia quae ingratae perierunt credita menti.
    quare cur te iam amplius excrucies?   10
quin tu animo offirmas atque istinc teque reducis
    et dis invitis desinis esse miser?
difficile est longum subito deponere amorem;
    difficile est, verum hoc, qua lubet, efficias:
una salus haec est, hoc est tibi pervincendum;   15
    hoc facias, sive id non pote sive pote.
o di, si vestrum est misereri, aut si quibus umquam
    extremo, iam ipsa in morte, tulistis opem,
me miserum aspicite et, si vitam puriter egi,
    eripite hanc pestem perniciemque mihi!   20
quae mihi, subrepens imos ut torpor in artus
    expulit ex omni pectore laetitias.
non iam illud quaero, contra me ut diligat illa,
    aut, quod non potis est, esse pudica velit:
ipse valere opto et taetrum hunc deponere morbum.   25
    o di, reddite mi hoc pro pietate mea!

Das Gedicht beginnt mit *si*, meditierend wie ein Epigramm: wenn die Erinnerung an rechtes Handeln Freude bringt, hast du viel Freude an dieser unerwiderten Liebe. Nun, ich habe alles getan und gesagt, was an Gutem möglich war. So spricht Catull mit sich selbst, einsam, besinnlich.

tet. Während aber die bis dahin interpretierten Gedichte von einfachen Bewegungen lebten, ist das Leben dieses Gedichtes selbst noch komplizierter als das von c. 8.

c. 76 und 68

Vielleicht darf man von einem künstlerischen Drang sprechen, zu nuancieren und kompliziertere Gebilde zu meistern. Jedenfalls haben die problematischen letzten Stufen, bezeichnenderweise in der Form der Elegie, das heißt zunächst des Gedichtes in Distichen, jede ein Gedicht gezeitigt, das die ›lyrischen‹ Gegenstücke bei weitem übertrifft. Sie können als die eigentlichen Vorbilder der römischen Elegie gelten. Sie muß man kennen, wenn man den ganzen Ertrag der Catullischen Existenz zum Schluß zusammenfassen will.

> Wenn, erinnert man sich an das frühere Rechttun, dem Menschen
>   Freude das bringt, wenn er denkt, fromme Gesinnung gewahrt,
> nicht die heilige Treue verletzt zu haben, in keinem
>   Bund bei den Göttern mißbraucht Schwur zu der Menschen Betrug:
> bleiben bereit dir, Catull, der Freuden in langem Leben
>   viele von dieser Liebe, welche sich danklos erwies.
> Alles, was jemandem tun oder sagen an Gutem die Menschen
>   können, ist wahrlich von dir worden gesagt und getan.
> Das ging alles zugrund, einem undankbaren Gemüte
>   anvertraut. Warum quälst selbst du dich weiter damit?
> Warum verhärtest im Sinn du dich nicht und ziehst dich zurück nicht,
>   hörst zu siechen nicht auf gegen der Götter Gebot?
> Schwierig ist es, sogleich ein langes Verhältnis zu lassen.
>   Schwierig ist es, doch dies, irgendwie mußt du es tun:
> dies ist das einzige Heil, das mußt mit Gewalt du erreichen,
>   das setze durch jedenfalls, möglich, unmöglich ist gleich.
> Habt ihr, o Götter, das Amt des Erbarmens und je einem Menschen
>   Hilfe in äußerster Not, fast schon im Tode gebracht,
> schaut auf mich Elenden hin, und wenn rein ich mein Leben verbracht hab,
>   reißt diese Seuche heraus und das Verderben aus mir,
> das mir wie Lähmung bis hin in die Tiefe der Glieder sich einschleicht
>   und aus der Brust jetzt ganz Freude vertrieben mir hat.
> Jetzt verlang ich nicht mehr, daß sie meine Liebe erwidert,
>   oder, was unmöglich ist, keuscher zu sein sich entschlöß:
> selber will ich gesunden, von scheußlicher Krankheit befreit sein.
>   Gebt, ihr Götter, mir dies als meiner Frömmigkeit Lohn!   (Vgl. S. 349.)

Diese epigrammatische Reflexion wird selbständig und auf die Gegenwart bezogen: Das ist alles ohne Dank geblieben. Dieser Satz (9) ist eine Wiederholung: 9 ist ja in 6 *ex . . . ingrato amore* vorausgesetzt. Die Absicht der Betrachtung, die intellektuelle Bemeisterung, hat sich also nicht halten lassen. Mitten im folgenden Pentameter (10) setzt darum auch nach der Vergegenwärtigung und Unterstreichung des Undankes die scharfe und schmerzliche Reaktion darauf ein. Eine Frage spürt dem Grund nach, daß Catull Lesbia doch weiter liebt, obwohl sie seine Liebe nicht erwidert.

Der Anfang ist mit seiner rationalistisch-epigrammatischen Zuspitzung vergessen oder wenigstens zurückgetreten. Statt dessen wird nach der nachdrücklichen Vergegenwärtigung des Tatbestandes eine Antwort zu geben versucht. Sie liegt darin, daß es schwierig ist, das einfach Vernünftige zu tun, schwierig, ein langwährendes Liebesverhältnis plötzlich aufzugeben.

Das Gedicht verweilt bis hierher, wenn auch nicht mehr im geistigen Spiel, so doch im Gedanklichen. Jetzt aber (14) bei der nüchternen Bloßlegung des Grundes bricht leidenschaftlicher Widerstand hervor. Mitten im Distichon fordert Catull sich auf, trotz der Schwierigkeit gerade dies durchzusetzen. Unmittelbar reagiert er in einsamem Ringen mit sich selbst.

Und hier ist das Gedicht ganz lyrisch im Catullischen und allgemeinsten Sinne geworden. Aus dem Gefühl der Ohnmacht – es ist an c. 8 zu erinnern – erwachsen immer stärkere Selbstermahnungen bis zur paradoxen Polarität, etwas versuchen zu müssen, was möglich oder unmöglich ist (16).

Im Grunde ist es schon die Heftigkeit der Selbstanrede, nicht nur die Polarität des *sive id non pote sive pote*, die verdeutlicht, daß es ein vergebliches Aufraffen ist und Catull die Erfolglosigkeit seines eigenen Bemühens erkennt.

Aus dieser Lage – man darf nach V. 16 keinen Gedankenstrich als Unterbrechung setzen, sonst verfälscht man den ganzen Zusammenhang – erwächst ein Gebet in solenner Form an die Götter um Erbarmen in höchster Not. Catull tritt vor die Gottheit hin und legt sein Leben bloß, damit die Götter ihn von dieser verderblichen Pest befreien. Diese Krankheit muß weiter beschrieben und näher definiert, ihr Begriff erklärt werden. Ein Ausruf des Leidens wäre in dem Gebet fehl am Platze. Darum also muß statt des überlieferten *seu* ein *quae*, nicht *hei* geschrieben werden. Befreiung von der Liebeskrankheit erfleht Catull, weil diese Leidenschaft ihm alle Freude genommen hat, alle wahre Freude, die mit dem Ethos verknüpfte Freude, ohne die sich nicht leben läßt und die am Anfang zu der sarkastischen Epigrammatik Anlaß gegeben hatte.

Befreiung will Catull, nicht das unmögliche andere mehr: eine Änderung des Zustandes seiner Liebe. Sie würde scheitern an dem erkannten Wesen Lesbias. Er will – und wie ein Ertrinkender spricht er es ganz egoistisch aus – nur noch selber gesund sein und schließt das Gebet mit einem neuen Anruf. Lohn für seine Frömmigkeit – das heißt hier, daß er reinen Sinnes geblieben ist, im Verhältnis zu Lesbia das Gute gewollt hat – soll die Rettung sein. Wenn gesagt wurde, das Gedicht enthalte keine Metaphern, so sind die poetischen gemeint. Die Identifizierung seiner Liebe mit der Krankheit ist eine Prädikation.

Das Gedicht ist inhaltlich und formal höchst denkwürdig. Inhaltlich wendet sich Catull (in der vierten und letzten Phase seiner Liebe) in seiner Ohnmacht nun zwar nicht ganz zur Moral der *severi* zurück, aber doch voll Vertrauen zu einer innerlich erfühlten göttlichen Macht, die mit dem Plural *di* unbestimmt benannt ist. Das Bewußtsein seines guten Willens gibt ihm das Vertrauen, daß die Götter ihn nicht verlorengehen lassen. Sie werden als das Reine und Gute erfahren, das

Göttliche wird als Gegensatz zu dem Hinsiechen und Verfallen erlebt. Es ist die Entdeckung des moralischen Ich, das seinen Göttern, neuen Göttern folgen will, die Heilsein verbürgen und sich erbarmend zu ihm hinwenden. Und dieses Ich lebt auch in einer Spannung zur vernichtenden Leidenschaft, die sich des Körperlichen bedient, um sich des ganzen Menschen zu bemächtigen; sie läßt die echte Freude nicht aufkommen, die nur in der Vereinigung und der Einheit zwischen beidem entstehen kann.

Formal ist das Gedicht nicht mehr nur ein aufgebrochenes Epigramm. Es ist einsame Lyrik, Selbstanrede, von den Polymetra durchaus darin nicht verschieden. Der Gedanke und das Empfinden meistern eine Situation und durchlaufen in der Entwicklung des Gedichtes verschiedene Stadien. Von der sarkastisch epigrammatischen Analyse der Lage und der Hypothese ihrer Folgerungen geht es zur Vergegenwärtigung, zur Besinnung auf die Gründe der Energielosigkeit, dann zu plötzlicher energischer Selbstanrede bis zur Erkenntnis der eigenen Ohnmacht. An dieser Stelle erhebt sich das Gebet. Das Gebet wird begründet und steigert sich am Schluß zu einem offenen Aufschrei. Liest man den Anfang, kann man weder die Stadien der Durchführung noch den Schluß erahnen. Das Gedicht ist in dem Ablauf, der später wie anderes bei Catull mit dem berühmten Tibullschen Gleiten der Gedanken zusammengesehen werden muß, durchaus unmittelbare seelische Bewegung, keiner Gattungsform, erst recht keinem Vorbild und keiner ›Gelegenheit‹ mehr verpflichtet. Das ist das, was man als elegisch bezeichnen kann, wie es sich in der Folgezeit auffaßt. Hier erscheint es am Schluß der Catullischen Dichtung in ergreifender Schlichtheit und Einfachheit, nur der Sache hingegeben. Die Sache ist die neu entdeckte geistige Wirklichkeit, ein Reich der Ordnung, Reinheit und Gesundheit, zu der Catull hinstrebt. Gemeint ist dabei stets der geistige Einklang, der Konsens des Menschlichen, das über dem Natürlichen etwas Maßgebendes und über der Zeit Erhabenes verehren und ihm zugehören will.

Das Gedicht spiegelt dieselbe Situation wie c. 11, eher sogar noch entschlossener in dem festen Urteil und nun in der Hoffnung auf das Göttliche. Man kann sich nicht vorstellen, daß ein solches Gedicht Lesbia etwa geschickt worden wäre und daß es nicht das letzte Wort ist; ja man möchte denken, es wäre kaum für die Veröffentlichung bestimmt gewesen. Es ist die Objektivierung eines Wogens des Gemütes im Wort als dem Träger des Gedankens und des genauen Empfindens in der Dynamik einer schönen Bewegung bis zum Gebet. Als solche mag sie den Freunden als Bekenntnis mitgeteilt worden sein, ist aber doch wohl in erster Linie eine Bestätigung für den Dichter, Befreiung vom Drängenden des Ungeklärten, Bestätigung, daß er als Dichter dem Bereich des Geistes zugehört als dem Raum der Wahrheit, wenn auch einer bitteren. Wie dem auch sei, das eine wird man festhalten dürfen, daß als Pendant zu c. 11 diese Elegie etwa ins gleiche Jahr gehört.

Bei dem Begriff der Elegie, der hier zunächst noch undefiniert verwendet werden soll, kommt es nicht auf genaue Grenzziehung an, ob man also ein aufgebrochenes Epigramm oder die Epigrammverse auf den Tod des Bruders (wohl vom Frühjahr 56: c. 101) – hier mit Wilamowitz – schon als Elegie bezeichnen soll. C. 76, das letzte Wort, ist eine Elegie. Vorher aber hatte die Erschütterung der dritten Stufe, die Entdeckung, daß Lesbia untreu war, in Verbindung damit, daß der Tod des Bruders in die Spielereien einer unbeschwerten Jugend eingebrochen war, ein seltsames Gedicht hervorgebracht, das in einem noch stärkeren Grade als erste römische Elegie angesprochen werden darf, darum nämlich, weil im Durchdenken der neuen Situation eine Reihe von Begriffen und Haltungen gefunden wird, die der Welt der Elegiker zugrunde liegt. Dieses Gedicht zeigt das Bestreben, das Erleben in einer großen Komposition und einer neuen Form zu deuten. Es ist das erste Beispiel, daß der römische Dichter nicht bei den kleinen *ludicra* stehenbleiben will, sondern zu den *maiora* drängt.

Mit diesem Gedicht sind eine Reihe noch ungelöster oder umstrittener Probleme verknüpft. Ihre Lösung wird für die richtige Auffassung der Gedichte der Späteren wichtig und entscheidet auch über vieles, was mit der Catullischen Sammlung zusammenhängt. Darum läßt sich eine ausführlichere Würdigung nicht umgehen.

c. 68

Quod mihi fortuna casuque oppressus acerbo
  conscriptum hoc lacrimis mittis epistolium,
naufragum ut eiectum spumantibus aequoris undis
  sublevem et a mortis limine restituam,
quem neque sancta Venus molli requiescere somno   5
  desertum in lecto caelibe perpetitur,
nec veterum dulci scriptorum carmine Musae
  oblectant, cum mens anxia pervigilat,
id gratum est mihi, me quoniam tibi dicis amicum
  muneraque et Musarum hinc petis et Veneris.   10
sed tibi ne mea sint ignota incommoda, Mani,
  neu me odisse putes hospitis officium,
accipe, quis merser fortunae fluctibus ipse,
  ne amplius a misero dona beata petas.
tempore quo primum vestis mihi tradita pura est,   15
  iocundum cum aetas florida ver ageret,
multa satis lusi; non est dea nescia nostri,
  quae dulcem curis miscet amaritiem:
sed totum hoc studium luctu fraterna mihi mors
  abstulit. o misero frater adempte mihi,   20
tu mea tu moriens fregisti commoda, frater,
  tecum una tota est nostra sepulta domus,
omnia tecum una perierunt gaudia nostra,
  quae tuus in vita dulcis alebat amor.
cuius ego interitu tota de mente fugavi   25
  haec studia atque omnes delicias animi.
quare, quod scribis Veronae turpe Catullo
  esse, quod hic quisquis de meliore nota
frigida deserto tepefactat membra cubili,
  id, Mani, non est turpe, magis miserum est.   30
ignosces igitur, si, quae mihi luctus ademit,
  haec tibi non tribuo munera, cum nequeo.
nam, quod scriptorum non magna est copia apud me,
  hoc fit, quod Romae vivimus: illa domus,
illa mihi sedes, illic mea carpitur aetas;   35
  huc una ex multis capsula me sequitur.

Das 68. Gedicht, eben jene erste große subjektive Elegie Roms, ist wie ein kostbares Kleinod in einen Brief an einen Freund eingebettet. Das Ganze ist sozusagen ein Brief mit Beilage und Postskriptum. Die Beilage ist so deutlich abgesetzt – Einsatz ohne Verbindung (41), nach prachtvollem Abschluß des Gedichtes Neueinsatz des Nachwortes mit prosaischem Sichabsetzen und ausgesprochener Bezugnahme auf das vorhergehende Gedicht (149) –, daß das Mittelstück offenkundig eine eigentliche Dichtung für sich sein will, ein Gedicht für denselben Freund, an den der Brief gerichtet ist. Der Begleitbrief, richtig verstanden, zeigt besser als jede allgemeine Betrachtung, was der Dichterkreis um Catull ist. Dazu soll er zuerst, soweit möglich, verstanden werden.

Wenn du, vom Unglück und bitterem Schicksal übel betroffen,
    mir das Brieflein hier sendest, mit Tränen verfaßt,
schiffbrüchig aus den schäumenden Wogen des Meeres geworfen,
    daß ich dich aufheben sollt', retten vom Rande des Tods,
dich, dem die heilige Venus in weichem Schlafe zu ruhen,
    einsam gelassen, nicht gönnt auf einem Lager, das leer,
und den die Musen nicht mit den süßen Gesängen der alten
    Dichter erfreun, wenn der Sinn Nächte beklommen durchwacht,
so ist mir dies lieb, da du mich damit deinen Freund nennst,
    und der Musen Geschenk suchst und der Venus von hier.
Aber daß, Manius, dir nicht unbekannt sind meine Leiden
    und du nicht glaubest, der Dienst sei für den Gastfreund mir leid,
so vernimm, wie ich selbst von den Fluten des Schicksals umspült bin,
    daß du nicht weiter von mir Armen Beglücktes erstrebst.
Damals als mir zuerst ward verliehen das Kleid ohne Borte,
    als die blühende Zeit hatt' ihren lieblichen Lenz,
hab gespielt ich genug, und es kennt uns wahrlich die Göttin,
    die ihren Sorgen bei Bitternis, süße, vermischt.
Aber all diese Lust hat mit Trauer der Tod mir des Bruders
    fortgenommen. O Bruder, mir Armen geraubt,
du hast sterbend mein Glück du, o mein Bruder, zerbrochen,
    eins mit dir hat ins Grab ganz unser Haus sich gesenkt!
Alle sind eins mit dir unsre Freuden in nichts uns vergangen,
    welche, solange du warst, süß deine Liebe genährt!
Durch seinen Heimgang bewegt hab geschlagen ich ganz aus dem Geist mir
    dieses lustvolle Spiel, alles Ergötzen des Sinns.
Darum wenn du mir schreibst, eine Schande sei's für Catullus
    in Verona zu sein, weil, wer von besserer Art,
hier in verlassenem Bett die kalten Glieder nur lau wärmt,
    ist, Manius, das kein Schimpf, ist es ein Jammer vielmehr.
Wirst mir also verzeihn, wenn welche mir Trauer genommen,
    diese Geschenke ich nicht gebe, da ich es nicht kann.
Denn, wenn bei mir die Wahl an Dichtern hier nur gering ist,
    kommt das, weil wir in Rom leben: nur das ist mir Heim,
das mir Wohnsitz, dort ist's, wo ich mein Leben verbringe.
    Hier folgt von vielen nur eins meiner Kästchen mir her.

> quod cum ita sit, nolim statuas nos mente maligna
> id facere aut animo non satis ingenuo,
> quod tibi non utriusque petenti copia posta est:
> ultro ego deferrem, copia si qua foret.   40

Die in den Erläuterungen (S. 349) verzeichneten Beobachtungen lassen mit Sicherheit erkennen, daß es sich bei dem Begleitbrief zur ersten römischen Elegie um einen echten Brief handelt, der in Gedichtform auf die poetische Epistel des Manius Allius antwortet. Dieser Tatbestand hat zwei Aspekte. Er erschließt erst, unwiderleglich erkannt, die Möglichkeit des Verstehens, weil die Einheit nicht mehr im Gedicht selbst gefunden zu werden braucht, sondern sogar sehr wahrscheinlich in der Einheit des Briefgesprächs gefunden werden muß, wie es etwa in den Atticus-Briefen Ciceros der Fall ist. Zugleich aber muß man, wie bei diesen, damit rechnen, daß die Bezugnahme auf etwas, das wir nicht mehr haben, das volle Verständnis bestimmter Dinge nicht erreichen läßt.

Alles daran zu setzen, um soviel wie möglich zu verstehen, lohnt sich aus zwei Gründen. Einmal stellt sich in Notruf und Antwort das Treiben dieses Kreises der *formosi* und *poetae novi* um Catull besonders deutlich und differenziert dar; zum andern muß uns daran gelegen sein, die Gedanken Catulls in der Geburtsstunde der Elegie klar zu erfassen.

Das Gedicht ist noch nicht verstanden, weil die Kommentatoren von Kroll bis Fordyce in den *munera et Musarum et Veneris*, die Allius erbittet, zwei verschiedene Geschenke sehen, die Catull beide nacheinander ablehnen muß. Warum er dann doch noch ein Gedicht, doch zweifellos ein Geschenk der Musen, schickt, ist völlig unverständlich.

Allius schickt seinen Brief – einen Hilferuf, mit Tränen geschrieben – in einer Notlage, die mit den krassesten Ausdrücken beschrieben wird: es ist ein bitterer Schicksalsschlag, Allius ist wie ein Schiffbrüchiger an den Strand gespült, hilflos liegt er an der Schwelle des Todes. Catull soll ihn aufrichten (1–4); was ist Gräßliches geschehen? Wir wissen es nicht, aber die weitere Beschreibung des Zustandes und seines Heilmittels (5–10) läßt an kein lebensbedrohendes Ereignis denken. Die heilige Venus läßt Allius im verwaisten Bett nicht in sanftem Schlafe zur Ruhe kommen, und wenn er die Nächte angstvoll durchwacht, so erfreuen ihn die Musen nicht mit dem süßen Lied der alten Dichter. Catull soll mit *munera et Musarum et Veneris* Abhilfe schaffen. In der übertriebenen Sondersprache des Kreises ist offenbar ein Ereignis, das Allius einsam zurückgelassen hat, eher eine Reise als ein Zwist: 155 werden Allius und seine Geliebte angeredet *sitis felices et tu simul et tua vita,* bis zu den höchsten Metaphern für das Unglück hochgetrieben worden.

Wenn uns auch die Sondersprache des Kreises und das Faktum, daß es sich um einen wirklichen Antwortbrief handelt, der für einen bestimmten Adressaten verständlich ist, für immer das genaue Ereignis verhüllen, so läßt sich aus der Formulierung mit Sicherheit schließen, daß es dieses Ereignis ist, das Allius schlaflose Nächte verursacht, es sich also nicht um zwei unabhängige Leiden handelt, für die verschiedene Heilmittel notwendig seien. So hatte nämlich W. Kroll – an seiner Auffassung orientiert man am besten die Gestaltanalyse – argumentiert und ge-

Darum, da es so ist, so glaube, nicht knausrigen Sinnes
   täten wir das, einer Art, die nicht recht edel sich zeigt,
wenn auf dein Bitten dir nicht von beidem die Fülle gewährt wird.
   Selber brächt ich dir's hin, wär' nur die Möglichkeit da.   (Vgl. S. 349.)

meint, Catull solle gegen das verwaiste Bett *munera Veneris* schenken, nämlich eine Geliebte vermitteln, gegen die Schlaflosigkeit aber *munera Musarum* schicken, nämlich ein Gedicht. Er lehne in den Versen 11–32 die erste Bitte um die Vermittlung einer Bekanntschaft, in den Versen 33–40 dagegen die Bitte um ein Gedicht ab.

Das läßt sich widerlegen. *Munera et Musarum et Veneris*, sowohl der Musen als auch der Venus Geschenke, können nicht nur, wie Kroll einräumt, Liebesgedichte sein, sondern sie müssen es sein, wie der weitere Ablauf zeigt. Wir stehen damit am Anfang einer Entwicklung, die bei den Elegikern zur vollen Blüte kommt: Gallus wie auch Tibull, Properz und Ovid sehen ihre Muse in der Geliebten. Im nächsten Abschnitt (11–32) werden nämlich die *munera et Musarum et Veneris* insgesamt und zusammengefaßt abgelehnt, und es zeigt sich eindeutig, was mit ihnen gemeint ist: jene *ludicra*, heitere, beglückte Gedichte der Liebe, die Allius über seinen Schmerz heben könnten.

Vorsichtig sich verwahrend, daß Manius Allius ihn nicht für undankbar halten möge (11/12), kündigt Catull überschriftartig sein eigenes Unglück an (13), damit er von ihm nicht *dona beata*, Geschenke eines Beglückten, die etwas von dem Zustand des Gebers an sich haben, erwarte. Dies auf die Vermittlung einer Geliebten, ein abscheulicher und wahrlich dem Geist dieses Kreises fremder Gedanke, zu beziehen, geht nicht an, auf jeden Fall aber werden mit *dona beata* die *munera et Musarum et Veneris* als eine *Einheit* bezeichnet. Die Ausführung – solange der Bruder lebte, hat er gescherzt, und die bittersüße Venus kennt ihn wohl – zeigt, daß es sich um jenes *ludere* handelt, dessen Früchte die *nugae* und *ludicra* sind. Noch deutlicher erkennt man das, wenn man die nächste Zusammenfassung ansieht: *totum hoc studium*, dies ganze leidenschaftliche Treiben hat ihm der Tod des Bruders genommen (19). Der Tod des Bruders hat ihm nicht die Möglichkeit eines Vermittlungsdienstes (wenn Allius, der ein Mädchen liebt (155), dessen bedürfte) genommen, sondern, wie sich aus c. 65,3 ergibt, ihm gehorchen die gelehrten Mädchen, die Musen, nicht mehr im bisherigen Stil. Dem Hortensius, dem er ein Gedicht versprochen hatte, schickt er darum eine Übersetzung aus Kallimachos, die »Locke der Berenike«. Wird er auch Allius einen Ersatz schicken? So weit sind wir noch nicht.

Bei der Erinnerung an den Bruder bricht der Schmerz über seinen Verlust hervor. Es sind jene höher stilisierten Verse, die in der Elegie als 92–96 wiederkehren und dort primär zu sein scheinen. Wie bei vergleichbarem Abgleiten im eigentlichen Gedicht machen sie eine ausdrückliche Rückkehr und damit eine zweite Zusammenfassung notwendig. Ihre Form: *cuius ego interitu tota de mente fugavi / haec studia atque omnes delicias animi* zeigt noch deutlicher, daß es sich um das Liebesspiel mit seinen geistigen Früchten, den *ludicra* handelt. Wenn mit *ignosces igitur* (31/32) um Verzeihung gebeten wird, daß Catull diese Geschenke nicht geben kann, so gilt die Ablehnung als Folge der Trauer um den Bruder eben diesen Gedichten oder besser diesem Gedicht; denn wie auch der Wechsel zwischen *studium* und *studia* zeigt, handelt es sich um den poetischen Plural, der vom Singular in der Bedeutung nicht verschieden ist.

Vor diesen Abschluß schiebt sich ein Passus, der großes Rätselraten verursacht hat und noch nicht als verstanden gelten kann. Mit *quare* setzt Catull zwar zu dem Schluß an, der dann mit *ignosces igitur* getrennt angefügt wird, bezieht sich aber (*quod scribis* – 27) auf eine Passage des Allius-Briefes. Es sei eine Schande für Catull, in Verona zu sein, weil hier – in Rom – jeder von der besseren Sorte, das heißt die *formosi*, ihre kalten Glieder im verlassenen Bett nur lau wärmten. Catull antwortet, das sei für ihn keine Schande, sondern es sei bejammernswert. Es kann sich bei diesem Vorwurf des Allius nicht darum handeln, daß jeder in Rom im Bett der Lesbia ruhe (Vahlen), eine Erklärung, die Kroll abscheulich nennt, aber auch nicht darum, daß in Verona nichts los sei (Kroll) – das können wir nicht wissen –, darum nicht, weil beides mit dem Tod des Bruders und der Ablehnung des Gedichtes nichts zu tun hat. Es muß vielmehr ein Vorwurf sein, der innerlich mit dieser Ablehnung zusammenhängt. Catull fehlt in Rom mit seinen spritzigen, geistreichen Gedichten. Alles Leben ist erloschen. Es ist eine Schande für Catull, daß er die Freunde so verkümmern läßt. Allius hatte es in der Sondersprache des Kreises so kraß wie möglich ausgedrückt. Catull antwortet, daß das für ihn keine Schande sei, sondern daß man ihn deshalb beklagen müsse. Schuld daran ist eben der Tod des Bruders. Und so wird ihm Allius auch verzeihen, daß er ihm nicht ein Gedicht zum Geschenk als Ersatz für seine Anwesenheit macht, da er dazu nicht in der Lage ist.

Wieder sind wir einer Stelle begegnet, die sich ganz klar und einfach nur lösen ließe, wenn wir den Allius-Brief hätten. Soviel aber ist im ganzen deutlich, daß in den Versen 11–32 die *munera et Musarum et Veneris* als *dona beata* insgesamt abgelehnt werden und daß es sich dabei um Liebesgedichte handelt.

Dann kommen wir aber in größte Schwierigkeit, wenn wir uns den Versen 33–40 zuwenden. Sie war es offenbar, die Kroll zu seiner verzweifelten Erklärung veranlaßte. Denn *non utriusque petenti copia posta est* (39) zeigt, daß offenbar zwei Dinge im Spiele sind und in den letzten Versen (33–40) etwas Weiteres abgelehnt wird. Da nicht gesagt wird, was, hatte Kroll die Einheit im Brief selbst gesucht und eben *munera Veneris* und *munera Musarum* auf beide Ablehnungen verteilt.

Die Erkenntnis des Briefcharakters entbindet uns von diesem Zwang. Catull kann sich hier auf etwas berufen, das im Allius-Brief stand und darum dem Adressaten bekannt war, ohne es ausdrücklich zu rekapitulieren. Zur festen Gewißheit wird diese Annahme, wenn man die Feststellung bedenkt, daß es im Briefstil üblich ist, mit dem *nam* der praeteritio zu einem zweiten, noch nicht genannten Punkte überzugehen (Att. 3,10,2; 3,15,2). Zu ergänzen ist hierbei ein Zwischengedanke, in unserem Fall etwa: »aber auch die andere Bitte kann ich nicht erfüllen.« Was war aber die Bitte gewesen? Hier heißt es, aus dem Text wieder den Allius-Brief zu rekonstruieren. Während nun bei der ersten Ablehnung von *munera, dona beata*, *studium* und *studia* sowie den *deliciae animi* die Rede war, ist hier das Leitwort *copia*, die reiche Verfügung auf seiten Catulls und dem Freunde mitteilbar (33, 39, 40): selbst würde er das Gewünschte bringen, hätte er es nur zur Verfügung; knauserig und knickerig wäre Catull (*mente maligna* und *animo non satis ingenuo*), wenn er nicht großzügig spendete. Das hängt damit zusammen, daß er in Verona keine große Zahl von Dichtern hat, sondern aus Rom nur einen Behälter für Bücherrollen mitführt. Daß Catull nun die Bitte um ein eigenes Gedicht abschlage, weil er eine große Menge Literatur, eine Fülle von Dichtern zum eigenen Dichten brauche (Kroll), das steht nicht da, hängt, weil unbelegt, völlig in der Luft und stimmt zu den erbetenen *munera et Veneris et Musarum*, den *ludicra*, schon gar nicht: gerade die kleinen Gedichte Catulls sind zwar höchst kunstvoll, vermeiden aber eher die Gelehrsamkeit. Uns bleibt nichts anderes anzunehmen, als daß Allius für den Fall, Catull schicke ihm kein eigenes Gedicht, um Handschriften von Dichtern gebeten hatte, modernen natürlich. So kommt das betonte und seltsame *veterum* zu seinem Recht: die alten Dichter können ihn nicht erfreuen, so möchte er sich von Catull modernere leihen. Leider kann Catull keine schicken.

Wir sind jetzt in einer paradoxen Lage. Allius hatte um zwei Dinge gebeten: um ein Gedicht Catulls oder zweitens wenigstens um moderne Dichter. Catull faßt (39) zusammen, Allius möge verzeihen, daß er ihm nicht beides gewähre. Es heißt wohlgemerkt nicht *neutrum*, keines von beiden, sondern mit Begriffsnegation eben »nicht beides«, also doch wohl eines von beiden. Er lehnt aber doch beide ab? Das zweite sicherlich: *ultro ego deferrem* (40): irreal. Wäre das erste die Vermittlung einer Geliebten, das zweite aber das eigene Gedicht, so wäre es völlig unverständlich, wenn Catull nun doch ein Gedicht beilegte und dies der Begleitbrief zu diesem Gedicht sein sollte. Wir hingegen können die paradoxe Situation auflösen. Was nämlich abgelehnt wird, ist eine besondere Seite der Bitte: *dona beata* kann er nicht geben, *deliciae animi*, die das *ludere* und alle solche *studia* voraussetzen, und darum wird um Verzeihung gebeten, daß er nicht *haec munera* – *haec* ist betont und gesperrt – gibt, die ihm die Trauer genommen hat. Er kann nicht den Freund erheitern – *cum nequeo* (32) –, was er kann, schickt er: die Allius-Elegie – *quod potui* (149). Die Bezugnahme ist so evident, daß sie zum Schlußstein unserer Beweisführung wird. Er schickt kein spritziges Gedicht wie gewünscht, er übersendet nicht wie an Hortensius eine gelehrte Übersetzung, er schickt vielmehr ein *triste carmen*, ein ernstes Lied. Warum sagt er es nicht deutlicher? Nun, Allius verstand es: das Gedicht lag ja bei. Wir verstehen es wahrlich nicht ohne weiteres. Wie mir scheint, ist dies der sicherste Beweis, daß die Freunde nach Catulls Tod die Sammlung zusammengestellt haben. Man veröffentlicht nicht selber etwas, was nicht aus sich heraus verstanden werden kann.

In einer Darstellung der römischen Lyrik rechtfertigt sich die Lösung eines noch so interessanten Problems nur, wenn das Ergebnis wesentlich ist für ihre Geschichte. Die Interpretation dieses bisher nicht verstandenen Briefes zeigt in der Tat Entscheidendes. Wir hatten gesehen, daß der Reiz hellenistischer Formkunst in Rom vor Catull seine Wirkung getan hatte. Deutlicher, als es die Reste eines Catulus, seines Kreises, des Sueius, des Matius und anderer erkennen lassen, deutlicher auch, als es manche der Catullischen *nugae* zeigen, tun wir hier einen Blick in das poetische Treiben dieser jeunesse dorée, der *formosi*, und ihrer Sondersprache. Denn ihre Sprache verwendet, wie Reitzenstein gesehen hat, den Wortschatz und die Begriffe der römischen *res publica*; indem die Leidenschaft und das poetische Spiel zum Mittelpunkt des Lebens werden, entsteht darüber hinaus eine Sondersprache, in der die Begriffe von diesem Mittelpunkt aus ihren Sinn erhalten. Schande und Ruhm bemessen sich danach, wie weit man zu diesem Spiel steht, schlimmstes Unglück und Todesnähe bedeutet die Trennung von der Geliebten; die Freunde sind in diesem Spiel so verbunden, daß sie um Hilfe in der Not rufen, das heißt um ein bißchen Zuspruch (*paulum quid lubet allocutionis* c. 38,7), oder zu schlimmsten Schmähungen greifen, wenn sich Hartherzigkeit in solcher Lage zeigt (c. 60). Der Aufwand der sprachlichen Mittel und der Leidenschaft steht oft in einem grotes-

Non possum reticere, deae, qua me Allius in re
　　iuverit aut quantis iuverit officiis,
nec fugiens saeclis obliviscentibus aetas
　　illius hoc caeca nocte tegat studium:
sed dicam vobis, vos porro dicite multis
　　milibus et facite haec carta loquatur anus   45
. . . .
　　notescatque magis mortuus atque magis,
nec tenuem texens sublimis aranea telam
　　in deserto Alli nomine opus faciat.   50
nam, mihi quam dederit duplex Amathusia curam,
　　scitis, et in quo me torruerit genere,
cum tantum arderem quantum Trinacria rupes
　　lymphaque in Oetaeis Malia Thermophylis,
maesta neque assiduo tabescere lumina fletu   55
　　cessarent tristique imbre madere genae
qualis in aerii perlucens vertice montis
　　rivus muscoso prosilit e lapide,
qui, cum de prona praeceps est valle volutus,
　　per medium densi transit iter populi,   60
dulce viatori lasso in sudore levamen,
　　cum gravis exustos aestus hiulcat agros,
hic velut in nigro iactatis turbine nautis
　　lenius aspirans aura secunda venit
iam prece Pollucis, iam Castoris implorata: 65
　　tale fuit nobis Allius auxilium.
is clausum lato patefecit limite campum,
　　isque domum nobis isque dedit dominae,
ad quam communes exerceremus amores.
　　quo mea se molli candida diva pede   70
intulit et trito fulgentem in limine plantam
　　innixa arguta constituit solea,
coniugis ut quondam flagrans advenit amore
　　Protesilaeam Laudamia domum
inceptam frustra, nondum cum sanguine sacro   75
　　hostia caelestis pacificasset eros.
nil mihi tam valde placeat, Ramnusia virgo,
　　quod temere invitis suscipiatur eris.
quam ieiuna pium desideret ara cruorem,
　　docta est amisso Laudamia viro,   80

ken Mißverhältnis zum wirklichen Anlaß. Aber es genügt, sich dies noch einmal an der Lektüre des Gedichtes klarzumachen.

Wichtiger ist, daß die römische Elegie geboren wird aus einer Entschuldigung. In dieses Spiel, bei dem die Gefahr bestand, daß man sein Leben verspielte, brach der Ernst des Lebens ein in Gestalt des Todes. Nach dem Verlust des Bruders hört für Catull das unbeschwerte Spiel auf. Die Seinsfrage stellt sich.

> Nicht zu verschweigen vermag ich, worin, ihr Göttinnen, Allius
>   einst mir half und er beisprang mit gewaltigem Dienst,
> und die flüchtige Zeit, wenn Vergessen befällt die Geschlechter,
>   möge nicht dieses Verdienst decken mit düsterer Nacht,
> sondern ich sage es euch und ihr, sagt weiter es vielen
>   Tausenden, bitte bewirkt, alt daß noch spreche das Blatt!
> ⟨Und sein Ruhm soll glänzen hell, solang er am Leben⟩
>   und nach dem Tode erst recht werd er berühmter nur noch,
> und die Spinne soll hoch nicht oben ihr zartes Gewebe
>   ziehen und nicht ihr Gespinst hüllen um Allius' Ruhm!
> Denn was für Not mir gemacht der Trug der listigen Göttin
>   aus Amathus, ist bekannt, und womit euch gequält,
> als ich glühte so sehr wie Siziliens Felsen und jener
>   Quell in der Malis im ötäischen Thermopylai,
> und das traurige Aug nicht zu schmelzen in ständigem Weinen
>   säumt' und von trübem Naß feucht mir die Wange zu sein,
> so wie am Gipfel des Berges hoch in den Lüften das Bächlein
>   durchsichtig springt hervor aus einem moosigen Stein,
> das, hat gewälzt es sich jäh herab den stürzenden Talgrund,
>   mitten den Pfad durchquert, wo sich die Masse schon drängt,
> dann in ermattetem Schweiß für den Wanderer süßes Erquicken,
>   wenn das verbrannte Geländ drückende Hitze durchfurcht.
> Da, wie im düstren Orkan den wild geschleuderten Schiffern
>   sanfter wehend ein Wind günstig den Segeln jetzt kommt,
> da zu Pollux man schon, man schon zu Kastor gefleht hat,
>   so war des Allius uns helfende Rettung aus Not.
> Er hat auf breitem Steig das verschlossene Feld uns eröffnet,
>   er hat uns das Haus, hat es der Herrin gestellt,
> daß wir in ihm uns mitsamt in gemeinsamer Liebe ergötzten.
>   Dort hat mit zartem Schritt hin meine Göttin beglänzt
> sich begeben, den strahlenden Fuß auf die schäbige Schwelle
>   hat sie gesetzt, ihren Tritt auf der Sandale Getön,
> wie in der Leidenschaft einst zum Gemahl die Gattin erglühend
>   Laodamia kam in Protesilaos' Haus,
> darum gegründet umsonst, da noch nicht mit dem heiligen Blute
>   hatte der Himmlischen Herrn Frieden das Opfer gebracht.
> Nichts soll so sehr mir, Ramnusische Jungfrau, gefallen,
>   daß es den Herren zum Trotz leichtsinnig werde gewagt!
> Wie nach dem frommen Blute verlangt der dürstende Altar,
>   Laodamia erfuhr's durch ihres Mannes Verlust,

coniugis ante coacta novi dimittere collum,
    quam veniens una atque altera rursus hiemps
noctibus in longis avidum saturasset amorem,
    posset ut abrupto vivere coniugio:
quod scibant Parcae non longo tempore abisse,   85
    si miles muros isset ad Iliacos:
nam tum Helenae raptu primores Argivorum
    coeperat ad sese Troia ciere viros,
Troia (nefas) commune sepulcrum Asiae Europaeque,
    Troia virum et virtutum omnium acerba cinis: 90
quaene etiam nostro letum miserabile fratri
    attulit. ei misero frater adempte mihi,
ei misero fratri iocundum lumen ademptum!
    tecum una tota est nostra sepulta domus,
omnia tecum una perierunt gaudia nostra,   95
    quae tuus in vita dulcis alebat amor.
quem nunc tam longe non inter nota sepulcra
    nec prope cognatos compositum cineris,
sed Troia obscena, Troia infelice sepultum
    detinet extremo terra aliena solo.   100
ad quam tum properans fertur simul undique pubes
    Graeca penetralis deseruisse focos,
ne Paris abducta gavisus libera moecha
    otia pacato degeret in thalamo.
quo tibi tum casu, pulcerrima Laudamia,   105
    ereptum est vita dulcius atque anima
coniugium: tanto te absorbens vertice amoris
    aestus in abruptum detulerat barathrum,
quale ferunt Grai Peneum prope Cylleneum
    siccare emulsa pingue palude solum,   110
quod quondam caesis montis fodisse medullis
    audit falsiparens Amphitryoniades,
tempore quo certa Stymphalia monstra sagitta
    perculit imperio deterioris eri,
pluribus ut caeli tereretur ianua divis,   115
    Hebe nec longa virginitate foret.
sed tuus altus amor barathro fuit altior illo,
    qui tunc indomitam ferre iugum docuit:
nam nec tam carum confecto aetate parenti
    una caput seri nata nepotis alit,   120
qui, cum divitiis vix tandem inventus avitis
    nomen testatas intulit in tabulas,
impia derisi gentilis gaudia tollens
    suscitat a cano volturium capiti:
nec tantum niveo gavisa est ulla columbo   125
    compar, quae multo dicitur improbius
oscula mordenti semper decerpere rostro
    quam quae praecipue multivola est mulier:
sed tu horum magnos vicisti sola furores,
    ut semel es flavo conciliata viro.   130

vorher zu lassen den Hals des neuen Gemahles, gezwungen,
  eh daß ein Winter kam, eh daß ein anderer noch,
der hätt' in langer Nacht die verlangende Liebe gesättigt,
  daß sie nach Trennung des Bunds hätte zu leben vermocht,
dem, wie die Parzen wußten, in Kürze zu enden bestimmt war,
  wenn er vor Trojas Wall erst einmal wäre gerückt;
hatte nach Helenas Raub doch der Griechen fürstliche Männer
  Troja begonnen zu sich damals zu rufen ins Land,
Troja – entsetzlich! – das Grab Europens und Asiens gemeinsam,
  Troja, der bittere Brand Männern und Tugenden all,
das auch traurigen Tod dem geliebten Bruder gebracht hat.
  Weh mir, Bruder du, Bruder mir Armen geraubt,
weh, daß das liebliche Licht meinem armen Bruder genommen!
  Eins mit dir hat ins Grab ganz unser Haus sich gesenkt,
alle sind eins mit dir unsre Freuden in nichts uns vergangen,
  welche, solange du warst, süß deine Liebe genährt.
Ihn hält jetzt so weit, nicht unter den Gräbern der Freunde
  noch der Asche zunächst beigesetzt seines Geschlechts,
sondern im grausigen Troja, im Unglückstroja begraben
  fremder Boden fest fernab am Rande der Welt.
Damals geeilt sein zu ihm soll von allen Seiten die Mannschaft
  Griechenlands, soll versäumt haben den heimischen Herd,
daß sich nicht Paris ergötz' der geraubten Buhlerin und nicht
  sorglose Muße genöß' friedlich im stillen Gemach.
Durch dieses Schicksalsspiel ward, herrlichste Laodamia,
  dir da geraubt der Gemahl, lieber als Leben und Luft:
So hatte dich mit des Wirbels mächtigem Soge der Liebe
  Strudel gerissen hinab tief in das jähe Geklüft,
wie's nach der Griechen Bericht am Kyllenegebirg in der Nähe
  Pheneos' fettes Geländ trocknet und aussaugt den Sumpf,
Kluft, die grub nach der Sage, zerschneidend das Mark des Gebirges
  einst des Amphitryon Sohn, unechtem Vater geschenkt,
grub zu der Zeit, als er traf mit sicherem Pfeile Stymphaliens
  Ungeheuer, dem Wink treu eines schlechteren Herrn,
daß von noch mehr der Götter das Tor des Himmels betreten
  werde und Hebe nicht mehr lange ihr Magdtum bewahr'.
Aber dein tiefes Verlangen war tiefer noch als jener Abgrund,
  welches die Jungfrau das Joch hatte zu tragen gelehrt:
Denn dem vom Alter verzehrten Vater so lieb zieht die einzige
  Tochter den Enkel nicht auf, welcher ihm spät erst erschien,
der, wenn er endlich mit Mühe gefunden dem Reichtum der Ahnen,
  seinen Namen gefügt hat in die Tafel bezeugt,
hämische Freude zerstört des genarrten Verwandten und dadurch
  von seinem grauen Haupt scheuchet den Geier hinweg.
Und so sehr hat erfreut sich niemals des schneeweißen Gatten
  jemals die Taube, die doch gieriger noch, wie es heißt,
Küsse sich raubt immerfort mit ihrem beißenden Schnabel
  als eine Frau, die erfüllt mächtig von Leidenschaft ist.
Du aber hast die gewaltige Glut aller dieser bezwungen,
  als du verbunden einmal warest dem blonden Gemahl.

aut nihil aut paulo cui tum concedere digna
   lux mea se nostrum contulit in gremium,
quam circumcursans hinc illinc saepe Cupido
   fulgebat crocina candidus in tunica.
quae tamenetsi uno non est contenta Catullo,   135
   rara verecunde furta feremus erae,
ne nimium simus stultorum more molesti:
   saepe etiam Iuno, maxima caelicolum,
coniugis in culpa flagrantem concoquit iram
   noscens omnivoli plurima furta Iovis.   140
atqui nec divis homines componere   . . .
   . . . .
. . . . aequum est:
   ingratum tremuli tolle parentis onus.
nec tamen illa mihi dextra deducta paterna
   fragrantem Assyrio venit odore domum,
sed furtiva dedit mira munuscula nocte   145
   ipsius ex ipso dempta viri gremio.
quare illud satis est, si nobis is datur unis ·
   quem lapide illa dies candidiore notat.

Hoc tibi, quod potui, confectum carmine munus
   pro multis, Alli, redditur officiis,   150
ne vostrum scabra tangat rubigine nomen
   haec atque illa dies atque alia atque alia.
huc addent divi quam plurima, quae Themis olim
   antiquis solita est munera ferre piis.
sitis felices et tu simul et tua vita   155
   et domus, in qua ⟨nos⟩ lusimus et domina,
et qui principio nobis terram dedit haustis,
   a quo sunt primo | omnia nata bona,
et longe ante omnes mihi quae me carior ipso est,
   lux mea, qua viva vivere dulce mihi est!   160

Alle Kommentatoren betonen die Einzigartigkeit des Gedichtes. Läßt sie sich genau fassen? Geht man von der Form aus, so herrscht noch heute die Vorstellung,
daß das Gedicht zu den hellenistischen Spielereien gehöre, mit denen die Dichter
ihr Können darin bewiesen, alle möglichen optisch wahrnehmbaren Gebilde in
irgendeinen Stoff zu formen. Beim 68. Gedicht sei es so, daß um einen Mittelpunkt,
den Tod des Bruders, konzentrische Kreise gelegt seien, die sich aufs genaueste entsprächen. Nach Westphal und Skutsch hat Kroll, dem sich Fordyce im wesentlichen anschließt, gegliedert, wie es das Diagramm auf S. 59 zeigt.
Dieses Schema vergewaltigt die Gliederung, wobei die vagen Titel zu falschen Ein-
schnitten führen, und die Dynamik, indem zwischen Zielstrebigkeit und Rück-
schreiten nicht unterschieden wird. Nach den üblichen Gliederungen sieht es so
aus, als ob der Tod des Bruders Zentrum und Hauptsache wäre. Gewiß ist dieser
Tod ein Ereignis gewesen, das Catull tief bewegt hat. Zweifellos ist aber schon
wegen der beherrschenden äußeren Stellung als auch aufgrund der nicht enden-

Ihr nicht oder um weniges nur zu weichen verdienend,
    hat sich mein Leben, mein Licht, damals ans Herz mir gelegt.
Hier und dort überall umspielte sie ständig Cupido,
    strahlte in hellem Glanz, prangte in gelbem Gewand.
Mag sie zufrieden auch nicht fürwahr mit dem einen Catull sein,
    wollen wir seltenen Trug tragen der Herrin mit Scheu,
um nach der Art der Toren nicht allzu beschwerlich zu fallen;
    oft hat Juno doch auch, höchste der himmlischen Fraun,
bei der Schuld des Gemahl den lodernden Zorn überwunden,
    hört sie vom zahllosen Trug Iovis, der alles begehrt.
Freilich, es ziemt sich nicht, mit den Göttern die Menschen
    zum Vergleiche zu stellen . . . .
    . . . .
    Nimm die unliebe Last zittrigem Vater hinweg.
Doch kam jene mir nicht geführt von der Rechten des Vaters
    in von assyrischem Rauch duftendes hochzeitlich Haus,
sondern in heimlicher Nacht hat gegeben sie seltne Geschenke
    mir, aus dem Schoß ihres Manns selber verstohlen geraubt.
Drum ist mir jenes genug, wenn mir allein wird gegeben,
    der, den mit hellerem Stein selber sie zeichnet, den Tag.

Dieses Geschenk, aus dem Liede bestehend, wird so wie ich's konnte,
    Allius, dir übersandt, vielen Gefallen zulieb,
daß nicht mit schäbigem Rost euren Namen befleckend berühre
    weder der heutige Tag noch je ein weiterer noch.
Mögen die Götter hinzu so viele noch fügen, wie Themis
    damals den Frommen dereinst Gaben zu bringen gewohnt.
Möget ihr glücklich sein zugleich sowohl du und dein ›Leben‹,
    und auch das Haus, in dem wir, ich und die Herrin, gescherzt,
wie auch der, der am Anfang uns gab nach dem Sturme den Hafen,
    von dem entstanden zuerst alles das Gute uns ist.
Und von den anderen weit, die teuerer mir ist als ich selber,
    sie mein Licht; nur wenn sie lebt, ist zu leben mir lieb. (Vgl. S. 349.)

wollenden Vergleiche die Stärke der Leidenschaft Laodamias die Hauptsache, und im Verlauf des ganzen Gedichtes ist das zentrale Ereignis die Epiphanie der Geliebten. Von hier geht alles aus (70–72), und dorthin strebt das Gedicht (131–134).

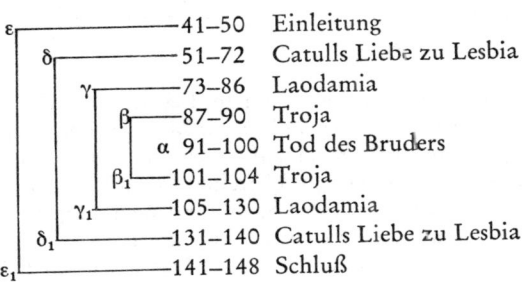

ε ──────────── 41–50   Einleitung
δ ───── 51–72   Catulls Liebe zu Lesbia
γ ───── 73–86   Laodamia
β ───── 87–90   Troja
α 91–100   Tod des Bruders
β₁ ──── 101–104   Troja
γ₁ ──── 105–130   Laodamia
δ₁ ──── 131–140   Catulls Liebe zu Lesbia
ε₁ ──────────── 141–148   Schluß

Vor der Epiphanie und nach der Epiphanie spricht Catull direkt vom eigenen Erlebnis, vorher (51–69 = 18 Verse) von der überwältigenden Kraft seiner Liebe und seiner *miseria*, in der Allius half, nachher (135–148 = 14 Verse, mit den ausgefallenen 18, so daß man etwa gleichgewichtige Massen hätte?) von seinem Verhalten nach Entdeckung der Untreue. Am Anfang steht die Ankündigung, daß er Allius' Namen feiern will, als Einleitung, die im nächsten Teil mitschwingt. Sie hat am Schluß keine Entsprechung; denn der Epilog ist fernzuhalten. Das Mittelstück, das wir von 75 (möglich wäre auch: von 73) bis 130 reichen lassen, hat das Schicksal Laodamias zum Gegenstand. Es ist dadurch charakterisiert, daß Catull ins *flebile* abgleitet (75 und 89), einmal von der Stärke der Liebe zu ihrem mit Troja verbundenen Verlust ihres Gemahls, zum andern von Troja zum Tode des Bruders. Es ist aber nicht so, daß sich hier mit dem Titel gleiche Massen verbänden. Vielmehr schwingt das erste Stück, das das Schicksal Laodamias bis zum Trojazug (79 bis 90) behandelt, und das zweite (91–100) über den Tod des Bruders breit aus, während das Zurückkehren zur Hauptlinie sehr rasch vor sich geht. Verkannt ist also die innere Ponderierung der Stücke und der Hauptzug hin zur Liebeskraft der Laodamia.

Will man gliedern, so entspricht folgendes Bild dem Text:

41–50   Einleitung. Versprechen, Allius zu rühmen.
51–69   Catulls Liebesnot und Allius' Hilfe.
         Catulls Not mit 2 Vergleichen.
         Allius' Hilfe mit 1 Vergleich.
70–74   Lesbias Epiphanie mit Laodamias Leidenschaft verglichen.
75–130   Laodamias Schicksal und Leidenschaft.
         Bei 75 Abgleiten bis zum Trojazug.
         Bei 89 2. Abgleiten beim Wort Troja über das *nefas Troiae* zum Tode des Bruders.
         Rückkehr zur Leidenschaft der Laodamia in vier Stufen:
         1. 97–100 vom Tod des Bruders zu Troja,
         2. 101–104 von Troja zum Trojazug,
         3. 105–106 zum Verlust Laodamias,
         4. 106–130 zur Leidenschaft Laodamias, die als eigentliches Thema hervortritt.
131–148 5. Stufe des Zurückgleitens
         131–134 zur Epiphanie Lesbias.
         135–148 das Kernstück der Elegie: Catulls Auseinandersetzung mit seiner Lage.

Es ist sicher richtig, Entsprechungen festzustellen. Bei der Lage der Dinge darf das aber nicht dazu führen, einen ruhenden Pol in der Mitte in der Klage um den Tod des Bruders zu sehen, um den sich gleichmäßige einander entsprechende Themenkreise legten. Das Abgleiten ins *flebile* im Mittelteil ist nichts Artistisches, um Entsprechungen zu erzielen, sondern aus der Sache und dem Empfinden heraus notwendig. Die Rückkehr zum Hauptstrang ist kein Spiel um seiner selbst willen, sondern die notwendige Wirkung des Abgleitens. Das ganze Gedicht aber ist gerichtet. Es hat ein Ziel und lebt von einer mit dem Mythos der Laodamia einsetzenden Spannung auf dieses Ziel. Es ist das Stück, das nach dem Mythos verständlich wird, die Auseinandersetzung Catulls mit seiner Lage. Es ist also im Empfinden, dem Catull sich so hingibt, daß er vom Ziel abkommt, wie im Streben nach diesem Ziel, auf das alles bezogen ist, ein höchst dynamisches Gedicht.

Und das ist wesentlich für den Gehalt. Man wird eine Grundform anzuerkennen haben, die in der Struktur die kleinen und die großen Gedichte verbindet, nämlich nach langer Vorbereitung, die spannt und staut, am Schluß mit dem eigentlichen Anliegen herauszutreten, manchmal herauszufahren. Diese Form gibt den Hinweis, wo das eigentlich Bewegende zu suchen ist.

Ein zweites aber scheint für die Struktur des 68. Gedichtes wichtig, was die meisten römischen Dichter teilen, wie sich zeigen wird. Gemeint ist das Streben nach der großen Form. In c. 68 sind auf dem unberechenbaren Gang zu der im wagenden und zugleich behutsamen Wort gefaßten Deutung seiner Lage eine Reihe von Motiven versammelt, die in einzelnen Gedichten eine Rolle spielten oder sie ganz trugen. Die Verherrlichung durch das Gedicht (etwa c. 6), die Liebesqual (c. 50 und 51), der Tod des Bruders (c. 65 und 101), der Vergleich leidenschaftlicher Liebe mit den Liebesbezügen der Familie (c. 72), die Vorstellung, daß die Frau mit einem Mann zufrieden lebt (c. 111), das Spiel der Phantasie um die Hochzeit (c. 61 und 62 besonders), anderes wie der Gedanke an die *officia* und die Versuche, die Stärke der Liebe immer neu ins Wort zu bannen – alles das soll nicht der flüchtigen Stimmung überlassen bleiben, sondern in noch dauernderer Ordnung, bewußt in der Schönheit des Wagnisses und der äußersten Möglichkeiten des Handelns, des Lebens, der Leidenschaft und des Seins aufgehoben sein.

Das Gedicht hat darum im eigentlichen Sinn einen Gehalt. Es kommt aus dem Leiden zur Schlußentscheidung und einer Erkenntnis. Sie ist in dem Begriff der Herrin – der *domina* oder an der entscheidenden Stelle noch schärfer gefaßt, der *era* – verdichtet. Der unbedingt Liebende – er liebt Schönheit und Leben in der einen Person – kann nicht befehlen oder zwingen. Ein solches *imperium* mag Juppiter ausüben, der darum Juno dieselbe Qual bereitet, wie Lesbia Catull. Er ist vielmehr auf Gnade angewiesen, auf die Leidenschaft, welche die Frau zwingt, ihre Selbständigkeit aufzugeben und sich dem Manne zu verbinden. So hat dieser kein Recht und Verdienst geltend zu machen, sondern demütig das Geschenk der Herrin entgegenzunehmen, der er einmal verfallen ist. Dieses höchste Glück wird freilich nur gelingen, wenn die Umstände dieser Welt zustimmen und wenn die Götter nicht vergessen werden. Catull deutet das an. Er hat gewagt, nur seine Leidenschaft als wesentlich anzusehen. Die Rechtfertigung für die Verstohlenheit, die damit verbunden war (145), lag in der elementaren und heroischen Gewalt, der Leidenschaft auf beiden Seiten. Hier zeigt sich die Notwendigkeit des Vergleichs mit dem Mythos. Laodamia hatte sich ebensowenig in ihrer Leidenschaft um die Götter und den Sinn der Hochzeitsfeierlichkeiten gekümmert wie Lesbia, wie Catull. Ob der Frieden der Götter, gegen die er nichts unternehmen mag, zu erringen ist, das läßt er offen, der Verstoß gegen das Hergebrachte liegt auf der Hand. So war die Leidenschaft, die fast heroische Leidenschaft der Lesbia sein Glück, sie hatte aber zugleich eine Seite in ihrer Stärke, die sich auch im Spiegel des Mythos als verhängnisvoll erwies. Sie erstreckte sich nicht nur auf Catull. Daher rührt

Catulls Leiden. Aber er darf nicht schelten, was sein Glück ausmacht und ausgemacht hat. So entschließt er sich zum Ertragen, dem *ferre*, der *patientia*, wie die Elegiker später sagen. Denn die aus dem Erlebnis geborene, sich mühsam in erster Lyrik herausringende Meisterung einer Situation wird in Glück und Leid der Raum, in dem die Elegiker sich bewegen und den sie als eine menschliche und dichterische Haltung ausgestalten. Catull hat mit der Durchdringung seines Erlebnisses eine Welt des wesentlichen Miteinanders der füreinander bestimmten Geschlechter, ihrer Problematik, ihres eigenen Sinnes kompromißlos gegenüber der Welt, bang nach dem Willen der Götter fragend, entdeckt. Es ist die Entdeckung der Liebe als eines lebenslangen Willensverhältnisses, dem nur der Tod der Liebe – an den Catull hier noch nicht glauben mag – ein Ende machen kann.

Damit ist verbunden die Trauer um den in Troja verstorbenen Bruder. Hinfort, nach seinem Tod, werde sein Lied immer von Trauer erfüllt sein, sagt Catull im 65. Gedicht. Und so soll die große Form in ihrem Gehalt auch den ganzen Umfang seines Schicksals umgreifen. Liebesleid und Todestrauer umfassen gewiß das Leben in seiner Polarität im ganzen. Sollte aber das Leiden über die Untreue der Lesbia und die Trauer um den toten Bruder, also konkrete Fakten, die zunächst nichts miteinander zu tun haben, in einem Kunstgebilde eingefangen werden, so mußte die Einheit des Gedichtes problematisch werden. Sie konnte nicht darauf gegründet werden, daß Beziehungen einer von der Kausalität bestimmten Realität, wenn auch in kühnstem Spiel – wie es etwa in der »Locke der Berenike« (c. 66) nach Kallimachos geschieht – aufgegriffen und verknüpft wurden. Die Realität des Gedichtes lebt in der Seele des Dichters Catull. Sie geht ins Gedicht ein nicht nur als Stimmung, sondern im Verlauf einer wohldurchdachten, neu aufgebauten, aber ganz von subjektivstem Empfinden durchglühten seelischen Kurve. Die Evidenz und die Notwendigkeit dieser Kurve wird durch ein Medium ermöglicht: den Mythos. Im Bezug auf die enthobene Welt des Mythos konnten konkrete Wirklichkeiten in der Spiegelung in eine Einheit eingehen, wenn der Mythos entsprechend ausgesucht war. Kein Zweifel, daß der Mythos von Laodamia, der meistliebenden Frau des Mythos, die ihres Gatten verlustig ging, als er nach Troja zog, wie kein anderer geeignet war, Catulls zwei Grunderfahrungen zu spiegeln, wenn auch im Mythos verankerte rationale Verknüpfungen übergangen oder ersetzt wurden. Das bedeutete eine Umgestaltung des Mythos. Catull dichtet den Mythos um, wie es die griechischen Dichter getan hatten, wie es im Römischen, von den Dramatikern abgesehen, etwa Naevius gewagt hatte, und zwar aus seiner Erfahrung heraus. So wird beim Laodamia-Mythos alles Gewicht auf den – noch dazu erfundenen – Anfang gelegt, daß Laodamia vor dem Hochzeitsopfer ins Haus des Mannes kam; hierin versinnbildlicht der Dichter die eigene Problematik. Die Trojaexpedition wird mehr als Brücke zu dem Begriff Troja erzählt. So verfügt die Phantasie des Dichters, gespeist aus seinen seelischen Wunden, über den Mythos.

Der Mythos aber ist nicht nur poetisches Mittel und in der Verfügung des Dichters, er ist in seinen Gestalten und seinem unerschöpflichen Reichtum eine Welt überlegenen Seins, zu der sich der Dichter, an ihr mitwirkend, erheben will; dabei bleibt er sich freilich des Abstandes seiner selbst und der Zeit nur allzu bewußt. Daher gehört der Mythos zum Gehalt des Gedichtes und zeigt auch im einzelnen so wie die Vergleiche ausgezeichneter Dinge dieser Welt immer neues Licht. So

wenn bei der herkulischen Arbeit der Katawothren plötzlich der Gedanke auf-
scheint, daß sie im Dienst eines schlechteren Herrn getan wurde: das Verhältnis
zwischen Herr und Diener und deren entsprechendem Wert ist eine Transposition
des Lesbia-Verhältnisses.

c. 64

Im 68. Gedicht wird der Mythos auf dem Wege des Vergleichs erreicht. Im 64. Gedicht hingegen, dem Kleinepos – Epyllion ist kein antiker Terminus –, macht er
wie bei Ovid in den Metamorphosen nach seinen Liebesgedichten den Hauptgegen-
stand aus. Er wird frappierend genug erzählt. Kaum ist die Meerfahrt der Argo
berührt, jener Augenblick, in dem die Wesen des Meeres das Neue, aber auch die
Menschen die Meergöttinnen bestaunten, ist man schon bei der Hochzeit des Peleus
und der Thetis. Ganz Thessalien feiert und kommt in den Hochzeitspalast, um
teilzunehmen und Geschenke zu bringen. Sie bestaunen alles, am meisten aber die
gestickte Decke des Hochzeitslagers, auf der die verlassene Ariadne und der Zug
des Bacchus dargestellt sind. Ebensowenig wie man das Vorausgehende Erzählung,
kann man das Folgende Beschreibung nennen. Vielmehr ist man sogleich mitten in
der Verzweiflung der Ariadne, die ganze Vorgeschichte ihres Bundes wird, eingeführt mit einem nüchternen *nam*, nachgetragen (76–123), bis man wieder bei der
Anfangssituation, die von der verzweifelt dastehenden Ariadne ausging, angelangt
ist. Hier breitet sich die Klage aus, die in drei Wellen ansteigt und in der Verflu-
chung gipfelt, daß Theseus sein Vaterhaus mit derselben Wesenseigenschaft zerstören möge, mit der er sie zugrunde gerichtet habe, mit dem *immemorem esse*,
vergeßlicher Lieblosigkeit. Um das zu verstehen, muß diesmal – mit einem ähnlich
prosaischen *namque* – nach der vorausgehenden summarischen Bemerkung, daß
Juppiter ihrer Verwünschung Gewährung nickte, noch weiter zurückgegriffen werden. Die Szene der Abfahrt des Theseus von Athen wird vergegenwärtigt und der
Faden dann in die Zukunft fortgesponnen bis zu dem Punkt, wo Aigeus ins
Meer stürzt, als er die irrtümlich belassenen Segel der Trauer erblickt. Man
längst vergessen, daß man sich vor einer gestickten Decke befindet, da lenkt Catull
ein zweites Mal fast brüsk mit demselben Mittel – *qualis* 247, *quae tum* 249 – zu
dem Bild der dem weichenden Schiff im Innersten verwundet nachblickenden
Ariadne zurück. Hier kann er die andere Seite der Decke anfügen: der Bacchus-
Chor wird in seiner ganzen festlichen Turbulenz mit all seiner orgiastischen Musik
versinnlicht. Mit einem weiteren *talibus* und *quae* – »mit solchen Bildern war die
Decke geziert«, »nachdem die thessalische Jugend sich an ihrem Anblick gesättigt
hat« – ist Catull wieder bei der Hochzeit.
Die Menschen machen den Göttern Platz. Sie erscheinen – nicht ohne Ausnahmen –
mit ihren charakteristischen Geschenken, und nachdem sie sich zum Mahle nieder-
gelegt haben, wie in einem Verse nur angedeutet wird, singen die Parzen ihr Lied.
Vergil wird in seiner vierten Ekloge darauf anspielen. Sie weissagen die Geburt des
Achill in seiner heroischen Pracht und Grausamkeit und berühren am Schluß Motive des Hochzeitsliedes. Hier könnte ein Gedicht von der Hochzeit des Peleus und
der Thetis schließen. Doch dem Dichter liegt noch anderes am Herzen. Es wirkt als

begleitende Spannung seit Anfang mit. Dort hatte er Peleus dafür gepriesen, daß die Götter Hochzeit mit den Menschen nicht verschmähten. Hier dringt er nach einer verwunderten Zusammenfassung, daß die Parzen Peleus ein solches Lied sangen, tief in die Verruchtheit der Gegenwart ein. Sie ist schuld, wie er klagt, daß die Götter sich von den Menschen zurückgezogen haben.

Klingner hat das Gedicht in einer schönen Interpretation verstehen gelehrt und gezeigt, wie in dichterischer Freiheit die Thematik der höchsten Festesfreude der Hochzeit kontrastiert mit der tiefsten Verzweiflung und Verlassenheit. Man wird dabei gewisse archaische Züge in der Wiederholung der Mittel, in der Schwere des in sich abgeschlossenen, hochdekorierten Hexameters, in der Nötigung, die für Catull offenbar bestand, den Mythos nicht nur anzurühren, sondern, wenn auch in freier Behandlung der Abfolge, doch ganz zu erzählen, bei menschlich relevanten Szenen verweilend und tief eindringend, nicht verkennen. Vielleicht sind zwei Ergänzungen dazu erlaubt.

Klingner hat in einleuchtender Ablehnung einer These von Pasquali die beiden Stufen des Hochzeitsgeschehens, daß zuerst die Menschen die Decke bewundern, dann den Göttern Platz machen, im musikalischen Sinne wie das Ziehen eines neuen Registers erklärt. Wollte man dies Zurückweichen im Sinne einer realistisch gefaßten Wirklichkeit deuten, käme man zu unausdenkbaren Konsequenzen. Aber Catull hätte dieses Ziehen des neuen Registers vornehmen können, ohne solche Restbestände einer realen Handlung stehen zu lassen. Und so nimmt man sie besser ernst: für Catull ist es selbstverständlich, daß die Klienten der Fürsten Platz machen, nachdem sie Geschenke gebracht und Teilnahme bezeugt haben, in dem Moment, wo die Götter, die eigentlichen Gäste, kommen. Das heißt, er hat den Mythos ins Römische transponiert mit einer gewissen selbstverständlichen Naivität, wie die Maler, die die heilige Geschichte in ihrem eigenen Lande spielen lassen.

Das andere hängt mit Anfang und Schluß zusammen. Ist es nicht wie im 68. Gedicht, daß das Gedicht bei allen Umwegen und den dabei gewonnenen Perspektiven einem Ziel zustrebt mit einer untergründigen Spannung von Anfang an? Der Mythos wird nicht erzählt um seiner selbst willen, nicht nur, weil im Kontrast von hochzeitlicher Erhobenheit und verzweifelter Verlassenheit Grunderfahrungen seines Daseins ausgesprochen werden konnten, sondern auch weil ein Letztes Catull bewegt: ein sehnendes und preisendes Sichausstrecken nach dem Raum des Mythos, in dem Götter und Menschen vereint waren, selbst aussichtslose Situationen lösten, und die Klage über die Verderbtheit der Gegenwart und ihre Verletzung der göttlichen Ordnung.

Catull möchte als Liebender und Dichter heroisch etwas vom Mythos in die eigene Zeit retten. Darin trifft sich das 64. mit dem 68. Gedicht, in einem tiefsten Gehalt also. Und wenn man fragt, warum in einem Buch über römische Lyrik auch dieses Epos, wenn auch nur in Andeutungen genannt werden mußte, so nicht nur darum, weil der Hexameter lyrisch ist bis zum Refrain des Parzenliedes; nicht nur, weil der Dichter aus dem erzählten Mythos die lyrischen Szenen, die zum Singen, zum Klagen und Jubeln gebracht werden können, auswählte; nicht nur, weil so die freie Verfügung und persönlichste Verwandlung der Wirklichkeit etwas Lyrisches hat als Summe seiner eigenen Erfahrungen, sondern auch wegen dieses Grundverhältnisses eines existentiellen Lyrikers in seinem Verhalten zur Welt, wegen dieser

Grundstimmung, die sich mit Wehmut in die verlorene Zeit als Reinheit zurück-
sehnt. Und hier können wir uns der Gestalt des Dichters, wie er sich in seinen Gedichten objektiviert hat, nähern. Es macht dabei etwas aus, ob die Sammlung von
ihm selbst geordnet und als ein Abbild seiner poetischen Welt gedacht worden ist
oder ob die Freunde alles Greifbare, nicht ohne Ordnung natürlich, zusammengestellt haben. Wir haben uns für das zweite entschieden. Die Buchkomposition, die
Erschaffung einer einheitlichen poetischen Stilwelt, war der nächsten Generation
vorbehalten. Und das hängt doch wohl mit der Gestalt Catulls zusammen. Dieses
schwer faßbare Phänomen wird deutlicher, wenn man es mit den anderen römischen Dichtern vergleicht, mit Ennius, dem gewalttätig die Sprache Aufbrechenden
und Erhöhenden, mit Vergil, der eine Welt harmonischer Melodien schafft, mit
Horaz, der in feierlichem Leichtsinn vom Realen aus sublimiert, mit Tibull, der
sich in erlesener Sprache seinen Träumereien zu überlassen scheint, mit Properz,
dessen Gären sich gegen das Gewöhnliche der Sprache aufbäumt, mit Ovid, der
mit Leichtigkeit über die früheren Errungenschaften gebietet und im Spiel Neues
zusammenfügt.

Auch ein Catullischer Vers ist unverwechselbar. Aber man wird schwer eine so eindeutige Charakteristik geben können. Der Zauber seines Verses erprobt sich an
allem, auf die Welt in Haß oder Liebe reagierend und sie verwandelnd, bis die
seelische Bewegung ihre endgültige Form gefunden hat, ganz Catullischer Charme
geworden ist. Wie Ciceros Stil der Rede sich letztlich in der *vehementia* begreifen
läßt, dem Mitreißen der Rede in einer bestimmten Situation zur Wahrheit, so
steckt Catull mit seinem Haß oder seiner Liebe an, ob er es beabsichtigt wie oft,
oder ob es sich um einsame Lyrik handelt, die ein Publikum zwar nicht sucht, aber
auch nicht abstößt, sondern mitschwingen läßt. Darin muß er das *lepidum* und
urbanum gesehen haben im Gegensatz zu allem Unempfindlichen, Dummen, Höl-
zernen und Unlebendigen. Catulls Kunst besteht darin, in der Sprache und im Vers
die Mittel zu finden, Lebendigkeit und Leben zu fixieren und so ansteckend wie-
derholbar zu machen. Es ist wie der Charme Mozartscher Musik. Daß Catull so-
wenig wie Mozart die Tiefe fehlt, zeigen bei Catull die großen Gedichte, die zuletzt interpretiert wurden. Sie entstehen durch etwas, das sich auch an den kleinen
Gedichten beobachten läßt, seine Fähigkeit, in die Dinge einzudringen. Es genügt
ihm nicht, das Spielen der Geliebten mit ihrem Spätzchen zu beschreiben und vielleicht eine Pointe dazu zu finden. Er verfolgt es bis zu seinen verborgenen Gründen, bis ihm die Erkenntnis der Unvergleichbarkeit zweier Leidenschaften aufgeht.
Spontan versenkt er sich, läßt sich gefangennehmen, und sein künstlerisches Ziel
ist es, von dieser Spontaneität nichts verlorengehen zu lassen. Es zeigt sich dort,
wo das hellenistische Epigramm mit seiner Intellektualität, das Catull durchaus
nicht verschmäht, nicht seine Form diktiert.

Man darf sich aber nicht vorstellen, daß solches sich von selbst ergebe. Dazu ist
bewußte Formung und bewußtes Schalten mit der Sprache nötig, die gewiß alle
Stilmittel wie die der dynamischen Doppelung brauchbar findet, aber vom Dialekt-
wort angefangen über die Sondersprache des Kreises eine Fülle neuer Möglichkeiten schafft. Durch Catull hat die römische Dichtersprache eine ungeheure Elastizi-
tät gewonnen. Horaz, Vergil, die Elegiker knüpfen an ihn an, und noch zu deren
Zeit gibt es eine Reihe von Epigonen, die sich Catull verschrieben haben und von

dem großen Neuen keine Notiz nehmen. Das große Neue hängt mit dem objektivsten Gehalt, mit Sinn des Lebens und Existenz des Menschen, mit Gemeinschaft, Staat und Pflicht, mit Kultur, mit Rom oder doch wenigstens mit dem Sinn des ganzen persönlichen Lebens zusammen. Catull fängt seine persönliche Erfahrung ein, er ist subjektiv und im Eindringen in sein Erlebnis ergreift er momentan einen Sinn. Letztlich hält er sich an seine *pietas*. An ihr wird er nicht irre, selbst nicht, nachdem die Heroisierung seiner Leidenschaft gescheitert ist. Seine Provokation und sein Ungenügen an der Welt gehen nicht so weit, daß er an dem Sinn überhaupt, den Göttern verzweifelt. Der Mythos, den er als Dichter verwaltet, zeigt ihm Größe, Glanz und Sinn, wenn er sich auch nicht in der Formulierung einer Ordnung fassen läßt. So hat er die Möglichkeit und Kraft gehabt als ein Genie der Sprache, das singen und Verse machen muß, alles zu erproben, zu erhöhen und zu verdammen. In seiner Leidenschaft hat er die letzte Verzweiflung ausgekostet und sich nicht mit konventionellen Urteilen billig aus der Affäre gezogen. In der völligen und bedingungslosen Hingabe an etwas Irdisches hat er das Scheitern erlebt. Man kann von einer Passion sprechen, die dem Folgenden eine äußerste Möglichkeit der Liebe und des Lebens zeigte und daraus Schönheit gewann, die nicht mehr mit Mitteln, sondern durch die Echtheit des Seins wirkte. Dies alles, auf Begriffen wie *foedus, amicitia, fides, constantia, ius iurandum, pietas*, beruhend und sie verwandelnd von der eigenen *dignitas* und *indignatio*, auch von der eigenen *potentia* her, ist unerhört römisch. Vor allem zeigt sich der Römer aber in der Dynamik und der Bewegungsschönheit der Gedichte. Sie beruht auf einer Fähigkeit, die Realität nicht nur oberflächlich wahrzunehmen und abzuschildern, sondern in ihre Mitte einzudringen und ihre Bewegungsströme aufzufassen. Eine poetische Elementarkraft verschmilzt hier mit den Seinsströmen, Welt dabei verwandelnd und dynamisierend, dadurch mitreißend und ansteckend. Es ist eine Entdeckung der eigenen Kraft. Sie vollzieht sich nicht ohne Härten, ja ohne Gewalttätigkeit; aber gerade diese Kühnheiten sind das echte Zeichen der Ursprünglichkeit einer unbändigen Subjektivität, die aus einem ungeheuren Erbe etwas völlig Neues schafft. Catull bricht allen Späteren die Bahn. Man muß in ihm das eigentliche Genie der römischen Dichtung sehen.

Gallus und die Elegie 2

Mit Absicht wurde nicht versucht, mit den modernen Begriffen der Poetik die komplexe und ursprüngliche, dabei einheitliche poetische Kraft Catulls zu beschreiben. Ebensowenig wurde schon bei Catull das Problem der Entstehung der Elegie angeschnitten, obwohl behauptet wurde, daß die Gedichte 68 und 76 die ersten römischen Elegien sind. Beide, scheinbar so entfernte, Probleme hängen miteinander zusammen.

Wenn man auch sicher sein darf, daß Catull sehr bewußt arbeitete, hat er sich über seine Prinzipien und Ziele nicht so ausgesprochen wie z. B. die französischen Dichter des 19. Jahrhunderts. Und als wichtigster Unterschied muß festgehalten werden, daß Catulls eigenlichste und wirksamste Gedichte aus der Erschütterung des Erlebnisses erwachsen sind. Liest man nun etwa H. Friedrichs bekannte Darstellung der modernen Lyrik und bedenkt man seine Begriffe, die er freilich als Kennzeichen der Modernität beansprucht, fühlt man sich eigentümlich berührt. Da gibt es bei Baudelaire Begriffe wie leere Idealität, Sprachmagie, kreative Phantasie, Zerlegen und Deformieren, Abstraktion und Arabeske, bei Rimbaud zerstörte Realität, Intensität des Häßlichen, sinnliche Irrealität, diktatorische Phantasie, Einblendungstechnik, zunehmende Monologisierung, Bewegungsdynamik, bei Mallarmé Enthumanisierung, suggestives Dichten, die Abkehr vom Wirklichen usw. Die Kritik hat zu prüfen, wie richtig dabei diese Dichter erfaßt sind, die ja Derartiges als ihr Programm auch verkündet haben. Das ist Sache der Romanistik. Eine weitere kritische Prüfung hätte zu sichten, inwieweit dies Begriffe der Modernität sind. Das wäre Sache der vergleichenden Literaturwissenschaft und schließlich der Philosophie. Von Catull aus ergibt sich der Eindruck, daß hier drei Schichten zu scheiden wären: einmal Begriffe, die auf alle Lyrik anwendbar sind, zum andern die, welche für alle römischen Lyriker mehr oder weniger zutreffen, und dann erst schließlich die, welche als modern gelten können und dabei vielleicht doch nur einen, womöglich schon überwundenen, Standpunkt eines durch nichts begründbaren Nihilismus spiegeln. Wird man also ›leere Idealität‹, Enthumanisierung, Intensivierung des Häßlichen – obwohl man hier schon zweifeln könnte, wenn man an Catulls oder Horazens Invektiven denkt –, der Moderne überlassen, wie überhaupt die absolute Montage und den totalen Verzicht auf Sinn, so ist schon mit der Strenge der Verstechnik eine De- und Neukomposition der Sprache verbunden. Überraschend, ungewöhnlich wollen alle Dichter sein, die etwas zu sagen haben. Und bei den Römern speziell braucht man nicht nur an das Programm, das in dem Begriff der neuen Dichter liegt, zu erinnern, sondern an Horazens ausdrücklichen Hinweis, daß er Dinge sage, die von keinem Munde gesagt sind, *indictum ore alio*. Man kann vorher schon an Lukrez denken, der *avia*, unbetretenes Gelände zu begehen sich rühmt, und Vergil fügt sich in den Reigen, wenn er eine Weise sucht, auf der auch er sich vom Boden erheben könne. Das gilt nicht nur vom Ausgesagten, sondern, da alle Dichtung in der Sprache existiert, von ihrer Form im besonderen. Hiermit dürfte ein Wesenszug aller Lyrik gefaßt sein, der in mehr oder minder starker Ausschließlichkeit hervorgekehrt wird, jeweils im Einzelfall näher zu bestimmen ist und mit dem »ersten Sprechen«, wie es Kommerell nannte, zusammenhängt. Sprachmagie, kreative Phantasie, Identitätsmetaphern – sie finden sich dann in besonderem Maße bei Horaz –, Einblendungstechnik, Bewegungsdynamik, suggestives Dichten, Abkehr vom Wirklichen: das sind Charakteristika, die auf Catull besonders zutreffen, Dinge, die von ihm bewußt erstrebt werden und die in ihrem tänzerischen und subjektiven Charakter sich damit als romanisch erweisen (im Gegensatz zum Griechischen, dessen Theorie und bis zum Hellenismus hinein auch die Praxis von der Mimesis bestimmt ist). Die Aussagen Friedrichs wären von diesem Aspekt her in historisch weitere Zusammenhänge einzuordnen und zu differenzieren. Verzauberndes und versetzendes Schaffen neuer Welten der kreativen Phantasie, das ist ein Anliegen auch der Dichter nach Catull.

Die römische Dichtung findet im geglückten Werk immer neue Lösungen und Gestalten dieses ihres Urtriebes, und auf sie und ihre dauernde Geltung und Kraft kommt es schließlich an, wenn uns die Neueren theoretisch auch versichern möchten, daß das Gelingen des Gedichtes nicht das Wesentliche sei. Darum legen wir das Gewicht auf die Interpretation des einzelnen Gedichtes als Ausdruck und Leistung eines dichterischen *ingenium*. Jene allgemeinsten Begriffe, die man nach den Interpretationen der Catullischen Gedichte unschwer als zutreffend erkennen wird, sind dienlich, um Catulls römische Originalität zu unterstreichen.

Im Römischen gilt Cornelius Gallus als Begründer einer neuen Gattung, eben dessen, was man Elegie nennt. In ihm stößt die griechische Elegie mit Parthenios auf die Catullische Dichtung, seine ›Elegien‹, und wird zu etwas Neuem, das man als original römisch ansprechen kann. Es entsteht eine Gattung, die von der Entdeckung Catulls lebt, einer unermeßlichen Welt innerer Bewegungen und Sorgen um die erhöhte Geliebte, die sich aussprechen und klären will. Cornelius Gallus muß gespürt haben, daß in Catulls Gedichten 68 und 76 etwas geschehen war, was gewaltige dichterische Perspektiven eröffnete. Er hat vier Bücher Elegien, Gedichte im elegischen Versmaß geschrieben, in denen seine Liebe zu Lycoris zum bewegenden Mittelpunkt einer bestimmten Dichtungswelt gemacht wurde. Wie Lucilius ein Jahrhundert früher die Welt der Satire, der nüchtern-kritischen Betrachtung der Wirklichkeit im epischen Versmaß, schuf, so Gallus die Elegie als Welt der persönlichen Liebe im elegischen Versmaß. Mit Horaz können wir also wie bei der Satire so auch in der Gattung der römischen Elegie einen *auctor*, der den entscheidenden Anstoß gibt, von einem *inventor* der Gattung, der sie als solche in Inhalt und Form begründet, unterscheiden. Wie Ennius der *auctor* der Satire, Lucilius ihr *inventor* ist, so ist Catull mit bestimmten Gedichten zum *auctor* der Elegie, Gallus aber ihr *inventor* geworden.

Deshalb haben die Dichter – Properz 2,34,87 und Ovid, am. 3,9,61 – Catulls in den Gedichten ihres Selbstverständnisses als des Beginners gedacht. Wo Ovid aber die Reihe der Elegiker aufstellt, da ist Gallus der erste (tr. 4,10,51 ff.):

> Vergilium vidi tantum, nec avara Tibullo
>   tempus amicitiae fata dedere meae;
> successor fuit hic tibi, Galle, Propertius illi,
>   quartus ab his serie temporis ipse fui.

Vergil habe ich nur gesehen, und der raffende
Tod gab Tibull nicht die Zeit zu meiner Freundschaft;
Nachfolger war dieser dir, Gallus, Properz jenem,
selber war ich der vierte nach diesen in der Reihe der Zeit.

Diese einfachen Feststellungen der literaturgeschichtlichen Gegebenheiten sind das Resultat eines langen philologischen Streites, der noch nicht ausgestanden ist; sie wollen nicht simplifizieren. Und gewiß ist der Genuß eines Tibullgedichtes und sein Verständnis nicht davon abhängig, ob es im Griechischen schon die ›subjektive Elegie‹ gegeben hat oder nicht. Aber das Neue und Umwälzende läßt sich in der Tat erst erkennen, wenn feststeht, was in der römischen Elegie den griechischen Dichtern verdankt wird. Darum wird und muß ein Blick auf die möglichen griechischen Anregungen die volle Würdigung ermöglichen und einleiten. Die Problematik wird dadurch erschwert, daß von der hellenistischen Elegie und von Gallus wenig oder nichts erhalten ist.

Zur griechischen Elegie

Die Elegie ist nach dem Versmaß, dem Distichon, benannt. Nach dem Versmaß unterscheiden nach Aristoteles (Poetik 1) die Menschen Ependichter und Elegiendichter, ἐλεγειοποιοί. Echembrotos singt im Jahre 586 v. Chr. vor den Hellenen Lieder und elegoi (das älteste Zeugnis für elegos). Diese ἔλεγοι werden also von den Liedern geschieden und haben, wovon auch immer abgeleitet, in der Totenklage eine Rolle gespielt. Das Distichon heißt nach der Verwendung in der Totenklage ἐλεγεῖον, ein Name, der statt ἔπη im 5. Jahrhundert bezeugt ist. ἐλεγεία ποίησις ist eine späte Bildung, ἐλεγεία tritt als Gesamtbezeichnung für das ältere und auch später vorherrschende ἔλεγος ein. Das Distichon reicht, wie Wilamowitz feststellt (Griechische Verskunst 101 f.), bis ins achte Jahrhundert zurück: Kallinos (um 670 v. Chr.) setzt eine feste Kunstübung voraus, Hesiod hat es noch nicht gekannt, sonst wäre für die persönliche Ansprache an Perses, für die Paränese, das Distichon das geeignete Maß gewesen.
Über die Verwendung des Distichons ist mit dem Namen Elegos oder Elegie nichts ausgesagt. Was die griechische Elegie war, muß die Interpretation zeigen. Vier Stufen sind zu unterscheiden.
(1) Es ist ein erregendes Schauspiel, zu sehen, wie in der frühgriechischen Elegie in Jonien die Gemeinschaft der Polis plötzlich Stimme gewinnt und das für sie Notwendige in der Männergesellschaft beim Gelage zum Vortrag bringt. Es ist die Zeit des Kimmeriersturmes, vor der Mitte des 7. Jahrhunderts (vgl. Jesaja 5,26–29), in der Kallinos zu männlichem Aushalten aufruft (fr. 1 D.):

Μέχρις τεῦ κατάκεισθε; κότ' ἄλκιμον ἕξετε θυμόν,
ὦ νέοι; οὐδ' αἰδεῖσθ' ἀμφιπερικτίονας
ὧδε λίην μεθιέντες; ἐν εἰρήνηι δὲ δοκεῖτε
ἧσθαι, ἀτὰρ πόλεμος γαῖαν ἅπασαν ἔχει.

Wie lange wollt ihr daliegen? Wann werdet ihr wehrenden Mut haben,
ihr Jünglinge? Scheut ihr euch nicht vor den Nachbarn,

> wenn ihr euch so sehr gehen laßt? Ihr meint, im Frieden
> zu sitzen, aber Krieg hält die ganze Erde ergriffen.

Es ist wie eine Paradoxie, daß der erste Laut der Elegie im weichen Jonien so männlich, so gemeinschaftsbezogen klingt.
Um dieselbe Zeit hat in Sparta Tyrtaios in den Kriegen gegen die Messenier den Mut auf gleiche Weise gestärkt. Das ›wir‹ der Gemeinschaft, wie etwa später im Christentum, gibt seinen Versen einen besonderen Klang. Wir können uns in diese heroische Welt – sie wächst ja auch sprachlich aus dem heroischen Epos hervor – hier nicht weiter versenken. Diese frühe Elegie ist das genaue Gegenteil von der römischen Elegie, selbst wo sie auf der Wende vom 7. zum 6. Jahrhundert die herrlichen Verse des weisen Solon hervorbringt, der seinen Kampf um das Recht werbend darstellt und in der Musenelegie sein Weltverständnis mit einer der großartigsten Schöpfungen der griechischen Religion verknüpft, eben den Musen. Und dasselbe gilt für Theognis, der Kyrnos in seinen Elegien die Grundsätze der Adelsethik nahebringt. Viel anonymes Gut hat sich an dieses Werk angesetzt; denn noch um 400 wurden seine Verse, Kleinformen der Gedanken, zur Flöte gesungen beim Symposion. Die Elegie ist zersungen.
Doch müssen wir den ›süßen‹ Mimnermos, wie ihn Kallimachos nennt (Aitia, prol. 11), noch besonders hervorheben. Von dem Hellenismus wiederentdeckt, wird er auch von der römischen Elegie zitiert als einer der Urahnen. Dieser Jonier hat nicht lange vor Solon zwei Bücher Elegien geschrieben. Sie trugen den Namen der Geliebten Nanno als Titel. In ihnen preist er die Jugendblüte, klagt über Alter und Tod, fordert zum Lebensgenuß auf, auch wenn die Leute darüber reden, singt von der Macht Aphrodites, ohne die selbst ein Jason das Goldene Vlies nicht erobert hätte. Sicher wagt sich hier neues Welterleben auszusprechen. Aber Nanno ist nicht Gegenstand seines Erlebens, sondern, wie bei Theognis Kyrnos, die Adressatin; seine Aussage ist allgemeine Erkenntnis und die Konsequenz daraus, Gnome und Paränese, mag auch der Vers persönlicher geworden sein mit seinen nachgetragenen Bestimmungen, die ihm etwas Mildes, sogar Müdes geben (frg. 1).

τίς δὲ βίος, τί δὲ τερπνὸν ἄτερ χρυσῆς Ἀφροδίτης;
   τεθναίην, ὅτε μοι μηκέτι ταῦτα μέλοι,
κρυπταδίη φιλότης καὶ μείλιχα δῶρα καὶ εὐνή ·
   οἷ’ ἥβης ἄνθεα γίγνεται ἁρπαλέα
ἀνδράσιν ἠδὲ γυναιξίν · ἐπεὶ δ’ ὀδυνηρὸν ἐπέλθῃ
   γῆρας, ὅ τ’ αἰσχρὸν ὁμῶς καὶ κακὸν ἄνδρα τιθεῖ,
αἰεί μιν φρένας ἀμφὶ κακαὶ τείρουσι μέριμναι,
   οὐδ’ αὐγὰς προσορῶν τέρπεται ἠελίου,
ἀλλ’ ἐχθρὸς μὲν παισίν, ἀτίμαστος δὲ γυναιξίν ·
   οὕτως ἀργαλέον γῆρας ἔθηκε θεός.

Was ist das Leben, was ist erfreulich ohne die goldene Aphrodite?
Ich möchte sterben, wenn mir dieses nicht mehr am Herzen liegt,
heimliche Liebe, zärtliche Geschenke und Lager!
Wie sind doch reißend schnell die Blüten der Jugend
für Männer und Frauen. Wenn aber das schmerzvolle Alter herankommt,
dann macht es häßlich zugleich und schlecht den Mann.

Immer plagen seinen Sinn böse Sorgen
und er freut sich nicht, wenn er die Strahlen der Sonne sieht,
sondern ein Feind ist er für die Kinder, ungeehrt aber den Frauen.
So leidvoll machte Gott das Alter.

Trotz des fragmentarischen Zustandes der Überlieferung seines Werkes läßt sich die Behauptung aufrechterhalten, daß keines seiner Gedichte eine Elegie im römischen Sinne ist.

(2) Im vierten Jahrhundert ist eine neue Stufe der Elegie erkennbar, die sich von der aufs Allgemeine gerichteten früheren unterscheidet. Antimachos aus Kolophon in Kleinasien hat, als seine Geliebte Lyde, offenbar eine Hetäre, starb, zum Trost ein Gedicht mit mythischen Beispielen ähnlichen Leidens geschrieben. Plutarch (cons.ad.Ap. 9) charakterisiert das Werk mit den Worten »indem er vollständig aufzählte die Unglücksfälle der Heldenzeit«.
Wir wissen leider nicht viel von diesem Werk, das Kallimachos verspottet, das aber den Beifall Platons gefunden hat. Aus den sechs kleinen Fragmenten erkennen wir, daß der persönliche Anlaß sich fortsetzt in einem persönlichen poetischen Stil, der sich seltener Wörter bedient, die Sagen nicht einfach erzählt, sondern andeutend vergegenwärtigt bis zur direkten Rede. Wie die Sagen verknüpft waren, ist nicht deutlich, wohl aber etwas von dem Stil des Vortrags im weiteren Sinne: Antimachos ist locker anreihend, assoziativ, durch die Sagenwelt geschritten, und denkbar wäre es, daß assoziatives Gleiten bei den römischen Elegikern oder in Ovids Metamorphosen hier eine Wurzel hatte. Wir wissen das durch den abseits liegenden Text des Plutarch über die Geschwätzigkeit (*de garrulitate* 21): »Fragt jemand, ob Sokrates zuhause ist, wird man eine kurze höfliche Auskunft geben. Dagegen wird der Schwätzer mit seinem überflüssigen Gerede, wenn er vielleicht gar noch den Kolophonier Antimachos gelesen hat, so kommen: er ist nicht zuhause, er ist zu den Wechselstuben gegangen, um Freunde aus Jonien zu erwarten, über die ihm Alkibiades geschrieben hat. Alkibiades ist jetzt in Milet . . . und so weiter, bis er das ganze achte Buch des Thukydides hererzählt hat.« Mochten hier materiell und formal Möglichkeiten der Anregung für das, was die Römer verwirklichen wollten, vorhanden sein, es handelte sich jedenfalls um Objektivierung des Schmerzes und um Trost für ihn in der Anschauung des Stoffes, der die griechische Dichtung bis zum Hellenismus beherrscht, des Mythos.

(3) Antimachos hatte einen Schüler (Philitas), der zu einer dritten Stufe führt, der Elegie des Hellenismus. In seiner Dichtung spielt die Liebe in den verschiedensten Formen eine Rolle. In dieser Zeit Alexanders und seiner Nachfolger, der Droysen den Namen ›Hellenismus‹ gegeben hat, in dieser verbürgerlichten Welt mit ihren Höfen, auf die der Künstler angewiesen ist, in der die Frau in der höfischen Gesellschaft eine größere Rolle spielt als bisher, in der der Gebildete und Gelehrte dem Volk gegenübertritt, herrscht vor allem die Kunst der Kleinformen, der εἰδύλλια anstatt der großen Gattungen, der εἴδη.
Vor ihr hat die Komödie ihre Wandlung zur ›Neuen Komödie‹ durchgemacht, Menander ist der Dichter schlechthin. Spiegel des Lebens, als solcher wurde die Dichtung aufgefaßt. Philosophie, Psychologie und das Leben der Bürger mit seinen komischen und tragikomischen Konflikten sind ihre Stoffe, die allerdings Menander zur Weltkunst vertieft. Die Liebe spielt in ihr eine große Rolle, bei den Nach-

folgern – das ist ein Zug, den wir auch in anderen Gattungen beobachten – mit einem Hang zur Sentimentalisierung (Apollodor), aber eben objektiviert und in komischer Situation. Liebe und Beobachtung der kleinen Leute, der Bios findet sich auch in der Bukolik des Theokrit, in einer Kunstsprache für einen Zirkel von Kennern mit lächelndem Abstand dargestellt. Auch hier tritt bei den Nachfolgern Erotisches und Sentimentales stärker hervor. Erinnert sei auch an die Nachbildungen von Szenen aus dem täglichen Leben bei Herondas. Überall eine Vorliebe für Volkstümliches, Altertümliches, Primitives, Archaisches.

Bei der Festigkeit der Gattungen wird man in der Absicht, die möglichen Vorbilder für Entstehung und poetische Welt der römischen Liebesdichtung zuerst nach der Elegie Umschau halten. Und in der Tat läßt sich nach Antimachos eine dritte Stufe der hellenistischen Elegie fassen, wobei komplizierte Methoden oft die allzu großen Lücken unserer Kenntnis überbrücken müssen, wenn es etwa möglich ist, aus der Gleichartigkeit von Motiven und Wendungen bei Catull und den Elegikern einerseits und späten – unabhängigen – Griechen wie Quintus Smyrnaeus oder Aristainetos andererseits auf Alexandrinisches zu schließen. Unterstützend kommt hinzu die hellenistisch-römische Bildkunst (Wandmalerei) in Pompeji und Herculaneum.

Quintilian (10,1,58) hebt Kallimachos als den Fürsten der Elegie heraus und gibt, sich der Meinung der Mehrheit anschließend, den zweiten Rang Philitas. Kallimachos ist uns bei Catull schon begegnet. Er ist mit seinem Kunstprinzip der feingegliederten, bis ins letzte durchgearbeiteten, stets kontrollierten hellen Geistigkeit seit den Neoterikern in Rom hinfort stets im wesentlichen gegenwärtig. Seine Elegien – die *Aitia* – sind Sagenelegien, sieht man von den *Hymnen* ab, von denen das ›Bad der Pallas‹ im elegischen Distichon geschrieben ist. Von Philitas von Kos wissen wir sehr wenig. Er muß recht eigentlich der Begründer der alexandrinischen Dichterschule gewesen sein. Philitas war der Lehrer sowohl des Theokrit wie des Hermesianax, selber wie schon Antimachos Dichter und Wissenschaftler in einer Person. Er paßt zu Antimachos, wenn er viel aus der Sagenzeit vergegenwärtigt. Wir hören (Hermes. frg. 2,77), daß eine Frau, Bittis, bei ihm eine Rolle spielte; Leid und Resignation sind Grundstimmungen der erhaltenen Verse.

Philitas stürzt das Bild, das wir uns von diesen Elegien, objektivierenden Sagenelegien, zu machen haben, ebensowenig um wie – im 3. Jahrhundert – Hermesianax von Kolophon. Dieser paßt ganz in die Gattung, wie wir sie kennen oder besser erahnen. In seinen drei Büchern Elegien, die nach der Geliebten den Titel ›Leontion‹ tragen, hatte er (in Buch III) einen Katalog der Liebenden (Athen. 13,597). Mit Anrede an sie weist er auf einen Dichter hin, den auch sie kennt; mit einem οἵην, dem lateinischen *qualis* entsprechend, fügt er einen neuen Vergleich an, vierzehn Verse auf Orpheus verwendet er, und er zitiert Mimnermos als den weichen und sanften. Ein Catull mochte in seinem 68. Gedicht an eine solche Figur denken; sein Anliegen, seine Form, sein persönliches Erleben aber sind davon himmelweit entfernt.

(4) In der Nachfolge des Hermesianax hat Phanokles in einem Elegienwerk, das den Titel »Ἔρωτες ἢ καλοί« trug, offenbar dessen Werk variiert und die Knabenliebe zu seinem Vorwurf gemacht. Der kümmerliche Rest, der erhalten ist, erzählt Mythos, nämlich die Orpheusgeschichte, und diese wiederum hat zum Ziel ein

Aition, nämlich den Grund anzugeben, warum die thrakischen Frauen tätowiert sind.

Daß das Distichon sich nach des Alexander Ätolus Apollodarstellung und des Eratosthenes Erigone mit Nikander im zweiten Jahrhundert in den *Ophiaka*, den ›Schlangengiften‹, auch das Lehrgedicht erobert, ist nur für den Stoffhunger der Elegie interessant; wichtiger ist, daß die Elegie Sagenelegie bleibt und mit Parthenios, dem Freunde des Gallus, in derselben Weise ausklingt. Seine Klageelegien und elegischen Fragmente erlauben keinen Hinweis darauf, daß er ein Erneuerer der Elegie gewesen ist. Parthenios hat für den Freund Gallus ἐρωτικὰ παθήματα – in Prosa – zusammengestellt, damit dieser aus ihnen für seine Dichtung schöpfen könne. Hier stoßen griechische und römische Elegie zusammen. Wenn so aber im Griechischen das Wichtigste fehlt, die persönliche Aussage, die die Elegie erst zur Lyrik in unserem Sinne macht, so empfiehlt sich zuvor noch ein Rückblick auf eine spezifische Schöpfung des Hellenismus, das Epigramm, ehe ein Urteil über die Entstehung der römischen Elegie und die Reichweite ihrer Originalität gewagt werden kann.

Es ist behauptet worden, wenn man etwas ganz knapp ausdrücken wolle, werde es ein Vers. Für die Aufschrift, aus der das Epigramm sich herleitet, gilt das besonders, zumal im Griechischen dafür der Vers, das Distichon, früh angewendet wurde. Das literarische Epigramm, das bald in Sammlungen zusammengefaßt wurde, ist eine Hauptform des geistreichen Spiels des Hellenismus. Dabei hielt ein Meleager Epigrammsammlungen des Archilochos, der Sappho, des Simonides und des Bakchylides zweifellos für echt, obwohl das Buchepigramm erst mit dem Hellenismus aufkommt.

Dichter wie Anyte von Tegea, Mnasalkes von Sikyon, Moiro von Byzanz, Simmias von Rhodos, Nossis von Lokroi – darunter auffällig viele Dichterinnen – bereiten die Blüte vor. In dieser Blütezeit ragt auf der einen Seite Leonidas von Tarent in der ersten Hälfte des dritten Jahrhunderts heraus. Unter seinen Händen erweitert sich das Grabepigramm durch längere Erzählung, das Weihgedicht durch breitere Ausmalung des Geweihten, die Pointe erfährt eine sorgfältige Zuspitzung. Denn in diesen Gebilden ist das intellektuelle Vergnügen, bei dem nach Angabe der Situation ein spannendes Moment eine überraschende Auflösung erfährt, die Hauptsache.

Während Leonidas und seine frühen Nachfolger sich auf die Stoffe beschränken, die sich in Form und Stimmung an die wirkliche Aufschrift noch anschließen lassen, haben andere die Gegenstände erweitert und, was uns hier besonders interessiert, auf die Liebe vor allem. Asklepiades von Samos ist der Archeget des erotisch-sympotischen Epigramms. Von ihm beeinflußt sind einerseits Poseidippos (1. Hälfte des dritten Jahrhunderts) und Hedylos (285–247), andrerseits Kallimachos (305 bis 240/235); daneben stehen Arat, Rhianos und – etwas jünger – Dioskorides (Ende des 3. Jahrhunderts). Um die Mitte des zweiten Jahrhunderts drängt mit Antipater von Sidon das Rhetorische in diese Haupterfindung des Hellenismus. Mit Meleager von Gadara (130–60) beginnen die Sammlungen, die ›Kränze‹. Er selber steuert, dem Geschmack der Zeit folgend, zu seiner Sammlung achthundert Verse eigene Liebesgedichte bei. Mit dem Epikureer Philodem haben wir wie mit

Parthenios den Anschluß an den kritischen Punkt der Entstehung der römischen Elegie als einer Gattung durch Gallus erreicht.

Das fünfte Buch der Anthologia Palatina, der erweiterten Sammlung des Byzantiners Konstantin Kephalas (dieser um 900, jene um 980), spiegelt Entwicklung und Reichweite des Epigramms von Nossis (AP 5,170):

> Süßer ist nichts als die Liebe, was aber sonst gedeihlich,
> kommt erst an zweiter Stelle. Vom Munde spie ich aber
> sogar den Honig. Das sagt Nossis. Wen aber Kypris nicht
> geliebt hat, weiß nicht, was für Rosen ihre Blüten sind.

bis zu Philodem (AP 5,115):

> Ich liebte eine Demo aus Paphos. Kein großes Wunder.
> Darauf eine Demo aus Samos. Nichts Bedeutendes. Zum dritten
> wieder eine Demo aus Hysiae. Das ist kein Spaß mehr.
> Zum vierten eine Demo aus Argos. Irgendwie hat das Schick-
> sal selber mich Philodem genannt, da mich immer heiße
> Sehnsucht nach einer Demo festhält.

Für eine bestimmte historische Methode lag in dem vorgetragenen Tatbestand ein schweres Problem. Man glaubte, beobachtet zu haben, daß alle römische Dichtung sich an ein griechisches Gattungsvorbild angelehnt und aus ihm entwickelt habe. Man vermißte darum hier die historische Kontinuität, und der bedeutende Latinist Friedrich Leo forderte darum die Annahme einer griechischen subjektiven Elegie, die uns nur nicht mehr faßbar sei, die man aber in Spiegelungen der griechischen Komödie noch ahnen könne. Friedrich Jacoby hat widersprochen (1905). Die Elegie sei in Rom aus dem Epigramm entstanden, das sich nur durch den geringeren Umfang unterscheide, in das Epigramm seien dabei Motive der Komödie, der Sagenelegie und Bukolik eingeströmt. Hier ist offenbar die Form bagatellisiert worden. Wo wäre im griechischen Bereich etwas zu erkennen, was mit der Gestaltung des unmittelbaren seelischen Ablaufs in Catulls 68. und 76. Gedicht, ihrem Ernst und ihrer Unbeholfenheit verglichen werden könnte? Hier die freie Aussage, dort der geschlossene pointierte Gedanke; hier die Liebe zu der als Herrin erhöhten, ja vergöttlichten Geliebten, da höchstens erotischer Scherz im Verhältnis zur Geliebten, die als Hetäre doch stets unter dem Liebhaber steht; hier Entdeckung einer Wertewelt der *res publica* in der Liebe, dort der Sonderbereich, der zur Paradoxie und auch Komik Anlaß gibt etwa in der Komödie; hier eine moralische Entscheidung in einer schwierigen Situation der Untreue, dort selbst im Epos wie dem des Apollonios das Sichfügen gegenüber einer höheren Macht im Sinne eines natürlichen Vorgangs; hier Liebe in bezug auf Krankheit und Tod gesehen, dort auf den Augenblick bezogen. Der formale und gehaltliche Unterschied macht deutlich, daß Catull nicht nur das Epigramm aufbricht – das gilt schon für seine früheren Gedichte –, sondern daß es seine Leidenschaft ist, die aus dem Ganzen seiner erschütterten Welt eine neue Gedichtform schafft, die man erst als lyrisch in unserem Sinne ansprechen kann, weil hier die Schranken der Form und Konvention gefallen sind und das bewegte Sein sich unmittelbar gestaltet.

Gilt das für Catull, so muß es auch für die römische Elegie gelten, die das, was

Catulls Leidenschaft an Aussagen und innerer Form errungen hatte, bei aller Verschiedenheit der einzelnen Dichter zu einer Welt ausbaut, die sie zu festen Grundzügen erhebt. Die Ausschließlichkeit eines neuen Lebensideals der Liebe, die dauernde Verbindlichkeit des Liebesverhältnisses, die *fides*, die in ihr gelten soll, die Spannung zur tätigen Welt, der Wert, den das Leiden erhält, die Erhöhung der domina, das Bedenken des Todes sind Wesenszüge, wie sie E. Burck genannt hat, die gegenüber allem, was wir von dem Vorausgegangenen wissen, einen tiefen Unterschied ausmachen.

Das Problem ist also überaus vielschichtig und kompliziert. Ständiger Vergleich muß sowohl die Unterschiede und das Neue wie Übernahmen und erfahrene Anregungen mit einer Vielheit von Methoden festzulegen versuchen, wobei der Erfassung der inneren Form besonderes Gewicht zukommt, weil sie Ausdruck der einmaligen Dichterpersönlichkeit ist. Jeder der Elegiker aber hat im Rahmen der oben skizzierten Wesenszüge seine Form gefunden, Formen, die in einer neuen Art Geschichtlichkeit sich zu einem exemplarischen Ablauf der Gattung fügen.

Gallus muß derjenige gewesen sein, der aus dem Ereignis Catull diese so folgenreiche feste Welt, also die Gattung der Elegie, geformt hat. Darum ist es so wichtig, ein Bild von der Elegie des Gallus zu gewinnen; um so mehr ist zu bedauern, daß wir über ihn nicht viel mehr wissen als über die hellenistische Elegie. Auch hier aber wird wie bei den anderen Elegikern Tibull, Properz und Ovid die Interpretation bezeichnender Gedichte das Entscheidende auszusagen haben.

Nur daß es sich bei Gallus um die Interpretation eines Vergil-Gedichtes handelt. Der große Klassiker war mit Gallus in inniger Dichterfreundschaft verbunden, die bis in die Jahre seiner großen Dichtungen, bis zu den Georgica reichte. Es soll eine erste Ausgabe der Georgica existiert haben, in deren viertem Buch er die zweite Hälfte mit *laudes Galli* erfüllt habe. Sie sei freilich so wie vieles andere der *damnatio memoriae* zum Opfer gefallen. Die Dichter haben seiner weiter gedacht.

Leben und Werk des Gallus

Als Gallus im Jahre 26 v. Chr. dreiundvierzigjährig Selbstmord beging, hatte er als Kriegsmann und Poet ein abenteuerliches Leben hinter sich. Nur Monate jünger als Vergil wurde er in Foroiulium, also jedenfalls im äußersten Norden Italiens, geboren (je nachdem, welches Foroiulium gemeint ist), ein Landsmann Vergils. Vergil war sein Schulkamerad (Prol. zu Verg. ecl. 10, p. 328,2 Hagen). Für ihn setzte sich Gallus ein, als Vergil bei den Landenteignungen sein Gut verloren hatte. Gallus war damals unter den Triumvirn mit der Aufgabe betraut worden, die Ersatzsummen von den Gemeinden in der Transpadana einzutreiben, die von der Landverteilung an die Veteranen nicht betroffen wurden. Das war eine große und schwierige Aufgabe. In dieser Zeit war er schon ein berühmter Dichter. Die Beziehungen zwischen Vergil und Gallus werden auf ihren Dichtungen beruhen, die zu Octavian – denn dieser dürfte ihn zu der erwähnten politischen Aufgabe, die ihm oblag, herangezogen haben – könnten über den gemeinsamen Lehrer Epidius gehen. Im Krieg gegen Antonius hat er für Caesar Octavianus eine wichtige Festung gehalten (Paraetonium: Dio 51,9,1), und so machte der Freund ihn zum Präfekten der neu eingerichteten Provinz Ägypten. Auch hier hat er sich weiter militärisch betätigt. Freilich stieg ihm, der aus einfachsten Verhältnissen emporgekommen war, die pharaonengleiche Macht zu Kopf. Nicht nur, daß er über Augustus lästerte, er ließ in ganz Ägypten seine Standbilder aufrichten, schrieb seine Taten auf die Pyramiden, und wir haben eine Inschrift auf der Nilinsel Philae, auf der er prahlend die Niederwerfung eines Aufstandes der Thebais feiert. Das kam dem Augustus zu Ohren, der sich verstimmt zeigte, ihm sein Haus und seine Provinzen verwehrte, es folgten Anklagen. Gallus, tief getroffen, konnte das nicht ertragen und nahm sich das Leben. Augustus soll, erschüttert, wie Sueton berichtet, darüber geklagt haben, daß es ihm allein nicht erlaubt sei, seinen Freunden zu zürnen, wie er wolle.

Gallus ist noch ganz ein Typ der Revolutionsjahre, der Zeit der Unbeherrschtheit und des Ausgreifens. Offenbar ist er durch seine Genialität und sein mitreißendes Temperament emporgestiegen und gestürzt. Unter der Auflösung der Ordnung dürfte er kaum gelitten haben – wie die Zeit, wie die anderen großen Augusteer –, ihre Errichtung wird er kaum als Erlösung begrüßt haben. Genialität und Anziehungskraft, Geist, der Verwandtes begrüßt, wo er es trifft, gewannen ihm große und sehr verschiedenartige Freunde, den skeptischen Geschichtsschreiber und Caesarianer Asinius Pollio, Furius Bibaculus, den politischen Satiriker, Caecilius Epirota, den gebildeten und gelehrten Freigelassenen des Atticus, vor allem aber den größten und menschlichsten, Vergil.

Es ist eine soziologisch noch nicht behandelte, aber höchst bemerkenswerte Tatsache, daß in dem Jahrhundert der Revolution, wie es Mommsen genannt hat, die Dichtung eine Möglichkeit auch des politischen Aufstiegs bot. Wie in Cicero und Sallust die Bildung ihren Anspruch auf politische Führung anmeldet – andere kommen hinzu –, so sind Dichter wie Furius Bibaculus, Licinius Macer, Freunde des Catull, Asinius Pollio, Gallus, Horaz politisch tätig gewesen, haben sich mit ihren Dichtungen in ihren Führungsqualitäten ausgewiesen oder politischen Einfluß gewonnen. Und es wäre ein großes Thema, die Rolle von Bildung und Dichtung in der Politik dieser Zeit darzustellen. Vergil hat ganz in der Stille gelebt, er, der die Leitbilder des römischen Schicksals am stärksten geprägt hat. Dafür hat er mit Teilnahme das Ringen der Dichterfreunde um Macht und Ordnung verfolgt und im besonderen Pollio, Horaz und Gallus, von denen jeder in besonderer Weise der Politik und ihren Schicksalsfragen seinen Tribut zollte, sozusagen in die heile und hoffende Welt seiner Eklogen aufgenommen. Gallus hat er am innigsten gefeiert. Weil er der Gefährdetste war? Wir können es nur ahnen. Aber aus den Aussagen Vergils über Gallus wissen wir das meiste über ihn, wenn es auch nicht leicht ist, das lyrische Gebilde Vergils nach seinem realen Hintergrund zu befragen. So werden wir jedenfalls zum ersten Male auf die Eklogen Vergils geführt. In der sechsten Ekloge (64 ff.) singt der Silen auch von Gallus:

> tum canit, errantem Permessi ad flumina Gallum
> Aonas in montes ut duxerit una sororum
> utque viro Phoebi chorus adsurrexerit omnis;
> ut Linus haec illi divino carmine pastor,
> floribus atque apio crinis ornatus amaro,
> dixerit: ›Hos tibi dant calamos, en accipe, Musae,
> Ascraeo quos ante seni, quibus ille solebat

cantando rigidas deducere montibus ornos;
his tibi Grynei memoris dicatur origo,
ne qui sit lucus, quo se plus iactet Apollo‹.

Dann singt er, wie den am Ufer des Permessus schweifenden Gallus
eine der Schwestern in die aonischen Berge führte
und wie der ganze Chor des Phoebus sich vor dem Manne erhoben hat,
wie Linus der Hirt mit göttlichem Lied so zu ihm,
mit Blüten und bitterem Eppich das Haar geschmückt,
gesagt hat: ›Diese Pfeifen, nimm sie, geben dir die Musen,
die sie vorher dem Alten von Ascra gegeben hatten, auf denen jener spielend
die starren Eschen von den Bergen herabzuführen pflegte;
mit diesen soll von dir der Ursprung des gryneischen Haines besungen werden,
damit kein Hain sei, mit dem sich Apoll mehr brüstet.

Das Gedicht ist Varus gewidmet. Um so gewichtiger ist der Preis auf Gallus. Der
Silen, Inbegriff des Hirtengesanges, Begleiter und Betreuer seines Zöglings Bacchus,
noch beschwert vom Trunk des gestrigen Tages, wird schlafend von zwei Hirten
überrascht. Zu ihnen gesellt sich die Najade Aegle. Sie fesseln ihn mit Kränzchen
und malen ihn mit Maulbeeren rot. Der Alte muß sich mit schon längst versproche-
nen Liedern aus diesem Spiel lösen. Weniger dämonisch, vielmehr kraftvoll-jovial
erfüllt er die Wünsche seiner Quälgeister. Beim Anheben seines Gesanges gerät
durch die Macht der Musik die ganze unbelebte und belebte Natur in Taumel. Der
Dichter berichtet staunend, was der Silen alles singt von der Welt und dem Mythos, den beiden Stoffgebieten der griechischen Dichtung. Dabei deutet er teils nur
an, an drei Stellen wird er ausführlicher: bei der Schilderung der Entstehung der
Welt, bei der sich verirrenden Liebe der Pasiphaë zu dem so schönen weißen Stier
und bei der Dichterweihe des Gallus. Sie wird zwischen die mit innerer Anteilnahme nicht so sehr erzählte, als an der Mitleidskurve des Betrachters vergegenwärtigte Pasiphaë-Geschichte und die folgenden Sagen von Scylla und Tereus wie
ein Mythos dazwischengeschoben.
Sicher sollen die angerührten Mythen nicht einen Katalog der Dichtungen des Gallus geben – der Silen singt alles, was Apollo am Eurotas sang: das wäre zuviel für
einen Menschen –, kaum auch einen Überblick über die zeitgenössische Dichtung –
für sie gälte dasselbe –, sondern das Besingenswerte überhaupt, das, was zum Singen gebracht werden kann und für Vergil auch einen bukolischen Sinn hat. Das hat
aber die Dichterweihe des Gallus und sein Gedicht, ein Kleinepos aitiologischer
Art über den Hain Apollos in Grynium in Kleinasien auch. Dieses Gedicht, ausgefeilt, in der Nachfolge des Hesiod, des von den Alexandrinern so hoch geschätzten
archaischen Sängers, hebt Vergil hier hervor, nicht die Elegien. Als Alexandriner
und Neoteriker wird Gallus nicht mehr als ein solches Epos ausgefeilt haben, so
wie Catull und die anderen.
Gallus irrt am Permessus entlang, der aus der Kastalia entspringt, in musischer
Gegend. Da führt ihn eine der Musen in die Berge, wo, wie Hesiod wußte, auch
– nicht nur auf dem Olymp – die Musen tanzen. Dort erhebt sich voller Achtung
der ganze Chor des Phöbus vor ihm, und Linus, auch ein ›Hirt‹, als Dichter bekränzt, schenkt ihm die Zauberflöte des Hesiod, mit der er den Hain Apollos besingen soll. Das ist, wenn man so will, ein *oraculum ex eventu*. In der verrätselten,

märchenhaften Welt der Bukolik erhält der Dichter Gallus Ruhm und Ehre, indem eine Musenweihe, wie sie Hesiod, Archilochos, Kallimachos, kaum Ennius von sich geträumt hatten, von ihm erzählt wird. Nicht eine Musenweihe ist bei Gallus vorgekommen, sondern der Bukoliker drückt in ihrer bukolischen Stilisierung seine Achtung und Liebe für das eine Werk des Gallus aus.

Die Elegien des Gallus erfahren ihre Würdigung aber in der zehnten Ekloge. Ist es schon in der sechsten Ekloge bezeichnend, daß in Gallus das Ewig-Mythische und

Vergil 10. Ekloge

Extremum hunc, Arethusa, mihi concede laborem.
Pauca meo Gallo, sed quae legat ipsa Lycoris,
Carmina sunt dicenda: neget quis carmina Gallo?
Sic tibi, cum fluctus subterlabere Sicanos,
Doris amara suam non intermisceat undam: 5
Incipe; sollicitos Galli dicamus amores,
Dum tenera attondent simae virgulta capellae.
Non canimus surdis: respondent omnia silvae.
    Quae nemora aut qui vos saltus habuere, puellae
Naides, indigno cum Gallus amore peribat?   10
Nam neque Parnassi vobis iuga, nam neque Pindi
Ulla moram fecere, neque Aonie Aganippe.
Illum etiam lauri, etiam flevere myricae;
Pinifer illum etiam sola sub rupe iacentem
Maenalus et gelidi fleverunt saxa Lycaei.   15
Stant et oves circum; nostri nec paenitet illas;
Nec te paeniteat pecoris, divine poeta:
Et formosus oves ad flumina pavit Adonis.
Venit et ūpilio; tardi venere subulci;
Uvidus hiberna venit de glande Menalcas.   20
Omnes ›Unde amor iste‹ rogant ›tibi?‹ Venit Apollo:
›Galle, quid insanis?‹ inquit: ›tua cura, Lycoris
Perque nives alium perque horrida castra secuta est.‹
Venit et agresti capitis Silvanus honore,
Florentes ferulas et grandia lilia quassans.   25
Pan, deus Arcadiae, venit, quem vidimus ipsi
Sanguineis ebuli bacis minioque rubentem:
›Ecquis erit modus?‹ inquit, ›Amor non talia curat;
Nec lacrimis crudelis Amor, nec gramina rivis,
Nec cytiso saturantur apes, nec fronde capellae.‹   30
    Tristis at ille: ›Tamen cantabitis, Arcades‹, inquit,
›Montibus haec vestris, soli cantare periti
Arcades. O mihi tum quam molliter ossa quiescant,
Vestra meos olim si fistula dicat amores!
Atque utinam ex vobis unus vestrique fuissem   35
Aut custos gregis, aut maturae vinitor uvae!
Certe, sive mihi Phyllis, sive esset Amyntas,
Seu quicumque furor (quid tum, si fuscus Amyntas?
Et nigrae violae sunt et vaccinia nigra),

Apollinische erkannt wird und er darum in die Welt des alten Sängers aufgenommen und unter die sangeswürdigen Mythen eingereiht wird, wobei die Welten der Gegenwart und des Mythos ineinander verschwimmen, so ist diese Irrealität oder surrealistische Formung einer dichterischen Welt durch Ineinanderprojizieren zweier verschiedener Bereiche noch stärker in diesem letzten Gedicht der Bucolica zu spüren.

Gewähre mir, Arethusa, diese letzte Anstrengung.
Wenige Verse für meinen lieben Gallus, aber die Lycoris selber
lesen soll, sind zu singen: wer könnte dem Gallus Verse verweigern?
So wahr dir, wenn du unter den sizilischen Fluten dahingleitest,
die bittere Doris nicht ihre Woge vermischen soll,
beginne! Wir wollen des Gallus bange Liebe besingen,
während die plattnäsigen Ziegen das zarte Gebüsch abrupfen.
Wir singen nicht tauben Ohren: auf alles gibt der Wald seine Antwort.
    Welche Haine und Berge hielten euch ab, ihr Najaden,
als Gallus an einer Liebe verging, die er nicht verdiente?
Die Höhen des Parnaß und die des Pindus legten euch
doch nichts in den Weg noch Aoniens Aganippe.
Ihn beweinten sogar die Lorbeerbäume, sogar die Tamarisken,
ihn beweinten sogar, am Fuße des Felsens liegend, der
fichtentragende Maenalus und die Klippen des kalten Lycaeus.
Rings stehen die Schafe herum – sie achten mich nicht zu gering,
und auch dich reue es nicht des Viehs, göttlicher Dichter:
auch der schöne Adonis weidete die Schafe am Fluß –,
es kam der Schafhirt, es kamen langsam die Rinderhirten,
es kam feucht von den Wintereicheln herab Menalcas.
Alle fragen: woher diese Liebe dir? Es kam Apoll:
»Gallus, was bist du vor Liebe von Sinnen?« fragt er, »dein Lieb Lycoris
ist einem andern durch Schnee, durch schreckliches Feldlager nachgefolgt!«
Es kam Silvanus im ländlichen Putze des Kopfes
blühendes Gertenkraut und große Lilien schüttelnd.
Es kam Pan, der Gott Arkadiens, den wir selber glühen sahen
von den blutigen Beeren des Holunders und Bergrot.
»Wird nicht ein Maß einmal sein?« sagt er, »Amor schert sich nicht um solches.
Nie ist satt von Tränen der grausame Amor,
nie die Wiese von Wasser, die Bienen von Klee, die Ziegen von Laub.«
    Doch er betrübt: »So werdet ihr Arkader doch dies singen
hier euren Bergen, einzig kundig im Singen,
ihr Arkader. O wie sanft würden mir dann die Gebeine ruhen,
wenn eure Flöte einst meine Liebe besingt.
Und wäre ich doch einer von euch gewesen, gewesen ein
Hirt eurer Herde oder ein Winzer der reifen Trauben.
Sicherlich würdest, sei es daß Phyllis, sei's daß Amyntas
sei's sonst einer meine Leidenschaft wäre – wie wär's,
wenn der dunkle Amyntas? Sind doch schwarz auch die
Veilchen, schwarz auch die Hyazinthen –,

Mecum inter salices lenta sub vite iaceres;   40
Serta mihi Phyllis legeret, cantaret Amyntas.
›Hic gelidi fontes, hic mollia prata, Lycori;
Hic nemus; hic ipso tecum consumerer aevo.
   Nunc insanus amor duri me Martis in armis
Tela inter media atque adversos detinet hostes;   45
Tu procul a patria (nec sit mihi credere tantum!)
Alpinas, ah! dura, nives et frigora Rheni
Me sine sola vides. Ah! te ne frigora laedant!
Ah! tibi ne teneras glacies secet aspera plantas!
   Ibo, et Chalcidico quae sunt mihi condita versu   50
Carmina pastoris Siculi modulabor avena.
Certum est in silvis, inter spelaea ferarum,
Malle pati, tenerisque meos incidere amores
Arboribus: crescent illae; crescetis, amores.
Interea mixtis lustrabo Maenala Nymphis,   55
Aut acres venabor apros; non me ulla vetabunt
Frigora Parthenios canibus circumdare saltus.
Iam mihi per rupes videor lucosque sonantes
Ire; libet Partho torquere Cydonia cornu
Spicula. Tanquam haec sit nostri medicina furoris,   60
Aut deus ille malis hominum mitescere discat!
Iam neque Hamadryades rursus, nec carmina nobis
Ipsa placent; ipsae rursus concedite, silvae.
Non illum nostri possunt mutare labores;
Nec si frigoribus mediis Hebrumque bibamus   65
Sithoniasque nives hiemis subeamus aquosae;
Nec si, cum moriens alta liber aret in ulmo,
Aethiopum versemus oves sub sidere Cancri.
Omnia vincit Amor; et nos cedamus Amori.‹
   Haec sat erit, divae, vestrum cecinisse poetam,   70
Dum sedet et gracili fiscellam texit hibisco,
Pierides: vos haec facietis maxima Gallo,
Gallo, cuius amor tantum mihi crescit in horas,
Quantum vere novo viridis se subiicit alnus.
   Surgamus: solet esse gravis cantantibus umbra;   75
Iuniperi gravis umbra; nocent et frugibus umbrae.
Ite domum saturae, venit Hesperus, ite, capellae.

Dieses Gedicht befremdet uns Moderne im höchsten Maße, es scheint uns verrätselt, ein Maskenspiel unwirklicher Art, mit Göttern, Nymphen, Hirten, wirklichen Personen. Befremdlich muß es auch dem Betrachter der antiken und hier im besonderen der römischen Dichtung vorkommen. Derartiges hatte es weder im Griechischen noch bei dem Vorgänger Catull gegeben. Selbst wo Catull vom Mythos spricht oder die so andersartige goldene Zeit preist, die Parzen singen oder Bacchus

du mit mir zwischen den Weiden unter biegsamer Rebe ruhen:
Phyllis würde mir den Kranz binden, singen Amyntas.
Hier sind kühle Quellen, hier weicher Rasen, Lycoris,
hier der Hain: könnte ich hier mit dir zu Ende leben!
    Jetzt aber hält rasende Liebe mich entfernt unter den Waffen des fühllosen
                                        Mars
mitten im Gefecht und drohenden Feinden.
Du, fern der Heimat und möchte es mir doch nicht möglich
sein, so Schlimmes zu glauben, ach! siehst, du Fühllose,
der Alpen Schnee und die Kälte des Rheins
ohne mich. Ach, daß die Kälte dir nicht schade!
Ach, daß das kantige Eis dir die zarten Füße nicht zerschneide!
    Ich werde gehen und die Verse, die ich im chalkidischen Maße gebildet,
auf dem Rohr des sizilischen Hirten singen.
Beschlossen ist mir's, lieber in den Wäldern und zwischen
den Höhlen des Wildes meine Liebe zu ertragen und sie
in die zarten Bäume einzuschneiden: sie werden wachsen und meine Liebe mit.
Unterdes werde ich den Maenalus durchstreifen, unter die Nymphen mich
                                        mischend,
oder werde die wilden Eber jagen. Keine Kälte wird mir es wehren,
mit Hunden die waldigen Schluchten des Parthenius zu umstellen.
Schon scheine ich durch die Felsen und rauschenden Haine
zu gehen, mit parthischem Bogen kretische Pfeile zu schießen.
Gerade als ob dies ein Mittel gegen meine Leidenschaft
wäre oder jener Gott es lernte, durch die Leiden der Menschen mild zu werden!
Schon gefallen mir die Hamadryaden nicht mehr; die Lieder selber
nicht mehr; selbst ihr Wälder tretet wieder zurück!
Meine Anstrengungen vermögen jenen nicht zu ändern, selbst
nicht, wenn wir mitten im Frost aus dem Hebrus tränken
und in den sithonischen Schnee des nassen Winters zögen,
selbst nicht, wenn wir, wo sterbend auf hoher Ulme der Bast dörrt,
die Schafe der Äthiopier unter dem Sternbild des Krebses lenkten:
Alles besiegt Amor: auch wir wollen Amor weichen!«
    Genug wird es sein, ihr Göttinnen, daß dies euer Dichter gesungen hat,
während er dasitzt und ein Körbchen flicht aus schlankem Hibiscus,
ihr Musen, ihr werdet dies dem Gallus zum Größten machen,
dem Gallus, zu dem die Liebe mir so sehr wächst von Stunde zu Stunde,
wie im frischen Lenz die grünende Erle emporschießt.
Stehen wir auf. Es pflegt dem Sänger drückend zu sein der Schatten,
drückend der Schatten des Wacholders, es schadet der Schatten auch den Feld-
                                        früchten.
Geht satt nach Hause, es kommt der Abendstern, geht ihr Ziegen. (Vgl. S. 357.)

mit seinem Schwarm Ariadne befreien läßt, hat doch alles seinen Ort und seine Zeit. So kühn oft die Gedanken und Empfindungsbögen sind, sie sind letztlich doch mit der verknüpfenden Vernunft, der *ratio*, zu fassen. In Vergils Gedicht hingegen, einem Äußersten, was in seiner Lyrik von ihm gewagt wurde, scheint aller fester Boden zu schwinden und alles in einer unwirklichen Welt zu schweben. Nicht anders dürfte es dem römischen Publikum gegangen sein. Der Verfremdungseffekt ist beabsichtigte Kunst. Nicht umsonst sagt Vergil, *audax iuventa*, verwegen in seiner Jugendlichkeit habe er die Eklogen gedichtet. Gerade in seiner Fremdheit und Rätselhaftigkeit hat das Gedicht etwas Anziehendes, und sein Zauber in Verbindung mit der Musik der lateinischen Verse lassen das Gedicht doch auch beim ersten Hören oder Lesen als ein lyrisches Gedicht reinster Empfindung aufnehmen. Hier wird dem Freunde höchste Huldigung zuteil, in Verbindung damit ist freilich auch etwas Unsagbares sagbar geworden: diese im Objektiven gegründete Freundesliebe ist zugleich *sollicita cura*, wie der Römer sagen würde, besorgte Unruhe für das Leiden des Freundes, man spürt die Fremdheit bei aller Innigkeit, die Ausweglosigkeit des persönlichen Schicksals. Es ist ein großartiges Dokument, ein Dienst der Freundschaft.

Es scheint fast unmöglich, den Hintergrund eines solchen Kunstwerks zu erkunden und für Gallus' Leben und Dichtung Konkretes zu gewinnen. Man hat das immer wieder mit ungeeigneten Mitteln versucht und ist gescheitert. Es ist aber in der Tat möglich. Es ist darum möglich, weil die Präzision der Formen, des Stils, der Vorstellungen und der Bewegungsabläufe so groß ist, daß sich das Gemeinte behutsam in anderen Worten fassen läßt, ohne daß man das Kunstgebilde natürlich ersetzen kann.

Aus dem Vorspruch und dem Schlußstück gewinnen wir einen Eindruck davon, wie sehr Vergil die Dichtung des Gallus liebt; denn um den Dichter, seine Aussage und seine Liebe zu Lycoris geht es, nicht um die Person. Das zeigt allein schon der Vers: *sed quae legat ipsa Lycoris*.

Mit der Rede des Gallus aber erhebt die Elegie – die Elegie des Gallus – im Rahmen der Bukolik ihre Stimme, und hier sind weitere Schlüsse möglich. Sie gliedert sich in zwei annähernd gleiche Teile (31–49 = 19 Verse, 50–69 = 20 Verse). Ein Trost ist für Gallus, daß die Arkader (die Bukolik) diese heroische und unbedingte Liebe besingen werden. Still werden seine Gebeine ruhen, wenn die Hirtenflöte von ihr singt. Und gewiß wäre sein Wunsch gewesen, selber ein Hirt zu sein. Dann wäre ihm eine unproblematische Hirtenliebe zuteil geworden. Er malt sich aus, wie er mit einem Amyntas oder einer Phyllis zwischen den Weiden unter der biegsamen Weinrebe liegen würde. Die Vergegenwärtigung des Glücks geht so weit, daß er es sich ohne Lycoris nicht vorstellen kann. So lädt er sie mit Anrede ein, als ob sie ganz gegenwärtig wäre, zu ihm, zu den kühlen Quellen, dem weichen Rasen zu kommen. Diese volle Vergegenwärtigung aber muß die – dichterische – Realität des Gallus auf den Plan rufen. Mit einem abrupten *nunc* beansprucht die Gegenseite ihr Recht: statt dieses Glücks befindet er sich mit seinem *insanus amor*, seiner Liebesverfallenheit, im Krieg, sie aber zieht ohne ihn – wir wissen aus der Rede Apollos: einem andern nach – über die Alpen an den Rhein. Und sein Gedanke kann nur in behutsamer Fürsorge abwehrend wünschen, daß die Kälte sie nicht verletze und der Reif ihre zarten Füße nicht angreife.

In diesem Abbruch ist die Rede aus der Vergegenwärtigung eines irrealen Glücks in die trostlose Wirklichkeit gesunken. Wie am Anfang des ersten Teils sucht er Trost in seiner Not in der bukolischen Welt. Jetzt will er gehen und seine Verse – ein weiterer Hinweis, daß es sich um den Dichter, nicht um die Person Gallus handelt – statt im chalkidischen Vers, das heißt im Stile des Euphorion, im theokritischen Verse dichten. Er will ausharren, nicht der Liebe widerstehen, sondern sie tragen lernen, in der bukolischen Wildnis; denn Dichtung und Handlung werden hier gleichgesetzt. Er wird seine Liebe in die Bäume schneiden, und mit den Bäumen wird sie wachsen. Er aber wird in der Wildnis mit den Nymphen seine Liebe auf der Jagd betäuben. Auch hier ist die Vergegenwärtigung so groß, daß er schon die kretischen Pfeile zu schießen meint. Als ob das ein Heilmittel gegen die Liebe wäre, so bricht auch diese Vorstellung als Illusion zusammen. Hinweg mit den Wäldern. Die Erkenntnis ist über ihn gekommen, daß keine Anstrengung und sei es an den Weltenden, seine Liebe, den Gott Amor, besiegen kann: *omnia vincit Amor: et nos cedamus Amori.*

Haecker setzte diese Schlußerkenntnis über Vergils Eklogenbuch, als ob dieses Motto seine Quintessenz umschließe. In Wirklichkeit ist diese Sentenz der Gegensatz zu dem Wesen der Eklogen. Die Liebesverfallenheit in den Eklogen ist in eine höhere Ordnung eingefügt. Ebensowenig haben die beiden bewegten seelischen Abläufe mit ihren abrupten Umbrüchen in den Eklogen eine wirkliche Parallele. Man könnte höchstens an den Corydon denken, der aber doch seine Torheit einsieht, zu seinen Pflichten zurückkehrt und sich nicht zu dieser Verfallenheit bekennt.

Zu den Versen 46 ff. – *tu procul a patria* etc. – bemerkt nun der Vergilkommentator Servius: *hi autem omnes versus Galli sunt, de ipsius translati carminibus,* »diese Verse aber stammen alle von Gallus, aus eben seinen Gedichten übertragen«. So hat Ovid in seinen Amores (3,9) einen Vers des Tibull in sein Gedicht genommen, so haben die anderen Elegiker etwa Catull-Verse eingeflochten und sie variiert. Das ehrende Zitat – denn anders als rühmend und bewußten Dank abstattend kann es nicht gemeint sein – ist also nicht eine Erfindung der Philologen, sondern gehört zum Stil der augusteischen Dichtung, der es vergönnt war, zum ersten Mal die römischen Vorgänger unbefangen anerkennen zu können.

Ist erkannt, daß der Elegiker Gallus mit seiner Liebe zu Lycoris in die bukolische Welt versetzt worden ist, kann es sich bei diesen von Servius genannten Gedichten nicht um andere, etwa das Gedicht auf den gryneischen Hain des Apollo handeln, sondern nur um seine vier Bücher Elegien. Gallus hatte also aus einer Situation gedichtet, in der er die Geliebte, die einem andern in den eisigen Norden folgt, beklagt, während er selber wohl im Kriege war (vielleicht ist sogar *insanus amor duri Martis* zu verbinden und in seiner unglücklichen Liebe ein Grund dafür zu sehen, daß er sich in den Krieg gestürzt hat).

Servius spricht sehr verschwommen von *hi omnes versus.* Man wird annehmen, daß die wörtliche Wiedergabe mit 46 beginnt, der besagten Klage des Gallus. Wie weit sie gereicht hat, ist nicht klar zu erkennen. Doch ist nach vier Versen ein deutlicher Einschnitt, und es beginnt der zweite Teil der Rede mit dem vergilischen Motiv, daß sich Gallus nämlich in die bukolische Welt retten möchte.

Sicher ist es nicht richtig, anzunehmen, daß die ganze Rede des Gallus ein Kataloggedicht sei, das aus Motiven seiner Dichtung zusammengesetzt sei (Skutsch). Das verbietet die Erkenntnis der zwei in sich einheitlichen und sinnvollen Bewegungsbögen. Doch ist die Aussagekraft der zitierten Verse groß genug. Lycoris ist nicht die Adressatin seiner Gedichtbücher gewesen wie bei den Griechen, sondern ihr Gegenstand. Vorwiegend das Leiden in dieser Liebe muß der Gehalt seiner Dichtung gewesen sein, wenn Vergil in diesem Hinwelken vor Liebe das Wesentliche sieht und seine Darstellung in den zitierten Versen gipfeln läßt. Gallus ist der unbedingt Liebende gewesen, der auch bei der Treulosigkeit der Geliebten nur klagt, nicht rechtet oder richtet. Er muß darin etwas Großes und Heroisches gesehen haben, ja auch etwas, wovon die ›Arkader‹ singen werden. Seine Muse ist Lycoris selbst, nicht die inspirierende Gottheit. Hier kommt uns bestätigend Martial zu Hilfe. Wie Properz (2,1,4) gesungen hatte, *ingenium nobis ipsa puella facit,* »die Dichterbegabung schafft mir meine Geliebte selbst«, so sagt Martial (8,73,6): *ingenium Galli pulchra Lycoris erat,* »die Dichterbegabung des Gallus war die schöne Lycoris«.

Das erlaubt die Formulierung, daß dieses Grundverhältnis von Geliebter und Gedicht von Gallus so klar zum ersten Male ausgesprochen worden ist. Man kann noch einen Schritt weitergehen. Die Leidenschaft der Bewegung, das abrupte Absinken ist in dieser Härte bei Vergil einmalig. Gallus wird später als *durus,* »hart in der Fügung«, gelten. Alles spricht für die Vermutung, daß auch die beiden Bewegungsbögen von Vergil der Art des Gallus nachgebildet sind. Diese wiederum hängen damit zusammen, daß sich Gallus aus der Verfallenheit an seine Liebe erheben möchte in eine Wunschwelt, in der er mit Lycoris glücklich wäre oder die ihn von seinem Leiden befreien könnte. Wir werden diese Polarität als ein Zeichen des Tibull kennenlernen. Auch dieses Spielen zwischen zwei Welten dürfte von der Dichtung des Gallus abgeleitet sein. Dann mögen auch andere Motive in die Rede des Gallus eingegangen sein, so etwa das Ausmalen des Todes, der ihm leicht sein wird, wenn die ›Arkader‹ von seiner Liebe singen – ein von den Elegikern variiertes Motiv –, oder die große Bedeutung, die bestimmte Begriffe haben. Kann man die Haltung des unbedingt Liebenden, der nicht zürnt, sondern nur klagt, daß die Ungetreue ihn verläßt, mit *obsequium,* ›Fügsamkeit‹, bezeichnen, einem Leitwort der Elegiker, so gilt dasselbe für *pati* oder *patientia* (53), wie Lygdamus zeigt.

Lygdamus

Lygdamus, ein Dilettant, soll hier nur kurz erwähnt werden. Er ist, wie wir jetzt glauben dürfen, im Jahre 43 v. Chr. geboren, also ein Altersgenosse Ovids. In früher Jugend, etwa um das Jahr 20 v. Chr., trennte sich seine Frau von ihm und folgte einem ›unbekannten‹ Mann, was darauf schließen läßt, daß Lygdamus zu den ›Bekannten‹, vielleicht den *nobiles,* gehörte. In dieser Situation hat er sechs Elegien geschrieben, in denen er klagt und wirbt: zu dem Zwecke also, die Ungetreue wiederzugewinnen. Er mag dem Kreis um Messalla nahegestanden haben; denn im Corpus Tibullianum sind uns seine Elegien erhalten geblieben. Es ist bemerkenswert, daß dieser Dilettant, dessen Bildung außer Frage steht und der Verse machen kann, in einer merkwürdigen Weise Kunst und Leben verwechselt. Wie Cato Uticensis, bevor Horaz diese Kunstform für Rom gewann, sich in archilochischen Jamben an Metellus rächte, der ihm seine Braut weggeschnappt hatte, so hat Lygdamus die Elegie, die durch Tibull und Properz und sogar schon durch Gallus zu einer festen Kunstform und Kunstwelt geworden war, benützt, um nicht nur sein wirkliches Erlebnis in seinen Versen anzudeuten, sondern ihm mit diesen sogar eine gute Wendung zu geben. Dabei ahmt er Properz und Tibull, aber wie es scheint, auch Gallus in ausgiebigem Maße nach.

Dadurch wird Lygdamus für Gallus interessant und wichtig. In seiner zweiten Elegie (3 ff.) nennt er den hart, der den so großen Schmerz ertragen und trotz des Raubs der Gattin leben kann, und versichert:

> non ego firmus in hoc, non haec patientia nostro
> ingenio: frangit fortia corda dolor.

> hierin bin ich nicht stark und meine Art besitzt
> nicht diese Widerstandskraft: der Schmerz bricht tapfere Herzen.

Dieses Bedenken der *patientia* erinnert an Vergils Vers *malle pati*, und da das tapfere Herz so gar nicht zu Lygdamus paßt, ist der Schluß verlockend, daß Gallus so von der *patientia* gesprochen, Lygdamus ihn nachgeahmt, Vergil in seinen eigenen Vorstellungen und Worten hat sprechen lassen. Im vierten Gedicht läßt Lygdamus Apollo die Wahrheit enthüllen, daß Neaera, die ihm so lieb ist, wie nicht die Tochter der Mutter, nicht das hübsche Mädchen einem begierigen Mann – man spürt das Catullische in den Differenzierungen und der Schwere der Periode – einem andern folgt (57 f.):

> carminibus celebrata tuis formosa Neaera
> alterius mavolt esse puella viri

> Neaera, in deinen Gedichten gefeiert,
> will lieber das Mädchen eines andern Mannes sein.

Diese Verse hat man wohl zu Recht mit Vergils 10. Ekloge (21 f.) verglichen und auch hier auf den Urheber Gallus geschlossen. In solcher Wendung wird er sein Leid formuliert haben. Im Schlußgedicht des Zyklus, dem sechsten, möchte Lygdamus seinen Schmerz über den Verlust der Neaera im Wein betäuben. Immer wieder sucht er die trüben Gedanken zu verscheuchen, immer wieder verfällt er ihnen. Das Gedicht ist durch dieses – vergebliche – männliche Sichaufraffen gegliedert (7, 31, 36 f., 52). Hier hat eine Kurve der Leidenschaft – er wünscht den Zorn Gottes auf Neaera herab, ruft sich aber sofort zurück: *quid precor, a, demens –* ihren Höhepunkt, ähnlich wie im achten Gedicht des ersten Buches bei Properz, das ebenfalls von Gallus inspiriert ist. Der Schluß liegt nahe, zumal die plötzlichen Umbrüche für Gallus' Rede bezeichnend sind, daß auch Gallus in ähnlicher Weise seine Lycoris verwünscht hatte, um, entsetzt über sich, den Fluch zurückzurufen und ihr wie Lygdamus seiner Neaera ein ungetrübtes weiteres Schicksal zu wünschen.

Die Eigenart des Gallus

Einen anderen Weg hat Tränkle, von Properz herkommend, eingeschlagen, um Gallus' Art und Stil fassen zu können. Wenn Properz (2,34,92) singt:

> et modo formosa quam multa Lycoride Gallus
> mortuus inferna volnera lavit aqua.

> Und wieviele Wunden hat eben Gallus, an der schönen Lycoris
> zugrunde gegangen im Wasser der Unterwelt ausgewaschen!

so tut er etwas entfernt Ähnliches wie Vergil. Er würdigt nämlich die Liebesdichtung des Gallus mit dessen eigenen Worten. Wir schließen das daraus, daß Euphorion (fr. 43 Powell) gedichtet hatte:

>»Allein der Unterweltsstrom, der Kokytos wusch Adonis die Wunden ab.«

Euphorion bildete das Stilvorbild des Gallus. Dieser aber hatte das Motiv, daß erst der Tod die Liebe heilt, in seinen Elegien irgendwo aus der mythischen Verknüpfung gelöst und auf sich und sein Leiden an Lycoris übertragen. Properz zitiert nun Gallus an einer Stelle, wo er seine Art so knapp wie möglich zusammenfassen wollte.

Es fällt auf, daß Properz das volkstümliche *medicina* mehrfach gebraucht (2,1,57; 4,11 ff.), an zwei Stellen aber sogar mit einem gleichen folgenden Versschluß gekoppelt; einmal sagt er (1,2,7 f.):

> crede mihi, non ulla tuae est medicina figurae:
> nudus Amor formae non amat artificem

> Glaub mir, für deine Gestalt gibt es kein Mittel:
> der nackte Amor liebt keinen Künstler für die Gestalt.

und ein andermal (2,1,57 f.):

> omnis humanos sanat medicina dolores
> solus Amor morbi non amat artificem.

> Alle menschlichen Schmerzen heilt die Medizin,
> allein Amor liebt nicht den Heilkünstler für die Krankheit.

Der Schluß liegt nahe, daß Gallus die Heilkunst mit ihren Techniken der elementaren Kraft seiner Liebe entgegengesetzt hat (vgl. ecl. 10,60: *tamquam haec sit nostri medicina furoris*). Properz variiert Verse des Gallus in verschiedenen Zusammenhängen. Vergil aber greift das eine Wort heraus und verwendet es mit – wohl auch für Gallus – bezeichnender Gebärde in seinem eigenen Plan. Es könnte sein, daß in den zwei Bögen der Gallus-Rede noch mehr als dieser und die oben vermuteten Gallus-Klänge stecken (vgl. z. B. ecl. 10,33 mit Prop. 1,17,23 f.).

Eine bestimmte Grundform wird abgewandelt, wenn Properz (1,5,23 f.) schreibt:

> Nec tibi nobilitas poterit succurrere amanti,
> nescit Amor priscis cedere imaginibus.

> Und wenn du liebst, wird dir dein Adel nicht helfen,
> Amor versteht nicht, ehrwürdigen Ahnenbildern zu weichen.

und das in einem anderen Gedicht (1,14,8) so aufnimmt:

> nescit Amor magnis cedere divitiis

> Amor versteht nicht, vor großem Reichtum zu weichen.

Man mag das auf eine Grundform des Gallus zurückführen, wie andere Formeln als schon geprägtes Gut wirken, z. B. *habere notam, nox erat et* (von Horaz epod. 15,1 parodiert als elegisch und darum höchstwahrscheinlich von Gallus stammend), *mane erat et; testis est; vidi ego.*

Nimmt man dies alles mit den Interpretationsergebnissen aus der zehnten Ekloge zusammen, erkennt man, daß bei Gallus die Grundzüge der römischen Liebeselegie schon ausgebildet sind. Da gab es die Haltung des unbedingt Liebenden, der im *obsequium,* der Fügsamkeit, auch der Treulosen noch verbunden ist. Lycoris ist der Gegenstand seiner Elegien. Sie macht ihn zum Dichter. Sie ist sicher auch (wie bei Catull Lesbia) schon als die *domina* (die Herrin) bezeichnet worden. *Omnia vincit amor,* das ist nicht die Haltung der Eklogen, auch nicht der zweiten und achten, sondern die des Gallus. Zweitens muß für ihn charakteristisch gewesen sein das Abbilden der leidenschaftlichen seelischen Bewegung, der Aufschwung bei sehnsüchtigem Wunsch und das Absinken, der Zusammenbruch, das *flebile* im Bewußtwerden der Realität. Offenbar hat Gallus in dem schwermütigen Abgleiten des Catull ins *flebile* bei Vorstellungen, die seinen Schmerz wecken wie Laodamia oder Troja, etwas Neues und Eigenes gesehen und es nachgebildet, nur persönlicher, individualistischer, spontaner, subjektiver. Drittens spielte der Gegensatz zwischen einer Traumwelt und der Realität eine Rolle. Wenn Tibull (1,10,13) seinen Wünschen die Wirklichkeit mit den Worten *nunc ad bella trahor* entgegenstellt, so kann man das nicht vom Gallus-Gedicht Vergils trennen (V. 44: *nunc insanus amor duri me Martis in armis . . . detinet*). Hier Frieden und Liebe, dort Kampf und feindlicher Haß der Welt; zwischen diesen Polen mag die Dichtung des Gallus ausgespannt gewesen sein, der Dichter sich voll Sehnsucht einer höheren Welt entgegengestreckt haben. Viertens schließlich scheint es so, daß Gallus in diesem Dienst des Amor, in seinem Leiden an der Liebe – Leiden und Tod haben in der Phantasie des Dichters wie bei den anderen Elegikern nach Vergil offenbar die Hauptrolle gespielt – etwas Heroisches, etwas Besingenswertes gesehen hat, das Gegenstand auch für andere Dichter sein kann wie die mythischen Leiden.

Gallus ist in der Tat der *inventor* der Elegie. Dem *auctor* Catull verdankt er Entscheidendes, und die Nähe zu Catull 64 und 68 ist nicht zu verkennen: die Geliebte als Herrin, die Heroisierung der Liebe, das Sichfügen, die Sehnsucht nach der goldenen Zeit, die Führung der Leidenschaftskurven, um nur weniges zu wiederholen, also alles das, was bei Catull aus dem einen Erlebnis erwachsen war und in Verwandlung griechischer Formen die ersten Elegien hervorgebracht hatte. Aber Gallus gebührt der Ruhm, daß er die poetische Fruchtbarkeit dieser Motive erkannte; daß er aus dem Erlebnis Catulls eine dichterische Welt machte; daß er standardisierte, was bei Catull Gestaltung des Einmaligen war. Seine vier Bücher Elegien waren das bisweilen noch ungefüge, aber doch einheitliche Fundament, auf dem sich eine neue Gattung, die römische Liebesdichtung, entwickeln konnte.

Als den römischen Elegiker hat ihn Vergil in seine *Bucolica,* eine ebenfalls geschlossene Dichtungswelt, aufgenommen. In unerhörter Kühnheit hat er die Stimme der Leidenschaft und des Ausgeliefertseins und die des Idylls und des Musischen unbeschwert von den Gesetzen der Realität zu neuen Harmonien zusammengefügt und zugleich voneinander abgesetzt, wobei er sublimste Schwankungen der eigenen liebenden Seele fast ungreifbar Klang und Sinn werden ließ.

Gallus aber bewies seine Fruchtbarkeit darin, daß er zwei geniale Nachfolger fand, vielleicht nicht von seiner Kraft, aber in jeder Weise von eigener Note: Tibull und Properz. Es will so scheinen, als ob jeder der beiden eine Seite des Wesens des Gallus weiterentwickelt hätte, Tibull jenes Wandern zwischen zwei Welten, Properz die Abruptheit der Leidenschaft mit ihren unberechenbaren Ausbrüchen.

Horaz ist derjenige Lyriker Roms, von dem der feine Kunstrichter Quintilian gesagt hat, er sei als einziger lesenswert. Er meinte für den, der sich zum Redner, was für ihn gleichbedeutend war mit ›zum gebildeten Menschen‹, erziehen lassen wollte. Seine *felix audacia*, seine fruchtbare Verwegenheit, hat die römische Dichtersprache, die römische Sprache überhaupt, so bereichert, daß auch der Redner nicht an ihm vorbeikam, faßte er sein Amt so hoch auf wie Quintilian, der es nicht im Technischen und in wertfreien Sachbezügen aufgehen lassen wollte. Horaz ist aber nicht nur Lyriker. Er hat in seiner Jugend wie in seinem Alter das Bedürfnis gehabt, neben der Lyrik in ihren verschiedenen Formen, im Hexameter die Vernunft spielen zu lassen. Es ist gar nicht einfach, seine Satiren, Episteln und die drei großen Briefe über die Literatur gattungsmäßig einzuordnen. Wichtiger als die von Ennius gestiftete, von Lucilius begründete Gattung der Satire, eine genuin römische Form, und die neue Form des poetischen Briefes ist der Stellenwert, der ihnen im Werk des Horaz zukommt. Das gilt übrigens auch für seine Lyrik. Alles fügt sich zu einem einheitlichen, seiner inneren Entwicklung und seinem sich wandelnden Verhältnis zur Welt entsprechenden Lebenswerk zusammen. Dasselbe trifft für Vergil zu, und es ist das erstemal in der Geschichte der abendländischen Dichtung, daß etwas Derartiges mit aller Bewußtheit erstrebt und verwirklicht worden ist.
In einer Darstellung der römischen Lyrik freilich haben nur Horazens Epoden, seine Carmina, das *carmen saeculare* Platz. Sie müssen aber in Beziehung gesehen werden zu den anderen Werken, besonders zu den Äußerungen über die Dichtkunst in Satire und Brief.

Das Leben des Horaz

Im Brief an den jungen Freund Florus (epist. 2,2) erzählt Horaz die hübsche Geschichte von einem Soldaten des Lucullus, dem im Krieg gegen Mithridates sein ganzer ersparter Schatz, das *viaticum*, gestohlen worden war. Von da an kämpfte er wie ein Wolf und warf einen Posten des Königs von einem wohlbefestigten, reichen Platze herab, wodurch er seinen Schaden zugleich mit hohen Ehren reparierte. Als aber der Feldherr wieder einmal ein Kastell zu erstürmen sucht und an die Ehre des bewährten Kastelleroberers mit pathetischem Aufruf appelliert, sich wieder zu bewähren, lächelt dieser verschmitzt und sagt: »Der wird dorthin gehen, wohin du befiehlst, welcher seinen Geldbeutel verloren hat.«
Die Geschichte soll humorvoll die Lage des Horaz illustrieren, der im Jahre 19 v. Chr. von Florus um Gedichte gebeten worden ist. Um auf den Vergleichspunkt hinzuweisen, gibt er einen kurzen Lebensabriß. Er hatte das Glück, in Rom auf die Schule zu gehen. In Athen erweiterte er seine Bildung ein wenig und suchte im Hain des Akademos nach der Wahrheit. Aber der Bürgerkrieg zog den Un-

erfahrenen in den Kampf, zu Waffen, die der Kraft des Caesar Augustus nicht gewachsen waren. So umschreibt er die Schlacht bei Philippi im Jahre 42 v. Chr.
(epist. 2,2,49 ff.).

> unde simul primum me dimisere Philippi,
> decisis humilem pinnis inopemque paterni
> et laris et fundi paupertas impulit audax
> ut versus facerem; sed quod non desit habentem
> quae poterunt umquam satis expurgare cicutae,   5
> ni melius dormire putem quam scribere versus?

> Als mich aus diesem Kampfe Philippi entließ,
> da hat mich, der mit gestutzten Federn darniederlag
> und beraubt war des väterlichen Herdes und Grundes,
> die dreiste Armut getrieben, Verse zu machen. Aber
> welcher Schierling könnte mich, der soviel hat, daß
> nichts fehlt, je genügend reinigen, wenn ich es
> nicht für besser hielte zu schlafen als zu dichten.

Danach wäre es die Armut gewesen, die ihn zur Dichtung getrieben hätte. Jetzt,
wo er genug hat, wäre es dumm, ja nicht einmal der todbringende Schierling
könnte ihm den Verstand reinigen, wenn er schreiben würde, da der Grund wie
bei dem Soldaten des Lucullus weggefallen ist. Eine Selbstpersiflage, um die Bitte
des Florus abzulehnen. Natürlich darf man das nicht wörtlich nehmen, aber zugleich ist auch etwas daran. Kaum dürfte freilich das *audax*, die Verwegenheit, die
auch Vergil seiner Jugend zuschreibt (*audaxque iuventa*), auf eine bestimmte politische, nicht aristokratische Haltung gehen; und nur der Vergleich mit dem Soldaten
des Lucullus und die Absicht, dadurch eine Bitte elegant abzuweisen, kann irrtümlich zu dem Verdacht führen, er habe mit seinen Versen seine wirtschaftliche Lage
verbessern wollen. Geld verdienen konnte man in Rom mit Versen nicht und einen
Maecenas bewußt zu suchen, ging damals gewiß nicht an. Aber die Armut bleibt,
es bleibt die Verwegenheit der Jugend. Beide haben Horaz zur Feder greifen lassen, um sich im Geistigen zu behaupten, während alles Äußere, ja auch die Sache,
für die er gekämpft hatte, die *res publica* und die *virtus*, zusammengebrochen
waren.
Bürgerkrieg, Parteinahme, Sturz ins Nichts sind für den Epodendichter Horaz die
wesentlichen Voraussetzungen. Wie alle großen Augusteer war für ihn die Errichtung einer Ordnung aus dem Chaos das Grunderlebnis der Zeit; weil er die Verzweiflung und den Abgrund kannte, sah er dann den höchsten Sinn so sehr im Frieden, daß die neue Ordnung und der Princeps zu besingungswürdigen Themen
wurden.
Nicht selbstverständlich war für den Sohn des Freigelassenen, was er erlebte und
wie er reagierte. Er beginnt nicht spielend und genießend wie die Neoteriker. Ihn
erfüllt von Anfang an ernstes Streben und politische Leidenschaft. Wir wissen
nicht, können aber vielleicht ahnen, was in dem etwas über Zwanzigjährigen vor-
gegangen ist, als er sich Brutus anschloß, der nach Athen kam, um im Osten die
Gegenkräfte gegen die Triumvirn Antonius, Caesar Octavianus und Lepidus zu
sammeln. Als Mitläufer wird man ihn kaum ansehen wollen, und Erpressung mag

man auch nicht annehmen. Es muß Begeisterung für die Freiheit, für die *res publica* gewesen sein, die ihn die Waffen ergreifen ließ. Sonst hätte ihn Brutus auch kaum zum Befehlshaber einer Legion, zum Tribun und General gemacht, wenn er nicht von der Festigkeit dieser Entscheidung und der Kraft des Horaz überzeugt gewesen wäre, auch schwierige Situationen zu meistern.

Horaz wurde 65 v. Chr. als Sohn eines Freigelassenen, eines *libertinus*, in Venusia, dem heutigen Venosa geboren. Die Stadt liegt an der Straße nach Brindisi, über die der Verkehr vom Osten nach Rom ging. Dort mag er schon, selber kaum dazugehörig, die Völker des Ostens, besonders die Juden kennengelernt haben, über die er in den Satiren sehr genau Bescheid weiß. Der Vater, dem Horaz in der vierten und sechsten Satire des ersten Buches ein unvergängliches Denkmal gesetzt hat, schickte ihn schon in Venusia in die beste Schule, dann aber ist er mit ihm nach Rom übergesiedelt. Dort hat Horaz die Schule des bekannten Philologen Orbilius genossen. Schließlich hat ihm der Vater das Studium in Athen ermöglicht, was auch bei den Vornehmen Roms etwas Besonderes war. Offenbar erlaubte ihm das sein Geschäft des Auktionators – Auktion war die übliche Form des Verkaufs –, doch wird noch höher das Opfer zu veranschlagen sein, das er zu bringen gewillt war. Nicht damit der Sohn einmal viel verdiene oder ein großer Mann würde – es hätte ihm nichts ausgemacht, wenn der Sohn im selben Beruf ein bescheidenes Auskommen gehabt hätte, wie Horaz selber sagt –, sondern um ihn lebenstüchtig im weitesten Sinne zu machen, ihm eine fundierte und später auch bewußt begründete Lebensanschauung vermitteln zu lassen. Horaz hebt Homer und die akademische Philosophie im Rückblick hervor, aber er denkt auch an Livius Andronicus zurück, und man kann es sich kaum anders vorstellen, als daß er auch den Römer gelesen und aufgenommen hat, der als erster bewußt in der Krise des Verlustes das Wesen der römischen *res publica* dargestellt hatte, Cicero. Es muß eine Vermutung bleiben, daß Cicero, der *homo Platonicus*, hinter dem Entschluß stand, mit Brutus die *res publica* zu verteidigen, aber doch wohl eine Vermutung, für die alles spricht. Ciceros Freiheitssinn und seine Grundüberzeugung, daß der *virtus* der Weg geöffnet werden müsse, sprach jeden Strebenden aus niederem Stande an. Freilich findet sich in Horaz' Werk nicht eine einzige Anspielung auf ihn. Horaz hat seine Welt von unten und von seiner eigenen Person, nicht wie Vergil von einer idealen Welt von oben her aufgebaut. Vergil ist derjenige Dichter, der Cicero in Stil und Gehalt am nächsten steht.

Der Sturz von der Höhe des Tribunen in das Nichts wurde aufgefangen durch einen Einkauf in die Stelle eines *scriba quaestorius*, einen Verwaltungsposten. Wer ihm diesen vermittelt hat, können wir nicht sagen. Daß er Bekanntschaft mit Antonianern hatte, braucht nicht zu beweisen, daß es Antonius war. Zu jeder Zeit war Horaz für alle offen und hat, darin groß, menschliche Treue unabhängig von politischer Parteiung gehalten. Entscheidend für ihn wurde die Freundschaft mit Maecenas. Er hatte durch seine Dichtungen die Freundschaft des Vergil und des Epikers Varius gewonnen. Diese sagten Maecenas, »was er sei«. Horaz beschreibt selber die Szene, wie er sich im Frühjahr 38 v. Chr. Maecenas vorstellt. Im Winter 38/37 ist er darauf in den Kreis um Maecenas als *conviva* aufgenommen worden. Maecenas hat ihm, vermutlich für die ihm gewidmeten Satiren des ersten Buches, um das Jahr 35 v. Chr. das Sabinum geschenkt, jenes Landgut beim heutigen Vicovaro in den Sabinerbergen hinter Tivoli, das ihm zur Stätte musischer Ruhe wurde, ohne die er das hektische Leben in Rom nicht ertragen hätte. Maecenas und das Sabinum, tätige, politisch engagierte Freundschaft und Muße, Zusichkommen, das sind die beiden Pole zwischen denen, die Grundstützen, auf denen sich das Leben des Horaz bewegt.

Im Kreise des Maecenas ist er dem späteren Augustus nähergerückt. Er hat – im Gegensatz zu Vergil – lange, etwa zehn Jahre gebraucht, ehe er sich überzeugen ließ, daß mit ihm das römische Schicksal die Wende zum Guten genommen hatte. Aller Wahrscheinlichkeit nach hatte Horaz an der Schlacht von Actium teilgenommen. Die neunte Epode scheint auf Autopsie zu beruhen. Er ist also, wie er in der ersten Epode versprach, dem Freunde Maecenas in die Gefahr gefolgt. Was wir sonst von seinem Leben wissen, lesen wir aus den Gedichten, die als Kunstgestalten den Griff ins Biographische und Reale nicht zulassen. Erwähnung verdient aber, weil es für ihn bezeichnend ist, daß er Augustus in den zwanziger Jahren den angebotenen Posten des *ab epistulis*, einen Ministerposten, abgeschlagen und damit seine Freiheit bewahrt hat. Noch heute zeugt im Thermenmuseum die Saecularinschrift davon, daß er im Jahre 17 v. Chr. das von ihm gedichtete und als einziges komponierte Lied mit einem Jünglings- und Mädchenchor aufgeführt hat. Er war mit diesem Auftrag offiziell als *Romanae fidicen lyrae* anerkannt worden. Im Jahre 8 v. Chr. ist er, wie vorhergesagt, wenige Monate nach dem Tode des Maecenas gestorben.

Die Epoden

Horaz hat in allen seinen Gedichten entweder von sich selbst gesprochen oder ist in ihnen mit ganz wenigen Ausnahmen als Dichter gegenwärtig. So können wir seine Gestalt fassen und die biographischen Daten mit Leben füllen, wenn wir uns bewußt bleiben, daß es sich eben um künstlerisch Geformtes handelt. Es ist gefährlich, allzu tief in die Seele eines Dichters eindringen zu wollen, zumal eines antiken Dichters, der sich großen Zusammenhängen verpflichtet weiß, die der Methode, aus dem Unbewußten zu erklären, ebensowenig Spielraum läßt wie der, sein auf Tradition, Stil und Wahrheit ausgerichtetes Streben auf psychologische oder soziologische Gegebenheiten zurückzuführen. In den Epoden will Horaz Archilochos für Rom gewinnen, indem er ihn in sich wiedererstehen läßt. Aber man kann mit Sicherheit sagen, daß der Zusammenbruch seiner Welt eine kritische Wende, einen Vertrauensschwund gegenüber der Welt bedeutete. Horaz war mit seiner Welt zerfallen. Allein auf sein Selbstbewußtsein gestützt, mußte er sich eine neue Welt aufbauen, wobei zunächst Gegensatz und Sichabsetzen überwiegen. Das wird bestätigt durch die Wahl der Formen, einmal der Satire, zum andern des archilochischen Jambus. Beide haben etwas Aggressives. Es ist verfehlt, Horazens Wahl der Gattungen nur mit artistischen Erwägungen – etwa weil hier noch Lücken zu füllen gewesen wären – zu begründen.

Natürlich war es etwas Unerhörtes und eine selbständige künstlerische Leistung ersten Ranges, auf den alten Dichter des sechsten Jahrhunderts zurückzugreifen und ihn in Rom einzuführen. Aber bei diesem Rückgriff hinter den Hellenismus auf das frühe Griechentum – das trifft in gewissem Sinne auch schon auf Lukrez mit Empedokles und auf Cicero mit Platon zu – war die Erkenntnis des verwandten Geistes, der Suche nach dem Objektiven wichtiger als rein formale Erwägungen. Mit seiner Hinwendung zu Archilochos leitet Horaz die augusteische Klassik ein.

Horaz bestätigt sich selbst gleichzeitig die Neuheit der Leistung, das artistische Anliegen, vor allem aber, daß es auf Stimmung und Verhältnis zur Welt ankommt, in dem neunzehnten Brief des ersten Epistelbuches (1,19,21):

> libera per vacuum posui vestigia princeps,
> non aliena meo pressi pede. qui sibi fidet,
> dux reget examen. Parios ego primus iambos
> ostendi Latio, numerosque animosque secutus
> Archilochi, non res et agentia verba Lycamben,
> ac ne me foliis ideo brevioribus ornes,
> quod timui mutare modos et carminis artem:
> temperat Archilochi musam pede mascula Sappho,
> temperat Alcaeus, sed rebus et ordine dispar . . .

5

> Freien Tritt habe ich auf leeres Feld als erster gesetzt,
> nicht Fremdes habe ich mit meinem Fuße betreten. Wer sich vertraut,
> wird als Führer den Schwarm lenken. Parische Jamben hab ich zuerst
> Latium gezeigt, den Rhythmen und Stimmungen des Archilochos folgend,
> nicht den Stoffen und Worten, die Lykambes hetzten.
> Und damit du mich deshalb nicht mit kleinerem Lorbeer schmückst,
> weil ich mich scheute, die Weisen und die Kunst des Liedes zu ändern:
> es ordnet ihr Lied mit dem Fuß des Archilochos die männliche Sappho,
> es ordnet es Alkaios, an Stoff und Ordnung aber ungleich.

Horaz hat seinem Unmut über die sklavischen Nachahmer, das *servum pecus*, Luft gemacht. Ein Vorbild, das man in Unarten nachahmen kann, täuscht. Er hat unbetretenes Land gewonnen und darf so den Ruhm der Priorität für sich in Anspruch nehmen. Er hat Latium zum ersten Male parische Jamben gezeigt. In dieser Tat vereinigt sich Tradition, *aemulatio* und Selbständigkeit; denn was er gestaltete, waren die Rhythmen und Stimmungen, die *animi*, das heißt die leidenschaftlichen Bewegungen des Archilochos, nicht der Stoff, also jene aggressive Selbstbehauptung, nicht der Schwiegervater Lykambes, der ihm die Tochter verweigerte. Was das künstlerische Verdienst angeht, nämlich im römischen Bereich den reinen Jambus eingeführt zu haben, so wird es nicht dadurch geschmälert, daß Horaz die Verskunst von Archilochos übernommen hat. Ebenso haben es ja Sappho und Alkaios getan, deren Ruhm unbestritten ist.

Die *animi* des Archilochos treten sogleich in einer der frühesten Epoden, der sechzehnten, hervor. Wie dieser wendet er sich an die versammelt gedachten Mitbürger, wendet sich gegen schwächliches Klagen, sucht selbstbewußt den Ausweg aus der Not.

16. Epode

Altera iam teritur bellis civilibus aetas,
  suis et ipsa Roma viribus ruit.
quam neque finitimi valuerunt perdere Marsi
  minacis aut Etrusca Porsenae manus
aemula nec virtus Capuae nec Spartacus acer   5
  novisque rebus infidelis Allobrox,
nec fera caerulea domuit Germania pube
  parentibusque abominatus Hannibal:
inpia perdemus devoti sanguinis aetas
  ferisque rursus occupabitur solum;   10
barbarus heu cineres insistet victor et urbem
  eques sonante verberabit ungula;
quaeque carent ventis et solibus ossa Quirini,
  – nefas videre – dissipabit insolens.
forte quid expediat communiter aut melior pars,   15
  malis carere quaeritis laboribus.
nulla sit hac potior sententia: Phocaeorum
  velut profugit exsecrata civitas
agros atque lares patrios, habitandaque fana
  apris reliquit et rapacibus lupis,   20
ire, pedes quocumque ferent, quocumque per undas
  Notus vocabit aut protervos Africus.
sic placet? an melius quis habet suadere? secunda
  ratem occupare quid moramur alite?
sed iuremus in haec: simul imis saxa renarint   25
  vadis levata, ne redire sit nefas;
neu conversa domum pigeat dare lintea, quando
  Padus Matina laverit cacumina,
in mare seu celsus procurrerit Appenninus
  novaque monstra iunxerit libidine   30
mirus amor, iuvet ut tigris subsidere cervis,
  adulteretur et columba miluo,
credula nec ravos timeant armenta leones
  ametque salsa levis hircus aequora.
haec et quae poterunt reditus abscindere dulcis   35
  eamus omnis exsecrata civitas,
aut pars indocili melior grege; mollis et exspes
  inominata perpremat cubilia.
vos, quibus est virtus, muliebrem tollite luctum,
  Etrusca praeter et volate litora.   40
nos manet Oceanus circumvagus: arva beata
  petamus, arva divites et insulas,
reddit ubi cererem tellus inarata quotannis
  et inputata floret usque vinea,
germinat et numquam fallentis termes olivae   45
  suamque pulla ficus ornat arborem,
mella cava manant ex ilice, montibus altis
  levis crepante lympha desilit pede.

Schon die zweite Generation wird von den Bürgerkriegen zerrieben
und Rom stürzt durch seine eigene Kraft.
Rom, das nicht die benachbarten Marser zu zerstören vermochten
oder die etruskische Schar des drohenden Porsena,
nicht Capuas neidisches Mannestum noch der heftige Spartacus
und der treulos auf Umsturz sinnende Allobroger,
und auch nicht das wilde Germanien bezwang mit blauäugiger Jugend
und Hannibal, von den Eltern verflucht:
wir werden es vernichten, ein ruchloses Geschlecht verwünschten Blutes,
und von wilden Tieren wird der Boden wieder mit Beschlag belegt werden.
Weh, der barbarische Reiter wird als Sieger die Asche betreten und
mit klingendem Huf die Stadt peitschen,
und die des Windes und der Sonne entbehren, die Gebeine des Quirinus,
– Sünde zu sehen – sie wird er frevelnd verstreuen!
Vielleicht fragt ihr – alle oder der bessere Teil –, was uns freimacht,
damit wir die schlimmen Leiden los sind.
Kein Vorschlag sei besser als dieser: wie der Phokäer
Volk unter Verwünschungen floh
die Äcker und die Heimatgötter, die Tempel
den Ebern zur Wohnung ließ und den reißenden Wölfen:
zu gehen, wohin die Füße tragen, wohin über die Wogen
der Südwind ruft oder der jähe Africus.
Stimmt ihr zu? oder hat einer Besseres zu raten?
Was zögern wir mit günstigem Vorzeichen das Schiff zu besteigen?
Aber wir wollen auf diese Worte schwören: wenn vom tiefsten Meeresgrund
die Felsen sich heben und auf der Oberfläche schwimmen, dann erst sei es keine
                    Sünde zurückzukehren;
und dann soll es nicht verdrießen, die Segel heimwärts zu kehren,
wenn der Po den Gipfel des Matinus bespült
oder der erhabene Apennin sich ins Meer stürzt
und in neuer Begierde Ungeheuerliches verbindet
seltsame Liebe, so daß es dem Tiger gefällt, dem Hirsch als Weibchen zu dienen,
daß die Taube Ehebruch treibt mit dem Weih,
daß voll Vertrauen die Herde nicht die helläugigen Löwen fürchtet
und der Bock glatt die salzige Flut liebt.
Diese Verwünschungen wollen wir ausstoßen und was sonst die süße Rückkehr
                    abschneiden kann,
und wollen gehen, der ganze Staat
oder der Teil, der besser ist als die ungelehrige Herde: die möge verweichlicht
                    und ohne Hoffnung
weiter das Lotterbett durchliegen!
Ihr, die ihr Mannesmut besitzt, laßt das weibische Klagen
und fliegt vorbei an den etruskischen Gestaden.
Uns erwartet der rings umfließende Ozean: die glückseligen Gefilde
wollen wir aufsuchen, die Gefilde und die reichen Inseln.
Wo die Erde unbestellt jährlich die Ceresfrucht gibt
und unbeschnitten der Weinstock fort und fort blüht,
wo der Schößling treibt der niemals trügenden Olive
und die schwarze Feige den eigenen Baum schmückt,
wo der Honig aus der hohlen Eiche tropft und von den hohen Bergen

illic iniussae veniunt ad mulctra capellae
refertque tenta grex amicus ubera,   50
nec vespertinus circumgemit ursus ovile
nec intumescit alta viperis humus;
nulla nocent pecori contagia, nullius astri
gregem aestuosa torret inpotentia.
pluraque felices mirabimur, ut neque largis   55
aquosus Eurus arva radat imbribus,
pinguia nec siccis urantur semina glaebis,
utrumque rege temperante caelitum.
non huc Argoo contendit remige pinus
neque inpudica Colchis intulit pedem;   60
non huc Sidonii torserunt cornua nautae,
laboriosa nec cohors Ulixei.
Iuppiter illa piae secrevit litora genti
ut inquinavit aere tempus aureum,
aere, dehinc ferro duravit saecula, quorum   65
piis secunda vate me datur fuga.

Dieses Gedicht in seiner werbenden Einsamkeit und seinem unerhörten Anspruch
erschließt sich nur langsam. Es will befremden mit äußersten Kühnheiten, während
Vergil in der zehnten Ekloge durch zauberhafte Versetzung den Hörer in seine
Welt zog. Geheimnisvoll und unergründlich trotz seiner Klarheit setzt es einen
Punkt hinter das spielerische oder immer tiefer ins Selbst dringende Treiben der
neoterischen Poesie und sammelt die ganze Welt buchstäblich zur Entscheidung.
Eine neue Form der Lyrik ist plötzlich da, die neue Ansprüche auch an das Lyrik-
verständnis stellt. Und sicher ist es nicht richtig, wenn jüngst Emil Staiger Horaz
den Dichter ohne Geheimnis nannte. Er ringt mit dem Unaussprechbaren und vollzieht mit seinem ersten Wurf eine Bewegung, die für ihn bestimmend bleibt: aus
der Turbulenz bedrängender Situation zu ihrer Überwindung und Lösung. Hier
geschieht es in besonderer Stimmung, schwer befrachtet durch Bildungsgut und
Weltstoff.

Das eigentliche Verständnis dieses scheinbar so klaren realitätsgesättigten Gedichtes hängt von der richtigen Erfassung seiner Dynamik, seiner Situation und damit
seines Sinnes, seiner Richtung ab. Das Poetische liegt in seiner Bedeutung.

Das Gedicht beginnt mit einer Feststellung der trostlosen Lage. Ihr Pathosgehalt
wird darauf breit in oratorischer Weise entfaltet. Rom, das allen Feinden widerstand, werden wir selbst zugrunde richten. Der Dichter schließt sich ein in die
Schicksalsgemeinschaft einer verruchten Generation verwünschten Blutes und malt
das Zukunftsbild aus, daß die Stadt und ihr Allerheiligstes, das Grab des Gründers,
der Barbarei ausgeliefert wird.

Hier wendet sich der Sprecher, sich aus der Gemeinschaft heraushebend, an die
hoffnungslos Verstrickten. Vielleicht fragen alle oder wenigstens der bessere Teil,
was aus der Verstrickung befreit, um loszukommen von den schlimmen Übeln.
Horaz fingiert eine Situation, die für Archilochos Wirklichkeit sein konnte, daß er

das Wasser leicht mit plätscherndem Fuß herabhüpft.
Dort kommen ungeheißen die Ziegen zum Melkeimer
und die strotzenden Euter bringt die Herde, den Menschen freund, ungeheißen
zurück.
Nicht umbrummt am Abend der Bär die Schafhürden,
noch schwillt der Boden hoch auf von Schlangen.
Keine ansteckenden Seuchen schaden dem Vieh, keines Gestirnes
unbändige Glut dörrt die Herde aus.
Ja noch mehr werden wir glücklich bewundern:
wie der regenreiche Ostwind nicht die Fluren mit breiten Wassermassen abspült
und der fette Samen nicht in der trockenen Scholle verbrennt,
da der König der Himmlischen beides ausgleicht.
Hierher kam nicht das Schiff mit der argivischen Mannschaft,
nicht die schamlose Kolcherin setzte ihren Fuß hierher,
hierher wandten nicht sidonische Seeleute ihre Segel
noch die vielduldende Schar des Odysseus.
Juppiter hat jene Gestade einem frommen Geschlecht vorbehalten,
als er die goldene Zeit mit Erz vermengte,
mit Erz, dann härtete er die Zeiten mit Eisen. Aus denen
wird Frommen eine glückliche Flucht gewährt unter meiner Vates-Führung.

(Vgl. S. 358.)

nämlich vor der Volksgemeinde spricht. Es ist keine Volksversammlung, wo man nicht fragen und antworten konnte, kein Senat, wo der Reihe nach die Senatoren nach ihrer *sententia* gefragt wurden. Vielmehr agiert Horaz, die Möglichkeiten des Archilochos, der *contio* und des Senates vereinend, vor der versammelt gedachten römischen Schicksalsgemeinschaft. Auf die vermutete Frage erfolgt sofort der Vorschlag, zu fliehen nach dem Beispiel der Phokäer, und ebenso stürmisch wird die Zustimmung erreicht (oder besser vorausgesetzt) und die Rückkehr durch einen Schwur abgeschnitten, der das Handeln unverbrüchlich macht.

Wir sind in ein energisches Handeln hineingerissen, das Gedicht schreitet mit ihm selber fort. Archilochische Situation und die Erfindung der Alexandriner, die Handlung eines Gedichts in ihm selbst fortschreiten und die Situation des Gedichts sich mit ihr verwandeln zu lassen, sind hier kunstvoll vereinigt worden.

Inhaltlich handelt es sich um eine Flucht, ein Hinweg. Das Ziel ist zunächst gleichgültig: *ire, pedes quocumque ferent* ... Nach den Adynata, die sich fast selbständig gemacht haben und mit der Vorstellung des Bocks, dessen Struppigkeit im Wasser glatt geworden ist und der das Meer liebt, fast ein leichtes Lächeln erwecken, ist der erste Ansturm zu einem Haltepunkt gekommen. Horaz setzt neu an, unterstreicht und erinnert sich erneut des Unterschieds des Anfangs: es wird nur der bessere Teil sein, der ihm folgt; die andern mögen hoffnungslos, *exspes*, ihr Lotterleben weiterführen. Der Bürgerzwist ist auf eine moralische Ursache zurückgeführt und diese im Bilde der *inominata cubilia* und des *perpremere* plastisch gefaßt.

Mit neuem Mut aber kann sich der Dichter an die wenden, die *virtus* besitzen, ihnen das archilochische *muliebrem tollite luctum* (γυναιχεῖον πένθος ἀπωσάμενοι) zurufen und das Ziel nennen: der Ozean erwartet sie, die glücklichen Inseln gilt es zu erreichen. Das kommt überraschend und wird noch seltsamer durch ihre Beschreibung, deren Unwirklichkeit sofort in die Augen springt. War schon der Rat der Flucht phantastisch, wenn auch noch in der Situation vorstellbar, so ist die Aufforderung, die Inseln zu erreichen, die dieser Wirklichkeit hier in jedem Zug die Verneinung entgegenstellen, so utopisch, daß Horaz hier offensichtlich auf einer anderen Ebene spricht. Wie bei der von ihm vor allem später so geliebten Identitätsmetapher springt er von der Ebene des noch Vorstellbaren in die des Symbols für Geistiges. Und von hier wird deutlich, wie die Flucht vorher aufzufassen war. Es handelt sich zwar um ein Hinweg aus diesem Raum des Haders, der Gegensätze und des Verlottertseins, aber nicht um eine wirkliche Flucht, vielmehr um ein Hinweg im geistigen Sinne. Das ganze Gedicht transponiert etwas Geistig-Moralisches ins Räumliche.

Die glücklichen Inseln, die in lichten, heiteren Begriffen und Vorstellungen das Glück versinnlichen, sind der Raum, in dem Verstrickung nicht gilt, dem Frevel fern ist, in dem Freiheit herrscht. Er ist frei von jenen Kausalitäten, die das Leben schwer machen und auch die Verstrickung des Bürgerkriegs verursacht haben. Der Dichter führt in diese der Schwere entkleidete Welt. *Vates* heißt er zum ersten Male bewußt in Rom nach jenen alten Wahrsagern, die in ihren Versen den Götterwillen und die Zukunft verkündeten. Die Frommen sind es, die sich der Führung des Dichters, des Wahr-sagers anvertrauen. Nach Gottes Gebot sind ihnen diese Inseln vorbehalten. Es wird nicht wie bei Hesiod von einer längst vergangenen Zeit gesprochen, wenn die Hesiod-Klänge auch dem Gedanken mythische Würde verleihen, sondern von Möglichkeiten des Jetzt.

Es handelt sich um ein politisches Gedicht, freilich um das höchste politische Anliegen, Heil und Bestand der römischen Schicksalsgemeinschaft, die gegenüber ihren Feinden als Garant von Ordnung und Gesittung erscheint. Es ist ein Gedicht politischer Verzweiflung. Der Selbstzerstörung einer Zeit, die von den Göttern fallengelassen ist – später in der siebenten Epode wird vom Erbfluch des Brudermordes gesprochen werden –, kann man nur noch durch die Flucht begegnen. Es ist ein Rückzug aus der politischen Wirklichkeit, wie ihn Sallust vollzog, weil in ihr Wert nicht mehr zu finden und zu verwirklichen war. Wie bei Sallust ist es aber eine Verzweiflung, die keinen alles verneinenden Pessimismus bedeutet. Hier setzt das Positive ein. Wie Sallust im Geisteswerk der Geschichtsschreibung *virtus* zu erreichen hofft, so hat Horaz Hoffnung, daß sich die, welche *virtus* besitzen, unter seiner Führung als Dichter aus diesem Teufelskreis retten können. Der Verzweiflung steht das höchste Selbstbewußtsein des Dichters gegenüber. Der Dichter stellt anklagend und kritisch die heillose Lage fest, er gibt den Ratschlag, und er weiß über das Heilmittel des Hinweg hinaus etwas über das Ziel. Es sind nicht die Musen, die ihm sein Wissen geben, sondern um den Willen Juppiters wissend, hat er diese Zuflucht in schöpferischer Kraft selbst geschaffen. Das bedeutet es, wenn er sich am Schluß als *vates* bezeichnet (nicht als Diener oder Sprachrohr der Musen). Dieses Selbstbewußtsein hat etwas Subjektives und Dynamisches. Die Echtheit der politischen Leidenschaft erkennt man an der Produktivität, mit der Horaz eine neue Konzeption des Dichters entwickelt. Höchstes politisches Anliegen des Menschen, sein Schicksal in der Gemeinschaft, ist darum hier singbar geworden wie bei Lukrez die Erklärung der Natur.

Die poetische Kraft aber, die diese Leidenschaft gestaltet, zeigt sich vor allem in dreierlei: einmal in der Fähigkeit, Verschiedenes und Widerstrebendes zu integrieren: die poetische Tradition von Hesiod an ist gleichsam in diesem Gedicht aufgehoben; zum zweiten darin, daß aus Verzweiflung und Selbstbehauptung eine mitreißende Bewegung, wie sie beschrieben wurde, von der Turbulenz bis zur Serenität geformt werden kann; und drittens in der Unbestechlichkeit und Klarheit, mit der hier eine Aussage über den Geist, über die Geheimnisse für die Frommen, versinnlicht wird. Eine Fülle von Welt wird in reinster metrischer und sprachlicher Form so versammelt, daß der verbindende Geist und die moralische Entscheidung überzeugend in schöner Harmonie sichtbar werden. Hier ruht das Geheimnis des Gedichtes. Das Gedicht überzeugt im Geistigen. Persönlicher Deutung ist über das Eindeutige hinaus großer Spielraum gelassen, vor allem bei der Schilderung der glücklichen Inseln. Das Ganze ist Werk einer ungeheuren Anstrengung, und man spürt vielleicht auch noch die Leistung. Wer Lyrik als unmittelbarsten Ausdruck der Gestimmtheit begreift, muß umdenken, will er dieses Gedicht als lyrisch begreifen. Doch überwindet jedes Bedenken das geglückte Gedicht, das eine Wende in der römischen Lyrik bedeutet und zugleich zu jeder Zeit in seiner Grundstimmung wieder miterlebt werden kann. Man kann von einer symbolischen Verwendung der Wirklichkeit sprechen.

Mit der 16. Epode hat Horaz sein Programm entworfen. Es besteht darin, aus einer verrotteten Welt herauszukommen, um im Geiste eine neue Welt zu bauen oder in dem Angriff auf das Verkommene sich wenigstens zu lösen und Gemäßes anzudeuten. Jedes Verfallen an was auch immer gilt, weil es Urteil, Verantwortung, Freiheit beeinträchtigt, als unmännlich und mit Recht als unarchilochisch. Denn auch die Jamben des Archilochos behaupten sich nicht nur im Angriff persönlich, sondern setzen neue Werte. Der Gegenpol ist die Elegie, die liebt und glaubt, darin die Transzendenz des Menschen beglückt erfährt und an der Geliebten festhält, auch wenn sie es nicht mehr verdient. Darum war es ein wesentlicher Mißgriff Leos, als er in der 15. Epode eine Elegie erkennen wollte. Dieses Gedicht beginnt scheinbar so lyrisch in der Stimmung wie überhaupt wenige lateinische Gedichte:

> Nox erat et caelo fulgebat Luna sereno
>   inter minora sidera,
> cum tu, magnorum numen laesura deorum,
>   in verba iurabas mea,
> artius atque hedera procera adstringitur ilex   5
>   lentis adhaerens bracchiis,
> dum pecori lupus et nautis infestus Orion
>   turbaret hibernum mare
> intonsosque agitaret Apollinis aura capillos,
>   fore hunc amorem mutuum ...   10

> Nacht war es und am heiteren Himmel glänzte Luna
> unter den geringeren Gestirnen,
> als du, im Begriff das Walten der großen Götter zu verletzen,
> auf meine Worte schwurest,
> enger, als die schlanke Steineiche vom Efeu umstrickt wird,

> an mir mit deinen weichen Armen hängend,
> solang der Wolf der Herde feind und Orion den Schiffern
> das winterliche Meer aufwühle
> und Apollos ungeschorenes Haar der Wind schüttle,
> werde diese gegenseitige Liebe dauern ...

Der in *magnorum numen laesura deorum* angedeutete Treubruch führt aber nicht zu elegischer Klage, sondern zu männlichem Drohen und zu einer Wendung an den im Augenblick glücklichen Rivalen, dem es nicht anders gehen wird:

> heu heu, translatos alio maerebis amores,
>   ast ego vicissim risero.

> o weh, dann wirst du trauern über die anderswohin übertragene Liebe,
>   ich aber werde meinerseits lachen.

Gegenseitiges Einverständnis, Zuverlässigkeit, Natürlichkeit und Schönheit, Erotik werden gesucht – in Satire 1,2 wird das im Spiel der *ratio* freimütig begründet –, das Leiden an der Liebe klingt nur leise durch, hier und etwa in der bezeichnenderweise späteren 14. Epode. Hierzu stellt sich die 11. Epode, in der aus der Erinnerung an das Liebesleid um Inachia – es liegt zwei Jahre zurück, was wieder auf spätere Entstehung weist – doch leichtfertig auf den jetzigen Zustand, die Liebe zu dem schönen Lyciscus verwiesen wird. Auch sie ist freilich nichts Endgültiges (25 ff.):

> unde expedire non amicorum queant
>   libera consilia nec contumeliae graves,
> sed alius ardor aut puellae candidae
>   aut teretis pueri longam renodantis comam.

> Hieraus zu lösen vermöchten nicht der Freunde
>   freimütige Ratschläge noch bedrückende Schmähungen,
> sondern nur eine andere Glut entweder zu einem sauberen Mädchen
>   oder zu einem schlanken Knaben, der sein langes Haar aufbindet.

Mit aller Schärfe und Ironie wendet er sich in den Epoden 8 und 12 gegen eine unbeherrschte Sinnlichkeit von Frauen, die seine Gegenliebe mit Sentimentalität oder falschen Ambitionen erzwingen wollen. Das Eklige der Unnatur wird dabei mit einer nichts scheuenden Offenheit, doch nicht vulgär entlarvt. Ebenso widerlich ist Horaz jede mögliche Beschneidung seiner Freiheit. Canidia ist ihm das auf Allgemeines weisende Beispiel dafür. In den Epoden 5 und 17 erscheint ihr grausiges Treiben. Wie auch in den beiden vorhergehenden Gedichten werden dabei die verschiedensten Formen – Ballade, Palinodie, Epigramm – in den strengen Zug der Epode gebannt, die am Anfang das Fragwürdige nennt, um es in der Antwort des Schlusses mit einer Aussage zu vernichten. Man kann auch hier von Formensynkretismus sprechen. Auch die politische Leidenschaft bleibt immer wach.
Der 16. Epode steht die 7. am nächsten. Wohl im Jahre 39 v. Chr. wendet sich Horaz gegen die beiden Parteien im Bürgerkrieg, die wieder das Schwert ziehen wollen. In überaus komprimierter Dramatik – das Prinzip der 16. Epode erscheint hier verdichtet, nämlich die Verwandlung der Situation im Gedicht selbst – geht

Horaz aus der Vollmacht des *vates* mit den verbrecherischen Tätern ins Gericht und findet im Verhör auf die Anfangsfrage die Lösung in der mythischen Idee eines Erbfluches:

7. Epode

Quo, quo scelesti ruitis? aut cur dexteris
   aptantur enses conditi?
parumne campis atque Neptuno super
   fusum est Latini sanguinis,
non ut superbas invidae Karthaginis   5
   Romanus arces ureret
intactus aut Britannus ut descenderet
   sacra catenatus via,
sed ut secundum vota Parthorum sua
   urbs haec periret dextera?   10
neque hic lupis mos nec fuit leonibus
   numquam nisi in dispar feris.
furorne caecus an rapit vis acrior
   an culpa? responsum date.
tacent et albus ora pallor inficit   15
   mentesque perculsae stupent.
sic est: acerba fata Romanos agunt
   scelusque fraternae necis,
ut inmerentis fluxit in terram Remi
   sacer nepotibus cruor.   20

Wohin, wohin stürzt ihr verbrecherisch? Warum fügen
sich die eingesteckten Schwerter wieder in die Rechte?
Ist über den Feldern und dem Meer zu wenig
latinischen Blutes vergossen
nicht, auf daß die stolze Burg des neidischen Karthago
der Römer verbrenne
oder daß der noch unberührte Britanne in Ketten herabsteige
auf der heiligen Straße, sondern damit nach den Wünschen der Parther
diese Stadt hier durch die eigene Hand zugrunde gehe?
Nicht Wölfe und nicht Löwen haben diese Art, sie,
die nie wild sind außer gegen das Fremde.
Reißt euch blinder Wahnsinn oder schärfere Gewalt
oder Schuld dahin? Gebt Antwort!
Sie schweigen und weiße Blässe färbt ihr Antlitz
und niedergeschlagen stockt ihr Sinn.
So ist es: ein bitteres Geschick hetzt die Römer
und das Verbrechen des Brudermordes,
seit das Blut des Remus, der es nicht verdiente, auf die Erde floß,
den Enkeln zum Fluch.

Hier wird noch einmal das Ganze der römischen Geschichte gedeutet und aus der Verzweiflung der Gegenwart verworfen. In der 4. und 6. Epode fährt Horaz gegen politisches Unwesen los; in der vierten gegen einen Tribunen, einen ehemaligen Sklaven, der sich seiner Macht brüstet, aber selber nicht besser als der Seeräuber ist, gegen den er zu Felde ziehen soll. In der sechsten ist das Ziel ein Verleumder, der sich schwache Opfer aussucht. Er soll es bei Horaz versuchen: wie Archilochos und Hipponax wird er sich mit den Hörnern eines Stieres gegen einen solchen Feind wenden. Daß es Horaz um Allgemeines, um die Grundübel der Zeit wie das Delatorenunwesen und willkürliche soziale Veränderungen geht, zeigt vor allem der Vergleich mit der rein persönlichen Invektive Catulls: zu einer solchen Abrechnung mit der Zeit paßt die Parodie. Treffend empfunden, so daß es im umgekehrten Sinne Ausdruck eines allgemeinen Zeitgefühls werden konnte, ist der Anfang der 2. Epode *beatus ille qui procul negotiis* . . . ›Glücklich der, der fern von Geschäften . . .‹. Die Verherrlichung des Landlebens ist so vortrefflich parodiert, daß nur der Kenner des Horaz und der Epoden spürt, daß unechte Sentimentalität derer gegeißelt wird, die in Träumen phantasieren, ohne mit dem genügsamen Leben anzufangen.

Ein Geleitgedicht mit negativen Vorzeichen, ein δυσπεμπτικόν sozusagen, ist die 10. Epode. Dem larmoyanten Dichterling Mevius wird ein Seesturm für seine Reise gewünscht, auf daß er schiffbrüchig einmal wirklich weinerlich zu klagen das Recht hat. Wenn er dann als fette Beute am Strand den Tauchern zum Fraße daliegt, wird den Göttern der Stürme ein lüsterner Bock und ein Lamm geopfert werden. Fett, *opima* . . . *praeda*, und lüstern, *libidinosus*, es sind die Qualitäten, die Horaz an diesem Dichter haßt. So hatte einst Archilochos Schiffbruch gewünscht, in allem Ernst, und man spürt Haß und Verzweiflung, ja inneres Leiden, wenn es am Schluß heißt: ›er, der früher mein Kamerad war.‹ Der Schluß fehlt bezeichnenderweise bei Horaz. Durch die Parodie gewinnt das Gedicht etwas Spielerisches, was aber den Widerwillen gegen dichterisches Unwesen nicht schmälert.

Entscheidend aber für das Verständnis der Epodenwelt ist, daß sich die Form angreiferischer Direktheit zwar erhält, sich dabei aber die Grundstimmung wandelt. Das gilt für die 13. Epode mit der hinreißend frischen Anrede an die Freunde, die Stunde zu genießen. Vom Dunklen kein Wort! Ein Gott wird auch das vielleicht wieder zurechtrücken. Das war auch der Rat des Zentauren Chiron an Achill:

> illic omne malum vino cantuque levato,
> deformis aegrimonae dulcibus adloquiis.

> dort erleichtere dir alles Übel mit Wein und Gesang,
> dem süßen Zuspruch für entstellende Niedergeschlagenheit.

Im letzten Vers *deformis aegrimoniae dulcibus adloquiis* ist das Epodisch-Männliche gegen Häßliches und Klägliches gewendet, aber mit neuer Freude auch an der Welt. Dasselbe gilt für die Epode 3 und 14, beide mit Ansprache an Maecenas. Wir können also beide Gedichte sicherer als die 13. Epode in spätere Zeit datieren. Die 3. Epode ist ein einfacher Scherz, freilich mit allen stilistischen Mitteln einer – komischen – Verwünschung ausgestattet: Maecenas soll sich hüten, ein Moretum, einen solchen bäuerlichen Kräuterkloß, zu essen, der ihm alle Eingeweide zerrissen hat. Die 14. spricht von der Liebe, die den Dichter hindert, das lang versprochene Jambenbuch zu vollenden.

Besonders deutlich ist die Verwandlung aber in den letzten politischen Epoden. Die 1. Epode ist vor der Schlacht von Actium gedichtet. Sie ist ein reines Freundschaftsgedicht für Maecenas. Er wird den Freund, auch wenn er nichts nützen kann, nicht allein ziehen lassen, und zwar nicht um weiterer Bereicherung willen, wie er epodisch-direkt hinzufügt. Das andere Gedicht (Epode 9) ist nach dem Sieg bei Actium geschrieben. Horaz stimmt nicht in den lauten Siegesjubel ein, er fragt vielmehr besorgt:

> quando repostum Caecubum ad festas dapes
> ..... bibam

Wann werde ich mit dir den aufgesparten Caecuber-Wein zum Festmahl froh über den Sieg Caesars trinken?
Die Frage ist gezielt auf ein *nunc est bibendum*, jetzt muß man trinken, wie es Alkaios mit seinem νῦν χρὴ μεθύσθην nach dem Tode des Tyrannen Myrsilos angestimmt hatte. Das ist doch wohl ein sicheres Zeichen, daß Horaz Alkaios in dieser Zeit schon gelesen hat. Und sowohl die Beschreibung der Situation – das Gedicht ist eine wichtige Quelle für die Schlacht bei Actium – wie vor allem der Schluß zeigen, daß Horaz die Welt der Gegenwart, der Bürgerkriege, der Verrottung nicht einfach mehr abweist. Wenn er sagt (9,37–38):

> curam metumque Caesaris rerum iuvat
> dulci Lyaeo solvere.

> Die Sorge und Furcht um die Sache Caesars
> möchte ich mit süßem Bacchus lösen!

so drückt er eindeutig aus, daß ihn Sorge und Furcht um etwas in dieser Welt bewegen, an dem sein Herz hängt und diese Sorge ist die Sache Caesars. In ihr verdichtet sich ihm jetzt das römische Schicksal. Die Brücke aber muß der Freund, Maecenas, gewesen sein. Ihm hat er in der 6. Satire des ersten Buches die Fähigkeit zugesprochen, das Häßliche vom Edlen zu scheiden; in der 9. desselben Buches rühmt er, daß kein Haus reiner sei als das des Maecenas. Echtheit und Reinheit hat er dabei auch in der Sache finden können und müssen, der Maecenas diente. Zehn Jahre nach dem Zusammenbruch der *res publica* hat er zögernd und prüfend den Weg zu dem gefunden, der die Welt dann nicht enttäuschte.
Die beiden letzten Verse könnten, abgesehen vom Metrum, mit ihrem Weltgefühl in jeder horazischen Ode stehen. Das gilt auch für das Gebet an den Gott der Morgenfrühe in der 6. Satire des 2. Buches. Hier ist auch die Satire lyrisch geworden, sie hat jede aggressive Schärfe verloren. Die Satiren können freilich hier nicht behandelt werden, wenn ihre Subjektivität sie auch seit Lucilius zum Vorbereiter der Lyrik gemacht hat. Horaz hat in ihnen die Thematik der Epoden in das Spiel der *ratio* umgesetzt. Daß dieses Spiel seine Schärfe verliert, so wie die angreiferischen Jamben lyrisch werden, ist der Beweis dafür, daß Horaz diese Gattungen nicht aus rein artistischen Motiven wählte, sondern aus der Notwendigkeit des Weltverhältnisses. Das Verhalten zur Welt aber hat sich aus Fremdheit in Nähe und liebende Sorge, aus Verzweiflung in Dankbarkeit verwandelt. Die Zeit für eine neue Gattung war reif. Es sind die Carmina.

Die Oden

Das Wunder der horazischen *carmina* hat man die längste Zeit als selbstverständlich hingenommen; man hat sie immer wieder in alle europäischen Sprachen übersetzt, nachgeahmt und ›überwunden‹. Nichts aber ist weniger selbstverständlich. In Deutschland hatte man seit der Nachbildung des Stiles im Barock und der Nachahmung eines einseitig als Prediger heiteren Lebensgenusses aufgefaßten Horaz bei den Anakreontikern Schwierigkeiten mit dem Stofflichen, den Widersprüchen des Menschen im Politischen und Moralischen. Lessing mit seinen Rettungen des Horaz und Herder in seinen Briefen über das Lesen des Horaz an einen jungen Freund haben sich redlich bemüht, die Bedenken zu entkräften. Die Kunst hat erst Nietzsche voll würdigen können. Er wußte um das Kraftfeld von Worten, das jede horazische Strophe darstellt, in der kein Zeichen überflüssig ist und nach allen Seiten ausstrahlt; er wußte auch, daß solches in anderen Sprachen nicht einmal zu wollen ist. »Vornehm par excellence« nannte er ihr Wesen und traf mit der Wendung vom »feierlichen Leichtsinn« etwas in ihrer Haltung.

Erst Richard Heinze hat (1923) die horazische Ode zum Problem gemacht. Für ihn war das horazische Lied plötzlich wie aus dem Nichts da, eine große Fiktion nach dem Muster der Lesbier, des Alkaios und der Sappho. Nach ihrem Vorbild entwickelte sich aus einer konkreten Situation eine Ansprache, und zwar an eine als gegenwärtig gedachte Person oder Sache. Darin herrscht ein voluntativer Zug. Die Aussage bleibt nicht offen. Und schließlich sei der Vortrag als Lied eine Fiktion. Der negative Ton dieses Begriffes kann sehr leicht positiv umgedeutet werden: ist nicht jede Dichtung Fiktion? Das Wort weist auf die Absolutheit einer Kunstwelt hin, in der Leben und Kunst nicht mehr vermischt sind, sondern Leben reine Kunst geworden ist. Die fünf Konstituenten aber treffen in dieser Formulierung nicht auf alle Gedichte zu. Es gibt Gedichte ohne Anrede, wohl wird immer das Sein angesprochen. Der voluntative Zug darf nicht generalisiert und in dem Sinne aufgefaßt werden, daß Horaz immer etwas bewirken wolle. Wohl ist die Dynamik, die schöne Bewegung ein Grundzug aller seiner Gedichte wie alles Römischen. Die fehlende Offenheit beruht darauf, daß die zugrundeliegende Situation bemeistert wird, und sei es wie in der sechsten Römerode in schwermütiger und warnender Erkenntnis. Der gesellige Zug des horazischen Gedichts führt dazu, daß der Angeredete wie gegenwärtig ist. Die Fiktion des Vortrags ist gelegentliches Kunstmittel. Sucht man die Einheit, so muß man hinter die Vielfältigkeit der Formen zurückgehen. Dabei haben Heinimann und Klingner entdeckt, daß eine Grundbewegung sozusagen fest eingeübt wird, eben jene, die uns zuerst bei der 16. Epode begegnete: aus der turbulenten oder ungeordneten Lage des Lebenseindruckes hin zu serener Lösung. Hier fügen sich dazu auch andere Elemente zwanglos ein, vor allem die

c. 1,14   O navis, referent in mare te novi
fluctus. o quid agis? fortiter occupa
portum. nonne vides, ut
nudum remigio latus

Evozierung der altgriechischen Dichtung, die mehr als Alkaios und Sappho um-
schließt und sicher das Beherrschende ist, und zugleich die Ingredienzien hellenistischer Raffinesse, die Pasquali als das Konstitutive ansah. Die Einheit von den Typen der Form her zu fassen, ist schwieriger und hat von Reincke, der die Dreiteilung als charakteristisch ansah, bis Collinge und Williams, die kompliziertere
Kompositionen erkannten, keine volle Übereinstimmung gebracht. Es ist bezeichnend, daß man darüber streiten kann. Der Streit hat so weit geführt, daß als
Hauptsache, die Horaz mit der *poésie pure* des 19. Jahrhunderts verbände, die
Blockhaftigkeit und Vertauschbarkeit von Strophen angesehen werden konnte
(E. Howald), die mit der Kunst des erlesenen Wortes Wirklichkeit gestaltet. Selbst
wo aber der Zusammenhang bewußt offengelassen oder nur angedeutet wird, ist
jene Grundbewegung zu erkennen, die mit dem neuen Verhalten zur Welt zusammenhängt. Denn sie führt nicht mehr wie in der 16. Epode zur Utopie und zur
Weisung des *vates*, der sich absondert, sondern erkennt nun gläubig das Schöne in
der Welt.

Die Frage nach der Einheit hat die horazische Ode als bewußte Fügung einer Bewegung, Verwandlung einer Situation, Tradition ändernd und integrierend, Formen vermischend, neues Verhalten zur Welt aussagend, deutlicher fassen lassen.
Die 88 Gedichte sind doch in dieser neuen geschlossenen Dichtungswelt jeweils
Individualitäten. Auch hier erschließt sich der Zugang nur der Interpretation, wobei bei jeder Einzelgestalt nach dem ›Odischen‹ zu fragen ist. Denn die Einzelge-
bilde wachsen aus der vorherigen Dichtung allmählich hervor.

Es gibt den Vorläufer der Ode zur Zeit der Satiren und Epoden, weiterhin die
noch satirische Ode ebenso wie die epodische. Schließlich finden sich Gedichte, in
denen Horaz das neue Weltverständnis thematisch macht, es mehrfach in Einzelgedichten entwirft, um es endlich in großer Form zusammenzufassen. Da nicht alle
Formen der verschiedenen Gedichte interpretiert werden können, wird diese Geschichte bis zum Höhepunkt der Römeroden die Anlage dieses Kapitels entscheidend bestimmen.

Vorklang der Oden

Es muß die Zeit vor der Schlacht von Actium gewesen sein, als Horaz das einzigartige Gedicht 1,14 schrieb. Dieses ist ein weiterer Beweis dafür, daß für Horaz
Alkaios schon vor dem Jahre 30 v. Chr. wichtig wurde und die innere Verwandlung der Epoden, die Hand in Hand ging mit dem Wandel des Verhältnisses zur
Welt, Ausschau halten ließ nach neuen Aussagemöglichkeiten, was für den Römer
hieß: nach neuen Traditionen und Vorbildern.

O Schiff, ins Meer wird dich zurücktreiben neue
Flut! Oh, was tust du? Tapfer ergreife
den Hafen! Siehst du nicht, wie
bloß vom Ruder die Flanke

et malus celeri saucius Africo   5
antemnaeque gemant ac sine funibus
   vix durare carinae
     possint imperiosius

aequor? non tibi sunt integra lintea,
non di, quos iterum pressa voces malo.   10
   quamvis Pontica pinus,
     silvae filia nobilis,

iactes et genus et nomen inutile:
nil pictis timidus navita puppibus
   fidit. tu nisi ventis   15
     debes ludibrium, cave.

nuper sollicitum quae mihi taedium,
nunc desiderium curaque non levis,
   interfusa nitentis
     vites aequora Cycladas.   20

Der Dichter betrachtet angstvoll das Schiff, das kurz vor dem Hafen wieder aufs
Meer treibt. Tapfer soll es den Schutz des Hafens erreichen. Sieht es denn nicht,
wie Ruderwerk und Mast zerstört sind, die Rahen ächzen und der Kiel ohne
Haltetaue die Planken, gegen die das Meer peitscht, nicht mehr halten kann? Wird
mit allem Realismus die heillose Lage des Schiffes beschrieben, so gehen die fehlen-
den Hilfsmittel, mit dreifach anaphorischer Negation gegeben, vom Anschaulichen
ab: zwar bleiben die nicht unversehrten Segel noch konkret, aber die Götter, die
nicht ein zweites Mal im Unglück hören werden, die Nichtigkeit von Abstammung
und Namen, das schön bemalte Hinterdeck, das für den Schiffer in der Not kein
Trost ist, das weist auf Geistiges, auf Ansprüche aufgrund von Werten, die im
harten Kampf um das Leben nichts nützen, auf die Polarität von *honestum* und
utile. Und wenn es dann heißt, das Schiff solle sich hüten, wenn es den Winden
nicht ein Schauspiel schulde, wenn es sich also noch frei fühle, so überrascht, daß
hier, anders als es am Anfang schien, ein freier Wille vorausgesetzt wird. Schon das
fortiter occupa muß aufhorchen lassen: gehört denn mehr Kraft und Tapferkeit
dazu, in den Hafen zu fahren als wieder den Kampf mit dem Sturm zu bestehen?
Die Situation des Schiffes in Seenot weist also über sich hinaus auf eine eigent-
lichere Aussage. Ganz deutlich tritt das in den letzten Strophen hervor. Eben noch
war dem Dichter das Schiff ein *sollicitum taedium*, jetzt ist es ihm *desiderium*

   Ἀσυννέτημμι τῶν ἀνέμων στάσιν,
   τὸ μὲν γὰρ ἔνθεν κῦμα κυλίνδεται,
   τὸ δ' ἔνθεν, ἄμμες δ' ὂν τὸ μέσσον
   νᾶϊ φορήμμεθα σὺν μελαίναι

und der Mast, verwundet vom raschen Süd,
und die Rahen stöhnen und ohne Haltetaue
der Kiel mit Mühe nur aushalten
kann das allzu befehlsgewaltige

Meer? Nicht unversehrt sind dir die Segel,
nicht hast du Götter, die du ein zweites Mal vom Unglück bedrängt rufen
                      könntest,
magst du, pontische Fichte,
Tochter eines edlen Waldes,

prunken mit deiner Herkunft und deinem unnützen Namen:
der ängstliche Schiffer vertraut nicht auf ein gemaltes
Hinterdeck. Wenn du den Winden nicht
ein Schauspiel schuldest, hüte dich!

Du neulich mir noch eine lästige Aufregung,
jetzt Sehnsucht und nicht leichte Sorge,
meide das Meer, das sich zwischen die schimmernden
Zykladen ergießt!

curaque non levis, und er wünscht ihm nun nicht mehr den Hafen, sondern warnt vor dem klippenreichen Meer, hält damit die Fahrt offenbar für unvermeidlich. Es ist also nicht nur die Not des Schiffes, die des Dichters Mitleid erweckt hat, das Schiff ist besonderer Art. Wie eine Geliebte, hat man gesagt, jedenfalls ein Wesen, mit dem sich Horaz lange verbunden weiß, das ihm Aufregung und Abscheu bereitete und seit kurzem erst wieder Sehnsucht und liebevolle Fürsorge erweckte. Das Schiff ist kein eigentliches Schiff, der Sturm steht für etwas anderes, ist Elend und Schuld zugleich. Das Schiff ist der Staat. Das Ganze ist, wie Quintilian sagt, eine Allegorie. Nicht anders fassen es die Handschriften, die es überschreiben *ad rem publicam.* Man braucht deswegen noch nicht mit Quintilian die Einzelzüge aufzurechnen und bei jedem das staatliche Äquivalent zu suchen. Auch mit dem Ausdruck Allegorie – einige Handschriften klassifizieren das Gedicht ebenfalls als *allegorice –* wird man vorsichtig sein. Es wäre die einzige Allegorie, die ein ganzes Gedicht umfaßt. Horaz vermeidet es, direkt zu sprechen, deutet Gedanken und Empfinden vielmehr auf einer anderen Ebene an, wobei die Grundebene von Anfang an – *fortiter* – unüberhörbar hineinspielt. Man könnte ebensogut von einer großen Identitätsmetapher sprechen.
Für den gebildeten antiken Leser war das noch deutlicher. Das Gedicht lehnt sich nämlich an ein Alkaios-Gedicht an. Leider ist nur der Anfang erhalten:

Ich begreife nicht den Aufruhr der Winde.
Die eine Woge wälzt sich von da,
die andere von dort heran. Wir aber in der Mitte
werden mit dem schwarzen Schiff dahingerissen

χείμωνι μόχθεντες μεγάλωι μάλα ·
πὲρ μὲν γὰρ ἄντρος ἰστοπέδαν ἔχει,
λαῖφος δὲ πὰν ζάδηλον ἤδη,
καὶ λάκιδες μέγαλαι κὰτ αὖτο.

χόλαισι δ᾽ἄγκυραι

Da ist alles klar. Das Schiff hat sich vor Anker gelegt, ein Sturm kommt auf, Böen und Wogen stürmen von allen Seiten heran. Mitten im Sturm muß die Besatzung viel leiden, und ein böses Ende ist an den mit hellem Blick beschriebenen Anzeichen zu ahnen. Es scheine am Anfang so, als ob eine Sturmesnot beschrieben werde, sagt der Verfasser der Homerdeutungen (Ps. Heraklit 5), in Wirklichkeit weise das Gedicht aber auf Myrsilos und seine entstehende Tyrannis hin. Das muß im Gedicht wohl zum Ausdruck gekommen sein. Wir haben hier ein Bild vor uns, das auf die politische Situation angewendet wird, zunächst aber die Wirklichkeit schildert, wie sie der Zuhörer selbst sicher oft erlebt hatte. Dieses ehrwürdige Vorbild neben dem gängigen Vergleich des Staates mit dem Schiff erlaubt es Horaz, politische bange Sorge metaphorisch zum Ausdruck zu bringen. Es geht um die Existenz dieses nunmehr geliebten größeren Wesens. Horaz spricht mit Abstand; er ist nicht wie Alkaios selbst auf dem Schiff, aber er nimmt sorgend Anteil, von Flucht und harter Verurteilung ist nicht mehr die Rede: Wunsch und Sorge vereinigen sich. Eine Existenzbedrohung hat es nach Actium nicht mehr gegeben, und Quintilian (inst.or. 8,6,44) wird recht haben, wenn er formuliert:
totusque ille Horati locus quo navem pro re publica, fluctus et tempestates pro bellis civilibus, portum pro pace atque concordia dicit,
und die ganze Stelle bei Horaz (ist eine von den fortgesetzten Metaphern), wo er das Schiff für die *res publica*, die Fluten und Stürme statt der Bürgerkriege, den Hafen statt Frieden und Eintracht nennt.

c. 3,24 Intactis opulentior
  thesauris Arabum et divitis Indiae
 caementis licet occupes
  terrenum omne tuis et mare publicum:

 si figit adamantinos   5
  summis verticibus dira Necessitas
 clavos, non animum metu,
  non mortis laqueis expedies caput.

 campestres melius Scythae,
  quorum plaustra vagas rite trahunt domos,   10
 vivunt et rigidi Getae,
  inmetata quibus iugera liberas

unter dem gewaltigen Sturm sehr leidend.
Das Kielwasser umspült den Mastschuh,
das Segel ist aber schon ganz durchscheinend,
und große Fetzen hängen an ihm herab;

es lockern sich aber die Anker . . .

So wird das Gedicht in den bangen Tagen entstanden sein, als der Konflikt zwischen Osten und Westen heraufzog, der Sturm als etwas Furchtbares gespürt wird, man aber hofft, daß man endlich mit Tapferkeit den Hafen erreichen werde, und wünscht, daß man nicht in tückische Klippen gerate; denn jetzt zählt nicht die große Vergangenheit und Kultur, jetzt zählt nur das Überleben.
Nur eine solche Identitätsmetapher vermochte diese Dinge zu sagen, deren offenes Aussprechen nicht nur unpoetisch, sondern auch politisch höchst prekär gewesen wäre. Künstlerisch wird nicht nur eine jahrhundertealte Tradition bedeutend fortgesetzt, sondern in einer Kunstwelt mit dem Material bestimmter Begriffe und in einer dynamischen Gefühlskurve, die an Catull c. 51 erinnert, geheimnisvoll auf höchste, in sich nicht widerspruchslose Zusammenhänge gedeutet. Das Gedicht fügt sich zum Schluß der 9. Epode. Dort ist aber das Bekenntnis zu Caesar ausdrücklicher.

»Satirische« Oden

Hat man hier also einen Vorklang der Oden, so in zwei anderen Gedichten Nachklänge der Satiren und Epoden: Hier vermischen sich freilich die Ausgangsebenen des Gemeinten und des Gesagten nicht so kühn wie in dem eben interpretierten Gedicht.

Reicher als die unberührten
Schätze der Araber und des üppigen Indien
magst du mit deinen Mauersteinen besetzen
die ganze Erde und das allen gehörende Meer:

Wenn ihre stählernen Nägel
in die höchsten Gipfel schlägt die furchtbare Notwendigkeit,
wirst du dich nicht von Furcht,
dein Haupt nicht von der Schlinge des Todes freimachen.

Die nomadischen Skythen,
deren Wagen nach Brauch ihre wandernden Häuser dahinführen,
leben besser und die starren Geten,
denen unvermessen das Land ohne Zwang

fruges et Cererem ferunt
    nec cultura placet longior annua
defunctumque laboribus   15
    aequali recreat sorte vicarius.

illic matre carentibus
    privignis mulier temperat innocens
nec dotata regit virum
    coniunx nec nitido fidit adultero;   20

dos est magna parentium
    virtus et metuens alterius viri
certo foedere castitas,
    et peccare nefas, aut pretium est mori.

o quisquis volet inpias   25
    caedis et rabiem tollere civicam,
si quaeret pater urbium
    subscribi statuis, indomitam audeat

refrenare licentiam,
    clarus postgenitis, quatenus, heu nefas,   30
virtutem incolumem odimus,
    sublatam ex oculis quaerimus invidi.

quid tristes querimoniae,
    si non supplicio culpa reciditur,
quid leges sine moribus   35
    vanae proficiunt, si neque fervidis

pars inclusa caloribus
    mundi nec Boreae finitimum latus
durataeque solo nives
    mercatorem abigunt, horrida callidi   40

vincunt aequora navitae,
    magnum pauperies opprobrium iubet
quidvis et facere et pati
    virtutisque viam deserit arduae?

vel nos in Capitolium   45
    quo clamor vocat et turba faventium,
vel nos in mare proximum
    gemmas et lapides aurum et inutile,

summi materiem mali,
    mittamus, scelerum si bene paenitet.   50
eradenda cupidinis
    pravi sunt elementa et tenerae nimis

mentes asperioribus
    formandae studiis. nescit equo rudis
haerere ingenuus puer   55
    venarique timet, ludere doctior,

Frucht und die Ceres trägt
und denen keine Bebauung, die länger als ein Jahr, gefällt
und bei denen dem, der seine Arbeit erfüllt hat,
mit gleichem Lose Erholung bringt der Stellvertreter.

Dort schont das Weib unschuldig
die Stiefkinder, die die Mutter verloren,
es beherrscht nicht die Gattin mit großer Mitgift den Mann
und verläßt sich nicht auf den geputzten Ehebrecher.

Mitgift ist der Eltern gewaltige
Tüchtigkeit und Keuschheit, die
sich vor dem Mann scheut im festen Bund
und Vergehen gilt als Sünde, oder der Preis ist der Tod.

Oh, wer das ruchlose Schlachten
und die Selbstzerfleischung der Bürger beseitigen will,
wenn er will heißen Vater der Städte
auf den Standbildern, möge wagen die unbezwingbare

Zügellosigkeit zu bändigen
berühmt für die Nachgeborenen, da wir ja, o welcher Frevel,
die unversehrte Vollkommenheit hassen,
ist sie den Augen enthoben, suchen, voll Neid.

Was nützen trübe Klagen,
wenn die Schuld nicht durch Strafe beschnitten wird,
was nützen Gesetze ohne Gesittung
nichtig, wenn weder der Teil der Welt,

der eingeschlossen ist in glühende Hitze noch
die dem Norden benachbarte Seite
und der auf dem Boden gehärtete Schnee
den Kaufmann fernhalten, wenn die gewitzten

Seeleute das schreckliche Meer besiegen,
wenn die Armut, als ein großer Schimpf, befiehlt
alles zu tun und zu ertragen, und
den Weg der steilen Tugend verläßt?

Wir wollen aufs Capitol,
wohin das Geschrei ruft und der Haufe Beifälliger
oder ins nächste Meer
Edelsteine, Perlen und das unnütze Gold,

Stoff des schlimmsten Übels,
werfen, wenn es uns recht des Verbrechens reut.
Auszurotte sind Grundstoffe falscher
Begierde, und der allzu weichliche

Sinn ist durch härtere Beschäftigungen
zu üben: der freigeborene Knabe – unerfahren –
weiß nicht, auf dem Pferd zu haften
und fürchtet zu jagen, geschickter zu spielen,

seu Graeco iubeas trocho
seu malis vetita legibus alea,
cum periura patris fides
consortem socium fallat et hospites   60

indignoque pecuniam
heredi properet. scilicet inprobae
crescunt divitiae, tamen
curtae nescio quid semper abest rei.

Dieses Gedicht erweist sich als eines der frühesten unter den Carmina durch das
Fehlen der Anrede an eine als gegenwärtig vorgestellte Person oder Sache und
durch seine distichische metrische Form: auf einen Glykoneus folgt ein Asklepia-
deus. Heinze faßt in seinem Kommentar seine Ansicht über das Gedicht so zusammen: somit ist das Gedicht wohl ein erster Versuch, die ernste Stimmung der 7.
und 16. Epode in Liedform neu anklingen zu lassen. Sollte man aber nicht vielmehr sagen: ein Versuch, ein erster, gewiß. Wenn man so will, sind alle horazischen
Gedichte Versuche, das neu Empfundene in sprachliche Form zu bringen. Aber es
ist nicht so sehr die »ernste Stimmung« der Epoden, die in anderer Form erneuert
werden soll, sondern es ist die eine Grundsorge des Horaz um das Gemeinwesen,
die sich jetzt in neuer Stimmung ausspricht. Nicht Flucht, nicht scharfer Angriff,
nicht die Reaktion des *vates* auf die fragwürdige Erscheinung, die am Anfang hingestellt wird, sind das Bestimmende; die neue *cura rei publicae* fragt nach den
Gründen, ordnet in weite Zusammenhänge ein, klagt, mahnt und lockt. Darum
durchläuft das Gedicht einen komplizierteren Stimmungsablauf als alle Epoden.
Es beginnt in den ersten beiden Strophen damit, daß dem Reichen vorgehalten
wird, vor der *dira Necessitas*, die ihre stählernen Nägel auch in die höchsten Gipfel
schlägt, gelte der Reichtum aller Welt nichts und Furcht und Tod hätten weniger
Macht. Es ist zum ersten Male, daß der Tod so, wenn auch noch in diatribischer
Weise, als der große Gleichmacher in den Vordergrund tritt und seine Fruchtbarkeit für die Besinnung erweist.
Dem mahnenden, prächtig ausgestalteten Anfang antwortet ein Gegenbild in vier
Strophen: die Nordvölker leben in ihrer Armut besser als die römischen Herren.
Idealisierungen fremder Völker sind nichts Seltenes. Sie finden sich etwa bei Strabo
und Pompeius Trogus. Horaz wird um sie gewußt haben. Eigen ist ihm, daß er
aufgrund seiner Erkenntnis von der Verderblichkeit des Reichtums dieses Mangels
wegen die Vorzüge heraushebt, die den römischen Zeitgenossen fehlen. Damit aber
gelingt ihm das für diese Strophen Wesentliche: ein Bild des Gesunden zu entwer-
fen, das keine Utopie mehr ist wie in der 16. Epode, sondern das seine lockende
Anziehungskraft im Hier und Jetzt entfalten kann.
Der Widerspruch zwischen der Gegenwart und der bewahrten Reinheit der Natur-
völker hat die Sehnsucht nach dem Retter erweckt. Nicht der *vates* zeigt die
Flucht, sondern er weist nur prophetisch auf den einen hin, der den Mut finden
möge, die Zügellosigkeit zu bändigen, wenn er die Selbstzerfleischung der Bürger
beenden will. Ruhm wird er freilich nur bei den Späteren ernten und den höchsten

sei es, daß du es ihm heißest mit griechischen Reifen,
sei's, du möchtest lieber mit dem durch Gesetz verbotenen Würfel,
während die meineidige Treue des Vaters
den Gefährten betrügt und die Freunde

und sich beeilt, Geld zu raffen
für den Erben, der es nicht verdient. Freilich ruchloser
Reichtum wächst an, aber dennoch
fehlt dem zu kurzen Vermögen immer ich weiß nicht was.

Titel *pater patriae* nach seinem Tode erhalten, da die Zeit nur die tote Vollkommenheit liebt. In der Augustus-Epistel (2,1,14) konnte Horaz dann feststellen, daß das Volk bei Augustus eine Ausnahme gemacht hat, ein Fall wahrer Prophetie; denn es darf wohl angenommen werden, daß Horaz bei der Sehnsucht nach einem rettenden Helfer, wenn er ihn auch nicht nennt, hier an Octavian denkt und, auch ohne ihm etwas zu versprechen, die Hoffnung nicht aufgegeben hat, ihm könne nach Überwindung des Neides auch zu Lebzeiten schon Dank zuteil werden.
Die nächsten drei Strophen stehen zum Vorigen in einem bestimmten Begründungsverhältnis. Freilich ist es nicht markiert. Hier erheben sich die Fragen wirklich unvermittelt, ohne Konjunktion. Der Retter, so ist zu umschreiben, möge wagen, die Zügellosigkeit zu bändigen, denn was helfen bloße Klagen, was Gesetze ohne Gesittung? Für sich genommen aber bilden die Strophen keinen Angriff, auch keinen Hinweis auf die Torheit solchen Tuns, sie sind vielmehr eine vorwurfsvolle Klage über die Sinnvergessenheit der Zeit, wobei die heroische Anstrengung der Jagd nach dem Geld in der Beschreibung der Weltenden nicht einfach abgewertet wird, sondern eine gewisse Gerechtigkeit erfährt.
Aus der Klage über die Verstricktheit der Zeit, über jenen Kreislauf, der von der Jagd nach dem Geld statt der *virtus* zur *licentia* führt und im Bürgerkrieg endet, erhebt sich in den letzten Strophen Entschluß und Rat. An der Wurzel muß man anpacken, der *materia summi mali*. Daher die Aufforderung, das unnütze Gold und äußerliche Kostbarkeiten abzutun, auf dem Kapitol zu deponieren oder ins Meer zu werfen, wenn die Zeit unter dem Schuldgefühl über die Verbrechen zu einer fruchtbaren Reue noch fähig ist. Positiv aber gilt es, bei der Jugend zu beginnen, der Verweichlichung der Knaben ein Ende zu machen, sie in härterem Umgang mit der Welt zu formen. Und wieder tritt nun im Unauffälligen, im scheinbar unschuldigen Spiel der Knaben und den Geschäftspraktiken des Vaters die Wurzel des ganzen Elends konkret vor Augen. Ausklingend wird der Stachel solchen Lebens gleichsam mitgelitten: der Reichtum wächst, aber irgendwie fehlt immer noch etwas an dem zu knappen Vermögen.
Gedanken wie der von der *avaritia* als Grund allen Lasters finden sich vor allem in der 1. Satire des 1. Buches: Furcht trotz oder gerade wegen des Reichtums sat. 1,1,76; die *cupido*, der die Natur ihr Maß setzen sollte, sat. 1,1,111 und passim; die Aufzählung all dessen, was Erwerbsstreben überwindet sat. 1,1,29; der schwermütige Blick auf die Unerfüllbarkeit solchen Strebens sat. 1,1,113. Römische Härte wird weichlichem griechischem Spiel entgegengestellt (sat. 2,2,9). Dort hatte die

Vernunft auf die Grenzen hingewiesen. Näher aber steht das Gedicht den Epoden: der phantastische Gedanke, alle äußerlichen Kostbarkeiten wegzuwerfen, erinnert an den Rat zur Flucht aus der verrotteten Zeit. Es ist dieselbe – jugendliche – Unbedingtheit, die hier spricht, nur daß nicht der *vates* den Zugang zu einer abgeschiedenen Welt des Geistes eröffnet, sondern diese Welt verändern will, ihr Gewissen wachrüttelt, den tiefsten Grund in der Erneuerung des römischen Menschen erkennt. Teilnahme und Sorge, emotionale Kurve, Mitleben mit den Dingen und die Einbeziehung großer Weltzusammenhänge und ihrer Deutung bis hin zu Tod, Schuldbewußtsein der Zeit, Erlösung durch einen fast göttlichen Menschen, alles gesprochen in der Vollmacht des *vates*, unterscheiden dieses durch die Satire, vor allem aber doch durch die Epode bestimmte Gedicht von diesen vorhergehenden Formen und machen es zum horazischen *carmen*.

Allgemeinste Anliegen der Zeit und des Wesens werden hier dichterisches Wort. Man kann an dem Ernst nicht zweifeln. Auch daran nicht, daß es hier gelungen ist, Erkenntnis, Empfinden, Willen, das heißt eigenes Sein lyrisch zu formen. Wahrheit und Echtheit erstrecken sich nicht nur auf bloß Subjektives, bloßes Gefühl, sondern der Dichter ist *vates*, persönlicher Mund der Zeit. Seine Gedanken aber sind nicht etwa von anderen Mächten nahegelegt, nicht Politik als Propaganda. Ob Octavian in dieser Zeit an moralische Reformen gedacht hat, wird man kaum feststellen können, es ist aber unwahrscheinlich: er hatte andere Sorgen. Es sind vielmehr die Grundgedanken der Besten jener Zeit. Daß es weniger auf die Form als auf den Menschen ankomme, daß die Erziehung das Wichtigste sei und daß die *verecundia*, das Gegenteil von *licentia*, das Fundament der Gemeinschaft sei, das konnte man in Ciceros Staat lesen. Noch überraschender aber ist die Nähe zu Sallust. »Nimm dem Geld seine Ehre« hatte Sallust im ersten Brief an Caesar als Heilmittel für die Verwüstung des Gemeinwesens geraten, und er hatte die Situationsanalyse einer Gesellschaft gegeben, in der Wert durch Geld übertragbar gemacht wird. War schon bei der 16. Epode an Rückzug zu denken, so decken sich hier die Vorstellungen von dem Grundübel weithin. Bei Horaz freilich geht es noch weiter von der Gemeinschaft ins Menschliche. Und so kann der Gedanke der Armut, der musischen Genügsamkeit zu einem Grundmotiv bis zu seinem Lebensende werden.

Man erwartet vielleicht, etwas von der Schönheit des Gedichtes zu hören. Dabei

c. 2,18   Non ebur neque aureum
      mea renidet in domo lacunar,
  non trabes Hymettiae
      premunt columnas ultima recisas

  Africa neque Attali   5
      ignotus heres regiam occupavi
  nec Laconicas mihi
      trahunt honestae purpuras clientae.

  at fides et ingeni
      benigna vena est pauperemque dives   10

haben die Kritiker solcher Bewertung sicher recht, wenn sie fordern, man müsse auch sagen, warum etwas schön sei. Das muß notwendig subjektiv bleiben. Doch läßt sich sagen, daß die Fügung im Versmaß, die Kühnheit der Verbindung der Wörter, die Reinheit der Klänge, für die Römer unmittelbar hörbar, sich auch als etwas Erstmaliges und Einzigartiges nachweisen lassen. Hier überschreitet das den Rahmen der Interpretation. Doch zeigt diese, daß eine Welt von unerhörter Vielfalt mit höchster Kunst eingefangen ist in eine überzeugende seelische Bewegung, mit der die Hörer mitschwingen; daß diese Bewegung im festen Maß der Strophen und Strophengruppen dem Inhalt entsprechend mit abgemessener Feierlichkeit verläuft, ohne schwer und drückend zu werden, und die Ausgewogenheit der Empfindungen so groß ist, daß ein klassischer Bau entsteht, in dem alles aufeinander bezogen und nichts zufällig ist. Eine Erkenntnis aber, die alle römische Rechtsphilosophie in vier Worten: *leges vanae sine moribus* (von denen jedes zu den gewöhnlichsten gehört) so ausdrückt, daß sie in ihrer erstmaligen Verbindung auch inhaltlich zur Debatte noch Entscheidendes hinzubringt – nämlich das Unreale aller Form, die nicht vom Leben getragen ist –, das ist klassische Meisterung der Möglichkeiten der Sprache. Dieses Höchstmaß an Ordnung und Harmonie aus der Fülle des scheinbar Unvereinbaren – man bedenke: griechisches Reifenspiel und Ruhm des *pater patriae* erscheinen mit dem Tod in einem Gedicht, von den Skythen und Geten ganz zu schweigen – kann man Schönheit nennen. Sie ist zugleich auch Wahrheit und als solche bejahenswürdig und gut. Das Schöne, Wahre und Gute in adäquater Form kann man klassisch nennen.

»Epodische« Oden

Die Kühnheit dieses Gedichtes, in dem der Dichter mit seinem Wort auf die Öffentlichkeit wirkt, findet sich in anderer Weise in einem ebenfalls sicher frühen Gedicht, das wiederum ohne Anrede und in epodischer Form – auf einen trochäischen Dimeter folgt ein katalektischer jambischer Trimeter – abgefaßt ist. Es gehört etwa in das Jahr 30 v. Chr. Hier stellt sich Horaz beglückt und zufrieden der überschäumenden Zeit gegenüber, wie es für seine späteren Dichtungen konstitutiv werden wird. Das gilt auch für die Form, die Zweiteilung.

> Nicht Elfenbein noch goldene Kassettendecke
> glänzt auf in meinem Hause,
> nicht lasten Balken vom Hymettos
> auf Säulen, die geschnitten sind im äußersten Afrika
>
> noch habe ich des Attalos Königspalast
> als unbekannter Erbe eingenommen,
> und nicht spinnen mir lakonischen
> Purpur schöne Dienerinnen.
>
> Aber Zuverlässigkeit und der Begabung
> reichströmende Ader ist mir eigen und der Reiche

me petit: nihil supra
　　deos lacesso nec potentem amicum

largiora flagito,
　　satis beatus unicis Sabinis. –
truditur dies die
　　novaeque pergunt interire lunae:　　　　　15

tu secanda marmora
　　locas sub ipsum funus et sepulcri
inmemor struis domos
　　marisque Bais obstrepentis urges　　　　　20

submovere litora,
　　parum locuples continente ripa:
quid quod usque proximos
　　revellis agri terminos et ultra

limites clientium　　　　　　　　　　　　　25
　　salis avarus? pellitur paternos
in sinu ferens deos
　　et uxor et vir sordidosque natos.

nulla certior tamen
　　rapacis Orci fine destinata　　　　　　　30
aula divitem manet
　　erum. quid ultra tendis? aequa tellus

pauperi recluditur
　　regumque pueris, nec satelles Orci
callidum Promethea　　　　　　　　　　　　35
　　revexit auro captus. hic superbum

Tantalum atque Tantali
　　genus coercet, hic levare functum
pauperem laboribus
　　vocatus atque non vocatus audit.　　　　40

Vor allem scheint für einen frühen Ursprung zu sprechen, daß sich Viererstrophen
nicht ohne Zwang abteilen lassen. Es gibt bei Horaz frühe Oden auch sonst, bei
denen sich die stichischen Verse oder die Distichen noch nicht zur lesbischen Vierer-
strophe geformt haben, sondern die ›Strophen‹ kleinere oder größere Komplexe
umfassen. Alle Gedichte des Horaz sind freilich durch vier teilbar. Das rührt von
der ausgewogenen Parallelität her, nicht von einer rein äußeren zahlenmäßigen
Gesetzlichkeit.
Die Zweiteilung des Gedichtes, die es etwa mit c. 1,7 und c. 1,28 gemein hat, ist
hier Ausdruck dafür, daß auf Persönliches, der Situation Angehöriges Allgemeineres folgt. Aus dem Gefühl des Wohlbehagens erwachsen weitreichende und alle

sucht mich, den Armen, auf. Nichts darüber hinaus
fordere ich von den Göttern und von dem mächtigen Freund

erbitte ich nichts Größeres,
reich beglückt durch das einzige Sabinum.
Ein Tag wird vom andern verdrängt
und neue Monde ziehen zum Untergang:

du vergibst Marmor zum Brechen
noch am Rande des Grabes und, ohne an das Grabmal
zu denken, richtest du Häuser auf
und eilst, das Ufer des Meeres, das gegen Bajae

schäumt, hinauszuschieben,
zu wenig reich mit dem festen Lande.
Was soll's, daß du beständig die nächsten
Grenzsteine deines Ackerlandes herausreißest und über

die Marken der Klienten
springst voll Gier? Vertrieben wird, die väterlichen
Götter an der Brust tragend
und die armen Kinder, die Gattin und der Mann.

Keine Halle aber erwartet gewisser
als die, welche durch die Grenze des raffenden Orcus bestimmt ist,
den reichen
Herrn. Was strebst du darüber hinaus? Gleich

erschließt sich die Erde dem Armen
und den Kindern der Könige, und der Geleitsmann des Orcus
hat nicht den schlauen Prometheus
zurückgeführt, mit Gold bestochen. Der hält den stolzen

Tantalus und des Tantalus Sohn gefangen,
der hört den Armen zu erleichtern,
der seine Mühsal abgedient hat,
gerufen und nicht gerufen.

angehende Gedanken. Das ist eine Form, deren sich Horaz öfter bedient. Erkennt
man sie, erschließt sich die Problematik zahlreicher Gedichte leichter.
Der persönliche erste Teil besteht aus einem scharfen Gegensatz. Alle die Kostbarkeiten, nach denen die Welt jagt, besitzt Horaz nicht. Mit anaphorischen Negationen wird das gleichsam eingehämmert. Bacchylides, der Chorlyriker und Rivale
Pindars, hatte einst mit solchen Negationen der Pracht eines großen Opfers mit
vielen Rindern, Gold und Teppichen seine eigene musische Zurüstung mit wohl-
wollendem Sinn, hellem Lied und dem Wein im böotischen Becher entgegengestellt.
Horaz hat römischen Prunk und Reichtum im Sinn, wenn er von Elfenbein, goldenen Kassettendecken, von blauem hymettischen und gelbem afrikanischen Marmor

spricht, von dem Palast des Attalus, in dem sich der unbekannte römische Verwalter breitmacht, und dem Großbetrieb, in dem für den Reichen purpurn gefärbte Wolle gesponnen wird. Etwas hybrid ist das und parvenuhaft (der Begriff des *ignotus* spielte in Horazens Denken seit sat. 1,6 eine Rolle; hier wird der Römer, der im Königspalast des Attalus sitzt, der die Römer zu seinen Erben eingesetzt hat, als *ignotus heres* bezeichnet): aber Zeitkritik und Anklage der Sinnlosigkeit überwiegen hier nicht. Horaz breitet vielmehr diese Pracht als etwas Kostbares aus, nur daß er sie neidlos entbehrt. Dafür setzt er fast übermütig das entgegen, was er besitzt und was den wahren Wert ausmacht: Zuverlässigkeit und Dichterbegabung und daß der Reiche ihn, den ziemlich Unvermögenden, aufsucht. Hier spricht sich nicht nur Stolz auf seinen sozialen Aufstieg aus, wie Heinze meint, sondern vielmehr auch ein verdient-unverdientes menschliches Sein, das paradoxerweise die normale Ordnung umkehrt; die Durchbrechung sozialer Grenzen wird beglückt erfahren. Horaz fordert nicht mehr von den Göttern und dem mächtigen Freund, sondern ist zufrieden mit seinem Sabinum. Die Gedanken der 6. Satire des 2. Buches und der 1. Epode (31) klingen an. Zufriedenheit darf sich lyrisch aussprechen, weil sie auf der Erkenntnis wahren Wesens gegründet ist. Er ist mit seinem Los fertig geworden und besingt das neue Heilsein.

Nach einer tiefen Pause beginnt der zweite Teil überraschend mit dem Blick auf den unaufhörlichen Wechsel in der Natur. Das fortlaufende Hineilen des Mondes zum Tode müßte den Menschen doch auch an seine Bedingung erinnern. Du hingegen, so wendet sich Horaz mit einem Du, das dem der Diatribe ähnlich ist, an ein gedachtes Gegenüber, vergibst noch große Bauvorhaben kurz vor dem Tode. Dieser Gegensatz zwischen dem Versuch, die Grenzen des Menschen gierig zu überspringen, und der Allmacht des Todes formt, sich chiastisch auffallend, diesen zweiten Teil des Gedichtes. Zwischen dem Horaz, der sich begnügt und kein Prachthaus hat, und dem ewig Gierenden und Bauenden liegt freilich der das Gedicht bestimmende sachliche Hauptunterschied. Durch das Eingangsbild des zweiten Teiles wird eine peinliche Konfrontation vermieden: das *tu* steht im Gegensatz zum kosmischen Gesetz. Es findet sich hier zum ersten Male eine Kunstform, die später im Pindargedicht verschiedenste Gegensätze vereinbar macht. In der Vorstellung des Prachthauses liegt die Einheit des Gedichtes, die ohne den Gegensatz »Horaz und die unzufriedene Welt« nicht zu denken ist. Spielerisch wird dieses Motiv fortgesetzt, wenn schließlich des Hauses gedacht wird, das jedem beim Tode beschieden ist.

Beim großen Bauherrn tritt aber nicht so sehr die Pracht, sondern die Unrast und die soziale Bedenkenlosigkeit seiner Gier hervor. Das erinnert an die Satiren. Hatte dort Ofellus (2,2,101–105) den egoistisch Reichen in bohrenden Fragen auf sein unsoziales Verhalten aufmerksam gemacht, so verdichtet sich das hier im lyrischen Gedicht in Bildern, im Herausreißen der dem Römer so ehrwürdigen Grenzsteine, im kläglichen Auszug des vertriebenen Nachbarn. Der Mann mit den Penaten im Arm, die Gattin die Kinder auf dem Arm: es ist wie eine Erinnerung an den Auszug aus Troja, der zur permanenten Gegenwart geworden ist.

Welche Torheit im Angesicht des einzig Sicheren, des Todes. Auch er spielt in der Satire als Grenze eine Rolle (sat. 1,1,100: der reiche Ummidius wird ermordet). Hier wird der moralische Gedanke mythisch erhöht: Charon hat sich nicht bestechen lassen, Prometheus wieder aus der Unterwelt herauszuführen, und dem Tantalus hat sein Königsstolz nicht geholfen. Der Tod macht keinen Unterschied zwischen arm und reich, so waren die mythischen Beispiele eingeleitet worden. Dieses wenig originale, freilich durch die Stilisierung des Mythos und seine Neufassung (die Prometheus-Sage kennt sonst nichts von einem Bestechungsversuch des Charon) erregend aktualisierte Motiv verklingt lyrisch. Für den geplagten Armen bedeutet der Tod ein Ende seines Mühens, dieser kommt, gerufen oder ungerufen, auf jeden Fall. Hier zeigt sich ein Nachsinnen über diese *ultima linea rerum*, wie sie Satiren und Epoden nicht kannten. Die Fruchtbarkeit des Todes und Todesdenkens kündigt sich an. Setzte c. 3,24 mit diesem Motiv ein, so endet c. 2,18 damit.

Stand c. 3,24 nicht ohne satirische Züge den Epoden näher, so wird man hier bei aller epodischen Schärfe in der Entgegenstellung von sinnloser Pracht und Frugalität, in dem Du der Diatribe, in der sozialen Kritik, überhaupt in dem Thema des Reichtums die Satire weiterwirken sehen: das große Thema der Vernunft, zu der Verzicht und Zufriedenheit gehören, lyrisch verwandelt. Das Lyrische wurde hervorgehoben, das Festliche, die Offenheit für die Schönheit der Pracht, die Teilnahme am menschlichen Schicksal, die hohe Bildersprache.

Neues Weltverständnis, Entdeckung des Musischen in den Oden

Neben dem Tod sind es die Götter, die im Unterschied zu den Epoden und Satiren nunmehr eine beherrschende Rolle spielen. Besonders kühn ist das der Fall in dem 2. Gedicht des 1. Buches, wo in Octavian die Inkarnation Mercurs gesehen wird. Die neue Götternähe hängt mit der Entdeckung des Dichtertums zusammen. Hatte sich Horaz die Rolle des *vates* mit der 16. Epode errungen, ein hoher Anspruch, der nicht aufgegeben wird, so kommt jetzt etwas beglückend Neues hinzu. Das neue Verhältnis zur Welt führt zur Entdeckung des Musischen. Neben der politischen Leidenschaft, der Sorge um die Schicksalsgemeinschaft des römischen Volkes und das Miterleiden des Schuldgefühles der Zeit, neben dem Bangen um die Gesittung steht, mit dem Neuentdecken des Göttlichen zusammenhängend, ein dritter Bereich in seinen frühesten *carmina*, sein eigenes Dichtertum. In einzelnen Experimenten wird das zunächst sagbar gemacht, bis sich schließlich alle drei Motivkreise zu einer großen Komposition zusammenschließen, den Römeroden. Horaz folgt darin, daß er das einzelne dann doch in monumentaler Großform zusammenfassen möchte, einem römischen Zug, den man schon bei Catull beobachten kann und der Vergil und Ovid beherrscht. In der Betrachtung der frühen *carmina*, sowohl derer, die sich an Epoden und Satiren anschließen, als derer, die dem Neuen zum Ausdruck verhelfen, und ihrer Zusammenfassung in den Römeroden erkennen wir das Wesen der horazischen Ode am sichersten und umfassendsten.

Die neue Haltung zur Welt, der Wandel vom Skeptiker zum Verehrer der Götter mußte dabei eines der ersten Gedichtthemen sein. Wir beginnen darum mit c. 1,34, das Heinze mit Recht zu den frühesten Gedichten rechnet.

c. 1,34

    Parcus deorum cultor et infrequens,
      insanientis dum sapientiae
        consultus erro, nunc retrorsum
          vela dare atque iterare cursus

    cogor relictos. namque Diespiter   5
      igni corusco nubila dividens
        plerumque, per purum tonantis
          egit equos volucremque currum,

    quo bruta tellus et vaga flumina,
      quo Styx et invisi horrida Taenari   10
        sedes Atlanteusque finis
          concutitur. valet ima summis

    mutare et insignem attenuat deus
      obscura promens: hinc apicem rapax
        Fortuna cum stridore acuto   15
          sustulit, hic posuisse gaudet.

Vom Prädikat »tief ernst« (Heinze, R. A. Schröder) bis zu »ironisch«, »parodisch«
schwanken die Beurteilungen dieses Gedichts. Wer die Tatsache, daß er als Epikureer die Götter nur als unwirksame Gebilde der Intermundien in Gedanken verehrt
habe, so ausdrückt, daß er ein sparsamer *cultor* gewesen sei (wobei schon das Substantiv – die Endung bezeichnet regelmäßiges Tun – mit dem Adjektiv in Konflikt
kommt, das seinerseits in allen Farben schillert – die *parsimonia* ist ein hoher Wert,
nur natürlich nicht hier) und noch das *infrequens* erlesen hinzufügt, das die Seltenheit seiner kultischen Begehungen unterstreicht; wer sich als Epikureer sozusagen
als einen Gelehrten, den man um Rat fragen kann, auffaßt wie einen *iuris consul-
tus*, wer von der Philosophie der Epikureer als einer *sapientia* spricht (auch dies
zwischen dem *terminus technicus* und der Bedeutung Weisheit schillernd), die *in-
saniens* ist, »in Wahnsinn rasend«, so daß er notwendig in die Irre gehen muß; wer
dann für die Beschreibung des Blitzes in unvorstellbarer Hyperbel die ganze Welt
samt Unterwelt in manieristischer Form bemüht, der spricht nicht schlicht und er-
greifend von einer Bekehrung und ist auf keinen Fall tiefernst.
Hinzu kommt die bislang nicht erklärte Hauptsache. Es geht um die Verwissen-
schaftlichung der Welt. Die Epikureer lehren, daß der Blitz aus den Wolken entsteht. Ein Blitz aus heiterem Himmel, wie ihn Horaz erfuhr, widerlegt diese Lehre.
Wenn sie Horaz aber so faßt, daß Juppiter nur meistens, *plerumque*, beim Blitzen
die Wolken teile, dann will er nicht wie Lukrez die Ohnmacht Juppiters bestreiten,
indem er sagt: schließlich, warum wirft nie aus überall reinem Himmel / Juppiter
auf die Lande den Blitz, läßt Donnern ertönen? (de rerum natura 6,400). Vielmehr
hebt Horaz die Schlüssigkeit zwischen Ereignis und Folgerung auf. Wenn es nur
meistens so ist, daß zum Blitze Wolken gehören, beweist ein Blitz aus heiterem
Himmel, der bei Lukrez das Lehrgebäude zum Einsturz brächte, gar nichts, und
das *cogor*, ich werde durch einen Beweis gezwungen, hat keinen Grund. Es könnte

Ein karger und seltener Verehrer der Götter,
während ich als Kenner einer unsinnigen Weisheit
in die Irre ging, bin ich jetzt gezwungen, rückwärts
die Segel zu setzen und die verlassenen Wege

wieder zu begehen. Denn Juppiter,
meist mit seinem schimmernden Feuer Wolken teilend,
hat im reinen Himmel seine donnernden Rosse
und den flüchtigen Wagen dahingetrieben,

durch den die plumpe Erde und die schweifenden Flüsse,
die Styx und der schauererregende Sitz des verhaßten Taenarus
und die Grenze des Atlas
erschüttert wird. Macht hat, Niedrigstes mit Höchstem

zu vertauschen der Gott und schwächt den Ausgezeichneten,
Dunkles hervorholend: von hier nimmt die Krone
die reißende Fortuna mit hohem Zischen,
dort freut sie sich, sie aufzusetzen.

sich ja um eine seltene Ausnahme handeln. Horaz hebt also seine eigene Aussage mit dem *plerumque* wieder auf, er spielt mit dem Prinzip der Kausalität. Wir können nicht wissen, ob das Ereignis stattgefunden hat. Fest steht, daß es nach der Form und Aussagekraft kein logisches Kalkül war, das Horaz zur Absage an die epikureische Philosophie veranlaßte.

Das Ganze ist eine Montage, unernst. Ernst aber ist das Bekennen eines neuen Glaubens als der Grundlage für seine Oden. Will man es nicht aus dem Wandel zu einem neuen Glauben an die Welt, den wir beobachtet haben, schließen, so beweist es die Fruchtbarkeit von Sprache und Vorstellung. Die Wendung *cogor ... iterare cursus relictos*, ich sehe mich gezwungen, die Wege der Jugend vor der epikureischen Periode ein zweites Mal zu begehen, erschließt so viel Wirklichkeit, nämlich das, was der Franzose *enfance retrouvée* nennt, daß man nicht annehmen darf, das sei aus reinem Spiel entstanden und selber reines Spiel. Solche Fruchtbarkeit der neuen Vorstellung ruht stets auf zutiefst neu Erlebtem. Ernst und Scherz in einem nennen wir Ironie. Der wortkarge und zurückhaltende Genius des Horaz deutet im Scherzen über ein Ereignis auf eine innere Wandlung nur hin.

Mit hineingezogen aber in das ironische Spiel des Gedankens wird der Aufbau oder besser die Bewegungskurve des Gedichtes, die sein eigentliches Leben, das Lyrische im Sinne der schönen Bewegung ausmacht. In der ersten Strophe wird spannend die Schlußfolgerung aus dem Ereignis angekündigt: Horaz ist zu einer Änderung seiner Weltanschauung gezwungen. In der zweiten Strophe wird das mit dem starken, provozierend prosaischen *namque* begründet, mit einer Begründung, eben dem Ereignis des Blitzes aus heiterem Himmel, die sich selbst aufhebt. Darum wirkt es komisch, bedarf aber dieses emotionalen Nachdrucks, wenn in der dritten Strophe die Ungeheuerlichkeit des Eindrucks mit einem relativen Anschluß angefügt beschrieben wird. Die vierte Strophe aber aktualisiert – asyndetisch angeschlossen – den neu erreichten Zustand im Preis der Gottheit, die einmal *deus*, dann *fortuna* heißt. Ihre Macht gilt es anzuerkennen, wenn sie auch undurchschaubar bleibt. Aber sie ist ein Wesen, das sich freut und Macht hat und, wie der folgende Hymnus an die Fortuna von Antium zeigt, sich auch mit bestimmten Wesenseigenschaften gewinnen läßt. In diesem Sichagieren verwirklicht sich reines poetisches Spiel mit tiefem Sinn, Spiel einer Welt, die sich als der Kausalität enthoben begreift.

Es ist nun noch nicht beobachtet worden, daß sich dieselbe Bewegungskurve in dem Gedicht c. 1,22 findet, das den neuen Glauben auf das Musische gründet. Hier wie

c. 1,22 Integer vitae scelerisque purus
     non eget Mauris iaculis neque arcu
     nec venenatis gravida sagittis,
      Fusce, pharetra,

     sive per Syrtis iter aestuosas   5
     sive facturus per inhospitalem
     Caucasum vel quae loca fabulosus
      lambit Hydaspes.

     namque me silva lupus in Sabina,
     dum meam canto Lalagen et ultra   10
     terminum curis vagor expeditis,
      fugit inermem,

     quale portentum neque militaris
     Daunias latis alit aesculetis
     nec Iubae tellus generat, leonum   15
      arida nutrix.

     pone me pigris ubi nulla campis
     arbor aestiva recreatur aura,
     quod latus mundi nebulae malusque
      Iuppiter urget,   20

     pone sub curru nimium propinqui
     solis, in terra domibus negata:
     dulce ridentem Lalagen amabo,
      dulce loquentem.

Hat man die Parallelität im Aufbau zu c. 1,34 erkannt, braucht man sich nicht mehr um Versuche zu kümmern, das Gedicht rein formal als ein Spiel von Bezügen zu verstehen, das sich um den Kern der dritten und vierten Strophe lege, wobei sich dann wie ein Rahmen um diesen Kern die zweite und die fünfte Strophe entsprächen und sozusagen zusammen ein komplettes Bild aller unwirtlichen Gegen-

dort eine verdächtige Schlußfolgerung am Anfang, dann das Ereignis als Begründung mit *namque* angefügt, darauf mit relativem Anschluß die Steigerung der Fürchterlichkeit des Eindrucks, schließlich die Aktualisierung des neuen Erkenntniszustandes. Horaz muß also diese Bewegungskurve als etwas Erstrebenswertes, er muß darin mit die Schönheit des Gedichtes gesehen haben. Ist aber c. 1,34 von der Sache her ein frühes Gedicht, so ist zu schließen, daß ein Gedicht, das die gleiche Struktur im anderen Stoff ausprobiert, in dieselbe Zeit gehört. Auch inhaltlich erwartet man das Thema der Entdeckung des Musischen in sich selbst am Anfang der Lieddichtung. Ein drittes Argument für die frühe Entstehung des Gedichtes wird bei der Interpretation der Römeroden hinzukommen.

Unbescholten leb und entfernt von Frevel,
dann bedarf's des Speers und der Berberbogen
nicht, noch schwer von giftigen Pfeilen prallen
    Köchers, mein Fuscus,

ob der Weg durch glühende Syrten führen,
ob er führen mag durch den Fremden feinden
Kaukasus, ob hin, wo von Sagen umwoben
    rinnt der Hydaspes:

hat mich doch ein Wolf im Sabinerwalde,
wie ich meine Lalage sang und jenseits
meiner Marken schweifte, der Sorgen ledig,
    wehrlos, geflohen,

solch ein Untier, wie es die kriegsgewohnte
Daunias nicht nähret im breiten Eichicht,
Iubas Land nicht zeugt, seiner Berberleuen
    dörrende Amme.

Setz mich drum dahin, wo auf starren Weiten
nicht ein Baum sich dehnt in des Sommers Anhauch,
Weltenend, das Nebel und Wolkenmeere
    lastend bedrängen,

Setz mich dicht zur Bahn einer allzu nahen
Sonne hin ins Land, das sich Häusern weigert:
lieben will ich Lalagens süßes Lächeln,
    süßes Geplauder.

den der Erde gäben, während der Beginn sich mit dem schließlichen Ende verknüpfe, weil und indem die *integritas vitae* identisch sei mit der Liebe zu Lalage (Eduard Fraenkel). Hier sind die Funktionen der Stücke und ihre Dynamik verkannt. Deshalb ist auch das eigentlich Gemeinte nicht mehr präzis faßbar. Der Fehler aber, den alle Übersetzer und Kommentatoren gemacht haben und den auch Fraenkel nicht aufgedeckt hat – auch nicht aufdecken konnte, weil er das Erlebnis im Sabinerwalde als ein beliebiges Paradigma auffaßte – besteht darin, daß sie, bis auf eine gleich zu zitierende Ausnahme, das Asyndeton der letzten beiden Zeilen als die Apodosis einer Konzession auffassen: du magst mich in die furchtbarsten Gegenden versetzen, ich werde Lalage dennoch lieben. Aber wieso dennoch? Versteht man so, haben die letzten beiden Strophen mit der Grundidee des Gedichtes, sagen wir vorläufig mit dem Behütetsein in der Liebe, nicht mehr direkt zu tun. Sie stehen dann isoliert, ein bloßes Kompliment für Lalage, die im Gedicht eben auch eine beiläufige Rolle spielte. Auch gegen diese unkünstlerische und die Einheit nicht erkennende Ansicht schützt die völlige Parallelität mit c. 1,34.

Die ersten beiden Strophen ziehen die Schlußfolgerung aus einem Erlebnis wie in jenem Gedicht vor. Triumphierend wird sie in hohen Worten zu einer moralischen Weisheit stilisiert, der man die scherzhafte Übertreibung und Unwirklichkeit auf den ersten Blick ansieht. Die erstaunliche Aussage, daß, wer reinen Herzens ist, keiner Waffen bedarf, wird nicht nur durch die Ausmalung von deren Grausigkeit fast unglaubwürdig, vielmehr wird sie mit der Aufzählung gefährlicher und entfernter Weltgegenden, wie man sie nach Art eines Topos gebraucht, um treue Gefolgschaft zu rühmen, pomphaft und figuriert in einer Weise verallgemeinert, die höchstes Befremden erregen muß. Das steigert sich in der dritten Strophe, wo das Erlebnis zur Begründung mit demselben *namque* wie in c. 1,34 erzählt wird: im Sabinerwald floh ein Wolf vor ihm, obwohl er keine Waffen hatte. Ein Umstand ist wichtig, der es erst erlaubt, das Erlebnis mit jener feierlichen Eingangszeile zu verknüpfen: er singt ein Lied auf Lalage und schweift ziellos über seine Gemarkung hinaus ohne Sorgen, *curis expeditis*. Es ist jener Zustand der inneren Gelöstheit und der Liebe, den ein *scelestus* und *occupatus* nie erreichen kann. Daraus aber nun zu schließen, daß der *integer vitae scelerisque purus* gegen die feindlichsten Dinge gefeit sei, ist als Schluß grotesk. Man versteht zwar, daß jetzt das Bedürfnis besteht, mit relativem Anschluß wie in c. 1,34 die Grausigkeit des Eindruckes der Bestie in Vergleichen kühn auszumalen, um dem Erlebnis jenes Gewicht zu geben, das die Schlußfolgerung plausibel macht. Aber es ist ein Versuch mit untauglichem Mittel. Das Erlebnis erlaubt nicht eine solche Verallgemeinerung, die wörtlich genommen auch eine Selbstrühmung wäre. Horaz, so müssen wir schließen, spielt auch hier wie in c. 1,34, nur mit anderen Mitteln, mit der Logik und der Kausalität. Was wirklich gemeint ist, spricht Horaz zwar nicht aus, deutet es aber an in der vierten Stufe der Gedankenbewegung, den beiden letzten Strophen. Sie müssen, soll die Parallelität zu c. 1,34 bestehen – und warum wäre sie sonst so fast aufdringlich betont? –, die Aktualisierung der erreichten Erkenntnis, des neuen Zustandes bringen. Wenn ihn einer an die Weltenden versetzte – er nimmt das Motiv der gefährlichen Gegenden auf und erweitert es zugleich ins Kosmische und Universale –, so wird er Lalage lieben. Übermütig und sicher sagt er das. Das Asyndeton konstituiert keinen Gegensatz, sondern nennt das Heilmittel, das er gefunden hat. Horaz aktualisiert also wirklich die Erkenntnis, die ihm aus dem gehabten oder fingierten Erlebnis erwachsen war. Nur so fügt sich das Gedicht nicht nur zu einer formalen, sondern zu einer Sinneseinheit. »Ich werde Lalage lieben«, sagt er am Schluß. Beim Erlebnis hatte es geheißen: »während ich meine Lalage besang«.

Lieben und Singen sind eine Einheit, so wie Catulls Liebesgedichte *munera Veneris et Musarum* sind. Besonders schön ist es und entspricht den ausklingenden Schlüssen der horazischen Gedichte, daß am Ende Lalage mit ihrem bezaubernden Lächeln und ihrem entzückenden Plaudern ganz hervortritt und der Leser mit ihrem Bild entlassen wird, so wie Horaz sich diesem Zauber hingibt, behütet in seiner Liebe.

Christian Morgenstern, selber ein – wenn auch verschämter – Dichter, ist der einzige, der das Gedicht so verstanden hat. Es tut nichts zur Sache, daß er es in einer Parodie zum Ausdruck brachte, in seinem *Horatius travestitus*, während die anderen, Herder und Geibel eingeschlossen, zäh an ihrem ›dennoch‹ festhielten, wie man leicht in Newalds schöner Sammlung »Horaz in fünf Jahrhunderten« nachlesen kann. Wo etwas festen Sinn hat, erst recht, wo fester Sinn zwar aus einer Fülle von Realität sublimiert wird, aber eben doch an Dingen und Aussagen, die nicht das Eigentliche sind, sondern mit denen symbolisch gespielt wird, muß und wird sich dieser feste Sinn auch behaupten, wenn er in ein anderes Gewand gesteckt, wenn er travestiert wird. Und darum soll die Morgensternsche Travestie unsere Interpretation erhärten und die letzten Zweifel beseitigen:

> Wer ein braver, ehrlicher Gottesmensch ist,
> braucht nicht Degenstöcke, noch Ochsenriemen,
> noch amerikanische Schlagringwaffen,
>   noch auch Revolver –
>
> ob er die unwirtliche Hasenheide
> oder den Tiergarten des Nachts durchwandert
> oder nach dem Norden Berlins geht, wo die
>   Panke sich schlängelt –.
>
> Stiefle ich im Grunewald jüngst nach Schildhorn,
> pfeife lustig »Anne-Marie, erhör mich«,
> als ein Hirsch zwölf Schritte vor mir sich regt und –
>   fort wie der Satan!
>
> 's war ein Kapitalkerl, ein Achtzehnender,
> wie so groß ich keinen zuvor gesehen!
> keine Waffen hatt' ich – und doch: er forcht' sich –
>   fort wie der Satan!
>
> Laß am Nordpol mich zu den Robben gehen
> im ewigen Eise den Eisbär treffen –
> glaubst du, daß mir einer ein Leides täte?
>   Ebensowenig!
>
> Wär ich in der Wüste, im Löwenviertel
> Afrikas, ich würde mich doch nicht fürchten!
> Pfeifen würde ich »Anne-Marie, erhör mich!«,
>   pfeifen, ja pfeifen.

Mit aller Ironie ist hier wie in c. 1,34 die tiefere Wahrheit, der Ernst umspielt, und es ist nicht leicht, den Gehalt auf den Begriff zu bringen. Letztlich ist das auch unmöglich. Sonst wäre das Gedicht überflüssig. Aber umschreiben und umkreisen läßt sich der Kern dieses so heiteren und bedeutenden Spiels. Tibull sagt, daß der Liebende, geschützt von Gott Amor, sicher dahingehe. Gewiß ist dies eine bedeutende Entdeckung der Elegie, und man hat zu Recht diese Parallele angeführt (Fraenkel). Aber hier ist es nicht der Gott, der schützt, sondern ein bestimmtes Wesen. Ihm fehlt alles Aggressive, das auf Feindschaft und Gegenangriff stoßen würde, es ist offen und unbeschwert, es ist das des Liebenden, der in der Reinheit seines Herzens, unberührt von der Welt das Geliebte zum Singen bringt. Ein solches Wesen geht wie in traumwandlerischer Sicherheit durch die Tücken dieser Welt. Es ist geschützt, weil es nicht gefürchtet wird. *Innocentia me tueor*, sagt Maternus im Dialogus des Tacitus. Er drückt prosaisch aus, was Horaz als Dichter in seiner musischen Unangefochtenheit und Selbstsicherheit erlebt. Nicht die Musen sind es hier, die ihn schützen, erst recht nicht Gott Amor, sondern das Musische.

Velox amoenum saepe Lucretilem
mutat Lycaeo Faunus et igneam
   defendit aestatem capellis
      usque meis pluviosque ventos.

inpune tutum per nemus arbutos
quaerunt latentis et thyma deviae
   olentis uxores mariti
      nec viridis metuunt colubras   5

nec Martialis haediliae lupos,
utcumque dulci, Tyndari, fistula
   valles et Usticae cubantis
      levia personuere saxa.   10

di me tuentur, dis pietas mea
et musa cordi est. hic tibi copia
   manabit ad plenum benigno
      ruris honorum opulenta cornu.   15

hic in reducta valle caniculae
vitabis aestus et fide Teia
   dices laborantis in uno
      Penelopen vitreamque Circen.   20

hic innocentis pocula Lesbii
duces sub umbra, nec Semeleius
   cum Marte confundet Thyoneus
      proelia, nec metues protervum

suspecta Cyrum, ne male dispari
incontinentis iniciat manus
   et scindat haerentem coronam
      crinibus inmeritamque vestem.   25

Die Seele, in der musisches Maß und musische Unbeschwertheit leben, darf sich geborgen fühlen; denn sie lebt in ihrer eigenen heilen Welt. Sie stiftet aber zugleich Ordnung, sie verbreitet um sich die Unantastbarkeit des Heiligen als des Reinen. Ethisches und Ästhetisches, Güte und Gesang, frommer Sinn und Melodie sind in ihm verbunden. Das Sein des Menschen im ganzen ist im Spiele, wofern es die Welt nicht angreift, weil mit ihr zerfallen, sondern von sich aus Gutes verbreitet. Hier entdeckt Horaz die Kraft seines Dichtertums, sein musisches Wesen.

Die Formel ›frommer Sinn und Melodie‹, die fast dasselbe besagt wie *amare* und *cantare*, führt uns zu einem andern der stillen und musischen Gedichte, das sich wie c. 1,22 vor allem im Vergleich mit dem Musengedicht ebenfalls als frühes Gedicht erweisen wird. Es handelt sich um c. 1,17.

Der rasche Faunus wechselt vom Heimatberg
Lykaios oft zum schönen Lucretilis
   und wehrt beständig meinen Ziegen
      sommerlich Glühn und des Regens Böen.

Im sicheren Haine suchen des Erdbeerstrauchs
Versteck gefahrlos abseits und Thymian
   des riechenden Gemahles Frauen,
      fürchten nicht Zicklein die grünen Nattern,

auch nicht die Wolfsbrut, kriegerisch Marsgeschlecht,
sooft die Täler, Tyndaris, widerhallen
   vom Spiel des süßen Rohres und das
      glatte Gestein des Usticahanges.

Die Gottheit schützt mich, Göttern gefällt mein Lied,
mein frommer Sinn. Hier wird dir im Überfluß
   aus reichem Horn der Segen strömen
      voll von des Landes beglänzten Früchten.

Im Talesgrunde wirst du des Hundssterns Glut
hier meiden, singen wirst du zu Teos' Spiel
   die beiden, die um einen litten,
      Penelope und die falsche Kirke.

Hier wirst du Becher schuldlosen Lesbierweins
im Schatten schlürfen, Semeles Sohn wird nicht
   mit Mars vereint, Thyoneus Wirren
      stiften noch du, im Verdacht, befürchten

den dreisten Kyrus, daß er dir schwachem Weib
mit zügellosen Händen Gewalt tun und
   den Kranz im Haar zerreißen könnte
      oder die Kleider, die nichts verschuldet.

Ein zweigeteiltes Gedicht kann man dieses Gebilde nennen, freilich nicht so, daß aus einer Situation sich allgemeine Betrachtungen oder Empfindungen erhöben oder allgemeine Aussagen auf eine spezielle Lage bezogen würden. Die Verbindung ist enger. In den ersten drei Strophen tritt die Welt vor Augen, in die – in den nächsten vier Strophen – Tyndaris aufgenommen werden soll. Weil man Parallelen nicht fand, zugleich aber um das Experimentieren mit den Formen und den Formensynkretismus wußte, versuchte man, die Struktur als eine komplizierte, darum kunstvolle, hochpoetische Mischung eines Hymnus mit einem Einladungsgedicht zu erklären (Williams im Gefolge Fraenkels). Ist aber das ›Einladungsgedicht‹ schon sehr besonderer Art und wird es als solches noch nicht durch die Motive des Singens und Trinkens konstituiert, so fehlt eigentlich alles, um die erste Hälfte als Hymnus zu bezeichnen. Da gibt es keinen Anruf, keine Aretalogie, keine Bitte, keine Formentypik wie etwa die Verbindung der Prädikationen mit *seu – seu*, die Anrede mit wiederholtem ›du‹ oder ›er‹. Alle diese Formen tauchen, allerdings parodiert, in der köstlichen Ode 3,21 an den Weinkrug auf.
Hier wird vielmehr im ersten Teil die Landschaft des Sabinums nicht so sehr geschildert als vielmehr vergegenwärtigt. Da ist viel Realität eingefangen: das Klettern der Ziegen unter dem gravitätisch dahinschreitenden Bock – das gravitätisch ist aus der Umschreibung ›des riechenden Gemahles Frauen‹ gewonnen –, die Weglosigkeit, die Kräuter: Quendel und Erdbeerstrauch, die Glätte des Abhanges, auf dem sich heute Licenza erhebt. Vor allem aber wird sinnlich der Friede spürbar in der Ausgewogenheit des Klimas und der Negation des Bösen. Symbolisch treten dafür die Schlangen und Wölfe auf, die an den Wolf in c. 1,22 erinnern. In der Nachdrücklichkeit des anaphorischen *nec – nec* tritt ihre Ohnmacht zutage. Dies alles aber wird zurückgeführt auf Göttliches, auf Faunus, den Gott der Wildnis, der mit dem Pan Arkadiens gleichgesetzt ist. Der Schnelle kann nicht umhin, auch den lieblichen Lucretilis zu besuchen und etwas vom Arkadischen, das seit Vergil seinen besonderen Klang hat, mitzubringen. Der Dichter deutet den Frieden dankbar, er interpretiert sozusagen den Frieden der Landschaft auf das Göttliche hin, das sich in ihm ausspricht.
Da wird er eines noch weiteren, noch beglückenderen Zusammenhanges inne. Horaz wird ernster. Hier beschreibt er nicht mehr mit leichtem Lächeln seine durchaus nicht üppigen und etwas vom Landgeruch durchzogenen Gefilde, hier führt er nicht ihren Frieden in etwas abenteuerlicher Vermutung auf den häufigen Besuch des Faunus zurück; sondern mit einer großen Gebärde des Innewerdens erfährt er beglückt den Segen der Götter, der auf seinem Tun ruht: *di me tuentur, dis pietas mea et musa cordi est.* Die Götter insgesamt – aus Faunus sind *di* geworden – schützen ihn; der Grund dafür ist, daß sein frommer Sinn und seine Melodie ihnen lieb sind. (Sein Lied: *musa* ist neben *pietas* klein zu schreiben und als Metonymie für seine Dichtung aufzufassen.)
So gewinnt er sich die Gunst der höheren Mächte. Der Frieden und das Geborgensein liegen in seinem Innern; weil beides ins Bewußtsein zurückgenommen ist als innere Erfahrung, darum ist diese Aussage unanfechtbar, der Zustand unangreifbar. Dieses Bewußtsein aber stiftet Welt, wirkt nach außen, schützt vor Gefahren. Horaz hatte es eben mit leichtem Lächeln ins Räumliche transponiert. Auch hier spielt er mit dem Zusammenhang der Realitäten, scherzt in bedeutungsvollem

Spiel. Nur so konnte scherzend schon vorher aufgelockert die ernste Aussage gewagt werden, ohne daß dies pathetisch wirkte. Wie in c. 1,34 und c. 1,22 deutet Horaz mehr auf das Eigentliche hin. Es geht um das Heilende des Musischen, das vom Ethos, der *pietas*, nicht zu trennen ist. Klingner hat in seiner schönen Interpretation darauf hingewiesen, daß die Wendung *pietas mea et musa* wörtlich mit der Schlußwendung der Goetheschen Novelle übereinstimmt. Auch der Sinn dürfte sich gegenseitig in den beiden Dichtungen erhellen: es ist die dichterische Erfahrung von dem Behütetsein des Friedlichen, Kindlichen, Musischen, das seinen Schutzengel hat, um es in einer populären Weise verständlich zu machen.
Diese ernste, beglückte Gebärde des Innewerdens hat aber anders als bei Goethe, wo sie Schlußerkenntnis ist, weiterführende Funktion. Sie gibt das Recht zu einer Hilfe für die eben erst in der dritten Strophe genannte Tyndaris. In dieser musischen Welt, so lädt er sie ein, werden ihr alle Gaben des Landes in Fülle zur Verfügung stehen, *ruris honores*, wobei doch eben auch *ruris* nicht zu überhören ist. Wo Tyndaris ist, läßt sich nicht sagen. Sicher ist sie dem Dichter gegenwärtig, aber kaum als anwesend gedacht. Jedenfalls ist sie eine Stadtdame. Die Einladung lockt mit der Zukunft und mag vom Sabinum aus oder in der Stadt selbst gesprochen sein. Das Lockende reicht weiter: sie wird auf dem Sabinum – und hier klingt die Anfangsstrophe an – der Sommerhitze entgehen, und schon macht er einen Vorschlag; sie wird singen, und zwar auf der Leier von Teos, das heißt in der Art des Anakreon, von der Liebe, von einem Mythos, von Penelope und Circe, die um den einen, um Odysseus litten. Hier wird sie unschädlichen milden Lesbierwein schlürfen, und bei diesem Fest – in Gemeinschaft mit Horaz – werden nicht die Götter Mars und Bacchus, der Semelesohn und aufgezogen von der Amme Thyone, zugegen sein und Streit stiften, anspruchsvoll und herrisch wie ihre Namen, sondern eben das Lied, das bedeutungsvolle, das Musische, das hier nicht noch einmal genannt wird. Klang in dem Lied, der menschlichen Stimme, das Spiel des Faunus nach, so die Gefahren, die gebannt sind in dieser Welt, in der letzten Strophe. Sie braucht sich nicht um das Mißtrauen des Kyrus, des brutalen Liebhabers, zu ängstigen, der die Verdächtigte schlägt und ihr Kranz und Kleid zerreißt. Ausklingend ruht der Blick ganz auf dem Objektiven, wie in c. 1,22 auf Lalage, hier auf dem Gewand, das eine durchaus nicht übliche Teilnahme erfährt, wodurch die Unsinnigkeit der Brutalität erst recht deutlich wird. Die *incontinentes manus* stehen im strikten Gegensatz zur *pietas* des Horaz. Und hier spürt man: es handelt sich um mehr als eine Einladung, es ist eine Rettung und ein Werben. Horaz möchte Tyndaris behutsam in seine Welt aufnehmen und sie vor dem Bösen schützen. Sein Werben verbirgt sich mehr, als daß er es ausspricht. Aber es läßt sich nicht überhören, daß ein Verhältnis im Lied gespiegelt wird, das auch für Tyndaris, Horaz und Kyrus gilt. Hier werben, jeder auf seine Art, zwei Männer um Tyndaris. Die Werbung eines Älteren, der nicht mehr vor Jugend glüht? Zartheit ist nicht an Alter gebunden, und sie ist hier Zurückhaltung vor dem Hilflosen. Horaz aktualisiert also das, was in den drei ersten Strophen und in dem Innewerden erkannt wurde. So gesehen, rückt c. 1,17 noch näher an c. 1,34 und c. 1,22 heran.
Das Musische, dessen Horaz hier inne wird – was vor allem das Gedicht an die Anfangszeit der Lyrik stellt –, erscheint hier unter einem neuen Aspekt. Es ist in erster Linie Erhöhung des Lebens zum Singen und jener fromme Sinn, der auch

von der möglicherweise feindlichen Umwelt respektiert wird, also eine bestimmte innere Verfassung, die sich als behütet und sicher erfährt – dann aber ist es zugleich das Helfende und Heilende, an dem der Nächste Anteil nehmen und gewinnen kann. Ist c. 1,34 ein mit dem Göttlichen direkt befaßtes Gedicht, so c. 1,22 ein Liebesgedicht, c. 1,17 ein Einladungsgedicht und ein Liebesgedicht besonderer Art. Die Gegenstände, Formen und Inhalte wechseln, eigentlicher Gegenstand bleibt das in dieser Zeit der frühen Oden Entdeckte, eben das Musische. Darum ist allzusehr dem Inhaltlichen verhaftet, wer die Oden nach Liebes-, Freundschafts-, Augustus-,

c. 1,32   Poscimur; si quid vacui sub umbra
             lusimus tecum, quod et hunc in annum
             vivat et pluris, age dic Latinum,
                barbite, carmen,

             Lesbio primum modulate civi,   5
             qui ferox bello tamen inter arma,
             sive iactatam religarat udo
                litore navim,

             Liberum et Musas Veneremque et illi
             semper haerentem puerum canebat   10
             et Lycum nigris oculis nigroque
                crine decorum.

             o decus Phoebi et dapibus supremi
             grata testudo Iovis, o laborum
             dulce lenimen venerumque salve   15
                rite vocanti.

Der Dichter fühlt sich gefordert, wie Aeneas im achten Buch vom Olymp, wie Phoebus mit Phaeton im Augenblick des notwendigen Aufbruchs zur Tagesfahrt mit dem Sonnenwagen (Ovid, met. 2,144: poscimur: non mora). Die Inspiration überkommt ihn und er bittet, im Anruf an die Lyra, um ein Lied, ein lateinisches, das ein Jahr leben möge und noch mehrere, wie er mit gebräuchlicher Wendung scherzhaft bescheiden sagt. Der wenn-Satz bringt die Begründung: er hat schon Umgang, musischen Umgang mit ihm gehabt, Schatten, Spiele sind die Symbole für das Musische. Wenn dieses Gedicht sozusagen ein Vorspruch und eine Einleitung zur Odendichtung und als solcher noch früher als 1,17 und 1,34 sein sollte, dann muß man Gedichte suchen, die *vor* den Oden liegen. Als solches käme 1,14 (auch Heinze setzt es ins Jahr 32 v. Chr.) in Frage. Horaz fühlt sich in einer langen Tradition. Dankbar gedenkt er des ersten, der dieses Instrument gespielt hat, des lesbischen Bürgers, des Alkaios. Es ist zugleich eine Prädikation des Instruments, die ihm Würde gibt. Die Lage, in der Alkaios sang, im Krieg oder nach glücklicher Heimkehr mit dem Schiff, kontrastiert mit dem Lied, das den Nöten

Trink- und Götterliedern einteilen wollte. Es ist immer eine Mischung, die einer Situation in tradierter oder nicht tradierter Form das Musische abgewinnt, wobei die Situationen ihren bestimmten Sitz und Rang im Leben des Horaz haben. Das gilt vor allem für drei weitere Lieder, die sich noch sicherer der frühen Zeit zuweisen lassen.

Ein Proömium, und zwar zur ganzen Odendichtung, als solches an ihren Anfang gehörig, ist c. 1,32.

> Man verlangt nach uns: wenn wir in Muße unter dem Schatten
> mit dir gespielt haben, sing uns wohlan, Laute,
> ein lateinisches Lied, das dieses Jahr leben möge
> und noch mehr dazu,
>
> du, die du zuerst vom lesbischen Bürger geschlagen wurdest,
> der ein wilder Kriegsmann doch unter den Waffen
> oder sei's auch, daß er das umhergeschlagene
> Schiff am feuchten Strande angebunden hatte,
>
> Bacchus, die Musen und Venus und den
> an ihr immer hängenden Knaben besang
> und den Lycus, in seinen schwarzen Augen und seinem schwarzen
> Haar schön.
>
> O Schmuck des Phoebus und dem Festmahl des höchsten
> Juppiter liebes Spiel, o du der Mühen
> süße Linderung und der Liebe, sei mir gegrüßt,
> der dich gebührend anruft.

die Schönheit abgewinnt. Ist es bei Horaz anders, mußte er in dem singenden Kriegsmann nicht etwas vom eigenen Leben sehen? Bacchus, die Musen, Venus mit ihrem Cupido und der geliebte Knabe Lycus werden als Gegenstände genannt, die Alkaios besungen hat. Auch hierin kann sich Horaz verwandt fühlen. Und es stimmt dazu vor allem, daß die Musen (oder besser das Musische) gerade in dieser Zeit von Horaz entdeckt werden. Die Schlußstrophe bringt einen erneuten Anruf an das Instrument und faßt nun in Prädikationen seine magische Kraft zusammen: es ist der Schmuck des Gottes des hellen Geistes, des Phoebus, die Festfreude selbst für den Höchsten im Himmel, allgemein ein *lenimen laborum*, ein Linderungsmittel des Leidens, das Alkaios kannte wie Horaz. Die Überlieferung bietet hier am Schluß *mihi cumque*. Man müßte das auf die Begrüßung beziehen: sei mir, wie gering ich auch bin, gegrüßt. Das ist sprachlich unmöglich ebenso wie das Lachmannsche *medicumque* (Heilmittel). Vielleicht, daß sich eine Lösung aus folgenden Erwägungen ergibt: warum erwähnt Horaz ausdrücklich und besonders den geliebten Knaben Lycus? Warum beschwört er die magische Kraft des Instruments, das er in die Hand nimmt? Sollte das nicht Funktion haben? Funktion hätte es, wenn Horaz nicht nur allgemein zur Laute greift und das besingt als Eingang zu seiner Odendichtung, sondern wenn er dieser Kraft bedarf, die auch Alkaios erfuhr. Schreibt man *venerumque* – Linderung der Leiden und der Liebe –, so wäre das Gedicht nicht nur eine Vorstellung des Wesens der lesbischen Lyrik – das bleibt es –, sondern zugleich eine Bitte in gegenwärtiger Liebesnot. Horaz greift zur lesbischen Leier, um sich die Liebe lindern zu lassen wie einst Alkaios.

Im Jahre 28 v. Chr. hatte Augustus nach seinem Triumph im Jahre 29 v. Chr. die Tempel wiederherstellen lassen und dem Apollo einen Tempel auf dem Palatin geweiht. Er löste damit ein Gelübde ein, das er vor der Schlacht von Actium getan

c. 1,31   Quid dedicatum poscit Apollinem
vates? quid orat de patera novum
    fundens liquorem? non opimae
        Sardiniae segetes feracis,

non aestuosae grata Calabriae   5
armenta, non aurum aut ebur Indicum,
    non rura, quae Liris quieta
        mordet aqua taciturnus amnis.

premant Calena falce quibus dedit
fortuna vitem, dives ut aureis   10
    mercator exsiccet culillis
        vina Syra reparata merce,

dis carus ipsis, quippe ter et quater
anno revisens aequor Atlanticum
    inpune. me pascunt olivae,   15
        me cichorea levesque malvae.

frui paratis et valido mihi,
Latoe, dones et precor integra
    cum mente nec turpem senectam
        degere nec cithara carentem.   20

Es ist das erste Gebet – so muß man *novum* preziös zu *liquorem* gestellt wohl auffassen –, das Horaz an Apollo richtet, eine Trankspende. Bei dem Vergleich der Kostbarkeiten, die er nicht wünscht, die aber die Sehnsucht der anderen sind, mit seinen eigenen bescheidenen Ansprüchen, um die er die Gottheit nicht bitten muß, wird man unschwer den Gegensatz von c. 2,18 erkennen. Der Gegensatz ist aber erweitert und verschoben dadurch, daß der Dichter in der dritten Strophe diesen Reichtum ausdrücklich den anderen zubilligt, so wie es Tibull dann in seinem Programmgedicht tun wird, wobei es sich zeigt, daß mit diesen Kostbarkeiten wie

hatte, nachdem er sich schon früh – vor der 4. Ekloge Vergils – Apollo zu seinem Hauptidol erkoren hatte. Zwei öffentliche Bibliotheken, eine griechische und eine römische, zeugten im Geiste Caesars, der solches geplant hatte, von dem Kulturwillen des Siegers von Actium. Ob die Dichter aufgefordert wurden, dieses bedeutende und hochoffizielle Ereignis zu feiern? Wir können es nicht wissen. Sie selbst werden das Bedürfnis gehabt haben, wie etwa Horaz auch später noch im Augustus-Brief auf dieses Prachtwerk zu sprechen kommt. Jedenfalls haben sie sich auf das eleganteste aus der Schlinge gezogen. Wir werden sehen, wie etwa Properz im Stile der neuen Gattung der Elegie und besonders seiner Machart dem Bauwerk huldigte. Horaz naht dem eben geweihten Apoll lyrisch.

Worum betet zum geweihten Apoll
der Seherdichter? Was erbittet er, aus der Schale die erste
Flüssigkeit gießend? Nicht die fruchtbaren
Saaten des fetten Sardinien,

Nicht die dem heißen Kalabrien lieben
Herden, nicht Gold und indisches Elfenbein,
nicht Ländereien, die der Liris mit seinem ruhigen
Wasser nagt, der stille Strom.

Mögen verschneiden mit Calenermesser, denen das
Glück Weinreben gab, damit der reiche Kaufmann aus goldenen
Bechern Wein austrinkt,
den er mit syrischer Ware gekauft hat,

den Göttern selber lieb, da er drei und vier Mal
im Jahr das atlantische Meer wiederbesucht
ohne Strafe. Mich nähren Oliven,
mich Chicoree und leichte Malven.

Das, was da ist, zu genießen,
Sohn der Leto, gib mir in Gesundheit und so bitte ich, heilen
Sinnes und ein Alter zu haben, das nicht häßlich ist
und nicht der Cithara entbehrt.

etwa einem Weinberg in der besten Gegend bei Cales in Campanien, ein unentrinnbarer Zirkel verbunden ist: der Weinbauer verkauft ja seinen Wein an den reichen Kaufmann, der seinerseits syrische Ware dafür gibt. Mag er den Segen der Götter haben, da er noch keinen Unfall erlitten hat, Horaz freut sich hier, nicht von den Göttern abhängig zu sein. Das, worum er Apollo bittet, der ihm hier zum Inbegriff der Weisheit, fast zum Symbol wird, folgt in der letzten Strophe: Gesundheit und heilen Sinn, *mens sana in corpore sano*, wie Iuvenal in seiner zehnten Satire volkstümliche Weisheit klassisch formulieren wird, und ein Alter ohne

Krankheit und Häßlichkeit, in dem ihn sein Dichten begleitet. Ein neuer Aspekt des Musischen, das Apoll, der Musaget, der Führer der Musen, gewähren möge, daß die erhebende Kraft des Liedes Alter und Tod erträglich macht. In ep. 1,18,111 f. heißt es:

> sed satis est orare Iovem quae ponit et aufert:
> det vitam, det opes: aequum mi animum ipse parabo.

> Es genügt aber, Juppiter um das zu bitten, was er bringt und nimmt:
> er gebe Leben, gebe Mittel: den Gleichmut werde ich mir selber verschaffen.

Das ist stolzer, von der Philosophie her in neuer Lage gedacht. Im lyrischen Ge-

c. 2,13   Ille et nefasto te posuit die,
        quicumque primum, et sacrilega manu
           produxit, arbos, in nepotum
               perniciem opprobriumque pagi;

        illum et parentis crediderim sui   5
        fregisse cervicem et penetralia
           sparsisse nocturno cruore
               hospitis; ille venena Colcha

        et quidquid usquam concipitur nefas
        tractavit, agro qui statuit meo   10
           te, triste lignum, te caducum
               in domini caput inmerentis.

        quid quisque vitet, numquam homini satis
        cautum est in horas. navita Bosphorum
           Poenus perhorrescit neque ultra   15
               caeca timet aliunde fata,

        miles sagittas et celerem fugam
        Parthi, catenas Parthus et Italum
           robur: sed inprovisa leti
               vis rapuit rapietque gentis.   20

        quam paene furvae regna Proserpinae
        et iudicantem vidimus Aeacum
           sedesque discretas piorum et
               Aeoliis fidibus querentem

        Sappho puellis de popularibus,   25
        et te sonantem plenius aureo,
           Alcaee, plectro dura navis,
               dura fugae mala, dura belli.

        utrumque sacro digna silentio
        mirantur umbrae dicere, sed magis   30
           pugnas et exactos tyrannos
               densum umeris bibit aure volgus.

dicht ist er froh, nicht um Dinge wie die anderen bitten zu müssen, die äußerlich sind und gegeben und genommen werden können. Worin er sich abhängig fühlt, freilich von einer göttlichen Kraft, die auch in ihm wirkt, das sind Gaben der Natur und des Geistes, der Person. Er betet zu Apoll um das Musische und tut es musisch beschwingt und seiner sicher. Musisches Maß, die *paupertas*, stehen im Mittelpunkt dieses Gedichtes. Mit dem Motiv der *paupertas* weist das Gedicht auf die zweite Phase der Oden.

Das nächste zu besprechende Gedicht, c. 2,13, ist in das Frühjahr 29 v. Chr. zu setzen, wofern nach den historischen Anspielungen c. 3,8 mit Recht auf den 1. März 28 v. Chr. datiert wird.

Jener hat dich an einem Unglückstag gesetzt,
wer immer dies zuerst getan, und mit frevler Hand
aufgezogen, Baum, zum Verderben der Enkel
und zur Schande des Dorfes;

jener, möchte ich glauben, hat den Nacken des Vaters
gebrochen und das Gemach
besprität mit dem nächtlichen Blute
des Gastfreundes, jener hat Gifte aus Kolchis

und was sonst irgendwo an Frevel ausgedacht wird,
betätigt, der auf mein Feld setzte
dich, trauriges Holz, dich, das fallen sollte,
auf das Haupt des Herrn, der es nicht verdiente.

Was jeder meiden soll, ist für den Menschen niemals genügend
ausgemacht von Stunde zu Stunde. Der punische Seemann
schaudert vor dem Bosporus und fürchtet darüber hinaus nicht
anderswoher verstecktes Verhängnis,

der Soldat die Pfeile und die schnelle Flucht
des Parthers, die Ketten der Parther und Italiens
Kraft: aber unvorhergesehen rafft des Todes
Macht die Völker dahin und wird sie raffen.

Wie bald hätten wir das Reich der dunklen Proserpina
und den richtenden Aeacus gesehen
und die abgeschiedenen Plätze der Frommen und
auf dem äolischen Saitenspiel klagend

Sappho um ihre Mädchen aus ihrem Volke
und dich, voller mit goldenem Plectron,
Alkaios, tönend die harten Übel des Schiffes,
die harten der Flucht, die harten des Krieges.

Wie beide heiliger Stille Würdiges singen,
bewundern die Schatten, aber mehr
saugt ein die Kämpfe und die vertriebenen Tyrannen
mit seinem Ohr das Schulter an Schulter gedrängte Volk.

quid mirum, ubi illis carminibus stupens
demittit atras belua centiceps
    auris et intorti capillis   35
    Eumenidum recreantur angues?

quin et Prometheus et Pelopis parens
dulci laborem decipitur sono
    nec curat Orion leones
    aut timidos agitare lyncas.   40

Friedrich Klingner hat diesem Gedicht eine so schöne und erschöpfende Interpretation mit dem Titel »Macht und Ohnmacht des musischen Menschen« gewidmet, daß sich schwer etwas Weiterführendes, das in seinem Sinne wäre, sagen läßt. Er hat gezeigt, daß die biographische und topische Deutung des Gedichtes nicht ausreicht, und auf die sich verwandelnde Bewegung des Gedichtes hingewiesen, von der heftigen Reaktion und Notwehr des Anfangs über den griechisch-gnomischen Verbindungsteil bis zur Erhebung in eine Welt der Endgültigkeit, wo sich die Macht des Musischen offenbart. Auch auf das Ende der Goetheschen Novelle hat er dabei wieder hingedeutet. Der Anfang freilich, so meinte er, überzeuge nicht so sehr: Horaz habe ihn als Kontrast gebraucht.

Es braucht hier der Bewegung nicht mehr im einzelnen in ihren versteckten Schönheiten nachgegangen zu werden. Vielleicht aber läßt die Absicht, eine Gruppe früher Gedichte im Zusammenhang zu betrachten und gleichzeitig als Einzelversuche, die in der großen Komposition der Römeroden zusammengefaßt werden, manches noch deutlicher sehen.

Sind die drei ersten Strophen ernst? Man hat die Schetliasmen der dritten Epode, auf die bereits S. 102 hingewiesen wurde, mit ihren burlesken Übertreibungen herangezogen: ein Vatermörder soll diesen Giftkloß essen, Schlangengift wütet in seinen Eingeweiden, Canidia hat diese schlimme Mahlzeit bereitet! So wurde auch dieser Anfang scherzhaft gedeutet; andere haben tiefen Ernst darin gesehen. Wäre es aber eine wütende Reaktion auf eine brutale Verletzung, so würde man eine Verwünschung des Baumes erwarten. Statt dessen wird ein Topos, nämlich den ersten Erfinder einer Erscheinung, die man nicht billigt, zu verurteilen (vgl. Tibull 1,10 und Horaz c. 1,3), parodiert. Der, der zu Großvaters Zeiten den Baum gepflanzt hat, der Horaz in seinem Sturze bald erschlagen hätte, soll ein Vatermörder, ein Blutvergießender (noch dazu bei einem Gastfreund), ein Giftmischer, ein Sünder in jeder Hinsicht sein! Ein solcher Gedanke kann nicht eine spontane Reaktion sein, sondern setzt Abstand voraus. Und denkt man an den Blitz und an den Wolf, so wird auch der Baumsturz ein Vorwand für eine Erkenntnis sein: man wird in dem unsinnig konstruierten Schuldzusammenhang dasselbe Spiel mit der Kausalität erkennen wie dort. Auf die Welt wird alle Schuld gehäuft, weil ihr undurchsichtiger Kausalitätszusammenhang – die *caeca fata* – nicht den berechnenden Erwartungen der Gefahren durch die Menschen entsprechen, sondern *improvisa leti vis* die Menschen dahinrafft. Da hilft keine Empörung, sondern das muß erkannt werden. Darum die zwei Strophen Gnomik nach der bizarr komischen

Ist es ein Wunder, wo über diese Lieder staunend doch
das hundertköpfige Ungeheuer die schwarzen Ohren
senkt und eingeflochten in die Haare
der Eumeniden die Schlangen sich erquicken?

Ja, Prometheus und der Vater des Pelops gar
lassen sich durch den süßen Klang über ihre Qual hinwegtäuschen
und es kümmert sich Orion nicht darum, die Löwen
oder ängstlichen Luchse zu hetzen.

Analyse des Erlebnisses, das drückend schwer und womöglich sentimental geworden wäre, wenn er von seiner Todesnot direkt gesprochen hätte. Darum auch
gegenüber c. 1,34 und c. 1,22 die Umkehr von Erlebnis und Folgerung.
Der zweite Teil bedenkt das, was ihm beinahe bevorgestanden hätte. *quam paene,*
›wie fast‹, ist auch im Lateinischen nicht gewöhnlich, es betrachtet sich selbst ein
bißchen ironisch. Und nun geht der Gedanke in eiligen Schritten, die immer spezieller und anschaulicher werden, dem nach, was er fast gesehen hätte: nicht nur
das Reich der dunklen Proserpina, sondern auch den Richter Aeacus und die Sitze
der Frommen. Wie selbstverständlich reiht er sich mit seiner *pietas* – *in domini
caput inmerentis* ist ein Vorklang für diese *pietas* – in die Schar derer ein, die dort
Zutritt haben. Er findet Sappho und Alkaios; die eine klagt um ihre Mädchen, die
sie bei der Hochzeit verlassen, während Alkaios mit vollerem Stäbchen die Leier
schlägt und von den Härten des Krieges, der Verbannung, der Seefahrt singt.
Beide werden bewundert vom umstehenden Volke der Schatten – jetzt erweitert
sich der Blick auf das Publikum: sind die *pii* dieses *volgus* oder ist der Gedanke an
die *pietas* zurückgetreten? –, in höherem Maß aber die Kämpfe und die Vertrei-
bung der Tyrannen, die politischen Themen des Alkaios. Es ist der Gedanke an die
eigene Dichtung, ihre Vorbilder und ihre Unterschiede, der dieses Bild formt. Wir
dürfen daraus schließen, daß Horaz seine Gedichte über das gemeinsame Schicksal
über die persönlichen stellte. Sie sind gegenüber den stillen und privaten, wie Vergil sagen würde, der *maior ordo.* Die Macht der Musik aber wirkt auch auf die
Höllendämonen und erleichtert das Los der Büßer. Sie täuscht sie über ihre Qualen
hinweg und läßt sie einhalten in ihren ewig gleichen Betätigungen. Es ist die Macht
der Musik, die im Endgültigen als *dulce lenimen laborum* bis in den Hades reicht.
Ein Trost für den Dichter, dessen Tun so ewig sein wird, ein Trost, der in der Auf-
heiterung des Gedichtes, in dem beruhigenden Blick auf eine Ordnung im Endgültigen sinnfällig und spürbar wird. Der Tod, eben noch als unschuldig erlittenes
Unrecht erfahren, hat seine Schrecken für den Dichter verloren, der an etwas
Ewigem Anteil hat.
Auch hier gehört zum musischen Menschen die Unschuld und die *pietas,* hervorgekehrt aber ist die Macht des Liedes, die sich in den endgültig geklärten Verhältnissen des Jenseits zeigt. Dort, wo der Cerberus und die Eumeniden den Frommen
nichts anhaben, ist das Lied das Stärkere, lassen sich die gebändigten Ungetüme
und Frevler staunend erquicken.
Das Todesdenken, das mit c. 3,24 und c. 2,18 mächtig zu Beginn der Oden auf-

klingt, hat eine äußerste Vertiefung erfahren, ist fruchtbar geworden für ein Leben, das sich bewußt ist, daß Stunde für Stunde das Unvorhergesehene eintreten kann. Das Unaussprechbare wird Gedicht, das eine Überfülle von Dingen und Situationen in schöner, immer neue Aspekte enthüllender, tänzerischer Bewegung, ironisch von Anfang an auf eine Wahrheit über dem Ausgesprochenen deutend, zusammenschließt.

Darin liegt die Schwierigkeit, aber auch die Schönheit des Gedichtes. Es geht um das hohe menschliche Ziel, sich im Geistigen und Musischen zu erheben, und das wird in der Bewegung des Gedichtes verwirklicht, an den Topoi und ihrer Behandlung im Hörer mobilisiert. Denn die Mittel bestehen, abgesehen von dem zugrundeliegenden Anlaß in Topoi. Sie sind besonders gefärbt. Indem der Schetliasmus gegen den ersten Erfinder auf den unschuldigen Stifter eines Baums von jemandem angewendet wird, der sich unschuldig getroffen fühlt, wird etwas sichtbar, was zum Nachdenken anregt: das Weltwesen in seinem Zusammenhang von undurchsichtigen Kausalketten und Beschuldigungen. In der Welt des Gedichtes kann das durch die Parodie des Topos in seiner Unsinnigkeit überlegen aufgehoben werden. In dem nach vorn und hinten bezogenen Überleitungsstück mit seiner weltumfassenden Gnomik wird die Ohnmacht menschlichen Planens und Sichhütens, des *cavere*, sichtbar. Eine tiefere Besinnung zeigt und verwirklicht bei der Betrachtung der Dinge im Hades die Macht, die zuletzt geehrt wird, Sinn in den Unsinn bringt, Leid auch noch nach der Schwelle des Todes aufhebt. Dort ist sie dem Bösesten, Gewalttätigsten, Dämonischsten überlegen und Erquickung in einer Folge von Geschehnissen, die bereits zu Lebzeiten der Sappho und des Alkaios be-

c. 3,4   Descende caelo et dic age tibia
        regina longum Calliope melos,
           seu voce nunc mavis acuta,
              seu fidibus citharave Phoebi.

        auditis? an me ludit amabilis   5
        insania? audire et videor pios
           errare per lucos, amoenae
              quos et aquae subeunt et aurae.

        me fabulosae Volture in Apulo
        nutricis extra limina Pulliae   10
           ludo fatigatumque somno
              fronde nova puerum palumbes

        texere, mirum quod foret omnibus,
        quicumque celsae nidum Aceruntiae
           saltusque Bantinos et arvum   15
              pingue tenent humilis Forenti,

        ut tuto ab atris corpore viperis
        dormirem et ursis, ut premerer sacra
           lauroque conlataque myrto,
              non sine dis animosus infans.   20

stimmend war. Das gibt Sicherheit, Glauben an den Sinn auch im turbulenten Jetzt, Unerschütterlichkeit des Bewußtseins. In der zunächst bizarr erscheinenden Verbindung von parodiertem Schetliasmus, von Gnomik und Mythos wird die Welt des Gedichtes, des Geistes, als eine Welt sinnlich greifbar, die nicht den Gesetzen der Natur gehorcht, die frei ist von Kausalität und Logik. Der Dichter stiftet sie in neuer Ordnung, wobei er mit ungeheurer Kraft Widerstrebendes bändigt und die Wirklichkeiten in klarer Abgrenzung und Benennung (einschließlich der uralten Tradition des Mythos) so zusammenstellt, daß ihr Zusammenspiel den Hörer beglückend in diese neue Ordnung erhebt.

Die Römeroden

Die Römeroden sind zunächst leichter zu verstehen, weil sie ernster sind und nicht mehr diese sich verhüllende Ironie aufweisen. ›Nicht mehr‹ darf man darum sagen, weil auch die danach folgenden Oden Erkenntnisse und Empfindungen freier heraussagen. Man wird die andeutende Ironie, das Sichverstecken hinter dem Scherz als die Behutsamkeit dessen verstehen dürfen, der zuerst eine umwälzende Entdeckung mit Vorsicht vorträgt. Diese Oden sind ihrem Wesen nach früh. Am nächsten aber steht der zuletzt besprochenen Gruppe, die sich des Musischen in seiner Kraft bewußt macht, die vierte Römerode, das Musengedicht. Es ist das längste lyrische Gedicht von Horaz.

Komme vom Himmel herab und singe, wohlan, zur Schalmei,
Herrin Kalliope, ein langes Lied,
sei es auch, daß du es lieber mit heller Stimme willst
oder zu Saitenspiel und Kithara Apollos.

Hört ihr? Oder narrt mich ein liebliches
Irrsein? Mir ist, als hörte ich und schweifte
durch fromme Haine, wo erfrischend
unter Zweigen Wasser dahin geht und Lufthauch.

Mich haben wie in Sagen am apulischen Voltur
draußen vor der Tür meiner Nährmutter Pullia
von Spiel und Schläfrigkeit ermattet
mit jungem Laub als Kind Tauben

überdeckt: als Wunder sollte es gelten allen,
die das Genist des hohen Aceruntia,
die Bergwälder von Bantia und das fette Fruchtland
von Forentum in der Niederung bewohnen,

wie ich heilen Leibes, sicher vor den schwarzen Schlangen
und Bären schlief, wie ich unter heiligem
Lorbeer zugleich und Myrten lag,
nicht ohne Götter ein beherztes Knäblein.

vester, Camenae, vester in arduos
tollor Sabinos, seu mihi frigidum
    Praeneste seu Tibur supinum
        seu liquidae placuere Baiae.

vestris amicum fontibus et choris   25
non me Philippis versa acies retro,
    devota non extinxit arbor
        nec Sicula Palinurus unda.

utcumque mecum vos eritis, libens
insanientem navita Bosphorum   30
    temptabo et urentis harenas
        litoris Assyrii viator,

visam Britannos hospitibus feros
et laetum equino sanguine Concanum,
    visam pharetratos Gelonos   35
        et Scythicum inviolatus amnem.

vos Caesarem altum, militia simul
fessas cohortes abdidit oppidis,
    finire quaerentem labores
        Pierio recreatis antro;   40

vos lene consilium et datis et dato
gaudetis, almae. scimus, ut inpios
    Titanas immanemque turbam
        fulmine sustulerit caduco,

qui terram inertem, qui mare temperat   45
ventosum et urbis regnaque tristia,
    divosque mortalisque turmas
        imperio regit unus aequo.

magnum illa terrorem intulerat Iovi
fidens iuventus horrida bracchiis   50
    fratresque tendentes opaco
        Pelion inposuisse Olympo.

sed quid Typhoeus et validus Mimas
aut quid minaci Porphyrion statu,
    quid Rhoetus evolsisque truncis   55
        Enceladus iaculator audax

contra sonantem Palladis aegida
possent ruentes? hinc avidus stetit
    Volcanus, hinc matrona Iuno et
        numquam umeris positurus arcum,   60

qui rore puro Castaliae lavit
crinis solutos, qui Lyciae tenet
    dumeta natalemque silvam,
        Delius et Patareus Apollo.

Euch gehörig, Musen, erheb ich mich hoch
in das Sabinerland, oder vielleicht, daß mir das kühle
Praeneste behagt oder Tibur am Bergeshang
oder das hell umflossene Bajae.

Euren Quellen und Reigen verbunden
hat mich nicht bei Philippi das zurückflutende Heer,
nicht der fluchbeladene Baum erlöschen lassen,
noch Palinurus im sizilischen Meer.

Sowie ihr nur bei mir seid, will ich es gern
mit dem wütenden Bosporus zu Schiff
wagen und dem brennenden Sand
des syrischen Strandes zu Fuß,

will aufsuchen Britannier, Fremdlingen feind,
den Konkaner, der im Roßblut schwelgt,
aufsuchen die köcherbewehrten Gelonen
und den Skythenstrom unverletzt.

Ihr erquickt den hohen Caesar, wenn er die
kriegsgewohnten Kohorten in den Städten
birgt und ein Ende der Mühen sucht
in pierischer Grotte.

Ihr gebt milden Rat und habt Wohlgefallen,
Segnende, am gegebnen. Wir wissen, wie die frevelhaften
Titanen und die Schar der Ungeheuer
mit herabfallendem Blitz vernichtet hat

er, der die dumpfe Erde, der das stürmische Meer zügelt
und Städte und finstere Tyrannenreiche,
und Götter und Menschenscharen
in ausgeglichener Herrschaft lenkt, der eine.

Große Schrecknis hatte da gegen Juppiter herangebracht
die starrende junge Schar, die auf ihre Arme trotzte,
und die Brüder, die auf den waldigen
Olymp den Pelion zu türmen sich mühten.

Was sollten aber Typhoeus und der starke Mimas
und was mit dröhnender Gebärde Porphyrion,
was Rhoetus und mit ausgerissenen Baumstämmen
der verwegene Schleuderer Enceladus

gegen die dröhnende Aegis der Pallas
ausrichten im blinden Daherstürmen? Dort standen der verzehrende
Volcanus, dort die Herrin Juno und,
der nie seinen Bogen auf die Schultern legen wollte,

er, der im reinen Tau der Kastalia badet
das gelöste Haar, der in Lykien
die Haine und die Bäume seiner Geburtsstätte zu eigen hat,
von Delos und Patara Apollo.

vis consili expers mole ruit sua,   65
vim temperatam di quoque provehunt
   in maius, idem odere viris
      omne nefas animo moventis.

testis mearum centimanus Gyges
sententiarum, notus et integrae   70
   temptator Orion Dianae
      virginea domitus sagitta.

iniecta monstris Terra dolet suis
maeretque partus fulmine luridum
   missos ad Orcum; nec peredit   75
      inpositam celer ignis Aetnen

incontinentis nec Tityi iecur
reliquit ales, nequitiae additus
   custos; amatorem trecentae
      Pirithoum cohibent catenae.   80

Es wäre wohl möglich mit modernen statistischen Methoden die verschiedenartige Häufigkeit der Wortbereiche der frühen Oden mit den späten zu vergleichen. Man würde von sicher datierten Gedichten ausgehen und das eine oder andere undatierte einer der Gruppen zuzuordnen versuchen. Hier genügt es zu zeigen, daß die Komposition wie der Wortbereich dieses Gedichtes auf den behandelten Einzelgedichten der letzten Gruppe aufbauen, und Ausdruck dafür ist eben, daß die für sie charakteristischen Wörter hier versammelt erscheinen (vgl. S. 360 f.). Das Gedicht ist früh nach Augustus' Heimkehr im Jahre 29 v. Chr., also etwa 29 auf 28, keinesfalls 27 entstanden.

Die sprachlichen Ähnlichkeiten erhalten Gewicht, wenn sie mit den Motiven verknüpft werden. Das Gedicht ist dadurch ausgezeichnet, daß die gesamte Welt in ihren Spannungen in einem Gebilde vereinigt ist: ein munteres Knäblein, Augustus, Gigantenkampf, τὰ ἐν ῞Αιδου. Überzeugende Dichtung wird das durch die seelische Bewegung. Sie ist hier komplizierter als in den anderen Gedichten, höchst kunstvoll – ›complicated and sophisticated‹ wie der Engländer sagt – und ist gegenüber den früheren, die Scheinlogik mit Fleiß durch Konjunktionen betonenden Gedichten, dadurch gekennzeichnet, daß vor allem an entscheidenden Stellen die Vorstellungen nebeneinandergestellt, nicht logisch verknüpft werden.

Mit feierlichem Anruf an die Muse setzt das Gedicht ein. Mit dem *seu – seu* des Hymnus wird der Bereich ihrer Kunst umschrieben und ihr die Wahl zwischen den musischen Möglichkeiten gelassen. Das Gebet findet sofort – die Situation wandelt sich während dem Fortschreiten des Gedichtes – seine Erfüllung. Horaz hört die Muse, oder ist es ein schöner Wahn? Es ist ihm, als sei er entrückt in eine andere Welt, die Welt des Dichters mit ihren Hainen der Frommen, ihren lieblichen Gewässern und Lüften.

Die Spannung ist aufs höchste gestiegen. Man erwartet Tiefstes und Erhabenstes nach solchem Anfang, wie im Bacchus-Gedicht c. 3,25 etwa, wo sogleich von der

Kraft, des Rates bar, stürzt durch die eigene Wucht.
Gezügelte Kraft fördern auch die Götter
zu Größerem. Sie hassen aber die Kräfte,
die auf lauter Frevel im Innern sinnen.

Zeuge ist der hundertarmige Gyges
für mein Wort und wohlbekannt er, der die reine
Diana anzutasten versuchte, Orion,
der vom Pfeil der Jungfrau erlegt ward.

Darüberher liegend leidet die Erde um die Ungeheuer,
ihre Söhne, und trauert um ihres Leibes Kinder, die vom Blitz
in den fahlen Orcus gestürzt sind. Und es frißt sich nicht
das rasche Feuer durch den daraufgetürmten Aetna,

noch läßt von der Leber des zuchtlosen Tityus
der Adler, der Verworfenheit beigegeben
als Hüter; den verbuhlten Peirithoos fesseln hundert
und aberhundert Ketten.   (Vgl. S. 360.)

Aufgabe, Caesar zu verewigen, die Rede ist. Statt dessen setzt unverbunden die
Vision eines Kindheitserlebnisses ein. Als Kind ist er der Amme entlaufen. Tauben
wie im Mythos haben ihn mit Lorbeer und Myrte, den Blättern der heiligen
Bäume des Apoll und der Venus, bedeckt, als er ermattet eingeschlafen war. Die
Dörfer ringsum, wundergläubig wie sie waren, staunten darüber, wie er da sicher
vor Schlangen und Bären dalag. Sie sahen darin göttlichen Schutz. Ein *animosus
infans* nennt der Dichter sich in der Beurteilung der Leute, *non sine dis*, mit der
Litotes »nicht ohne Götter«; denn aus eigener Kraft besitzt das kleine Knäblein
noch keinen Mut. Das Weltvertrauen, dem die Welt antwortet, wird darin symbolisiert. Es ist nicht eine der Wundergeschichten, die einem Dichter späteren Dichterruhm weissagen. Vielmehr wird man die Ähnlichkeit mit der Situation in c. 1,22
nicht verkennen. Hier wird dasselbe Wunder der wirkenden *integritas* im noch
bescheideneren, intimeren Ereignis angeschaut. Mit leichtem Lächeln über die Bewohner der kleinen Dörfer wird schlicht erzählt, nicht parodistisch übertrieben.
Die Erkenntnis aber, die daraus gezogen wird, ist deutlicher und womöglich noch
umfassender als in c. 1,22.
Er wird bei der Vergegenwärtigung dieses Erlebnisses wie bei der Vergegenwärtigung seines musischen Sabinum in c. 1,17 nur deutlicher seines göttlichen Schutzes
inne. Die Musen sind es gewesen, die ihn damals behütet haben und die ihn jetzt
schützen. Es ist dieselbe beglückte Gebärde des Innewerdens, die Bild und Aussage
hier wie dort verbindet. Den Musen gehörend und darum in ihrer Hut sucht er die
musischen Orte auf, die er liebt; sie haben ihn gerettet bei Philippi, vor dem Baum
und aus Seenot. Unter den Gefahren fehlt der Wolf: er wird eine Fiktion sein. An
die Gebärde des Innewerdens, die mit den Orten verbunden ist, an denen er musisches Behütetsein am stärksten spüren mochte, und die sich der überstandenen
Nöte erinnert, wobei die Musen an die Stelle anderer Götter treten, wie Faunus
und Mercur, denen er die Rettung an anderen Orten zuschreibt – nicht auf die

Gestalt, sondern das Göttliche kommt es an – schließt sich aber nun fast triumphierend die andere Gebärde an, die wir aus c. 1,22 kennen. Wann immer die Musen bei ihm sind, wird er allen Drohungen der Welt unverletzt entgegentreten. Der Raum weitet sich über die ganze Welt von den üblichen Gefahren der Seeleute und Reisenden bis zu den ungeheuerlichen Völkern der Weltenden, ehe in dem Wort *inviolatus* (36) der glaubenssichere Schlußpunkt gesetzt wird. Aus der Tatsache, daß die Bewegungen von c. 1,17 und c. 1,22, am ursprünglichen Ort jeweils Resultat eines Teiles oder des ganzen Gedichtes, hier zusammengebunden sind, dürfte mit Sicherheit geschlossen werden, daß diese Gedichte vor dem Musengedicht liegen, Experimente vor der großen Komposition.

Der Gedankenfortschritt wird ohne logische Verbindung durch die kultische Form der Aretalogie erzielt. Die Musen, deren Macht so deutlich vor Augen gestellt worden ist, werden im Du-Stil gepriesen. Eine Strophe nur gilt dabei dem *Caesar altus*. *Altus* wird Caesar Octavianus genannt wie in den Satiren (2,5,62) Aeneas, noch nicht Augustus wie in c. 3,3 und c. 3,5. Das weist auf eine Zeit, wo dieser Titel noch nicht gefunden war. Er erhebt ihn zu mythischer, nicht religiöser Höhe. Von Caesar wird nichts weiter gesagt, als daß er sich von den Musen erquicken, ›neu machen‹ läßt. Sein Bedürfnis ist es dabei, auszuruhen von den harten Mühen, und die Vorbedingung, daß er seine dringenden Geschäfte abgeschlossen hat. Er muß die Kohorten in den Landstädten verborgen halten. Die Landansiedlungen entziehen die Soldaten der Öffentlichkeit. Die Musen haben mit den Waffen nichts zu tun, ein Thema, das Vergil in der 9. Ekloge auf seine Weise behandelt hatte. Scheint in den drei ersten Zeilen der Strophe etwas von der harten nüchternen Wirklichkeit durch, so sammelt sich aller Glanz in dem Bild der letzten Zeile (40), in dem betont aufgesparten *recreatis*, dem griechischen Wort *Pierio* und dem Bild der Grotte mit dem griechischen Lehnwort *antrum*, das in Vergils Ekloge zum ersten Male auftaucht und möglicherweise statt *spelunca* von ihm als erstem gebraucht wird. Als Faktum steht das Interesse dahinter, das der Princeps an der Dichtung nahm, im besonderen, daß er sich im Jahre 29 sogleich nach der Rückkehr aus dem Osten die Georgica Vergils vorlesen ließ. Die Musen sind das Verbindende zwischen Horaz und dem Herrscher, der eine ist ihnen ganz eigen, den anderen erquicken sie. Mehr wird nicht gesagt. Mit größter Diskretion und ohne Hinweis auf diese Verbindung und etwaige Konsequenzen für Augustus oder Horaz steht das Bild des sich mühenden Herrschers und der Möglichkeit einer Erholung bei den Musen vor Augen.

Nur auf die Musen bezogen, wieder ohne ausgeführte Konsequenzen weder für den Herrscher noch den Dichter, wird sachlich eine weitere Prädikation fast kurzatmig angereiht: die Musen geben sanften Rat und freuen sich an dem gegebnen, segnen ihn als die *almae* (42), die ›nährenden‹, das heißt fördern ihn weiter, wie das, was den Göttern am Herzen liegt. *Consilium* ist etwas Höchstes im Menschen. Als Haltung kann man es mit der *mitis sapientia Laeli*, der milden Weisheit des Laelius, des Freundes des Scipio Aemilianus gleichsetzen. Es ist die Herrscherweisheit, die Cicero in seinem größten Werk als Grundprinzip des Gemeinwesens erkennt: jedes Gemeinwesen ist mit Herrscherweisheit zu lenken, damit es dauernd ist (*consilio regenda est, ut diuturna sit*). Mit Wahrheit und Bestand in den Zeiten, was für den Römer *veritas* ist, hat *consilium* zu tun und konkretisiert sich im Akt des Ratgebens und Lösungfindens. Die Musen werden hier als seine Spenderinnen erkannt, das sonst ordnende Prinzip des Gemeinwesens, das seine Dauer und damit auch seinen Frieden birgt, ist in der Fügung des Horazischen Gedichtes als Gabe der Musen singbar geworden: Lyrik durch feierlich verehrende Ansprache.

Mitten im Vers (42) wird ohne logische Verbindung ein Gegensatz gebracht. Am Anfang treten vor Augen die *impii Titanes*, die Juppiter mit seinem Blitz zerschmettert hat. Vermittelt durch das *scimus*, das an ein bekanntes Wissen appelliert, wie *vidimus* in c. 1,2 an eine gemeinsame Erfahrung, erscheint dennoch die Vorstellung der ruchlosen Titanen plötzlich. Man versteht, daß die Titanen *impii* heißen, weil sie den Rat der Musen verachten. Ihre Benennung als *immanis turba* ist das Gegenteil alles Musischen, Gegenteil aber auch allen Ratens und Planens in seiner unmenschlichen Turbulenz. Gesagt ist das aber nicht. Das mythische Paradigma setzt selbständig ein. An den *res*, den Musen und vor allem dem *consilium* wird assoziativ eine neue, mythische Wirklichkeit sichtbar, die weitere Horizonte erschließt und sich, sie aufgreifend, doch von den Musen löst.

Der Titanen-Giganten-Kampf wird nicht erzählt, auch nicht als Handlung angedeutet, wie es die alte Mythenerzählung vielfach tut, sondern zunächst in seinem Resultat hingestellt, dann wird dieses Resultat auf seine Möglichkeiten bedacht. Zuerst tritt Juppiter, der gerechte Weltherrscher, in seinem Sieg hervor. Bei der Manöverkritik aber geht Horaz von dem großen Terror aus, den die struppige Jugend im Vertrauen auf ihre Muskelkraft ihm eingejagt hatte. Sie wollten das Unmögliche wie Otos und Ephialtes, nämlich den Pelion auf den Olymp türmen, die Natur selber umstürzen. Aber was hätten alle Körperkräfte – das Ungeheuerliche steigert sich in den Beiworten *validus, minaci statu* bis zu Enceladus, der Baumstämme ausreißt und schleudert – gegen die göttlichen Mächte vermocht (*posse* in prägnantem Sinn). Diese treten in einzelnen Göttergestalten vor Augen, nicht im Kampf, sondern in ihrem Wesen gegen das blinde Losstürmen der brutalen Kräfte. Es beginnt mit Pallas, die ihre Aegis schirmend dagegenhält, ihren klingenden Schild, geht zu Volcanus, dem geschickten Techniker, der die elementare schöpferische Macht des Feuers vertritt, zu Juno, die als *matrona* bezeichnet wird, Hüterin der festen Ehe, und endet bei der klaren Gestalt Apollos, der im reinen Tau der Kastalia die Locken badet, aber den Bogen nie auf die Schultern zu legen gedachte, ähnlich dem Bacchus ebenso geschickt im Krieg wie im musischen Spiel. Hier hat sich das Thema des Musischen im Gegensatz zu der Barbarei der Titanen und Giganten anklingend in ihrem doppelgesichtigen Führer gesteigert. Apollo ist der Gott Octavians, hier erscheint er als Herr von Patara in Lykien und von Delos. Uralte Herkunft wird betont. Bis in das letzte Wort hinein ist der ewige und unüberbrückbare Gegensatz von Brutalität und Gewalttätigkeit auf der einen, Klarheit und Ordnung ewiger Mächte der Gesittung auf der anderen Seite versinnlicht.

Und hier springt die Erkenntnis hervor, die Gnome, wie bei Pindar so oft. Sie ist nicht mehr auf die Musen bezogen, sondern bedenkt das *consilium* nunmehr allein. Hier zieht sich die horazische Ode ganz zu einem *carmen* im ursprünglichen Sinne zusammen, zu einem Spruch von magischer Gewalt. In der Form ist die Gnome typisch horazisch: sie umfaßt das Ganze, indem in der ersten Wendung zunächst das Negative, noch mit dem Mythos unmittelbar zusammenhängend, in der zweiten das Positive betont wird. Die gleiche Struktur findet sich in dem Gedicht über die Würde der Dichtkunst »Donarem pateras«, und man darf sie nicht zerstören, indem man den ersten Vers des Paares (c. 4,8,28) für eine Interpolation hält (Klingner, Becker):

4,8,28 f.   dignum laude virum Musa vetat mori,

     die Muse verbietet, daß ein des Ruhmes würdiger Mann stirbt.

Emphatisch folgt die positive Aussage: *caelo Musa beat*, mit dem Himmel beglückt die Muse.

Hier nun wird alles titanische Wesen komprimiert in dem allen freien und gesitteten Römern verhaßten Wort *vis*. Hat sie nicht teil an der Besonnenheit, stürzt sie durch ihre eigene Wucht. Ist sie dagegen gelenkt und ausgeglichen durch das *consilium*, das heißt *temperata*, so erhält sie sich nicht nur selbst – denn um die vornehmste menschliche Aktivität handelt es sich ja –, sondern auch die Götter fördern sie zu Größerem, lassen sie wachsen, *augent*, wie der Römer gern sagt mit jenem Wort, das auch im Beinamen Augustus steckt. Den Göttern nämlich ist die Kraft verhaßt, die jede Sünde in ihrem Sinn bewegt. Hier ist das *consilium*, die Kraft des Ratfindens, in neuer Weise mit dem Göttlichen verknüpft. Es ist nicht in erster Linie mehr ein Geschenk der Musen: alles Göttliche – zu *di* vgl. c. 1,17 – wirkt mit ihm zusammen. Ist die negative Aussage der *ratio* ohne weiteres zugänglich, so ahnt der *vates* in der positiven Aussage die Verbindung zwischen der menschlichen geistigen Weltbemeisterung und der Förderung der höheren Mächte. Es ist dieselbe Konzeption, mit der Vergil seinen Aeneas aus sich heraus und gleichzeitig von den Göttern gefördert handeln läßt, weil er *pius* ist, auf den Sinn hört und die Stimmen des Göttlichen. Hier wie dort wird die Macht an sich nicht für böse angesehen, sondern ihre Durchleuchtung mit planvollem Rat und frommem Sinn gefordert.

Die letzten drei Strophen bilden die Abschlußeinheit und eine neue Stufe. Wie in c. 2,13 schließen die endgültigen Zustände im Hades das Gedicht ab. Cicero sagt in *De re publica*, als es um die Wahl der besten Einzelverfassung geht, durch den Mund des Laelius, an Zeugen habe er jetzt genug für die *sententia* des Scipio, er möchte jetzt Argumente hören. Horaz ist ein Dichter, inspiriert von den Musen hat er Visionen und spricht aus der Vollmacht des *vates* seine *sententia*. Die höchste Realität aber schaut der *vates* im Jenseits, so wie der ehrwürdige Mythos es ausgemalt hatte. Wenn er dies ein Zeugnis nennt, macht er spielerisch auf die verschiedenen Möglichkeiten der Erkenntnis aufmerksam, als wenn die Dinge im Hades ein Zeugnis im römischen Rechtssinn wären. Das Bild und seine Prägekraft sind das Entscheidende: der hundertarmige Gyges, dessen Vergehen wir nicht näher bestimmen können, die Söhne der Erde (in Wiederaufnahme der Motive der Gigantenschlacht), gespiegelt in der dumpfen Trauer der Mutter, die über ihrer in den Orcus gestürzten Leibesfrucht ruht, und das Beispiel des Typhon unter dem Aetna – daneben wird das Frevelhafte auf das Urbild der Vergewaltigung bezogen: Orion, Tityos, Peirithoos haben in ihrer Lüsternheit sich an der *integritas* der Frau vergangen. Lucretia und Virginia lassen ermessen, was das für den Römer bedeutete. Gewalttätigkeit und Vergewaltigung aus unbeherrschtem Begehren sind im Orcus auf ewig in Ketten gebändigt. *Trecentae ... cohibent catenae*, mit diesen Worten schließt das Gedicht ernst, endgültig, abgerundet, für den Feind aller Gewalt trotz allem tröstlich ab.

In den vier Bereichen des Persönlichen, des Politischen, des Mythos und der Dinge im Hades wird eine Ordnung sichtbar, die alles beherrscht. Das Brutale, Feindliche wird letztlich in dieser Ordnung überwunden werden. Möglich wird es dem Dichter in der Vereinigung vorhergehender Versuche, diesen alles umfassenden Raum zu durchschreiten, durch die pindarische Form. Was bei Pindar Natur war, die noch nicht eine Ordnung bewußt als solche fassen konnte, sondern sich in ihr bewegen und sie an den Gegenständen aufscheinen lassen mußte, dessen bemächtigt sich Horaz gleichsam bewußt, indem er durch die musische Entrückung des Anfangs sich der Ordnung des zusammenhängenden (diskursiven und logischen) Denkens enthebt. Bei der Vision des Kindheitserlebnisses wird er des Schutzes der Musen inne; an den Musen gehen ihm die weiteren Beziehungen in Hinsicht auf Caesar und das *consilium* auf. *E contrario* folgt ein *exemplum* mit der Gnome, die das *consilium* an sich positiv und negativ bedenkt. Der Begriff des *nefas*, der dabei fällt, erlaubt den Blick auf die letzten Dinge.

Diese pindarische Manier hat mit Recht den Blick der Philologen auf das Vorbild Pindar gezogen. Und in der Tat findet sich abgesehen von Pythien VIII, wo der Gigantenkampf eine Rolle spielt, in einem der bedeutendsten Gedichte der Weltliteratur, wie man es mit Recht genannt hat, auch ein verwandtes inhaltliches Motiv, die Macht der Musik. Es ist das im Jahre 470 v. Chr. gedichtete Siegeslied Pindars für den Sieg im Viergespann, den Hieron von Syrakus nach seinen Siegen über die Karthager und Etrusker bei den delphischen Spielen errang (Pythien I). Man ist so weit gegangen zu sagen, das horazische Gedicht sei überhaupt nur zu verstehen, wenn man Pythien I kenne. Das wäre für das Verhältnis der horazischen Oden zur Tradition sowohl wie für das zum Leser und Publikum entscheidend wichtig, zumal die Nachahmung nicht nur den Inhalt, sondern auch die Form wesentlich mitbestimmt haben soll.

In Eduard Fraenkels Spuren, der c. 3,4 mit Hilfe der ersten Pythie zu erschließen versucht hatte, entwickelte sein Schüler Williams folgende Deutung des horazischen Gedichtes. Bei Pindar liegen die zwei Hauptthemen des Horaz vor: die Inspiration durch die Musen (Pindar konnte einfach von der Musik sprechen, was Horaz in dieser Weise nicht tun konnte) und der Angriff der Giganten. Bei Pindar sei die Parallele zwischen der Niederlage der Etrusker und Karthager durch Hieron und der Niederwerfung der Giganten durch Zeus klar zu sehen. Das sei der Schlüssel für das Verständnis der Horaz-Ode. Als Glied der Römeroden erwarte man von dem Gedicht Ausdruck aktueller politischer Anliegen. Für Augustus, den Beender der Bürgerkriege, habe die Harmonie, die Pindar in der Gründung von Ätna symbolisiere, einen ersten Bezug. Zweitens habe Augustus mit einer harten Opposition zu rechnen gehabt, die vom Verlangen beherrscht war, die Schrecken der Bürgerkriege zu erneuern. In dieser Hinsicht seien die Giganten Pindars, die Feinde der Harmonie, von besonderer Bedeutung. Der Leser verstehe von Pindar her die Anspielung, vor allem, wenn er erkenne, daß das *lene consilium* (41 ff.) Pindars Harmonie entspreche. Das Ganze sei eine politische Parabel zur Unterstützung des Augustus. Wie Zeus werde er politische Stabilität festhalten gegen die Opposition, die Feinde der Harmonie. Die Kenntnis Pindars löse aber auch noch eine andere Schwierigkeit, die sich sogar als ein besonderes Kunststück des Horaz entpuppe. Der Beweis für die Macht der Musik sei von Pindar in einer Reihe objektiv beschreibender Feststellungen gegeben worden. Horaz setze an Stelle der Musik die Inspiration durch die Musen und komme vom ganz Persönlichen schrittweise zum Objektiven, also zu Pindar: 1. er betet um Inspiration, und der Leser sieht, wie er sie erhält; 2. er erzählt von wunderbaren Erfahrungen in Kindheit und im Mannesalter, die den Musen zugeschrieben werden; 3. er drückt den starken Glauben aus, daß er überall heil bleiben werde dank der Musen. Dabei nähert er sich bei der Aufzählung der Plätze den Unruheherden des *imperium* – und damit ist man bei der großen Politik, das heißt im Sinne von Williams bei dem Objektiven Pindars.

Wir haben beobachtet, daß die unterschiedliche Verknüpfung der Gedanken und Bilder im Unterschied zu den vorhergehenden Experimenten pindarisch genannt werden muß. Gern darf auch zugegeben werden, daß jener großartige Gedanke, daß die Eunomia der Musik Apolls in der Eunomia der Städte sein Gegenbild hat, Horaz inspiriert hat. Insofern steht Pindar hinter dem Gedicht von der ordnenden Kraft der Musen. Und nirgends tritt der Gedanke – Klingner verweist noch auf Pythien V, 65 – gewaltiger das Gedicht beherrschend auf als in Pythien I. Insofern dürfte Horaz Ermutigung und Anregung in seinem Gedicht eben durch die erste Pythie erfahren haben. Aber von da zu der Behauptung, das horazische Gedicht sei erst verständlich mit dem Schlüssel der ersten Pythie, die ihm erlaube, seine Warnung an die Opposition des Augustus nicht direkt und unpoetisch, sondern in durch die Erinnerung des Lesers an Pindar erst deutbaren Bildern auszusprechen, ist ein weiter Schritt. Und das, was Williams zum Beweise vorbringt, ist reine Konstruktion. Eine Erörterung wird das von Horaz Gemeinte und Erreichte noch deutlicher machen.

Warum Horaz nicht direkt hätte von der Macht der Musik, ja des Instruments ausgehen können, ist nicht einzusehen. Hat er doch in c. 1,32 das *dulce lenimen*, den *Latinus barbitus*, gepriesen. Bei Williams wird nun das Kindheitserlebnis zum reinen Übergangsstück degradiert, eine Stufe hin zum Objektiven, hin zu dem politisch Relevanten, wobei die Gelonen und der Don nun allerdings wilde Weltenden, aber nicht politisch neuralgische Punkte symbolisieren. Bedenkt man die vorhergehenden Gedichte, wird man im Kindheitserlebnis vielmehr das Wichtige und Eigentliche sehen. Da geht es aber nicht um die Musen und Apoll als Besitzer der Phorminx, sondern um das Musische in dem Sinne eines menschlichen Wesens. Wenn die Musen in dem Erlebnis als die Beschützerinnen erkannt werden wie in den späteren Gefahren, so sind sie das nicht in erster Linie als die Vertreterinnen der Macht der Musik, sondern Horazens Lied und seine Frömmigkeit sind ihnen, sind den Göttern lieb. Sie sind also Symbol der göttlichen Seite menschlicher Wohlgefügtheit, auf die das Feindliche seinen Angriff zu richten verzichtet.

Was aber den Hauptschlüssel angeht, so kommt Pindars Gedanke vom Erklingen des Vorspiels auf der Leier her, dem der Tritt der Chortänzer im Maße gehorcht, zur himmlischen Musik Apolls, durch die alles Starke und Wilde im Reich des Zeus besänftigt wird, bei deren Erklingen aber alles, was Zeus nicht liebt, erbebt wie zum Beispiel Typhon unter dem Aetna, der an Zeus Verrat geübt hatte. Von Giganten und Titanen sowie ihrem Himmelssturm ist nicht die Rede. Das, was Zeus nicht liebt, umgreift die Nichtgenannten sicher mit, umfaßt aber viel mehr, ist allgemein. Wenn zu Apoll, um εὐανδρία, zu Zeus aber um εὐνομία gebetet wird, darauf jedoch von der Hybris der Feinde die Rede ist, so soll man wohl im Sinne Pindars das großartige Vorspiel weiter wirken lassen: Hieron soll Zeus lieb sein und seine der ἡσυχία abgeneigten Feinde schlagen, wie er es getan hat. Pindar würde sich aber gehütet haben, den Sieg Hierons über Karthager und Etrusker mit Zeus' Niederwerfung der Giganten zu vergleichen. Davon steht nichts da. Selbst wenn es aber herausgelesen worden wäre – eher hätte ja Horaz an hellenistische Motive wie den Pergamonaltar denken können –: mit welchem Recht bezieht man dann Horazens *exemplum* auf die Opposition und nicht auf die Niederwerfung seiner Gegner bei Actium? Und *consilium* mit der bei Pindar nicht ausdrücklich genannten εὐνομία gleichzusetzen, hieße, eine gottgeschenkte Ordnung gleichzusetzen mit einer menschlichen Fähigkeit.

Es lockt natürlich bei einem solchen Gedicht wie dem des Horaz, hinter das Gesagte zurückzugreifen und zu erkennen, was er eigentlich, politisch, in bezug auf die Zeit gemeint hat. Das Gedicht ist dann eine geschickte poetische Verkleidung seiner eigentlichen Gedanken. Selbst Heinze meint, das Gedicht sei ein Siegeslied, hat also das *exemplum* des Gigantenkampfes wohl auf den Sieg bei Actium bezogen. Dann freilich kann man fragen, was das Kindheitserlebnis soll, und die Einheit des Gedichtes damit bezweifeln. Nein, es geht hier um Allgemeinstes und Höchstes, um eine große Erfahrung. Sie ist zunächst eine persönliche. Horaz hat in seinem Leben wirklich herausgefordert, gefährlich gehandelt und gelebt, und schließlich hat sich doch alles zum Rechten gefügt. Er hat es in den ersten Oden in seinem dichterischen Wesen, im *cantare* und *amare*, in der *musa* und der *pietas* erspürt. Hier treten als Symbol die Musen dafür ein. Gemeint ist ein menschliches Wesen. Sein Göttliches kann in den Musen verkörpert werden, wobei sich weitere Aussagen anschließen.

Etwas Musisches, also etwas Verwandtes ist auch an Caesar. Wenn er den Krieg ganz beendet hat, wird behutsam gesagt, läßt er sich von ihnen, das heißt ihren Gaben, erquicken. Das ist der einzige Ort, wo eine gegenwärtige Wirklichkeit (aber wie erhöht und verfremdet!) in das Gedicht dringt. Sie gehört zu dem Glück des Dichters, das lyrisch die vorigen Strophen durchströmt. Mit den Musen hängt aber Weiteres, Objektiveres zusammen. Sie geben das *consilium*, das über Heil und Unheil entscheidet. *Ruere*, das heißt keine Mitte zu haben und einfach loszustürzen, führt auch eine noch so große Kraft, wie sie die Giganten zeigen, ins Verderben. Die göttlichen Mächte der Klarheit, Ordnung, des Kunstverstandes haben die Oberhand gewonnen, und man darf daraus ein allgemeines Gesetz ziehen, das die vom *consilium* gezügelte Kraft mit dem Göttlichen verknüpft. Die Götter wollen die politische Ordnung und, wie ihr endgültiger Beschluß im Hades zeigt, die Gesittung. Man mag sich dabei denken, daß eine Kleopatra und ein Antonius dieses *consilium* nicht gehabt haben und den Titanen gleichen; gesagt ist es nicht. Auch sie hatten freilich Götter. Antonius identifizierte sich mit Dionysos. Aber es ist bezeichnend, daß Bacchus, der sonst gepriesen wird, hier unter den Göttern nicht erscheint, doch wohl nicht nur, weil er am Titanen- und Gigantenkampf nicht teilgenommen hat. Worum es geht und was verpflichtet, was auch das Musische übersteigt – die Geberinnen des Rats, aber sicher nicht die alleinigen, sind in der Vorstellung zurückgelassen –, das ist ein Weltgesetz, die Überlegenheit des Geistigen und Ordnenden über das Chaotische; nicht Einsicht allein, sondern gestaltende Kraft, die durch der Götter Segen wächst. Ein politisches Lied gewiß, aber im Sinne der *Aeneis*, die erkennt, daß die Fata Gerechtigkeit und Frieden wollen und die Kräfte auswählen, die diesem Willen gehorchen.

Als politisches Gedicht, das über das Persönliche, das Musische, in die Gestaltung dieser Welt dringt, steht das Gedicht nicht isoliert, sondern in einer Ordnung. Es leitet die zweite Hälfte der Römeroden ein, deren Thema römisches Schicksal ist, während die erste Hälfte die Tugenden des einzelnen Römers auf ihre Weise preisen.

Die Römeroden sind das Ganze der römischen Schicksalsstunde nach Überwindung der Gefahr des Untergangs durch die Bürgerkriege, gespiegelt in Hoffen und Sorge des *vates*, der im Kleinsten und Größten das Fruchtbare oder Verderbliche erspürt und in der gestimmten Bewegung des Wortes Wirklichkeit werden läßt. Es dürfte kaum möglich sein, Horaz zu würdigen, wenn man sie nicht als das Höchste begreift, das Horaz zu sagen hatte. Er bildete, um seinen Beitrag zum neuen Leben zu leisten, einige mehr oder weniger selbständige Gedichte, die sich wie bei der *poésie pure* der Franzosen im neunzehnten Jahrhundert als Früchte von einem dauernden und als eigentlich wesentlich angesehenen produktiven seelischen Prozeß loslösen.

Die Einheit der Römeroden

Schon im Altertum hat man die Zusammengehörigkeit der sechs Gedichte empfunden. Der Kommentator des Horaz aus dem dritten Jahrhundert, Porphyrio, hat sie eine Dichtung genannt, die »vielfältig durch verschiedene Gedanken abgesponnen« sei (*multiplex per varios deducta sensus*). Und die Metrik allein schon zeigt, daß sie als eine Einheit zu begreifen sind; denn sechs Gedichte im gleichen Versmaße der alkäischen Strophen kommen hintereinander sonst nicht vor.

Es ist interessant, daß die Bedeutung des Zyklus als solchen den Philologen erst spät bewußt geworden ist. Heinze ging auf die Entstehungsgeschichte zurück und betonte den Zeitbezug (1929). Im Jahre 27 v. Chr., nachdem Caesar Octavianus zum Augustus erhöht worden war, habe Horaz sozusagen als sein Geschenk die sechs Römeroden gesondert herausgebracht. Er habe dabei zwei frühere Gedichte (c. 3,4 und c. 3,6), die noch nicht den Titel Augustus kennen und selbständige Oden mit Anrede und aus der Situation gesprochen sind, ergänzt durch Gedichte an Augustus (c. 3,3 und c. 3,5) und solche, die im horazischen Sinne keine selbständigen Gedichte seien, wie c. 3,2 und c. 3,1 mit seiner Einleitung für alle Gedichte.

Wenige Jahre später (1935) vertrat Theiler eine in vieler Hinsicht gegenteilige Ansicht. Er glaubte die Einheit in einer philosophischen Konzeption gefunden zu haben: die ersten vier Oden feierten die platonischen Kardinaltugenden der δικαιοσύνη, der σοφία, der ἀνδρεία und der σωφροσύνη, also der Gerechtigkeit, der Weisheit, des Mutes und der Bescheidenheit. Damit wird die poetische Aussage verkannt. Die platonischen Tugenden haben einen bestimmten Stellenwert in einem System. Bei Horaz haben wir es, im allgemeinen Sinne gesprochen, mit römischen

Haltungen und Lebensbegriffen zu tun. Mit dem Begriff der philosophischen Weisheit würde man nichts Eigentliches erfassen.

Den Bewegungen der Gedichte, ihren Bezügen untereinander mit der Erkenntnis vor allem, daß es sich in c. 3,2 und c. 3,3 um römische *virtus* handelt und daß in c. 3,4 eine weitere wesentliche Seite der *virtus* hinzukomme, ist Klingner (1952) nachgegangen und hat dabei vieles richtiggestellt. Für ihn machen vor allem die Gedichte c. 3,5 und c. 3,6 keine Schwierigkeiten: in c. 3,6 zum Beispiel wird dem römischen Mädchen das Seine zugewiesen, wie in c. 3,2 dem Burschen. Für Theiler mußten c. 3,5 und c. 3,6 Anhängsel bleiben, manche hatten ja c. 3,6 sogar künstlich von dem metrisch einheitlichen Block abgetrennt.

Schließlich hat Oppermann geglaubt, kräftiger zufassen zu müssen (1959). Er bringt die Form ins Spiel und versteht die Einheit vom Artistischen her: c. 3,3 und c. 3,4 stehen als längste und bedeutendste Gedichte in der Mitte, darum legt sich ein erster Mantel, wobei c. 3,2 dem Gedicht c. 3,5 entspricht mit seinen Gedanken über den Tod, und um diesen legen die Gedichte c. 3,1 und c. 3,6 einen zweiten Mantel. Sie seien leicht und wiesen ein diatribisches Wesen auf. Die Schwierigkeit liegt offenbar darin, daß c. 3,6 über die Wiederherstellung der Tempel ebensowenig wie c. 3,5, das römische Geschichte und römisches Schicksal deutet, an Gewicht mit c. 3,1 und c. 3,2 verglichen werden können.

Die Problematik ist also noch in der Schwebe. Wenn wir Porphyrio nicht folgen können, sondern erkennen müssen, daß es zweifellos mehr oder weniger einzelne Gedichte sind, so wird man zugleich aber die Einheit nicht ganz leugnen, sie freilich noch präzisieren müssen und von ihr nicht sofort auf Entstehung in einem Zuge schließen dürfen. Handelt es sich um einen poetischen Prozeß, der seine Früchte zeitigt, ist die Frage, wann die eine oder die andere gereift ist, von zweitrangiger Bedeutung. Die Form wie der Gehalt verweisen c. 3,4 und c. 3,6 vor die Augustus-Gedichte. Es ist darum geraten, der vielfältigen Bewegung der Gedichte im Klingnerschen Sinne nachzugehen, ohne die Resultate der anderen geringzuschätzen, vor allem aber jenen bei c. 3,4 besonders beobachteten Charakterzug, daß der komplizierten Komposition Einzelproben vorausgehen, nicht aus dem Auge zu verlieren.

c. 3,1

In der ersten Strophe tritt der Dichter als Priester der Musen feierlich vor die Jugend Roms und verheißt ihr *carmina*, die noch nicht gehört wurden.

Die zweite spricht lapidar aus, daß die Könige eine von ihren Herden gefürchtete Herrschaft über diese ausüben, daß Juppiter aber, der durch seinen Sieg über die Giganten berühmt ist – das präludiert also c. 3,4 –, über die Könige herrscht. Er bewegt alles mit dem Wink seiner Braue. Das rechte Verhältnis zeigt, daß kein Mensch selbstherrlich ist. Ein Gedanke, der in der 6. Römerode weiterentwickelt wird.

Nach diesem doppelten Vorspruch beginnt der eigentliche Fluß des Gedichtes, diatribisch, in Strophenpaaren.

9–16: trotz aller menschlichen Unterschiede macht der Tod doch alle gleich;

17–24: wenn über frevlerischem Nacken das Schwert hängt, können keine ›sizilischen‹ Festmähler einen süßen Geschmack bewirken und die schönsten Töne keinen Schlaf bringen. Der milde Schlaf der Landleute, wie scherzhaft tautologisch gesagt wird, verschmähe nicht niedrige Hütten und musische Landschaft;

25–32: wer nur nach dem strebt, was ›genug‹ ist, natürlich nicht für eingebildetes Verlangen, sondern für objektive Bedürfnisse – das Epikureische klingt durch –, fürchtet nicht das Toben des Meeres noch die Mißernte;

33–40: die Bauwut ist so groß, daß die Fische das Meer sich verengen fühlen, aber dem Bauherrn folgen Ängste und Drohungen auf dem Fuße, die dunkle Sorge weicht nicht von der erzbeschlagenen Trireme und sitzt hinter dem Reiter.

In höchst komprimierten Bildern wird hier Lebensweisheit, wie sie in der Diatribe zu finden ist, verdichtet. Die Einebnung der menschlichen verschiedenen Hierarchien durch die Notwendigkeit des Todes erinnert dabei an den Anfangsgegensatz des Gedichtes c. 3,24. *Pietas*, frommer Sinn in Verbindung mit ungestörter Ruhe und ihrem Gegenteil der Qual derer, über denen das Damoklesschwert ihrer Verbrechen hängt, das sind Gedanken von c. 1,22 und c. 1,17 ins Moralisch-Diatribische gewendet. Das nächste Strophenpaar steht c. 1,31 nicht fern, und der Gegensatz zwischen Bauwut und der Begrenztheit allen menschlichen Strebens läßt an c. 2,18,17 ff. denken, nur daß hier nicht der Tod den Gegensatz bildet, sondern die Ängste, denen man entgehen will. In den Bildern der dämonischen Mächte klingt das zweite Proömium des Lukrez nach.

Hier könnte man versucht sein, im Howaldschen Sinne von Blöcken von Bildern zu sprechen, die sich auch anders ordnen ließen. Doch ist die Anordnung von Willkür weit entfernt. Lassen wir Nähe der Gegenständlichkeit beim Übergang von einem Strophenpaar zum andern beiseite, so spürt man doch eine feierliche Bewegung zum Erhabeneren. Und man könnte diese Bewegung auch gedanklich umschreiben, die Parataxe sozusagen in Hypotaxe verwandeln, indem man etwa sagte: die großen Unterschiede zwischen den Menschen bestehen vor dem Tode nicht. Wesentlich ist der Unterschied zwischen der Unrast der *impii* und dem inneren Frieden der einfachen und musischen Menschen. Sie, die sich begnügen, brauchen viele sogenannte Unglücksfälle nicht zu fürchten. Wer aber unersättlich sich im Äußeren zu schützen und zu betäuben sucht, entgeht doch nicht der inneren Unruhe. *Atra cura*, die lebensvergiftende Unrast, der ›Schmerz‹ der Seele, das ist es auch, worauf die Bewegung zielt, ein lukrezischer Gedanke in horazischer allumfassender Bildfülle entfaltet. Das Eigentliche des Gedichtes aber ist der Schluß, der mit einem ähnlich verschmitzt prosaischen *quodsi* wie c. 1,1,35 angefügt wird. Er macht aus der Diatribe das persönliche Gedicht des Dichters, der vor sich das gegensätzliche Leben ausbreitet und nun fast wie in c. 1,31 beschwingt das Ergebnis für sich zieht (41–48).

> quodsi dolentem nec Phrygius lapis
> nec purpurarum sidere clarior
>   delenit usus nec Falerna
>   vitis Achaemeniumque costum,
>
> cur invidendis postibus et novo
> sublime ritu moliar atrium?
>   cur valle permutem Sabina
>   divitias operosiores?

Wenn aber den Schmerz nicht phrygischer Stein
noch der Gebrauch von Purpur schimmernder als die Sterne
noch die Falernerrebe und
persisches Parfüm hindert,

warum soll ich dann mit niederregendem Portal und auf moderne
Weise ein hohes Atrium errichten?
Warum soll ich gegen das Sabinertal eintauschen
Reichtümer, die nur immer mehr Mühe bringen?

Das ist also das Entscheidende der Bewegung, die an catullische Vorbilder erinnert: ein langer Vorspann, aus dem sich immer deutlicher ein Begriff herausschält, und dann die Replik darauf, und zwar eine, die das Problem nicht offen läßt, sondern in musischer Heiterkeit eine Lösung bringt, eine horazische Lösung in aller Konkretheit. Das Sabinum, seine musische Welt – er sagt es auch in einer so würdigen Komposition wie den Römeroden – ist sein Lebensbereich.
Fruchtbare Armut, musische Armut mit ihrem Glück ist das Schlußwort der ersten Römerode. Sie ist ohne alles Protreptische nur als eigenes Glück und als eine einleuchtende, aber dem allgemeinen Denken befremdliche Schlußfolgerung ausgesprochen. Die Zeit, als die Armut ihn kühn machte, ist für Horaz vorbei, wenn er auch wohl an diese Nöte zurückdenkt. Für die Jugend aber ist sie die Schule. Es ist nicht zufällig, daß die Ratschläge an die Jugend, das Sollen, das sich aus Horazens Erkenntnis ergibt, mit der Armut beginnen, sich Ende der 1. und Anfang der 2. Römerode also thematisch zusammenschließen.

c. 3,2

In den Appellen ihrer ersten Strophe steht die ganze Härte im Vordergrund, die der römische Jüngling in der kriegerischen Ausbildung einst erfuhr und nach dem Wort des *vates* erfahren soll. Es ist ein Gegenstück zur sorgenden Klage von c. 3,24, 54 ff. Der Parther, der gefährlichste Landesfeind, ist eine Wirklichkeit, deren Bezwingung letztlich die Aufgabe derer bleibt, die ihr von Natur gewachsen sind. Wer, von Religion und Doktrin, von Menschlichkeit und milder Friedfertigkeit bewegt, ratlos vor der horazischen Aussage steht, kann etwa bedenken, wie das Überleben Englands im Zweiten Weltkrieg von ein paar hundert jungen Fliegern abhing. Horaz läßt sich von seiner Erkenntnis und Aussage nichts abdingen, und mit der Kunst, die ihm eigen ist, sammelt er das ganze Arsenal von Wörtern, das Härte und Grausamkeit des Krieges und der Ausbildung dafür zum Ausdruck bringt: *angustam pauperiem pati, robustus, acris militia, ferox, metuendus, sub divo, trepidis in rebus.*
Die Vorschriften des Anfangs gehen in der zweiten Zeile der zweiten Strophe in ein Bild über. Daß er, der Bursche (*puer*), zu fürchten sein soll (*metuendus*), wird konkretisiert in einer homerischen Situation, einer Mauerschau, wobei neben der zur Löwenkühnheit gesteigerten Wildheit des Kämpfers Klagen und Sorgen der Mutter und der Braut des unerfahrenen Verlobten zu ihrem Recht kommen können. Wie bei der Identitätsmetapher ist der Leser in eine andere Welt versetzt. Dieser formale Kunstgriff läßt im Gehalt das Heroische dieses Alters spüren.

Und hier ist das Gedicht soweit, daß das Äußerste Wort werden kann. Niemand hat größere Liebe denn der, der sein Leben läßt für seine Freunde, heißt es in der Bibel (Joh. 15,13). In seiner Welt ist Horaz darin verwandt, daß er die höchste Liebe im freien Entschluß sieht, für das Vaterland, die *patria*, die alles umfaßt, zu sterben (13–20).

> dulce et decorum est pro patria mori:
> mors et fugacem persequitur virum
>   nec parcit inbellis iuventae
>   poplitibus timidoque tergo.

> Höchster Sinn und ehrenvoll ist es, für das Vaterland zu sterben:
> der Tod verfolgt auch einen flüchtigen Mann
>   und schont nicht einer unkriegerischen Jugend
>   Kniekehlen und furchtsamen Rücken.

Dulce et decorum ist dasselbe, was er, den Freund Maecenas feiernd, als *dulce decus* neben das *praesidium* stellt. Der Freund ist ihm Schutz im Leben, vor allem aber das, wofür er lebt und was seinem Leben Sinn gibt. So ist die Bereitschaft, das Leben für das Liebste einzusetzen, die höchste Ehre, die sich erreichen läßt, und als solche Sinnerfüllung, etwas Befriedigendes, Süßes, wobei *dulce* auch sonst das äußerste Wohlgefühl im Geistigen bezeichnet. Dante läßt seine Divina Commedia mit dem Wort *dolce* schließen. Horaz, der Philippikämpfer, durfte dieses provozierende Geheimnis aussprechen. Er sieht es aber zugleich nüchtern, mit Abstand, ironisch: kann einer so hohe Freiheit nicht erringen, so kommt er doch nicht aus der Notwendigkeit heraus: polar heißt es, wie die Polarität auch in der Gnome der vierten Römerode das Formale beherrschte, daß der Tod auch einem Mann, der immer Reißaus nimmt, folgt, ja diesem erst recht; denn die Kniekehlen und die Rücken sind wehrlos. Dieser freie Wille, gegen Parther und Tyrannen die Freunde zu schützen, ist zugleich das Sicherste. *Utile* und *honestum* lassen sich wieder einmal nicht trennen.

In dem, der die Notwendigkeit in Freiheit verwandelt und sich von ihr nicht – wehrloser – schleifen läßt, wohnt das, was der Römer *virtus* nennt. Der Aufschwung zu einem emphatischen Preis der *virtus* ist also, so unverbunden er angeschlossen wird, sachlich engstens zugehörig. Anaphorisch am Anfang der beiden Strophen jeweils hervorgehoben, wird die Grundeigenschaft des *vir*, der nach dem *puer* der ersten Strophe in der Gnome zum ersten Male erschien, als die Kraft gepriesen, die im Leben der Gemeinschaft nie eine schmutzige Zurückweisung erfährt, sondern unabhängig von Volksgunst die Maßstäbe setzt. Sie ist es, die über das den Menschen von Natur Gegebene hinaus die Bahn in den Himmel eröffnet und den ›feuchten Boden‹ verläßt. Die Begeisterung dieser dichterischen Schau sagt dasselbe wie Ciceros Dichtung Somnium Scipionis, und man wüßte gern, ob der Dichter hier von Cicero angeregt ist.

Pindarisch abrupt wird im letzten Strophenpaar das *fidele silentium* in den Preis eingeschlossen. Heiliges zu verraten – konkret wird von den Mysterien gesprochen – erfährt sogleich die Strafe. ›Sicheren Lohn gibt es auch für treues Schweigen‹, diese Formulierung zeigt doch wohl, daß es mit der *virtus* zusammenhängt. Gemeint ist der, der im Handeln nicht das äußerste Risiko wagt und den Himmel erstürmt, sondern im Vertrauen verbunden und in verschwiegener Treue das Gute der *virtus* fördert. So führt sich Horaz scherzend (sat. 2,6,58) als ein ›Sterblicher voll ausnehmenden und tiefen Schweigens‹ im Gerede der Menge vor, obwohl es so unbegründet wie möglich sei. Und später formuliert er, nicht der letzte Ruhm sei es, den ersten Männern gefallen zu haben: *principibus placuisse viris non ultima laus est* (epist. 1,17,35).

So wird in dem Gedicht das Wesen der *virtus* besungen, konkret in Geboten, Bildern, Seinsaussagen. Ein Gedicht in dem Sinne, wie wir es bisher kennengelernt haben, mit Anrede, in bestimmter Situation sich erhebend, ist es nicht. Es führt sein Leben im Rahmen einer Absicht, über menschliches Sein zu sprechen. Nach dem Verhältnis zu den äußeren Dingen mit dem persönlichen Schluß wird das Unangreifbare menschlicher *virtus*, von der Armut ausgehend, besungen, und zwar der *virtus* des jungen Mannes, wobei auch die *fides* ihren Ruhm erhält.

c. 3,3

Der einzelne stand in der zweiten Römerode im Mittelpunkt. Dabei wurde das Todesdenken bedeutend fortgeführt. Der Tod ist eine höchste Bewährung der Freiheit, die sich über den Zwang der Notwendigkeit erhebt. Die *virtus* ist die Quelle solcher Möglichkeit und strebt über das Menschliche hinaus. Die Verheißung der Unsterblichkeit beherrscht in stärkerem Grade das nächste Gedicht. Hier steht nicht mehr der Jüngling, nicht mehr der Ratschlag am Anfang, sondern der Mann, der gerecht ist und an seinem natürlich gerechten Vorsatz zäh festhält. Damit ist das Wesentliche des großen Politikers und seines Handelns in den Blick gerückt. Er wird gerühmt als der, den nicht die Leidenschaft der Mitbürger, die Verkehrtes wollen, nicht der Drohblick des Tyrannen, nicht elementare Mächte selbst erschüttern können (4–8),

> neque Auster,
> dux inquieti turbidus Hadriae,
> nec fulminantis magna manus Iovis:
> si fractus inlabatur orbis,
> inpavidum ferient ruinae.

> noch der Südsturm,
> der brodelnde Herr der unruhigen Adria,
> noch die große Hand des blitzenden Juppiter:
> sollte die ganze Welt bersten und auf ihn stürzen,
> werden die Trümmer einen Unerschrockenen treffen.

Das nächste Strophenpaar (9–16) beginnt mit ähnlich gewichtigen Anaphern wie die *virtus*-Strophen der vorhergehenden. *Hac arte*, mit dieser Eigenschaft, nämlich unbeirrbarer Zielstrebigkeit im Rechten, haben Castor und Pollux, Hercules, Bacchus und Romulus die Unsterblichkeit erlangt. *Enisus* wird von der Anstrengung gesagt, es ist fast etwas Titanisches darin wie auch in der Unerschütterlichkeit gegenüber dem Blitz aus der Hand Juppiters.

Aber durch die Gerechtigkeit ist die menschliche Kraft mit den Göttern im Bund. Gerechtigkeit heißt Sorge für die andern. Und das wird durch die Halbgötter und Romulus ergänzt, die Wohltäter der Menschen waren. Unter sie wird hier Augustus aufgenommen und mit dem eben verliehenen religiösen Ehrentitel bezeichnet. Verfremdet genug, mit purpurnem Munde, wie der mit Mennige rot bemalte Triumphator (so eine nicht unwahrscheinliche Deutung), wird er unter den Göttern Nektar schlürfen. Der Dichter schaut also in einer Vision, was Senat und Volk Caesar Octavianus auf einem goldenen Ehrenschild *virtutis, clementiae, iustitiae, pietatis causa* zugesprochen haben, und bestätigt es aus tiefen Zusammenhängen.

Bei dem letzten Beispiel der ›Himmelfahrt‹ des Quirinus, dem vergöttlichten Romulus, wird im Stil noch höher gegriffen und eine Rede Junos wiedergegeben, die sie im Götterrat vor dem Beschluß der Vergöttlichung gehalten hatte. Ennius hat in seinen Annalen in einem solchen *concilium deorum* Juppiter dem Mars versprechen lassen, daß er ihn einst im Himmel aufnehmen würde. An dieses *concilium* erinnert Horaz, nur daß er es vor den Beschluß der Vergöttlichung verlegt. Die Rede Junos, die von den Göttern gern vernommen wird, weil sie den Zwist unter ihnen beendet, ist in drei ausgewogene Teile von fünf zu fünf und drei Strophen gegliedert. Im ersten (18–36) gibt Juno ihre alte Feindschaft auf und duldet die Aufnahme des Romulus, nachdem Troja nicht mehr existiert. Troja, das ist das Ilion, das der schicksalsverhängte unkeusche Richter (über die Schönheit der drei Göttinnen) mit der Frau aus der Fremde verdarb, das durch den Betrug des Laomedon geschändet ist, das meineidige Geschlecht des Priamus. Es ist das Gegenbild der Gerechtigkeit. Der zweite Teil (37–56) verheißt in faszinierenden Bildern Dauer dem Capitol, solange – ein Bild der 16. Epode – die Trümmer Trojas den Tieren gehören, und Herrschaft bis zu den Enden der Welt, weil sie dem Golde nicht verfallen. Der letzte Teil (57–68) formuliert das Gesetz, das bei der Verheißung anklang. Nur unter der Bedingung, daß die Römer Troja nicht wiederaufbauen, gilt diese Verheißung. Sonst wird sich das Schicksal Trojas wiederholen.

Etwas Geistiges wird in der sechzehnten Epode ins Räumliche und Konkrete transponiert. Der Wiederaufbau Trojas, das wäre eine Erneuerung des Ursprungs, aber auch mit allen seinen Vergehen gegen das Gerechte. Hier gilt es einen Schnitt zu ziehen und eine klare Absage zu geben. Die Gefahr, dem Alten nachzuhängen, liegt nahe: *nimium pii*, in allzu großer Frömmigkeit könnte die Versuchung liegen.

Wir begegnen einer solchen Rede voller Geheimnis und Vieldeutigkeit zum ersten Male. Dem Epos geläufig, auch in der Chorlyrik, vor allem der des Bacchylides zu Hause, war sie ein Mittel, das Lyrische über sich selbst hinauszuführen, weswegen Horaz in der letzten Strophe die Muse bang zurückruft (70 ff.):

> desine pervicax
> referre sermones deorum et
> magna modis tenuare parvis.

> höre auf, hartnäckig
> zu berichten die Reden der Götter und
> Großes in kleinen Weisen abzuschwächen.

Man wird in diesem Gedicht einen Preis einer ins Höchste gesteigerten, Gerechtigkeit auf Erden verwirklichenden *virtus* sehen, die vom einzelnen ausgeht, der sich den Göttern vermählt. Das Sündenbewußtsein der Zeit zieht den Schnitt zu einer sündhaften Vergangenheit, die erfolgte Rettung aus dem Chaos, die erfüllte Sehnsucht nach einem, der das Übermenschliche in Gerechtigkeit vollbracht hat, führt zu echter ekstatischer Erhöhung des Augustus.

Das interpretierte vierte Gedicht setzt neu ein. Anderes kommt in Sicht, vom Geringsten angefangen. Nicht der einzelne und seine Kraft stehen im Mittelpunkt, wenn auch vom *altus Caesar* die Rede ist, sondern die Ordnung der Kräfte, das Himmlische und Titanische. Damit beginnt etwas, was man mit Vergil, der am Anfang des siebenten Buches der Aeneis es so ausdrückte, den *maior ordo* nennen könnte. Denn wenn auch in c. 3,3 von der Gerechtigkeit die Rede war, so war es doch die ordnende Kraft des *princeps*, des führenden Mannes. Hier geht es um Weltwesen, um das Spiel der Kräfte innerhalb des Gemeinwesens. Und das setzt sich fort.

c. 3,5

Die römischen *mores* sind es jetzt, die im Spiel zwischen einzelnem und Gesellschaft der Gegenstand des Gedichtes sind. »Die römische Sache ruht auf den Männern und alten Sitten« (*moribus antiquis res stat Romana virisque*), hatte Ennius aus dem Geiste der *res publica* heraus gedichtet. Cicero zitiert den Vers am Anfang des fünften Buches von De re publica und entwickelt dann die Verschränkung beider Mächte: was vermöchten denn große Männer ohne die Gesittung des Volkes und umgekehrt, was wären diese *mores*, wenn die entscheidenden Männer sie nicht gestalteten.

Horaz nimmt seinen Ausgang von Augustus. So wird das Musengedicht umrahmt von einem Lobpreis des Augustus. Der Glaube war, daß *Juppiter tonans* im Himmel herrsche. Jetzt werden wir einen Gott auf Erden haben, allerdings erst, wenn Augustus die Britannen und die bedrohlichen Perser dem römischen Herrschaftsbereich hinzugefügt hat. Augustus hat seinen Plan, Britannien zu unterwerfen, aufgegeben (falls er ihn im Jahre 27 gehabt haben sollte), als er 26 in Spanien durch Kämpfe mit den Kantabrern aufgehalten wurde. Im Jahre 25 wurde der Janustempel geschlossen, und seitdem war von einem Britannienfeldzug nicht mehr die Rede. Horaz dürfte hier nicht etwa eine Idee des Augustus propagieren, sondern eher gegen dessen geheime Intentionen Britannier und Perser an den äußersten Enden der Welt nennen, weil sie der Grenzenlosigkeit und Allmacht des *imperium* noch entgingen. Und schon die zweite Strophe zeigt, daß die Gedanken der ersten ein Vorwand sind, um im Anschluß an die als letztes Wort in der ersten Strophe gesetzten Perser nun die Schande von Carrhae zu beklagen: daß römische Soldaten, Marser und Apulier, Kernholz Italiens, als Gefangene sich mit Perserfrauen verheiratet haben und unter den Waffen der Schwiegerväter altern, vergessend der Mars-Schilde, des Unterpfands der römischen Herrschaft, des römischen Namens und der ewigen Vesta, und dies, obwohl Juppiter und die Stadt Rom unversehrt sind.

> hoc caverat mens provida Reguli
> dissentientis condicionibus
> foedis et exemplo trahentis
> perniciem veniens in aevum,
>
> si non periret inmiserabilis
> captiva pubes.

> Davor hatte der vorausschauende Sinn des Regulus sich gehütet,
> der nicht einverstanden war mit schimpflichen Bedingungen
> und durch sein Beispiel verschleppte
> das Verderben in kommende Zeit,
>
> wenn nicht zugrunde ginge, kein Erbarmen verdienend,
> die gefangene Jungmannschaft.   (13–18)

Hier ist das Verständnis der Ode, wie es scheint, durch eine falsche Konjektur versperrt, der sich die modernen Ausgaben anschließen. Statt des fast einhellig überlieferten *trahentis* schreibt man *trahenti* und verbindet es mit *exemplo*: »er stimmte nicht zu einem Beispiel, das Verderben in die kommende Zeit bringen würde (*quae traheret*), falls die nicht bedauernswürdige Jungmannschaft am Leben bliebe.« Aber *trahere* heißt nicht bringen, *trahenti* = *quae traheret* ist hart, bei *trahere* (mit Gewalt schleifen; vgl. Seneca, Ad Luc. 107,11; *ducunt volentem fata, nolentem trahunt*) erwartet man, daß etwas von der Gegenwart weggezogen wird. Schließlich ist *exemplum* nicht so sehr Präzedenzfall als vielmehr das Musterbeispiel. Und zu allerletzt: *trahenti* ist eben nicht überliefert. Setzt man *trahentis* wie naheliegend parallel zu *dissentientis*, so ist damit ein Urteil über Regulus gesprochen: er zieht mit Gewalt durch sein großes Beispiel das Verderben von seiner Zeit fort, freilich, und hier wirkt die Klage über die Schande der Gegenwart nach, nur um sie in die Zukunft zu verschieben. Man ist Regulus leider in der Gegenwart nicht gefolgt. Wie horazisch diese pointierte Aussage ist, braucht nicht betont zu werden. Darum ist der *si*-Satz nicht auf *trahenti(s)* zu beziehen, sondern auf *caverat*: davor – vor einem Verhalten wie dem der Soldaten des Crassus – hatte der Weitblick des Regulus sich vorsichtig gehütet, wenn die ehrlosen Gefangenen ausgetauscht würden. So sagte er, und nun folgt eine Rede wie in der 3. Römerode. Es ist die großartige Begründung, mit der er von dem Austausch der bei Tunes gefangenen fünfhundert Soldaten abrät.

Ausgehend von dem empörenden Anblick der Gefangenen, die sich der Freiheit berauben ließen und dem Feinde wie im Frieden das Feld bestellen – ein Pendant zu der empörten Aussage über die Carrhae-Gefangenen durch Horaz selbst –, weist er in der Form eines bitteren Sarkasmus darauf hin, daß bestimmte Dinge, wie die Ursprungsfarbe der frischen Wolle oder des gefangenen Hirsches alte Kraft, nur einmal verloren werden. Tapfer kann nicht wieder werden, wer einmal untüchtig und ohne sich zu wehren die Fesseln gespürt und den Tod gefürchtet hat.

> hic unde vitam sumeret inscius,
> pacem duello miscuit: o pudor!
> o magna Carthago probrosis
> altior Italiae ruinis!

Dieser (sc. der Gefangene), sich nicht darauf verstehend, woher er Leben nimmt,
hat Frieden mit Krieg vermischt: O Schande!
O großes Karthago höher
durch die schimpflichen Trümmer Italiens!

Diese Strophe (37–40) ist das Ende der Rede des Regulus. Es folgen ihr vier Strophen (41–56), in denen der Dichter die unerschütterliche Haltung dessen beschreibt, der, sich nicht als voller Bürger fühlend, den Kuß der Angehörigen zu-
rückweist und mit seinem noch niemals so gegebenen Rat – *dato consilio* weist auf
c. 3,4 zurück – die noch schwankenden Väter bestärkt. Als ein aus der Menge her-
ausragender Verbannter geht er zum Folterknecht der Karthager zurück, wohl
wissend, was ihn erwartet. Nicht anders aber schiebt er die ihn Hindernden zurück, »als wenn er nach Entscheidung des Streites die lang sich hinziehenden Geschäfte der Klienten verließe, weil er in die Gefilde Venafrums oder das sparta-
nische Tarent eilen wollte«. In diesem idyllischen Schlußbild kommt das Musische – denn musische Orte werden genannt – und das Schreckliche zu einem letzten
beruhigten Ausgleich: es wohnt in der Seele dessen, der sich bewußt ist, den rechten Rat gegeben zu haben, um das Erhaltende, die *mores*, zu retten.
Am *exemplum* werden die Thesen der zweiten Römerode erhärtet und ins Allgemeine erhöht. Es geht um die Kostbarkeit unzerstörter geistiger Haltung, der *integritas*, in unerhörter Situation bewährt, und um die Vertiefung des Todesdenkens.
Die Fruchtbarkeit des Todes wird in Hinsicht auf die Freiheit des Lebens gesehen.
Nur der hat Leben, der aus der Bereitschaft und dem Wissen um den Tod lebt.
In Form (Rede) und Inhalt steht auch die fünfte Ode, gewiß in Beziehung zur
2. und 3., doch insofern im *maior ordo*, als es um Sein oder Nichtsein, die Grundlagen der Ordnung der Gemeinschaft geht.

c. 3,6

Dieses Gedicht ist ausdrücklich an die Römer gerichtet. Mit *Romane* hat es eine
Anrede. Hier kommt am deutlichsten sowohl das Schuldgefühl der Zeit wie die
Möglichkeit der Rettung in den Römeroden zum Durchbruch. Die Römer büßen,
wenn sie es selber auch nicht verdienen, die Schuld der Vorfahren, bis sie die Tempel, die verfallen und deren Götterbilder in Schmutz verkommen, wiederhergestellt
haben.

> dis te minorem quod geris, imperas.
> hinc omne principium, huc refer exitum:
>   di multa neglecti dederunt
>   Hesperiae mala luctuosae.

> weil du dich unter die Götter fügst, herrschst du,
> von hier leite allen Anfang, dorthin beziehe den Ausgang:
>   die Geringschätzung der Götter hat viele Leiden
>   gebracht Hesperien, das voll trauriges Leids.

Diese Strophe (5–8) ist geboren aus dem Geist der zweiten Einleitungsstrophe der
1. Römerode, aber auf imperium und Zeitsituation bezogen. Daher kann im nächsten Strophenpaar (9–16) auch eine Vergegenwärtigung auswärtiger Katastrophen

folgen. Die Niederlagen des L. Decidius Saxa im Jahre 40 v. Chr., des Antonius 36, die Siege der Daker und Äthiopier im Jahre 31 – alles Zeichen des Zorns der vernachlässigten Götter, des Verfalls der Religion. Im Jahre 28 hat Caesar Octavianus die Tempel wiederhergestellt. Vorher muß dieses Gedicht entstanden sein. Es ist schwer vorstellbar, daß Horaz die Erfüllung des eigenen Wollens mit so dunklen Prophezeiungen begleitet haben sollte.

Dann aber kommt er wie in c. 3,24 auf die letzten Ursachen des Verfalls auch der *religio* zu sprechen. Es ist die Zerstörung der Ehe, aus der das Unglück sich zuerst herleitete. Nach dieser programmatischen Aussage der vierten Strophe mißt Horaz (wie in der 2. Römerode den jungen Männern) nun den angehenden jungen Frauen das ihre zu. Noch mehr erinnert in der Form und Gebärde der Passus über die Jünglinge in c. 3,24,54 ff. an die Art, wie hier eine Zeiterscheinung bitter beschrieben wird. Waren es dort die *pueri*, so ist es hier die *virgo* und die jung Verheiratete, der die wahren Zustände vor Augen gehalten werden: als Mädchen hat sie nichts anderes im Sinn, als die neumodischen jonischen Tänze und unkeusche Liebesverhältnisse, und als Frau setzt sie das Treiben fort, wobei der Gatte ein Auge zudrückt und der Geliebte nur nach seinem Reichtum ausgesucht wird, *dedecorum pretiosus emptor.*

Die folgende Triade (33–48) – und so ist das Gedicht dann gegliedert in 2 : 2 : (1 : 3) : (3 : 1) Strophen – blickt zurück auf die Heldenzeit Roms: nicht von solchen Eltern stammten die Besieger des Pyrrhus, Antiochus und Hannibal, sondern sie waren eine männliche Nachkommenschaft von Bauernkriegern, gewohnt, harte Feldarbeit zu tun und – nun das ganze Leben des alten Bauern in einem Bild einfangend und das Gedicht im Feierabend verklingen lassend – auf Befehl der Mutter Holz nach Hause zu bringen, wenn die niedergehende Sonne den ermatteten Rindern ihre Ruhe brachte.

Die abschließende Strophe zieht ein schwermütiges Fazit. Die Zeit verschlechtert alles. Die Generation der Väter, schlechter als die der Großväter, hat die heutige Generation hervorgebracht, die noch schlechtere Nachkommen hinterlassen wird. Die unaufhaltsame Niederträchtigkeit wird hier, wie in keiner Sprache möglich, in einer einzigen Strophe Wort und Klage.

> damnosa quid non inminuit dies?
> aetas parentum peior avis tulit
>   nos nequiores, mox daturos
>   progeniem vitiosiorem.

> Was minderte nicht der schädliche Tag?
> Die Zeit der Eltern, schlechter als die Großväter, brachte
>   minderwertiger uns hervor, die bald zeitigen werden
>   noch faulere Früchte.   (45–48)

Die Römeroden enden auf diese Weise düster. Das ewig gleichbleibende Sollen, das Ziel, das so bedingungslos in seiner Reinheit und Strahlkraft werbend der Jugend vor Augen gestellt wurde, das in Augustus Hoffnung auf Erfüllung bietet, steht im Gegensatz zu den Gefahren der Zeit. Das ist sicher nicht im Sinne der Verzweiflung, sondern der Warnung gemeint, und es steht eine Erkenntnis hinter diesem dunklen Ausklang: wie Tacitus im Agricola erkennt, daß mit dem Anbruch des neuen Zeitalters des Nerva und Trajan Hoffnung und Aufatmen gegeben sind, daß aber die Krankheit der Knechtschaft in langer Zeit vernichtet hat, was erst allmählich heilen kann, so sieht Horaz die Hoffnungen auf dem Hintergrund des Niedergangs der Gesittung, der nicht auf einmal überwunden ist. Stimmung der Epoden herrscht hier wie in c. 3,24. Auch aus diesem Grunde ist das Gedicht früh anzusetzen. Horaz hat es in den Zyklus genommen, weil es eine noch bleibende aktuelle Sorge zum Gegenstand hatte. Im Gewicht aber ist diese Ode mit der ersten nicht zu vergleichen. Wie die ganze zweite Hälfte geht es um römisches Schicksal im ganzen. Handelt es sich in c. 3,4 um Gewalt und ihre Zügelung, in c. 3,5 um die *mores* und ihre Unverletzlichkeit, so hier um das Verhältnis zu den Göttern, deren recht errungener Frieden die *res publica* schützt. Das letzte Wort ist ein Appell an die *religiosissimi mortalium*, die Gottesfürchtigsten der Sterblichen.

Die Römeroden sind ein Zyklus, der um zwei Gedichte, das Musengedicht und die sechste Ode, zu einem zweigeteilten Gebilde mit sechs neuen Ansätzen zusammengewachsen ist. Sie bauen auf den vorhergehenden Gedichten auf und enthalten in dichten Bezügen untereinander und mit diesen verwoben, die Quintessenz des Römertums in klassischer Form. Darum tragen sie den Namen Römeroden zu Recht. Das Wesen eines Volkes und einer Kultur ist nichts Selbstverständliches, von Anfang an fest Geprägtes. Im Laufe der Geschichte formt es sich aus, wird sich seiner allmählich bewußt, bis im glücklichen Falle die großen Deuter es endgültig formulieren, so daß sich ein Volk in dem geformten Bilde wiedererkennt und sich seinerseits dadurch formen läßt.

In Rom ist das durch Cicero, Vergil und Horaz geschehen. Cicero konnte kein geeigneteres Medium finden, als den Geist des Gemeinwesens im Augenblick des Verlustes in einem Gespräch sehr verschiedenartiger Staatsmänner darzustellen, aufsteigend von den Formen zur Geschichte, zum Prinzip der Gerechtigkeit, zur Erziehung und zu den *mores*, und schließlich zur Entscheidung in der Krise und zum Traum von der Belohnung im Absoluten. Vergil beginnt mit einer bestimmten Form der Lyrik und endet, nachdem er in seinem schönsten Werk das Römische in einem Lehrgedicht eingefangen hatte, bei dem Epos, der Deutung der Zeit und des Handelns aus dem Mythos. Horaz hat in seinem Römeroden-Zyklus diesen Seinskosmos neu gestaltet. Die Motive Ciceros, vom Gedanklich-Systematischen abgesehen, klingen bei ihm alle an, man könnte auch von ihm sagen, was Vergil von seinem Tempel der Dichtung sagte: »in der Mitte steht mir Caesar« (*in medio mihi Caesar erit*). Aber Horazens Ponderierung ist anders und lyrischer.

Dies aber in seiner Fremdheit sowohl für unseren Begriff von Lyrik wie auch für den der an Catull gewöhnten Zeitgenossen zu bestimmen, ist darum schwer, weil gängige Kategorien versagen. Man muß es beschreiben und wird sich dabei seiner Einzigartigkeit bewußt. In der Strophe der Lesbier, vermischt mit Motiven der Chorlyrik (Reden), pindarische Gedankenführung in sublimem Aufschwung erreichend, umfassen diese Gedichte die ganze Welt des Römers. Die Aussageformen wechseln von diatribischer Mahnung zu epodischem Pathos, von schlichter Erzählung zur Paränese, von der Vergegenwärtigung des Mythos zur Gnome und Sentenz. Es ist nicht eine punktuelle Situation, aus der gesprochen wird – freilich gibt es auch das: am Anfang der 1. und in der 4. Ode beim Eintritt der Inspiration –, vielmehr eine Weltstunde, in der das Schicksal Roms und damit jedes einzelnen beschlossen ist, die Situation, in der das selbstverschuldete Chaos, der Abfall von der Gesittung noch nicht überwunden, der Retter aber erschienen ist. Man muß die religiösen Töne vernehmen, die aus dem Erlebnis der Rettung aus der Auflösung erwachsen, um es nicht nur möglich zu finden, sondern es für notwendig zu erachten, daß der Name eines Lebenden – freilich über konkrete Wirklichkeit erhaben – in einem Gedicht erscheint.

Alles dies ist aber lyrisch darum, weil jede Aussage auf das Erleben des Horaz bezogen ist. Das Einzelerlebnis ist nicht der Ausgangspunkt dieser Gedichte, und sie sind nicht, wie Kommerell es bestimmte, so unmittelbar ausgesagt, daß kein Tropfen von der Stimmung des Erlebnisses bei der Formulierung verlorengeht. Aber es ist so, daß in jedem Wort das Sein, sei es die Erinnerung eines Jugenderlebnisses, sei es die Teilnahme an den ermatteten Rindern, sei es das Wagnis einer kühnen Forderung an die römische Jugend, ganz Gegenwart wird. Wahrheit und Sein werden hier in persönlicher Sicht unmittelbar in konkreten Bildern, in abwechslungsreicher Bewegung und in ihrer Ordnung magisch bezauberndes Wort. Jedes Wort, jede Wortfügung birgt in sich die kühn geordnete, das Schwere und Schlimme sehende, aber nie verzweifelnde Welt des Horaz, die das Kleine wie das Große in der Würde seiner Existenz, das heißt aber in seinem göttlichen Sosein bewahrt.

Seinslyrik, Aussprache des Seins in der Wahrheit des Dichters, das sind diese kunstvollen Gebilde, so makellos geformt wie die Verse der hellenistischen Dichter, aber zugleich mit der Bedeutsamkeit des Gehalts einer Weltenwende. Dabei sind sie ein Teil einer langen poetischen Entwicklung, die bei Beginn der Lyrikdichtung schrittweise sich zu dem Zustand emporringt, wo der Zyklus, die Aussage des *vates* über das Ganze aussprechbar wird. Die Römeroden sind sicher das Höchste, was Horaz

c. 2,7   O saepe mecum tempus in ultimum
   deducte Bruto militiae duce,
    quis te redonavit Quiritem
    dis patriis Italoque caelo,

   Pompei, meorum prime sodalium,   5
   cum quo morantem saepe diem mero
    fregi coronatus nitentis
    malobathro Syrio capillos?

   tecum Philippos et celerem fugam
   sensi relicta non bene parmula,   10
    cum fracta virtus et minaces,
    turpe solum tetigere mento:

   sed me per hostis Mercurius celer
   denso paventem sustulit aere,
    te rursus in bellum resorbens   15
    unda fretis tulit aestuosis.

   ergo obligatam redde Iovi dapem
   longaque fessum militia latus
    depone sub lauru mea nec
    parce cadis tibi destinatis.   20

in seiner Form sagen konnte, eine ungeheure Anstrengung, die man bei der Selbstverständlichkeit und Leichtigkeit der Gedichte nicht bemerkt, Kunst im höchsten
Sinne, Verwirklichung der gepriesenen Ordnung selbst.

Wesen und Entwicklung der Oden

Aus dem Ganzen der Person, ihrer Erinnerung, ihrer Bildungswelt und der historischen Situation sind alle horazischen Gedichte erwachsen. Je nachdem, worauf er
Stimmung und Sinnen wendet, bleibt Horaz mehr bei sich oder hebt sich ins Allgemeine, Fragen und Lösungen in den größten Bereichen erprobend. Aber er verliert sich nicht an Singuläres, sei es Mensch oder Ding. Erhebung und Befreiung
von Schwere seiner Gedichte besteht gerade darin, daß die Bedrängnis des Erlebnisses aufgehoben wird in das heitere Glück einer Ordnung des Geistigen. Darum
ist es auch nur ein vorläufiges äußerliches Gliederungsprinzip, wenn man die horazischen Gedichte nach einem zunächst hervorstechenden Motiv einteilt etwa in
Liebesgedichte, Gedichte über Dichtung, politische Gedichte, Augustus-Lieder,
Trinklieder, Hymnen an die Götter usw. Nicht nur, daß dabei immer einige draußen bleiben – z. B. die Europa-Ode, die Archytas-Ode –, man verkennt vor allem
die Komplexität, die daraus entsteht, daß sich ein volles Sein in einer bestimmten
Situation aussagt, man verkennt also den besonderen Charakter der horazischen
Lyrik. Immerhin mag man sagen, daß Beispiele von Liebesliedern, Hymnen, politischen Liedern, Augustus-Gedichten, Gedichten über Dichtung gegeben wurden, darum mögen Beispiele eines – frühen – Freundschaftsgedichtes und eines Trinkliedes
die Darstellung vor allem der ersten Epoche der horazischen Lyrik abrunden.

Mit mir du oftmals bis an den Rand des Tods
geführt, da Brutus Feldherr des Krieges war,
    wer gab als Bürger dich zurück den
      heimischen Göttern, Italiens Himmel,

Pompeius, erster meiner Gesellen du,
mit dem ich oft den schleichenden Tag mit Wein
    zerstückelt, das Haar vom Kranz umwunden
      schimmernd in syrischem Nardenbalsam?

Mit dir zusammen litt ich Philippis Kampf
und schnelle Flucht, da schmählich der Schild mir blieb,
    als brach der Mannesmut und Prahler
      schimpflichen Staub mit dem Kinn berührten:

doch mich hob zitternd rasch durch der Feinde Heer
in dichter Wolke hoch und davon Mercur,
    dich schlürfte neu ins Feld die Woge
      tragend auf sturmesgepeitschten Fluten.

So bring ein Mahl drum Juppiter schuldig dar
und lege nieder müde von langem Dienst
    die Glieder unter meinen Lorbeer,
      schone des Krugs nicht, der dir bestimmt ist,

oblivioso levia Massico
ciboria exple, funde capacibus
   unguenta de conchis. quis udo
     deproperare apio coronas

curatve myrto? quem Venus arbitrum   25
dicet bibendi? non ego sanius
   bacchabor Edonis: recepto
     dulce mihi furere est amico.

Es war eine schwierige Situation zu meistern, als der uns sonst unbekannte Jugend-freund Pompeius, doch wahrscheinlich im Jahre 29 v. Chr. aufgrund der Amnestie des Caesar Octavianus, als Quirit, als vollstimmberechtigter Bürger nach Rom zu-rückkehrte und Horaz, den Kampfgenossen von Philippi, als Freund des Maecen und an der Seite des Caesar Octavianus hochgestellt wiederfand. Die feierliche, meist im Plural gebrauchte Anrede des Römers in der Volksversammlung ist hier bei der Begrüßung mehr als seltsam. Sie gibt der Verwunderung und der Freude Ausdruck, daß Pompeius nicht mehr zu den *hostes* gehört und wählt zugleich den Bereich, der in der Gegenwart durch den Prinzipat weithin ausgehöhlt war, ist also von mehrschichtigen Ironien durchzogen.

Das Willkommengedicht, das Horaz ihm widmet, ist ein echtes Bekenntnis der Freundschaft, zugleich mag man es ein Trinklied nennen. Damit dürfte man noch nicht erfaßt haben, daß es auch ein eminent politisches Lied ist, mag die Topik der Gelagepoesie – Kränze, Wein, Parfum – hier auch besonders zu Vereinfachungen und zu Schematisierungen verlocken. Das Entscheidende ist die Dynamik des Ge-dichtes.

Zu Anfang überwiegt die Freude und die Verwunderung über das Unglaubliche in den Fragen, wobei die Erinnerung an die gemeinsam verlebten Tage der Jugend – er war der erste seiner Freunde – durchbricht: wie oft hat er mit ihm leichtfertig den Tag »zerstückelt«, statt eines *solidus dies* der Arbeit mit ihm gefeiert! In *niten-tis capillos* spürt man einen wehmütigen Ton im Rückblick auf den Glanz dieser Tage. Mit der Erinnerung hat aber die ganze Vergangenheit ihr Recht angemeldet: das größte gemeinsame Erlebnis, das verbindet, das sie aber auch getrennt hat. Horaz verschweigt das Peinliche nicht, im Gegenteil. Zusammen haben sie Philippi mitgemacht, als er seinen Schild in schmählicher Weise verlor – das ist eine ge-lehrte Reminiszenz an Archilochos und Alkaios, die das wirkliche Erlebnis des Schildverlustes besungen hatten: für den Römer hängt die Ehre nicht am Schild; Horaz hat als Legionskommandeur keinen Schild gehabt. Daß er sich hier als Rhipsaspis, ›Schildverlierer‹, vorspielt, hat eine durch die Reminiszenz ermöglichte Funktion: in menschlich vornehmer Weise verkleinert er sich vor dem vom harten Schicksal verfolgten Freunde. Aber nicht nur das: nie hat er so offen über diese

c. 3,21   O nata mecum consule Manlio,
         seu tu querellas sive geris iocos
            seu rixam et insanos amores
              seu facilem, pia testa, somnum,

die glatten Kelche fülle mit Massiker,
Vergessen leihendem, spare des Salböls nicht
   aus weiten Schalen. Wer flicht eilig
     Kränze von saftigem Eppich oder

aus Myrtenzweigen? Wen wird der höchste Wurf
Präside heißen? Toller als Thraker selbst
   gedenk ich heut zu feiern: ist doch
     süß mir der Rausch, da der Freund gerettet.

ihre Niederlage gesprochen. Es war das Ende der alten republikanischen Manneskraft und ein Ende der Prahlerei mit Schande. Auch für Caesar Octavianus war das eine Wahrheit, die ihn nachdenklich stimmen mußte.
Gegenüber dem Allgemeinen ist es aber das Persönliche, das stärker noch etwas Fremdes zwischen ihnen lassen könnte. Hat Horaz doch die sofort erfolgende Amnestie und die Friedenshand der Triumvirn ergriffen; Pompeius aber war der Sache treu geblieben und hatte den Kampf vermutlich mit S. Pompeius, dann mit Antonius weitergeführt. Horaz maßt sich kein Verdienst an, verurteilt nicht, fühlt sich aber moralisch frei im Rückblick auf eine Lage, in der die Entscheidungskraft des einzelnen überfordert war. Dies Unwägbare auszudrücken, dient ihm eine homerische Szene und ein Bild. Ihn hat wie einen homerischen Helden eine Gottheit aus dem Getümmel entführt, Merkur, der Gott des hellen, verschmitzten Verstandes, Pompeius ist von den elementaren Gewalten in den Sog des Krieges gezogen worden. Beide können nichts dafür, der eine nicht für sein Glück, der andere nicht für sein Leiden und Unglück.
Nach zwei Strophen freudiger Begrüßung, zwei weiteren der Besinnung und Klärung folgen zum Schluß drei Strophen der Aufforderung zum Begrüßungsgelage, die immer bewegter werden. Pompeius soll sich ausruhen unter Horazens Lorbeerbaum, nachdem er Juppiter das geschilderte Speiseopfer gespendet hat, und die Weinschläuche nicht schonen, die ihm bestimmt waren: Pompeius darf sich erwartet, unvergessen fühlen. Und nun beginnt das Gelage mit Aufforderungen an den Bediener mit einem Brio, das die alten Tage in Erinnerung ruft. Das alte Treiben scheint von neuem zu beginnen, und darum wiederholen sich entsprechend die Motive der zweiten Strophe (ähnlich wie in c. 1,22). Alte Grundsätze werden aufgegeben, süß ist es, alle Vernunft zu lassen, da der Freund wiedergewonnen ist. *Furere* ist ein starkes Wort. So tollend schließt sonst keine horazische Ode. Der *furor* wird sonst gebändigt, überwunden, als das Unmenschliche angesehen. Hier überläßt sich Horaz ihm ganz. Aber es ist ein *furere* mit Grund, das heißt, alles Böse ist ihm genommen. Wie auch sonst wird den das Menschliche übersteigenden Mächten nur der Segen, die ungehemmte, reine Freude abgewonnen.
Das Trinklied c. 3,21 läßt sich schwerlich datieren.

O du mit mir, da Manlius Konsul war,
  gebornes, ob du Klagen, ob Scherzen führst,
    ob Streit und wahnsinnsnahe Lieb', ob,
      frommes Gefäß, einen leichten Schlummer,

quocumque lectum nomine Massicum   5
servas, moveri digna bono die
   descende Corvino iubente
     promere languidiora vina.

non ille, quamquam Socraticis madet
sermonibus, te neglegit horridus: 10
   narratur et prisci Catonis
     saepe mero caluisse virtus.

tu lene tormentum ingenio admoves
plerumque duro, tu sapientium
   curas et arcanum iocoso   15
     consilium retegis Lyaeo,

tu spem reducis mentibus anxiis
virisque et addis cornua pauperi
   post te neque iratos trementi
     regum apices neque militum arma.   20

te Liber et si laeta aderit Venus
segnesque nodum solvere Gratiae
   vivaeque producent lucernae,
     dum rediens fugat astra Phoebus.

Es ist sicher ein Trinklied; denn wir befinden uns mitten im Gelage mit dem Freund. Es ist Messalla, Studiengenosse in Athen, Konsul 31 v. Chr., letzter Triumphator als Privatmann 27 v. Chr., Freund und Gönner Tibulls, der hier nichts ist als Mensch unter Menschen, Freund mit Freunden und nach einer neuen Flasche verlangt, nach Massiker von der Grenze zwischen Latium und Kampanien, und zwar einem alten Jahrgang, dem Horaz gleichaltrig und vom Alter milde geworden. Die feierliche Geste, mit der man eine derartige Köstlichkeit aus der Apotheca vom Bord holt, formt sich Horaz – Anrede an Weinkrüge, Rudimente magischer Vorstellungen, gab es im griechischen Epigramm – zum Hymnus. Schon die feierliche Anrede als Altersgenosse zeigt, daß es nicht Ernst ist. Und wenn wie die Gottheit dann der Weinkrug auf seine *nomina* hin angeredet wird, die seine Macht zeigen – eine böse und gute zugleich in vielfältiger Widersprüchlichkeit –, so setzt sich der Scherz in der Hymnusparodie fort. Eduard Norden konnte in seinem Buche Agnostos Theos die konstanten Formen des Hymnus aufzeigen und faßte das Gedicht als Parodie eines Hymnus. Kleinknecht, der Spezialist für die Gebetsparodie, fand freilich tiefen Ernst in der Vergegenwärtigung der Macht des Gottes. Aber auch hier ist es horazische Ironie, die alles leicht macht. Sie gipfelt zunächst in dem verwegenen *descende*, in dem das Herabsteigen der Gottheit vom Himmel mit der Gebärde des feierlichen Herabholens gleichgesetzt wird. Etwas sublim Religiöses ist trotz aller Komik dabei, heiterer Lebensgenuß wird zelebriert. Zumal nun eine Begründung des Anrufs und der Bitte des Erscheinens folgt, der man sich wegen der Würde des Initiators, Messalla, nicht versagen kann. Bei ihm verweilt die dritte Strophe: ein Philosoph ist er, doch kein Verächter des Weins,

mit welcher Kraft du köstlichen Massiker
auch birgst, am guten Tage des Rückens wert,
   o steig hernieder, da Corvinus
     reifere Weine zu holen heißet;

Denn nicht, auch wenn er Sokrates' Reden schlürft,
verweigert er dir Achtung und Ehre spröd;
   des alten Cato Zucht, erzählt man,
     habe sich auch oft am Wein entzündet.

Du legst der meist verhärteten Sinnesart
die Schrauben an, deckst unsrer Weisen auf
   Gedankensorgen und geheimen
     Plan mit dem lustigen Lösergott,

Du bringst beklemmten Herzen die Hoffnung neu,
und gibst dem Armen wehrhaftes Horn und Kraft,
   der, deiner voll, nicht bebt vor grimmer
     Könige Thron und der Krieger Waffen.

Dich solln geleiten Bacchus und wenn voll Huld
naht Venus und die Grazien unzertrennt
   im festen Band und muntre Leuchten,
     bis vor dem Tage die Sterne schwinden.

und der alte Cato kann ihn darin bestärken, daß *virtus*, Vollkommenheit, die Cato besitzt wie der Philosoph danach strebt, sich wohl mit einem kräftigen Trunk verträgt. Die zwei nächsten Strophen – das Gedicht ist zweigeteilt – bringen die Aretalogie, den Preis der Tugenden des Weins. Unverbunden sind sie angereiht. Doch sind sie eine Begründung für die Verehrung, die Messalla und Cato ihm zollen. Freilich bleibt der Gedanke nicht bei Messalla, sondern wendet sich in andere Richtung. Die lösende, hoffnungbringende Kraft wird gepriesen, die auch den Armen wieder zum Menschen macht, ihn von den Zwängen der harten Bindungen und Drohungen oft in gefährlicher Weise – hier klingt die erste Strophe auf – befreit. Aber diese tiefsinnige Betrachtung über die Polarität von Menschsein und notwendigen sozialen Funktionen wird in der Schlußstrophe, in der die Du-Prädikation fortgesetzt wird, hingeführt zu einem Ausblick auf das Fest, an dem Bacchus, Venus, die Grazien bis zum frühen Morgen anwesend sein sollen. Ein Hymnus, ein Gedicht auf Messalla, ein Gedicht auf die Macht des Weines, soziale Probleme, historische Exempla, realistische Gebärde und uralte Formen: es wäre verfehlt, dieses komplexe Gebilde äußerlich auf die Thematik festzulegen, mag es auch als Trinklied angelegt sein. Der ganze Horaz ist in dieser festlichen Stunde mit Messalla gegenwärtig und verwandelt die Schwere des Lebens in feierlichen Leichtsinn; nur des Segens der Gottheit teilhaftig, läßt er Geist und Moral nicht erstarren, in einer Bewegung von Anruf, Preis, Huldigung des Geistes, Besinnung hin zu erwartungsvollem Wunsche, schöpft er den Gehalt der Stunde aus.
In der Folge verlagert sich das Schwergewicht der *carmina* auf das Nachdenken

über rechte Lebensführung. Es ist sozusagen eine Ritualisierung des Lebens – das Wort *rite* begegnet thematisch –, dessen Mitte zwischen den gefährlichen Extremen als das Heilsame gesucht wird. Musische Bescheidenheit, Muße, das bewußte Ausschöpfen der Gegenwart und die keineswegs resignierende Hinnahme der menschlichen Bedingung (das zweite Buch vor allem bedeutet einen Höhepunkt des römischen Todesdenkens), die Dankbarkeit vor allem gegenüber dem, der den Frieden gebracht hat, der die Gestaltung des Lebens ermöglicht – das sind jetzt die Themen, denen sich Horaz hingibt. Es gibt Arbeiten über »Horazens Ideen«, sogar lexikographisch angelegt. Was dagegen einzuwenden ist – ebenso wie gegen die rein formale Betrachtung – dürfte deutlich geworden sein: es kann sich dabei immer nur um einseitige Isolierungen handeln. Auf das komplexe Gefühl horazischer bewegter

c. 3,29 Tyrrhena regum progenies, tibi
    non ante verso lene merum cado
     cum flore, Maecenas, rosarum et
      pressa tuis balanus capillis

    iamdudum apud me est: eripe te morae,   5
    ne semper udum Tibur et Aefulae
     declive contempleris arvom et
      Telegoni iuga parricidae.

    fastidiosam desere copiam et
    molem propinquam nubibus arduis: 10
     omitte mirari beatae
      fumum et opes strepitumque Romae.

    plerumque gratae divitibus vices
    mundaeque parvo sub lare pauperum
     cenae sine aulaeis et ostro   15
      sollicitam explicuere frontem.

    iam clarus occultum Andromedae pater
    ostendit ignem, iam Procyon furit
     et stella vesani Leonis
      sole dies referente siccos;   20

    iam pastor umbras cum grege languido
    rivomque fessus quaerit et horridi
     dumeta Silvani caretque
      ripa vagis taciturna ventis:

    tu civitatem quis deceat status   25
    curas et urbi sollicitus times,
     quid Seres et regnata Cyro
      Bactra parent Tanaisque discors.

    prudens futuri temporis exitum
    caliginosa nocte premit deus   30
     ridetque, si mortalis ultra
      fas trepidat. quod adest memento

Gedanken- und Bilderwelt, auf Nuance und Stil kommt es an. So wären wir wieder auf den Weg der Interpretation der einzelnen Gedichte verwiesen. Das kann hier aus Raumgründen nicht mehr geschehen. Das Wesentliche bleibt immer die Verwandlung des Harten und Drückenden, von Gefahr und Selbstzerstörung ins erlösende Wort und heitere Geistigkeit. Es läßt sich aber auch von diesen Gedichten der späteren Zeit ein Eindruck gewinnen, weil Horaz auch hier das Bedürfnis hatte, in einer größeren zweiteiligen Komposition, die an den Schluß kurz vor die Veröffentlichung im Jahre 23 v. Chr. gehört, die einzelnen poetischen Resultate und Entwürfe zu vereinigen. So läßt sich an einer Interpretation der großen Maecenas-Ode das Wesen seines weiteren Weges erkennen.

Tyrrhenisches Königsblut, dir ist
milder Wein aus vorher nicht gekipptem Schlauch
mit der Blüte der Rosen, Maecenas, und
für dein Haar gepreßtes Balanusöl

schon längst bei mir bereit: entreiße dich dem Säumen,
daß du nicht immer das feuchte Tibur und Aefulas
geneigte Äcker anschaust und
die Höhe des Vatermörders Telegonos.

Laß verwöhnte Fülle und
die den steilen Wolken nahe Masse:
hör auf, des reichen Rom
Qualm, Schätze und Lärm zu bewundern.

Sehr oft haben den Reichen willkommene Wechsel
und unter dem kleinen Dach der Bescheidenen schlichte
Abendmahlzeiten ohne Teppiche und Purpur
die besorgte Stirn geglättet.

Schon zeigt der helle Vater der Andromeda sein
verstecktes Feuer, schon rast Prokyon
und das Sternbild des wahnsinnigen Löwen:
die Sonne bringt die dürren Tage zurück.

Schon sucht der Hirt mit schlaffer Herde den Schatten
und den Bach auf und des schaurigen
Silvanus Gestrüpp, und schweigsam entbehrt
das Ufer der schweifenden Winde:

dich kümmert, welcher Zustand den Bürgern
ziemt, und du fürchtest besorgt für die Stadt,
was die Serer und Baktrien, von Kyros regiert,
im Schilde führen und der uneinige Tanais.

Fürsorglich bedrückt den Ausgang künftiger Zeit
mit dunkler Nacht der Gott
und lacht, wenn der Sterbliche über Gebühr
besorgt ist. Was vorliegt, gedenke,

conponere aequos: cetera fluminis
ritu feruntur, nunc medio alveo
   cum pace delabentis Etruscum   35
     in mare, nunc lapides adesos

stirpisque raptas et pecus et domos
volventis una, non sine montium
   clamore vicinaeque silvae,
     cum fera diluvies quietos   40

inritat amnis. ille potens sui
laetusque deget, cui licet in diem
   dixisse ›vixi‹. cras vel atra
     nube polum pater occupato

vel sole puro; non tamen inritum   45
quodcumque retro est efficiet neque
   diffinget infectumque reddet
     quod fugiens semel hora vexit.

Fortuna saevo laeta negotio et
ludum insolentem ludere pertinax   50
   transmutat incertos honores,
     nunc mihi nunc alii benigna.

laudo manentem: si celeris quatit
pinnas, resigno quae dedit et mea
   virtute me involvo probamque   55
     pauperiem sine dote quaero.

non est meum, si mugiat Africis
malus procellis, ad miseras preces
   decurrere et votis pacisci,
     ne Cypriae Tyriaeque merces   60

addant avaro divitias mari:
tunc me biremis praesidio scaphae
   tutum per Aegaeos tumultus
     aura feret geminusque Pollux.

Das Gedicht ist an den Freund Maecenas gerichtet. Es ist ein Einladungsgedicht.
Maecenas soll einmal seine politische Tätigkeit unterbrechen und einen Besuch auf
dem Sabinum machen. Wächst sich aber schon die Einladung in den ersten sieben
Strophen zu einem langen Gedicht persönlicher Prägung und nicht nur topischer
Motive aus, so folgt hernach ein zweiter Teil, der die Situation übersteigt. Wir
haben ein zweigeteiltes Gedicht vor uns wie in den andern großen Maecenas-Ge-
dichten, sat. 1,6 und epist. 1,7. Die nächste Parallele zur Bewegung des Ganzen
findet sich im Brief an Tibull (epist. 1,4). Hier wie dort will Horaz dem Freunde
unaufdringlich helfen. Auch dort stellt sich Horaz nach Anrede, Ausmalen der
derzeitigen Beschäftigung, moralischer Erkenntnis selber leichtsinnig, offenbar um

ihm gewachsen, zu ordnen: das übrige eilt
nach Art eines Flusses dahin, der mitten im Bett
jetzt mit Frieden ins etruskische Meer
gleitet, jetzt zerwaschene Felsbrocken,

mitgerissene Stämme und Vieh und Häuser
zusammen daherwälzt, nicht ohne der Berge
Donnern und des benachbarten Waldes,
wenn wilde Überschwemmung die ruhigen

Ströme aufreizt. Jener wird seiner mächtig
und froh leben, der Tag für Tag sagen
darf: »ich habe gelebt!« Morgen soll mit schwarzer
Wolke den Pol der Vater besetzen

oder mit reiner Sonne: er wird doch nicht ungültig
machen, was immer zurückliegt, wird es nicht
entstellen, wird nicht ungeschehen machen,
was die flüchtige Stunde einmal dahingeführt hat.

Die Fortuna sich freuend ob ihres grausamen Geschäftes
und besessen, ihr freches Spiel zu spielen,
vertauscht unbeständige Ehren,
jetzt mir, jetzt einem anderen spendefreudig.

Ich lobe sie, wenn sie bleibt: wenn sie die raschen
Schwingen schüttelt, statte ich, was sie gab, zurück,
hülle mich in meine Kraft und suche eine
rechtschaffene Armut ohne Mitgift.

Es ist nicht meine Sache, wenn der Mast von
den Wirbeln des Africus aufbrüllt, zu jämmerlichem
Gebet zu eilen und mit Gelübden auszuhandeln,
daß die cyprischen und tyrischen Waren

nicht Reichtum dem gierigen Meere hinzufügen:
dann wird mich im Schutz eines leichten Zweirudrers
sicher durch den Aufruhr der Aegeis
der Wind tragen und der Zwilling Pollux.

Tibull aus seiner Schwermut zu reißen, wenigstens für einen Augenblick. Diese Schwermut wird nur diskret angedeutet: in besorgter Frage und dem fast zu ausführlichen und darum auf etwas Unausgesprochenes zielenden Preis der diesem zuteil gewordenen Glücksgüter.
In einem neuen Zugang formaler Art wurde das Wesen des Gedichtes zu erschließen versucht: Viktor Pöschl glaubte es in 4 × 4 Strophen einteilen zu können, die im Rhythmus und in der Funktion der vier Strophen eine alkäische Strophe abbildeten. Hier ist das Formenspiel verabsolutiert worden. Der Inhalt aber – so meinte Pöschl ebenso wie Wolfgang Schmid – sei eine Wiedergabe epikureischer Lehren. Hier ist der Gehalt zu sehr verallgemeinert worden. Man kann weder das feierlich

variierende Fortschreiten der Bewegung auf ein Zahlenspiel zurückführen noch die Aussagen über bescheidenes und musisches Dasein mit epikureischer Philosophie identifizieren.

Die ersten sieben Strophen bilden ein fest geschlossenes Einladungsgedicht. Ein unangebrochenes Faß Wein (mit leichtem Scherz gesagt: es versteht sich von selbst), Rosenblüten, ein Parfum, extra für das Haar des Maecenas gepreßt, alles ist längst für Maecenas bereit. Es sind die Zurüstungen eines Gelages, bescheidene, musischerlesene, die, ihn sozusagen umfangend, um die pompöse Anrede *Tyrrhena regum progenies* und den für die dritte Zeile aufgesparten Namen gelegt werden. Die Hauptaussage aber und vor allem das betonte *iamdudum* – schon lange wartet Horaz auf eine solche Gelegenheit – werden in die nächste Strophe betont hinübergezogen. Aus der so geschilderten Lage erwächst die Aufforderung; ein Imperativ und ein prohibitiver *ne*-Satz. *Eripe te morae* wird mit unnachahmlicher Kürze gesagt: Maecenas soll kurz entschlossen die Einladung annehmen. Es ist ein Losreißen nötig, aber aus einem Zustand, der ein lustloses Zaudern bezeichnet, das dem Angeredeten selber lästig sein mag. Der *ne*-Satz denkt sich sozusagen in diesen Überdruß hinein: er soll sich dem Zaudern entreißen, um nicht immer den gewohnten Ausblick zu haben. Es ist – an und für sich – ein herrlicher Ausblick von dem ›Turm‹ des Maecenas auf dem Esquilin. Er sieht Tibur, Aefula am Hang und Tusculum auf der Höhe der Albanerberge. Aber in der Sicht des Überdrüssigen ist sie problematisch. Tibur erhält das Beiwort *udum*, das auf seinen Wasserreichtum dank der Wasserfälle des Anio anspielt. Was nützt es, wenn man ihn nur sieht? An Aefula ist nichts bemerkenswert außer seinen bestellten Feldern, *declive arvom*. Bei Tusculum aber erinnert man sich des ärgerlichen Sohnes des Odysseus, der seinen Vater umbrachte, des bedenklichen griechischen Mythos, dessen Fehlen in Italien Vergil auch in den *Georgica* mehr begrüßt als bedauert hatte. Mit der hintergründigen Erinnerung *parricidae*, das völlig überraschend das Weitentfernteste in eine Strophe bannt, schließt dieses erste Strophenpaar.

Das zweite macht die Einladung dringlicher und verlockender. Hier werden wie in der ersten Strophe, so daß ein Chiasmus entsteht, die Imperative fortgesetzt. Verlassen soll Maecenas die verwöhnte Fülle und seinen ›Wolkenkratzer‹, das zielt auf seinen Habitus: er soll aufhören, immer wieder der Faszination des reichen, aber mit wieviel Qualm und Lärm erfüllten Rom zu erliegen. Oft ist dem Reichen ein Wechsel angenehm – das antwortet dem *semper* von V. 6 –, und ein gepflegtes Mahl unter dem Dach des Bescheidenen ohne überflüssigen Luxus glättet die besorgte Stirn. Die *sollicita frons*, eine Stirn, die die innere Unruhe spiegelt, weist weiter.

In den nächsten drei Strophen wird nämlich ein dritter Anlauf genommen, um die Einladung noch dringlicher zu machen. Sie bilden eine Antithese. In zwei durch anaphorisches *iam* zusammengeschlossenen Strophen wird ein Zustand der Natur, wie er im Augenblick ist, beschrieben, in der dritten das unbegreifliche, der ›Natur‹ widersprechende Verhalten des Maecenas mit scharf antithetischem *tu* entgegengestellt. In der Natur die Wut der Gestirne, des Kepheus, des Hundssterns, des Löwen – fachmännisch mit der Freude an den griechischen Namen und ihrer Umschreibung wird das ausgemalt – und entsprechende Wirkung auf Mensch, Tier und die Elemente; der Hirt sucht mit der erschlafften Herde müde das Bachufer

und ein bißchen Schatten im Gestrüpp des Silvanus auf, und selbst am Ufer rührt
sich kein Lüftchen –, bei Maecenas dagegen findet sich nicht die geringste Entspannung. Er kümmert sich um den Zustand der Bürgerschaft im Innern und
fürchtet angespannt, was an den äußersten Grenzen des Reiches geschieht, was die
Chinesen, was Baktrien und der zwieträchtige Don im Schilde führen. Die rastlose,
nie erlahmende Tätigkeit des Politikers, wie sie Cicero oder Horaz am Anfang der
Augustus-Epistel faßt, kommt so zum Ausdruck. Nicht daß diese Aufgabe ent-
wertet würde, ist der Sinn, sondern daß man zwischen dringlich und nicht dringlich unterscheiden, daß man einmal eine Pause machen sollte. Es sind erprobte
dichterische Bewegungen, die diesen dritten Ansturm auf Maecenas ausmachen.
In c. 2,9 hatte er so der Natur mit demselben *tu* den Menschen entgegengestellt.
Und in dem Einladungsgedicht an Maecenas (c. 3,8) hatte er – ein frühes Gedicht –
ihm fast burschikos geraten, die Sorgen über die Stadt einmal beiseite zu legen.
Hier folgt dieser Rat nicht direkt, sondern aus der unverständlichen Situation,
dem Kontrast zwischen der Natur und natürlichem Handeln von Mensch und
Kreatur auf der einen Seite und dem Handeln des Maecenas auf der anderen erhebt sich eine ins Weite führende Betrachtung. Sie setzt so abrupt ein, wenn auch
nicht ohne Bezug und wendet sich so allgemein an den Menschen – das ›du‹ der
Diatribe beginnt zu herrschen –, daß nach der 7. Strophe und vor den folgenden ein
tiefer Einschnitt angesetzt werden muß, womit die Theorie hinfällig wird, daß das
Gedicht sich in 4 × 4 Strophen gliedert. Es ist vielmehr ein zweigeteiltes Gedicht,
dessen erster Teil der Situation gilt, der zweite dichterischer Betrachtung allgemeiner Zusammenhänge. Ganz abwegig ist aber der Gedanke, daß Horaz Maecenas
nahelegen wolle, die Politik aufzugeben: es geht im folgenden nicht um den Politiker und sein beinahe göttliches Wirken, sondern um den Menschen, der Maecenas
freilich ebensogut wie Horaz ist. Auf sich und einen ganz anderen Gegensatz,
nämlich zu sinnloser Erwerbsgier, spielt Horaz darum auch im zweiten Teil an.
Er beginnt aber mit der Gottheit, unepikureisch. Gott hat in seiner Vorausschau
und Fürsorge, *prudens*, mit finsterer Nacht den Ausgang der Zukunft bedeckt und
lacht, wenn ein Sterblicher über das hinaus, was ihm zugemessen ist, zittert. *Exitus
futuri temporis* ist wieder ein sehr kühner Ausdruck. Er meint den Erfolg, aber in
Verbindung mit *mortalis* erinnert er auch, wie so oft das zweite Buch, an den Tod.
Das Lachen der Götter, wenn ihnen die Sterblichen mit ihrer Berechnung nachkommen, hat seine Parallele z. B. in c. 2,8,13. Es ist das Bedenken der Grenze wie
ebenfalls im zweiten Buch (2,16,15 ff.) und der Hinweis auf die Gegenwart. Darum der Aufruf *quod adest memento / componere aequos*. Die Gegenwart gilt es zu
meistern. Kaum mit gleichem Mut. Das würde *aequo animo* heißen. Man soll das
Gegenwärtige ordnen, *aequos*, das heißt ihm gerecht werdend. Es ist das Goethe-
sche Prinzip, den Aufgaben des Tages zu entsprechen. Denn das übrige, so setzt
sich der Gedanke fort, wird unberechenbar wie ein Strom dahingerissen, bald
friedlich, bald verheerend. Das Bild des wechselnden Torrente mit dem Akzent auf
der dynamischen Wucht beherrscht die nächsten zwei Strophen. Nur jener, so wird
in Aufnahme der Devise des Anfangs *memento componere aequos* der Schluß gezogen, wird sein Leben froh und in freier Verfügung, *potens sui*, seiner selbst mächtig, verbringen, der von Tag zu Tag sagen darf: ich habe gelebt. Und nun in dieser
Erkenntnis sich stolz aufbäumend: mag am nächsten Tage Juppiter – aus dem *deus*

des Anfangs ist der *pater* geworden – dunkle Wolken den Himmel bedecken lassen oder heitere Sonne: seine Allmacht ist begrenzt, er kann nicht ungeschehen machen, was die flüchtige Stunde hinweggeführt hat. Ein Gedanke, der – wie Harald Fuchs gezeigt hat – von Horaz stammt.

Eine Philosophie der Gegenwart und ihres Ausschöpfens als einziger menschlicher Möglichkeit könnte man das Ganze nennen. Das ist nicht fern vom epikureischen Grundgedanken, beileibe aber nicht identisch. Nicht nur die Gottheit und die Grenze ihrer Macht ist unepikureisch, sondern auch der trotzige Stolz, vor allem aber die Individualisierung der Gegenwart und die Unberechenbarkeit der Zukunft. Für Epikur ist die Gegenwart darum der eigentliche Mittelpunkt des Lebens, weil die Lust materiell an sie gebunden ist. Sie ist aber darum für den Weisen stets positiv zu bewerten, weil das Kalkül zeigt, daß das gehabte Gute den kurzen heftigen Schmerz des Augenblicks oder auch einen chronischen, den man im Augenblick erträglich findet, bei weitem aufwiegt. Was die Zukunft anlangt, so weiß der Weise, was sie bieten kann: nichts Neues. Von all dem findet sich bei Horaz keine Spur. Vielmehr nimmt er als Ephemeros im Sinne der frühgriechischen Lyrik das Zukünftige dankbar an, verehrt darin das Walten der Gottheit und behauptet sich ihr gegenüber dennoch, indem er den wohlbestandenen Tag zu Existenz und Erinnerung fügt.

Man ist versucht, dieses Mittelstück aus fünf Strophen als Credo und Bekenntnis aufzufassen und entsprechend wiederzugeben. Doch spielt das Ich formal noch keine Rolle. Es geht allgemein um die *condicio humana*. Nur der Ton der Schlußstrophe zeigt, daß es so allgemein nicht ist, daß es nicht gegen Maecenas oder den Politiker an sich geht – das wäre taktlos –, sondern daß Horaz für sich spricht, die Weltsicht des musischen Dichters klärt.

Der Schritt zum Bekenntnis geschieht vielmehr erst in den zwei Strophenpaaren der letzten vier Strophen. Die Fortuna – auch in c. 1,34 wurde der Schritt von Juppiter zur Fortuna getan, und in c. 1,35 wurde ihre Macht in der Fortuna von Antium gefeiert – ist die große Macht, die dem Menschen gegenübersteht. Wie die Venus mit ihrem perfiden Lachen (c. 3,27,67) spielt sie mit Vergnügen hartnäckig ihr grausames Spiel. Sie vertauscht trügerische Ehren, *nunc mihi nunc alii benigna*, spendefreudig einmal mir, einmal einem anderen. Hier taucht zum ersten Male das *mihi* auf. Und aus der Erkenntnis von der Allmacht der Fortuna richtet Horaz sein eigenes Verhalten ein: bleibt sie, lobt er sie; hebt sie sich davon, verzichtet er auf alles, stützt sich auf die eigene Kraft – in kühnem Bilde wird gesagt, daß er sich in sie einrollt – und sucht nach rechtschaffener Bescheidenheit ohne ihre Mitgift.

Die Lebensweisheit, die in den carmina um den Begriff der *paupertas* kreiste, was in den Briefen fortgesetzt wird (epist. 1,6,36; 1,7,34; 1,18,111 f.), ist hier zum gültigen eindrucksvollen Bilde seiner völligen Unabhängigkeit komprimiert. Er gehört nicht zu denen, die sich abhängig machen, die beim Sturm zu kläglichen Gebeten ihre Zuflucht nehmen, auf daß ihre Schätze nicht das Meer bereichern. Sicher wird ihn im Schutze eines zweirudrigen Bootes durch die Stürme der Ägäis ein Lüftchen, *aura*, tragen und die beiden Geleiter Kastor und Pollux. Die *biremis scapha* hat man als Beiboot, als Rettungsboot aufgefaßt. Aber wieso ist er im Sturm darin sicher und sicherer als der Kaufmann, der doch auch darein umsteigen kann? Sicher ist er doch vielmehr, wie besonders in c. 2,10,7 ff., weil er nichts zu verlieren hat, und die *Aegaei tumultus* können ihn nur dann nicht erreichen, wenn er sich an der Jagd nach dem Reichtum überhaupt nicht beteiligt. Und wie sollte sich der Sturm plötzlich zu einer *aura* verwandelt haben? Horaz stellt vielmehr der jämmerlichen und prekären Situation des Kaufmanns in Sturmesnot seine eigene Sicherheit entgegen und bleibt dabei, obwohl auf anderes zielend, in der Bildebene, nur daß für ihn die Dinge ein gegensätzliches Gesicht angenommen haben: er ist sicher, der Sturm ist zum Lüftchen geworden, sein Schiff ist kein plumpes Kaufmannsschiff, sondern ein Boot mit zwei Rudern, und die Sterne scheinen ihm. So kann er durch den größten Tumult heil davonkommen. Horaz hat sich, wie so häufig, einer Identitätsmetapher bedient. Scherzhaft, selbstsicher, schwungvoll klingt so dieses Einladungsgedicht aus.

Daß es ein Einladungsgedicht ist, hat man fast vergessen. Aus dem mehrfach erprobten Typus der Einladung ist eine große Komposition geworden. Sie sammelt die Gedanken der rechten Lebensführung, die sich in Einzelgedichten wie in c. 2,8, c. 2,9, c. 2,11, c. 2,16 und anderen zu individuellen Gebilden geformt hatten. Es entsteht dabei ungezwungen eine sinnvolle Bewegung. Von den dringlicher werdenden dreimaligen Angeboten der ersten 7 Strophen, die ein Verwundern offen lassen, geht der Gedanke ins Allgemein-Menschliche mit unausgesprochenem Bezug zu Maecenas, stärkerem zu Horaz (5 Strophen). Die Kurve endet bei einem Bekenntnis des Horaz, in dem er sich mit seiner *paupertas* dem törichten Jagen nach Besitz, den Gütern der Fortuna entgegenstellt. Auch dies ist früh erprobt (c. 1,31). Bei dieser Bewegung hat sich die Achse verlagert: in der ersten Hälfte geht es um Horaz und Maecenas, in dem letzten Stück um Horaz und die Menge. Das Gedicht klingt heiter aus wie so viele. Es ist differenzierter, kühner, persönlicher und zugleich zurückhaltender und zarter als manche der früheren.

Das späte Gedicht läßt die Briefe vorklingen. Fragt man nach dem eigentlich Lyrischen, so kommt man auf das Problem der Funktion dieser so merkwürdigen Zweiteilung. R. Heinze hat mit seinem Hinweis auf den 4. Brief des 1. Buches an Tibull die Handhabe zum Verständnis gegeben. Wie dort Horaz sich als Epikureer charakterisiert, um Tibull aufzuheitern, so spielt sich Horaz in seinem feierlichen Leichtsinn und seiner Ungebundenheit vor dem Freunde vor, und zwar nicht um ihn von der ›Politik‹ abzubringen, sondern um ihn einmal herauszureißen, teilnehmen zu lassen an dem, was er sich an Erkenntnis und Lebensform erarbeitet hat. Maecenas wird vor Augen gestellt, was ihn an erhebendem, zweckfreiem Gespräch – nicht an Musik – auf dem Sabinum erwartet. Die ganze Welt des Horaz ist um diese Einladung des vornehmen Gastes und Freundes versammelt. Inhalt und Form sind aufs glücklichste zur bewegten Einheit geworden. Wie die vierte Römerode die glückliche Zusammenfassung der ersten Zeithälfte der carmina, so ist dieses Gedicht die der zweiten, eine letzte nicht mehr überbietbare Form der Gestaltung rechter musischer Lebensführung.

Das Lyrische ist in den nächsten Jahren (von 23 bis 20 v. Chr.) in die Briefe eingegangen, in denen die Suche nach dem Sinn sich in anderer Form ausspricht. Auch die großen literarischen Briefe profitieren von der lyrischen Ernte. Das Säkularlied vom Jahre 17 v. Chr. macht sich zur Stimme der Festgemeinde und vereint die persönlichen Wünsche mit den Vorstellungen des Anbruchs des neuen Zeitalters.

Dieses Ereignis, das Horaz als *Romanae fidicen lyrae* der Öffentlichkeit zeigte, hatte eine Spätblüte seiner Lyrik zur Folge.
Der panegyrische Zug, das Feiern hoher Menschen, und Nachdenken über das

c. 4,2   Pindarum quisquis studet aemulari,
         Iulle, ceratis ope Daedalea
         nititur pinnis, vitreo daturus
             nomina ponto.

         monte decurrens velut amnis, imbres   5
         quem super notas aluere ripas,
         fervet inmensusque ruit profundo
             Pindarus ore,

         laurea donandus Apollinari,
         seu per audacis nova dithyrambos   10
         verba devolvit numerisque fertur
             lege solutis,

         seu deos regesque canit, deorum
         sanguinem, per quos cecidere iusta
         morte Centauri, cecidit tremendae   15
             flamma Chimaerae,

         sive quos Elea domum reducit
         palma caelestis pugilemve equomve
         dicit et centum potiore signis
             munere donat,   20

         flebili sponsae iuvenemve raptum
         plorat et viris animumque moresque
         aureos educit in astra nigroque
             invidet Orco.

         multa Dircaeum levat aura cycnum,   25
         tendit, Antoni, quotiens in altos
         nubium tractus: ego apis Matinae
             more modoque,

         grata carpentis thyma per laborem
         plurimum, circa nemus uvidique   30
         Tiburis ripas operosa parvos
             carmina fingo.

         concines maiore poeta plectro
         Caesarem, quandoque trahet ferocis
         per sacrum clivum merita decorus   35
             fronde Sygambros,

         quo nihil maius meliusve terris
         fata donavere bonique divi
         nec dabunt, quamvis redeant in aurum
             tempora priscum;   40

eigene Dichtertum sind hervorstechende Züge dieses vierten Buches der *carmina.*
Als Probe darf eines der wirksamsten Gedichte, das das Pindar-Bild des Sturm
und Dranges bestimmte, nicht fehlen.

Wer mit Pindar zu wetteifern sich bemüht,
Iullus, stützt sich auf Schwingen, die durch die Kunst des Daedalus
mit Wachs zusammengefügt wurden, mit der Aussicht,
dem schillernden Meer seinen Namen zu geben.

Vom Berge herabstürzend wie der Bergstrom, den
die Regengüsse über die bekannten Ufer genährt haben,
braust und stürzt ohne Maß aus tiefem
Munde Pindar,

mit dem Lorbeer Apollos zu beschenken,
ob er in kühnen Dithyramben neue
Worte daherwälzt und in Rhythmen dahineilt, die
vom Gesetz frei sind,

ob er Götter und Könige besingt, der Götter
Blut, durch die fielen in gerechtem
Tod die Kentauren, fiel der furchterregenden
Chimäre Flamme,

ob er die, welche die elische Palme
nach Hause wie Himmlische zurückführt, den Faustkämpfer oder das Roß,
besingt und mit einem Geschenk begabt,
das vorzüglicher als hundert Standbilder,

oder den Jüngling beweint, der geraubt wurde der weinenden Braut,
und Mut und goldene Art
zu den Sternen emporführt
und dem schwarzen Orcus neidet.

Gewaltiger Lufthauch hebt den dirkäischen Schwan,
sooft er, Antonius, zu den hohen
Zügen der Wolken strebt; ich
nach Art und Weise der Matinerbiene,

die in größter Mühe lieben Thymian nascht,
bilde am Hain und an den Ufern
des feuchten Tibur in meiner Kleinheit
mühevolle Lieder.

Singen wirst du als Dichter in höherem Ton
Caesar, wenn er die wilden Sugambrer
auf der heiligen Steigung schleppt
mit verdientem Laub geziert,

er, als den nichts Größeres und Besseres der Erde
das Schicksal schenkte und die guten Götter
noch schenken werden, mögen die Zeiten auch
zu dem früheren Gold zurückkehren;

concines laetosque dies et urbis
publicum ludum super inpetrato
fortis Augusti reditu forumque
    litibus orbum.

tum meae, si quid loquar audiendum,   45
vocis accedet bona pars et ›o sol
pulcer, o laudande‹ canam recepto
    Caesare felix.

teque, dum procedis, io Triumphe,
non semel dicemus, io Triumphe,   50
civitas omnis dabimusque divis
    tura benignis.

te decem tauri totidemque vaccae,
me tener solvet vitulus, relicta
matre qui largis iuvenescit herbis   55
    in mea vota,

fronte curvatos imitatus ignis
tertium lunae referentis ortum,
qua notam duxit, niveus videri,
    cetera fulvos.   60

Es ist wahrlich ein Zeichen völliger Freiheit und als solches bewußt gemeint, von
Pindar ausgehend, schließlich zu einem Farbmal auf der Stirn eines Kälbchens zu
kommen: soviel Welt versammelt Horaz, um in überzeugender, aber stets überraschend neuer Weite das sich nun ganz von allem Offiziellen zur intimen Verehrung gewandte Verhältnis zu Augustus zu fassen und im lyrischen Gedicht ein so
differenziertes Gefühl, das nichts von seiner Spontaneität verliert, zu bestimmen.
Das Gedicht gehört wieder zu den typisch zweigeteilten. Diesmal beginnt es aber
mit allgemeinen, mit literarkritischen Betrachtungen. An Antonius Iullus, hier mit
dem Beinamen angeredet – der Gentilname ist über sechs Strophen aufgespart –,
richtet sich vertraulich die Aussage, daß jede Pindar-Imitation zum Scheitern verurteilt ist. Gewiß, es ist dabei viel menschliche Kunst, und technische Kunstfertigkeit im Spiel, die an das Unheilsgefieder erinnert, das Daedalus herstellte, als er
Federn mit Wachs verband. Aber wenn Daedalus ein so prekäres Werkzeug auch
meisterte: Ikarus stürzte ab, weil er der Sonne zu nahe kam. Ein schwacher Trost
ist, daß er einem Teil des Ägäischen Meeres den Namen gab, das ihn in seiner tücki-
schen Unschuld – schillernd wie Glas – verschlang. Horaz geht nach dem verallge-
meinernden Subjektsatz ohne Zwischenglied in der Form der Identitätsmetapher
sogleich in die andere Ebene des Vergleichs über. Der Vergleich ist dem Mythos
entnommen. Die tiefgreifende Konzeption von Daedalus und Ikarus hat unendlich
viele Aspekte. Horaz greift die menschliche Kunstfertigkeit mit Betonung ihrer
Schwäche in dem kühnen *ceratis* (gewachst, nach Bildungen wie *aeratus*) heraus,
rührt nicht an den Unterschied von Vater und Sohn oder die Not, in der sich beide
befanden, sondern hebt das Ende der Gescheiterten betont hervor. Wenn der Ado-

singen wirst du frohe Tage und der Stadt
öffentliches Spiel über die erlangte
Rückkehr des Helden Augustus und das Forum,
das verwaist ist von Streitigkeiten.

Dann wird, wenn ich etwas Hörenswertes sagen werde,
ein gut Teil meiner Stimme hinzukommen
und ich werde singen »o schöner Tag, o lobenswerter«,
glücklich, daß ich Caesar wiederhabe.

Und dich, io Triumphus, werden wir, wenn du voranschreitest,
nicht einmal nur besingen, io Triumphus,
die ganze Bürgerschaft und wir werden
den spendenden Göttern Weihrauch geben.

Dich werden zehn Stiere und ebensoviele Kühe,
mich ein zartes Kälbchen lösen,
das in den breiten Matten nach Verlassen der
Mutter heranwächst für mein Gelübde,

auf der Stirn das gekrümmte Feuer nachahmend
des Mondes, der seinen dritten Aufgang heraufführt,
wo es das Zeichen aufweist, schneeweiß zu sehen,
im übrigen dunkel.

neus der sapphischen Strophe auch mit *nomina ponto* in gewisser Weise versöhnlich
ausklingt, so kann nicht bezweifelt werden: es ist nicht die Größe des Wagnisses,
die gefeiert, sondern die Vermessenheit, die zu sicherem Scheitern führt und vor
der gewarnt wird.
Hätte früher Horaz ein *namque* oder *nam* nicht gescheut, so geht er jetzt nach
einer Pause mit einem Vergleich zur Begründung über, die freilich das Phänomen
schlicht vor Augen stellt. Wie ein hochgehender Bergstrom, der nichts Vertrautes
mehr hat – Regengüsse haben mit dem überströmenden Wasser die bekannten Ufer
verschwinden lassen –, so stürzt Pindar aus unergründlich tiefem Munde daher,
immensus, mit keinem Maß auszuschöpfen, mit dem Lorbeer Apolls zu beschenken,
was immer er tut. Der Göttlich-Inspirierte rückt so mit dem Elementaren, das in
c. 3,29 mit der Fortuna schaudernd verknüpft war, durch seine Größe zusammen,
die unermeßlich ist. Mit feierlichem, dem Hymnus eigenen, *seu – seu – sive – ve*
wird mit pindarischem Atem in einem einzigen Nebensatzgefüge die Reihe der pindarischen Werke zum Beweis angeführt, die Dithyramben des Bacchuskultes, die
Hymnen auf Götter und Halbgötter, die Epinikien, die Threnoi. Nicht aber die
spezifische Form ist es, die Horaz betont, nicht die Genauigkeit der Responsion der
Chorgesänge – wird doch gerade gleich am Anfang erklärt, sie seien gelöst vom
Gesetz, nämlich eines gleichbleibenden Rhythmus des Verses, den Pindar frei zu-
sammensetzt –, sondern die elementare Thematik, das Elementare des Wortes und
das Gottbezogene, zum ›Himmel‹ Führende, wobei pindarisch kühne Wortgefüge
aufklingen. Dieses hinreißende Bild des gotterfüllten, freien, kühnen Sängers, der
ewiges Leben schenkt, nicht so sehr von der Wahrheit entfernt, hat unsere Klassik

ahnen lassen, was Pindar neben seiner harten Fügung, seinem ›Programm‹, der Präzision seiner archaischen Begriffswelt auch ist; und nach Horaz konnten sie ihn sich zum Vorbild nehmen, wobei zu fragen bleibt, ob sie Horaz immer richtig verstanden haben.

Dieses Pindar-Bild führt aber zu einer Zusammenfassung und einer Antithese. Dem Schwan von der Dirke-Quelle, der elementar wie der Vogel getragen wird von einem starken Luftstrom, der ihn mühelos hoch in die Wolken führt, setzt sich Horaz entgegen. Wie die Biene am Matinergebirge – auch sie hat ihre Würde und etwas Erlesenes; mit Liebe verweilt Horaz bei diesem, wie die Alten glaubten, geistbegabten Wesen – so bildet Horaz (gedacht ist bei dem *fingere* wohl noch an das Bilden der Honigwaben) bewußt, künstlerisch mühevoll ringend seine Verse in musischer Gegend, wo sie gedeihen, klein wie die Biene im Vergleich zum Schwan. Das Kallimacheische Motiv des kleinen, aber durchgefeilten Gedichtes schwingt mit in diesem auf die Persönlichkeit im ganzen übertragenen Understatement.

Mit dieser zusammenfassenden Antithese Pindar – Horaz rundet sich der Gedanke. Horaz schätzt in vertraulichem Dichtergespräch mit Iullus Antonius seine eigenen und Pindars Qualitäten ab, wobei das Motiv *ceratis pinnis* bis zum Bienenvergleich wirkt. Wodurch diese Betrachtung angeregt ist, wird nicht gesagt. Aber nach einer Pause geht das Gedicht zur Situation über. Und in ihr werden der ›kleine‹ Horaz und Iullus Antonius eine Rolle spielen. Die Achse hat sich verlagert wie in c. 3,29: sie läuft nicht mehr zwischen Pindar und Horaz, sondern zwischen Horaz und Iullus.

Iullus Antonius war der Sohn des Triumvirn von der Fulvia und wurde im Kaiserhause mit allen Ehren aufgezogen. Der pseudakronische Kommentar notiert: *heroico metro Diomedias XII libros scripsit egregios.* Er war also Dichter, der durch ein Epos über Diomedes in 12 Büchern (wie die Aeneis) aufgefallen war. Im Jahre 16 v. Chr., als man nach Niederwerfung der Sugambrer die Heimkehr des Augustus erwartete, war er wahrscheinlich Ädil und hätte wohl die Empfangszeremonien auszurichten gehabt. Doch bleiben das Hypothesen mit Ausnahme der Nachricht von seinem Dichtertum.

Sicher ist, daß nach der Pause nicht etwa Iullus Antonius als ein Dichter höheren pindarischen Stiles der Matinerbiene Horaz entgegengestellt wird, wie man gemeint hat. Dann müßte dies ein *tu* betonen, und wie geschmacklos wäre es, die Pindar-Nachahmung als ein zum Scheitern verurteiltes Wagnis etwa diesem jungen Anfänger zuzumuten. Vielmehr ist zu erkennen, daß aller Ton auf dem durch die Anfangsstellung und zum Überfluß durch die Anapher hervorgehobenen *concines* liegt. Mit ihm tastet sich Horaz in die Situation, die durch die Handlung des Verbs klar wird: Iullus Antonius wird den heimkehrenden Augustus besingen. Und zu diesem Zweck wird Horaz nun nicht ein Gedicht wie Iullus beisteuern, sondern er wird als einer von vielen in die Triumphlieder einstimmen. *Concines … concines – tum meae …* ist also eine sich über fünf Strophen erstreckende Parataxe, die eine Hypotaxe und Periode der Form: *cum concines …, meae … vocis accedet bona pars* vertritt. Deutlicher konnte es nicht gemacht werden, daß hier nicht Personen, sondern Handlungen verglichen werden.

Was wird nun Iullus Antonius singen? Zunächst wird er als *poeta* auftreten, Horaz hat nicht diese Absicht: wie in c. 3,14 feiert er die Heimkehr des Herrschers auf

seine eigene intime Weise. Er wird auch kaum als Dichter von höherem Stil qualifiziert werden, obgleich das sprachlich möglich ist (*maiore plectro* als Abl. qualit. aufgefaßt): der Vergleich zwischen der Dichterqualität tritt ja hinter der Handlung zurück. Er wird also als Dichter in höherem Stil – *maiore plectro* ist lediglich Metapher für die Stilhöhe: vgl. c. 2,1,40 – Augustus feiern. Die Form läßt sich mit zwei Erwägungen erschließen: einmal ist Iullus Epiker, zweitens besingt er den Triumphzug und das Fest und den Frieden der Stadt: Gegenstände eines *triumphus*, eines epischen Triumphgedichtes, das als Form auch über der Lyrik, natürlich erst recht über dem kunstlosen Triumphliede steht. Es ist eine Form der *praeteritio*, wenn Horaz in der Angabe, was Iullus singen wird, in hohen Worten von Augustus, der Stadt und dem Triumphzug spricht. Die mittlere Strophe ist schlichter. Hier gibt er von sich aus sein Urteil ab: *quo nihil maius meliusve terris fata donavere bonique divi nec dabunt.*
Sein eigener Beitrag wird bescheiden sein. Wollte er als *poeta* auftreten, müßte es wohl pindarisch geschehen; aber das ist ja unmöglich. So wird er hineinrufen in den Jubel – wenn er etwas Hörenswertes vorzubringen hat: *loquar*, nicht *dicam* formuliert er, das Umgangssprachliche dem dichterischen Sprechen entgegenstellend – ein Triumphlied im *versus quadratus*, dem altertümlichen und volksliedartigen Versmaß dieser Übung entsprechend. Es ist sicher kein Zufall, daß die Worte *o sol pulcher o laudande* die erste Hälfte eines *quadratus* ergeben. Und den Zug begleitend, wird er mit der Menge – aus dem ›ich‹ ist das ›wir‹ geworden – einstimmen in den Ruf »*io Triumphe*«. Glücklich nimmt er am Empfang für Caesar teil. Das ist persönlicher und intimer gesagt als das feierliche Referat des Poems des Iullus. Und mit der Bevölkerung wird er den Dank an die Götter nicht vergessen.
Erst hier hat sich ein Gegensatz herausgebildet, in der Situation, nicht zwischen großem und kleinem Dichter oder Dichter höheren oder geringeren Stiles, sondern in dem Unterschied angemessenen Feierns. Ironie und spätes Wissen um das Einmalige spielen dabei eine Rolle; mit leichtem Lächeln blickt der Erfahrene auf den Eifer des jüngeren Fürstensohnes, nennt den Abstand, bagatellisiert ihn aber im Menschlichen ironisch-heiter. Ihn, Antonius, werden zehn Stiere und zehn Kühe von seinem Gelübde lösen, ein großes Staatsopfer – wahrscheinlich – seiner Stellung entsprechend, *er* wird ein Kälbchen opfern, gemäß seinem Vermögen. So setzt er sich, wie etwa schon in c. 1,31 sich von den anderen, hier von Iullus ab. Das Opfer ist darum nicht geringer: es ist – vgl. c. 2,7,20 oder c. 3,29,4 und anderswo – für diese Gelegenheit aufgespart; es ist ein Symbol für das Reifen vom Zarten zum Kräftigen, wie die Erfüllung des Wunsches; es ist in seiner Schönheit und Besonderheit mit Liebe angeschaut. So beherrscht den leicht verklingenden Schluß – völlig unerwartet – problemlos das Bild des Kälbchens, das mit seinem Stirnzeichen an Kosmisches, an die Sichel des dreitägigen Mondes erinnert.
Man hat geglaubt, das Gedicht nur dadurch verstehen zu können, daß man es einem bestimmten Typ zuordnete, nämlich dem der *recusatio*-Gedichte. Wie in c. 1,6 Horaz dem Agrippa ein Gedicht verweigere, ihn auf Varius verweise und die Begründung dafür in der Art seiner Dichtung gäbe, so lehne er hier ein ungemäßes Ansinnen ab. Aber von einem solchen Ansinnen steht nichts da: Augustus aber mit Iullus Antonius abzuspeisen, geht doch wohl nicht an. Und von einer Begründung

wie in c. 1,6 ist nichts zu spüren. Gewiß feiert er Augustus in dem Ausblick auf
Iullus' Lied indirekt und dazwischen auch direkt in eigener Aussage, aber dieses
als Kriterium eines *recusatio*-Gedichtes zu nehmen – etwa weil Properz das Mittel
in solchen Gedichten anwendet? – ist gewagt.

Vielmehr ist dieses Gedicht Ausdruck der Erwartung der Heimkehr des Augustus,
die sich übrigens bis zum Jahr 13 v. Chr. verschob. Wer soll hier Horaz zu einem
Siegeslied aufgefordert haben? Der junge Prinz? Das ist doch, abgesehen davon,
daß nichts davon dasteht, kaum wahrscheinlich? Etwa als Ädil? Das bliebe reine
Vermutung. Liegt es nicht näher, daß Horaz, der ein Kälbchen für diesen Fall aufzieht, selbst das Bedürfnis verspürt, wie in c. 3,14, das Ereignis zu feiern? Was lag
näher, als an Pindar zu denken? War er doch mit dem alten Dichter vertraut und
hatte ihn in den Römeroden anklingen lassen. Aber ein Siegeslied wäre eine andere Form der Pindar-Nachahmung gewesen. Etwas von dem Gedankenspiel, in
dieser Lage pindarisch aufzutreten, und der Erkenntnis von der Unnachahmlich-
keit ist in die erste Hälfte des Gedichtes eingegangen. Zugleich ist sie die höchste
Aussage über Augustus. Man könnte ihn in den ›Himmel‹ erheben, wie er es verdiente, nur wenn man zu den von den Göttern inspirierten Dichtern, wie Pindar
einer war, gehört. Er aber bleibt Horaz. Als solcher freut er sich an dem jugend-
lichen Antonius Iullus und seinen Plänen, verzichtet auf Halbes und freut sich im
voraus über seine Rolle als einer in der Menge. Die Kunst liegt darin, daß in schöner Bewegung eine ganze Welt, von den geheimsten Gedanken bis zum geringfügig-
sten Gegenstand, von den höchsten politischen Gegebenheiten der römischen Welt
bis zu den Bemühungen eines jungen Dichters um sie hintergründig angespielt, immer überraschend Wort wird. Ein Pindar-Gedicht? Ein Augustus-Gedicht? Ein
Horaz-Gedicht? Ein Antonius-Gedicht? Es ist alles und nichts von dem zugleich,
es ist ein Individuum, das in unnachahmlicher Weise die Fülle der Stimmung vor
der Heimkehr des Augustus keusch, überlegen, doch getreu in eine dichterische
Welt bannt.

Vergil 4

Ist der Unterschied zu Catull und Gallus mit Händen zu greifen, so kann der Vergleich mit dem anderen klassischen Lyriker, der sich eine eigene Sprache, einen eigenen Ton, eine eigene Welt geschaffen hat, weiterführen: mit Vergil.

Erste Versuche

Vergils Eklogen begegneten wir bei Gallus. Hier sind sie auf ihre lyrische Eigenart hin zu befragen. Vorher aber müssen die Jugendgedichte eine Rolle spielen. Sie zeigen, daß Vergil sogleich von Anfang an wie auch Horaz seinen eigenen Ton hatte. In der sogenannten Appendix Vergiliana hat sich eine Sammlung von Gedichten verschiedener Art gefunden, die man teilweise und im Laufe der Zeiten in immer größerer Zahl Vergil zuschreibt. Unter den einzelnen Stücken gehen uns hier die meisten weniger an. Es sind Kleinepen mythologischer, parodischer, realistischer Art. Ein Naturgedicht ist später hinzugekommen. Auch Nachahmungen der *Bucolica* und der Elegie finden sich. Alle sind interessant, weil man erkennt, wie – abgesehen von einigen Ausnahmen – noch das hellenistische Spiel der Catull-Zeit unter den Epigonen und Nachzüglern herrscht, während die echten Zeitgenossen schon andere Wege beschreiten.

Das gilt auch für eine Sammlung in der Sammlung, das *Catalepton*, »Kleinigkeiten«, nach einem Titel des Arat benannt. Einige Stücke sind mit Sicherheit als unecht zu erweisen, bei andern regt sich berechtigter Zweifel. Für die Geschichte der römischen Lyrik wären natürlich auch die nichtvergilischen Stücke von Belang. Aber da gibt es bis auf eine virtuose Parodie des catullischen Phaselus-Gedichtes, jenes echte Dankbarkeit und Geborgenheit atmende Weihgedicht auf das Schiff, das ihn in die Heimat führte, nichts großartig Neues. Catull herrscht in Liebes- und Schmähgedichten und die Schule der Rhetorik (z. B. Cat. 3 auf die Macht des Schicksals).

Natürlich wird man besonders auf die achten, die in der Anrede oder durch erwähnte Personen und Ereignisse auf den Lebenskreis des Vergil weisen. Hier läßt ein sehr bewegtes lyrisches Gedicht aufhorchen, das an Tucca gerichtet ist, dem Vergil im Jahre 19 v. Chr. vor seinem Tode in Brundisium den Nachlaß vermachte (Cat. 1):

> De qua saepe tibi, venit, sed, Tucca, videre
> non licet: occulitur limine clausa viri.
> De qua saepe tibi, non venit adhuc mihi, namque
> si occulitur: longe est, tangere quod nequeas.
> Venerit, audivi. Sed iam mihi nuntius iste
> quid prodest? Illi dicite cui rediit.

5

Über die ich dir oft sprach, Tucca, sie ist gekommen, aber
ich darf sie nicht sehen: versteckt wird sie, von der Schwelle ihres Mannes ein-
gesperrt.
Von der ich dir oft sprach, sie ist noch nicht für mich gekommen, denn
wenn sie versteckt wird: nun weitab ist, was du nicht berühren kannst.
Mag sie gekommen sein, ich habe es gehört. Aber was nützt mir
nun diese Nachricht? Sage sie dem, für den sie gekommen ist.

Es ist eine besondere Reaktion auf eine freudige Nachricht. Ein geliebtes Mädchen
oder eine geliebte Frau ist gekommen, so sagt er zu Tucca, zu dem er oft von ihr
gesprochen hat. Aber sie ist eingeschlossen im Haus ihres Mannes, so daß er sie
nicht sehen kann. Deshalb, so geht das epigrammatische Spiel weiter, ist sie nicht
für ihn gekommen; denn, und das könnte die Pointe sein, es ist so gut wie fern,
was man nicht berühren kann. Würde das Gedicht mit dieser Lösung des Gedan-
kenspieles enden, wäre es der Form nach ein hellenistisches Epigramm. Es geht
aber weiter. Auf die immer wieder gehörte Freudenbotschaft »sie ist gekommen«
reagiert der Dichter leidenschaftlich ausbrechend: mag sie gekommen sein, ich
habe es vernommen, aber was nützt mir schon die Nachricht? Und darauf paradox – denn dem braucht man es nicht zu sagen – und zugleich verzweifelt leid nd:
verkündet es dem, für den sie gekommen ist. Der wird sich freuen, während er sich
in seiner Liebe quält. Das Epigramm ist also wie oft bei Catull aufgebrochen. Aus
dem Gedankenspiel wird bitterer Ernst, einsames Leiden, spontaner Ausbruch.
Mit dem Refrain, der bei Catull beliebt ist, der umgangssprachlichen an den Briefstil erinnernden Auslassung des Verbs, dem prosaischen *namque*, dem Aprosdoke-
ton, vor allem aber dem Aufbrechen des Epigramms erinnert das Gedicht an Catulls Stil, der hier nur deshalb in der Nachahmung nicht Manier genannt werden
kann, weil eine konkrete Situation in ihrer Paradoxie sprachlich adäquat ausgeschöpft ist und man echte Verzweiflung und Leidenschaft aus dem Gedicht heraus-
hört.
Ist der Verfasser Vergil? Er müßte als leidenschaftlicher jugendlicher Liebhaber
ein ganz anderes Temperament gehabt haben, als es seine schwermütigen, aber das
Leid aufhebenden, versöhnlichen Eklogen zeigen. Wer möchte es für unmöglich
erklären? Daß wir es doch tun, ist die Folge zweier Gedichte, die zu den frühesten
gehören müssen, in denen sich ein gleiches Weltgefühl wie in den Eklogen ausspricht, das dem ›catullischen‹ trotzigen Ausbruch und Leiden diametral entgegengesetzt ist.

Cat. 5   Ite hinc, inanes, ite, rhetorum ampullae,
inflata rhoeso non Achaico verba,
et vos, Selique Tarquiti Varroque,
scholasticorum natio madens pingui
ite hinc, inane cymbalon iuventutis.   5
tuque, o mearum cura, Sexte, curarum,
vale, Sabine, iam valete, formosi.
nos ad beatos vela mittimus portus
magni petentes docta dicta Sironis
vitamque ab omni vindicabimus cura.   10
ite hinc Camenae vos quoque. ite iam sane,

dulces Camenae – nam fatebimur verum,
dulces fuistis –: et – tamen meas chartas
revisitote, sed pudenter et raro.

Hinweg ihr leeren, ihr hohlen Worte der Rhetoren,
ihr, durch ungriechischen Schwulst aufgebläht,
und ihr, Selius, Tarquitius und Varro,
ihr Pedantenvolk, das von Gesalbtheit trieft,
hinweg mit euch, ihr leeres Geklingel für die Jugend.
Auch du, Sextus Sabinus, du Traum meiner Träume,
leb wohl. Lebt nun wohl ihr Schönen.
Wir setzen Segel zu den seligen Häfen,
des großen Siro weise Worte suchend,
und werden das Leben befreien von jedem Leiden.
Hinweg ihr Musen auch ihr! So geht doch schon,
ihr süßen Musen – denn gestehen wir die Wahrheit:
süß waret ihr –: doch halt! Besucht
meine Blätter wieder, aber maßvoll und selten. (Vgl. S. 361.)

Das Gedicht fängt in einer differenzierten Bewegungskurve die Stimmung und Gedanken eines καιρός, einer entscheidenden Stunde, ein. Der Dichter hat sich entschlossen, sich nach der Schule des Rhetors der Philosophie zuzuwenden, was
durchaus nicht das Normale war. Die meisten ließen es bei der Ausbildung in der
Redekunst bewenden. Da heißt es Abschied nehmen. Es ist nun nicht so, wie man
gemeint hat (Birt), daß das Gedicht zweigeteilt sei und im ersten Teil der Abschied
von der Rhetorik, im zweiten Teil die Hinwendung zur Philosophie jeweils in sieben Versen behandelt würde. Das Gedicht ist bewegter: zuerst wird Abschied genommen von den Professoren, dann vom Freunde, dann von der Dichtung; denn
selbst dürfe der Weise, obwohl ihr bester Beurteiler, keine Gedichte machen, sagt
Epikur. Man hat also eine Dreiteilung, die durch das refrainartige *ite hinc – vale –
ite hinc* deutlich unterstrichen wird.
Der Abschied von den Rhetoren ist kein Problem. Mit einem kräftigen, wiederholten, aus der Umgangssprache entlehnten *ite hinc* schiebt er sie mit ihrem hohlen
Pathos und ihrer Gesalbtheit beiseite. Schwieriger wird es schon beim geliebten
Freund. Ihm und den *formosi* – die Begriffe stammen aus dem Freundschaftskult
des catullischen Kreises – ruft er ein wehmütiges Lebewohl nach. Auch eine Begründung ist notwendig. Die Hinwendung zur Philosophie, und zwar der epikureischen, brauchte zwar nicht auf die Freundschaft zu verzichten – sie ist nach
Epikur das höchste Gut des Menschen – wohl aber auf die Leidenschaft. Man
spürt aber an dem hohen Stil parodierenden Pathos, daß er selber Abstand auch
gegenüber einer zu autoritativen Philosophie gewonnen, also eine echt philosophische Haltung erreicht hat. So verzichtet er in Freiheit auf dieses schöne
Schwärmen der Jugend.
Ganz ernst aber scheint er zuletzt zu werden. Wenn der Weise oder der sich der
Philosophie hingibt, nicht dichtet, so muß also auch Abschied von den Musen genommen werden. So fordert er, schon zögernd – *vos quoque* –, sie auf, sich davon-
zuscheren. Die Musen glauben es offenbar gar nicht: er muß ihnen also gut zureden
und gibt ihnen ein schmeichelndes Beiwort – *dulces*. Hier schiebt sich eine Paren-

these ein, sie gibt eine Besinnung, eine zweite Ebene des Gedankens wird eingeschaltet: ja, er muß die Wahrheit bekennen: süß – wir denken an die Bedeutungs-
fülle dieses Wortes im Römischen – waren sie. So stehen sich Aufforderung und
Besinnung scheinbar unversöhnlich gegenüber. Da fügt der Dichter noch etwas
hinzu. Er spürt – nach dem *et* ist eine Pause anzusetzen –, daß es sich nicht so ohne
weiteres anreihen läßt, setzt es aber mit einem *tamen* hinzu: ein Besuch wird ja
wohl erlaubt sein. Die Musen sollen von Zeit zu Zeit kommen, aber mit Zurückhaltung – das geht doch wohl auf den Inhalt – und selten. Es ist ein fast ver-
schmitzter Ausweg, der mit dieser graziösen Gebärde gefunden worden ist. Philosophischer Rigorismus und persönliche Liebe zur Dichtung lassen sich in Einklang
bringen in der tieferen Schicht echt menschlichen Verhaltens.
Es ist ein Abschied, der keiner ist. So hatten wir Catull c. 8, das auch in Hinkjamben geschrieben ist, charakterisiert. Dieses, eines der schönsten Catull-Gedichte,
hat also bei diesem Gedicht Pate gestanden. Der Dichter ist auch sonst von Catull
bestimmt: sehen wir von der schon erwähnten Begriffswelt (*pingue, cura, formosi*)
ab, so ist das vor allem neben der Vorliebe für den Refrain, in der Neigung zu
spüren, das Umgangssprachliche zu poetischer Wirkung zu bringen, weiter in der
Freude an der seelischen Bewegung und schließlich dem bewußten Sich-Agie-
ren und Sich-Beobachten. Andrerseits ist der Unterschied nicht zu verkennen. Er
liegt in der Form und im Inhalt. Die Spontaneität der seelischen Bewegung tritt
zurück hinter ihrer Ordnung (in 5:5:4 Versen). Diese Ordnung aber ist ihrerseits
Ausdruck der Meisterung der Situation. Der Dichter leidet nicht hilflos ausgeliefert, sondern er stellt eine Lösung dar, so daß das Gedicht den seelischen Vorgang
abschließt. Das Gedicht bedeutet einen Schritt zum Klassischen, so catullisch es
auch auf den ersten Blick anmutet.
Wir wissen um die philosophischen Neigungen Vergils und seine Nähe zu Siro. Die
Gabe der Versöhnung der Gegensätze, ihre Aufhebung im Geistigen und im Gedicht ist das, was Vergil auszeichnet. So wüßten wir, zumal außer dem achten keines der anderen Gedichte im Catalepton im entferntesten an dieses erinnert, keinen
anderen als Vergil als Verfasser zu nennen.

Vergils Leben

Cat. 8   Villula, quae Sironis eras, et pauper agelle,
              verum illi domino tu quoque divitiae,
          me tibi et hos una mecum, quos semper amavi,
              siquid de patria tristius audiero,
          commendo imprimisque patrem: tu nunc eris illi   5
              Mantua quod fuerat quodque Cremona prius.

          Hüttchen, das Siro gehörte, und bescheidenes Äckerchen,
          aber jenem Besitzer auch du Reichtum,
          mich und diese mit mir, die ich immer geliebt,
          wofern ich über die Heimat etwas Schmerzliches höre,
          empfehle ich dir an und besonders den Vater: du wirst
          ihm jetzt sein, was Mantua und Cremona früher gewesen.

Vergil war 70 v. Chr. in dem Dörfchen Andes bei Mantua geboren worden. Der Vater, dem Vergils Sorge in diesem Gedichte gilt, scheint ein Stück Land und eine Töpferei in dieser Gegend besessen zu haben. Wir wissen das alles aus den Vitae Vergilianae, einer Reihe von Lebensbeschreibungen, auf die freilich hier nicht eingegangen werden kann, zumal manches in ihnen aus den Dichtwerken herausgesponnen wurde in jener allegorischen Erklärungsweise, die man seit langem an Homer übte. Sicher scheint aber zu sein, daß Vergil in Mailand auf die Schule gegangen ist und darauf in Rom beim Rhetor studiert hat. Freilich erkannte er bald, daß er für die Laufbahn des Redners nicht geeignet war, und zog sich in die Stille Kampaniens zurück. Wir haben das Gedicht eben kennengelernt, in dem sich das ankündigt.

Dort hat sich sein Leben im Rhythmus der Werke abgespielt. 42–39 v. Chr. sind die Bucolica entstanden, 37–30 die Georgica, 29–19 die Aeneis. Die Beziehungen zu den großen Freunden, vor allem Maecenas und Augustus, ließen natürlich die Beziehungen zu Rom nicht abreißen und machten Reisen nötig. Zuletzt brach er nach Griechenland auf, um drei Jahre auf die Korrektur seiner Aeneis zu verwenden. Das war im Jahre 19 v. Chr. Er wurde von dem aus dem Osten zurückkehrenden Augustus wieder mit nach Rom genommen und starb in Brindisi.

Bekannt ist die Tragödie, daß er vergeblich versuchte, sein eigenes Werk, das die letzte Hand noch nicht erfahren hatte, zu verbrennen. Hier befinden wir uns am Beginn jener Lebenseinheit, die darin gipfelte, daß er in seinem Epos dem römischen Volk die Deutung seines Wesens schenkte. Mit den ersten Eklogen muß er etwa in dieser Zeit, vielleicht etwas später, Asinius Pollio aufgefallen sein und neben seiner Freundschaft die des Maecenas gefunden haben.

Die große soziale Umwälzung der Landverteilungen, die Octavian im Jahre 41 v. Chr. in Absprache mit Antonius durchführte, um die Veteranen von Philippi zu versorgen, hat unendliches Leid über die betroffenen Gebiete gebracht. Die Familie Vergils scheint davon direkt betroffen gewesen zu sein, wurde aber offenbar von den Beauftragten des Octavian wieder entschädigt.

Empörung und Wut machten sich auch in aktuellen Gedichten Luft. Ein Beispiel für diese politische Lyrik findet sich in der Appendix Vergiliana in den ›Dirae‹, den Verfluchungen enteigneten Landes. So war die lucilische Satire, aber auch die archilochische Epode, wie wir aus Nachrichten wissen, in das Tagesgeschehen gezogen worden. Cat. 8 spielt am Vorabend der Ereignisse. Es ist also, stammt Cat. 5 von Vergil und darum etwa aus dem Jahre 50 v. Chr., bedeutend später als jenes.

Das Landhaus – das bei den Neoterikern so beliebte, zarte Deminutiv wird wie dann auch vom Acker gebraucht: *agelle* –, das einst Siro gehörte, wird angeredet, somit der Frühform des Epigramms nahe. Ein bescheidenes Gütchen ist es. Aber – *pauper* führt weiter wie das *dulces* in Cat. 8 – es war für jenen Besitzer, einen Philosophen, der im Sinne des Meisters lebte, ein Reichtum, und durch ihn hat es sozusagen etwas von der Welt der Zufriedenheit. In diesem Häuschen will er sich und die Seinen bergen, wenn schlimme Nachrichten aus der Transpadana kommen. Behutsam fängt die Reihe mit ihm selbst und der vertraulichen Anrede *tibi* an, dann schließt sich die Seinen an, die er immer geliebt hat, ehe er mehr andeutend den Fall nennt, in dem dieses Schutzverhältnis wirksam werden soll, wenn er nämlich etwas Bitteres über die Heimat erfährt. Erst jetzt kommt das Verb *commendo* und das Hervorheben des Vaters aus dem Kreise seiner Lieben. Der Vater Vergils muß wie der des Horaz ein besonderer Mann gewesen sein, dem die reine Bildung des Sohnes am Herzen gelegen hat. Ihm gilt die Hauptsorge, aber auch das Hauptvertrauen: das Gütchen wird ihm die Heimat, die größeren Verhältnisse in Mantua und Cremona ersetzen. Das Gütchen, in dem noch der Geist des Siro lebt, gibt dieses Vertrauen ebenso wie der Vater selbst, der dafür, für Wesentliches, Sinn hat.

Einer prekären Lage, in der Verzicht geleistet werden muß, ohne Rebellion etwas Gutes und Heilsames abzugewinnen, in der Behutsamkeit der innerlich bewegten, hier fast stockend-besinnlichen Gedankenführung den Prozeß bis zur hoffnungsvollen Lösung nachzubilden und dies in ganz schlichten, dem Alltagslatein abgelauschten Wendungen – diese Merkmale teilt das Gedicht mit dem vorigen. So wird es als vergilisch erwiesen. In der Beherrschung der Affekte und der Ausgewogenheit des Aufbaus in drei Stufen nähert es sich dem Klassischen.

Dieser klassische Grundzug ist bei Vergil anders als bei Horaz, der ihn sich schwer errungen hat, offenbar in seiner Natur angelegt. Wir finden ihn ausgereift in seinen *Bucolica*, dann in den *Georgica* und der *Aeneis*. Letztere beiden Werke, obwohl ›lyrische Stellen‹ enthaltend, bleiben in diesem Zusammenhang außer Betracht und auch bei den Bucolica ist zu fragen, ob sie in ein Buch über die römische Lyrik gehören.

Die Eklogen

Bucolica sind ländliche Gedichte, Hirtengedichte, nach dem *bucolus*, dem Rinderhirten, so benannt. Theokrit hat die Gattung geschaffen. Sie galt nicht als Lyrik – das war den Liedern zur Lyra vorbehalten –, sondern rechnete zu den Kleinformen, den Eidyllia. Theokrit hatte, um nur das Wesentlichste anzudeuten, die Hirtenwelt seiner Heimat Sizilien in einem dorischen Kunstdialekt in dramatischer Form geschildert. Ihr Leben und Lieben, ihr Singen, ihre Mythen waren der Gegenstand, der in seiner Naturhaftigkeit und Naturverbundenheit für den blasierten alexandrinischen Städter den Reiz der Neuheit hatte und zugleich einer gewissen Nostalgie der Überfeinerten entsprach. Weit entfernt aber, daß Theokrit sich mit seinen Hirten identifizierte und gar mit ihnen predigen wollte, stellt er sie mit Ironie und Abstand in ihrer Besonderheit dar. Das komplexe Gebilde seiner Kunst-

ecl. 9   Lycidas   Moeris

> L. Quo te, Moeri, pedes? an, quo via ducit, in urbem?
> M. O Lycida, vivi pervenimus, advena nostri
>   (quod numquam veriti sumus) ut possessor agelli
>   diceret: ›haec mea sunt; veteres migrate coloni.‹
>   nunc victi, tristes, quoniam fors omnia versat,
>   hos illi (quod nec vertat bene) mittimus haedos.
> L. Certe equidem audieram, qua se subducere colles
>   incipiunt mollique iugum demittere clivo,

5

dichtung hat etwas Esoterisches, wie der Georgianer Albrecht v. Blumenthal in dem Artikel der Realenzyklopädie formuliert, etwas Provinzielles. Die nachtheokritische Bukolik hat dann sentimentalisiert und das Liebesmotiv stärker betont. Vergil hat, ehe er sich in den Georgica zu Hesiod, in der Aeneis zu Homer zurückwandte, diese hellenistische Gattung, die Sicelides Musae, aufgegriffen und sie innerlich verwandelt. Die Gedichte seiner Sammlung – das ist etwas Neues, Theokrits Sammlung ist von Späteren zusammengestellt worden, wobei auch Unechtes mit hineinkam – sind in den Jahren 42–39 v. Chr., zehn Stücke also in drei Jahren entstanden. Die Zehnzahl ebenso wie der Aufbau des Buches in zwei Hälften zeigt das bewußte Streben – zum ersten Male, wie es scheint –, eine wohlgeordnete poetische Welt zu gestalten, in der das Einzelgedicht Individuum, aber doch zugleich auch Teil des Ganzen ist und die mannigfachsten Beziehungen zwischen ihnen spielen. Die frühesten Gedichte sind das zweite und dritte, wenn man die Reihenfolge ihres Zitates in der fünften Ekloge als zeitliche Reihenfolge interpretiert; darauf folgte das fünfte, in dem zwei und drei eben zitiert werden, wahrscheinlich unmittelbar; denn es liegt kein Grund vor, warum Vergil beim Zitat ein Gedicht hätte auslassen sollen.

Sie schließen sich thematisch an Theokrit-Gedichte noch eng an, haben die Vorbilder des Theokrit jedoch so verwandelt, daß sie die vergilische Art schon ganz verwirklichen. Nur daß vor allem in der 3. Ekloge die konkrete Gegenwart noch unvermittelt in den bukolischen Raum einbricht. Das trifft für die neunte Ekloge ebenfalls zu, mit der eine weitere Verwandlung des theokritischen Idylls einsetzt. Es geht nämlich um Zeitschicksal. Die Ereignisse der Gegenwart finden ihr Echo in der bukolischen Welt (Theokrit hätte in diesem Fall wohl den bukolischen Rahmen aufgegeben). Das setzt sich fort in der 1. und steigert sich zu der berühmten 4. Ekloge. Eine letzte Wendung erfolgt in den Eklogen 6, 7, 8 und 10, wo die bukolische Dichtung selbst Gegenstand des Gedichtes wird, eine letzte Komplizierung der Thematik.

9. Ekloge

Warum diese Gedichte Lyrik sind, was ihr Wesen ist, warum Vergil gerade mit ihnen begann, das sind Fragen, die nur die Interpretation beantworten kann.

L. Wohin zu Fuß, Moeris? Etwa, wohin der Weg führt, in die Stadt?
M. Ach Lycidas! Zu Lebzeiten sind wir dahin gekommen, daß der hergelaufene
   – wir hatten es nie gefürchtet – Besitzer unseres Gütchens
   sagte: »das ist mein; fort mit euch alten Bauern!«
   Jetzt besiegt, schicken wir betrübt, da ja das Geschick alles umkehrt,
   ihm diese hier – zum Unheil möge es sich kehren – die Böckchen.
L. Ich hatte doch wenigstens gehört, wo sich die Hügel zurückzuziehen
   beginnen und in sanftem Abhang die Höhe herabzuführen,

      usque ad aquam et veteres, iam fracta cacumina, fagos,
      omnia carminibus vestrum servasse Menalcan.   10
M. Audieras, et fama fuit; sed carmina tantum
      nostra valent, Lycida, tela inter Martia quantum
      Chaonias dicunt aquila veniente columbas.
      quod nisi me quacumque novas incidere lites
      ante sinistra cava monuisset ab ilice cornix,   15
      nec tuus hic Moeris nec viveret ipse Menalcas.
L. Heu, cadit in quemquam tantum scelus? heu, tua nobis
      paene simul tecum solacia rapta, Menalca?
      quis caneret Nymphas? quis humum florentibus herbis
      spargeret aut viridi fontis induceret umbra?   20
      vel quae sublegi tacitus tibi carmina nuper,
      cum te ad delicias ferres Amaryllida nostras?
      ›Tityre, dum redeo (brevis est via) pasce capellas,
      et potum pastas age, Tityre, et inter agendum
      occursare capro (cornu ferit ille) caveto.‹   25
M. Immo haec, quae Varo necdum perfecta canebat
      »Vare, tuum nomen, superet modo Mantua nobis,
      Mantua vae miserae nimium vicina Cremonae,
      cantantes sublime ferent ad sidera cycni.«
L. Sic tua Cyrneas fugiant examina taxos,   30
      sic cytiso pastae distendant ubera vaccae,
      incipe, si quid habes. et me fecere poetam
      Pierides, sunt et mihi carmina, me quoque dicunt
      vatem pastores; sed non ego credulus illis.
      nam neque adhuc Vario videor nec dicere Cinna   35
      digna, sed argutos inter strepere anser olores.
M. Id quidem ago et tacitus, Lycida, mecum ipse voluto,
      si valeam meminisse! neque est ignobile carmen.
      ›huc ades, o Galatea; quis est nam ludus in undis?
      hic ver purpureum, varios hic flumina circum   40
      fundit humus flores, hic candida populus antro
      imminet et lentae texunt umbracula vites.
      huc ades; insani feriant sine litora fluctus.‹
L. Quid, quae te pura solum sub nocte canentem
      audieram? numeros memini, si verba tenerem: 45
      ›Daphni, quid antiquos signorum suspicis ortus?
      ecce Dionaei processit Caesaris astrum,
      astrum quo segetes gauderent frugibus et quo
      duceret apricis in collibus uva colorem.
      insere, Daphni, piros: carpent tua poma nepotes.‹   50
M. Omnia fert aetas, animum quoque; saepe ego longos
      cantando puerum memini me condere soles:
      nunc oblita mihi tot carmina, vox quoque Moerim

bis zum Wasser und den alten Buchen, schon verwitterten Gipfeln,
habe euer Menalcas alles mit seinen Liedern gerettet.
M. Du hattest es gehört, und es ging das Gerücht; aber unsere Lieder
haben soviel Kraft unter den Geschossen des Mars, wie
die chaonischen Tauben, wenn der Adler kommt, wie man sagt.
Wenn mich aber nicht auf jede Weise neuen Streit abzuschneiden
vorher eine Krähe zur Linken von der hohlen Steineiche gemahnt hätte,
würde weder dein Moeris hier noch Menalcas selber am Leben sein.
L. Oh, trifft auf einen ein solches Verbrechen? O deine
Tröstungen, uns fast zugleich mit dir geraubt, Menalcas?
Wer hätte die Nymphen besingen sollen, wer den Boden mit blühenden
                                    Kräutern
bestreuen und die Quellen mit grünendem Schatten umziehen?
Oder die Verse, die ich dir neulich schweigend abhörte,
als du zu Amaryllis eiltest, unserem Liebling;
»Tityrus, bis ich zurückkomme – der Weg ist kurz – weide die Ziegen
und treibe sie, wenn sie geweidet sind, zum Trinken und beim Treiben
hüte dich – er stößt mit dem Horn – dem Bock in den Weg zu kommen!«
M. Nein, die er dem Varus sang, sie sind noch nicht fertig:
»Varus, dein Name, mag nur Mantua erhalten bleiben,
Mantua weh allzu benachbart dem armen Cremona,
werden die Schwäne singend hoch zum Himmel tragen.«
L. So wahr deine Schwärme die korsischen Eiben meiden,
so wahr die Kühe vom Klee genährt ihre Euter spannen mögen:
beginne, wenn du etwas hast. Auch mich machten zum Künstler
die Pieriden, auch ich habe Lieder, auch mich
nennen die Hirten einen Sänger; aber ich bin ihnen gegenüber nicht leicht-
                                    gläubig.
Denn ich glaube bisher weder dem Varius noch dem Cinna
Würdiges zu dichten, sondern wie eine Gans unter den tönenden Schwänen
                                    zu lärmen.
M. Darauf sinne ich und schweigend, Lycidas, bedenke ich es bei mir,
wenn ich mich nur zu erinnern imstand wär; und es ist kein gewöhnliches
                                    Lied:
»Komm hierher, Galatea. Was ist denn ein Spiel in den Wellen?
Hier ist Glanz des Frühlings, hier rings um den Fluß
schüttet der Boden bunte Blumen, hier ragt die weiße Pappel
in die Höhle und die biegsamen Weinranken weben Schatten:
hier komm her: laß die wütenden Fluten den Strand schlagen.«
L. Wie ist's mit dem, das ich dich allein in klarer Nacht
hatte singen hören? An den Rhythmus erinnere ich mich, wenn ich nur die
                                    Worte wüßte:
»Daphnis, was schaust du zu den Aufgängen der alten Sterne auf?
Sieh, hervor kam das Gestirn Caesars aus dem Stamm der Venus-Mutter
                                    Dione,
ein Gestirn, unter dem die Saaten sich an der Frucht freuen sollen
und unter dem die Traube auf sonnigen Hügeln Farbe annehmen möge.
Pflanze Birnbäume, Daphnis: die Enkel werden deine Früchte ernten.«
M. Alles trägt das Alter davon, auch den Schwung; oft, erinnere ich mich, habe
ich als Knabe mit Singen lange Tage zu Ende gebracht:
jetzt habe ich so viele Lieder vergessen; auch die Stimme selber

iam fugit ipsa: lupi Moerim videre priores.
sed tamen ista satis referet tibi saepe Menalcas.   55
L. Causando nostros in longum ducis amores.
   et nunc omne tibi stratum silet aequor, et omnes,
   aspice, ventosi ceciderunt murmuris aurae.
   hinc adeo media est nobis via; namque sepulcrum
   incipit apparere Bianoris. hic, ubi densas   60
   agricolae stringunt frondes, hic, Moeri, canamus:
   hic haedos depone, tamen veniemus in urbem.
   aut si nox pluviam ne colligat ante veremur,
   cantantes licet usque (minus via laedit) eamus;
   cantantes ut eamus, ego hoc te fasce levabo.   65
M. Desine plura, puer, et quod nunc instat agamus;
   carmina tum melius, cum venerit ipse, canemus.

In einem der schönsten Theokrit-Gedichte (VII), den ›Thalysia‹ (Erntefest), begegnen sich unterwegs zwei Hirten, die dann im Weitergehen jeder ein Lied zum besten geben und miteinander wetteifern. Dieser allgemeine Gedanke steht wohl hinter unserem Gedicht. Im übrigen ist alles anders. Die Hirten bei Theokrit kommen aus der Stadt. Sie gehen zum Erntefest. Ein heißer Sommertag mit der Schilderung der Stimmung, der Früchte, der Düfte – wir kommen bei der 1. Ekloge noch einmal darauf zurück – wird realistisch beschrieben. Die Hirten sind verkleidete Dichter, etwas Literarisches ist im Spiele. Die Lieder und der Wettkampf vollziehen sich in bestimmten poetischen und traditionellen Formen.

Bei Vergil geht der alte Moeris, ein *colonus* – wahrscheinlich wie der horazische Ofellus mehr kleiner Gutsbesitzer als Hirt: die vergilischen Hirten haben etwas Bäuerliches gegenüber den theokritischen – in die Stadt. Es ist charakteristisch, daß sich die Gelehrten über die sozialen Verhältnisse des Moeris und Menalcas streiten konnten: darauf kommt es offensichtlich nicht an. Auch die Vorgänge, die vor dem Gedicht liegen, sind nicht deutlich bezeichnet: sicher ist, daß Moeris von den Landverteilungen betroffen wurde. Der neue Besitzer ist erschienen. Unfreundlich wird er, noch mehr aber sein brutales Vorgehen: »Hinweg mit euch alten Bauern!« geschildert. Dann aber scheint er doch nicht aufs Land gekommen, sondern in der Stadt geblieben zu sein. Moeris ist jedenfalls auf dem Wege, ihm als Abgabe Böckchen zu bringen. Auf diese Situation und auf das Schmerzliche des Erlebnisses kommt es an, und das sprudelt empört aus ihm heraus, als er den jungen Hirten und Sänger (und vielleicht Bauern) Lycidas trifft.

Auf dessen verwunderte Frage, wie das käme, da er gehört hätte, Menalcas habe mit seinen Liedern alles Land von den Hügeln bis zum Wasser gerettet, weist Moeris auf die Ohnmacht des Musischen unter den Waffen hin und berichtet von einer Lebensgefahr, der er und Menalcas nur entronnen seien, weil er rechtzeitig die Streitigkeiten beendet habe. In der Bestürzung über die Gefahr des Verlustes eines solchen Sängers vergegenwärtigen sich die beiden Wanderer Gesänge des Menalcas.

Moeris, der Alte, erschöpft sich dabei. Er klagt, daß ihn Gedächtnis und Mut verließen. Lycidas dagegen versucht alles, um die zweite Hälfte des Weges entweder

entflieht Moeris; die Wölfe haben Moeris zuerst gesehen.
Aber dieses wird dir Menalcas oft genug vortragen.
L. Mit Ausflüchten vertröstest du meine Liebe.
Und jetzt schweigt dir die ganze gebreitete Ebene und,
schau, alle Lüfte des windreichen Säuselns sind erstorben.
Hier gerade ist für uns die Mitte des Weges; denn das Grab
des Bianor beginnt sich zu zeigen: hier, wo die Bauern
das dichte Laub abstreifen, hier Moeris, wollen wir singen;
hier setz' die Böckchen ab, wir kommen doch noch in die Stadt.
Oder wenn wir fürchten, die Nacht könnte vorher Regen zusammenziehen,
können wir singend weitergehen: der Weg ist weniger lästig;
um singend weiterzugehen, werde ich dich von dieser Bürde erleichtern.
M. Nichts mehr, Knabe, und was jetzt drängt, wollen wir treiben:
Lieder wollen wir besser dann, wenn er selber kommt, singen.

an Ort und Stelle oder im Weitergehen mit Liedern zu verkürzen. Moeris aber
weist auf die traurige Aufgabe hin und verschiebt den Gesang auf bessere Gelegenheit, bis nämlich der Sänger selbst, Menalcas, kommt.
Der Leser oder der Hörer nimmt an diesem schlichten Geschehen vordergründig
schon deshalb Anteil, weil die Akteure von einem großen – zeitgenössischen – Geschehen betroffen sind, ja aufs höchste gefährdet waren. Er läßt sich mit für den
großen Sänger Menalcas begeistern und hat Verständnis dafür, daß der Gesang
dann trotz des Drängens des Jüngeren bei Anbruch der Nacht abgebrochen wird.
Die – gegenüber Theokrit – neue Betonung der Altersunterschiede in den Reaktionen macht sich bezahlt, umgreift mehr vom Leben.
Das Ganze steht dem gesprochenen Latein selbst in den rezitierten Liedern teilweise nahe. Die Übersetzung, die möglichst treu die einzelnen Wörter und die
Konstruktion – Interjektionen, Parenthesen, Beteuerungen, Ellipsen, Emotionen – nachbildet, wird das erkennen lassen. Völlig unerreichbar für die Übersetzung ist die Musik der Verse, die auch die kunstvolle Gliederung des Hexameters
mit einschließt. Obgleich so der Eindruck völliger Lockerheit und musikalischen
Flusses erweckt wird, ist doch alles vom einzelnen Vers bis zur Gesamtkomposition
von ausgewogenem Maß beherrscht. Der Eingangsmimus – von Mimus kann man
insofern sprechen, als eine alltägliche Situation des Lebens abgebildet wird, freilich
ohne den Realismus, der etwa für die Mimiamben des Herondas bezeichnend ist –
umfaßt, gipfelnd im Namen Menalcas, 16 Verse, das Schlußstück, beginnend mit
der Klage über das Alter, 17 Verse. Das Mittelstück, die Vergegenwärtigung der
Verse des Menalcas, 34 Verse lang, bringt zunächst 2 × 3 Verse des Menalcas, wobei zunächst dem Lycidas ein bukolisches Thema zufällt, dem Moeris mit einem
politisch-aktuellen antwortet. Beim zweiten Mal bringt Moeris diesmal 5 Verse
bukolische Dichtung des Menalcas vor, während Lycidas mit 5 Versen aus der
Zeitgeschichte antwortet. Die beiden Gruppen wachsen jeweils aus Versen hervor,
die einmal Vergil zitieren (19 f. = Ekl. 5,40), das andere Mal Theokrit (32, vgl.
Theokr. VII 35 ff.), während das Gegenlied jeweils mit kurzer Replik von einem
oder zwei Versen folgt. Mehr lichtvolle Ordnung und Ausgewogenheit bei völliger
Freiheit der weichen Bewegung ist kaum vorstellbar. Sie unterscheidet sich wesent-

lich von den Eruptionen Catulls und seinen gewollten Mißverhältnissen zwischen Vorspannung und Hauptaussage, aber auch von der rationalen Durchsichtigkeit des Horazischen Bauens.

Von den zitierten Versen sind die bukolischen fast wörtliche Umsetzungen Theokrits (23–25 = Theokr. III, 2–5; 39–43 = Theokr. XI, 42–49), die beiden andern sind mit leicht bukolischer Färbung aus der Zeit erwachsen: 27–29 wird Varus Ruhm verheißen, wenn Mantua nicht in das Verderben Cremonas hineingezogen wird, 46–50 wird Daphnis – bei Theokrit ist er der sizilische Hirtenheros par excellence – aufgefordert, seinen Blick auf das heilbringende Gestirn Caesars zu richten. In beiden, allerdings eben in den Menalcas zugeschriebenen Liedern, geht soviel direkt von der Zeit aus, von ihrer Angst, was einer Bitte gleichkommt, und von ihrer Hoffnung, was eine Huldigung darstellt, wie sonst nirgends in Vergils Bucolica. Im Zitat wird direktere Aussage möglich.

Wer ist aber dieser Menalcas? Ein Dichter, der in Rom theokritisch dichtet, mit Varus und Caesar verbunden ist, kann kein anderer als Vergil sein. Warum sollte sonst V. 20 auch in Ekloge 5 zitiert sein? Wenn aber Lycidas sagt, auch er sei ein Dichter, die Hirten nennten ihn einen *vates* – *poeta* und *vates* stehen nebeneinander, Vergil hat wohl aus der 16. Epode des Horaz den *vates*-Begriff vorsichtig in eine Welt eingeführt, wo er in der Bedeutung Wahrsager zuhause war – und hinzufügt, daß er dem Höchsten, dem Zeitgenossen Cinna, einem Neoteriker, und Varius, dem Epiker, nicht gewachsen sei, so kann das nicht ein junger gewöhnlicher Hirt sein, sondern hier spricht mit der Direktheit der frühen Eklogen Vergil aus Lycidas. Wie steht es aber mit Moeris? Von Vergil wissen wir, daß er in den Landanweisungen zu Schaden gekommen ist, daß ihm vielleicht Ersatz für sein Gut gewährt wurde. Etwas vom vergilischen Schicksal steckt also auch in Moeris. Das ist kein Verkleidungsspiel wie in den ›Thalysia‹, sondern da alle drei Personen irgendwie Vergil sind, sind es Symbole bestimmter Teile seines Selbst.

Damit gewinnt das Gedicht ein ganz anderes Gesicht als die theokritischen Idylle. Hier kann man, ist erst die hintergründige Tiefe hinter dem vordergründigen Geschehen erkannt, von Lyrik sprechen. Es sind Gedanken und Empfindungen der Seele Vergils, die in symbolische Gestalten transponiert, in eine gemäße Landschaft versetzt, mit den Beziehungen der literarischen Tradition verknüpft und in einer dramatischen Bewegung bis in ihre differenziertesten und dialektischen Schwingungen hinein gefaßt werden.

Als Symbol ist das Gedicht letztlich nicht mehr auflösbar. Es ist nicht gemäß, nach Biographischem zu suchen, wie es die antiken Erklärer getan haben. Auch den Ort zu bestimmen, wird schwer sein. Das Denkmal des Bianor, nicht des

ecl. 1   Meliboeus   Tityrus

> M. Tityre, tu patulae recubans sub tegmine fagi
>   silvestrem tenui musam meditaris avena:
>   nos patriae finis et dulcia linquimus arva.
>   nos patriam fugimus: tu, Tityre, lentus in umbra
>   formosam resonare doces Amaryllida silvas.   5

Gründers von Mantua – dieser heißt Ocnus –, ist eine Theokrit-Anspielung, wo das des Brasidas eine ähnliche Rolle spielt. Und die ausgebreitete Fläche – *stratum aequor* –, bei Theokrit vom Meer gebraucht, wofür auch die sprachliche Formulierung sprechen würde, mag zwar auf den verbreiterten Mincio bei Mantua gehen können, aber auch auf die Ebene, die aussieht wie eine stille Meeresfläche. Wichtig ist, daß die zur Ruhe kommende Stimmung, die zu neuen Liedern locken würde, darin ihren schönsten konkreten Ausdruck findet und symbolisiert ist.

Läßt sich das Symbol nicht auflösen, so gewinnt doch die Bewegung des Gedichtes eine neue Bedeutung für den Dichter. Es geht aus vom Schmerz, ja von der Entrüstung, bis das zurückgelassen wird und der Gedanke sich in das Reich der Dichtung versetzt, eine Entrückung, die Glanz, Trost und Hoffnung des Musischen vergegenwärtigt. Der Schluß ist zwiespältig: die Mutlosigkeit des Älteren, dem das leidenschaftliche Begehren und die unersätliche Liebe zu den Liedern des Jüngeren entgegengesetzt ist. Geht man zu weit, zu sagen, daß zwei Seelen in seiner Brust wohnen? Jedenfalls verschiebt man weiteren Gesang, bis Menalcas wieder der alte wird, bis der Meister kommt. Trotz aller Hoffnung, trotz der vorhergegangenen Erhebung und Entrückung schließt das Gedicht, wenn auch alles Turbulente und die direkte Gefahr vergessen ist, voller Schwermut.

Lyrik des Symbolismus ist uns nicht fremd, hier erscheint sie in einer reinen Kunstwelt, für die später bei Vergil die Landschaft der Seele mit Namen Arkadien eintritt, zum ersten Male in Europa, Wirklichkeit von innen her, vom Sentimentalischen und dem Ideal her gestaltend. Vielleicht darf man zuletzt fragen, warum gerade Vergil der Erfinder dieser neuen Form der Verschlossenheit und Verrätselung geworden ist. Es mag mit seiner *verecundia* zusammenhängen. Widerspruch und Leid, sie bleiben nicht das letzte Wort, und der Dichter scheut sich, sie direkt auszusprechen. In der Stimmung gelöster Schwermut hebt er sie auf, versöhnt und überwindend, in der reinen Welt der Kunst und des Musischen. Auch das bedeutende Wort, daß die Musen keine Kraft haben unter den Waffen, ist nicht absolut zu nehmen. Macht und Ohnmacht des musischen Menschen sind im Symbol des Leides und der Erhebung vereint, beides kommt zu seinem Recht, und das Gedicht selbst ist Zeuge seiner Macht.

1. Ekloge

Die 1. Ekloge, ein Gedicht, ohne das die europäische Literatur nicht zu verstehen ist (E. R. Curtius), läßt vom persönlichen Schicksal noch mehr ahnen und verknüpft es mit dem Leid der Zeit.

> M. Tityrus, rückwärts gebeugt unterm Schutz der umfangenden Buche
> sinnst du auf feinem Rohre der Flöte ein ländliches Liedchen,
> wir aber lassen der Heimat Flur und die süßen Gefilde,
> wir entfliehen der Heimat, du, Tityrus, lässig im Grünen
> lehrest die schöne, den Wald, Amaryllis du wieder erschallen.

T. O Meliboee, deus nobis haec otia fecit.
 namque erit ille mihi semper deus, illius aram
 saepe tener nostris ab ovilibus imbuet agnus.
 ille meas errare boves, ut cernis, et ipsum
 ludere quae vellem calamo permisit agresti.   10

M. Non equidem invideo, miror magis; undique totis
 usque adeo turbatur agris. en, ipse capellas
 protinus aeger ago; hanc etiam vix, Tityre, duco.
 hic inter densas corylos modo namque gemellos,
 spem gregis, a, silice in nuda conixa reliquit.   15
 saepe malum hoc nobis, si mens non laeva fuisset,
 de caelo tactas memini praedicere quercus.
 sed tamen iste deus qui sit, da, Tityre, nobis.

T. Urbem quam dicunt Romam, Meliboee, putavi
 stultus ego huic nostrae similem, quo saepe solemus   20
 pastores ovium teneros depellere fetus.
 sic canibus catulos similis, sic matribus haedos
 noram, sic parvis componere magna solebam.
 verum haec tantum alias inter caput extulit urbes
 quantum lenta solent inter viburna cupressi.   25

M. Et quae tanta fuit Romam tibi causa videndi?

T. Libertas, quae sera tamen respexit inertem,
 candidior postquam tondenti barba cadebat,
 respexit tamen et longo post tempore venit,
 postquam nos Amaryllis habet, Galatea reliquit.   30
 namque, fatebor enim, dum me Galatea tenebat,
 nec spes libertatis erat nec cura peculi.
 quamvis multa meis exiret victima saeptis,
 pinguis et ingratae premeretur caseus urbi,
 non umquam gravis aere domum mihi dextra redibat.   35

M. Mirabar quid maesta deos, Amarylli, vocares,
 cui pendere sua patereris in arbore poma;
 Tityrus hinc aberat. ipsae te, Tityre, pinus,
 ipsi te fontes, ipsa haec arbusta vocabant.

T. Quid facerem? neque servitio me exire licebat   40
 nec tam praesentis alibi cognoscere divos.
 hic illum vidi iuvenem, Meliboee, quotannis
 bis senos cui nostra dies altaria fumant.
 hic mihi responsum primus dedit ille petenti:
 ›pascite ut ante boves, pueri; summittite tauros.‹   45

M. Fortunate senex, ergo tua rura manebunt.
 et tibi magna satis, quamvis lapis omnia nudus
 limosoque palus obducat pascua iunco:
 non insueta gravis temptabunt pabula fetas,
 nec mala vicini pecoris contagia laedent.   50
 fortunate senex, hic inter flumina nota
 et fontis sacros frigus captabis opacum.
 hinc tibi quae semper vicino ab limite saepes
 Hyblaeis apibus florem depasta salicti
 saepe levi somnum suadebit inire susurro: 55
 hinc alta sub rupe canet frondator ad auras;

T. O Meliboeus, ein Gott hat uns den Frieden bereitet.
Wird er doch immer ein Gott mir sein, wird doch oft noch ein Böckchen
röten den Altar ihm aus unserer Hürde, ein zartes.
Er ist's, der wie du siehst, meinen Rindern zu schweifen gewährte,
mir aber selber das Liebste auf ländlichem Rohre zu spielen.
M. Neide ich dir's doch nicht, ich wundre mich mehr: denn auf allen
Äckern im Kreise herrscht doch Verwüstung. Siehe, ich selber
treibe die Geißen trübselig hin; die, Tityrus, schlepp ich
mühsam nur; warf sie doch hier im Haselstrauch Zwillinge eben,
Hoffnung der Herde – ach – auf nacktem Gestein und mußte sie lassen.
Oftmals – jetzt merk ich – kündeten Eichen, vom Blitze getroffen,
uns dies Unheil voraus, wär der Sinn nicht verblendet gewesen.
Aber so sprich doch, der Gott, o Tityrus, wie ist sein Name?
T. O Meliboeus, die Stadt, die Rom sie heißen, die glaubt' ich
dieser unseren ähnlich, ich Tor, wo wir oft hin der Schafe
zarte Junge getrieben, wir Hirten, nach unsrer Gewohnheit.
Also kannt' ich den Hunden die Hündchen, den Müttern die Böcklein
ähnlich, also pflegt' ich zu Kleinem das Große zu stellen.
Diese jedoch hob ihr Haupt so hoch vor den anderen Städten,
wie die Zypressen es tun inmitten des biegsamen Faulbaums.
M. Und was hattest du Grund so wichtig, dir Rom zu besehen?
T. Grund war die Freiheit, die spät doch endlich mich Faulen bedachte,
als dem Scherer der Bart schon heller fiel von der Schere;
endlich bedacht' sie doch und kam nach langem Gedulden,
seit Amaryllis mich liebt und mich Galatea verlassen.
Denn – ich muß dir's gestehen – solang Galatea mich festhielt,
weder war da Hoffnung auf Freiheit noch Denken an Sparen,
mochte auch noch so oft ein Schlachttier die Hürde verlassen,
noch so fett der Käse den danklosen Städtern gepreßt sein,
nie doch kehrte die Hand mir schwer vom Gelde nach Hause.
M. Wunderte ich mich doch, was traurig die Götter du riefest,
wem, Amaryllis, am Baume die Äpfel du hängen gelassen!
Tityrus war hier fort! Dich, Tityrus, riefen die Fichten,
selber die Quellen, selber das Buschwerk hier in der Weite.
T. Was sollt' ich tun? Nicht konnt' ich doch anders dem Dienste entgehen,
nicht so helfend nahe woanders die Götter erkennen!
Hier, Meliboeus, sah ich ihn, den Jüngling, dem künftig
zwölfmal des Tags im Jahr der Altar vom Opfer soll rauchen.
Hier hat jener zuerst meinen Bitten die Antwort gegeben:
weidet die Rinder wie einst, ihr Burschen, züchtet die Stiere.
M. Glücklicher Greis, so bleibt dir also hinfort dein Gütchen.
Und für dich reicht es aus, ob auch alles nacktes Gestein ist
und mit schlammiger Binse bekleidet die Triften,
nicht wird fremdes Futter die trächtigen Mütter versehren,
nicht die böse, der Herden des Nachbarn Ansteckung schaden.
Hier, du glücklicher Greis, inmitten der trauten Gewässer,
hier an den heiligen Quellen genießest du schattige Kühle.
Hier wird die Hecke wie stets entlang am Raine des Nachbarn,
Atzung den Immen von Hybla bietend mit Kätzchen des Weidichts,
oft mit leichtem Gesumm dich bereden, ein Schläfchen zu machen.
Dorten am hohen Fels singt der Sammler sein Lied in die Lüfte,

nec tamen interea raucae, tua cura, palumbes,
nec gemere aeria cessabit turtur ab ulmo.
T. Ante leves ergo pascentur in aethere cervi,
et freta destituent nudos in litore piscis,   60
ante pererratis amborum finibus exsul
aut Ararim Parthus bibet aut Germania Tigrim,
quam nostro illius labatur pectore vultus.
M. At nos hinc alii sitientis ibimus Afros,
pars Scythiam et rapidum cretae veniemus Oaxen   65
et penitus toto divisos orbe Britannos.
en umquam patrios longo post tempore finis,
pauperis et tuguri congestum caespite culmen,
post aliquot, mea regna, videns mirabor aristas?
impius haec tam culta novalia miles habebit,   70
barbarus has segetes: en quo discordia civis
produxit miseros: his nos consevimus agros!
insere nunc, Meliboee, piros, pone ordine vitis.
ite meae, quondam felix pecus, ite capellae.
non ego vos posthac viridi proiectus in antro   75
dumosa pendere procul de rupe videbo;
carmina nulla canam; non me pascente, capellae,
florentem cytisum et salices carpetis amaras.
T. Hic tamen hanc mecum poteras requiescere noctem
fronde super viridi: sunt nobis mitia poma,   80
castaneae molles et pressi copia lactis,
et iam summa procul villarum culmina fumant,
maioresque cadunt altis de montibus umbrae.

Auch dieses Gedicht läßt sich nur als ein Symbolkosmos verstehen, der in dramatischer Bewegung jene Regungen der vergilischen Seele einfängt, die ihn erfüllen
angesichts der ›Verwüstung auf den Äckern‹.

An der Geschichte des Verständnisses der 1. Ekloge läßt sich der Fortschritt philo-
logischer Bewußtheit und die Notwendigkeit der Stufen des Verstehens demon-
strieren. Hatte man die Schönheit und den Adel der Verse immer empfunden, dabei aber höchstens neugierig gefragt, was wohl hinter ihnen an Erlebnissen des
Dichters, was vor allem hinter dem Gott stecken möchte, hat zuerst E. Bethe 1892
die Realitäten geprüft, Widersprüche im Sachlichen gefunden, vor allem aber geglaubt, das Motiv des Freikaufs als unvereinbar mit dem des Retters erweisen zu
können. Der ›Widerspruch‹ ist etwa dem vergleichbar, der sich in der 9. Ekloge
findet, wo der neue Siedler einmal die alten vertreibt und diese dann doch, freilich
abgabepflichtig, auf dem Gut bleiben. In der 1. Ekloge mußte ein Anlaß zur Rom-
reise des Tityrus führen. Das Eigentliche, was ihm zuteil wird, ist das tröstende
Orakel des ›Gottes‹. Bethe erklärte den Widerspruch nach den Methoden der
Homer-Philologie, indem er annahm, daß zwei Gedichtentwürfe zusammengear-
beitet worden wären, ein Prozeß, der seine Spuren in Rissen und Widersprüchen
hinterlassen habe.

Erst G. Jachmann ist es 1922 gelungen, die Widersprüche zum großen Teil aufzu-

unterdes aber gurrt die heitere Taube, dein Liebling,
unablässig die Turtel auch von luftiger Ulme.
T. Eher wird drum der flüchtige Hirsch im Äther sich weiden
und entblößt das Meer seine Fische am Strande verlassen,
eher die Länder tauschen und landfremd durchirrend der Parther
trinken die Saône, Germanien aber schöpfen den Tigris,
ehe daß uns der Brust sein gütiges Antlitz entglitte.
M. Wir aber werden die einen besuchen die dürstenden Afrer,
wandern ein Teil nach Skythien, ein Teil zu dem schlammigen Oxus
und tief hinein zu den ganz von der Welt geschiednen Britannen.
Sieh doch, werde ich je nach langem die Fluren der Heimat,
je den First des bescheidenen Hüttleins, aus Rasen geschichtet,
viele der Ernten nachher mein Reich erschauend, bestaunen?
Frevelnde Söldner besetzen dann hier die gepflegten Gefilde,
diese Saaten Barbaren! Sieh doch, wohin uns die Zwietracht
führte die Bürger, die armen! Für diese bestellten wir Äcker!
Pfropfe da noch die Birnen, versetze den Wein, Meliboeus!
Geht, meine Ziegen, geht, dereinst eine glückliche Herde!
Niemals werde ich euch, in grünender Höhle gebettet,
mehr am struppichten Fels in der Ferne hangend erblicken.
Lieder sing ich dann nicht und treib euch nicht weiter, ihr Ziegen,
daß ihr den blühenden Klee, die herben Weiden bezupfet.
T. Aber du konntest mit mir in Ruhe die Nacht doch verweilen
hier auf grünem Laub; wir haben Äpfel, gereifte,
zarte Maronen genug, gepreßten Käse die Fülle,
und schon rauchen die Firste der Hütten dort in der Ferne,
und schon breiter fallen die Schatten vom hohen Gebirge.

lösen und die Einheit in der Stimmung zu finden. F. Klingner ist es dann gewesen,
der den zu vagen Begriff der Stimmung präzisiert hat (1927). Er erkennt, daß die
Komposition des Gedichtes musikalisch zu verstehen ist, als die Entwicklung des
entgegengesetzten Themas von Preis und Klage. Das Ablenken aber von der Frage
nach dem Gott sei darum notwendig geworden, weil sonst allzu deutlich die politische Wirklichkeit – Octavian – in der Ekloge erschienen wäre. Daß die Harmonie
und Steigerung der Bewegung etwas Wesentliches ist, wird jeder sogleich zustim-
mend aufnehmen. Hier sollen noch zwei Gesichtspunkte die Beschreibung dieser
Bewegung ergänzen. Einmal die Humanität des Einleitungsgesprächs der Hirten
und zweitens die Bedeutung des Umwegs über den Freikauf als eine Möglichkeit
des Sichversetzens und Teilnehmenkönnens, ähnlich dem Sicherheben der Hirten in
eine poetische Welt in der 9. Ekloge.
Das Drama, das in diesem Gedicht abläuft, ist äußerlich denkbar einfach: zwei
Hirten, Tityrus, seinem musischen Leben weiter ergeben, und Meliboeus, vom Hei-
matboden vertrieben und auf dem Weg in die Fremde Tityrus begegnend, unter-
halten sich. Meliboeus zieht weiter in das Dunkel der einbrechenden Nacht. Von
dramatischer Wucht dagegen sind die Ereignisse, welche die Situation formen. Die
Landenteignungen des Jahres 41 v. Chr. haben sich, irrational Leid verteilend oder
Glück bewahrend, auf die Hirtenwelt ausgewirkt.

Meliboeus spricht Tityrus an und beginnt mit dem Motiv des krassen Gegensatzes zwischen ihrer beider Los. Dem breiten Ausmalen des behaglichen musischen Glücks des Tityrus steht das eigene Los gegenüber, und chiastisch mit einem Wiegen des Gedankens betont er noch kürzer sein Schicksal – *nos patriam fugimus* –, um mit dem klingenden Namen Amaryllis und dem tonerfüllten Raum des Waldes das Bild abzurunden (1–5).

Tityrus antwortet scheinbar beziehungslos mit dem Preis des Retters aus dankerfüllter Seele: ein Gott – so sagt er nach der mit allen Tönen der Klage und des Glücks erfüllten Anrede *o Meliboee* – hat ihm diesen ungestörten Frieden gewährt, und um diesen kreist sein Denken in Hinsicht auf Zukunft und Vergangenheit. Auch Tityrus wiegt sich gleichsam auf dem zentralen Begriff *deus*. Jener – das emphatische, anaphorisch wiederholte *ille* beherrscht die weiteren vier Verse seiner Antwort – wird für ihn immer ein Gott sein (weil er ihm Leben gegeben hat), oft wird er ihm ein Lamm aus seinem Stall opfern. Er ist es gewesen, der seinen Rindern gewährte, frei herumzuschweifen und ihm selbst, auf dem Rohre zu spielen, was er will. Tityrus ist ein Hirt, ein Sänger in dieser Welt, aber sicher nicht der niedrigste, wenn er von seinen *ovilia* und seinen Rindern sprechen kann. Diejenigen, die versuchen, die hinter dem Gedicht stehenden Realitäten zu bestimmen, denken, das Wort *errare* könne besondere Bedeutung haben und wolle sagen, Tityrus sei in einem Rechte auf freies Weiden bestätigt worden. Bei einer Schafherde wäre das plausibel, bei Rindern weniger. Vielmehr scheint bezeichnend, daß die Realitäten entgleiten, wenn man fest zugreifen will. Das ist der Stil der Bucolica.

Das Entscheidende ist etwas anderes: Meliboeus hatte nicht gefragt, er hatte die Verschiedenheit der beiden Lose kontrastiert. Tityrus antwortet auf das Verwundern, das er in dieser Gegenüberstellung hört, also auf den Ton und Sinn, nicht eine konkrete Frage, und er antwortet mit einem Preis des Retters als eines Gottes, der so hoch ist, daß menschliches Handeln und Denken nicht an ihn heranreicht. Weil weder Verdienst noch Schuld bei Tityrus im Spiele ist, bedeutet dieser Preis zugleich eine Entschuldigung seines Glücks, das er im Vergleich zu dem Los des Meliboeus wie eine Schuld empfindet.

Meliboeus entgegnet scheinbar unverbunden, und sieht man auf den bloßen Wortlaut, unverständlich: es ist nicht so, daß ich neidisch wäre, ich wundere mich mehr. Weit entfernt, daß dies der eigentliche Anfang des Dialoges ist, antwortet Meliboeus vielmehr darauf, daß Tityrus sich glaubte entschuldigen zu müssen; das könnte den Verdacht nahelegen, daß in Meliboeus' ersten Worten ein Vorwurf gespürt worden sei. Es ist also eine neue dramatische Stufe eines Seelendramas, die anknüpft an Ungesagtes und mögliche Untertöne des Gesagten.

Weiter aber führt nach der Klärung des Beginns das *miror magis*. Meliboeus beklagt mit großer Gebärde das Leiden des Landes und der Kreatur, symbolisiert in der Geburt der Zwillinge der Ziege auf nacktem Stein, sonst Glück und Hoffnung der Herde, jetzt äußerstes Elend. Man hätte es voraussehen können, hätte man auf die Zeichen der Götter gehört, klagt er sich unbegründet selbstquälerisch an. Er ist aber im Aussprechen des Bewegenden freier geworden und kann, wenn auch nur mit einer neugierigen Frage, Anteil nehmen (18):

sed tamen iste deus qui sit, da, Tityre, nobis.

Damit beginnt ein Gespräch wie ehedem, nachdem die Fremdheit aufgehoben ist, die durch so verschiedenes Schicksal zunächst gegeben war, und sich in reiner Menschlichkeit gelöst hatte.

Tityrus holt weit aus. Er spricht zuerst nicht vom Gott, geschweige denn vom Namen des Gottes, nach dem allerdings auch nicht direkt gefragt war, sondern von dem, was ihm offenbar den größten Eindruck gemacht hatte: von Rom. Hier findet die größte Realität der römischen Welt, sogar mit Namen, Eingang in die unwirkliche Welt der Bucolica. Freilich wird sie mit den Augen der Hirten gesehen, die sonst von dieser Größe nichts wissen. Die Stadt, die sie Rom nennen – vom Hörensagen hatte er einst von ihr nur gewußt –, die hatte er als tumber Tor (*stultus*) sich vorgestellt wie die kleine Landstadt, in die man die Lämmer von der Mutter weg zu verkaufen pflegte. In Form der schlichten bukolischen Priamel macht er verständlich, daß er die Gattung Stadt bemessen hatte nach dem Verhältnis der kleinen Jungtiere zu ihren ausgewachsenen Müttern. Rom aber ist so unvergleichbar groß wie die Zypressen inmitten des biegsamen Faulbaums.

Der Gedanke ist zur Ruhe gekommen im Anblick überwältigender Größe. Eine Frage des Meliboeus, die jetzt auf das Erlebnis des Tityrus eingeht, muß weiterführen: *et quae tanta fuit Romam tibi causa videndi?* Wahrlich ein Umweg, um zu der Frage zu kommen, was denn das für ein Gott ist. Aber dieser Umweg, der spannend die sachnahe und einläßliche Erzählweise des schlichten Gemütes charakterisiert, führt zugleich zu der bukolischsten Partie des Gedichtes.

Denn nachdem mit dem Wort *libertas* ein vorläufiger Bescheid gegeben ist, wiegt sich der Gedanke wieder auf diesem Hauptbegriff. Spät freilich hat sie ihn bedacht, weil er *iners* war, und zwar, wie mit einem offenen Geständnis Intimes enthüllt wird, seitdem Galatea ihn verlassen hat und Amaryllis ihn besitzt. Vorher, wieder das Wiegen des Gedankens, war keine Rede von der Freikaufsumme, dem *peculium*: er mochte noch so viel in die Stadt zum Verkauf tragen, die Rechte kehrte ihm doch nie schwer vom Gelde zurück, wie sprachlich kühn gescherzt wird: er hatte natürlich das Geld für Galatea angelegt. Dieses kleine Idyll mit den Sorgen des kleinen Pächters, der sich freikaufen will, wird ergänzt durch ein zweites, das Meliboeus anfügt.

Er ist offenbar nicht mehr mit seiner Frage beschäftigt, sondern nimmt Anteil an dem Leben des Tityrus und seiner Amaryllis. Als Tityrus in Rom war, hatte er sich gewundert, warum Amaryllis die Götter anrief, für wen sie die Äpfel hängen ließ. Jetzt ist es ihm klar: Tityrus war nicht da, die ganze Natur rief da nach Tityrus. Man ist wieder zurückgelenkt auf die Abwesenheit des Tityrus, aber jetzt von der bukolischen Welt her gesehen. Das ist ein Unterschied; denn jetzt denkt und lebt Meliboeus in dieser Welt. Die Teilnahme am Mitmenschen hat ihn erhoben und versetzt in das Unzerstörbare, Gemeinsame, Heile. Der Umweg soll nicht nur ablenken, er bringt nicht etwa neue Fakten, die mit früheren nicht übereinstimmten, weswegen er ein späterer Zusatz wäre (Bethe), sondern hat, wie sonst die Musik versetzt, entrückt in das Bukolische. Meliboeus, der Sänger, der am Schluß sich zu lyrischem Ton erhebt, ist wieder in der bukolischen Welt, ist zu Hause.

Tityrus ist es, der zur Frage zurückkehrt. Er knüpft mit seinem »was hätte ich tun sollen?« in einer fast elegischen Gedankenverbindung an Meliboeus' Erwähnung der alleingelassenen Amaryllis an. Sonst hätte er sich nicht aus der Dienstbarkeit freimachen können – der Anlaß der Romfahrt, der nicht weiter konkretisiert wird: es ist müßig, bestimmen zu wollen, weshalb das nur in Rom geschehen konnte –, und er hätte anderswo nicht so hilfreich wirkende Götter kennenlernen können, das große Erlebnis, das ihm zuteil ward. Dort hat er jenen Jüngling gesehen, dem – das hat sich hieratisch verfestigt – zwölfmal im Jahr der Altar rauchen wird. Wie einem Orakel hat er sich ihm genaht, und wie ein Orakel hat er geantwortet: »Weidet wie ehedem die Rinder, Burschen, züchtet die Stiere!« Hoffnung hat er ihm gewährt, die er vor der Romfahrt nicht so direkt hegen konnte. Damit ist die Antwort auf die Frage des Meliboeus gegeben. Der zweite Grund war eine nachträgliche Rechtfertigung der Reise. Von der Person des Gottes erfahren wir wenig, immerhin, daß es ein Jüngling war, der im Orakelspruch Lebenshoffnung zu geben vermochte. Das bleibt im bukolisch Möglichen. Für den Zeitgenossen war es deutlich: es konnte nur Octavian sein, für Meliboeus genügt es, weil er inzwischen wieder in dem bukolischen Lebensraum in der Teilnahme an Tityrus und Amaryllis entrückt ist.

Mit *ergo* zieht er das Facit aus dem Ganzen, indem er nun ohne Verwundern den Alten – *senex* liebevoll zärtlich offenbar für einen, der durchaus noch nicht die Sechzig erreicht zu haben braucht – glücklich preist: glücklicher Alter, also wird dir dein Land bleiben. Über die juristische Form des Besitzes soll man sich keine Gedanken machen. Es bestehen viele Möglichkeiten; wollte man sie präzisieren, käme man allzusehr ins Hypothetische und würde dem andeutenden, jeweils den tragenden Aspekt der Aussage hervorhebenden Wesen der Eklogen nicht gerecht. Hier ist es die Ärmlichkeit, die doch ein zufriedenes Glück der Heimat für den Besitzer darstellt, die Meliboeus hervorhebt: Tityrus' Gütchen ist zwar ausreichend, wenn auch alles nur aus Felsen, Sumpf und Binsen besteht – immerhin wachsen Apfelbäume, wie wir bei Amaryllis' Sehnsucht und Trauer sahen. Aber es ist die gesunde gewohnte Welt, fremdes Futter wird dem Vieh nicht schaden, Seuchen des Nachbarviehs – des Nachbarn in der Fremde oder des hier weitab wohnenden Nachbarn – werden seine Herden nicht verletzen. Hier zwischen bekannten Flüssen und Quellen wird Tityrus sein idyllisches Leben fortsetzen können. Die Schilderung eines solchen Sommertags ist aus Theokrits ›Thalysien‹ übertragen. War es dort ein Abbild eines Tages der Erntezeit mit seiner ungeordneten Fülle des Obstes, der Töne und Gerüche, wählt Vergil hier aus: Bienengesumm, das zum Schlafe einlädt, die menschliche Stimme des Laubsammlers, das Gurren der Tauben, von der Hecke des Nachbarn in die Ferne gleitend.

Man erkennt unschwer, daß die Glücklichpreisung der Anfangsverse hier wie bei einer Symphonie ihre Durchführung erhält. Bevor der Kontrast des Beginns aber in gleicher Weise sich entfaltet, erfährt das dritte Thema, mit dem Tityrus Meliboeus entgegnete, seinen gültigen Abschluß, das Thema des Retters. Mit *ergo* setzt Tityrus wie Meliboeus ein: also wird sich eher die Welt verkehren, als daß sein gütiges Antlitz, *voltus*, seinem Herzen entgleiten könnte. *Voltus* ist der Ausdruck des Gesichts, in dem sich inneres Wesen ausprägt. Man denkt daran, daß Cicero mit Stolz feststellt, daß die Griechen kein entsprechendes Wort hätten, und man erinnert sich jenes Wortes des Gallierhäuptlings, der Gelegenheit gehabt hatte, Octavian in einen Abgrund zu stürzen, und, gefragt, warum er es nicht getan hätte, antwortete, die *serenitas* seines Antlitzes hätte ihn gehindert. Im Stil aber ist das Stück mit seinen vier Adynata, zwei aus dem Bereich der Natur, zwei aus dem der Geographie, so hoch und endgültig, daß sich das Empfinden aufdrängt, hier haben die Hirten ihr Gewand abgelegt und preisen Glück des andern und den rettenden Gottmenschen, über sich selbst hinausgewachsen, wie es Vergil selber nicht anders getan hätte.

Das gilt erst recht von der Antithese, die gegenüber dem bloßen Asyndeton des Anfangs durch *at* geschärft ist. Meliboeus stellt dem Glück des Bleibenden das Schicksal des Vertriebenen, jetzt nicht mehr mit dem *nos* nur an sein Los denkend, sondern allgemein das Unglück der Landvertreibung und des Bürgerkriegs beklagend, gegenüber.

Er nennt, Vertriebenheit ins Räumliche transponierend, in erhabenem Stil vier Namen an den äußersten Weltenden, in die die anderen verstreut werden – das entspricht in gewissem Sinne den vier Adynata des Tityrus – und fragt in entrüsteter Klage – die Interjektion *en*, zweimal angewendet, ist der stilistische Ausdruck dafür –, ob er je nach vielen Jahren sein bescheidenes Hüttchen, sein Königreich wiedersehen werde, ob wirklich ein hemmungsloser Söldner, ein Barbar, dieses Kulturland besitzen soll, und stellt voll Empörung fest, wohin die Zwietracht die armen Bürger geführt hat. Der Vers: *insere nunc, Meliboee, piros, pone ordine vitis* nimmt 9,50 auf: *insere, Daphni, piros: carpent tua poma nepotes.* Seine ironische Verzweiflung, die eine geläufige Struktur wie in 9,50 durch Wiederholung derselben Bewegung ersetzt, erweist ihn hier als sekundär, mithin die 1. Ekloge als später. Auch hier aber wäre eine historisch-biographische Erklärung etwa in dem Sinne, daß inzwischen die an die Apotheose Caesars geknüpften Hoffnungen enttäuscht worden seien, verfehlt (das waren sie schon in der 9. Ekloge). Meliboeus erkennt in seiner Lage nur das völlig Sinnlose und Närrische seines bisherigen Tuns. Und so wendet er sich zum Gehen, wie am Anfang mit einem Gedanken an seine Ziegen: geht, einst eine stolze Herde. Er aber, so löst sich die Entrüstung über die allgemeine Lage, in wehmütigen Klagen, wird nie mehr, ausgestreckt in der Höhle, sie am Felsen klettern sehen, kein Lied mehr singen; die Ziegen aber unter seiner Hut werden nie mehr blühenden Klee und herbe Weiden naschen. Ein Abschied von seiner Welt, in unvermischter Klage und den charakteristischen Wendungen der Bukolik gegeben.

Die Klage bleibt mit ihrer Schwermut nicht das letzte Wort. Meliboeus lädt Tityrus mit einem Blick auf die ländlichen Genüsse, die er hat – reife Äpfel, Kastanien, Quark –, und unter Hinweis auf die kommende Nacht in Versen, die eine der schönsten Vergegenwärtigungen des Abendfriedens überhaupt sind, dazu ein, die Nacht mit ihm auf der grünen Streu zu verbringen. »Du könntest« oder »du hättest können hier die Nacht verbringen«: beides kann *poteras* heißen. Es ist das kaum die entscheidende Frage. Vielmehr muß man doch wohl die evozierten Vorstellungen gegeneinander abwägen: soll Meliboeus, nachdem er sich mit der Anrede »*ite meae ... capellae*« zum Gehen gewendet hat, wirklich umkehren und noch eine Nacht einlegen? Oder ist es so, daß Tityrus mit einer hilflos einladenden Gebärde versucht, mit allem, was er hat, das Los des Scheidenden zu erleichtern? Die zweite Möglichkeit scheint besser, da dann beide Gebärden, die des Scheidenden mit seinem Befehl an die Ziegen und die des Bleibenden, der in seine Einladung alle ohnmächtige Hilfsbereitschaft legt, ihre Funktion haben. Solche Gebärden finden sich bei Vergil auch später noch häufig. In jedem Falle klingt die Ekloge menschlich versöhnt, wenn auch schwermütig aus, in Moll, still mit einem Blick auf das Kosmische, die zur Ruhe gehende Natur. Von der faktischen Härte des Kontrastes zwischen dem Scheidenden und Bleibenden wird nichts genommen.

Äußerlich betrachtet, liegt ein bukolischer Mimus vor: zwei Hirten, der eine aus seinem Besitz vertrieben, der andere, der bleiben darf, führen ein Gespräch, bis der Vertriebene weiterzieht. Der Mimus hat also, noch rein äußerlich genommen, eine gewisse Handlung; es ist ein kleines Drama, was nicht zum Mimus als solchem zu gehören brauchte. Wichtiger aber als die geringfügige Handlung ist das innere Drama, das an musikalische Dramatik erinnert. Es entfalten sich drei Themen. Das Thema des Dankes an den Retter führt Tityrus aus, die zwei anderen der Glücklichpreisung des Bleibenden und der Klage über das eigene Elend sind Meliboeus zugewiesen. Diese Thematik wird zu allgemeiner Gültigkeit gesteigert. Diese Bahn ist aber nicht geradlinig, sondern führt über einen Umweg.

Damit hängt eine zweite Schicht der Dramatik zusammen. Das Gespräch beginnt in einer Situation, in der in feinster Humanität die persönlichen Bezüge so geklärt werden, daß ein möglicher Gegensatz aufgehoben wird zur Gemeinsamkeit in der bukolischen Welt. Auf dieser Ebene kann endgültig über Sinn und Sinnlosigkeit gesprochen werden. Jeder dieser Stufen ist die ihr gemäße Sprachhöhe und Sprachform zugeordnet, wobei vor dem Schluß, der wieder zum Bukolischen zurückkehrt, die Grenzen des Bukolischen fast gesprengt werden. Der Inhalt der Aussagen, die einen seelischen Ablauf von höchster Präzision und feinster Menschlichkeit darstellen, deutet auf große Schicksalszusammenhänge der politischen Welt der Zeit hin: auf die Landanweisungen, auf Octavian, möglicherweise auf das persönliche Schicksal des Dichters, den Octavian für den Verlust seines Gutes entschädigte. Diese höchsten Dinge, Not, Hoffnung durch den Retter, Dank für Lebensmöglichkeit sind ganz in die bukolische Welt, ein Reich der Seele voll reiner Klänge und Bewegungen, an denen Natur und Mensch teilnehmen, eingeschmolzen.

ecl. 4   Sicelides Musae, paulo maiora canamus!
non omnis arbusta iuvant humilesque myricae:
si canimus silvas, silvae sint consule dignae.
     Ultima Cumaei venit iam carminis aetas;
magnus ab integro saeclorum nascitur ordo.   5
iam redit et virgo, redeunt Saturnia regna,
iam nova progenies caelo demittitur alto.
tu modo nascenti puero, quo ferrea primum
desinet ac toto surget gens aurea mundo,
casta fave Lucina: tuus iam regnat Apollo.   10
teque adeo decus hoc aevi, te consule, inibit,
Pollio, et incipient magni procedere menses
te duce, si qua manent sceleris vestigia nostri,
inrita perpetua solvent formidine terras.
ille deum vitam accipiet divisque videbit   15
permixtos heroas et ipse videbitur illis,
pacatumque reget patriis virtutibus orbem.

Es ist die Welt des Dichters in allen ihren Bezügen, die damit erfaßt wird und sich ausdrückt. Objektiviert gewiß in jenen Personen und jenem vielschichtigen Drama des Gesprächs, aber doch nicht Realität abbildend, sondern sie in neue, selbst von der Phantasie geschaffene (diese Phantasie knüpft natürlich an Erlebtes und Übernommenes an) Gestalten einbildend, in Symbole der Seele. Und hier erkennt man, daß diese Ekloge wie die andern zu einer bestimmten Form scheuer und ehrfürchtiger Lyrik gehört, die das feinste Schwingen der eigenen Seele einfängt, es freilich nicht direkt ausspricht, sondern so dramatisiert, daß sich in ganzer Freiheit alles, inmitten der Wirren auch das Urteil über ihre Sinnlosigkeit zum Beispiel, sagen ließ. Wir haben immer wieder auf die Kunstformen im einzelnen hingewiesen, die literarwissenschaftlich faßbar sind. Sie sind nicht so gewichtig wie die Tatsache, daß die bukolische Naivität, Schlichtheit und Herzlichkeit der Sprache, bis zur höchsten Höhe dieses Instrumentariums ausgenutzt, Ausdruck ist für die entsprechenden Wesenseigenschaften der Vergilischen Seele.

4. Ekloge

Wenn wir noch das berühmteste lateinische Gedicht, vielleicht das berühmteste der Weltliteratur, behandeln wollen, nämlich die vierte Ekloge, so müssen uns unsere Erfahrungen helfen bei der in der Philologie jetzt besonders diskutierten Frage, ob sie eigentlich ein gutes Gedicht sei.
Wie hinter der 1. Ekloge letztlich etwas Allgemeinstes steht, nämlich das Bleibendürfen und die Heimatlosigkeit, verursacht durch unerbittliche Machtkämpfe, weswegen sie alle Jahrhunderte, wenn auch in verschiedenster Weise, angerührt hat, so auch hinter der 4. Ekloge. Es ist die Hoffnung auf die bessere Zukunft, die mit jedem verheißungsvollen Anfang und sei es der Geburt eines Kindes verbunden ist.

> Sizilische Musen, leicht Höheres laßt uns besingen;
> nicht allen sind Gebüsch und niedrige Tamarisken Erquickung:
> besingen wir Wälder, seien sie des Konsuls würdig.
> Jetzt ist das letzte Zeitalter des kumäischen Spruches da;
> die große Ordnung der Zeitalter entsteht von frischem;
> jetzt kehrt auch die Jungfrau zurück, zurück saturnische Reiche;
> jetzt senkt sich ein neues Geschlecht vom hohen Himmel herab.
> Du nur sei der Geburt des Kindes, mit der sogleich das eiserne
> Geschlecht aufhören und in der ganzen Welt das goldene sich erheben wird,
> keusche Lucina, hold: dein Apollo ist schon König.
> Mit dir als Konsul, mit dir wird diese Zierde der Zeit einziehen,
> Pollio, und es werden die großen Monde voranzuschreiten beginnen
> unter deiner Führung. Wenn noch Spuren unseres Verbrechens bleiben,
> werden sie, verflüchtigt, die Länder von ständiger Angst erlösen.
> Jener wird das Leben der Götter empfangen und mit den Gottheiten
> vermischt wird die Helden er sehen und wird selber von ihnen gesehen werden,
> und wird den befriedeten Erdkreis mit Vätertugenden lenken.

At tibi prima, puer, nullo munuscula cultu
errantis hederas passim cum baccare tellus
mixtaque ridenti colocasia fundet acantho.   20
ipsa tibi blandos fundent cunabula flores.   23
ipsae lacte domum referent distenta capellae   21
ubera, nec magnos metuent armenta leones;   22
occidet et serpens, et fallax herba veneni   24
occidet; Assyrium vulgo nascetur amomum.   25
at simul heroum laudes et facta parentum
iam legere et quae sit poteris cognoscere virtus,
molli paulatim flavescet campus arista,
incultisque rubens pendebit sentibus uva,
et durae quercus sudabunt roscida mella.   30
pauca tamen suberunt priscae vestigia fraudis,
quae temptare Thetim ratibus, quae cingere muris
oppida, quae iubeant telluri infindere sulcos.
alter erit tum Tiphys, et altera quae vehat Argo
delectos heroas; erunt etiam altera bella   35
atque iterum ad Troiam magnus mittetur Achilles.
hinc, ubi iam firmata virum te fecerit aetas,
cedet et ipse mari vector, nec nautica pinus
mutabit merces: omnis feret omnia tellus.
non rastros patietur humus, non vinea falcem;   40
robustus quoque iam tauris iuga solvet arator;
nec varios discet mentiri lana colores,
ipse sed in pratis aries iam suave rubenti
murice, iam croceo mutabit vellera luto;
sponte sua sandyx pascentis vestiet agnos.   45
›Talia saecla‹ suis dixerunt ›currite‹ fusis
concordes stabili fatorum numine Parcae.
adgredere o magnos (aderit iam tempus) honores,
cara deum suboles, magnum Iovis incrementum!
aspice convexo nutantem pondere mundum,   50
terrasque tractusque maris caelumque profundum.
aspice venturo laetentur ut omnia saeclo!
o mihi tum longae maneat pars ultima vitae,
spiritus et quantum sat erit tua dicere facta:
non me carminibus vincet nec Thracius Orpheus,   55
nec Linus, huic mater quamvis atque huic pater adsit,
Orphei Calliopea, Lino formosus Apollo.
Pan etiam, Arcadia mecum si iudice certet,
Pan etiam Arcadia dicat se iudice victum.
Incipe, parve puer, risu cognoscere matrem   60
(matri longa decem tulerunt fastidia menses)
incipe, parve puer: cui non risere parentes,
nec deus hunc mensa, dea nec dignata cubili est.

Seit Konstantin der Große dieses Gedicht selbst in der griechischen Übersetzung
des Eusebios vor dem Konzil zu Nicaea (?) interpretierte und auf Christus bezog,

Dir aber, Kind, wird erste Geschenke ohne Bebauung
irrenden Efeu breit mit Baccar die Erde
und Wasserrosen vermischt mit strahlendem Akanthus spenden;
spenden wird dir selber die Wiege schmeichelnde Blüten.
Prall von Milch werden von selbst nach Hause die Ziegen die Euter
zurückbringen und die Herden der Rinder die großen Löwen nicht fürchten;
auch die Schlange wird untergehen und das trügerische Giftkraut
wird untergehen; syrischer Balsam wird allgemein entstehen.
Sobald du aber die Ruhmestaten der Helden und der Väter Handeln
lesen und, was Tugend ist, wirst erkennen können,
wird allmählich von weicher Ähre das Saatfeld blond werden,
sich rötend wird die Traube hängen an wilden Dornen,
und die harten Eichen werden tauigen Honig schwitzen.
Wenige Spuren freilich des alten Truges werden noch dauern,
die mit Schiffen Thetis zu berühren, die mit Mauern zu gürten
die Städte, die der Erde Furchen einzuschneiden befehlen.
Ein anderer Tiphys wird dann sein, eine andere Argo,
die auserlesene Männer dahinführt; es werden auch andere Kriege sein,
und ein zweites Mal wird ein gewaltiger Achill nach Troja geschickt werden.
Darauf, sobald dich gefestigtes Alter zum Manne gemacht hat,
wird selber der Schiffer vom Meere weichen und nicht die Fichte
Waren tauschen; jedes Land wird jedes tragen.
Nicht wird der Boden die Hacke erdulden, der Weinberg nicht das Messer;
schon wird auch der kräftige Pflüger den Stieren das Joch lösen;
und nicht wird lernen die Wolle, bunte Farben zu lügen,
sondern von selbst wird auf der Wiese der Widder gegen süß sich
rötenden Purpur, schon das Vlies tauschen gegen krokusfarbenes Gilbkraut;
von sich aus wird der Sandyx die weidenden Lämmer kleiden.
»Solche Jahrhunderte lauft ab« sagten zu ihren Spindeln
die Parzen einträchtig im festen Willen der Schicksalssprüche.
Oh, schreite heran an die großen Ehren – es wird die Zeit da sein –,
lieber Sohn der Götter, großer Zuwachs Juppiters!
Schau, wie das All mit seinem runden Gewichte schwankt,
und die Länder und Flächen des Meeres und die tiefen Himmel;
schau, wie sich alles über das kommende Zeitalter freut.
Oh, dann möge mir bleiben der letzte Teil eines langen Lebens
und Atem, wie genug, deine Taten zu besingen!
Dann dürfte weder der Thraker Orpheus im Gesang mich besiegen
noch Linus, mag diesem die Mutter und diesem der Vater helfen,
dem Orpheus die Calliopeia, dem Linus der schöne Apollo.
Pan gar, stritte er mit mir vor dem Richtstuhl Arkadiens,
Pan gar würde sich vor dem Richtstuhl Arkadiens besiegt erklären.
    Fange an, kleiner Knabe, am Lächeln die Mutter zu erkennen;
der Mutter haben die zehn Monate lange Beschwerden gebracht;
fang an, kleiner Knabe: wem die Eltern nicht gelacht,
den hat kein Gott des Tisches, die Göttin nicht des Lagers gewürdigt.

(Vgl. S. 362.)

war sein Siegeszug, der schon mit seinem Erscheinen begann, für viele Jahrhunderte
gesichert. So gibt es zu diesem Gedicht, das im Zusammenhang mit der 16. Epode

des Horaz gesehen werden muß, eine solche Unmenge von Literatur, daß vor lauter
Einzelproblemen der Blick auf das Ganze verloren zu gehen droht. Auf ein Verständnis des Ganzen muß es hier ankommen, und so soll zuerst von der Stimmung, darauf
von den Einzelproblemen und den Besonderheiten des *poeta doctus*, schließlich von
der Gliederung und der Musik des bewegten Symbolkosmos die Rede sein.

Es ist ein Gedicht sehnsüchtiger drängender Hoffnung. Was die Mutter bewegt vor
der Geburt des Kindes, der Gedanke an die Erlösung von langen Beschwerden, die
Abhängigkeit von der göttlichen Gnade der Lucina, die drängende Freude auf das
Neugeborene, Hoffnung und Träume auf ein neues Wesen, aus dem das Höchste
werden kann, das ist so allgemein menschlich empfunden, so unmittelbar zu allen
Zeiten – und so selten in der ganzen Antike: Catull war vorausgegangen –, daß
dies die Menschen vor allem gefesselt hat, die Geburt des Kindes. Von dieser Faszination muß man sich frei machen. Was es mit dem Kinde auch immer auf sich
haben mag – es ist Größeres im Spiele, das dann eine Übertragung auf das Kind
erlaubte, das die Weisen anbeteten und das der Beginn einer neuen Zeit werden
sollte. Es geht um die kommenden Jahrhunderte, die *saecla*, welche die Schicksalsgöttinnen abspinnen, es geht aber auch um den Dichter und seine Zukunft. Eine
große Hoffnung tut sich auf: eine neue Zeit nach einer Gegenwart des Verbrechens,
die gegründet war auf altererbten Trug, und die Vollendung eines Dichtertums,
die nur möglich ist, wenn es verbunden ist mit der Verwirklichung der goldenen
Zeit. Diese Stimmung der Rettung aus tiefer Not ist es, die Gewißheit der Hoffnung und die stolze Freude, im Rahmen der Bukolik solches künden zu können, die
das ganze Gedicht trägt.

Künden ist mit Absicht gesagt. Während in den behandelten Gedichten das vergilische Empfinden und Denken sich ganz in Gestalten und Dramen objektiviert
haben, tritt hier der Dichter hervor. Und zwar nicht wie in den späteren Eklogen
6, 8 und 10 als Dichter, der über seine Dichtung reflektiert und sich an hohe Menschen wendet, sondern im wahrsten Sinne als *vates*, als Wahrsager. Hatte Horaz
seine 16. Epode mit den Worten *vate me secunda fuga datur* geschlossen, so stellt
Vergil noch als bukolischer Sänger ein anderes *vaticinium* entgegen, ohne das Wort
für sich zu beanspruchen. Das ist ein Hinweis darauf, daß der Erfinder dieser Konzeption Horaz ist.

Die Dunkelheit oder besser Vieldeutigkeit dieses Gedichtes liegt nicht in der
Schwierigkeit der Begriffe oder der Kompliziertheit der Gedankenbewegung, sondern in der orakelhaft verschleierten Beziehung der Aussage zu bestimmten Wirklichkeiten. In dem gewählten Rahmen aber erhebt sich die Sprache mit Anklängen
an das Bukolische zwar in etwas größere Höhe als die übrigen Gedichte, geht aber
in abgewogener Gemessenheit von der Freude und Erwartung des Augenblicks aus
durch alle Bereiche der Wirklichkeit, immer die intime Menschlichkeit der Geburtsstunde festhaltend.

Die Frage, ob die 4. Ekloge ein gutes Gedicht ist, verrät eine gewisse Ratlosigkeit.
Die Kategorien und Muster versagen ebenso wie die Theorien, wo es sich um das
Einmalige handelt. Man wird sein Urteil nicht auf das Formale gründen wollen,
obgleich die Ausgewogenheit der Proportionen wohltuend in die Abgemessenheit
des Rhythmus einschwingt. Nach der Ankündigung von etwas Höherem, wie in
aller Bescheidenheit gesagt wird (1–3), folgen sieben Verse (4–10), in denen Aus-

sagen über das Jetzt in großen Symbolen zusammengeballt werden. Man befindet sich an der Grenze der Zeiten. Die Geburtsgöttin soll der neuen Zeit eine gnädige Geburt gewähren. Die Gruppe von Versen ist so im Verhältnis vier zu drei zweigeteilt. Und dieses wiederholt sich in den nächsten sieben Versen (11–17). In den ersten vier wird der Neuanfang mit dem Konsul Pollio und dem vergangenen Verbrechen des Bürgerkriegs verknüpft, in den folgenden drei das Leben der Zukunft im Glück des »Knaben«, der neuen Zeit, erschaut. Diesen vierzehn Versen entsprechen vierzehn Verse (46–59) am Schluß vor den vier Versen des Ausklangs (60–63), die auf die drei Eingangsverse antworten. Das Mittelstück aber mit seinen drei Stufen, in denen die Verwirklichung der goldenen Zeit geschildert ist, umfaßt achtundzwanzig Verse (18–45). Dieses Bauen kann kein Zufall sein, sondern ist bewußte Kunst des Römers. Freilich sind diese Baugedanken in ihrer Abgemessenheit doch nicht starr und um der Zahl willen da. Das Mittelstück, aus acht, elf und neun Versen bestehend, betont sichtlich die Zeit des Jünglingshaften, hier allein mit der Sorge um die »Reste« des Truges verknüpft, Sinnbild für das Bedenkliche des Heroischen. Und während bei der Geburt das wunderbare Geschehen mit den Geschenken der Natur genau die Hälfte des Stückes einnimmt, um dem andern die Schilderung des Anbruchs einer goldenen Zeit, bzw. des Verschwindens der Kennzeichen der eisernen zu überlassen, wird in der dritten Versgruppe nur ein einziger Vers auf die Angabe der Altersstufe verwendet, ganze acht Verse aber für die Schilderung der vollendeten goldenen Zeit verbraucht. Die beiden darauffolgenden Siebenergruppen sind ebenso parallel wie die am Anfang, aber bewegter gegliedert im Rhythmus von zwei, zwei, drei bzw. zwei, drei, zwei Versen.

Das rührt daher, daß der Baugedanke im Dienst einer seelischen Bewegung, von etwas Dramatischem steht, das alle Eklogen aufweisen. Sie beginnt mit einer lächelnd verspielten Ankündigung von etwas Größerem als die übrigen Eklogen, der Dichter ist gegenwärtig. Auf die Ankündigung folgt die große Enthüllung über das Jetzt im Tone des *vates* gesagt, das zugleich in der Wendung an Juno Lucina mit der Konzeption des *puer* etwas Intimes hat. Der Ton des Prophetischen setzt sich fort bei der Verknüpfung des Ereignisses des Jetzt mit Pollio, preisend beim Gedanken an sein Konsulat, schwerer beim Gedanken an die vergangenen Verbrechen, strahlend beim Gedanken an die Zukunft. – Im Mittelstück sänftigt sich die mächtige Bewegung des Anfangs zur Schilderung des in der Zukunft Geschauten, intimer, weil das Heranwachsen des Knaben eigene Teilnahme gewinnt. In drei Stufen strömt das Preisen, in der Mitte retardiert, zum Schluß hin stärker an. Aus ihm ergibt sich dann der drängende Anruf an den Knaben, zu beginnen, mit dem Hinweis auf die bewegte Vorfreude des ganzen Kosmos, fast ekstatisch-seherisch. Und darauf setzt diesen Ton beschwörend die Hinwendung des Dichters an sich selbst fort. Das Höchste könnte und möchte er erlangen, die Darstellung dieser einen Zeit, *tua dicere facta*. Erhebt er sich bei dem Sieg über die mythischen Sänger im Gedanken an die göttlichen Helfer auch vom leidenschaftlichen Wunsch zu sublimem Scherzen, so bleibt er doch weiter innerlich bewegt und kommt nach Berührung der höchsten Gedanken, der Freude des Weltalls und der Zukunft des eigenen Dichtertums im Intimen zur Ruhe, in der Aufforderung an das noch Ungeborene, mit Rücksicht auf die Mutter an das problematische, aber auch verheißungsvolle Licht der Welt zu treten.

Neben der architektonischen Gliederung, von ihr unterstützt, läuft also eine seelische Bewegung von der grandiosen Deutung der Gegenwart über das Sichversetzen in die Zukunft im teilnehmenden Verfolgen des märchenhaften Beginns, des prekären Aufwachsens und des Reifens, hin zu leidenschaftlichem Wunsch der Verwirklichung und der Sehnsucht, als Dichter an der Erfüllung teilzunehmen bis zur Rückkehr zum Jetzt, dem Anfang des Neuen, nun im Gegensatz zum Eingang im Ton des liebevoll Menschlichen.

In dieser Bewegung liegt die Musik und das Lyrische dieses Gedichtes. Eine Stimme der Zeit, noch leidend an der Vergangenheit, wird sich einer Hoffnung gewiß, verwächst, sich steigernd und mit ihr verschmelzend, mit ihr, spürt im Jetzt die Freude des Alls, macht sich ganz abhängig von der Erfüllung und kehrt drängend zu dem fest Erwarteten, im Anfang Erspürten zurück. Diese Bewegung, in sich gemessen, darum schön und sinnvoll, darum auf Wahrheit verweisend, drängt die Frage nach der Bedeutung auf. Das Lyrische steht also nicht für sich als Poetisches an sich, es ist eins mit dem Gedanken.

Läßt sich jene seelische Dynamik von erlöster Last, sicher hoffendem Ergreifen des Zukünftigen, dem Drängen und dem Wunsch nach Teilnahme an der Erfüllung unmittelbar menschlich im Nachvollzug als eine große Möglichkeit des Glaubens an die Freiheit verstehen, so gilt das auch von dem Hauptinhalt, der damit verbunden ist, wenn man sich die Grundzüge klarlegt. Es geht um zweierlei: um den Zustand der Welt und den Dichter, und zwar das Jetzt, das sich der Vergangenheit entgegenstellt und auf eine Welt ohne Gewalt und Falschheit zugeht. Die Vergangenheit ist gezeichnet von Verbrechen; mit dem Jetzt wird ein Neubeginn gesetzt, nach dem auch die letzten Spuren sicher verschwinden werden. Die Zukunft bringt nach der Euphorie des Anfangs das nicht ohne Bangen verfolgte Erstarken und schließlich die endgültige Festigung der im Jetzt begonnenen Bewegung. Der Dichter als *vates* deutet die Gegenwart, nimmt in seiner Schau die Wege des Schicksals voraus, und im Gedanken an die Größe des Zieles drängt er mit Blick auf die Freude des Kosmos zur Verwirklichung und verknüpft seine eigene mögliche Größe mit der Erfüllung der Erlösung von den Übeln. Ist das Beglücktsein über einen erlösenden Neuanfang und der Glaube an Verwirklichung und eigene Teilnahme ein ohne weiteres begreiflicher menschlicher Urgedanke des moralisch-politischen Bereichs, so wird das Verständnis nicht verstellt, sondern eher nähergebracht, wenn man erkennt, daß ein Ereignis der Gegenwart des Dichters gedeutet wird, ein Ereignis, das unter der Tätigkeit des Konsuls Pollio – im Herbst 40 – eintrat, der Friede zwischen den Machthabern Antonius und Octavian in Brundisium. Der *vates* deutet seinen geschichtlichen Augenblick in Hinsicht auf seine Möglichkeiten. Er hat das größte Thema historischen Menschseins ergriffen und es in die Welt reinen bewegten Geistes erhoben. Von hier aus erkennt man, daß es sich unmöglich um ein Geburtstagsgedicht und ein wirkliches Kind handeln kann. Zuviel steht auf dem Spiel, als daß der Dichter die Zukunft von etwas so Hinfällig-Konkretem abhängig machen könnte. Anders steht es mit dem Ausgangspunkt, einem Ereignis, das mit dem bewunderten Gönner und Dichter in Verbindung gebracht wird.

Vergil gibt seiner Freude und Hoffnung, wenn auch innerlich zutiefst betroffen, nicht direkt Ausdruck. Er bleibt auch nicht in dem Raum der Traumwelt der Hirten, indem er Auswirkungen der Realität sie treffen läßt oder ihre Mythen wie in der 5. Ekloge sublimiert, sondern er sagt das Unsagbare außer im Aufbau und der Stimmungskurve in zwei großen Symbolen, dem uralten Mythos von der Goldenen Zeit und dem hoffnungsvollsten menschlichen Ereignis, der Geburt. Das eine, der Mythos von der Goldenen Zeit, erlaubt ihm den ganzen Raum des Träumens und Dichtens seit Anfang einzubeziehen, das andere, römische und menschliche Wirklichkeit anzudeuten. Beides zusammen aber erlaubt soviel Assoziationen, daß bewußt und in voller Freiheit eine unendliche Fülle von Welt aus der Phantasie des Dichters aufgebaut werden kann. Und da sich über das Kommen des neuen *saeculum* Himmel und Erde schon jetzt freuen, ist ein kosmisches Weltgedicht entstanden.

Hesiod hatte im siebenten vorchristlichen Jahrhundert in seinen Werken und Tagen den Mythos von den Zeitaltern vorgetragen und das stufenweise Abgleiten ins Schlechtere bis zur Eisernen Zeit, in der man zu leben verdammt ist, beklagt. Der Gedanke des Zyklischen lag da noch fern. Erst Plato und die Stoiker haben diesen Gedanken entwickelt. In den Sibyllinischen Büchern ist von einer Endzeit die Rede, in der nach Vernichtung der Zeit etwas Neues und Besseres entsteht. Nirgendwo aber findet sich der Gedanke, daß die Zeitalter, nachdem sie vom Goldenen über das Silberne zum Eisernen herabgesunken sind, wieder (über die einzelnen Stufen) zum Goldenen emporsteigen. Das ist vielmehr eine vergilische Antwort auf dieses Problem und zugleich auf römische Gedanken, die sich mit ihm verbunden hatten. Catull hatte zwar neben dem Glanz auch die Tragik der mythischen Zeit gesehen; aber er hatte doch seine Liebe zu Lesbia aus ihr verstanden und beklagt, daß die Menschen sie wegen ihrer *impietas* verloren hatten. Im Gelingen seiner Liebe hätte er geglaubt, in der Gegenwart etwas zu verwirklichen, was jener Zeit ähnlich gewesen wäre, in der Götter und Heroen mit den Menschen verkehrten. An Catull erinnert Vergil, wenn er vom »Knaben« sagt: *ille deum vitam accipiet divisque videbit / permixtos heroas et ipse videbitur illis.* Von universalerer Verzweiflung war Horaz gepackt, als er zu mannhafter Flucht aus der verrotteten Gegenwart aufrief, zugleich aber ein separates Refugium versprach, die Welt des Dichters, die glücklichen Inseln.

Vergil sieht den Aufbruch der Goldenen Zeit im Hier und Jetzt, das Ineinander zweier Zustände, deren einem er die endgültige Durchsetzung nicht nur erhofft, sondern prophezeit. Und während Horaz als Dichter den Weg weiß in jene reine abgeschiedene Welt, sich männlich auf sich selbst stellt und ein Gefolge der Ansprechbaren, die sich losreißen wollen, um sich sammelt, wünscht sich Vergil eine andere Erfüllung seines Dichtertums. Nicht daß er ein Epos ankündigte, wenn er sagt, er wolle die Taten des »Knaben« besingen. Es kommt nicht auf die Form an. Wohl aber vertraut er sich an, spürt seine Abhängigkeit als Dichter von dem Weltzustand und verknüpft übermythische Größe mit der höchsten Wirklichkeit, der befriedeten Welt des Goldenen Zeitalters, das er, sich an den italischen Mythos anlehnend, die *Saturnia regna* nennt. Diese Konzeption, die versöhnende, gläubige, bescheidene, scheint nicht nur komplizierter, sondern sie scheint auch der Sache nach die Antwort auf wesentliche Nöte der Vorgänger zu sein. Hier gründet die Überzeugung von der Priorität des Horaz in der 16. Epode: wäre es nicht unmenschlich, diesem hoffenden Bekenntnis zur Welt und dieser Konzeption des

Dichtertums ein kaltes Nein und die Erklärung der Vollmacht des Dichters ent-
gegenzustellen? Sollte so die säkulare Freundschaft zwischen Vergil und Horaz
entstanden sein? Wahrscheinlicher ist doch, daß dem genialen selbstbewußten Jüngeren der Ältere, der ihn zitiert, mit Behutsamkeit eine erlösendere Sicht der Dinge
antwortend gegenüberstellt.

Mit dem Knaben aber, wie gezeigt, einer römischen Möglichkeit, kann er nun
nicht, wie man gemeint hat, den Ablauf verschiedener Zeitalter schildern, wohl
aber Stufen des Werdens vom Glück der Geburt über den heroischen Glanz der
Jünglingszeit bis zur vollen Reife im wesentlichen versinnlichen. Die Goldene Zeit
in ihren Entwicklungsstufen ist das aufwachsende Kind.

Beide Symbole, als solche geheimnisvoll und unendlich, erlauben es aber nun, eine
ungeheure Fülle von Wirklichkeit – poetischer Wirklichkeit, die mit beiden Gedanken verknüpft worden war oder verknüpft werden konnte – in freier Verfügung auszubreiten und das voneinander Entfernteste in Harmonie in einem Gedicht zu vereinen. Die ganze Welt, könnte man sagen, ist, ohne daß sie belastete,
in ihm aufgehoben zu einer neuen Ordnung. Das erschließt sich beständigem Nachsinnen und kann nur angedeutet werden. Da ist das All und die Erde, das Meer
und der Himmel, Pflanzen mancherlei Art, giftige, nützliche, schöne, wohlduf-
tende, da sind die Tiere, wilde und zahme, in der Wolle gefärbt, wobei in den
Stufen der Goldenen Zeit zu Anfang die Gerüche, am Ende die optischen Eindrücke
vorherrschen. Da ist der Mensch, von der Wochenstube und der Wöchnerin mit
ihren Beschwerden und ihrer Hoffnung angefangen, über die Stufen seines Wach-
sens bis hin zu weltgestaltenden Taten, zum Konsul. Da sind die Heroen, Achill,
die Argonauten bis zu den Göttern, Lucina, Apoll, Juppiter, dem Höchsten. Da
sind die großen geistigen Wirklichkeiten der Welt der Geschichte, die Vergangenheit
mit ihren Sünden, das hoffnungsschwere Jetzt, das künftige *saeculum*, da ist der
Dichter im Vergleich mit den mythischen Sängern, da ist Arkadien und sein Gott
Pan. Die ganze Welt ist bedacht, hereingeholt aber so, daß jedes Symbolwert hat für
die beiden großen Symbole und die seelische Kurve, die Musik des Gedichtes.

Angeschaut ist das sowohl mit dem eigenen liebenden Blick als auch dem des Geistes seit Anbeginn. Hesiod ist ebenso gegenwärtig wie Theokrit, die Sibyllinischen
Bücher, Plato (5), Arat (6), italisch-griechische Sage, die Dichter, die etwas über die
Goldene Zeit zu sagen hatten, neben den Stoikern (7), Catull mit der Vorstellung
seiner Schicksalsgöttinnen und wieder vor allem Horaz. Wenn er jenes Adynaton
des Horaz, daß die Herden die Löwen nicht mehr fürchten, nun deutet zu der
Aussage, daß es keine Löwen mehr geben wird, und es so aus der festen Ordnung
der Eisernen Zeit, in der es allein Sinn hat, herauslöst, und wenn er damit das selbständige Nachhausekommen der Ziegen verbindet, ihr schenkendes Gebaren ebenfalls aus der Verbindung mit der Arbeit der Eisernen Zeit lösend, so hebt er den
Gegensatz zwischen beidem, der bei Horaz bestehen bleibt, auf, stellt Dinge nebeneinander, die bei ihm kein Wunder, keine *contradictio in adiecto* sind, sondern
Wesen der anbrechenden Goldenen Zeit verkörpern, Freiheit und Freisein von Bö-
sem. Wenn in dem *nec – metuent*, das hier periphrastisch für *non erunt* steht, die
Horazische Formulierung anklingt, so zeigt das einmal, daß dies sekundär sein
muß, zum andern ist für den gebildeten Hörer der Anklang an Horaz deutlich.
Jeder dieser einfachen und schlichten Verse hat eine Menge Obertöne.

Wer den Dichter will verstehen, muß in Dichters Lande gehen. Sicher. Und hier heißt das, in die Bildungswelt mindestens ebenso wie in die römische Schicksalsstunde mit ihren Komplikationen. Vergil ist hier über die Gattung seiner Hirtenwelt hinausgegangen und hat ein lyrisches Gedicht geschaffen, in dem in jedem Wort die Erschütterung der menschlichen und gebildeten Seele Vergils zu spüren ist, die ganze Welt umgreifend und sich voll Glaube und Hoffnung in ihr aussprechend. Nicht daß er sich etwa von seiner Traumlandschaft, seinem Reich eigenen Rechtes ganz lossagte. Aber er ist »etwas höher« als sie. Er wird jedoch, wie er lächelnd selber andeutet, selbst Pan besiegen, auch wenn sein Land, Arkadien, den Richter spielt. Daß Pan aber, als Gott natürlich, über die Sänger Orpheus und Linus gestellt wird, er mit seiner Syrinx, freilich ohne sich göttlicher Hilfe zu bedienen, ist sublimster Scherz. Daß er nach dem Urteil Arkadiens selbst sich besiegt geben muß, zeigt, daß alle Bedingungen, die das Arkadische stellt, und das ist vor allem die feine Kunst, erfüllt sind, daß er aber den großen Gegenstand, den Vergil, wenn ihm das Leben bis zur Erfüllung der Goldenen Zeit reicht, besingen wird, höher stellt.

Freiheit und Ordnung des Gedichtes, die Größe des Nachsinnens über das Schicksal der Welt und Vergils Teilnahme daran, sind aufgewiesen. Wenn Freiheit und Ordnung Schönheit sind, so ist auch die Schönheit dieses Gedichtes aufgewiesen. Die römische Lyrik hat hier ein Höchstes erreicht, und sie hat dabei in diesem Gedicht eine zweite Möglichkeit neben der des Horaz verwirklicht. Horaz setzt in einer Situation selbst Sinn, vergeistigt das Gegenwärtige, Vergil deutet hoffnungsvoll die Stunde im Glauben an den Menschen und vom Ziel her, der Idee, um die er weiß, gestaltend und zu seinem Teil mitwirkend. Dieses Höchste war und ist unwiederholbar wie ein Credo oder besser: es läßt sich nicht vervielfachen, hat nicht die Mannigfaltigkeit der Situationen. Die 4. Ekloge ist ein Letztes. Noch Lyrik, deutet sie auf größere, in jedem Fall andere Aussageformen voraus, das Lehrgedicht, das Epos. Vergil steigt gestärkt von der Höhe seiner Schau, im gewonnenen, neu gewonnenen Vertrauen in diese Welt wie ein platonischer Philosoph wieder zurück in die Welt, zunächst dorthin, wo sie dem Geschauten am nächsten kommt, in die Welt der *iustissima tellus*, dann selbst in die Geschichte.

Zuletzt: Vergil hatte mit einem Wagnis ohnegleichen sich an die Auswirkung einer geschichtlichen Stunde gebunden, er hatte, wenn wir recht sehen, in dem Apollo, der schon herrscht, auf die wirkende Kraft des jungen Octavian hingewiesen. Die Seherkraft Vergils ist in wunderbarer Weise, wie wohl sonst nie in der Geschichte, bestätigt worden. Zehn Jahre später erfüllte sich – bis zum *alter Achilles*, d. h. wohl bis zu Octavians Fahrt nach dem Osten, die 31 v. Chr. mit dem Siege bei Actium die Entscheidung brachte, – seine Prophezeiung.

Die Elegiker

5

Tibull und Properz

Neben den augusteischen Dichtern Horaz und Vergil entfaltet die Elegie in reiner Subjektivität ihr Leben. Ihre Diener sind nicht unbetroffen von den Ereignissen, also dem Bürgerkrieg und seiner mühevollen Beendigung; aber sie lassen diese Ereignisse nicht Dichtung werden, höchstens ein oder das andere Mal in sie eintreten. Dennoch spürt man, daß sie zu der ersten Hälfte des Prinzipats des Augustus ge-

1,8a
Tune igitur demens, nec te mea cura moratur?
  an tibi sum gelida uilior Illyria?
et tibi iam tanti, quicumque est, iste uidetur,
  ut sine me uento quolibet ire uelis?
tune audire potes uesani murmura ponti   5
  fortis, et in dura naue iacere potes?
tu pedibus teneris positas fulcire pruinas,
  tu potes insolitas, Cynthia, ferre niues?
o utinam hibernae duplicentur tempora brumae,
  et sit iners tardis nauita Vergiliis,   10
nec tibi Tyrrhena soluatur funis harena,
  neue inimica meas eleuet aura preces!
atque ego non uideam talis subsidere uentos,
  cum tibi prouectas auferet unda ratis,
ut me defixum uacua patiatur in ora   15
  crudelem infesta saepe uocare manu!
sed quocumque modo de me, periura, mereris,
  sit Galatea tuae non aliena uiae:
ut te, felici praeuecta Ceraunia remo,
  accipiat placidis Oricos aequoribus.   20
nam me non ullae poterunt corrumpere, de te
  quin ego, uita, tuo limine uerba querar;
nec me deficiet nautas rogitare citatos
  ›Dicite, quo portu clausa puella mea est?‹,
et dicam ›Licet Atraciis considat in oris,   25
  et licet Hylleis, illa futura mea est.‹

1,8b
Hic erat! hic iurata manet! rumpantur iniqui!
  uicimus: assiduas non tulit illa preces.
falsa licet cupidus deponat gaudia liuor:
  destitit ire nouas Cynthia nostra uias.   30

hören, während Ovid dann, unberührt von den früheren Leiden und der Sehnsucht, die aus ihnen erwuchs, den etablierten Augustus-Frieden voraussetzt. Für Tibull und Properz hat Gallus die Bahn gebrochen. Jeder von beiden scheint eine Seite seines Wesens besonders weiterentwickelt zu haben. Um das zu zeigen, versuchen wir, je ein Gedicht der beiden zu interpretieren, das sich jeweils an die 10. Ekloge Vergils anschließen läßt. Jedes ist auch aufschlußreich für die eigene Melodie und den eigenen Stil, den sich beide neben so endgültigen Schöpfungen wie denen des Horaz und Vergil geschaffen haben und mit dem sie dann neben dem Genie Catull und dem etwas hartgefügten Archegeten der Gattung, Gallus, bestehen. Das 8. Gedicht des 1. Buches des Properz, das unter dem Namen »Cynthia« gesondert veröffentlicht wurde, besteht aus zwei Gedichten. Doch stellen wir diese interessante, mehr als philologische, nämlich für das Gesamtverständnis des Properz aufschlußreiche Frage zunächst zurück.

Du bist also von Sinnen und meine Liebesnot hält dich nicht auf?
Oder bin ich dir wertloser als das kalte Illyrien
und scheint dir dieser, wer es auch ist, so viel wert,
daß du ohne mich mit jedem Winde fahren willst?
Du vermagst es, das Tosen des rasenden Meeres zu hören
mutig, vermagst es im harten Schiffe zu liegen?
Du vermagst es, mit deinen zarten Füßen auf den festen Frost zu treten,
du, Cynthia, den ungewohnten Schnee zu ertragen?
Oh, wenn doch die Zeit der winterlichen Nächte sich verdoppelte
und der Schiffer untätig wäre, weil die Plejaden sich verspäteten,
und sich nicht dir das Tau vom tyrrhenischen Strande löste
und nicht feindlich der Wind meine Bitten davontrüge!
Und ich möchte nicht sehen, daß solche Winde sich legen,
wenn dir die Woge das ausgefahrene Schiff davonträgt,
so daß es mich, festgebannt am leeren Gestade,
dich Grausame oft mit drohender Hand rufen läßt.
Aber wie du es, Treulose, auch um mich verdienst,
Galatea sei deiner Fahrt nicht abgeneigt,
auf daß dich, du mit glücklichem Ruder am Keraunischen Vorgebirge vorbei-
             gefahren,
Oricos mit friedlicher Meeresfläche aufnimmt.
Denn keine Mädchen werden mich verführen, daß ich nicht, du
mein Leben, über dich auf deiner Türschwelle klage
und ich werde nicht ermüden, die Seeleute kommen zu lassen
und zu fragen: »Sagt, in welchem Hafen ist mein Mädchen eingeschlossen?«
und werde sagen: »Mag sie in den Gefilden des Atrax oder
des Hyllus sitzen, sie wird doch mein sein.

Hier war sie, hier bleibt sie vereidigt! Sollen die Neider platzen!
Wir haben gesiegt: unsere ständigen Bitten konnte sie nicht ertragen.
Der gierige Neid möge die falsche Freude lassen:
Cynthia nahm Abstand, neue Wege zu gehen.

illi carus ego et per me carissima Roma   (5)
  dicitur, et sine me dulcia regna negat.
illa uel angusto mecum requiescere lecto
  et quocumque modo maluit esse mea,
quam sibi dotatae regnum uetus Hippodamiae,   35
  et quas Elis opes ante pararat equis.   (10)
quamuis magna daret, quamuis maiora daturus,
  non tamen illa meos fugit auara sinus.
hanc ego non auro, non Indis flectere conchis,   40
  sed potui blandi carminis obsequio.
sunt igitur Musae, neque amanti tardus Apollo,   (15)
  quis ego fretus amo: Cynthia rara mea est!
nunc mihi summa licet contingere sidera plantis:
  siue dies seu nox uenerit, illa mea est!
nec mihi riualis certos subducit amores: 45
  ista meam norit gloria canitiem.   (20)

Das Gedicht (1,8a) hebt an zu sprechen mitten aus einer Situation, die erst im Verlauf deutlich wird. Cynthia, an die sich die Worte richten, ohne daß sie – wegen
der Verwünschungen – gegenwärtig gedacht werden dürfte, ist bereit, mit einem
anderen, der ihr offenbar große Reichtümer bieten kann, wie sich aus dem zweiten
Gedicht ergibt, nach Illyrien zu segeln. Es ist die Zeit kurz vor Aufgang der Plejaden, mit dem die Schiffahrt wieder einsetzt. Die ersten vier Distichen (1–8) sind
erfüllt von Fragen, die mit *igitur* (1) mitten in einem gedachten Gesprächsverlauf
einsetzen. In den ersten beiden herrschen vorwurfsvolle Empörung, die beiden andern wenden sich von fassungslosem Getroffensein zu der Sorge um das, was Cynthia wird ausstehen müssen. Daraus erwachsen Wünsche, daß der Winter sich ver-
doppeln, der Schiffer zum Nichtstun verdammt sein möge, das Schiff nicht ab-
stoßen und ein feindliches Wehen des Windes seine Bitten, die er auch dann noch
an sie richten wird, davonführen möge (9–12).
Bei dieser Vorstellung und dem Gedanken an das herrschende Tosen des Meeres mit
seinem Sturm, das sie jetzt bestehen will, schlagen die Wünsche in Verwünschungen
um (13–16): solche Stürme sollen sich nicht legen, wenn das Schiff ausfährt, so
daß es ihn am Strand zurückläßt und mit drohender Hand die Grausame rufen
läßt. Beides ist darin enthalten, sie grausam heißen und die Grausame doch mit
seinem Ruf erreichen wollen. Aus den Bitten ist beim Gedanken an die Abfahrt die
drohende Hand geworden.
Dieses Äußerste an zorniger Leidenschaft führt aber zu einem plötzlichen Um-
bruch: wie böse sie ihn auch behandelt hat, Galatea soll ihr gute Fahrt geben, damit sie nach Überwindung der Gefahren im Hafen lande (17–20).
Die folgenden drei Disticha (21–26) geben die Begründung für diesen Stimmungs-
wechsel in einem Bild: keine anderen Mädchen werden ihn daran hindern – in
corrumpere quin liegt zugleich die Verführung und das Hindern durch Gleichgül-
tigwerden, ein weiteres Beispiel für Properzische Kondensiertheit des Ausdrucks –,
auf der Schwelle ihres Hauses zu liegen und um sie zu klagen. In der Anrede, in
dem in der Elegie heimischen *vita*, »mein Lieb«, wird, wie es kürzer nicht geht, die

Ich heiße ihr lieb und meinetwegen Rom am liebsten,
und ohne mich, sagt sie, ist ihr Königsherrschaft nicht süß.
Sie wollte lieber mit mir auch auf engem Bett ruhen
und auf welche Weise auch immer die Meine sein,
als daß ihr das alte Königtum der mitgiftreichen Hippodamia gehöre
oder die Schätze, die Elis vorher durch Rosse erworben hatte.
Obwohl er Großes schenkte, obwohl Größeres zu schenken bereit,
entfloh sie doch nicht habsüchtig meiner Brust.
Sie habe ich nicht durch Gold, nicht durch indische Muscheln
umzustimmen vermocht, sondern durch Fügsamkeit schmeichelnden Liedes.
Es gibt also die Musen, und dem Liebenden ist Apollo nicht säumig,
im Vertrauen auf sie liebe ich: meine Cynthia ist ein seltenes Wesen!
Jetzt ist es mir erlaubt, die höchsten Sterne mit den Füßen zu berühren:
ob der Tag, ob die Nacht kommt, jene ist mein!
Und nicht entzieht mir der Rivale die gewisseste Liebe:
dieser Ruhm möge mein graues Haar noch kennenlernen.   (Vgl. S. 368.)

Begründung gegeben: er kann ohne sie nicht leben. Und so malt er die Begründung für sein plötzliches Einlenken weiter aus: er fragt nach ihr alle Seefahrer im Hafen. Das Gespräch wird zu einer kleinen realistischen Szene. Und mögen sie mythisch entfernte Gegenden, inneres Illyrien, auf die Frage nach ihrem Aufenthaltsort nennen, er wird sagen, sie ist doch mein in der Zukunft. Aus der Szene wächst etwas hervor, die unbedingte Zuversicht auf künftige Gemeinschaft, und dies kann nur als einsame Lyrik verstanden werden.

Das Gedicht lebt von den seelischen Bewegungen, vor allem von dem abrupten Abbrechen nach dem Verlauf der Fragen, unerfüllbaren Wünschen und Verwünschungen, ein Abbrechen, das bis zum plötzlichen und überraschenden Beteuern der Liebe führt. Während Catull mit seinem Temperament die Wirklichkeit durchdrang, Vergil sie unter größeren Ideen umformte, Horaz sie gültig sublimierte, evoziert bei Properz seine seelische Bewegung Wirklichkeiten, die sein Empfinden gegenständlich, in Gebärde und Wort versinnlichen.

Das zweite Gedicht (1,8b) ist ruhiger, lebt aber auch von einer Bewegung, nämlich der Entdeckung, daß es sein Lied ist, das ihm die Geliebte gewinnt. Von 1–12 (27–38) herrscht die Stimmung des Sieges. Die neue Situation wird (wie bei den Anfängen von 1,9; 10; 17) gesetzt: Cynthia bleibt, und das wird sogleich auf die Neider bezogen, die sich schon gefreut hatten. Diese umfassende Reaktion auf den Umschwung in seiner Lage richtet sich nun immer mehr auf Cynthia und ihr Verhalten aus, wobei die Neider, doch wohl der Rivale mit seinem Gefolge, allmählich zurücktreten. Cynthia aber wird mit einem immer wiederholten *illa* – 28 (2), 31 (5), 33 (7), 38 (12) – in steigendem Glücksgefühl gepriesen. Dieses *illa* steht so im Kontrast zu der direkten Anrede, die das erste Gedicht beherrscht, daß schon von diesem Faktum aus die von Lipsius zuerst vorgeschlagene Trennung der Gedichte bewiesen wird. Cynthias Einzigartigkeit tritt dabei an dem Gegensatz der Armut des Properz und dem phantastischen Reichtum, der sie erwartet hätte, hervor, beides versinnlicht an konkreten Wirklichkeiten bzw. der Aussage entsprechend der Wirklichkeit des Mythos. *Non avara* [38 (17)] ist sie, das ist das Resultat. Sie

liebt um der Liebe willen, das, was für den Elegiker die immer wieder bedrohte
Bedingung seiner Liebe ist. Diese Liebe aber ist die Liebe zum Dichter Properz.
Seine Dichtung hat dies erreicht – das sagt er in einem nachklingenden Rückblick
darauf, daß er sie nicht mit Gold und indischen Muscheln, Perlen gewonnen
hat –: *blandi carminis obsequio*, mit seinem Lied also, das schmeichelnd gewinnt
und ihrem Willen folgt. Die Überraschung ist das Innewerden einer beglückenden
Wahrheit: es gibt die Musen und Apollo, die dem Liebenden beistehen. Mit dieser
Erkenntnis darf er sich sicher fühlen vor dem Rivalen und wünschen, daß das
graue Haar noch den Glanz seiner Liebe erlebt. Diese drei letzten Distichen heben
die Stimmung des Glücks über den Augenblick hinaus.

Es kommt hier zunächst nicht darauf an, den *poeta doctus* zu würdigen, der sich
in beiden Gedichten durch die erlesene Mythologie, das Anklingen der griechischen
Epigrammatik und ihrer Motive, das Spiel mit den Formen des Geleitgedichtes im
ersten ausweist; wesentlicher ist, daß Properz sich in beiden Gedichten am Schluß
zu Grunderkenntnissen durchringt; er ist auf dauernd mit Cynthia verbunden, und
es ist ein Verhältnis der Poesie, von den Musen und Apollo gestiftet, durch die
Besonderheit der Geliebten gegen Rivalität bis ins hohe Alter gesichert – alles dies
freilich Erkenntnis aus Stimmung und Augenblick und des Wandels fähig. Eine
Philosophie der Leidenschaft enthüllt sich. Das Gedicht wird aber vorweg wegen
seiner Gefühlskurve behandelt.

Die Verse

> tu pedibus teneris positas fulcire pruinas,
>   tu potes insolitas, Cynthia, ferre nives?

nämlich lassen sich nicht trennen von den Versen in der 10. Ekloge Vergils (46 ff.):

> tu procul a patria (nec sit mihi credere tantum)
> Alpinas a, dura, nives et frigora Rheni
> me sine sola vides. a, te ne frigora laedant!
> a, tibi ne teneras glacies secet aspera plantas!

Wir wissen, daß Vergil hier Verse des Gallus zitiert. Properz hat, charakteristisch
für den *poeta doctus*, sicher nicht aus der andern Gattung der Eklogen, sondern

Tibull 1,10

> Quis fuit, horrendos primus qui protulit enses?
>   Quam ferus et vere ferreus ille fuit!
> Tum caedes hominum generi, tum proelia nata,
>   Tum brevior dirae mortis aperta via est.
> An nihil ille miser meruit, nos ad mala nostra   5
>   Vertimus, in saevas quod dedit ille feras?
> Divitis hoc vitium est auri, nec bella fuerunt,
>   Faginus adstabat cum scyphus ante dapes.
> Non arces, non vallus erat, somnumque petebat
>   Securus sparsas dux gregis inter oves.   10

Verse von dem Archegeten Gallus anklingen lassen, als er in erregten Fragen voller Anteilnahme das Mißverhältnis zwischen der Zartheit der Geliebten und der harten, eisigen Kälte, die sie erwartet, hervorhebt. Auch die Situation ist ähnlich. *Sine me* hat bei beiden seine Entsprechung – bei Properz übrigens in der normalen Stellung, bei Vergil durch die Postposition der Höhe des Stils angepaßt –, und bei beiden ist die Geliebte entfremdet. Bei Properz will sie mit dem Rivalen nach Illyrien gehen, Gallus ist im Krieg, die Geliebte Lycoris aber schon – mit dem Rivalen? – am Rhein. Bei Vergil ließ sich aber noch etwas anderes auf Gallus zurückführen, nämlich die Leidenschaftskurve von Klage, Abkehr und Verfallensein; und zwar vollzog sich die Abkehr – er will in die Wildnis der Bukolik ziehen – ebenso abrupt wie das Verfallensein. Bei Properz beginnt das Gedicht realistischer, bezieht den Rivalen ein, fährt sozusagen unbedacht los, ehe es zu der – übernommenen – Klage kommt. Die Abkehr steigert sich allmählich bis zur Geste der drohenden Hand und schlägt dann plötzlich in Verfallensein um.
Die Ähnlichkeit vor allem in der Abruptheit der Stöße der Leidenschaft wird man nicht verkennen. Es ist die Properzische Stilisierung einer Bewegung des Gallus. Bei Gallus wird die Abkehr mit dem Wunsche nach einer Welt des Friedens, der reinen Liebe und Treue, etwas wie der Goldenen Zeit verbunden gewesen sein. Darauf deutet die Vorstellungswelt Catulls und daß Vergil ihn den Wunsch aussprechen läßt, in der bukolischen Welt zu leben. Bei Properz gibt es in diesem Gedicht – und auch sonst – diesen Bereich einer Wunschwelt nicht. Seine Wünsche sind realer: die Geliebte soll dableiben müssen, dann wird er schon ihre Liebe behalten. Selbst wenn sie fort ist, wird sie sein bleiben. Der Rivale ist bei ihm im Kampf um Cynthia sozusagen ein notwendiges Requisit, um seine Empörung, seine Bitterkeit über die Verachtung seiner Liebe, aber auch zum Schluß sein Siegesbewußtsein über ihre Kraft auszulösen. Bei Gallus ist *sine me* darum auch in ganz anderem, klagendem Tone gesagt als bei Properz, wo es in Hinsicht auf den Rivalen direkten Bezug hat. Gallus sieht sein Leiden und seine Geliebte, Properz sieht sich in werbendem Kampf um die Geliebte (*vicimus*). Properz ist realer, bei Gallus bedeutet das Zurücksinken in die Liebe eine metaphysische Erkenntnis: *omnia vincit amor*. Hierin, in diesem Pendeln zwischen zwei Welten, steht Tibull Gallus näher. Ein Beispiel dafür ist 1,10.

Wer war es, der als erster die grausigen Schwerter ans Licht brachte?
Wie tierisch und wahrhaft eisern ist er gewesen!
Da ist Mord dem Geschlechte der Menschen, da sind Kämpfe entstanden,
da wurde eine kürzere Straße zum furchtbaren Tode eröffnet!
Oder hat jener Arme sich nicht schuldig gemacht und wir selber kehren zu
                               unserem eigenen Unglück,
was jener gab gegen die wilden Tiere?
Schuld daran ist das üppige Gold! Und es gab keine Kriege,
als der Becher aus Buchenholz vor dem Mahle stand.
Es gab keine Burgen, nicht Palisaden, und den Schlaf suchte
ohne Unruhe der Hirt zwischen den bunten Schafen.

Tunc mihi vita foret, vulgi nec tristia nossem
  Arma nec audissem corde micante tubam;
Nunc ad bella trahor, et iam quis forsitan hostis
  Haesura in nostro tela gerit latere.
Sed patrii servate Lares: aluistis et idem,   15
  Cursarem vestros cum tener ante pedes.
Neu pudeat prisco vos esse e stipite factos:
  Sic veteris sedes incoluistis avi.
Tum melius tenuere fidem, cum paupere cultu
  Stabat in exigua ligneus aede deus.   20
His placatus erat, seu quis libaverat uva,
  Seu dederat sanctae spicea serta comae,
Atque aliquis voti compos liba ipse ferebat
  Postque comes purum filia parva favum.
At nobis aerata, Lares, depellite tela,   25
  Hostiaque e plena rustica porcus hara.
Hanc pura cum veste sequar myrtoque canistra
  Vincta geram, myrto vinctus et ipse caput.
Sic placeam vobis: alius sit fortis in armis,
  Sternat et adversos Marte favente duces,   30
Ut mihi potanti possit sua dicere facta
  Miles et in mensa pingere castra mero.
Quis furor est atram bellis accersere mortem?
  Inminet et tacito clam venit illa pede.
Non seges est infra, non vinea culta, sed audax   35
  Cerberus et Stygiae navita turpis aquae;
Illic percussisque genis ustoque capillo
  Errat ad obscuros pallida turba lacus.
Quam potius laudandus hic est, quem prole parata
  Occupat in parva pigra senecta casa.   40
Ipse suas sectatur oves, at filius agnos,
  Et calidam fesso conparat uxor aquam.
Sic ego sim, liceatque caput candescere canis,
  Temporis et prisci facta referre senem.
Interea pax arva colat. pax candida primum   45
  Duxit araturos sub iuga curva boves,
Pax aluit vites et sucos condidit uvae,
  Funderet ut nato testa paterna merum,
Pace bidens vomerque nitent; at tristia duri
  Militis in tenebris occupat arma situs;   50

. . . .

Rusticus e lucoque vehit, male sobrius ipse,
  Uxorem plaustro progeniemque domum.
Sed Veneris tum bella calent, scissosque capillos
  Femina perfractas conqueriturque fores.
Flet teneras subtusa genas, sed victor et ipse   55
  Flet sibi dementes tam valuisse manus.

Damals hätte mir das Leben sein sollen und ich kennte nicht finstere Waffen der
Masse
und hätte nicht mit zuckendem Herzen die Trompete gehört:
jetzt werde ich zum Krieg geschleift, und vielleicht hat irgendein Feind schon
die Geschosse in der Hand, die in meiner Seite stecken werden.
Ihr aber, väterliche Laren, schützt mich! Habt ihr mich doch auch aufwachsen
lassen,
als ich noch als zarter Knabe vor euren Füßen lief.
Und schämt euch nicht, daß ihr aus einem urtümlichen Klotz gemacht seid:
so habt ihr den Landsitz bewohnt des alten Ahnen.
Damals hielt man besser die Treue, als mit bescheidenem Aufwand
in kleinem Schrein stand ein hölzerner Gott.
Der war besänftigt, ob einer mit einer Traube gespendet,
ob er Ährengeflechte dem heiligen Haar gegeben hatte,
und einer, der sich seines Wunsches bemächtigt, brachte selber Opferkuchen
und hinter ihm als Begleiterin das kleine Töchterchen eine neue Wabe.
Aber mir, ihr Laren, wehrt ab die erzenen Geschosse
und ein ländliches Opfertier ist aus vollem Koben ein Schwein.
Diesem werde ich mit reinem Gewande folgen und werde
den mit Myrte umwundenen Korb
tragen, mit Myrte umwunden auch selber das Haupt.
So möchte ich euch gefallen: ein andrer sei tapfer in Waffen
und strecke die feindlichen Führer mit der Gunst des Mars nieder,
daß mir beim Trunk seine Taten erzählen kann
der Soldat und auf dem Tisch mit Wein das Lager aufmalen.
Was für ein Wahnsinn ist es, den schwarzen Tod durch Kriege herbeizurufen?
Er steht vor uns und kommt heimlich mit schweigendem Fuß.
Kein Saatfeld ist drunten, kein wohlbestellter Weinberg, sondern der gierige
Cerberus und der häßliche Fährmann des stygischen Wassers:
dort irrt mit zerstoßenen Wangen und verbranntem Haar
der bleiche Haufen an den finstern Seen.
Wieviel eher ist der zu loben, den nach erworbenem Nachwuchs
in kleiner Hütte untätiges Alter befällt.
Selber folgt er seinen Schafen, doch der Sohn den Lämmern
und dem Müden bereitet die Frau heißes Wasser.
So möchte ich sein und erlaubt sei es dem Haupt, im grauen Haar zu
schimmern,
und dem Greis, die Taten früherer Zeit zu berichten.
Inzwischen soll Friede die Fluren pflegen. Strahlender Friede hat zuerst
die Rinder, die ackern sollten, unter die gekrümmten Joche geführt,
Frieden nährte die Reben und barg den Saft der Traube,
daß dem Sohn der väterliche Krug den Wein schütte,
im Frieden glänzen Hacke und Pflugschar, aber die finsteren Waffen
des harten Soldaten befällt in Finsternis der Rost.
. . . .
der Bauer und führt aus dem Hain, selber nicht nüchtern,
die Frau auf dem Karren und den Nachwuchs nach Hause.
Aber die Kriege der Venus erglühen dann und die
Frau klagt über eingerissenes Haar und zerbrochene Tür.
Sie weint an den zarten Wangen getroffen, aber der Sieger weint auch selbst,
daß ihm die rasenden Hände soviel Kraft gehabt haben.

At lascivus Amor rixae mala verba ministrat,
Inter et iratum lentus utrumque sedet.
A, lapis est ferrumque, suam quicumque puellam
Verberat: e caelo deripit ille deos.   60
Sit satis e membris tenuem rescindere vestem,
Sit satis ornatus dissoluisse comae,
Sit lacrimas movisse satis: quater ille beatus,
Quo tenera irato flere puella potest.
Sed manibus qui saevos erit, scutumque sudemque   65
is gerat et miti sit procul a Venere.
At nobis, Pax alma, veni spicamque teneto,
Perfluat et pomis candidus ante sinus.

Schon die Übersetzung läßt spüren, daß hier ein Gedicht vorliegt, das ganz anders ist als alles, was bisher vorgeführt wurde. Hier fehlt die Dynamik einer zielgerichteten Bewegung und die Architektonik, die für die bisherigen Gedichte charakteristisch waren; statt dessen steigen Bilder und Gedanken auf und treten zurück, jedenfalls zwanglos, die Dinge in ihrem Sein belassend und ruhig anschauend. Die Schwierigkeit besteht darin, die Einheit des Gedichtes in einem Verlauf zu fassen, der zunächst ganz aus der spontan bewegten Seele zu entstehen scheint. Und eine der Hauptfragen bei Tibull ist es immer gewesen, ob seine Gedichte ein Ziel haben, ob sie gar Produkte einer fast medizinisch zu bestimmenden Gedankenflucht zu nennen sind und worin die Steuerung der Bewegung besteht.

Um Krieg und Frieden geht es, aber in einer sehr persönlichen Art. Das Gedicht beginnt mit einer bewegten Frage: wer hat die schrecklichen Schwerter als erster erfunden?, um sogleich ein sehr scharfes Urteil in emphatischem Ausruf zu fällen: *quam ferus et vere ferreus ille fuit.* Das traditionelle Motiv des ersten Erfinders wird mit einer fast sprichwörtlichen Charakterisierung verbunden. Und das zweite Distichon begründet dieses Verdikt: in dreifacher Anapher wird betont, was damit entstanden ist: Mord, Kampf, eine kürzere Straße zum unheimlichen Tod.

Das ist ähnlich bewegt und erregt wie Horaz c. 2,13 und erinnert im Spiel mit dem ›ersten Erfinder‹ auch an c. 1,3. Nur ruft sich der Dichter hier sogleich zurück: vielleicht tut man ihnen Unrecht? Vielleicht ist es, wie die Philosophen sagen, der falsche Gebrauch einer Sache, die für Nützlicheres gedacht war, für den Kampf gegen wilde Tiere? Und sogleich zeigt sich der wahre Schuldgrund für die vorher dem Schwerte zugeschriebenen Übel: es ist *dives aurum* (7) – wieder eine der kühnen Verbindungen –, das reiche, üppige Gold, dem die Menschen nachjagen, weil sie reich werden wollen.

Nach diesen bewegten Aussagen, die große Probleme, Technik, Erfindertum, Schuld auf die schlichteste Form gebracht haben, pendelt der Gedanke zur Gegenseite: Schuld ist die Gier nach Gold; und es gab keine Kriege, als das Gold keine Rolle spielte. Das ist Gegensatz, einfach anreihend gegeben, und zugleich Begründung. Statt aber dies logisch so auszudrücken, tritt ein Bild dafür ein, an dem offenbar die ganze Liebe des Dichters hängt: es gab keine Kriege, als der aus Buchenholz geschnitzte Becher vor der Mahlzeit stand. Und es gab auch anderes

Doch der lose Amor reicht dem Streit böse Worte
und sitzt gefühllos zwischen beiden Zornigen.
Ach, ein Stein ist und Eisen, wer sein Mädchen
schlägt: aus dem Himmel reißt jener die Götter.
Genug sei es, von den Gliedern das zarte Gewand zu reißen,
genug sei es, den Putz des Haares zu verwirren,
genug, Tränen zu erregen: viermal jener glücklich,
bei dessen Zorn das zarte Mädchen weinen kann.
Wer aber mit Händen wild ist, der soll Schild und Pfahl
führen und sei ferne von der milden Venus.
Uns jedoch, nährender Friede, komme und halte die Ähre,
und vor dir ströme über von Früchten dein weiß strahlender Gewandbausch.

(Vgl. S. 369.)

nicht, so malt Tibull das Bild weiter aus, keine Burgen, keine Palisaden, und positiv: der Hirt suchte seinen Schlaf, ohne beunruhigt zu sein, unter seinen bunten Schafen. Es ist fast der Friede der Goldenen Zeit, der hier ausgemalt wird, und noch mehr würde das zutreffen, wenn die ›bunten‹ Schafe eine Erinnerung an Vergil, ecl. 4,42 ff. wären, was wohl aber nicht der Fall ist (gemeint ist, daß es sich nicht um raffiniert gezüchtete rein weiße handelt). Es ist ein unkonventionelles Bild der Goldenen Zeit, ein Gegenbild zur harten gierigen Gegenwart und nicht so fern, daß Tibull nicht den Wunsch haben könnte, damals geboren zu sein (11–12):

Tunc mihi vita foret, vulgi nec tristia nossem
Arma nec audissem corde micante tubam.

Der Gedanke hat sich zu einem irrealen Wunsch gesteigert; in seinen Negationen ist die Verbindung zum Vorhergehenden nicht zu übersehen – *securus: corde micante; dux gregis inter oves: vulgi nec tristia nossem arma.* Er schläft als Führer inmitten einer anderen Horde, womit das seltsame *vulgi* seinen Sinn erhält – ebensowenig wie die zum Folgenden. Aus dem unerfüllbaren Wunsch springt der Kontrast hervor. *Nunc ad bella trahor* (13) und vielleicht hat einer schon das Geschoß in der Hand, das ihm den Tod bringt. Diese Bewegung, die Steigerung zu einem unerfüllbaren Wunsch und nachfolgender Kontrast dazu sollen festgehalten werden. Erst hier wird deutlich, daß Tibull in einer bestimmten Situation spricht: er muß in den Krieg ziehen. Rückblickend gewinnt so der Ausbruch sowohl wie der Wunsch ein ganz persönliches Gesicht.
In dieser Lage wendet er sich an die Laren, die ererbten Hausgötter, um Schutz. Es ist wie ein Gebet und wird wie ein solches begründet damit, daß er unter ihrem Schutze ja auch gediehen ist, als er, ein zartes Kind, vor ihnen spielte. Ein kindliches Gefühl geborgener Intimität erfüllt ihn im Gegensatz zu den Gefahren, zugleich aber auch wohl Verwunderung über sich selbst, daß er, der Herr, der in der *cohors* des Messalla sich in den Krieg begibt, Trost sucht bei diesen altertümlichen, aus einem Stück Holz geschnittenen Hausgöttern, die einst wie die Manen die abgeschiedenen Seelen verkörperten. Jedenfalls scherzt er mit ihnen, sich – wie es in den ›Priapeen‹ (vgl. Cat. 1) geschieht – in sie hineinversetzend und vertraulich mit ihnen plaudernd. Sie sollen sich dessen nicht schämen, haben sie doch so den Sitz

des ehrwürdigen Großvaters und Ahnen bewohnt. Priscus, altehrwürdig, wird der Klotz genannt, auf das Alter können sie stolz sein. Ist es doch ein Zeichen größerer Götternähe. Mit dem Gebet an die Laren hat Tibull etwas ergriffen, was mit der unerreichbaren Zeit vor Erfindung des Eisens, wenn auch näher liegend, vieles gemein hat. Mit Liebe malt er das aus: die Zuverlässigkeit im Verhältnis der Wesen, die Bescheidenheit, die Sicherheit in der Erfüllung der – bescheidenen – Gebete, die Anmut des Gabenspendens an den Gott durch Vater und Töchterchen. Eines fügt sich ans andere, ein Bild fügt dem andern neue Züge hinzu, im scharf gesehenen Konkreten wird jene heile Welt großväterlicher Bäuerlichkeit versinnlicht.

Auch hier bricht Tibull plötzlich ab. Aber nicht wie beim ersten Mal, als er nach einem unerfüllbaren Wunsch die trostlose Gegenwart hervorhob, sondern jetzt wendet er sich mit größerem Vertrauen erneut an die Laren. Sie sollen die erzenen Waffen – *aerata* hat seit Ennius einen epischen Klang, der hier gewollt ist; darum ist eine historische Deutung (Voß: die Santonen mit ihren noch erzenen Waffen) abzulehnen – von ihm abwehren. Dafür mögen sie eine ländliche Opfergabe haben, wie sie ihnen zusteht. Sie ist aber – wieder mit leichtem Lächeln gesagt – etwas Größeres als der Opferkuchen und die Wabe der namenlosen Bewohner des Gutes, ein Eber. Und er wird mit Myrte bekränzt feierlicher danken, aber nicht weniger fromm. Unvermerkt hat sich der Blick von der Vergangenheit und Gegenwart zur Zukunft gewendet. Tibull sieht sich schon, errettet, den Laren sein Dankopfer darbringen. Wenn auch hier der Wunsch sich regt, daß er so – bekränzt den Göttern dankend – den Laren gefallen möge, dann ist es kein unerfüllbarer mehr, sondern er gleicht einer getroffenen Entscheidung. Nun kann er die andere Lebensform, zu der er ja jetzt gezwungen ist, als ungemäß bezeichnen: ein anderer sei tapfer in Waffen, er soll große Kriegstaten vollbringen, damit er ihm dann – die einzige unterordnende Konjunktion, um die Torheit dieser sinnlosen Folge zu verspotten – beim Trunke als Soldat seine Heldentaten erzählen und den Lagerplan mit Wein auf den Tisch malen kann. Auch die Liebenden der Elegie malen sich verabredete Zeichen mit Wein auf den Tisch (z. B. Ovid, am. 1,4,20). Tibull aber hat wieder ganz originell mit wenigen Pinselstrichen die Situation des bramarbasierenden Soldaten vergegenwärtigt und sich in seinem zukünftigen Leben damit eingefangen: er privatisiert, und der große Kriegsheld besucht ihn, man trinkt, erzählt.

Wie weit ist man von der Situation dessen, der in den Krieg zieht, entfernt. Nur so aber konnte das Folgende als eine Erkenntnis wirken, die nicht aus einer bloßen Stimmung vor dem Krieg erwachsen ist. Es handelt sich um das Stück 33–44, das zweigeteilt ist: im ersten Teil wird als Wahnsinn bezeichnet, durch Kriege den Tod herbeizurufen, im zweiten Teil als löblich der hingestellt, der im hohen Alter stirbt. Man hat darin etwas Diatribisches gespürt. Aber der Abschnitt ist doch nicht auf eine Predigt angelegt, sondern als seine Erkenntnis auf Tibull bezogen. Es ist *furor*, Raserei, den Tod – denn um dieses Letzte geht es – durch Krieg herbeizurufen. Dort ist das sinnlose Nichts, konkret: kein Acker, keine Pflege des Weinberges. Das ist der Bereich der mythischen Schrecken; dort irrt der bleiche Haufe, die abgeschiedenen Seelen mit durchstoßenen Wangen, wofern sie die Verwundung traf, mit verbranntem Haar, wofern sie auf dem Scheiterhaufen verbrannt wurden. Dem *furor* wird mit Betonung und zugleich einer Verschiebung des

Aspektes der entgegengestellt, der nun zwar nicht heroisch stirbt und den die Kraftlosigkeit des Alters, die *pigra senectus* erwartet, der aber eher zu loben ist; denn er hat Sinn verwirklicht statt *furor*. Nicht nur, daß er in seinen Kindern weiterlebt – *prole parata* –; noch im Alter folgt er den Schafen, der Sohn den Lämmern. Wieder ein Bild, sparsam mit Lächeln gezeichnet: zum Treiben der Schafe langt es noch, mit den rascheren Lämmern springt der kleine Sohn. Und am Abend bereitet ihm die Gattin, wenn er matt nach Hause kommt, das heiße Wasser zum Waschen.

Das scheint Tibull lobenswerter, sinnvoller, so möchte er sein. Der Gedanke der Lebenswahl hat sich verstärkt. Er möchte bis zum weißen Haar leben und dann, rückblickend auf die frühere Zeit, das heißt aber auf das ihm jetzt Bevorstehende, davon erzählen. Nicht als Soldat, sondern als Hausvater und Mann des Friedens. Das Motiv des erzählenden Soldaten klingt verwandelt an.

In dem ›Diatribenstück‹ ist etwas geschehen. Angesichts des Todes hat sich die Sinnfrage gestellt, und die Entscheidung ist für das Leben gefallen, für ein Leben einfacher, klarer, natürlicher, menschlicher Verhältnisse, symbolisiert im Leben des Hirten auf dem Lande, einer Welt des Friedens.

Dieser Frieden tritt darum, wenn auch scheinbar plötzlich, so doch in der Tiefe schlüssig mit Macht hervor. Inzwischen nämlich, sagt Tibull, soll der Friede die Fluren pflegen. *Interea* (45) heißt das, bis zu dem ersehnten Zeitpunkt, der mit vorauseilenden Gedanken ein friedliches Alter ersehnt hatte? Doch wohl kaum. Es ist eher eine flüchtige Erinnerung an seine Situation: inzwischen, bis er seinen Feldzug überstanden hat, soll es auf dem Lande sinnvoll weitergehen. So knapp wie nur möglich wird das in vier Worten ausgedrückt: der Frieden wird als das Ermöglichende personifiziert, nicht aber etwa als Göttin empfunden, noch nicht. So wie man sagen kann »der Krieg vernichtet alles« statt »im Kriege wird alles vernichtet«, heißt es hier, daß der Frieden die Ackerfluren bestellen soll. Auch im folgenden bleibt der Friede Subjekt.

Anaphorisch werden diesem Zustand Leistungen zugesprochen: der Frieden führte die Ackerrinder unter das Joch; der Frieden ließ den Wein wachsen und in den Amphoren bewahren, damit der Sohn noch davon habe; im Frieden stehen glänzend die Ackergeräte, aber die Waffen verstauben. Statt dessen feiert man Götterfeste, die zwar an eine Aretalogie erinnern – wie Tibull überhaupt der religiösen Rede vielfach nahesteht –, aber keine sind. Es fehlt das *tu* oder *ille* der Prädikation und der Anruf, und *pace* in der Bedeutung »im Frieden« hindert daran, das Wort als Göttin groß zu schreiben. Es ist der Friede im Gegensatz zum Krieg, in den er zieht, der gepriesen wird, wobei der Gedanke zunächst an das Bild der bäuerlichen Familie anknüpft, dann zu der Kostbarkeit der Traube weitergleitet, wobei im Gegensatz zu der sinnlosen Folge des Krieges, dem Erzählen der Taten, ein zweites finales *ut* den Sinn in der Sorge für die nächste Generation sieht, bis schließlich Arbeit und Arbeitsgeräte im Kontrast zur leicht über die Stränge schlagenden Heiterkeit des Festes den Abschluß bilden. Dabei taucht der Gedanke an die feindliche Gegenwart als ein Mollklang erinnernd auf. Es ist nicht so sehr der römische Friedensgedanke der Ordnung und Gesittung, der beherrschend ist, sondern hier hat *pax* etwas von der griechischen εἰρήνη, wie sie bei Hesiod als gesegneter Zustand lockend vor Augen gestellt wurde, hier aus der Sehnsucht Tibulls geboren, der sich den Gefahren des Krieges und seiner Unwirtlichkeit unterziehen muß.

Mit einem *sed* (53) bricht diese Schilderung ab. Sie wäre zu problemlos. Der Gedanke an die Kämpfe, die *proelia*, die den Menschen mit der Erfindung der Schwerter kamen, ist noch nicht zur Ruhe gekommen. Freilich sind es andere *proelia*, die da mit Hitze ausgefochten werden, die *proelia Veneris*. Das Mädchen klagt über ihre eingerissene Frisur, über zertrümmerte Türen, ja über Schläge, aber der Sieger triumphiert nicht, erzählt auch nicht seine Heldentaten; er weint, daß seine Hände — es ist, als sei er es nicht selbst gewesen — soviel Kraft in ihrem Wahnsinn besessen haben. Amor selber liefert noch böse Worte in dem Streit und sitzt gefühllos zwischen den Streitenden. Schlimm ist das auch; aber Venus und Amor, nicht das Gold wie vorher sind schuld. Auch hier aber möchte der Dichter mildern. Ein Wehe ruft er dem zu, Stein und Eisen ist, nicht unähnlich dem Erfinder der Schwerter, wer sein Mädchen schlägt. Und scherzhaft setzt er eine Grenze: genug sei es — dreimal wird das anaphorisch wiederholt —, das Kleid zu zerreißen, das Haar in Unordnung zu bringen und sie zum Weinen zu veranlassen. Und eine ehrwürdige Formel der Glücklichpreisung hebt den heraus, bei dessen Zorn schon die Geliebte weinen kann, in ihrem Wunsch nach Harmonie. Wer aber brutal schlägt, so klingt das Thema des harten Soldaten zum letzten Mal auf, der soll Schild und Pfahl — *scutumque sudemque* wird mit dunklem Klang, der durch Alliteration und epische *-que -que* Verbindung unterstützt wird, gesagt — führen und von der milden Venus fern sein. Liebe und Krieg oder Brutalität treten so am Schluß als entgegengesetzte letzte Wesenheiten auseinander.

Zum Schluß aber wendet sich Tibull abbrechend zu sich selbst zurück. Der Friede ist etwas Göttliches. Die Göttin des Friedens ruft er an, zu ihm zu kommen, in einer Gestalt, wie man die Demeter darstellte, mit der Ähre in der Hand und die Früchte des Landes in ihrem weißen Bausch. Geblieben ist der Gedanke an die bevorstehende Gefahr, den Schutz der Laren, den Tod; geblieben ist aus gewonnener Zuversicht und der Klärung zweier entgegengesetzter Welten das vertrauende und sehnsüchtige Gebet an diese Wesenheit, der er sich zugehörig fühlt.

Der Gedanke gleitet so von einem Bild zu andern, einen neuen Zug aus der Anschauung in das Gedicht einbringend, oder auch das Gegenteil hervorhebend. Dabei entsteht ein dichtes Kontinuum, das durchaus im Bildhaften bleibt und sich nicht am Faden der Logik orientiert. Unterordnung und Überordnung bleiben fern. Das ist der tiefste Grund, weswegen bei 25 keine Lücke anzunehmen ist, dagegen nach 50. Man könnte — so André und Wimmel — 49 mit 51 nur verbinden, wenn man den mit *at* eingeleiteten Satz *at tristia duri militis in tenebris occupat arma situs* als Parenthese auffaßte. Parenthesen sind Ausdruck dafür, daß der Gedanke auf zwei Ebenen verläuft. Das ist aber gerade die entgegengesetzte Form zu der spannungslosen Vortragsweise Tibulls, die sich vom Bild führen läßt. Und so gibt es bei Tibull auch keine Parenthesen (im Unterschied etwa zu Ovid); die Ausnahmen bestätigen die Regel. Sie sind konventionelle Formeln: ein eingeschobenes *memini* (1,3,26); zwei *nam*-Parenthesen zur Begründung (1,3,27 und 2,5,113); ein Ausruf (2,4,2); ein Einschub (2,5,71–78).

Doch entsteht auf diese Weise nichts Willkürliches im Ablauf. Es sind Gedanken und Bilder, die in einer entscheidenden Situation kommen und gehen, wobei sie in neuen Verbindungen auftauchen. Die Situation ist nicht beherrschend, wir müssen sie erschließen: Tibull sinnend und betend vor den väterlichen Laren in dem Augenblick, in dem er notgedrungen zum Feldzug aufbricht. In dieser Situation sind Vergangenheit und Zukunft beschlossen. Am Anfang sind seine Gedanken auf der Suche nach dem Schuldigen am weitesten in die Vergangenheit versunken. Der Wunsch, vor dem Erfinder des Eisens zu leben in einer Zeit friedlicher Bescheidenheit, wird von der Gegenwart scharf abgestoßen: sie besteht in dem Zwang, zum Krieg aufzubrechen. Natürlich ist es, daß die Gegenwart nicht nur entgegengesetzt, sondern daß auch die Bitte um Rettung in dem bevorstehenden Krieg an die Laren gerichtet wird. Das Gelände mit den Laren, das von der Begründung der Bitte ausgeht und dem Mißverhältnis, daß man sich mit so großer Bitte nicht an die großen Götter, sondern die unscheinbaren Laren wendet, führt wieder in die diesmal nähere Vergangenheit. In ihr herrschte echte Frömmigkeit und darum das rechte Verhältnis zwischen Gebet und Erfüllung. So will es Tibull auch halten, und während sein Gebet – es wird konkretisiert wiederholt – in der Gegenwart erfolgt, gelangt er in die Zukunft, indem er sich Erfüllung und Einlösung des Gelübdes ausmalt. Vergegenwärtigte Zukunft ist auch der Wunsch *sic placeam vobis* (29) und die Konkretisierung der Gegenwelt in einem andern, der ihm dann von dem unsinnigen Sinn seines Lebens erzählen wird, indem er Lagerpläne mit Wein auf den Tisch malt.

Aus dem Sinn, der sich in der Zukunft zeigt, ergibt sich mit innerer Notwendigkeit eine zeitlose und zeitüberlegene Stellungnahme zu den beiden Lebensformen und dem, was mit ihnen verbunden ist, der *atra mors* auf der einen, auf der anderen Seite friedliches Familienglück und natürliches Altern. Zu der letzteren bekennt sich Tibull ausdrücklich allgemein: aus dem *sic placeam vobis* ist ein *sic ego sim* (43) geworden. Damit ist aber wieder die Zukunft, das Altern in die Gegenwart geholt. Von der Gewißheit der erfüllten Zukunft aus ergeht der Wunsch, daß inzwischen in der Welt der Bauern und der Heimat der Friede die aufbauende Arbeit fördern möge. Und aus diesem Wunsche entwickelt sich ein Preis des Friedens, und im Kontrast sowohl zum Krieg wie zu seiner Ruhe treten die *bella Veneris* hervor.

Wenn es dort zum ›Krieg‹ kommt, hat dieser ein anderes Gesicht, freilich nicht ohne Gefährdung: kann doch in diesem offenbar notwendigen Zwist die Brutalität aufbrechen. Dieser dunkle Gedanke aber gibt Gelegenheit, den Brutalen mit dem Gegenbild des Kriegers zu verknüpfen und sich selber an die segenspendende Pax zu wenden und um ihr Kommen für ihn selbst zu bitten. Aus der Aufbruchssituation hat sich das Gebet um das ihm Gemäße entwickelt, das als solches in Erfüllung gehen wird. Die dunklen Gedanken, die Gefahren und der Tod sind zurückgetreten, Tibull lebt ganz in seiner Wunschvorstellung, die aber, als geklärt und als wesensgemäß erkannt, die Gewißheit des Zugehörigen und damit Gesicherten, eigentlich Realen in sich trägt.

Die verschiedensten Dinge werden so zu einer Einheit verschmolzen in einer Kurve von Gedanken und Empfindungen, die vom Dunklen zum Hellen führt. Vergangenheit und Zukunft werden in die Gegenwart integriert. Zwei Welten und damit zwei Lebensformen treten dabei auseinander. Dem sehnsüchtigen Wunsch wird dabei am Anfang abrupt mit dem plötzlichen Abbrechen der Gefühlskurve die Gegenwart entgegengestellt. Man wird unschwer die Verwandtschaft zu der Gestalt und Dichtung des Gallus, wie sie sich in der 10. Ekloge zeigte, erkennen.

Auch Gallus dichtete aus der Situation des Kriegers. Er war im Felde, Tibull muß in den Krieg ziehen. Auch Gallus möchte sich und seine Geliebte in der Welt reinen Gesanges bergen, sinkt aber in einer abrupten Kurve in die Gegenwart zurück. So wünscht sich Tibull in die Zeit ohne Eisen und wird sich ebenso abrupt der Furchtbarkeit der Gegenwart bewußt. Vergils *nunc insanus amor duri me Martis in armis / tela inter media atque adversos detinet hostis* (ecl. 10,44 f.) entsprechen in Inhalt und Gebärde Tibulls *nunc ad bella trahor, et iam quis forsitan hostis / haesura in nostro tela gerit latere* (10,13 f.). Während sich aber Tibull also offenbar im Gefolge des Gallus bewußt weiter entwickelt hat, scheint die innere Verwandlung zur Heiterkeit, jenes sich im Wesentlichen Bergende nicht Gallus zu entsprechen, wofern bei Vergil Gallus für diese Welt durch seine Leidenschaft verloren ist.

Von hier aus läßt sich das Verhältnis des Properz und Tibull zu Gallus auf der einen und dieser drei zu Catull auf der anderen Seite etwas genauer bestimmen. Catull, die Quelle dessen, was sich dann zu einem breiten Strom entwickelt, hebt sich doch trotz der beiden Gedichte 68 und 76, die wir als die ersten Elegien ansahen, deutlich ab. Obwohl er in der Hauptsache von seiner eigenen Liebe spricht, Epigramm und Sagenelegie aufbricht und im Gedicht den Ablauf einer seelischen Bewegung abbildet, gerade auch das bei Gallus und Tibull zu beobachtende Zurücksinken ins *flebile* kennt, ja gestiftet hat; obwohl er die assoziative Anreihung der Gedanken pflegt, welche die Elegie im Gegensatz zu logischer Struktur und beherrschendem Aufbau aufweist; obwohl er die Herrin über sich stellt wie der Elegiker, ja sie heroisiert — er bäumt sich doch schließlich in der Erfahrung und Entdeckung des moralischen Ich auf. Er sucht wieder die Ordnung im Ganzen: Ihm ist nicht Amor der Gott, dem er in allem gehorcht, sondern er möchte noch mit den Göttern im Einklang sein, er wehrt sich gegen das Krankhafte. Wenn er sich einmal zur *verecundia* gegenüber der Herrin bekennt, so begibt er sich doch nicht aller Kritik.

Die Elegiker sehen alle im Dienst des Gottes Amor den Sinn ihres Lebens. Sie erleben das Heroische darin, daß sie bedingungslos lieben. Die andere Welt, die der Ordnung, ist wohl bisweilen ein Gegenstand ihrer Sehnsucht; aber sie lassen doch auch wieder deutlich spüren, daß sie ihnen zu bescheiden ist.

Was aber die Unterschiede zwischen den drei ersten Elegikern selber angeht, so scheint Gallus, der Catulls Lesbia-Lieder zum Standard erhoben hatte, in der Heftigkeit seiner Leidenschaft und in der Abruptheit seiner Empfindungen eher in Properz als Tibull den nächsten Nachfolger gefunden zu haben. Andererseits aber muß er doch auch jene tibullische Sehnsucht nach der Welt der Goldenen Zeit, einer besseren Welt gekannt haben; und er wird vor allem auch schon in der gleitenden Gedankenbewegung — wenn wir nach der 10. Ekloge urteilen dürfen — etwas Verwandtes gehabt haben. Tibull und Properz scheinen je eine besondere Seite dieses Begründers der Elegie ausgebildet zu haben, wie dieser aus der Fülle des Genies Catull das ihm Gemäße an sich gerissen hatte. Es ist fast so wie in der römischen Geschichtsschreibung, wo sich in der Folge Calpurnius Piso Frugi und Cassius Hemina in je eine Seite der Gründertat des ersten römischen Historikers, des alten Cato, teilten, indem Piso den zensorischen, Hemina den antiquarischen Zug fortführte.

Überdeutlich aber ist der Unterschied der Elegiker zu den beiden augusteischen Lyrikern. Er liegt nicht darin, daß sich nicht bei allen die Seele subjektiv ausspräche oder daß nicht jeder seine eigene Weise ausbildete, sondern im Bereich und der Richtung. Die Elegiker singen nur von der Liebe und suchen ihr Reich nach allen Seiten zu durchdringen. Dort hausen sie selbstgenügsam. Vergil und Horaz stehen beide im Zeitgeschehen. Und mögen sie auch die persönlichste Situation zum Gegenstand ihrer Gedichte machen, sie nehmen doch stärker am Zeitgeschehen teil und suchen ihr Wesen ins Ganze zu integrieren.

Tibull

Zur Vita Tibulls

Mit Tibull begegnen wir einem neuen Typ von Dichter. Er gehört zu den Männern der Tat, verkehrt mit dem großen Freunde Messalla Corvinus wie auf gleichem Fuß, darin durchaus dem Gallus verwandt, offenbar ein Mann, der nicht nur dilettantisch dichtet, sondern der in seiner Dichtung an einer Welt des Geistes teilhaben will und glaubt, dies nur in strenger Kunst erreichen zu können. Seine Gedichte sind Kunstgestalten im eigentlichen Sinne. So läßt sich Biographisches aus ihnen nur schwer herauslösen. Die Vita aber mit ihrem Epigramm ist sehr kurz – weil Tibull nicht auf der Schule gelesen wurde und die bei Schulausgaben übliche vita also nicht vorhanden ist –, wenn sie auch einige kostbare Daten liefert.
Aus den Gedichten erkennen wir vor allem, wie frei Tibull mit dem fürstlichen Herrn Messalla verkehrte (1,7,9 ff.):

> non sine me est tibi partus honos: Tarbella Pyrene
>   testis et Oceani litora Santonici
> testis Arar Rhodanusque celer magnusque Garunna,
>   Carnutis et flavi caerula lympha Liger.

> Nicht ohne mich hast du Ehre gewonnen: Tarbella Pyrene
> ist Zeuge und der Strand des Ozeans der Santonen,
> Zeuge ist die Saône, die schnelle Rhône und die große Garonne
> ebenso wie das blaue Wasser des blonden Carnuten, die Loire.

Das klingt anders als selbst bei dem stolzen Lukrez, der sein Naturgedicht wegen des süßen Lohnes erhoffter Freundschaft mit Memmius schreibt. Auch anders als bei Horaz, der in Maecenas Stütze und Sinn seines Lebens sieht. Tibull ist unabhängiger noch; und er lebt nicht in der Freundschaft, sondern hat ein eigenes Zentrum in der Liebe.
Er muß reich gewesen sein. In 1,1,19 redet er die Götter seines Landsitzes an:

> felicis quondam, nunc pauperis agri / custodes

> Wächter eines einst reichen, jetzt bescheidenen Gutes.

Er scheint Schaden erlitten zu haben, vielleicht bei den Landenteignungen. Jetzt ist das Gut nur ein *pauper ager*. Man darf darunter aber nicht Armut in unserem Sinne verstehen. Er meint wie bei Horaz bescheidene Verhältnisse im Vergleich zu den römischen Großen. Unter solche Umstände fiel noch ein Gut mit acht Knechten und fünf Pachthöfen, wie wir bei Horaz sehen. Auch Horaz weiß von seinem Reichtum; so heißt es im 4. Brief des 1. Buches, in dem er Tibull von seiner Schwermut aufzurichten sucht:

> di tibi divitias dederunt artemque fruendi.

> die Götter gaben dir Reichtum und die Kunst ihn zu genießen.

In der Gegend von Pedum zwischen Tibur und Praeneste hat das Gut gelegen, wenn wir Horaz glauben dürfen. Und dort stellen wir ihn uns in den Jahren der Horazischen carmina (zwischen 30 und 23 v. Chr. entstanden) vor. Dort klagt er, wie Horaz sagt, über die unglückliche Liebe zu Glycera, er dichtet seine *flebiles elegos*.

Messalla war im Jahre 30 v. Chr. Statthalter von Aquitanien, 28 v. Chr. Statthalter von Syrien; im Herbst 27 an seinem Geburtstag, dem 25. September, hielt er seinen Triumph ab, den letzten eines Privatmannes, zu dem Tibull das Gedicht 1,7 beisteuerte. Sowohl an den Feldzügen gegen die Stämme Galliens wie an dem Orientzug hat Tibull sich beteiligt. Die Stelle, die für das erste spricht, haben wir eben zitiert. Beim Orientzug erkrankte er auf Korfu. Eines seiner schönsten Gedichte ist aus dieser Situation entstanden: 1,3. Möglich, daß er den Orientzug dann doch noch mitgemacht hat: 1,3,1 und 7,13 ff. beziehen sich auf ihn, ohne daß wir freilich sagen könnten, daß Tibull und Messalla den Cydnus – einen Fluß, der vom Taurusgebirge kommt – wirklich gesehen hätten (7,13 ff.).

Was seine Lebenszeit angeht, so ist der Tod durch ein Epigramm des Domitius Marsus einigermaßen sicher bestimmt – auch dies ist nämlich wie die meisten Daten bestritten worden. Es geht der kurzen Vita voran:

> te quoque Vergilio comitem non aequa, Tibulle,
>   mors iuvenem campos misit ad Elysios,
> ne foret, aut elegis molles qui fleret amores
>   aut caneret forti regia bella pede.

> Auch dich hat der ungerechte Tod, Tibull, dem Vergil
> zum Begleiter als Jüngling zu den elysischen Gefilden geschickt,
> damit keiner sei, der entweder in Elegien die weiche Liebe klagen
> oder mit kräftigem Fuß die Kriege der Könige singen sollte.

»Vergil zum Begleiter« kann nur meinen, daß Tibull in demselben Jahr Vergil in den Tod begleitete, d. h. im Jahre 19 v. Chr.; »als Jüngling« läßt für die Länge des Lebens einen größeren Spielraum. B. Axelson hat in der Festschrift für Marouzeau (Paris 1948) gezeigt, daß die Begriffe *adulescens* und *iuvenis* nicht zeitlich, wie Varro meinte, sondern nur stilistisch verschieden sind. Man kann annehmen, daß Tibull 54 oder auch später geboren wurde, jedenfalls aber früh verstorben ist (daher *mors non aequa*).

Die Vita lautet: Albius Tibullus eques R., insignis forma cultuque corporis obser-
vabilis, ante alios Corvinum Messallam oratorem (mss. originem) dilexit, cuius
etiam contubernalis Aquitanico bello militaribus donis donatus est. hic multorum
iudicio principem inter elegiographos obtinet locum. epistulae quoque eius amatoriae, quamquam breves, omnino utiles sunt (Baehrens: subtiles). obiit adulescens, ut
indicat epigramma supra scriptum.

(Albius Tibullus, römischer Ritter, auffallend durch seine Schönheit und bemerkenswert durch seine Gepflegtheit, schätzte vor anderen den Redner Messalla Corvinus, als dessen Zeltgenosse er auch im aquitanischen Kriege mit militärischen Geschenken (Orden) beschenkt worden ist. Er nimmt nach dem Urteil vieler den
höchsten Rang unter den Elegiendichtern ein. Auch seine Liebesbriefe sind, obgleich kurz, in jeder Hinsicht nützlich [wahrscheinlich vom rhetorischen Standpunkt aus gedacht]. Er starb als Jüngling, wie das obige Epigramm zeigt.)

Nur hier erfahren wir von seinem Stand, von seiner Schönheit und Eleganz, der die
elegantia, die Erlesenheit seiner Sprache entspricht, von seiner Tapferkeit und seinen Orden. Sympathischerweise ist von dem allem nichts in die Gedichte eingedrungen. Von den *epistulae amatoriae* – Ovid setzt die Gattung fort – ist nichts
erhalten.

Corpus Tibullianum

Sicher waren die tibullischen Gedichte wie die vorhergehende Cynthia des Properz
auch in mehreren Büchern veröffentlicht. Erhalten sind sie uns aber im sogenannten Corpus Tibullianum, das uns auch heute in seiner Entstehung noch rätselhaft
ist. Es stammt wahrscheinlich aus dem Nachlaß des Messalla: dieser hat neben den
beiden Büchern seines Freundes Tibull auch die des Freundeskreises bewahrt. Unter
ihnen sind die Bekenntnisgedichte der Nichte des Messalla, der Tochter eines Servius Sulpicius und der Schwester des Messalla Corvinus. Diese Lyrik der Sulpicia,
echte Gelegenheitslyrik, ist freimütig offen, und man verwundert sich, daß an solchen Gedichten kein Anstoß genommen wurde; das rührt wohl daher, daß derlei,
wie Sallusts Sempronia zeigt, in der Gesellschaft nicht unüblich war. Man schätzte
sie sogar und hielt sie des Aufhebens für würdig; aber man kann kaum glauben,
daß sie vor dem Tode des Onkels (im Jahr 8 n. Chr.) an die Öffentlichkeit gegeben
wurden. Aus dem Archiv und dem Nachlaß des Messalla dürfte man sie also publi-
ziert haben.

Außer den Gedichten der Sulpicia, die als eine echte römische Möglichkeit eine besondere Würdigung verdienen, sind im Corpus Tibullianum Dichter von sehr verschiedener Qualität vereinigt, die aufs Ganze gesehen den einsamen Rang Tibulls
und seine Größe deutlich sich abheben lassen. Zunächst ist da, um sie kurz zu über-
blicken, ein Elegienkranz von sechs Gedichten, der auf das zweite Buch folgt. Ihr
Verfasser nennt sich Lygdamus. Er ist im Jahre 43 v. Chr. geboren, wie er witzig
umschreibt (5,17):

> Natalem primo nostrum videre parentes,
> cum cecidit fato consul uterque pari

> Meinen Geburtstagsgeist sahen die Eltern zum ersten Mal,
> als beide Konsuln durch das gleiche Geschick fielen.

Das war eben 43 v. Chr., als Hirtius und Pansa in der Schlacht fielen. Es ist auch das Geburtsjahr Ovids, der es nach Lygdamus in den Tristien (4,10,6) ähnlich umschreibt. Ein Altersgenosse des Ovid also, ein vornehmer Dilettant, dem Ovid ein Kompliment macht, indem er einen geglückten Vers zitiert. Lygdamus hat Sinn für die Köstlichkeiten des Lebens und kann sie beschreiben, er ist kein schlechter Dichter, zu dem ihn manche machen wollen. Zum großen Dichter aber fehlt dem Nachahmer des Gallus, Horaz, Properz und Tibull die Einheit der Stimmung und des Gefühlsablaufs seiner Gedichte. Diese haben, statt reine Kunst zu verwirklichen, vielmehr eine bestimmte Funktion. Sie umwerben mit Versen die entlaufene geliebte Frau Neaera, um sie zur Rückkehr zu bewegen. Er muß selber noch ganz jung sein, wenn er sich in einem Gedicht, wo er ähnlich wie Tibull in 1,3 krank darniederliegt, mit einer unreifen Traube vergleicht. Kurz vorher wird er die Ehe eingegangen sein. Während Catull in seiner Leidenschaft das Leben mit der Kunst in seinen Gedichten vermischte, in die das Erlebnis eindrang, so benutzt Lygdamus die Kunst für das Leben. Er lebt Elegie, so wie Cato die archilochische Epode vor Horaz als Schmähgedicht verwendet hatte oder wie die Lucilische Satire in der Tagespolitik als Waffe gebraucht worden war. Für die Geschichte der römischen Lyrik bedeutet Lygdamus darum weniger. Wie man aus dem Leben für das Leben dichtet, zeigt Sulpicia.

Noch weniger ergibt ein Gedicht in 211 Hexametern, ein Preisgedicht auf Messalla, das aber doch wohl kein anderer als Messalla in eine solche Sammlung aufgenommen hätte. *Te, Messalla, canam,* so setzt das Gedicht mächtig ein. Andre mögen ein Gedicht auf das Weltall machen. Er möchte der erste unter den Sängern sein, die Messalla besingen. Messalla ist gleich groß im Krieg wie auf dem Forum. Kein Nestor oder Odysseus reicht in der Rede an ihn heran – die ganze Odyssee wird dabei rekapituliert, ohne daß dies hierher paßte –, aber auch seine Kriegskünste, im einzelnen spezifiziert, sind unübertrefflich. Noch mehr als er getan hat, kann er ihm prophezeien: die Eroberung der ganzen Welt. Er, der Verfasser, kann so Großes nicht gebührend feiern; aber er hat ja auch den Valgius: *aeterno propior non alter Homero* (kein anderer reicht näher an den ewigen Homer heran). Er ist ein armer Schlucker. Aber obwohl er früher ein großes Gut hatte und jetzt nur die Sehnsucht an vergangene Tage: er rastet nicht, und wenn Messalla seine Verse ansieht, dann wird er nicht aufhören, von ihm zu singen (201 ff.):

> quod tibi si versus noster, totusve minusve,
> vel bene sit notus, summo vel inerret in ore,
> nulla mihi statuunt finem te fata canendi;

> Wenn dir aber ein Vers von uns, ganz oder nicht,
> entweder gut bekannt ist oder am Rande des Mundes irrt,
> setzt mir kein Fatum ein Ende, dich zu besingen.

So sieht Klientenpoesie aus, an den Herrscherpreis eines Horaz und Vergil darf man dabei nicht denken. Geschrieben ist der Panegyricus vor 27. Der Verfasser hätte es sich nicht entgehen lassen, den Triumph zu erwähnen. Daß der Text nicht von Tibull stammt, hat Caspar Barth schon 1664 erkannt.

Auf den Panegyricus folgen elf Gedichte, die die Liebe der Sulpicia und des Cerinthus zum Gegenstand haben, aber in sehr verschiedener Weise. Die ersten fünf erzählen die Liebessituationen der beiden, indem ihnen abwechselnd das Wort gegeben wird; in den anderen sechs bekennt Sulpicia ihre Liebe. Erst O. Gruppe hat in seinem auch heute noch lesenswerten Buch über die römische Elegie (Leipzig 1838) erkannt, daß hier zwei Verfasser am Werke sind.

Während die Sulpicia-Gedichte in keine Form mehr passen und den Catullischen Epigrammen ähneln, die ja ihrerseits keine mehr sind, beherrscht der Dichter des Elegienkranzes den ganzen elegischen Apparat, die Tradition und die Mythologie, womit er souverän, geistreich und mit dem Paare mitempfindend umgeht. Dabei ist er weit entfernt von jenem tibullischen Gleiten, das sich schon in 1,10 fand. Er baut vielmehr seine Gedichte wohlausgewogen.

Als Beispiel diene das erste. Der Dichter spricht und preist die Schönheit der Sulpicia, die am 1. März für Mars geschmückt ist. Mars soll, wenn er Geschmack hat *(si sapit)*, kommen, sie sich anzusehen. Venus wird schon nichts dagegen haben – ist sie doch der Sulpicia besonders gewogen –; nur er selbst soll aufpassen, daß ihm nicht die Waffen entgleiten, wenn er sie anstaunt. Hier wird mit den Göttern und der Mythologie ein Spiel getrieben, damit in geistreicher Weise die Schönheit eines Menschen gefeiert werden kann. Wie geläufig ist das jetzt, nachdem es Catull in c. 68 für das Römische gewonnen hatte. Alles erinnert an die spätere Art (Humanistenpoesie), mit der der ganze Olymp aufgeboten wird, um eine festliche Gelegenheit zu erhöhen. Der folgende direkte Preis, der sich an die Anrufung des Mars anschließt, entspricht der geistreichen Feinheit des Anfangs: wohin Sulpicia geht und was sie tut, überall folgt ihr der Dekor; sie allein ist würdig, kostbaren Schmuck zu tragen und an den festlichen Kalenden besungen zu werden.

Dies wird in auch zahlenmäßig faßbarer Ordnung vorgetragen: 4 Verse Anrufung des Mars und kokette Unterhaltung mit ihm im hellenistischen Stile – Messalla hatte dafür besonderen Sinn –; 4 Verse mythologisch allgemeine Beschreibung von Sulpicias Schönheit: Amor zündet an ihren Augen seine Fackeln an; 6 Verse Ausführung: ob mit gelöstem Haar, ob frisiert, ob in Purpur oder weiß, sie ist immer schön, ein Vertumnus in ihren Verwandlungen; 6 Verse über ihre Würdigkeit, allein Schmuck zu tragen (Purpur, arabische Wohlgerüche, indische Perlen: der Dichter ist ein Kenner); und schließlich 4 abschließende Verse: Anruf an die Musen, sie zu besingen.

Alles ist so gut, graziös, originell, daß man an Tibull selbst als Verfasser gedacht hat, ähnlich wie bei dem letzten Gedicht des Corpus (3,19 bzw. nach anderer Zählung 4,13). Aber wie bei 3,19 das Rhetorische gegen Tibulls Verfasserschaft spricht, so zeigt sich hier schon im ersten Gedicht eine so verschiedene Handschrift, ein so verschiedenes Spiel der Phantasie, daß man diesen Dichter von fast ovidischer Leichtigkeit nicht mit Tibull identifizieren wird. Vor allem scheint beachtenswert, daß der Verfasser elativische Superlative anwendet und somit Tibulls klare schlichte Sprache vermeidet.

Der Inhalt der vier anderen Gedichte entspricht der Erwartung. In 3,9 bittet Sulpicia den Eber, den Cerinthus zu jagen im Begriff ist, ihn zu schonen. Der Wächter

Amor möge ihn ihr unversehrt erhalten (hier wird mit dem Motiv, daß der Gott Amor die Liebenden schützt, eine Entdeckung der großen Elegiker, gespielt). Im nächsten spricht wohl Cerinthus. Er ruft den Heilgott an, Sulpicia in ihrer Krankheit zu helfen; er wird es nicht bereuen, seine heilenden Hände auf die Schöne gelegt zu haben. Darauf (3,11) spricht Sulpicia Cerinthus, sich zu ihrer Liebe bekennend, zu seinem Geburtstage an (Tibull 1,7 steht dahinter). Schließlich nimmt im letzten wieder der Dichter am Geburtstage der Sulpicia das Wort mit der Bitte an Juno, den Liebesbund zu fördern, damit der nächste Geburtstag schon trotz anderer Wünsche der Mutter ein Paar in alter Liebe finde.

Das ist gesellige Dichtung, nicht werbende wie die des Lygdamus, gedacht zur Erhöhung und Vergeistigung der besonderen Liebe dieses Paares. Bei Sulpicia hört man die Leidenschaft:

Corpus Tib. 3,13 = 4,7

> Tandem venit amor, qualem texisse pudori
>   quam nudasse alicui sit mihi fama magis.
> exorata meis illum Cytherea Camenis
>   attulit in nostrum deposuitque sinum.
> exsoluit promissa Venus: mea gaudia narret,
>   dicetur si quis non habuisse sua.
> non ego signatis quicquam mandare tabellis,
>   ne legat id nemo quam meus ante, velim,
> sed peccasse iuvat, voltus componere famae
>   taedet: cum digno digna fuisse ferar.

> Endlich ist die Liebe da, wie sie zu verhelen mehr zur Schande
>   als sie irgendeinem zu entblößen ein Ruhm sein dürfte.
> Durch meine Camenen wurde Cytherea erweicht
>   und brachte und legte ihn mir an die Brust.
> Venus hat ihr Versprechen erfüllt: meine Freuden erzähle,
>   wenn einer eigene nicht gehabt haben sollte.
> Ich möchte nicht etwas den versiegelten Täfelchen anvertraun,
>   damit dies niemand vorher liest als mein Geliebter,
> aber das Vergehen macht Freude, meine Miene für den guten Ruf zu verstellen
> ekelt mich; man wird sagen, daß ich, eine Würdige mit einem Würdigen
>   zusammen war.

Da ist mancherlei konventionelles Gut: die Camenen, die werben (vgl. Lygdamus), die Cytherea, Venus als Bewohnerin von Cythera, da ist manche Härte und Steifheit in der Sprache (Stellung 1/2; Prosa 6). Da ist aber echtes Empfinden über das erste Zusammensein, rauschhaftes Glück, das alles übertrifft und im Gedicht den, der solches nicht genossen hat, entschädigen kann. Der Stolz, der sich gleich in der ersten Zeile gegen das Verschweigen sträubt und zum Schluß ihr Glück nur deshalb einem Brief nicht anvertrauen will, weil es der Geliebte zuerst erfahren soll. Denn sich zu verstellen bei diesem Glück, ist ihr widerwärtig. Und was kann man sagen? Ein einander wertes Paar. Mit dieser stolzen Schlußwendung wird nicht ein geistreiches Spiel in der Pointe zugespitzt, sondern die ganze Stimmung prägnant zusammengefaßt.

Corpus Tib. 3,14 = 4,8

    Invisus natalis adest, qui rure molesto
       et sine Cerintho tristis agendus erit.
    Dulcius urbe quid est? An villa sit apta puellae
       atque Arretino frigidus amnis agro?
    iam, nimium Messalla mei studiose, quiescas,
       neu tempestivae dede propinque viae,
    hic animum sensusque meos abducta relinquo,
       arbitrio quamvis non sinis esse meo.

    Der verhaßte Geburtstag ist da, der auf dem lästigen Landgut
    und ohne Cerinthus traurig verbracht werden muß.
    Was gibt es Lockenderes als die Stadt? Oder ist etwa ein
    Landgut passend für ein Mädchen und der kalte Fluß im Gebiet von Arezzo?
    Gib schon Ruhe, Messalla, der du dich allzusehr um mich bemühst,
    und schick mich, Verwandter, nicht auf rechtzeitige Reise.
    Weggeführt lasse ich hier mein Herz und Empfinden zurück,
    so wenig du mich auch nach meinem Willen sein läßt.

Auch bei diesem Gedicht geht es nicht ohne sprachliche Härten wie im letzten Vers, in dem *quamvis* nicht auf ein Adjektiv, sondern den Gesamtausdruck bezogen und mit Indikativ verbunden ist. Vor allem ist das in 6 zu spüren, wo der Text nicht in Ordnung zu sein scheint. (Die hier abgedruckte Version ist ein Vorschlag zur Lösung der vielfältigen Textprobleme.) Etwas Epigrammatisches ist im Spiele: auch wenn Messalla sie fortführt, bleibt sie in Rom. Dieser Gedanke wird aber nicht epigrammatisch aufgebaut, sondern in ganz konkreter Situation (und die Freude auf den Geburtstag umkehrend) wird dieser beklagt. Was soll die villeggiatura, wenn Cerinthus nicht dabei ist. Und nun ein Eindringen auf den Onkel und der pointierte Gedanke als Begründung, sie in Rom zu lassen. Die echte Leidenschaft hat hier zu einem ganz unkonventionellen Geburtstagsgedicht geführt.

Corpus Tib. 3,15 = 4,9

    Scis iter ex animo sublatum triste puellae?
       Natali Romae iam licet esse tuo.
    Omnibus ille dies nobis natalis agatur,
       qui nec opinanti nunc tibi forte venit.

    Weißt du, daß die traurige Reise der Geliebten aus dem Sinn genommen wurde?
    jetzt darf ich zu deinem Geburtstag in Rom sein.
    Von uns allen soll jener Tag als Geburtstag verbracht werden,
    der dir wider Erwarten jetzt durch Zufall kam.

Ein schlichtes Billett mit einem schlichten Wunsch. Sulpicia hat nicht verreisen müssen, und so kann der Geburtstag des Cerinthus in ihrer Gegenwart stattfinden. Von allen soll dieser Tag als Geburtstag gefeiert werden – Cerinthus gehört offenbar zum Kreis um Messalla –, der ihm durch die ausgefallene Reise wider Erwarten zuteil ward, als wirklicher Geburtstag, weil sie da ist. Im Glück der sicheren Liebe ist dieses Gedichtchen hingeworfen, ohne jedes Vorbild, wie aus intimem Zwiegespräch erwachsen.

Corpus Tib. 3,16 = 4,10

Gratum est, securus multum quod iam tibi de me
   permittis, subito ne male inepta cadam.
Sit tibi cura togae potior pressumque quasillo
   scortum quam Servi filia Sulpicia:
Solliciti sunt pro nobis, quibus illa dolori est,
   ne cedam ignoto, maxima causa, toro.

Lieb ist mir das, daß du selbstsicher schon dir viel über mich
erlaubst, damit ich Törin nicht plötzlich übel zu Fall komme.
Ziehe du ruhig die Liebe zur Toga vor und eine Dirne, die
vom Spinnkörbchen bedrückt wird gegenüber Sulpicia, der Tochter der Servius:
besorgt sind für uns, denen jenes ein Schmerz,
daß ich, eine große Sache, einem unbekannten Lager mich füge.

Die Eifersucht hat Sulpicia gepackt. Cerinthus hat, *securus*, ihrer sicher und ohne sich um sie Gedanken zu machen, mit einem Mädchen in der Toga, die als Magd ihr Spinnkörbchen hat und von dieser Arbeit bedrückt wird, angebändelt. Gut, daß sie es gemerkt hat, damit sie nicht plötzlich vor der Katastrophe steht, wenn es zu spät ist. Mag er ruhig ihr, der Tochter des Servius Sulpicius, ein solches Mädchen vorziehen; sie steht nicht schutzlos da. Schweben doch ihre hohen Angehörigen in Angst, daß sie sich etwa mit einem unbekannten Mann verheiratet. Mit größter Unmittelbarkeit bricht in Konstruktionen, die sich überstürzen, diese Empörung hervor. Ihr Stolz bäumt sich auf, sie sieht in dem Vorfall noch einen Glücksfall und zieht sich, als das Menschliche gescheitert zu sein scheint, echt römisch auf den sozialen Schutz zurück.

Corpus Tib. 3,17 = 4,11

Estne tibi, Cerinthe, tuae pia cura puellae,
   quod mea nunc vexat corpora fessa calor?
A ego non aliter tristes evincere morbos
   optarim, quam te si quoque velle putem.
At mihi quid prosit morbos evincere, si tu
   nostra potes lento pectore ferre mala?

Hast du, Cerinthus, liebende Sorge um dein Mädchen,
weil das Fieber jetzt meinen ermatteten Körper quält?
Ach ich wünschte, nicht anders die betrübliche Krankheit zu überwinden,
als wenn ich annehmen dürfte, daß auch du es willst.
Aber was nützte es mir, die Krankheit zu überwinden, wenn du
mein Leiden mit fühlloser Brust ertragen kannst?

Die Liebe ist nicht erstorben. Im Fieber hat Sulpicia nur den einen Gedanken, ob Cerinthus teilnimmt, ob er genau so denkt wie sie an ihn. Wie im Gespräch kommen ihr die Worte, sie scheut sich nicht vor Wiederholungen und spricht, wie ihr's ums Herz ist, wenn sie auch in der elegischen Terminologie lebt (*cura, puella, lento pectore*).

Corpus Tib. 3,18 = 4,12

> Ne tibi sim, mea lux, aeque iam fervida cura
>   Ac videor paucos ante fuisse dies,
> Si quicquam tota conmisi stulta iuventa,
>   Cuius me fatear paenituisse magis,
> Hesterna quam te solum quod nocte reliqui,
>   Ardorem cupiens dissimulare meum.

> Ich will dir, mein Licht, nicht in gleicher Weise brennende Sorge sein,
>   wie ich dir es vor wenigen Tagen gewesen zu sein scheine,
> wenn ich in meiner ganzen Jugend töricht etwas begangen habe,
>   dessen es mich, wie ich gestehe, mehr gereut hat,
> als daß ich dich gestern nacht allein gelassen habe,
>   weil ich wünschte, meine Glut zu verstecken.

Eine sehr besondere Situation, aus der ein sehr diffiziles, aber ganz echtes Gedicht erwachsen ist. Sie schreibt nach der Nacht, in der sie sich dem Geliebten entzogen hat, nicht weil sie ihn nicht, sondern zu sehr liebte. Sie wollte ihre leidenschaftliche Glut, ihr Ausgeliefertsein nicht zeigen, obwohl diese Hingabe wie vor wenigen Tagen ihr höchstes Glück ist. Aus dieser Lage formt sich das Gedicht in einer einzigen komplizierten Periode: sie möchte nicht wieder so geliebt werden wie vor wenigen Tagen, wenn sie in ihrer ganzen Jugend töricht etwas begangen hat, was sie mehr reute, als daß sie ihn gestern alleingelassen hat. Der Grund, der alles wieder gut macht, ist wieder keine Pointe, die ein Gedankenspiel löst, sondern das allerdings überraschende Bekenntnis, das die Entschuldigung zum Geständnis werden läßt. Hier ist individuelles Gefühl, subtiles Erleben, Offenheit und Fähigkeit, das alles in der sprachlichen Form, deren Schwierigkeit hier der inneren Lage entspricht, zum Ausdruck zu bringen.
Die Gedichte der Sulpicia sind etwas Einzigartiges, Lyrik als unmittelbarer Ausdruck der seelischen Erschütterung. Sie fügen sich nicht zum Roman oder zu einem Zyklus, sondern sind Früchte aus dem unberechenbaren Verlauf einer Leidenschaft, Momentaufnahmen sozusagen. Die Bildung und vor allem die Vertrautheit mit der Dichtung der Neoteriker und der Elegiker haben diese Frau in den Stand gesetzt, ihre Empfindungen zu verstehen und sie dann in eine Form unmittelbaren Ausdrucks zu bringen. Für sich und den Geliebten geschrieben, nicht für die Öffentlichkeit, sind sie ein Grenzfall einsamer Lyrik. Hier spricht aus dem unmittelbaren Erlebnis spontan reagierend ein Individuum in seiner ganzen Fülle, als Frau, als Persönlichkeit. Darum wirken diese kleinen Gedichte so, als wären sie heute geschrieben.
Sie sind gewissermaßen der Gegenpol zur Elegie. Natürlich sind Liebesglück, Geburtstag, Reise, Untreue, Krankheit auch Themen der Elegie. Sie suchen aber in ihnen den Sinn einer Welt und entwickeln dabei die große dauernde Komposition. Das Erlebnis tritt in der dann maßgebenden Gestaltung zurück; das Kunstwerk für die Öffentlichkeit wird erstrebt.

Tibulls Gedichte

Wimmel unterscheidet bei Tibull fünf Typen von Gedichten: 1. die päderastischen,
2. die daseinskritischen, 3. den Delia-Typus, 4. den Typus der Festgedichte, 5. den
Nemesis-Typus. Das spezifisch Tibullische tritt im zweiten Typus, in den Gedich-

Elegie 1,3 Ibitis Aegaeas sine me, Messalla, per undas,
    O utinam memores ipse cohorsque mei.
  Me tenet ignotis aegrum Phaeacia terris,
    Abstineas avidas, Mors, modo, nigra, manus,
  Abstineas, Mors atra, precor: non hic mihi mater   5
    Quae legat in maestos ossa perusta sinus,
  Non soror, Assyrios cineri quae dedat odores
    Et fleat effusis ante sepulcra comis,
  Delia non usquam; quae me cum mitteret urbe,
    Dicitur ante omnes consuluisse deos.   10
  Illa sacras pueri sortes ter sustulit, illi
    Rettulit e triviis omina certa puer.
  Cuncta dabant reditus: tamen est deterrita numquam,
    Quin fleret nostras respiceretque vias.
  Ipse ego solator, cum iam mandata dedissem,   15
    Quaerebam tardas anxius usque moras.
  Aut ego sum causatus aves aut omina dira,
    Saturni sacram me tenuisse diem.
  O quotiens ingressus iter mihi tristia dixi
    Offensum in porta signa dedisse pedem!   20
  Audeat invito ne quis discedere Amore,
    Aut sciat egressum se prohibente deo.
  Quid tua nunc Isis mihi, Delia, quid mihi prosunt
    Illa tua totiens aera repulsa manu,
  Quidve, pie dum sacra colis, pureque lavari   25
    Te – memini – et puro secubuisse toro?
  Nunc, dea, nunc succurre mihi – nam posse mederi
    Picta docet templis multa tabella tuis –,
  Ut mea votivas persolvens Delia voces
    Ante sacras lino tecta fores sedeat   30
  Bisque die resoluta comas tibi dicere laudes
    Insignis turba debeat in Pharia.
  At mihi contingat patrios celebrare Penates
    Reddereque antiquo menstrua tura Lari.
  Quam bene Saturno vivebant rege, priusquam   35
    Tellus in longas est patefacta vias!
  Nondum caeruleas pinus contempserat undas,
    Effusum ventis praebueratque sinum
  Nec vagus ignotis repetens conpendia terris
    Presserat externa navita merce ratem.   40
  Illo non validus subiit iuga tempore taurus,
    Non domito frenos ore momordit equus,
  Non domus ulla fores habuit, non fixus in agris,
    qui regeret certis finibus arva, lapis.

ten 1,10; 1,13 und 1,1 besonders hervor. Bei bleibendem Stil scheint Tibull in ihnen unverwechselbar seine eigene Weise gefunden zu haben. Darum sollen von ihm, der als der Meister die beherrschende Gestalt im Kreis um Messalla war, die Gedichte 1,3 und 1,1 gewürdigt werden. An sie läßt sich mancherlei von den anderen Gedichten und Tibulls Welt anknüpfen.

Ihr werdet ohne mich durch die Wogen der Ägäis fahren, Messalla,
o wenn doch an mich denkend, du selber und die Begleiterschar.
Mich hält krank das Phäakenland in unbekannter Gegend fest.
Halte nur fern, schwarzer Tod, die gierigen Hände,
Halte sie fern, finsterer Tod, ich bitte dich: hier ist mir nicht die Mutter,
die meine verbrannten Gebeine in ihr trauriges Gewand sammelt,
nicht die Schwester, die syrische Düfte der Asche geben kann
und weinen vor dem Grab mit gelöstem Haar,
Delia ist nirgends. Als sie mich aus der Stadt ließ,
heißt es, habe sie vorher alle Götter befragt.
Sie hob dreimal die heiligen Lose des Burschen heraus: ihr
brachte der Bursche vom Dreiweg sichere Vorzeichen zurück.
Alles gab Rückkehr; sie ließ sich dennoch nie abschrecken,
meine Fahrt zu beweinen und zu beargwöhnen.
Ich selbst, der Tröster, als ich schon die Aufträge gegeben hatte,
suchte beklommen fort und fort träge Aufschübe.
Entweder schützte ich als Grund die Vögel oder grausige Vorzeichen vor,
der Tag, dem Saturn heilig, habe mich festgehalten.
Oh, wie oft trat ich schon auf den Weg und sagte,
der Fuß, an der Pforte angestoßen, habe mir ein trübes Zeichen gegeben!
Daß keiner wider den Willen Amors fortzugehen wage! Oder
er wisse, daß er herausgeschritten sei, obwohl ein Gott ihn hinderte.
Was nützt mir jetzt deine Isis, Delia, was die Erzklapper,
die so oft von deiner Hand geschüttelt ward,
was, daß du, während du fromm die heiligen Vorschriften erfüllst,
dich, ich denke daran, rein badetest und auf reinem Lager getrennt lagst?
Jetzt, Göttin, eil mir zur Hilfe (denn daß du heilen kannst,
zeigt die Masse gemalter Tafeln in deinem Tempel),
damit meine Delia einlösend die gelobenden Worte
vor der heiligen Tür mit Linnen bedeckt sitze
und zweimal am Tag mit gelöstem Haar dir Lob
sagen muß, hervorstechend aus der ägyptischen Schar.
Mir aber soll es zuteil werden, die väterlichen Penaten
zu feiern und dem alten Lar den monatlichen Weihrauch zu erstatten,
Wie gut lebten sie unter dem König Saturnus, bevor
die Erde in lange Straßen offengelegt wurde!
Noch nicht hatte die Fichte die blauen Wogen verachtet,
und den Winden den entfalteten Bausch gewährt,
und nicht hatte schweifend aus unbekannten Landen Gewinn holend
der Seemann mit fremder Ware das Schiff beschwert.
Zu jener Zeit beugte sich nicht der starke Stier unter das Joch,
nicht biß mit gezähmtem Maul die Zügel das Roß,
kein Haus hatte Tore, kein Stein war in die Äcker geheftet,
um die Fluren mit festen Grenzen abzustecken.

Ipsae mella dabant quercus, ultroque ferebant   45
　　Obvia securis ubera lactis oves.
Non acies, non ira fuit, non bella, nec ensem
　　Inmiti saevus duxerat arte faber.
Nunc Iove sub domino caedes et vulnera semper,
　　nunc mare, nunc leti mille repente viae.   50
Parce, pater. timidum non me periuria terrent,
　　Non dicta in sanctos inpia verba deos.
Quodsi fatales iam nunc explevimus annos,
　　Fac lapis inscriptis stet super ossa notis:
›Hic iacet inmiti consumptus morte Tibullus,   55
　　Messallam terra dum sequiturque mari.‹
Sed me, quod facilis tenero sum semper Amori,
　　Ipsa Venus campos ducet in Elysios.
Hic choreae cantusque vigent, passimque vagantes
　　Dulce sonant tenui gutture carmen aves,   60
Fert casiam non culta seges, totosque per agros
　　Floret odoratis terra benigna rosis;
Ac iuvenum series teneris inmixta puellis
　　Ludit, et adsidue proelia miscet Amor.
Illic est, cuicumque rapax mors venit amanti,   65
　　Et gerit insigni myrtea serta coma.
At scelerata iacet sedes in nocte profunda
　　Abdita, quam circum flumina nigra sonant:
Tisiphoneque inpexa feros pro crinibus angues
　　Saevit, et huc illuc inpia turba fugit.   70
Tum niger in porta serpentum Cerberus ore
　　Stridet et aeratas excubat ante fores.
Illic Iunonem temptare Ixionis ausi
　　Versantur celeri noxia membra rota,
Porrectusque novem Tityos per iugera terrae   75
　　Adsiduas atro viscere pascit aves.
Tantalus est illic, et circum stagna, sed acrem
　　Iam iam poturi deserit unda sitim,
Et Danai proles, Veneris quod numina laesit,
　　In cava Lethaeas dolia portat aquas.   80
Illic sit, quicumque meos violavit amores,
　　Optavit lentas et mihi militias.
At tu casta precor maneas, sanctique pudoris
　　Adsideat custos sedula semper anus.
Haec tibi fabellas referat positaque lucerna   85
　　Deducat plena stamina longa colu,
At circa gravibus pensis adfixa puella
　　Paulatim somno fessa remittat opus.
Tum veniam subito, nec quisquam nuntiet ante,
　　Sed videar caelo missus adesse tibi.   90
Tunc mihi, qualis eris, longos turbata capillos,
　　Obvia nudato, Delia, curre pede.
Hoc precor, hunc illum nobis Aurora nitentem
　　Luciferum roseis candida portet equis.

Selber gaben die Eichen Honig und von selbst brachten
die Schafe den Unbekümmerten ihre Milcheuter entgegen.
Keine Schlachtreihe gab es, nicht Zorn, nicht Kriege, und nicht hatte
der Schmied mit grausamer Kunst das Schwert geformt.
Jetzt unter der Herrschaft Juppiters sind überall Mord und Wunden,
bald das Meer, bald plötzlich tausend Wege des Todes.
Schone mich, Vater: mich schrecken und machen nicht ängstlich Meineide,
nicht ruchlose Worte gegen die heiligen Götter gesagt!
Wenn wir aber schon jetzt die schicksalsverhängten Jahre erfüllt haben,
mach, daß ein Stein über den Gebeinen stehe mit der Inschrift von Zeichen:
›Hier liegt vom grausamen Tode dahingerafft Tibull,
während er zu Land und Meer Messalla folgte.‹
Mich aber, weil ich immer dem zarten Amor gefällig bin,
wird Venus selbst in die elysischen Gefilde führen.
Hier herrschen Tänze und Gesänge und überall lassen die Vögel
schweifend ihr süßes Lied aus zarter Kehle ertönen.
Ohne Pflege trägt die Saat Zimt, und über die ganze Flur
blüht die Erde reich von duftenden Rosen.
Und die Reihe der Jünglinge vermischt mit den zarten Mädchen
spielt, und Amor mischt beständig seine Kämpfe.
Dort ist, wem der raffende Tod als Liebendem kam,
und Myrtenkränze führt er auf schönem Haar.
Aber der verbrecherische Sitz liegt in tiefer Nacht
versteckt. Um ihn rauschen schwarze Flüsse;
und Tisiphone, ungekämmt mit wilden Schlangen statt des Haars,
wütet und hierher und dorthin flieht der ruchlose Haufe.
Dann zischt der schwarze Cerberus an der Pforte mit seinem Schlangenmaul
und hält Wache vor der erzenen Tür.
Dort werden des Ixion, der Juno anzutasten wagte,
schuldige Glieder auf schnellem Rad gedreht,
und Tityos über neun Joch des Landes ausgestreckt
nährt ständig die Vögel mit seinem blutigen Fleisch.
Tantalus ist dort und ringsum Gewässer, aber die Welle
läßt den scharfen Durst des fast schon Trinkenden im Stich,
und die Töchter des Danaos, weil sie den Willen der Venus verletzten,
tragen Lethewasser in die hohlen Fässer.
Dort soll sein, wer meine Liebe verletzte und
mir zähflüssigen Kriegsdienst wünschte!
Du aber bleib, ich bitte, keusch und als Wächter heiliger Scham
sitze immer bei dir die fleißige Alte.
Die erzähle dir Märchen und bei aufgestellter Lampe
spinne sie von vollen Rocken lange Fäden herab;
aber ringsum die Mädchen in ihr schweres Arbeitsstück vertieft
mögen allmählich von Schlaf ermattet ihr Werk lassen.
Dann möchte ich plötzlich kommen, und keiner soll es vorher melden,
sondern ich möchte vom Himmel geschickt dir da zu sein scheinen.
Dann lauf, wie du bist, verwirrt das lange Haar,
mir, Delia, mit nacktem Fuß entgegen.
Das erbitte ich, daß Aurora strahlend diesen so schönen
Morgenstern mit rosigen Rossen bringe.

Das Gedicht ist die Frucht einer bestimmten Situation, die am Anfang bis zu einer gewissen Konkretheit umrissen wird, von der im Verlauf die Furcht, sterben zu müssen, bleibt, bis schließlich nur noch der Gedanke der – hoffentlich bald zu überbrückenden – Ferne von der Geliebten übrig ist. Tibull ist in der *cohors* des Messalla an dessen Orientfahrt beteiligt und muß krank im Phäakenland, in Korfu, zurückbleiben. In dieser Lage spielen die Gedanken um Vergangenheit und Zukunft. Es sind die schlichten Gedanken der innerlich bewegten Seele des Liebenden, in die Äußerliches – selbst die Pflichterfüllung, geschweige denn etwas von der großen römischen Existenz – nur schwach hereinklingt. In ihrer Menschlichkeit sprechen sie unmittelbar an und finden dafür den endgültigen erlesen-einfachen Ausdruck, verlangen freilich ein feines Hinhören, wenn man verstehen will, wie sie in der Seele entstehen und ablaufen. Sie kommen so notwendig und natürlich, daß man die Kunst kaum bemerkt, die sie zur Einheit fügt, daß man übersieht, was der in der Gefühlskurve durchmessene Raum bedeutet.

Das Gedicht beginnt bewegt und endet bewegt, klagend am Anfang, fast tollend am Schluß. Dazwischen wechseln kurze Passagen, Scharnierstücke des fluktuierenden Denkens, mit längeren Schilderungen ab. Messalla wird im ersten Vers angeredet. Mit ihm ist zugleich die Begleitung, die *cohors*, gemeint. Ihr werdet ohne mich, so spricht er ihn an, durch das Ägäische Meer fahren, erwünschte Fahrt zu dem Ziel Kleinasien: oh, wenn ihr doch, du und die Kohorte, meiner eingedenk wäret! Bei der Vorstellung der fröhlichen Fahrt steigt die Befürchtung auf, daß man den Zurückgebliebenen darüber vergißt; und daraus und der Sehnsucht nach den Genossen erwächst der Wunsch, der zum ersten Male im Lateinischen das *utinam* durch das vorangesetzte *o* elegisch nuanciert. Mag die Formel *ibitis* Einleitung zu einem Geleitgedicht sein, das Geleitgedicht an sich hat doch, wenn als Form auch schwer einheitlich faßbar, so viele feste Bestandteile (z. B. Wünsche für die Fahrt, Fest bei der Ankunft), daß der Gedanke daran hier nur die Funktion des Verses trüben kann. Diese aber besteht darin, die Situation des einsam Zurückbleibenden im Gegensatz zur sich munter entfernenden Armada zum Ausdruck zu bringen.

Diese Situation führt weiter. Die Fahrenden treten zurück, der Gedanke versinkt in das eigene Elend. Daß er krank in Korfu liegt, braucht er Messalla nicht zu sagen. Er sagt es im Gedicht zu sich – mich hält krank Korfu in unbekannter, mir unbekannter Örtlichkeit fest – und gibt so zugleich dem Leser eine neue Orientierung. Aus der ersten Funktion, dem Sprechen zu sich, kommt sogleich (4) die inständige Bitte an den schwarzen Tod (*nigra*, auch sonst im Gedicht ein Lieblingssymbol für das Dunkle, Vernichtende, ist nicht anzutasten), seine gierigen Hände von ihm zu lassen. Die Bewegung schließt über das Distichon hinaus mit dringlicher Wiederholung, wobei das *nigra* in *atra* umgewandelt wird, mehr die Bedeutung als den optischen Eindruck betonend: *abstineas, Mors atra, precor*; und asyndetisch folgt sogleich eng anschließend die Begründung. Hier stirbt er verlassen ohne den Halt der Riten, ohne menschliche Wärme. Die Mutter ist nicht da, die trauernd die verbrannten Gebeine in ihren Gewandbausch birgt, die Schwester nicht, die auf die Asche des Scheiterhaufens Wohlgerüche gießt und mit aufgelöstem Haar vor dem Grab weint. Delia ist nirgendwo. Sie hat keine Funktion bei dem offiziellen Begängnis, ihr Fehlen, das Fehlen der Geliebten, die seine erkal-

tende Hand halten würde, wie es dann Ovid besingt, bedeutet die völlige Einsamkeit in dieser Stunde.
Zugleich ist sie aber Halt und Erinnerung. Das Frostige der Einsamkeit hebt sich in der Erinnerung auf. Wie hat sie bei der Abfahrt gebangt! Und nun versenkt sich der Dichter ganz in diese Abfahrtssituation. Der Gedanke steuerte also bewußt zu Delia als dem Höhepunkt hin.
Bei der liebevollen Versenkung in die Vergangenheit, in einem Augenblick der höchsten Gefahr, zeigt ihre liebevolle Unruhe ein neues Gesicht. Als sie ihn aus der Stadt ziehen lassen mußte, soll sie alle Götter befragt haben – so viele sind es, daß er sich aufs Hörensagen verlassen muß. Eine Szene ist ihm im Gedächtnis geblieben. Dreimal hob sie ein Weissagetäfelchen des Knaben, der sie verkaufte: dreimal brachte der Bursche vom Dreiweg (die Überlieferung *triviis* muß gehalten werden) feste Verheißungen zurück: alles versprach Rückkehr. Dennoch hörte sie nicht auf, Angst vor diesem Fortgehen zu haben. Der Ausgang der Krankheit ist ja noch ungewiß, das Gedicht selber, später geschrieben, zeigt, daß die günstigen Vorzeichen recht hatten. Das Gedicht lebt aber ganz in der vibrierenden Unsicherheit der Lage. In ihr gibt er Delias Angst recht und erinnert sich an seine eigenen Ängste, von denen er befallen wurde, als er schon alle Vorkehrungen zur Abreise getroffen hatte. Wenn er als Grund für sein bewußtes Hinausschieben die Vogelzeichen, furchtbare Vorbedeutungen, den Sabbat und, als besonders schlimmes Vorzeichen, mehrmaliges Anstoßen des Fußes an der Schwelle angibt, so scheint sich all dieser Aberglaube jetzt zu bewahrheiten.
Es steckt ja auch mehr dahinter. Es ist die liebende Sorge der Delia gewesen, die bei der Trennung Böses ahnte. Und so faßt er die Vergegenwärtigung der Vergangenheit zu einer Sentenz oder einem *praeceptum* zusammen: keiner soll gegen den Willen Amors sich trennen, oder er soll wissen, daß er gegen den Willen eines Gottes fortgegangen ist. Der Gott der Liebenden ist es also, der keine Trennung will und dessen Wirken in jenen Ahnungen gesehen werden muß, die den günstigen Bescheiden der anderen Götter widersprechen. Vor Gott Amor hat er unrecht, mochte er noch so dem Freunde die Pflicht zu erfüllen genötigt sein. Kein Zweifel, daß hier eine erste Erkenntnis gewonnen ist, die lebensbestimmend sein kann, daß hier also auch eine Pause (22) eintritt. Zugleich ist deutlich, daß diese Sentenz, die Erkenntnis der Schuld die Vergegenwärtigung der Vergangenheit zurückzudrängen im Begriff ist.
Der Fortgang (23) erfolgt mit einem entrüsteten Ausruf in Frageform, der noch zwischen dem Jetzt und der Zeit vor der Reise pendelt. Was nützt mir jetzt, so wendet er sich direkt an Delia, deine Isis, was nützt es, daß sie im Isis-Dienst das Sistrum geschüttelt, rituelle Waschungen und Keuschheitsgelübde erfüllt hat. Mit bitterem Humor erinnert er sich dieser Karenzzeit, die so gar nichts genützt hat. Und ebenso bewegt wendet er sich an die Göttin Isis direkt: jetzt, in dieser Not gilt es zu helfen – denn die vielen Votivgemälde zeigen ja, daß sie helfen kann –, damit seine Delia ihre Gelübde erfüllen kann. Der letzte Gedanke wächst sich zu einem plastischen Bilde von großer Schönheit aus: Delia sitzt in linnenem Gewand vor ihrer Tempeltür; und auffallend unter der kahlen Schar der Ägypterinnen singt sie ihr in ihrem Glanz mit aufgelöstem Haar Loblieder (32).
Damit hat sich der Gedanke beruhigt und nimmt die Zukunft, eine glückliche Zu-

kunft vorweg. Ihm aber möge es zuteil werden, die väterlichen Penaten zu feiern und dem alten Lar seinen monatlichen Weihrauch zu spenden. Hatte er schon vorher Isis als Delias Göttin bezeichnet (23), so rückt er doch selbst nach dem Hilferuf an die Göttin leicht von ihr ab, sieht deren Ziel und Dank in Delias Verehrung und vertraut sich wie in 1,10 seinem Glauben an die väterlichen Götter an.

Diese antithetische Wendung aber bringt die Assoziationen des zehnten Gedichtes mit sich. Da sie hier wie selbstverständlich erscheinen, dort dagegen ausführlich entwickelt werden, erweist sich das dritte Gedicht als später. Es ist die Assoziation an die Goldene Zeit. Mit sehnsüchtiger Gebärde wird sie geschildert – *quam bene . . . vivebant* – (35–48) und ihr darauf die Eiserne Zeit, das Jetzt, entgegengestellt (49–57). Das Pendeln zwischen Vergangenheit und Gegenwart ist weiträumiger geworden und allgemeiner. Tibull versteht seine Lage als die Folge eines größeren Zusammenhanges, als Schicksal der Eisernen Zeit. Bat er am Anfang den Tod mitleidheischend einfach aus seiner Verzweiflung und Einsamkeit heraus, wendete er sich nicht ohne Hoffnung direkt an Isis, so richtet er hier an Juppiter ein letztes Mal eine Bitte um Schonung, aber ruhiger geworden, sein Schicksal annehmend und dies nicht ohne Stolz. Dieser Teil gehört also zusammen und folgt auf den ersten bewegten Teil, in dem Delia die Hauptrolle spielte. Der Übergang wird ermöglicht – kühn und knapp – durch die Verse 33–34, den Gedanken an den *Lar familiaris*, mit dem er sich von Delias Isis absetzte.

Die Schilderung der Goldenen Zeit wird beherrscht von der Form der Negation. Unter dem Königtum des Saturn – Saturn, der König, steht im Gegensatz zu dem *dominus* Juppiter; insofern sind deutlich wie in Vergils *Georgica* Goldene und Eiserne Zeit markiert, gleichzeitig aber wird an den Urkönig Italiens erinnert – war die Erde nicht erschlossen in lange Straßen, Schiffe befuhren das Meer noch nicht, der Kaufmann suchte nicht jenseits des Meeres seinen Gewinn. Vor dem Auge des Elegikers erscheinen zunächst die Dinge, durchaus in ihrer Größe anerkannt, die ihm zu schaffen machen, jetzt in seiner Situation, die ihn fortgeführt hat in die Weite und die Einsamkeit der Gefahr und Krankheit. Dann aber versenkt er sich tiefer in diese Zeit. Es gab keinen Zwang. Die Bilder des kräftigen Stieres, der sich noch keinem Joch fügt; des Rosses, das sich noch nicht mit seinem Biß gegen die Kandare zu wehren brauchte; des Hauses, das noch nicht von Türen versperrt war – dem Hindernis der Liebenden –; des Grenzsteins, der noch nicht feste Gebiete regelte, steigen vor seinem Auge auf. Die beiden letzten Distichen (45–48) sind gegensätzlich aufeinander bezogen, ohne daß das logische Verhältnis ausdrücklich bezeichnet wird. Im ersten (45–46) wird positiv etwas von dem Wunderbaren der Goldenen Zeit angerührt: die Eichen gaben von selbst Honig, von selbst brachten die Schafe ihre Milcheuter den Menschen dar, die ohne Sorge und Ängste lebten. Das ist nicht ins Unmögliche gesteigert, sondern bleibt im Idyllischen und noch dem Nachsinnen Möglichen, offenbar weil es als Begründung gedacht ist: es gab darum keine Schlachtreihe, keinen Zorn, keine Kriege, keinen Handwerker, der das Eisen zum Schwerte schmiedete (47–48). Es sind die gewissen Dichtern bekannten Themen der 16. Epode, der 4. Ekloge und des ersten Buches der *Georgica*, die hier neugestaltet werden; sie zielen nicht auf die Ermöglichung einer überrealen Welt, die Verwirklichung der Gerechtigkeit oder sind Gegenbild des Sinnes der Arbeitswelt, sondern sie verwandeln die Sehnsucht nach einer Welt

ohne Zwänge, der Liebe und des Friedens elegisch, wobei die 10. Ekloge nach-
klingt.
Mit der Klage über das Verlorene kann das Wesen der Eisernen Zeit kurz zusam-
mengedrängt werden (49–50). Mord, Wunden, Meer, tausend plötzliche Wege zum
Tode, das ist das Bild der Welt unter Juppiter, es ist die Welt, in der er krank
darniederliegt. So ruft er den Herrn dieser Zeit, Juppiter, um Schonung an (51).
Führte er dem gierigen Tod gegenüber mitleidheischend seine erbarmungswürdige
Lage in irrationaler Geste an, wies er Isis auf ihre treue Dienerin hin, die Erfüllung
ihrer Gelübde verdient, so kann er Juppiter gegenüber geltend machen, daß er die
Götter immer geachtet, sich keiner Meineide oder Lästerungen gegen sie schuldig
gemacht habe. Wenn ihr Zorn nur die Schuldigen trifft, braucht er sich nicht zu
fürchten. Hat das Fatum ihm aber seine Grenze gesetzt, gegen die ja auch die
Götter ohnmächtig sind, dann soll – und Juppiter möge dafür sorgen – ein Grab-
stein dafür zeugen, daß er seine Pflicht erfüllt hat, daß er durch ein hartes Schicksal dahingerafft wurde, als er Messalla zu Land und Wasser begleitete. Unter dem
Aspekt der Eisernen Zeit darf er von der Gerechtigkeit Juppiters etwas erwarten,
und er darf zugleich eine gewisse Befriedigung darüber empfinden – anders war
es gegenüber Delia, wo er offensichtlich gegen den Willen Amors fortgegangen
war –, daß er den Notwendigkeiten dieser Zeit gerecht geworden ist. Damit nimmt
er sein Schicksal in gewisser Weise an. Er kommt zur Beruhigung – das Grabdisti-
chon (55–56) ist der monumentale Ausdruck dafür –, da er von Juppiters Gerechtigkeit nichts zu befürchten hat und das Fatum einfach hingenommen werden
muß.
Aber letztlich wird er beglückt sein, weil er immer in der Liebe lebte. Falls der Tod
ihn ereilt, wird er als allzeit gehorsamer Diener Amors von Venus ins Elysium geleitet werden. Dort ist alles voll Freude und Liebe. Hatte Horaz fast zur selben
Zeit – nämlich im Jahre 28 v. Chr. – im Musengedicht die Dinge im Hades als den
endgültigen Zustand begriffen, in dem die rohe und frevelnde Gewalt bestraft und
bezwungen ist, und hatte er in c. 2,13 mit dem Blick auf das Jenseits die alles be-
zwingende Macht des Musischen gespürt und seine Vorbilder Sappho und Alkaios
in ihrer unterschiedlichen Wirkung geschaut, so ist für Tibull das Elysium eine
Welt der Liebe, des Festes, anmutiger Bewegtheit. Chöre, Tänze und Lieder, Vogel-
gesang überall, eine spendefreudige Erde mit ihren Düften – Motive der Goldenen
Zeit klingen mit *non culta* (61) an –, die Spiele der Knaben und Mädchen, der
Jugendlichkeit, die nicht lahm sind, sondern (vgl. 1,10) voller Kämpfe, freilich
solcher, die Amor stiftet. Dort ist, so heißt es zum Schluß (65) kategorisch, wem
der raffende Tod als Liebendem kam. Die Existenz des Liebenden wird gleichsam
endgültig, gesteigert und unvermischt fortgesetzt. Im Gedanken an seine Liebe hat
sich Tibull sozusagen in das Elysium versetzt und einen endgültigen Zustand des
Liebenden vorausgeschmeckt (*praesensit*).
Das Gegenbild ist Tartarus. Ihm wendet sich mit dem beliebten *at* Tibull jetzt zu
(67). Wie die Schilderung der Goldenen Zeit das Gegenstück der Eisernen Zeit forderte (dort allerdings in der Gegenwart gefaßt, in die Tibull mitverstrickt war), so
verlangt das Elysium den Tartarus, mit dem Tibull nun freilich nichts zu tun hat.
Herrschten bei der Schilderung die sinnlichen Qualitäten der Töne und Düfte sowie die freie Bewegung vor, so sind es im Tartarus die optischen des Dunkels und

Schmutzes, der Getriebenheit und des Zwangs. In tiefer Nacht liegt er, finstere Ströme rauschen. Die Rachefurie Tisiphone, selber ein Abbild schmutzigen Schrekkens, hetzt die Ruchlosen in panisch-ungeordneter Bewegung. Der Cerberus wacht mit dem Zischen seiner Schlangenköpfe offenbar darüber, daß niemand entkommt. Die Frevler gegen die Liebe, Ixion, Tityos, die Danaiden und Tantalus, Frevler gegen das Göttliche überhaupt, büßen hier ihre Strafen.

Es ist ein neuer Klang in dem Distichon (81–82), das mit seinem Abschlußcharakter dem Schlußdistichon (65–66) des Elysiumteils entspricht, aber zugleich offenbar die Funktion übernimmt, wie ein Scharnierstück – vgl. 34 f. – etwas Neues zu eröffnen. Es ist Ausdruck einer neuen Sicherheit, der Sicherheit zurückgewonnenen Glaubens. Mit überlegener, fast wegwerfender Geste geht der sanfte Tibull mit allen denen um und verdammt sie zur Strafe im Tartarus, die seine Liebe verletzt und ihm den zäh sich hinziehenden Kriegsdienst gewünscht haben. Es ist wohl nicht an bestimmte Menschen zu denken, die sich an Delia herangemacht haben, sondern *et* wird explikativ zu verstehen sein: dadurch daß sie ihm den Kriegszug wünschten, haben sie seine Liebe verletzt. Es sind alle die, die darin etwas Wünschenswertes gesehen haben, Angehörige der Eisernen Zeit, für die der Tartarus gerade recht ist. Diese Welt wird von Tibull in der Todesstunde mit einer sonst nicht anzutreffenden fast höhnischen Selbstsicherheit und Entschiedenheit zurückgewiesen.

Das Distichon (81–82) führt aber auch hin zur Sorge um die in dieser Zeit alleingelassene Delia. So beginnt und schließt das Gedicht mit Gedanken an die Geliebte. Sie soll keusch bleiben, und ständig soll die emsige Alte als Hüterin der heiligen Schamhaftigkeit bei ihr sitzen. Und nun wird in hellenistischer Weise ein realistisches Idyll, noch in Form der Anweisung, ausgemalt, wie wir es im *Heautontimorumenos* bei Terenz geschildert finden. Das bedeutet nicht, daß Tibull Terenz nachahmt; entspricht es doch einer römischen Lebenswirklichkeit. Die Alte soll im Schein der Lampe Märchen erzählen und vom Spinnrocken die langen Fäden für den Aufzug spinnen; rings sollen die Mädchen mit ihrer schweren Tagesration an Wolle sitzen und allmählich ermattet die Arbeit aus den Händen gleiten lassen. Dann möchte er plötzlich kommen – im Lateinischen kann man das Futur vom Konjunktiv nicht unterscheiden, erst das *videar* nuanciert es zum Konjunktiv, offenbar sind aber die Konjunktive von einem fast erwarteten Futur nicht sehr unterschieden – und ihr, wie vom Himmel geschickt, unangemeldet, plötzlich erscheinen. Und nun überschäumend mit Anweisungen, als sei alles schon greifbare Wirklichkeit: dann soll sie ihm mit dem Reiz der natürlichen Schönheit, wie sie Ovid später breit ausmalen wird, entgegenlaufen, wie sie ist, das lange Haar nicht zurechtgemacht, barfuß.

Der Abschluß wird durch ein Distichon gebildet, das seine Bitte – an wen? eine Bitte an die Götter überhaupt – enthält, Aurora möge ihm einen solchen Morgenstern heraufführen. Das Todesgedicht schließt mit zwei Versen, in denen die Wörter für das Strahlende – *nitentem, luciferum, roseis, candida* – gehäuft sind.

Von solchen Gedichten ging man wohl aus, wenn man von den Tibullischen Träumereien sprach. Und in der Tat scheint hier nichts gewollt, gebaut, berechnet, auf den Leser bezogen oder gar auf Wirkung und Werbung gezielt, wie etwa bei Lygdamus, Properz oder Ovid. Die Gedanken und Bilder der Gegenwart, der Vergangenheit und Zukunft steigen scheinbar unbegründet durch einen Plan empor, erschöpfen sich, treten zurück.

Wenn aber Träumereien, dann überaus kunstvolle und, um das Paradoxon zu wagen, sehr realistische. Zunächst ist die Sprache so klar und erlesen, daß Tibull nicht mehr als fünfmal in dem langen Gedicht Vokale aufeinandertreffen läßt und sie verschmilzt (Synalöphe meist kurzer unerheblicher Vokale in 10, 20, 21, 26, 52). Dann enthält jedes Distichon in immer anderer Form und in ständig neuer Beseelung jeweils einen abgeschlossenen Gedanken (Ausnahme bei Abgeschlossenheit der Distichen 27 ff.). Bei Properz wird darauf kein Gewicht gelegt, vielmehr drängt die Leidenschaft über mehrere Distichen hin. Von der Metrik im eigentlichen Sinn soll nur erwähnt werden, daß die Distichen die Regel, daß nur zweisilbige Wörter am Ende des Pentameters stehen dürfen, besonders sorgfältig erfüllen (Ausnahmen *Elysios* [58] und *militias* [82] sind begründet). Selbst das gestattete dreisilbige Wort wendet er nur ein paarmal an, und die zweisilbigen Wörter beginnen in der Regel mit Konsonant. Daß die Zäsuren und überhaupt der Bau des Hexameters den strengsten klassischen Regeln entsprechen, versteht sich dabei von selbst. Das Spiel der Vokale, rational schwer zu fassen (etwa sogleich der Beginn mit dem hellen *i* (1), dann folgende Verdunklung und erneute Aufhellung am Schluß des Distichons), und die geringe Anzahl der Diphthonge bilden eine Musik reiner Klänge. Daß eine solche Klarheit und Reinheit der Verse im Römischen möglich war, muß der Zeitgenosse mit höchstem Genuß festgestellt haben, und auch wir vermögen dies noch zu bewundern.

Etwas Ähnliches gilt für die Auswahl der Wörter. Waren die Klänge auf eine Mittellage gestimmt, innerhalb derer es stark und leise sehr wohl gab, so hält auch die Sprachebene ziemlich genau die Mitte zwischen der Höhe der Epik, den glücklichen Anstrengungen oder selbst der seelisch durchtränkten Musik der Vergilischen Bucolica und der Variationsbreite und Realistik der Horazischen Satiren. Einfache Wörter werden für diese Mittellage ausgewählt, die das Wesen am klarsten bezeichnen. Auf sie wird vom prädizierenden Adjektiv über das Verb bis zur Konjunktion alles abgestimmt. Es gibt nichts, was über das klar Intendierte hinausginge. Nicht das Besondere ist gesucht, sondern das Gewöhnliche, das am eindringlichsten ist: *longae viae, nigra mors, inmiti arte.* Es wird der Sprache sozusagen ihr Erkenntnisgehalt abgelauscht; und einmal gefunden kann ein solches Wort dann Chiffre-Charakter erhalten. Mit diesen Wörtern wird wie mit Symbolen eine eigene Welt aufgebaut. Mit wenigen Strichen wird dabei ein Bild der Wirklichkeit evoziert, wie es die bedeutungsschweren Dichter in dieser Klarheit selten erreichen. Man denke an das Roß, das seine Kandare beißt, an die Mädchen, die an ihre Arbeit angekettet sind und denen das Werk aus den Händen gleitet, oder an Delia, die in auffallender Schönheit zwischen den dunklen kurzgeschorenen Ägypterinnen der Isis sitzt. Hierin ist Tibull so objektiv wie ein Attiker und wohl noch mehr dem Kallimachos nahe als Properz, der sich doch als dessen eigentlicher Nachfolger fühlt. Im andern, dem Symbolischen, dem Neuaufbau einer dichterischen Wirklichkeit, die die geläuterte und rein konturierte Realität symbolisch verwendet, steht er den Freunden Horaz und Vergil nahe; man denke an die 16. Epode und die 4. Ekloge. Daß sein Gedicht so gesättigt mit Realität in komprimierter Form und reiner Kunstgestalt ist, Verkörperung des λεπτόν und τορόν, ist nur die Hälfte der Wahrheit; die andere Hälfte ist das eigentlich Römische, das der griechisch geschulte Blick des Poeten zu einer ganz persönlichen Bewegung und Stellungnahme zusammenfaßt.

Im Gedanken an die Dinge der Welt, gefangen in der eigenen verzweifelten Lage, geht nämlich nun im Großen eine musikalische Bewegung durch das Gedicht, die es fast in sein Gegenteil verwandelt. Nicht in der Situation: Tibull ist am Ende genauso einsam und krank wie am Anfang. Gewandelt aber hat sich die Stimmung. Die Erregung der Verzweiflung und Angst ist gewichen. Die Serenität, ja der Übermut des Schlusses wird über mehrere Stufen erreicht. Schon der Gedanke an Delia führte ihn in die glückliche Vergangenheit und damit von seiner gegenwärtigen Not hinweg. Freilich ist dabei noch ein Gedanke des Haders und der Schuld im Spiele: was hatten alle Entbehrungen genützt, und er hätte nicht Amors Willen geringschätzen dürfen. Aber ein Hoffnungsschimmer zeigt sich im Gebet an Isis. Bei der Erhebung des Gedankens zu größerer Allgemeinheit wird der Helle der Goldenen Zeit zwar wieder das Dunkel des Eisernen Zeitalters und des eigenen Schicksals gegenübergestellt, aber Tibull, der ganze Mensch, hat sich in seiner Frömmigkeit und dem Bewußtsein erfüllter Pflicht gefaßt. Völlige Zuversicht und Heiterkeit gewinnt Tibull auf einer dritten Stufe in Hinsicht auf das Jenseitige. Als Liebendem kann ihm nichts geschehen, und der Hades ist mit seinem Tartarus für die da, die der Eisernen Zeit verhaftet sind. Diese Zuversicht ist aber nicht eine gedankliche Aussage, sie durchdringt das ganze Wesen. In ihm ist jetzt für Todesgedanken kein Raum, und Tibull kann sich, wenn auch nur in Form des Wunsches, die rosige Zukunft ausmalen. Es ist eine musikalische Bewegung wie in einer Symphonie, wo der Kampf der Gegensätze sich am Schluß in der Harmonie auflöst.

Insofern zeigt sich in diesen »Träumereien« Steuerung und Ordnung; freilich wird man die einzelnen Teile nicht in eine feste Architektonik fügen. Sie beruht vielmehr auf der geordneten Anschauung des Dichters von der Welt. Darum geschieht es, daß er, wo immer er sinnend beginnt, die Assoziationen findet, die sich schließ-

Elegie 1,1 Divitias alius fulvo sibi congerat auro
    Et teneat culti iugera multa soli,
Quem labor adsiduus vicino terreat hoste,
    Martia cui somnos classica pulsa fugent:
Me mea paupertas vita traducat inerti,   5
    Dum meus adsiduo luceat igne focus.
Ipse seram teneras maturo tempore vites
    Rusticus et facili grandia poma manu;
Nec spes destituat, sed frugum semper acervos
    Praebeat et pleno pinguia musta lacu.   10
Nam veneror, seu stipes habet desertus in agris
    Seu vetus in trivio florida serta lapis,
Et quodcumque mihi pomum novos educat annus,
    Libatum agricolae ponitur ante deo.

lich zu dem Kosmos seiner Seele in schöner Bewegung und dichter Kontinuität fügen.

Wenn auch mit der Erkenntnis der künstlerischen Qualitäten, der Musik, der Rhythmen, Klänge, Wörter, Verknüpfungen und Bewegungen ein Genuß eines solchen Gedichtes heute noch möglich ist, so darf man doch das Formale nicht von der Aussage trennen. Es ist ein wirkliches Liebesgedicht. Tibull lebt in Delia. Der Gedanke an sie belebt ihn. Es ist eine Religion, in der Amor als Gott die beherrschende Stelle einnimmt. Diese Liebe ist es, die in der Eisernen Zeit sozusagen einen Rest der Goldenen Zeit bewahrt, Vorgeschmack des Elysiums. Die Zeit, die Gegenwart, lebt in diesen Gegensätzen der sich gebenden Liebe und der zwingenden Notwendigkeiten. Zu diesen beiden Welten gehören auch die Dinge dieser Welt und werden ihnen mit entsprechenden Beiwörtern zugeordnet. Der Dichter, der Eisernen Zeit seinen Tribut zollend, hängt in festem Glauben mit seinem Herzen an all dem, was die Goldene Zeit in der Eisernen an Spuren hinterlassen hat. Die mythischen Vorstellungen werden ganz in die Elegie hereingenommen und elegisch umgeformt. Nicht daß Tibull aufriefe, sich um den Dichter zu scharen, der den Zugang zu dieser Welt des Geistes öffnet, nicht daß er bangend das Schicksal der Welt von der Verwirklichung der Goldenen Zeit abhängig machte; er lebt mit seiner Liebe in der Goldenen Zeit und vermag es, im Geiste sich über Einsamkeit, Härte und Nöte der Eisernen Zeit hinauszuheben. Von diesem erhebenden Vorgang legt er in 1,3 eine Probe ab.

Man hat den römischen Elegikern vorgeworfen, daß es eigentlich merkwürdige, nämlich egoistisch Liebende seien, der Dichter spräche immer nur von sich (Fränkel). In der Tat ist es Tibulls Anschauung der Welt der reinen Liebe, die Wort wird in diesem Gedicht. Aber ohne daß er aktiv einwirken wollte – Delia ist ihm treu –, kann doch kein Gedicht ein schönerer Preis der Geliebten sein als eines, in dem sich erweist, daß beide eines Wesens sind, daß Tibull mit Delia sich im Reiche der Seligkeit befindet, erlöst von der Eisernen Zeit.

Es geht also um den Sinn des Lebens. Ihm sinnt Tibull wie hier, so auch in 1,1 nach.

Reichtum mit dunklem Golde scharre ein andrer für sich zusammen
und halte viele Joch bebauten Landes in seinem Besitz,
den beständiger Kampf bei nahem Feinde schreckt,
dem die geblasenen Kriegssignale den Schlaf verscheuchen:
mich soll meine Armut in einem faulen Leben dahinführen,
wenn nur mein Herd von ständigem Feuer leuchtet.
Selber werde ich zur rechten Zeit zarte Weinranken pflanzen
als Bauer und großes Obst mit geschickter Hand;
und die Hoffnung möge mich nicht im Stich lassen, sondern stets Haufen
gewähren von Feldfrüchten und fetten Most in voller Wanne;
denn verehrend nahe ich mich, sei's daß auf dem Acker ein verlassener Klotz,
sei's daß am Dreiweg ein alter Stein blühende Kränze trägt.
und was an Obst mir immer das neue Jahr aufzieht,
wird vorher als Gabe dem ländlichen Gott vorgesetzt.

Flava Ceres, tibi sit nostro de rure corona   15
   Spicea, quae templi pendeat ante fores,
Pomosisque ruber custos ponatur in hortis,
   Terreat ut saeva falce Priapus aves.
Vos quoque, felicis quondam, nunc pauperis agri
   Custodes, fertis munera vestra, Lares.   20
Tunc vitula innumeros lustrabat caesa iuvencos,
   Nunc agna exigui est hostia parva soli.
Agna cadet vobis, quam circum rustica pubes
   Clamet ›io messes et bona vina date‹.
Iam modo iam possim contentus vivere parvo   25
   Nec semper longae deditus esse viae,
Sed Canis aestivos ortus vitare sub umbra
   Arboris ad rivos praetereuntis aquae.
Nec tamen interdum pudeat tenuisse bidentem
   Aut stimulo tardos increpuisse boves,   30
Non agnamve sinu pigeat fetumve capellae
   Desertum oblita matre referre domum.
At vos exiguo pecori, furesque lupique,
   Parcite: de magno est praeda petenda grege.
Hic ego pastoremque meum lustrare quotannis   35
   Et placidam soleo spargere lacte Palem.
Adsitis, divi, neu vos e paupere mensa
   Dona nec e puris spernite fictilibus.
Fictilia antiquus primum sibi fecit agrestis
   Pocula, de facili conposuitque luto.   40
Non ego divitias patrum fructusque requiro,
   Quos tulit antiquo condita messis avo:
Parva seges satis est, satis est requiescere lecto
   Si licet et solito membra levare toro.
Quam iuvat inmites ventos audire cubantem   45
   Et dominam tenero continuisse sinu
Aut, gelidas hibernus aquas cum fuderit Auster,
   Securum somnos imbre iuvante sequi,
Hoc mihi contingat: sit dives iure, furorem
   Qui maris et tristes ferre potest pluvias.   50
O quantum est auri pereat potiusque zmaragdi,
   Quam fleat ob nostras ulla puella vias.
Te bellare decet terra, Messalla, marique,
   Ut domus hostiles praeferat exuvias;
Me retinent vinctum formonsae vincla puellae,   55
   Et sedeo duras ianitor ante fores.
Non ego laudari curo, mea Delia; tecum
   Dum modo sim, quaeso segnis inersque vocer.
Te spectem, suprema mihi cum venerit hora,
   Te teneam moriens deficiente manu.   60
Flebis et arsuro positum me, Delia, lecto,
   Tristibus et lacrimis oscula mixta dabis.
Flebis: non tua sunt duro praecordia ferro
   Vincta, neque in tenero stat tibi corde silex.

Blonde Ceres, dir sei von unserem Land eine Krone
von Ähren gegeben, die vor der Tür deines Tempels hängen soll,
und der rote Wächter soll in dem obstreichen Garten aufgestellt werden,
damit der Priap mit grausamer Sichel die Vögel schrecke.
Ihr auch, Wächter des einst reichen, jetzt bescheidenen
Gutes, tragt eure Geschenke davon, ihr Laren.
Damals entsühnte eine geschlachtete Färse unzählige Jungstiere,
jetzt ist ein Lamm die kleine Opfergabe eines schmalen Bodens.
Ein Lamm wird euch fallen, um das die ländliche Jugend
schreien soll: »Io! gebt gute Ernten und Wein!«
Könnte ich jetzt nur zufrieden mit Wenigem leben
und nicht immer der weiten Fahrt ergeben sein,
sondern den Sommeraufgang des Hundssterns unter dem Schatten
des Baumes vermeiden beim Fluß des vorbeiströmenden Wassers.
Ich will mich aber bisweilen nicht schämen, die Hacke zu halten
oder mit dem Stachel die trägen Rinder anzufahren,
und es soll mich nicht verdrießen, an der Brust ein Lamm oder das Junge der
                                                                      Ziege,
das verlassen ist, da die Mutter es vergessen hat, nachhause zurückzutragen.
Aber ihr, Diebe und Wölfe, schont das geringe Vieh:
aus einer großen Herde muß man die Beute holen!
Hier pflege ich meinen Hirten jährlich zu entsühnen
und die friedliche Pales mit Milch zu besprengen.
Steht bei, ihr Götter, und verschmäht nicht die Geschenke
vom armen Tisch und aus reinem Tongeschirr.
Tönerne Becher machte sich der Bauer zuerst,
und formte sie aus geschmeidigem Lehm.
Ich verlange nicht den Reichtum der Väter und den Gewinn,
den die eingefahrene Ernte dem alten Großvater brachte:
eine kleine Saat ist genug, genug ist es, wenn es erlaubt ist,
auf dem Bett zu ruhen und auf gewohntem Lager die Glieder zu erleichtern.
Wie macht es Freude dazuliegen, die rauhen Winde zu hören
und die Herrin am zarten Busen zu umschließen
oder, wenn der winterliche Südwind sein Wasser schüttet,
sorglos dem Schlafe zu huldigen, während der Regen dabei hilft!
Das möge mir zuteil werden: reich sei mit Recht, wer die Wut
des Meeres und die finsteren Regengüsse ertragen kann.
Oh, was es an Gold und Smaragden gibt, soll lieber zugrunde gehen,
als daß irgendein Mädchen wegen unserer Fahrten weinte!
Dir ziemt es, Messalla, zu Land und Meer Kriege zu führen,
damit dein Haus die Rüstungen der Feinde an der Stirn trägt:
mich halten gefesselt die Bande des schönen Mädchens
und ich sitze als Türhüter vor ihrer erbarmungslosen Tür.
Ich kümmere mich nicht darum, gerühmt zu werden, Delia:
wenn ich nur bei dir bin, bitte, dann will ich träge und untüchtig heißen.
Dich möchte ich schauen, wenn die letzte Stunde kommt,
dich sterbend halten mit ermattender Hand.
Du wirst weinen, Delia, wenn ich auf dem Bette liege, das in Feuer aufgehen soll,
und wirst Küsse gemischt mit traurigen Tränen geben.
Du wirst weinen: nicht ist dein Herz von hartem Eisen
gefesselt, und nicht steht dir im zarten Herzen ein Stein.

Illo non iuvenis poterit de funere quisquam   65
 Lumina, non virgo, sicca referre domum.
Tu manes ne laede meos, sed parce solutis
 Crinibus et teneris, Delia, parce genis.
Interea, dum fata sinunt, iungamus amores:
 Iam veniet tenebris Mors adoperta caput,   70
Iam subrepet iners aetas, nec amare decebit
 Dicere nec cano blanditias capite.
Nunc levis est tractanda Venus, dum frangere postes
 Non pudet et rixas inseruisse iuvat.
Hic ego dux milesque bonus: vos, signa tubaeque,   75
 Ite procul, cupidis volnera ferte viris,
Ferte et opes: ego conposito securus acervo
 Despiciam dites despiciamque famem.

Die französische Ausgabe von André setzt das Gedicht zwischen das zehnte und das dritte Gedicht. Es fragt sich, ob das schlüssig erwiesen werden kann. Das Gedicht ist nämlich noch weniger an eine Situation gebunden als die beiden anderen, so daß biographische Erwägungen noch weniger Kraft haben. Selbst ein Vers wie 26: »wäre es doch erlaubt, nicht immer der langen Fahrt ergeben zu sein« braucht nicht sicher darauf hinzuweisen, daß sich Tibull noch auf irgendwelchen Feldzügen befindet, und erst recht nicht der Schluß, wo Signale und Trompeten weggewünscht werden. Das alles können Erinnerungen sein, die spätere Wünsche begründen, und losgelöste Motive, die sich bei einer Wendung der seelischen Bewegung einstellen.

Entscheidend ist die Kunstform. Und da scheint es, als ob die Motive fester Bestand geworden wären, während sie in 1,10 und 1,3 sich entwickelten. Die Technik der Assoziationen und Kontraste scheint kühner gehandhabt, das Wogen und Gleiten so ausgekostet zu werden, daß die Interpreten an Versetzungen ganzer Versstücke gedacht haben (15–18 nach 12, 25–34 nach 6). Ja Tibull sieht sich in diesem Gedichte nicht mehr nur in sein ganz persönliches und privates Sinnen über eine bestimmte Lage (vor dem Feldzug oder krank in Korfu) eingeschlossen. Er vergleicht sich in seiner Existenzform mit anderen grundsätzlich und hebt sich als Elegiker und Liebender von der großen Welt des Messalla als dem ihm Ungemäßen ab.

Das Gedicht ist also ein Programmgedicht, das seine Lebenswahl begründet. Darum ist es zu Recht an den Anfang der Sammlung gestellt. Einleitungsgedichte und Proömien aber werden gewöhnlich zuletzt gedichtet. Was machte es aber schließlich aus, wenn unsere Vermutung, daß das Gedicht vor der Herausgabe des ersten Buches geschrieben wurde – 54 wäre dann nach dem Triumph, *ex eventu*, gesprochen – nicht stimmte? Es handelte sich um ein oder zwei Jahre im tausendjährigen Leben dieses Gedichtes.

Es beginnt mit einem gegensätzlichen Thema. Ein anderer mag sich Reichtum zusammenscharren, er selbst möchte bescheiden leben. Mit diesem Gegensatz ist gleich zu Beginn eine Reihe von Bestimmungen gegeben. Der Reichtum erscheint in seinem Glanze, dunkelrotes Gold und viele Joch bestellten Landes sind mit ihm verknüpft, erworben aber und bewahrt wird er unter vielen Gefahren. Ständiger

Von jenem Begräbnis wird keiner, kein Jüngling,
Keine Jungfrau die Augen trocken nachhause bringen.
Du verletze nicht meine Seele, sondern schone das gelöste
Haar, Delia, und die zarten Wangen.
Inzwischen, solange das Schicksal uns läßt, vereinigen wir die Liebe!
Schon wird der Tod kommen, mit Finsternis das Haupt bedeckt,
schon wird sich einschleichen das untüchtige Alter, und es wird sich nicht
                              schicken zu lieben
und mit grauem Haupte Schmeichelworte zu sagen.
Jetzt ist die leichte Venus zu behandeln, solange man sich nicht schämt,
die Pforten zu brechen und es Freude macht, Streit anzuzetteln.
Hier bin ich guter Feldherr, guter Soldat: ihr, Signale und Trompeten,
fort mit euch, bringt Wunden den Männern, die darauf begierig sind,
bringt ihnen auch Reichtümer: ich will unbesorgt bei aufgeschüttetem Haufen
die Reichen verachten, verachten auch den Hunger.

Kampf in der Nähe des Feindes, das Blasen der Kriegssignale sind mit ihm verbunden, *terror* und *fuga*. Und darauf kommt es an, weniger auf die vielleicht nicht zu klärende Frage, ob es sich um ein großes Gut an der Grenze oder ein durch reiche Beute aus dem Kriege gewonnenes Latifundium handelt. Auf Tibulls Seite, die zunächst nur mit zwei Versen bedacht wird, hebt sich der Begriff *inertia* heraus (5): seine bescheidenen Besitzverhältnisse sollen ihn sicher zum Ende führen (*traducat*) in einem faulen und untüchtigen Leben. Tibull bekennt sich also zu einem Gegensatz zu römischen Wertvorstellungen zu einem untätigen Leben, einem Leben ohne Leistung, ohne *virtus* und fügt dazu noch einen einschränkenden Wunsch: sein Bauernherd soll dabei in ständigem Feuer leuchten. Es ist ein Bild stiller und warmer Sicherheit, dem *terror* und der *fuga* des Reichen entgegengesetzt. Das ist ein Gegensatz, der weiterer Erklärung und Entfaltung bedarf und zunächst provozierend hingestellt ist. Er bleibt für die Achse, zu der sich das Gedicht immer wieder findet, bestimmend. In 50 f. wird bei der Gegenseite Neues gesehen: Kraft und die Rechtmäßigkeit der Belohnungen des Reichtums. Am Schluß wird dasselbe Thema Reichtum, nachdem sich herausgestellt hat, daß das Gegenüber auch einen Teil des Tibullischen Lebens ausmacht, übermütig und kurz beiseite geschoben. Die Lebenswahl ist aus der Problematik zur freudigen Gewißheit geworden. Auch hier also haben wir eine Kurve und Wandlung der Stimmung; und es wäre das Beste verkannt, wenn man sich begnügte zu sagen, daß der Schluß zum Anfang zurückkehre (Knoche).
Wie ist es zu diesem Stimmungswandel gekommen? Auf den anfänglichen Gegensatz, bei dem noch nicht klar ist, daß in dem »andern« ein Stück Existenz des Tibull steckt, folgen Wünsche im Konjunktiv. Die wünschende Einschränkung des Gegensatzes hält Tibull also fest und läßt ihn in reine Wünsche versinken. Er will, wenn die Zeit reif ist, als ein Bauer die zarten Weinreben setzen und mit geschickter Hand schon größer gewachsene Obstbäume pflanzen. Es ist nicht zu verkennen, daß die Wörter gewählt sind, um den Gegensatz nachklingen zu lassen und dadurch inhaltlich zu erweitern: *maturo tempore* (7), das ist anders als das plötzliche Auffahren im Krieg; und *facili manu* (8), das ist nicht die harte Schwerthand der *labores*, sondern die leichte geschmeidige Geschicklichkeit. Und ist auch kein plötz-

licher Gewinn beschieden, wie beim Soldaten (so möchte man das Fortspinnen der Gedanken erläutern), ist doch sichere Hoffnung damit verbunden. In dieser Weise fügt sich der Wunsch an, daß die Hoffnung ihn nicht enttäusche, sondern immer große Haufen von Getreide und Kufen voll fetten Mostes gewähren möge, Brot und Wein.

Er ist darin begründet und darf deshalb auf Erfüllung hoffen, weil sich Tibull die Gunst der ländlichen Götter gewinnt. Leicht lächelnd sagt er: ob es ein verlassener Holzklotz oder ein alter Stein am Dreiweg ist, ungefüge Götterbilder der Bauern, er bringt ihnen seine Verehrung, und was das Jahr erzeugt, wird in den *primitiae* vor dem ländlichen Gott geopfert. So kann er sie und erst jetzt – also keine Versumstellung – der Reihe nach ansprechen und ihnen Geschenke verheißen: der blonden Ceres einen Ährenkranz für ihren Tempel, dem Priap ein Standbild im Garten als Vogelscheuche und zuletzt den Laren ein Opfer. Die Laren haben seine besondere Liebe; und konnte man zu Anfang noch denken, er male sich allgemein ein stilles Leben auf dem Lande aus, so wird bei ihnen deutlich, daß sein Gut seine Gedanken beherrscht. Einst waren die Laren Wächter eines großen Gutes, jetzt eines bescheidenen. Entsprechend war auch früher das Opfer großartig, jetzt ist die Opfergabe des schmalen Bodens ein Lamm. Ja, ein Lamm wird ihnen dargebracht werden – so nimmt Tibull den Gedanken, wie er es liebt, epanaphorisch auf –, aber festlich wird auch das sein. Die Landjugend wird es umringen und ihr »Gebt gute Ernte und guten Wein« schreien, Brot und Wein. Die Gedanken sind noch bei den natürlichen Gaben des Landes, jetzt aber mit Tibulls Frömmigkeit und dem Segen der Götter verknüpft, dessen man sich im Opfer und der Festfreude gewiß sein kann (11–24).

Erst jetzt – auch hier also keine Versumstellung – kann der allgemeine Wunsch aktualisiert und konkretisiert werden. Jetzt möchte er dort sein und zufrieden mit wenigem leben (25), anstatt immer auf Fahrt zu sein. Und klingt dieser Gegensatz im nächsten Vers in der Sommerhitze, die man auf dem Marsch erdulden muß, nach, so die Idyllik des Götterfestes in dem *locus amoenus* – dem Schatten unter einem Baum am Bach –, der ihn dann erwarten soll. Gegensätzlich knüpft wieder das Folgende an. Ging es im ersten Stück, das sich der Vorstellung des Lebens auf seinem Gut hingab, um die ländlichen Früchte als Gaben der Götter, so handelt es sich jetzt um Tätigkeit und Gefahren. Selber wird er – allerdings nur bisweilen – die Hacke in die Hand nehmen oder die Rinder antreiben, selber ein verirrtes Tier nach Hause tragen. In schlichten Bildern werden so die Gefahren und Mühen angedeutet, die das Landleben mit sich bringt. Tibull ist nicht nur dem Anfang fern, sondern auch dem wiederholten Wunsch, so daß er sich beschwörend mit einer beliebten Geste an die Diebe und Wölfe wendet, das kleine Gut – Nachklang von 22, weswegen die betreffenden Verse nicht vorher kommen dürfen – zu schonen mit dem scherzhaft ironischen Rat, der in den Priapeen auch sonst eine Rolle spielt, die Beute aus einer großen Herde zu holen. So kann er das Folgende mit *hic* (35) anschließen, als ob er sich schon endgültig auf seinem Gut eingerichtet hätte. Hier, auf diesem Gut, pflegt er seine *lustratio* durchzuführen und Pales mit Milch zu versöhnen.

Und noch einen Schritt weiter geht es (37–38). Direkt werden die Götter schon jetzt angerufen, herbeizukommen, hilfreich zu wirken und die Geschenke nicht zu verschmähen. Sie kommen freilich von einem bescheidenen Gabentisch und aus wenn auch reinem Tongeschirr. In der Aktualisierung des Gebetes tritt der Gedanke der kargen Gabe wieder hervor. Nicht das Fest steht vor Augen, sondern die *fictilia*, bescheidenes Tongeschirr. Damit aber kann der Gedanke zurückpendeln zum Ausgangspunkt, dem bescheidenen Leben. Die Aufnahme des Begriffs *fictilia* (39) erinnert an jene von *agna* (22). Wie dort trotz der Bescheidenheit der Gabe der festliche Glanz doch mit ihr verbunden ist, so hier mit dem einfachen Tongeschirr, dessentwegen die Götter fast um Entschuldigung gebeten werden müssen, alte Ehrwürdigkeit: aus Ton waren die ersten Becher.

Und noch ein dritter Schritt ist ähnlich (39–42). Führte der Gedanke an das Fest zu dem Wunsche, dieser bescheidenen Welt anzugehören (25 f.), so stellt Tibull neben die Aussage, daß irdenes Geschirr mit den Ursprüngen verknüpft ist, ebenso unverbunden die schlichte Negation, daß es ihn nicht nach dem Reichtum der Väter verlangt und den großen Ernten des Großvaters.

Es wäre langweilig, wenn dieselbe Schrittfolge sich zweimal hintereinander abspielte, was geschehen würde, wenn 25–34 hinter 8 gerückt würden. Erst jetzt ist auch der Kreis der ländlichen Gaben, Mühen und Gefahren bedacht, so daß es erlaubt ist, glaubwürdig das Bekenntnis zu seiner Armut abzulegen: *parva seges satis est* (43). Mit der Anapher *satis est, si licet* kommt dabei aber noch etwas hinzu, das zu den erwünschten Dingen gehört wie das Feuer auf dem Herd (6) oder das Freisein von langer Fahrt (26): das gewohnte Bett, auf dem man sich ausruhen kann. Alle drei homologen Stellen zeichnen sich dadurch aus, daß das Aufwiegen der Bescheidenheit durch wesentliche Vorzüge schalkhaft miteinander verknüpft ist in immer neuen Zeugmata.

Der Begriff des Bettes führt wiederum weiter und bringt etwas Neues, das nach bewegtem Durchspielen aller Aspekte – der Mittelteil ist am leidenschaftlichsten und unterschiedlichsten – das Thema des Schlußteiles aus sich entläßt, die Liebe zu Delia. Eine tibullische Szene wird dem Ausruf *quam iuvat* (45 f.) in engster Sachnähe angereiht: was macht es für Freude, auf dem Bett liegend die rauhen Winde bloß zu hören, die Geliebte – sie heißt hier wie seit Catull die *domina* – im Arm, oder wenn der Südwind im Winter seine Regengüsse bringt, nun nicht zu bangen und ihnen ausgesetzt zu sein, sondern ohne Besorgnis dem Schlafbedürfnis nachzugeben, das der Regen noch unterstützt mit seinem eintönigen Rauschen. (In der Frage, ob in 48 *imbre* [nach P] oder *igne* [nach AVC] zu lesen sei, wurde für die pointiertere Form entschieden. Dort auf dem Marsch der großen Schrecken, lullt hier der Regen ein. Vgl. dazu Tibull 1,2,79 f.)

Hier aber, wo sich sichere Geborgenheit noch mit der Liebe verknüpft, wird sich der Dichter bewußt, daß es sich noch nicht um einen erreichten Zustand handelt – so sehr hatte sich Tibull in diesen Zustand versetzt, daß auch der Leser schon an seine Wirklichkeit glaubte –, sondern um einen Wunsch. Das alles soll ihm zuteil werden. Reich soll mit Recht sein, wer das Gegenteil, das in den Wunschvorstellungen mitschwang, ertragen kann. Er, Tibull, – und hier wird er leidenschaftlich – will lieber alles Gold und Geschmeide vernichtet sehen, als daß ein Mädchen wegen seiner Fahrten weint. Es ist das Delia-Motiv der 3. Elegie, das anklingt. Dort war es neue Erkenntnis des Willens Amors; hier scheint Tibull auf dieser Erkenntnis aufzubauen. Aber nicht nur bei dem Antipoden hat sich ein neuer Aspekt gezeigt,

insofern als soviel Erleiden auch den Reichtum verdient. Wenn Tibull nicht nur die Inbegriffe des Reichtums verwünscht, sondern wegen des Weinens der zurückbleibenden Geliebten überhaupt jede (Heer)-Fahrt, so sind hier noch größere Wirklichkeiten im Spiele. Messalla ist betroffen. Während er aber die Existenzform dessen, der um des Geldes willen die »Fahrt« auf sich nimmt, als fremd abweist, wenn er sie auch mit dem Recht der Leistung und ihres Lohnes schließlich doch bedenkt, so erkennt er die Existenzform des Freundes als höher, obwohl er sich genau so deutlich absetzt. Für Messalla »ziemt es sich«, ist es *decus* und Sinn seines Lebens, zu Wasser und zu Lande Krieg zu führen und Ruhm zu ernten. Die große Form des Politikers und Feldherrn lehnt Tibull ebensowenig ab wie Horaz gegenüber Maecenas. Aber er, Tibull, ist gefesselt von der Liebe zu seinem Mädchen, und wenn er wacht, so als Türhüter vor der Tür seiner Geliebten. Er verzichtet, ein Gefangener, auf den höchsten römischen Wert, das *laudari* (57), die *virtus*.
Jetzt wendet sich Tibull mit vollem Akkord an Delia (57 ff.), die das Ruhmstreben des Mannes besorgt als Feind ihrer Liebe empfinden muß. Mit Ruhm und Reichtum ist abgerechnet in verschiedener Weise, nun kann die Liebe in einem tieferen Sinne zu ihrem Recht kommen. Wenn Delia nur bei ihm ist, fordert er mit einem Bitteschön die ganze sich absolut dünkende Welt der römischen Werte heraus, will er sich träge und untätig nennen lassen. Die Achse des Gedichts hat sich verlagert. Die Gedanken drehen sich nicht mehr um Reichtum mit Plage und Bescheidenheit mit ruhigem Genuß, sondern um Betätigung der *virtus* als notwendiger Feindin des Lebens für die Liebe und um Verzicht auf Ruhm, ja Hinnehmen verächtlicher Stellung um des Beisammenseins in Liebe willen. Das Gedicht hat sich von dem Sinnlichen, Faßbaren zum Geistigen, der moralischen Welt gewendet, geht aus dem Gegenwärtigen oder im Wunsch Vergegenwärtigtem in die weitere Zukunft hinein, ja bis zum Tod und über den Tod hinaus. Tibulls Wunsch ist es, in der Sterbestunde nicht einsam zu sein. Jene Welt des Ruhmes und der Aktivität läßt es nie zu jener Verschmelzung der Wesen kommen, die das Alleinsein aufhebt. Dieser Gedanke wird nicht abstrakt gegeben, sondern in Bildern. In der letzten Stunde soll Delia – ihre Anrede beherrscht das Stück – seine erkaltende Hand halten; sie wird ihn, wenn er auf dem Scheiterhaufen liegt, küssen, hat sie doch ein fühlendes Herz. Und bei ihren Tränen werden die Jungen und Mädchen mitweinen ob dieser über das Grab hinauswirkenden Liebe. Wie in 1,3 kann es sich Tibull nicht anders denken, als daß er von all dem auch nachher noch betroffen ist, daß er, als wäre er eins mit ihr, verletzt wird, wenn sie in ihrem Schmerze zu weit ginge, ihre Wangen zerkratzte und die Haare raufte.
Das Gedicht endet nicht mit dem Blick auf den Tod. Mit *interea* (69), das wir aus 1,10,45 kennen, folgt abbrechend beschwingt die Aufforderung, ihre Liebe zu verbinden. Wie schnell wird das Dunkel des Todes kommen, das untätige Alter – eine andere, natürliche *inertia* –, das der Liebe fremd ist. Jetzt muß man der Venus gehorchen – fast Klänge des Mimnermos –, wo Einschlagen von Türen und Liebesstreit Spaß machen und man sich nicht darüber schämt. Die Liebe in ihrer ganzen auch paradoxen Lebendigkeit samt den *bella Veneris* (wie in 1,10) stehen vor dem Auge. Eine andere Art Kampf, in dem Tibull in jeder Hinsicht seinen Mann stehen wird, *dux* und *miles* zugleich (75), wie oft am tüchtigen Soldaten gerühmt wird.
Mit überraschend kecker Wendung aber führt das im selben Vers zu dem weniger

unschuldigen Krieg zurück. Fort mit den Signalen und Trompeten! Wer begierig ist auf Wunden, der soll sie haben, eine *dira cupido* angesichts des furchtbar einsamen Todes, er soll auch Reichtum haben. Tibull wird die Reichen wie den Hunger bei bescheidenen Vorräten verachten. Gesichert im Leben, wird er es nach seinem Geschmack und wesensgemäß in jedem, dem allgemeinen und persönlichen Sinne, ausgestalten. Das Gedicht kehrt zwar zum Anfang zurück. Es schließt, als ob es sich nur darum gehandelt hätte, gefährlichen Reichtum gegen bescheidene Sicherheit aufzuwiegen, also mit dem Thema des Anfangs. Was aber ist inzwischen alles geschehen! Und so ist diese letzte Aussage hintergründig, wie das Anfangsthema, das am Schluß der musikalischen Variationen wiederholt wird. Anzeichen für den Wandel der Stimmung aber ist die übermütige Sicherheit des Tons, mit der das Anfangsthema wiederholt und in den forschen Imperativen zugleich lustig und kategorisch in der Form abgewandelt wird.

Man wird die Verwandtschaft dieses Gedichtes mit 1,10 und 1,3 nicht verkennen. Auch hier das »Gleiten«, nur daß die Assoziationen kühner zu sein scheinen; auch hier die besondere Fähigkeit, Stimmung in ein klar gesehenes, einprägsames Bild einzufangen, das Symbol und Chiffre ist; auch hier die Stimmungskurve, die das Gedicht zur befriedigenden Einheit zusammenschließt, nur daß hier eine Achsenverschiebung hinzukommt, die stärker gliedert und mehr in das Gedicht hereinnehmen läßt. Es lassen sich so drei Teile unterscheiden: zu Anfang das Wunschbild des bescheidenen, von den Göttern gesegneten Lebens auf dem Lande im Kontrast zum Soldaten mit seinen Mühen und Gefahren (1–34); ein bewegterer Mittelteil, in dem dieses Thema um das Thema Delia und Messalla erweitert wird und größere Weite erhält (35–56), und schließlich die Liebe zu Delia als Tibulls Lebenssinn (57–78).

Das entspricht dem programmatischen Charakter dieses Gedichtes. Er erlaubt etwa und läßt erwarten, daß Tibull als *bonus dux* und *miles* auf dem Felde der Liebe seine Gedichte auf Marathus und Delia bringt, daß das Fest ein Gegenstand seiner Dichtung werden kann. Und kritisch wird die Lage, wenn die Liebe ihn mit einer zusammenführt, die habgierig ist, wie Nemesis. Da ist es die Liebe, nicht Geldsucht, die ihn an die Eiserne Zeit bindet (2,3); und es bleibt als das, woran er sich halten kann, die *spes* (2,6).

Der Themenkreis der Lyrik des Tibull ist beschränkt. Nicht daß ihn die Realität nicht interessierte. Er hat den fast Kallimacheischen Blick für die feinen Konturen des Biotischen. Seine Bilder zeigen es. Aber die Realität tut ihm nicht genug; Tibull erhöht sie nicht wie Horaz, lebt nicht in ihr wie Properz, interpretiert sie nicht wie Catull und stärker Vergil. Hauptthema ist ihm sein Ich und dessen Glück und Heil. Man darf das nicht im Sinne des Egoismus interpretieren (H. Fränkel). Wer selbst nach dem Tode die Selbstverletzung der trauernden Geliebten noch wie einen Schmerz am eigenen Leibe empfindet, weiß um das, was Fränkel bei Ovid als *unio mystica* bezeichnet, und wer begreift, daß die Tüchtigkeit in der Welt der ganzen Liebe etwas entzieht und wer das Bangen der Geliebten darüber erspürt, den kann man nicht als egoistisch bezeichnen.

Delia und Nemesis bleiben freilich im Unterschied zur Cynthia des Properz blasser; es kommt Tibull nicht auf ihre konkrete Eigenart und Schönheit in erster Linie an, auf die Akte der Leidenschaft oder die Sensationen ihrer Erscheinung, sondern auf

Amor und seinen Willen selbst, um das Zufriedenstellen der neuen Gottheit. Man kann so weit gehen, an der Existenz der Delia und der Nemesis zu zweifeln, zumal offensichtlich das erste und zweite Buch seiner Elegien als künstlerische Gegenstücke – einmal glückliche, das andere Mal unglückliche Liebe in ihren Auswirkungen – konzipiert sind. Kein Zweifel aber besteht daran, daß das Erlebnis der Liebe als der Erfahrung des Glücks und der Selbstaufgabe im Aufgehen im andern die Grundlage seiner Gedichte ist. Hinter allem steht eine echte Religiosität, die sich im Gott Amor ihren Ausdruck geschaffen hat. Seinen Willen verehrt der Dichter in der Liebe zu Delia, zu Marathus und Nemesis. So bekommt sie in Gehalt und Form etwas Sakrales. Dieser Gott aber will sich ganz verehrt sehen, und darum duldet er nicht die Konkurrenz öffentlicher Mächte, der Ehre und des Reichtums, der Ordnung und des Zwanges, von Grausamkeit und Brutalität nicht zu reden.

So hängt das »elegische« Thema bei Tibull mit dem »bukolischen« zusammen. Bei Properz ist das anders. Tibull sinnt über das Wesen der Liebe nach. Die Eiserne Zeit, in die er mit seiner Existenz zu einem Teil verstrickt ist, beglückt ihn nicht und tut ihm nicht genug. Er sucht Natur, Freiheit, Erlösung und Frieden und findet sie in der Heiterkeit und Lockerheit, der Selbstgenügsamkeit seiner eigenen Seele und dem Leben im andern. Die drei vorgestellten Gedichte schließen sich dabei zusammen und bieten vielleicht die eigenste und höchste Aussage der Tibullischen Kunst. In allen drei Gedichten kommt Tibull am Schluß zu der beglückten Sicherheit, einer anderen Welt anzugehören, einem Wesen gläubig anzuhängen, das er in den kleinsten Dingen erspürt und dessen Bestand er über den Tod hinaus vor-

1,1   Cynthia prima suis miserum me cepit ocellis,
        Contactum nullis ante cupidinibus.
    Tum mihi constantis deiecit lumina fastus
        Et caput impositis pressit Amor pedibus,
    Donec me docuit castas odisse puellas   5
        Improbus, et nullo vivere consilio.
    Et mihi iam toto furor hic non deficit anno,
        Cum tamen adversos cogor habere deos.
    Milanion nullos fugiendo, Tulle, labores
        Saevitiam durae contudit Iasidos.   10
    Nam modo Partheniis amens errabat in antris,
        Ibat et hirsutas cominus ille feras:
    Ille etiam Hylaei percussus vulnere rami
        Saucius Arcadiis rupibus ingemuit.
    Ergo velocem potuit domuisse puellam: 15
        Tantum in amore preces et benefacta valent!
    In me tardus Amor non ullas cogitat artes,
        Nec meminit notas, ut prius, ire vias.
    At vos, deductae quibus est fallacia lunae
        Et labor in magicis sacra piare focis,   20
    En agedum dominae mentem convertite nostrae,
        Et facite illa meo palleat ore magis.
    Tunc ego crediderim vobis et sidera et amnes
        Posse Cytaeines ducere carminibus.

schmeckt. Der Ausdruck *praesentit* ist von Cicero geprägt, der ihn vom Politiker gebraucht, der die Dauer seines Wirkens so über den Tod hinaus ahnt. Bei Tibull geht es nicht so sehr um die Leidenschaft und ihre Bewegungen an sich, auch nicht um die Psychologie der Liebe, sondern es kommt in der ganz persönlichen Weise eines Glaubens auf jene Ahnungen eines die Zeit übersteigenden, von der Zeit erlösenden und schließlich in selige Bereiche führenden Glückes an. Es ist eine persönliche Philosophie der Liebe, dichterisch erspürt, der Idee sich nähernd. Es erinnert manches in den Resultaten, nicht im Weg des Denkens, an Plato. Und in Erinnerung an ihn greifen wir wohl nicht fehl, wenn wir in Tibull den Metaphysiker der Liebe sehen.

Properz

Properz und Cynthia

Gleich im ersten Gedicht seines »Cynthia«-Buches stellt sich Properz in seiner ganzen neuartigen Existenz vor.

> Cynthia gewann mich Armen zuerst mit ihren Äuglein,
> der ich vorher von keinen Begierden berührt war.
> Drauf hat Amor mir das Auge voll standhafter Abweisung gesenkt
> und das Haupt niedergedrückt mit darauf gesetztem Fuß,
> bis er mich gelehrt, unschuldige Mädchen zu hassen,
> der Böse, und ohne Plan zu leben.
> Und diese Raserei läßt mir in dem ganzen Jahr nicht nach,
> wobei ich freilich gezwungen werde, die Götter als Gegner zu haben.
> Milanion, Tullus, brach, dadurch daß er keine Plagen floh,
> die Grausamkeit der gefühllosen Jasiostochter.
> Denn bald irrte er von Sinnen in den Höhlen des Parthenios,
> jener pflegte auch zu gehen, um struppige wilde Tiere von nahem zu schauen;
> jener getroffen von der Wunde durch den Ast des Hylaeus
> stöhnte verletzt über den arkadischen Felsen.
> Also hat er es vermocht, das rasche Mädchen zu bezwingen:
> So viel vermögen in der Liebe Bitten und gute Taten.
> In mir denkt sich eine unbeholfene Liebe keine Fertigkeiten aus
> und gedenkt nicht, wie früher, bekannte Pfade zu gehen.
> Aber ihr, denen zugehörig der Trug des herabgeholten Mondes
> und die Mühe, auf Zauberherden Gottgehöriges zu entsühnen,
> seht auf, wendet unserer Herrin den Sinn
> und wirkt, daß sie bleicher ist als mein Gesicht!
> Dann will ich euch glauben, daß ihr Sterne und Flüsse
> mit den Sprüchen des Mädchens aus Cythaea lenken könnt!

Et vos, qui sero lapsum revocatis, amici,   25
  Quaerite non sani pectoris auxilia.
Fortiter et ferrum saevos patiemur et ignes,
  Sit modo libertas, quae velit ira, loqui.
Ferte per extremas gentes, et ferte per undas,
  Qua non ulla meum femina norit iter.   30
Vos remanete, quibus facili Deus annuit aure,
  Sitis et in tuto semper amore pares.
In me nostra Venus noctes exercet amaras,
  Et nullo vacuus tempore defit amor.
Hoc, moneo, vitate malum: sua quemque moretur   35
  Cura, neque assueto mutet amore locum.
Quod si quis monitis tardas adverterit aures,
  Heu referet quanto verba dolore mea!

Properz beginnt mit einer Besinnung, einem Rückblick auf den Beginn seines Zustandes, in dem er sich noch befindet. Der Name Cynthia steht als erstes Wort, der Name der Urschuld. »Von ihren Augen« wurde er gefangen. Sein Begehren wurde zum ersten Male geweckt, seine isolierte Selbstgenügsamkeit, eine Periode der unerwachten Jugend beendet.

Das zweite Distichon setzt mit *tum* ein. Es antwortet dem *prima* des ersten Verses. Parataktisch ist also gegeben, was hypotaktisch mit dem Gefüge: *ubi primum Cynthia me aspexit, Amor me pressit* prosaisch zu umschreiben wäre. Bei Properz schreitet der Gedanke aber Distichon für Distichon fort. In der Regel endet er mit einem Punkt. Nur 4 und 20 machen leichte Ausnahmen –, wobei auch diese Distichen in sich eine gewisse Selbständigkeit haben. Dieses zweite Distichon beginnt also, den neuen Zustand zu beschreiben. Amor, der Gott, der »bei den Elegikern geistert«, ist es, den er in diesen zwischenmenschlichen Beziehungen spürt. Als sein göttliches Wirken sieht er den folgenden Zustand an: Amor hat ihn sein Auge, das bis dahin voll harter Abweisung war, zu Boden senken lassen – eine Gebärde der erschütterten Selbstsicherheit, ja der Scham wie die der Dido vor Aeneas – und ihm wie ein Sieger dem besiegten Feind seinen Fuß auf das Haupt gesetzt.

Dieser Sieg Amors hat dazu geführt (5/6), daß sein Leben eine Änderung erfuhr, die römischer Lebensauffassung strikt zuwiderläuft. Amor hat ihn gelehrt, keusche Mädchen zu hassen und ohne Plan und Sinn zu leben. Die Aussage ist kühn und schwierig, erstes Sprechen. *Castas puellas odisse*, hat man gemeint, sei soviel wie *viles quaerere*, Käufliche suchen. Und in der Tat bringt ihn Verzweiflung in der Liebe zu Cynthia dazu, diesen Schritt zu tun. In diesem Gedicht aber ist und bleibt er wie im ganzen 1. Buch Cynthias Sklave. Dann wäre Cynthia also *vilis*? Ein unmöglicher Gedanke. Was er nicht mag, die *castae puellae* – mit Absicht ist offenbar das fast kultische Wort gebraucht – sind die zur Ehe bestimmten römischen Mädchen, mit denen geistreiches Spiel und freies Lieben zu treiben unmöglich ist. Es wäre sicher falsch, biographisch zu deuten und anzunehmen, Properz sei verlobt gewesen, als ihn Cynthia verführte. Heißt es doch von dem Zustand vorher *nullis ante cupidinibus contactum*. Aber diese römische Welt ist ihm jetzt ein Greuel dank der Lehre Amors. In dieselbe Richtung geht das *nullo vivere consilio*. Einer

Und ihr, Freunde, die ihr zu spät den Gestrauchelten zurückruft,
sucht Hilfe für ein krankes Gemüt.
Tapfer werden wir Eisen und wütendes Feuer ertragen,
wenn nur die Freiheit besteht, zu sprechen, was die Leidenschaft will.
Bringt mich durch die entferntesten Völker und bringt mich durch die Wogen,
damit dort keine Frau meinen Weg kennt.
Ihr bleibt zurück, denen ein Gott mit geneigtem Ohr Gewährung nickte,
und seid in sicherer Liebe immer gleich!
In mir übt unsere Venus bittere Nächte
und zu keiner Zeit läßt Amor unbeschäftigt nach.
Dies Leiden, mahne ich, meidet: einen jeden halte seine Liebe auf
und wechsle nicht gegen die gewohnte Liebe den Ort.
Wenn aber einer träge Ohren meinen Mahnungen zuwendet,
ach! mit welchem Schmerz wird er meine Worte wiederholen. (Vgl. S. 370.)

der höchsten Werte, von Horaz in der 4. Römerode verherrlicht, sagt ihm nichts mehr. Er lebt ein Leben, das für den Römer keinen Sinn, keinen Wert hat. Schuld ist Amor, der hier *improbus* genannt wird, frech, auf Billigung pfeifend. Und dieser Zustand, der jetzt mit dem starken Wort *furor* bezeichnet wird, dauert in unverminderter Heftigkeit schon ein ganzes Jahr, während und obwohl er die Widrigkeit der Götter erfahren muß, eine sprichwörtliche Wendung, die zum Ausdruck bringt, daß er bei Cynthia kein Glück gehabt hat (7/8). Damit (1–8) ist ein verhältnismäßig verhaltener und ruhiger Abschnitt, eine Selbstbesinnung auf ein Jahr Leiden, zu einem Ende geführt, jedoch so, daß mit dem letzten Vers ein neues Element, Spannung erweckend, auftaucht, der Gedanke an den Erfolg. Das vierte Distichon hat Überleitungsfunktion. Das nächste Stück (9–18; 8 + 2 Verse umfassend) beginnt abrupt und stellt das Beispiel des Milanion dem Wesen der Liebe des Properz gegenüber. Wie es möglich ist, daß dieses Beispiel so plötzlich vor dem Auge des Dichters erscheint, erkennt man erst aus dem Schlußpentameter des ersten Stückes (8). Auch bei diesem zweiten Gedankenkomplex machte den Interpreten das Verstehen Schwierigkeiten, die sehr viele seit Housman nur mit Annahme eines Überlieferungsschadens, einer Lücke, zu beheben für möglich hielten. Sie beruhen aber wie die des ersten Stückes auf der Komprimiertheit und Unbeholfenheit ersten Sprechens und einer anderen Eigenart des Properz, seiner Neigung zu Andeutungen. Milanion, so zieht er den Freund Tullus in dieses Gespräch der Seele, hat die Abweisung der spröden Atalante dadurch überwunden, daß er keine Mühen scheute. Das wird ausgeführt, um eine allgemeine Erkenntnis zu ziehen, die offenbar zwar in der mythischen Welt, aber nicht in seiner eigenen Geltung hat. Bald irrte er, heißt es, in den Höhlen des Partheniosgebirges in Arkadien wie von Sinnen umher. Etwas schnöde ist *in antris* gesagt (11). Das Wort *antrum* wurde, wie ich glaube, von Vergil aus dem Griechischen ins Römische übernommen, andere meinen, es sei schon von den Neoterikern gebraucht worden. Es bezeichnet das idyllische Plätzchen, wo man seine Geliebte umwirbt. Milanion treibt sich nun gleich in mehreren herum und bittet um Erhörung. Geringschätzig ist auch die Aussage des Pentameters, die mit bloßem *et* dem *modo* + Imperfekt entgegengestellt wird (12): und er ging auch häufig, um die struppigen wilden Tiere zu sehen. Die Verben des Gehens mit Infinitiv knüpfen an das Umgangssprachliche an, sie sind im archaischen Latein zuhause. Hier soll der Ton nicht heroisch erhöht werden, eher im Gegenteil. Und statt zu sagen: bald warb er klagend, bald suchte er in den Gefahren der Jagd seine Liebe zu betäuben – das wäre sinnvoll und muß die Geliebte rühren –, drückt Properz sein Handeln so sinnentleert wie möglich aus. Daher auch *hirsutas* statt etwa *saevas*: als ob es da etwas Besonderes zu sehen gäbe. Der dritte Gedanke wird steigernd mit anaphorischem *ille* und *etiam* angefügt (13). Wieder werden nicht der Einsatz und der heroische Kampf hervorgehoben, – hier allerdings in epischer, fast parodischer Höhe –, sondern daß er, von der Verwundung durch den Ast des Hylaeus, über den Felsen in Arkadien stöhnte. Und dieses ganze sinnlose, larmoyante oder heroische Getue hatte Erfolg! So muß man das prosaisch nackte *ergo* doch wohl umschreiben: also konnte er das Mädchen bezwingen. Soviel vermögen in der Liebe Bitten und Taten.

Staunend steht Properz vor dieser Welt des Mythos, in der beides, Bitten und heroische Tat zum Schutze der Geliebten einen fast berechenbaren Erfolg herbeiführen. Bei ihm selbst ist das anders. Das Milanion-Beispiel dient als Gegensatz zur eigenen unglücklichen Liebe. Ein Jahr lang nämlich wurde er vom *furor* seiner Liebe gejagt, während die Götter ihm feind waren. So wartet man gespannt, wohin dieses Beispiel zielt, in dem sich so viel offenkundiger Unsinn mit so viel scheinbarem Sinn paart. Die Aufklärung folgt im nächsten Distichon, das also zum Milanion-Beispiel im Sinne der Antithese gehört. In mir, sagt Properz, denkt der träge Amor an keine künstlichen Mittel, und er erinnert sich nicht daran, wie früher bekannte Wege zu gehen (17/18). Die Götter waren ihm feind. Hier wird Properz deutlicher: es ist Amor, der auch daran, nicht nur an seiner Unterjochung, schuld ist. In ihm wirkt ein *tardus Amor*, aller *industria*, allen *artes*, aller *virtus* entgegengesetzt. Die Liebe ist ohne »warum«, singt Properz in 2,22,14 – wie der Mystiker »Die Ros' ist ohn' warum«. Programmatisch wird er sich des Wesens seines Amor bewußt. Schnelle heroische Siege gibt es nicht. Properz geht ganz neue Wege – einer ist sicher auch das *obsequium carminis*, das wir kennenlernten –, es ist ein quälender, irrationaler Gott, der keine Manipulation will, sondern auf die Geliebte wartet.

Ironisch-sarkastisch, bis in die Sprache hinein die Färbung des Gedankens brüsk und provokativ tragend, hatte Properz sein unglückliches Liebesschicksal dem mythischen Beispiel entgegengestellt, da kommt abrupt der Gedanke, wie er dieser *miseria* entfliehen könnte. Mit einem *at vos* (19) wendet er sich an die Zauberinnen um Hilfe, erkennt aber schon im Ansatz deren Ohnmacht. Gleich die Anrede läßt sie in dubiosem Licht erscheinen. Ihnen gehört die Täuschung des herabgeholten Mondes und die Mühe, Gottverfallene am Zauberherd zu entsühnen; sie verstehen es also, die kosmischen Gesetze zu durchbrechen und die Macht eines Gottes, wie zum Beispiel die des Amor über Properz durch Zauberpraktiken aufzuheben. Properz fordert sie auf, den Sinn der Herrin zu ändern und sie vor Liebe bleicher zu machen als ihn selbst, aber er hat wenig Zutrauen in diese Aufforderung. Dann würde er, fügt er nun ihre Ohnmacht fast verhöhnend hinzu, glauben, daß sie mit dem Zauberlied der Medea auch Gestirne und Ströme nach ihrem Willen lenken können. Bis zum Bestehen der Probe wird man lange warten können. Offenbar war der Gedanke an die *artes* (17) das verbindende Glied: können die eigenen *artes* nicht helfen, so erst recht nicht die *artes* der Hexen.

Da sein Amor ihn im Stich läßt, geht also die Suche um Hilfe weiter. Wie tastend wendet er sich mit *et* (25) zu einer neuen Möglichkeit, den Freunden. Sie, die ihn zu spät, da er schon gestrauchelt ist, zurückrufen, sollen seinem kranken Herzen helfen. Und erst hier erhebt sich auch in der Sprache mit ihren Alliterationen Properz zu hohem Pathos. Alles will er tapfer ertragen, Eisen und wildes Feuer, wenn er nur die Freiheit hat, zu sagen, was seine Leidenschaft will. Die Freunde sollen ihn durch die entferntesten Völker und durch das Meer tragen, wo keine Frau seinen Weg kennt! Elementaren Gewalten – Eisen und Feuer: das können Krieg und Folter sein, genannt werden nur die unwiderstehlich grausamen Kräfte – will er sich aussetzen, um loszukommen. Freilich will er dabei die Freiheit haben zu sprechen, was seine Leidenschaft, sein Zorn ihm eingibt. Diese Einschränkung zeigt, daß er auch so von seiner Liebe nicht loskommt. Und der Rat der stoischen Philosophie, sich von der Liebe durch eine Reise zu befreien, wird zwar ausprobiert: zu fernsten Völkern und aufs Meer will er sich begeben. Aber seine Glut ist so groß, daß auch hier eine Bedingung angefügt wird, nämlich keiner Frau zu begegnen. Nicht Cynthia wird genannt. Jede andere Frau würde ihm im Zustand des *furor* gefährlich werden. Und so dürfte auch der gut gemeinte Rat der Freunde erfolglos bleiben. Das letzte Distichon (29/30) erinnert dabei an den Abschluß von Horaz c. 1,22. Während dort aber Horaz in der glücklichen Liebe zu Lalage einen Schutz hatte, der ihn gegen die Starre des Nordens und die Glut des Äquators schützte, wird Properzens Zustand zwar auch nicht dadurch geändert, aber statt der inneren Sicherheit wird ihn sein rasender Zustand weiter quälen.

Nach der äußersten Verzweiflung wendet er sich schließlich an die, denen der Gott mit gnädigem Ohr zunickt, das heißt die glücklich Liebenden. Mit *vos* (31) redet er sie unvermittelt an – es ist der schärfste Kontrast dieses Gedichtes – und gibt ihnen aus seiner Erfahrung Rat. Bleibt! ruft er ihnen zu, dem Gedanken der Reise und des Hinweg eine verblüffende Wendung gebend, und wünscht ihnen, daß sie in sicherer Liebe einander gleich sein mögen für immer. Es ist das Ziel des Elegikers, von dem Properz so weit entfernt ist. Es ist verständlich, daß der Gedanke zu seinem Zustand zurückpendelt (33/34). In immer neuen Wendungen – in 34 eine Lukrez-Reminiszenz (*non*) *vacuum tempus lincunt* (2,46) freilich kühn personifiziert – drückt Properz aus, daß Venus und Amor ihn ganz erfüllen und nie zur Ruhe kommen lassen.

Darum spricht er weiter zu den glücklich Liebenden: *hoc, moneo, vitate malum* (35). Diejenigen, die ihre Geliebte gefunden haben, sollen sein Unglück, nämlich gegen den Willen der Götter in unerfüllter Liebe sich zu quälen, vermeiden. Einen jeden soll seine Liebe (*cura*) festhalten (zu *moretur* in ähnlichem Sinne 1,6,5), und sie soll nicht den Ort wechseln gegen den gewohnten Geliebten (zu *assueto* vgl. 1,4,4). Die glücklich Liebenden sollen nun keineswegs auf den Gedanken kommen, auf Reisen zu gehen. Dieser Gedanke ist als untaugliches Mittel, sein Liebesrasen zu bändigen, fallengelassen. Aus seiner Situation unerfüllter Liebe rät Properz vielmehr, das Glück geschenkter Liebe, das er c. 1,4,4 in Hinsicht auf seine Liebe zu Cynthia als *assuetum servitium* bezeichnet, nicht geringzuschätzen. Wenn jemand träge Ohren dieser Mahnung zuwendet, mit welchem Schmerz wird er dann die eben ausgesprochenen Worte wiederholen. Das Leiden ermächtigt Properz, nicht nur zu raten, sondern sogar zu warnen.

Das Gedicht ist dem Freunde Tullus gewidmet, der in 9 angeredet wird. Aber er befindet sich nicht im Gespräch mit ihm; wichtiger sind die Anreden an die verschiedenen Gruppen. Properz dichtet zwar einsame Lyrik, indem er für sich seinen Zustand analysiert; aber seine Existenz entfaltet sich in ständiger Bezugnahme auf die verschiedenen Welten und Menschen – darunter ist einer der Freund –, die ihm zugehören. Im Gegensatz zu Tibull muß er sich ständig an einem vergegenwärtigten Gegenüber messen. Es geht ihm dabei nicht so sehr um Gewißheit und Geborgenheit in der Liebe, sondern um Erkenntnis. Man könnte das Ringen um sie in diesem Gedicht begrifflich zu erfassen suchen und etwa sagen: sein Liebeszustand, gottgewollt und doch zugleich in seiner Unerfülltheit ebenso von den Göttern abhängig, wird ihm in der Erinnerung an ein ganzes Jahr des Leidens bewußt. Die Neuartigkeit dieser Erkenntnis verdeutlicht sich ihm im Gegensatz zur heroischen Wertewelt des Mythos. Die Unentrinnbarkeit wird ihm klar bei dem Gedanken, ihm mit übernatürlichen Praktiken zu entgehen oder ihm mit der Vernunft von Ratschlägen der Freunde zu Leibe zu rücken. Und so leidet er, macht aber dieses Leiden fruchtbar für die andern.

Es kann nicht anders sein, als daß ein solches gedankliches Gerüst als Frucht langen Nachsinnens diesem Gedicht zugrunde liegt. Es macht sich im Aufbau geltend, der feste, thematisch in sich abgeschlossene Abschnitte aufweist, in denen freilich am Schluß bestimmte Begriffe weitere Assoziationen auslösen. Das Gedicht gliedert sich in 8 – 10 – 6 – 6 – 8 Verse. Spürt man einen gewissen Einschnitt nach der Schilderung seiner Liebe im Gegensatz zu der des Mythos in 18, so darf man sagen, daß jeweils kleinere Komplexe an Umfang zunehmen. Der Inhalt bestätigt diese Gliederung so sicher, daß der Gedanke, das Gedicht sei in gleichen Strophen aufgebaut, abgewiesen werden darf. Zum Gedicht werden aber die Stufen des Gedankengangs dadurch, daß die einzelnen Erkenntnisse leidenschaftlich ergriffen, zu Bildern verdichtet und in bewegte Rede und Anrede umgesetzt werden. Die Stücke durchlaufen immer wechselnde Stadien eines bewegten Gefühls. Von klagender Erinnerung zu spöttischem Ausblick auf den Mythos im Gegensatz zur Erkenntnis der eigenen Lage, über die herausfordernde Anrede an die Zauberinnen in Erkenntnis ihrer Ohnmacht, über die bereitwillige, aber hoffnungslose Hingabe an die Freunde bis zur Beschwörung der glücklich Liebenden und einem gewissen Stolz über die Wahrheit seiner Lehre.

Die Erkenntnis von der Unvergleichbarkeit und durch kein Mittel zu heilenden persönlichen Liebe steht im Zentrum und wird in ihren Auswirkungen weiterbedacht; die Fruchtbarkeit seiner *miseria* wird schöpferisch ausgedeutet. Nicht so sehr die Frage nach der Stellung der Liebe in der Welt und zum Jenseits wird drängend wie bei Tibull, bei dem dies zu einem neuen Glauben führt; vielmehr werden die Folgen seines einmaligen – und welcher Liebende wüßte nicht, daß seine Liebe einmalig ist? – Liebesschicksals analysiert; und diese Analysen werden Wort und Bild. Insofern kann man von einer Philosophie der Leidenschaft sprechen. Indem aber die Grundmotive Properzischer Dichtung angeschlagen werden, die sich dann in Liebesglück und Liebesleid in einzelnen Gedichten herausformen, darf man dieses Gedicht als Programmgedicht auffassen.

Es ist die Einleitung des 1. Buches der Properzischen Elegien, das gesondert veröffentlicht wurde und den Namen »Cynthia« trug (Prop. 2,24,2).

›Tu loqueris, cum sis iam noto fabula libro
Et tua sit toto »Cynthia« lecta foro?‹

Properz läßt sich einen Vorwurf machen, daß er sich nicht schämt, noch den Mund
aufzutun: Du sprichst, obwohl du schon durch dein ganzes Buch Stadtgespräch
bist und deine »Cynthia« auf dem ganzen Forum gelesen ist? Er hätte schweigen
sollen. Wenn Cynthia so leicht zu gewinnen wäre, hätte er es auch nicht nötig gehabt, als Ausbund von Nichtsnutzigkeit zu gelten. Darum braucht man sich über
seinen Ausweg nicht zu wundern, billige Mädchen zu suchen. Da wird man weniger bekannt und berüchtigt.

Dieses Cynthia-Buch, kunstvoll aufgebaut, ist vor Tibulls 1. Buche erschienen.
Wegen dessen Geburtstagsgedicht auf Messalla kann es erst nach 27 v. Chr. veröffentlicht worden sein, während die »Cynthia« vor 28 v. Chr. schon dem Publikum vollständig bekannt war. Das ergibt sich aus dem reizenden Gedicht 2,31.
Dort feiert er das Ereignis, das Horaz im c. 1,31 als Erneuerer der lesbischen Lyrik
(vgl. S. 132) in seinem Stile beging, auf Elegikerart:

> Quaeris, cur veniam tibi tardior? Aurea Phoebi
> porticus a magno Caesare aperta fuit.

> Du fragst, warum ich zu spät komme? Die goldene
> Porticus des Phoebus war von dem großen Caesar eröffnet worden.

Und nun beschreibt er die staunenswerte Pracht, die fesselnde, lebendige Kunst,
die ihn den Zeitpunkt des Stelldicheins hatten versäumen lassen. Cynthia, die
Kunstverständige, muß das verstehen!

Die Einweihung des Apollo-Tempels auf dem Palatin fand im Jahre 28 v. Chr.
statt. Wäre das Gedicht schon fertig gewesen, als das 1. Buch erscheinen sollte,
hätte es Properz – wie etwa auch die persönlichen Schlußgedichte – schon deshalb
dort aufgenommen, weil ein zurückgelegtes Gedicht (daran denkt Wilamowitz) an
Aktualität eingebüßt hätte. Die »Cynthia« muß also vor 28 v. Chr. bzw. vor der
Eröffnung des Apollo-Tempels erschienen sein. Dennoch sagt Ovid in seinen
Tristien (4,10,53:) *successor fuit hic* (sc. Vergilius) *tibi, Galle: Propertius illi* (sc.
Tibullo). Vielleicht liegt das daran, daß Tibull der ältere, der originellere, der beim
Publikum bevorzugte Dichter war, während Properz mit dem Schwergewicht seiner späteren Bücher der Nachfolger zu sein schien. Darauf könnte Quintilian
(inst. orat. 10,1,93) hindeuten: *Elegia quoque Graecos provocamus, cuius mihi tersus
atque elegans maxime videtur auctor Tibullus. Sunt, qui malint Propertium. Ovidius utroque lascivior, sicut durior Gallus.* (Auch mit der Elegie fordern wir die
Griechen heraus. Tibull scheint mir ihr am meisten gefeilter und erlesener Vertre-
ter. Es gibt Leute, die Properz vorziehen. Ovid ist ausgelassener als beide ebenso
wie Gallus unbeholfener.) Die »Cynthia« war die Ursache, daß er in den Maecenas-
Kreis aufgenommen wurde. Wir finden ihn dort in 2,1,17: *quod mihi si tantum,
Maecenas, fata dedissent, ut possem heroas ducere in arma manus ... bellaque*

resque tui memorarem Caesaris, et tu Caesare sub magno cura secunda fores (und ich würde die Taten deines Caesar erzählen, und du würdest unter dem großen Caesar der zweite Gegenstand sein).

Das Leben des Properz

Obwohl es keine Properz-Vita gibt, wissen wir von ihm etwas mehr als von Tibull, weil er mit größerem Selbstbewußtsein als Tibull in zwei Gedichten am Schluß der Monobiblos und im Einleitungsgedicht des vierten Buches von sich spricht. 1,22 ist eine Sphragis, das Siegel des Autors nach alter griechischer Sitte (Meleager AP 12,257, in Rom: Horaz, epist. 1,20, Ovid, am. 3,15; Tr. 4,10).

> Qualis et unde genus, qui sint mihi, Tulle, Penates,
>   Quaeris pro nostra semper amicitia.
> Si Perusina tibi patriae sunt nota sepulcra,
>   Italiae duris funera temporibus,
> Cum Romana suos egit discordia cives
>   (sic, mihi praecipue, pulvis Etrusca, dolor,
> Tu proiecta mei perpessa es membra propinqui,
>   Tu nullo miseri contegis ossa solo),
> Proxima supposito contingens Umbria campo
>   Me genuit terris fertilis uberibus.

> Von welcher Art und von woher nach Geschlecht, was
> meine Penaten sind, fragst du bei unserer dauernden Freundschaft.
> Wenn dir das perusinische Grab des Vaterlandes bekannt ist,
> die Leichenfeier für Italien in harter Zeit,
> als die römische Zwietracht ihre Bürger hetzte
> – so bist du mir vornehmlich, etruskischer Staub, ein Schmerz,
> du hast die dahingeworfenen Glieder meines Verwandten ertragen,
> du bedeckst mit keinem Boden die Gebeine des Unglücklichen –:
> Umbrien, das sich am nächsten daranschließt mit seiner zu Füßen gebreiteten
>   Landschaft,
> hat mich hervorgebracht, fruchtbar an trächtigen Schollen.

Diese Sphragis, aus Frage und Antwort bestehend, zeigt den gelehrten Dichter, der aus dem hellenistischen Grabepigramm etwas Eigenes entwickelt. Wie dort die Frage der Vorübergehenden an den Toten gestellt wird und eine Wechselrede darauf folgt (vorausgesetzt ist diese Frage Kallimachos, Epigr. 21 und 35; vgl. AP 7,67 und 414; Wilamowitz, Hellenistische Dichtung I, S. 119), so läßt sich hier Properz von dem Freunde fragen und antwortet ihm mit der Angabe der Heimat Umbrien, das Nähere beiseite lassend. Dafür tritt die Vorstellung von Perusia und dem Perusinischen Krieg mächtig hervor. Zunächst nur genannt, um dem Freunde die Lage seiner Heimat verständlich zu machen, überwältigt der Gedanke an diesen furchtbaren Krieg, der dann mit dem Frieden von Brundisium (40 v. Chr.) abgeschlossen wurde, den Dichter; in anaphorischer Prosphonesis beklagt er, daß auf diesem Boden die Gebeine seines Verwandten liegen, ohne daß die Erde sie bedecke. Diese Bewegung geht aus von dem Prädikat Perusias als Grab des Vaterlandes. Diese Wendung verleugnet nicht ihre Herkunft von Catull (c. 68, 69), der

Troja als Grab Europas und Asiens bezeichnet hatte. Am Schluß tritt der furchtbaren historischen und persönlichen Erinnerung die ewige Fruchtbarkeit der Natur des angrenzenden Landstriches, wohl die Gegend des heutigen Assisi, gegenüber. Der Bürgerkrieg, der Verlust des Verwandten, die Nähe von Perusia bestimmen die Welt des Properz, darin mit Tibull im Gegensatz zu Ovid den Augusteern Vergil und Horaz verwandt.

Im engen Zusammenhang mit der Sphragis steht das vorhergehende Gedicht 1,21:

> Tu, qui consortem properas evadere casum,
>   Miles, ab Etruscis saucius aggeribus,
> Qui nostro gemitu turgentia lumina torques,
>   Pars ego sum vestrae proxima militiae.
> Sic te servato, ut possint gaudere parentes,   5
>   haec soror acta tuis sentiat e lacrimis:
> Gallum per medios ereptum Caesaris enses
>   Effugere ignotas non potuisse manus,
> Et quaecumque super dispersa invenerit ossa
>   Montibus Etruscis, haec sciat esse mea.   10

> Du, der du eilst, einem gleichen Schicksal zu entkommen,
>   Soldat, verwundet von den etruskischen Wällen,
> warum wendest du die geschwollenen Augen von meinem Stöhnen?
> Ich bin der naheste Teil eures Kriegsdienstes.
> Rette dich so, daß sich die Eltern freuen können,
> die Schwester dieses Geschehen aus deinen Tränen merke:
> daß Gallus mitten durch die Schwerter Caesars entrissen
> nicht unbekannten Händen habe entfliehen können,
> und sie wissen möge, daß, was sie an Gebeinen verstreut
> auf den etruskischen Bergen finde, dies die meinen seien.

Dieses rätselhafte (schlecht überlieferte) Gedicht, in dem ein zu Tode Verwundeter einen Vorüberflüchtenden anspricht, läßt doch erkennen, wie Properz von dem Schicksal des unbekannten Soldaten vor den Wällen von Perusia betroffen ist, der das Schicksal seines Verwandten erlitt bzw. dieser Verwandte, namens Gallus, selbst ist (Wilamowitz, Hellenistische Dichtung I, S. 234).

Die dritte Stelle findet sich im Horus-Gedicht des vierten Buches (4,1,121–134):

> Umbria te notis antiqua Penatibus edit,
>   – mentior? an patriae tangitur ora tuae? –
> Qua nebulosa cavo rorat Mevania campo,
>   et lacus aestivis intepet Umber aquis,
> Scandentisque Asisi consurgit vertice murus,   5
>   murus ab ingenio notior ille tuo.
> Ossaque legisti non illa aetate legenda
>   patris et in tenues cogeris ipse Lares:
> Nam tua cum multi versarent rura iuvenci,
>   Abstulit excultas pertica tristis opes.   10
> Mox ubi bulla rudi demissast aurea collo,
>   matris et ante deos libera sumpta toga,
> Tum tibi pauca suo de carmine dictat Apollo
>   et vetat insano verba tonare foro.

Umbrien das alte bringt dich aus bekannten Penaten hervor
– lüge ich? Oder rühre ich an den Rand deiner Heimat? –,
wo die nebelreiche Mevania rauscht im hohlen Feld
und der umbrische See mit sommerlichem Wasser lau ist
und sich auf dem Gipfel des aufsteigenden Assisi die Mauer erhebt,
die Mauer bekannter von deiner Dichterbegabung her.
Und du hast die Gebeine des Vaters gesammelt, die in diesem
Alter nicht hätten gesammelt werden sollen
und wirst in schmale Häuslichkeit geengt:
denn während viele Jungstiere dein Land wendeten,
hat dir die bittere Vermessungsrute die gepflegten Schätze davongetragen.
Darauf als die goldene Kapsel vom unerfahrenen Hals gelassen
und vor den Göttern der Mutter die freie Toga genommen wurde,
da diktiert dir weniges von seinem Lied Apollo
und verbietet, auf dem wahnsinnigen Forum Worte zu donnern.

Der Wahrsager enthüllt Properzens Leben, um sich Glauben zu verschaffen. Wir entnehmen, daß Properz einer vornehmen Familie entstammt. Der Vater ist in früher Zeit gestorben. Sein Geburtsort ist wahrscheinlich Assisi. Die Landverteilungen haben ihn einen Teil seines Besitzes gekostet. Doch genügte der Rest offenbar, um die Selbständigkeit zu wahren. Von der üblichen Laufbahn auf dem Forum hält ihn Apollo persönlich zurück: er soll auf dem Forum keine großen Worte machen, sondern seine Dichtung, die Elegie, fortsetzen. Hier ist Kallimachos' Altersgedicht Vorbild.

Im Kreis des Maecenas hing Properz mit leidenschaftlicher Liebe und Bewunderung an Vergil. Gegenüber Horaz und Tibull verhält er sich zurückhaltend. Außerdem hat er eine ganze Anzahl Freunde; zum Beispiel verkehrt er mit dem 43 v. Chr. geborenen, sicher jüngeren Ovid.

Die Anspielungen im Werk gehen bis zum Jahr 16/15 v. Chr. Da Properz im Jahre 41 noch nicht die *toga virilis* angelegt hatte, kann er bei Herausgabe der »Cynthia« noch keine dreißig Jahre gewesen sein. Er wird etwa von 56 bis 15 v. Chr. gelebt haben. Das ist alles, was wir wissen. Dafür spricht sein Werk, die Äußerung eines selbstbewußten Künstlers.

Der Aufbau des Cynthia-Buches

Während Tibulls Thematik sich in Heil oder Unheil seiner Liebe – von den Festgedichten abgesehen – erschöpft, ist die der »Cynthia« darum reicher und vielfältiger, weil ihre Gedichte viel enger mit konkreten Situationen verknüpft sind, an denen sich die Leidenschaft des Dichters entzündet. So enthalten die Gedichte mehr Wirklichkeit auch in einem äußeren Sinne.

Das wird schon bei einem Überblick deutlich. In 1,2 (1,1 wurde interpretiert) redet Properz der Geliebten mit allen Mitteln seiner Kunst zu, keinen Putz zu verwenden. Dann (1,3) trifft er, trunken nach Hause kommend, Cynthia schlafend und muß schließlich ihre Scheltrede über sich ergehen lassen. Einmal ist Cynthia mondän, er ängstlich, eifersüchtig; das andere Mal bewegt sie sich im schlichten intimen häuslichen Rahmen, der Dichter aber steht im Verdacht der Untreue. Kein Zweifel, die Gedichte sind gegensätzlich aufeinander bezogen. Die beiden folgenden (1,4 und 1,5) sind an Freunde verschiedener Art gerichtet. Bassus will ihn dadurch, daß er andere lobt, Cynthia entfremden. Properz rühmt vor ihm die Vorzüge der Geliebten und warnt ihn: erfährt sie von seinen Versuchen, wird ihre Rache grausam sein. Gallus hingegen möchte die Liebe der Cynthia ausprobieren. Properz rät ihm, entsetzt über diese Vermessenheit, ab. Wenn er Cynthias Leidenschaftlichkeit zu spüren bekommt, wird er selber ihn nicht trösten können, da er selbst keine *medicina* gegen seinen *furor* hat. Schließlich werden sie sich gegenseitig tröstend in den Armen liegen: *non inpune illa rogata venit*. Wieder ein Gegensatzpaar also: einmal ein Freund, der Cynthia verschmäht, das andere Mal einer, der Cynthia lieben möchte. Den einen warnt Properz, ihn tadelnd, den anderen, ihr in Liebe zu nahe zu treten. Im ersten ist Properz sicher, im zweiten weniger.

Im nächsten Elegienpaar (1,6 und 1,7) – offenbar ist dies das Bauprinzip der Monobiblos – spiegelt Properz seine Existenz als Liebender und Elegiker, was fast identisch ist, in den Lebens- und Dichtungsformen zweier Freunde. Bezeichnend für den Unterschied zu Tibull ist es, daß dieser seine Entscheidung ganz für sich traf, während Properz auf die konkrete Auseinandersetzung und den wirklichen, nicht nur fingierten Vergleich angewiesen ist. Der vornehme Tullus, dem das 1. Buch gewidmet ist – sein Onkel war Konsul mit Augustus zusammen –, hat ihn aufgefordert, in seiner *cohors* mit nach Kleinasien zu kommen. Nach Freundschaftsbeteuerungen im Stile von Catull c. 11 und Horaz c. 2,6 weist Properz als Kontrast auf seine Situation hin. Er kann sich nicht von seiner Liebe trennen, Cynthia droht und klagt. Kann ihm da Athen oder Kleinasien so viel wert sein, daß er den Zorn der Cynthia auf sich lädt? Tullus muß römische Lebensform verwirklichen – das klingt wie der Messalla-Vers in Tibull 1,1 –, er, Properz, will lieber, nicht für Ruhm und Waffen geboren, ruhmlos sein und bei seiner Cynthia bleiben. Wo er aber auch ist: Tullus soll wissen, daß er daheim unter einem grausam-harten Gestirn lebt.

Dem Epiker Ponticus stellt sich Properz als Elegiker gegenüber. Während er bei den unglücklich Liebenden Ruhm ernten wird, wird für Ponticus, liebt er, sein Epos stumm bleiben; und dann wird er Properz als *non humilem poetam* bewundern. Der Kontrast ist deutlich: einmal beklagt Properz sein hartes Schicksal, das glänzende Angebot des Freundes ablehnend, das andere Mal behauptet er stolz seine Existenz gegenüber dem hohen Anspruch des Epikers. Beide Male wiegt er seine Existenz gegen die eines Freundes auf. Daß 1,8a – Cynthia verläßt den Dichter – und 1,8b – Cynthia hat sich umstimmen lassen – aufeinander bezogen sind, wurde bereits gezeigt (S. 215 ff.).

Das Paar 9 und 10 redet Freunde an, anteilnehmend an ihrer Liebe, das eine Mal nicht ohne Schadenfreude, das andere Mal voll Mitgefühl. Ponticus ist das angedrohte Unheil widerfahren: er ist verliebt. Da hilft nicht das Epos, wirksamer ist der Vers des Mimnermos. Und das Leiden der Liebe, jetzt erst am Anfang, wird noch schlimmer werden (1,9,33 f.).

> quare, si pudor est, quam primum errata fatere:
> dicere qua pereas saepe in amore levat.

> Drum, hast du Ehre, gestehe zunächst deinen Irrtum:
> sagen in welcher Liebe du umkommst, bringt in der Liebe oft Erleichterung.

Von Gallus dagegen ist Properz ins Vertrauen gezogen worden und hat die Liebe zu seiner *puella* miterlebt. Als Lohn gibt er etwas, das größer ist als die *fides*, nämlich sein *magisterium*, die Erfahrung, die er in der Liebe zu Cynthia gesammelt hat. Sie gipfelt in den Versen (1,10,29 f.):

> Is poterit felix una remanere puella,
> qui numquam vacuo pectore liber erit.

> Der wird glücklich bei einer Freundin bleiben können,
> der nie frei mit offenem Herz sein wird.

1,11 ist voll ängstlicher Sorge, ob sie ihm treu ist, als Brief an Cynthia gerichtet, die sich in Baiae befindet. Er bekennt sich zu Cynthia als dem Höchsten in seinem Leben, wenn sie nur Baiae verläßt. Ob auch das nächste Gedicht (1,12) als Brief gedacht und schon insofern ein Pendant zum vorigen ist, läßt sich nicht entscheiden. Properz antwortet hier auf die Vorwürfe eines ungenannten Freundes, daß er *desidiosus* sei, niedergeschlagen und untätig. Als Grund folgt die Klage, daß es mit Cynthia aus ist: *olim gratus eram, / non sum ego qui fueram: mutat via longa puellas* (Einst war ich ihr lieb, / ich bin nicht, der ich gewesen war: die lange Reise verändert die Mädchen). So lernt er einsame Nächte mit Klagen kennen, die niemand hört. Glücklich der, der wenigstens in Gegenwart der *puella* klagen konnte (über Tränen freut sich Amor) oder, wenn auch verachtet, die Geliebte zu wechseln vermochte: es gibt selbst dabei noch Freuden. Properz vermag es leider nicht, für ihn ist Cynthia die erste und die letzte. Als Bekenntnisse sind diese Gedichte (1,11 und 1,12) aufeinander ebenso bezogen wie durch die Hintergrundsituation, die Entfernung durch die lange Reise. Hinzukommt der ähnliche Anfang mit *equid* bzw. *quid*.

1,13, also das erste Gedicht des 7. Paares, richtet sich wieder an Gallus. Er wird sich über die Not des Dichters freuen. Properz dagegen wünscht ihm überraschend nur Gutes. Hat er ihn doch mit seiner Geliebten beobachtet und bemerkt, wie sehr er ihr verfallen ist und daß es mit der gewöhnlichen Liebe ein Ende haben wird. Kein Wunder: übertrifft Gallus' Geliebte doch an Schönheit alle Heroinen. So kann er die Wünsche des Dichters sicher gut brauchen. – Aller Reichtum ist nichts im Vergleich zur Liebe mit Cynthia, redet Properz Tullus an. Ist Venus gnädig, ist der Reichtum in aller Fülle gegenwärtig; ist sie ungnädig, dann hilft gegen ihre Allmacht auch der Reichtum nichts. Lukrez klingt an (2. Proömium), es sind philosophische Gedanken. Die Liebe nimmt die Stelle der Philosophie ein (1,14). Beide Gedichte beginnen mit *tu*, stellen wieder die Freunde Gallus und Tullus nebeneinander, rücken sie auseinander. Die Nachbarschaft ist hier allerdings nicht überzeugend begründbar. Vielleicht deshalb, weil ein frühes Gedicht – 1,14 – mit in der Sammlung untergebracht werden sollte?

1,15 und 1,16 gehören schon dem großen Umfang nach wieder enger zusammen. 1,15 ist erfüllt von eifersüchtigen Klagen nicht gegen einen bestimmten Rivalen, sondern darüber, daß Cynthia sich gleichgültig weiter putzt – für einen andern – und keine Lust hat, wie die großen Beispiele des Mythos Calypso, Hypsipyle, Alphesiboea, Euadne unbedingte Treue zu bewahren und selber ein Mythos, eine *nobilis historia*, zu werden. Hier setzt der Dichter voraus, daß Cynthia versucht, sich zu rechtfertigen und redet sie in einem neuen Ton an, ohne daß man wie bei 1,8a und 1,8b ein neues Gedicht ansetzen müßte. – 1,16 ist ein nach Catull (c. 67) abgewandeltes Paraklausithyron. Die Tür eines alten vornehmen Hauses spricht, das von einer Herrin bewohnt ist, die weit von dem guten alten römischen Wesen entfernt ist, und führt dann die Rede des Ausgeschlossenen wörtlich an. Ist es Properz? In beiden Gedichten geht es jedenfalls um das leichtfertige Gebaren der Frau im Gegensatz zum Mythos und den römischen *mores*.

Im vorletzten Paar (1,17 und 1,18) ist der Dichter beide Male einsam. In 1,17 ist er von widrigen Winden an ferner Küste festgehalten. Wäre es nicht besser gewesen, die Art der Herrin zu ertragen, *dominae pervincere mores*? Und nun kommen ihm vor allem im Gedanken an den Tod alle die Dinge in den Sinn, die er in der Fremde entbehrt (Tibull 1,3 ist nächstverwandt). In 1,18 klagt der Dichter in der Einsamkeit über Cynthias Abweisung und forscht nach ihren Gründen. Das Gedicht scheint mir für den Zusammenhang der römischen Elegie so bezeichnend, daß es zum Schluß interpretiert werden soll.

1,19 und 1,20 stehen jeweils für sich. Das eine Gedicht hat zum Thema den Gedanken, daß Properz auch in der Unterwelt an Cynthia festhalten wird, das andere, an Gallus gerichtet, gibt eine Darstellung der Hylas-Sage als eine Mahnung, sich vor unvorhersehbaren Zufällen in der Liebe in acht zu nehmen. Derartiges gibt es sonst in der Monobiblos nicht.

Die Erkenntnis von der paarweisen Entsprechung fällt nach Feststellung der Ausnahme am Schluß nur um so deutlicher in den Blick. Sie schützt davor, die Gedichte als unmittelbaren Ausfluß des Erlebnisses zu nehmen. Erlebnis muß hier anders gefaßt werden. Es sei nicht geleugnet, und auch die Existenz der Cynthia sei nicht bestritten, aber es ist sozusagen nur der Grund. Zwischen Erlebnis und endgültiger Formulierung sind gedankliche Bemeisterung, Bildungswelt, der Plan einer umfassenden Ordnung des Gedichtbuches eingeschaltet, ohne daß freilich die Ursprünglichkeit der zugrundeliegenden Emotion, Erkenntnis und Stimmung verschüttet wurde. Das wird noch deutlicher, wenn man außer der paarweisen Anordnung die gesamte Anlage des Buches bedenkt. Das Buch hat eine Mitte. In ihr, genau am Anfang des 11. Gedichts, also dem 1. des 6. Paares, steht ein Ereignis, das Empfinden und Stimmung verwandelt. In 11 – Cynthia ist im Modebad Baiae – beginnt der begründete Verdacht, in 12 steht die Untreue bzw. die Abweisung Cynthias fest. Entsprechend ist der Dichter in der ersten Hälfte mit Cynthia vereint, in der zweiten Hälfte ihr fern (vereint in 1; 2; 3; 4; 5; 6; 7; 8b; 9?; 10? – fern in 11; 12; 13; 14; nicht in 15; in 16 ausgeschlossen; in 17; 18; 19 in Todesfurcht allein). Mit dieser Stimmung wandeln sich die Themen, etwa vom Bekenntnis zu Cynthia zu einem Bekenntnis des ›Trotzdem‹ (12). Überhaupt weisen die Gedichte mit Absicht aufeinander hin. Das durchbricht die paarweise Anordnung und die Gruppierung um ein Motiv und macht den Aufbau noch kunstvoller, um nicht zu sagen künstlicher. Ganz offen liegt der Tatbestand bei 7, das auf 9, bei 10, das auf 13 hinweist. Auch in einzelnen Versen finden sich Entsprechungen und Beziehungen (vgl. etwa 1,1,29 mit 1,17; 4,27 mit 14,23; 6,15 ff. mit 8,15 ff. und viele andere Stellen).

So wird das 1. Buch zum Drama der Leidenschaft an sich: *fastus* – glücklicher Besitz – Abwehr – Bekenntnis zur Lebensform – erste Anzeichen von Gefahr – Baiae und seine Folgen – Schmerz – Bekenntnis ›trotzdem‹ – Versuch zu entrinnen – Notwendigkeit, in der Einsamkeit zu klagen – Bedenken des Todes. Das entsteht nicht von selbst. Mögen erste Gedichte wie 3 und 14 sowie die beiden letzten außer den Schlußepigrammen (alle vier etwas sperriger) auch vorgelegen haben, so dürfte doch sehr bald die Konzeption eines Buches – ähnlich wie bei den Römeroden – auch die Konzeption der einzelnen Gedichte mitgeformt haben.

Es geht nicht an, das Gesamtwerk des Properz darzustellen; die Abwandlung der Motive, das größere Selbstbewußtsein, die Bestimmung des poetischen Standorts, das Auftauchen neuer Motive in den beiden nächsten Büchern, die Erweiterung der Thematik um römische Sagenstoffe oder die Trauerelegie auf Cornelia (4,11), die als die Krone der Elegien gilt und den Einfluß der Aeneis spüren läßt. Für den alle Wirklichkeit problematisierenden Properz bot sich ein viel reicherer Schatz an Motiven an als für Tibull.

Die »Cynthia« genügt, um die Properzische Elegieform und ihr Wesen zu verstehen. Außer 3; 8b; 16; 21 haben im 1. Buche alle Gedichte Anreden. Sie sind nicht nur Vergegenwärtigungen, sondern Auseinandersetzungen, also nur selten einsame Lyrik, und zwar mit Cynthia direkt oder an sie gerichtet oder mit Freunden und Rivalen über sie. Diese leidenschaftlichen Dispute heben häufig mitten im Strom der seelischen Bewegung oder des wirklichen oder gedachten Gesprächs an: darum die plötzlichen Anfänge mitten aus einem schon begonnenen Ablauf heraus (5; 6; 12; 15; 17; 18; 19). Diese Aktualität ist erstrebt. Man erkennt das daran, daß sie nur den Anfang bestimmt; denn das Gedicht verändert sich nicht etwa wie bei Tibull in der Grundstimmung der Seele. Dafür spricht, daß viele Gedichte mit einer Pointe schließen, die sich nicht weit vom Anfang entfernt (1,35 f.; 2; 4; 5,32; 6,36; 7,25; 8a; 8b,45; 9,33/34; 10,29; 11,30; 12; 13; 14,23/24; 15,42; 16,48; 17 ist anders; 18,32 ist Wiederaufnahme).

Gegenstand der Gedichte ist die Leidenschaft. Sie ist für Properz identisch mit der Leidenschaft für Cynthia. Properz ist der erste Elegiker, der ganz für die eine lebt, während man bei Tibull sagen mußte, für die Liebe; über Gallus kann man nicht urteilen. Aus einer Grundstimmung der Leidenschaft: Verlassensein, Abschiedsschmerz und -wut, Unsicherheit, Todesangst, Eifersucht, Stolz richtet sich im Gedicht die Rede an das Gegenüber, und zwar mit allen Bewegungen, die diese Grundstimmung in einem heftigen Temperament hervorbringt, als da sind Wunsch, Triumph, Wut, Hohn. Aber sie bedient sich auch der Darlegung, der Schilderung

1,18 Haec certe deserta loca et taciturna querenti,
    Et vacuum Zephyri possidet aura nemus:
    Hic licet occultos proferre inpune dolores,
     Si modo sola queant saxa tenere fidem.
    Unde tuos primum repetam, mea Cynthia, fastus?   5
     Quod mihi das flendi, Cynthia, principium?
    Qui modo felices inter numerabar amantes,
     Nunc in amore tuo cogor habere notam.
    Quid tantum merui? quae te mihi carmina mutant?
     An nova tristitiae causa puella tuae?   10

– die Geliebte wird gerühmt und beschrieben –, sie argumentiert, wobei der Mythos durchweg mit der eigenen Leidenschaft parallelisiert wird und Argumente für oder gegen sie abgibt (W. Schöne). Ja es erwachsen dieser als Grundsinn erfahrenen Leidenschaft bestimmte Erkenntnisse. Die Werte der Menschenwelt und der Dichtungswelt werden verglichen. Man kann von einer Philosophie der Leidenschaft sprechen. Und es ist kein Zufall, daß man bei Properz findet, was man bei Tibull vergeblich gesucht hat. In dieser Leidenschaft und ihrer Philosophie – Properz liebt Cynthia nicht nur ihrer Schönheit wegen, sondern wegen ihres Geistes, weil sie Dichterin, *rara* ist (1,8b,41) – zeigt sich eine Natur, die stolz und kämpferisch Besitz will, die sich zutraut, mit ihrer Dichtung Cynthias Liebe zu erringen, die den Besitz verteidigt, die sich mit Cynthia messen und ihr gewachsen sein will, selbst wenn sich der Dichter als dauernder Diener der Herrin fühlt. Er steht mitten in der Welt und ihrer Bewegung; seine Liebe empfindet er als ein *durum sidus*, als seine *fata* (6,30 und 36). Sein Trost und Stolz ist es, daß er mit seinen Erfahrungen anderen nützen wird. Sein Amor hat aber nicht die Allmacht des Tibullischen, sein Amor ist Cynthia. Sie ist die Ursache, *causa*, von allem, auch seiner Dichtung. Aus allem ergibt sich, Properz ist realistischer, welterfüllter, bewegter als Tibull, liebeserfahrener, vielfältiger. Was er nicht hat, ist das Erlebnis des Heilenden und Rettenden der Liebe in der Zeit, das Erlebnis der Liebe an sich. Bei Properz ist alles auf den Willenskampf oder das Glück der Vereinigung mit Cynthia bezogen. Ihm hat sich nicht die Welt mit der Liebe verwandelt. So können auch nicht Gedichte entstehen, die jene Bewegung der Seele von der Zerrissenheit zum Heil – sondern höchstens zum Siegesglück – nachvollziehen. Er ist ein Meister der Analyse der eigenen Leidenschaft, und man könnte ihn gegenüber dem Metaphysiker der Liebe Tibull als Philosophen der Leidenschaft bezeichnen, so wie es einst Plato um das Eine, die Wendung der Seele ging, Aristoteles aber um die abgrenzende Ordnung dieser Welt. Die römische Elegie, die römische Lyrik überhaupt kann sich an Tiefe mit der griechischen Philosophie vergleichen. Und es ist aufregend zu sehen, daß die Elegie, der es in erster Linie um die eigene liebende Seele ging, jene Schritte der griechischen Philosophie von der Metaphysik zur Philosophie bis hin zur Psychologie nachvollzieht. Ovid wird dann diesen Schritt, der etwa im Hellenismus z. B. bei Polybios erreicht wird, auch in der Elegie tun. Bevor wir uns ihm zuwenden, sei alles in der Interpretation von 1,18 zusammengefaßt. Dieses Gedicht gibt die Grundlagen für jede allgemeinere Bestimmung.

> Dieser Platz wenigstens ist verlassen und verschwiegen dem Klagenden,
> und das Wehen des Zephyrs erfüllt den leeren Hain;
> hier ist's erlaubt, verborgene Schmerzen ungestraft zu äußern,
> wenn nur öde Felsen die Treueschwüre festhalten könnten.
> Von wo zuerst soll ich, meine Cynthia, deine hochmütige Ablehnung zurück-
> holen?
> Welchen Beginn, Cynthia, gibst du mir des Weinens?
> Der ich eben unter die glücklich Liebenden gezählt wurde,
> werde ich jetzt gezwungen, in deiner Liebe einen Makel zu haben.
> Was habe ich so Schlimmes verdient? Welche Zaubersprüche ändern dich mir?
> Ist etwa ein neues Mädchen der Grund deiner Betrübnis?

Sic mihi te referas levis ut non altera nostro
　　Limine formosos intulit ulla pedes.
Quamvis multa tibi dolor hic meus aspera debet,
　　Non ita saeva tamen venerit ira mea,
Ut tibi sim merito semper furor et tua flendo　　　　　15
　　Lumina deiectis turpia sint lacrimis.
An quia parva damus mutato signa colore,
　　Et non ulla meo clamat in ore fides?
Vos eritis testes, siquos habet arbor amores,
　　Fagus et Arcadio pinus amica deo.　　　　　　　　20
A quotiens teneras resonant mea verba sub umbras,
　　Scribitur et vestris Cynthia corticibus!
An tua quod peperit nobis iniuria curas,
　　Quae solum tacitis cognita sunt foribus!
Omnia consuevi timidus perferre superbae　　　　　25
　　Iussa neque arguto facta dolore queri.
Pro quo divini fontes et frigida rupes
　　Et datur inculto tramite dura quies;
Et quodcumque meae possunt narrare querelae,
　　Cogor ad argutas dicere solus aves.　　　　　　　30
Sed qualiscumque es, resonent mihi ›Cynthia‹ silvae,
　　Nec deserta tuo nomine saxa vacent.

Das Gedicht beginnt mitten in einem Vorgang zu sprechen. Der Dichter flieht aus
einer Welt, die Ohren hat, in die Einsamkeit der verlassenen Felsen, die seine Klagen bei sich behalten können, so daß er sie ungestraft vorbringen darf. Cynthia in
ihrer abweisenden Haltung würde sie nicht anhören und es übel vermerken, wenn
sie ihr hinterbracht würden (1–4).
Die Klagen beginnen nach dem erleichterten Stoßseufzer *Haec certe deserta ...*
mit bewegten Fragen, zunächst an Cynthia, welchen Beginn sie seinen Klagen setzt.
Mit einer Bewegung, die bis zum 1. Gedicht der *Consolatio* des Boethius gewirkt
hat, wird die Wirkung ihres Verschmähens ausgesprochen: er, der eben noch unter
die glücklich Liebenden gezählt wurde, trägt jetzt in dieser Liebe ein Mal (5–8).
Aus dieser Einführung in die äußere und innere Situation erwächst eine immer
bohrender werdende Auseinandersetzung mit der untreuen fernen Geliebten. Erst
erhebt sich die allgemeine Frage: *quid tantum merui?* (Was habe ich so Schlimmes
verbrochen?) Dann geht der Gedanke fragend zu einer anderen Möglichkeit: *quae
te mihi carmina mutant?* (Was für Zaubersprüche wenden dich von mir ab?)
Schließlich taucht dem Ratlosen, der nicht weiß, warum sie, die ihm unrecht getan, nun so böse ist, daß sie nicht einmal seine Klagen annimmt, eine Möglichkeit
auf. Der Gedanke ist für ihn, den Liebenden, absurd genug: *an nova tristitiae causa
puella tuae?* Oder ist ein neues Mädchen Ursache deiner Strenge?
Damit aber beginnt etwas, das sich in drei Stufen fortsetzt. Mit *an* stellt Properz
eine Frage, um sie als ungenügenden Grund zu erkennen. Ist doch die Liebe und ihr
Gegenteil ohne Warum. Diese drei Stufen (10–16; 17–22; 23–36) sind gleich gebaut, wenn auch ihre Teile selbst immer neue Aspekte und Formen bieten. Auf die

So wahr du zu mir zurückkommen sollst: keine andere hat leichtfertig
die schönen Füße auf unsere Schwelle gesetzt.
Obwohl dir mein mir angetaner Schmerz viel Herbes schuldet,
wird doch nicht so mein wilder Zorn kommen,
daß ich dir zu Recht immer ein Grund zum Rasen bin und deine
leuchtenden Augen vom Weinen häßlich sind durch die herabgestürzten Tränen.
Oder weil wir geringe Zeichen geben durch gewechselte Farbe
und kein Treueschwur in meinem Munde schreit?
Ihr werdet Zeugen sein, wenn ein Baum Liebeszeichen aufweist,
Buche und Pinie, Freundin dem arkadischen Gott.
Ach, wie oft schallen meine Worte zu eurem zarten Laub zurück
und wird auf eure Rinde ›Cynthia‹ geschrieben!
Oder weil dein Unrecht uns Leiden geschaffen hat?
Das ist nur den verschwiegenen Türen bekannt:
ich habe mich gewöhnt, ängstlich alle Befehle der Stolzen
zu ertragen und nicht mit lautem Schmerze das Geschehene zu beklagen.
Dafür, göttliche Quellen, wird mir kalter Fels
gegeben und auf rauhem Pfad harte Ruhe;
und was meine Klagen erzählen können,
bin ich gezwungen, allein zu den zwitschernden Vögeln zu sagen.
Aber wie du auch immer bist, die Wälder sollen mir ›Cynthia‹ zurückschallen
und die verlassenen Felsen voll deines Namens sein.   (Vgl. S. 371.)

bohrende Frage nämlich folgt sofort die Antwort, das heißt Ablehnung und Ent-
kräftung. Darauf drittens eine Besinnung und Erklärung.
Die Frage, ob eine *nova puella* schuld sei, wird mit einer Beteuerung abgelehnt: So
wahr er wünscht, daß sie wieder zu ihm findet, so hat nie eine andere seine
Schwelle betreten. Und die Betrachtung: obwohl sein begründeter Liebesschmerz
ihr viel Bitteres schuldet, wird sein Zorn doch nie so grausam wild sein, daß sie
immer über ihn rasend sein und weinen müßte.
Die zweite Frage erwägt die Möglichkeit, daß Cynthia vielleicht wegen seiner
Lauheit so böse sein könnte, weil die Farbe seines Gesichts nur geringe Zeichen
seiner Leidenschaft aufweise und er nicht immer seine Treue beteure. Properz
ruft die Bäume an, auf die er unbeobachtet, was für Cynthia ein noch sichereres
Zeichen sein muß, ihren Namen geschrieben hat. Und betrachtend führt er in
Form des Ausrufes aus, wie oft doch seine Liebesworte zum zarten Laub emporsteigen und er auf die Rinden den Namen »Cynthia« schreiben wird.
Schließlich eine dritte Möglichkeit. Vielleicht ist sie auch böse, weil ihr Unrecht
ihm Sorgen bereitet hat und jene inneren Stürme hervorrief, die mit dem elegischen
Terminus *curae* bezeichnet werden. Das wäre das Prinzip, das Tacitus mit seinen
berühmten Worten *odisse quem laeseris* ausdrückt. Cynthia wäre abweisend, weil
das Unrecht, das sie ihm zufügte, eine Gegenwirkung erzeugte. Die Antwort wird
sogleich im Pentameter gegeben: das ist nur der schweigsamen Tür bekannt, hat
also nicht dazu geführt, daß er sich gewehrt und ihr Unrecht bekanntgemacht
hätte. Die Besinnung folgt sogleich. Es ist der Grundsatz völliger Ergebenheit: er
hat sich daran gewöhnt, alle Befehle der Stolzen ängstlich zu ertragen und das

Geschehene nicht mit lautem Schmerz zu beklagen. Cynthia braucht also auf keine Reaktion zu rechnen. Die Demutsgebärde des Elegikers verbietet es. Er hat also wirklich alles getan: hat niemanden neben Cynthia, ist ungebrochen in seiner Leidenschaft und fügt sich, ohne beschwerlich zu fallen, trotz der Stärke seiner Liebe, auch wenn er verletzt ist.

So hat er alle Möglichkeiten für die abweisende Haltung der Cynthia ausgelotet und kann keinen Grund für ihr abweisendes Verhalten finden. Statt dessen, so kehrt das Gedicht zum Anfang zurück, wird er in die Einsamkeit verbannt; er ruft die göttererfüllten Quellen an und muß das, was seine Klagen erzählen können, allein zu den zwitschernden Vögeln sagen. Die Vertrauten sind ihm sozusagen ein Stückchen nähergerückt, ohne daß freilich die Situation oder die Grundstimmung des Gedichtes sich geändert hätte.

Eine Änderung liegt auch nicht in den Abschlußversen, in denen mit abbrechendem *sed* ein überraschendes Fazit gezogen wird. Wie Cynthia auch sei, ob treulos oder treu, ob abweisend oder zugänglich, ihr Name soll aus den Wäldern widerhallen, und die öden Felsen selbst sollen nicht ohne den Namen Cynthia sein. Das Gedicht zeugt im ganzen von der Allgegenwärtigkeit dieses Namens. Damit ist in dem Resultat der Selbstanalyse und in dem Mißverhältnis zwischen seiner Haltung und der unverdienten Vergeltung etwas Werbendes verbunden und gegeben. Cynthia müßte mehr als ein hartes Herz haben, wenn sie von der Beteuerung der Liebe in dieser äußersten Not nicht gerührt würde.

Die Selbstbesinnung und Klärung sind aber ebenso wichtig wie der werbende Charakter. Und so eindrucksvoll die Stimmung der Einsamkeit und der Kontrast zwischen der fühllosen Natur und der menschlichen Klage empfunden wird, so sehr weiter alles wie frisch aus der Grundstimmung des verschmähten Liebenden hervorbricht: alles ist doch irgendwie durch den Gedanken geläutert, der Aufbau ist beherrscht. Nimmt man die Variationen der überkommenen Motive hinzu, so kann man sich über den höchst bewußten Charakter dieses Gedichtes eines *poeta doctus* nicht täuschen, wenn die Kunst hier auch eine zweite Natur Gestalt hat werden lassen.

Die Situation, die hier gemeistert wurde und Resultate der Properzischen Philoso-

Amores 1,7

> Adde manus in vincla meas (meruere catenas),
>   Dum furor omnis abit, siquis amicus ades.
> Nam furor in dominam temeraria bracchia movit;
>   Flet mea vesana laesa puella manu.
> Tunc ego vel caros potui violare parentes   5
>   Saeva vel in sanctos verbera ferre deos.
> Quid? non et clipei dominus septemplicis Aiax
>   Stravit deprensos lata per arva greges,
> Et, vindex in matre patris, malus ultor, Orestes
>   Ausus in arcanas poscere tela deas?   10
> Ergo ego digestos potui laniare capillos?
>   Nec dominam motae dedecuere comae.
> Sic formonsa fuit; talem Schoeneida dicam
>   Maenalias arcu sollicitasse feras;

phie der Leidenschaft in sich schließt, ist die des getäuschten, verschmähten Liebhabers. Als solche stellt sie sich in die Tradition. Catull war es, der als erster aus seinem Erlebnis die Haltung des Elegikers vorweggenommen hatte, als er sich wegen der mythisch großen Leidenschaft der Herrin der Kritik begab und sich fügte. Tibull hat im 10. Gedicht des ersten Buches den verwünscht, der – in solcher Lage – die Herrin schlägt und damit die Götter aus dem Himmel reißt. Bei Properz, der ausdrücklich an der Stelle, wo er die Frage am tiefsten ansetzt, Bezug auf Catull nimmt, ist der errungene Entschluß zur festen Haltung und Gewohnheit des Elegikers geworden. In ihr dokumentiert sich das Wesen der römischen Elegie, des Leidens des Mannes und Dichters unter der vergöttlichten Herrin, die seine Muse und seine Existenz ist, am reinsten. Und die Elegiker haben um dieses Wesen gewußt.

Ovid

Amores

Ovid weiß auch um diesen Angelpunkt, der nun zur Gattung gewordenen elegischen Dichtung. Aber in seiner spielerischen Keckheit wird ihm das *obsequium* zum psychologischen Mittel, um die *domina* zu fesseln. In einem seiner zentralen, von der moderneren Ovid-Forschung in den Mittelpunkt gerückten Gedichte setzt er den Fall, daß er getan hat, was Tibull verwünschte und was bei Properz unmöglich war, er hat seine Herrin körperlich verletzt. Da mit dieser Elegie eine Traditionsreihe ihr Ende findet, leiten wir mit seiner Interpretation die Behandlung der Amores des Ovid ein.

> Lege meine Hände in Fesseln – sie haben Ketten verdient –,
> bis alles Rasen vergangen, es helfe, wenn mir einer Freund;
> denn ein Wüten hat meine verwegenen Arme gegen die Herrin bewegt;
> es weint mein Mädchen verletzt von wahnsinniger Hand.
> Damals hätte ich auch die lieben Eltern verletzen können
> oder wilde Schläge gegen die heiligen Götter führen.
> Wie? Hat nicht Aias, der Herr des siebenhäutigen Schildes,
> die Herden auf den weiten Fluren ergriffen und hingestreckt?
> Und hat Orest, Rächer des Vaters an der Mutter, ein unheilvoller Strafender,
> es nicht gewagt, nach den Waffen zu rufen gegen die unheimlichen Göttinnen?
> Ich habe also das wohlgeordnete Haar zerfetzen können?
> Und doch standen der Herrin die verschobenen Haare nicht schlecht.
> So schön war sie; so, möchte ich denken, hat Atalante
> das Wild des Maenalus mit ihrem Bogen aufgejagt;

Talis periuri promissaque velaque Thesei   15
  Flevit praecipites Cressa tulisse Notos;
Sic, nisi vittatis quod erat Cassandra capillis,
  Procubuit templo, casta Minerva, tuo.
Quis mihi non ›demens‹ quis non mihi ›barbare‹ dixit?
  Ipsa nihil; pavido est lingua retenta metu;   20
Sed taciti fecere tamen convicia vultus,
  Egit me lacrimis ore silente reum.
Ante meos umeris vellem cecidisse lacertos:
  Utiliter potui parte carere mei;
In mea vesanas habui dispendia vires   25
  Et valui poenam fortis in ipse meam.
Quid mihi vobiscum, caedis scelerumque ministrae?
  Debita sacrilegae vincla subite manus.
An, si pulsassem minimum de plebe Quiritem,
  Plecterer; in dominam ius mihi maius erit?   30
Pessima Tydides scelerum monimenta reliquit:
  Ille deam primus perculit; alter ego.
Et minus ille nocens: mihi quam profitebar amare
  Laesa est, Tydides saevus in hoste fuit.
I nunc, magnificos victor molire triumphos,   35
  Cinge comam lauro votaque redde Iovi,
Quaeque tuos currus comitantum turba sequetur,
  Clamet: ›Io! forti victa puella viro est‹.
Ante eat effuso tristis captiva capillo,
  Si sinerent laesae, candida tota, genae.   40
Aptius inpressis fuerat livere labellis
  Et collo blandi dentis habere notam.
Denique, si tumidi ritu torrentis agebar
  Caecaque me praedam fecerat ira suam,
Nonne satis fuerat timidae inclamasse puellae   45
  Nec nimium rigidas intonuisse minas
Aut tunicam summa deducere turpiter ora
  Ad mediam? Mediae zona tulisset opem.
At nunc sustinui raptis a fronte capillis
  Ferreus ingenuas ungue notare genas.   50
Adstitit illa amens albo et sine sanguine vultu,
  Caeduntur Pariis qualia saxa iugis;
Exanimes artus et membra trementia vidi,
  Ut cum populeas ventilat aura comas,
Ut leni Zephyro gracilis vibratur harundo,   55
  Summave cum tepido stringitur unda Noto;
Suspensaeque diu lacrimae fluxere per ora,
  Qualiter abiecta de nive manat aqua.

In solcher Schönheit hat die Kreterin geweint, daß der jähe Südwind
die Versprechen und das Segel des falschen Theseus davontrug;
so sank Kassandra – außer daß sie mit der Binde umwundenes
Haar trug – vor deinem Tempel nieder, keusche Minerva.
Wer sagte nicht »Wahnsinniger«, wer nicht »Barbar« zu mir?
Sie nichts: von zitternder Furcht war ihre Zunge gebannt;
Aber ihr schweigender Blick schmähte,
durch ihre Tränen machte sie mich mit stummem Mund zum Angeklagten.
Ich wünschte, vorher wären mir die Arme von meinen Schultern gefallen:
ein Nutzen wäre es gewesen, wenn ich einen Teil meines Selbst nicht gehabt
                                                                hätte.
Zu meinem eigenen Schaden habe ich die Kräfte des Wahnsinns gehabt
und war stark, mich selbst zu strafen.
Was habe ich mit euch zu schaffen, Dienerinnen des Mordes und der
                                                        Verbrechen?
Frevlerische Hände, erleidet die verdienten Fesseln!
Oder, wenn ich den geringsten Quiriten aus der plebs angerührt hätte,
würde ich geschlagen werden, gegen die Herrin soll ich höheres Recht besitzen?
Schlimmste Denkmäler an Verbrechen hat der Tydide hinterlassen:
er hat als erster eine Göttin getroffen; ich als zweiter.
Und er ist weniger schuldig: von mir wurde die verletzt, die ich zu lieben
                                                        bekannte,
der Tydide war wild beim Feind.
Geh nun, rüste als Sieger prächtige Triumphe!
Kränze das Haar mit Lorbeer und löse Juppiter die Gelübde ein,
und die Menge der Begleiter, die deinem Wagen folgt,
soll schreien: »Io! Von einem tapferen Manne ist ein Mädchen überwunden
                                                        worden.«
Vor dem Wagen soll mit aufgelöstem Haar die Gefangene trübselig einher-
                                                        gehen –
schimmernd weiß ganz, wenn es die verletzten Wangen zuließen.
Schicklicher wäre es gewesen, wenn sie vom Druck der Lippen blutlos gewesen
                                                        wäre
und am Hals das Mal zärtlichen Bisses trüge.
Wäre es schließlich, wenn ich nach Art eines geschwollenen Bergstromes
                                                        getrieben wurde
und blinder Zorn mich zu seiner Beute machte,
nicht genügend gewesen, das ängstliche Mädchen anzufahren
und – nicht allzu harte – Drohungen daherzudonnern
oder die Tunika schmählich vom oberen Saum herunterzureißen
bis zur Mitte? Der Mitte hätte dann der Gürtel Hilfe gebracht.
Doch nun habe ich es auf mich genommen, ihr Haar von der Stirn zu reißen
und die edlen Wangen mit den Nägeln zu zeichnen, eisern.
Sie stand da von Sinnen mit weißem und blutleerem Antlitz,
so wie die Felsen in den parischen Bergen gehauen werden;
ohne Leben habe ich ihren Leib und die Glieder zittern sehen,
wie wenn der Wind das Laub der Pappel bewegt,
Wie vom sanften West das schlanke Rohr erschüttert oder
wenn vom lauen Süd die Oberfläche des Meeres gestreift wird;
und die lange angehaltenen Tränen strömten über das Gesicht,
wie das Wasser aus beiseitegeschafftem Schnee tropft.

Tunc ego me primum coepi sentire nocentem;
  Sanguis erat lacrimae, quas dabat illa, meus.   60
Ter tamen ante pedes volui procumbere supplex,
  Ter formidatas reppulit illa manus.
At tu ne dubita (minuet vindicta dolorem)
  Protinus in voltus unguibus ire meos,
Nec nostris oculis nec nostris parce capillis;   65
  Quamlibet infirmas adiuvat ira manus;
Neve mei sceleris tam tristia signa supersint,
  Pone recompositas in statione comas.

Hermann Fränkel stellt in seinem Buch »Ovid, A Poet between two Worlds« folgende Behauptungen auf (S. 18–23): Ovid rede zu seinen Händen, wie wenn sie etwas Fremdes wären. Die Identität seiner Person sei aufgebrochen (»wavering identity«). In dem Vers (60) *sanguis erat lacrimae, quas dabat illa, meus* sei die Identität der beiden Liebenden eingetaucht in eine *unio mystica*. Es sei eine unerhörte Neuheit für die Antike gewesen, daß sich eine Person nicht länger als identisch und sich selbst fühlte, ein fundamentaler Schritt in der Geschichte des menschlichen Geistes. Eine neue Sympathie werde zwischen menschlichen Wesen möglich, die wir mit dem Christentum verbinden. Das Gegenstück sei die isolierte Haltung des Menschen der attischen Tragödie. Ovids neue Haltung sei besonders deutlich in seiner Liebesdichtung, beschränke sich aber nicht darauf. Tibull und Properz dagegen seien egoistisch, wünschten zu besitzen, während Ovid mit den Augen der Frau sehen könne. Ovid sei von Natur so gewesen, er sei sich der neuen Haltung nicht bewußt. Das Aufgeben des Stolzes als in sich geschlossener persönlicher Identität habe Augustus' Ziele (nämlich offenbar die Erneuerung des römischen Menschen) durchkreuzen müssen.

Kommt man wie Fränkel von der griechischen Tragödie her, mußte der Unterschied zu dem »Antiken« und das Neue bei Ovid besonders bedeutend erscheinen. Anders sieht es aus, wenn man die Geschichte der römischen Elegie in den Gesichtskreis der Betrachtung einbezieht und das Spiel der Motive in ihrer Verwandlung verfolgt. (Vgl. S. 277.)

Sinn und Absicht des Gedichtes werden noch deutlicher, wenn man nicht nur die beabsichtigten Imitationen, sondern auch den Aufbau und die Sinnkurve des Gedichtes in Betracht zieht. Denn wenn es beim ersten Lesen auch den Eindruck einer Fülle wogender Gedanken und Empfindungen macht, so ist es doch sehr durchdacht, wohlgegliedert und lebt von einer überraschenden Wendung am Schluß. Mit dem Aufbau geht nebenher eine wohlberechnete Wirkung auf die *puella*, ein Bedenken des Effekts, das den Abschluß ermöglicht. Während Ovid nämlich im größten Teil des Gedichtes von sich spricht, über seine Tat leidenschaftlich bewegt nachdenkt, ja sich übertrieben agiert, offenbart plötzlich der Schluß, daß Ovid wenn nicht überhaupt in Gegenwart der *puella*, so doch in stetem Hinblick auf sie sich so geriert. Die Entscheidung zwischen beiden Möglichkeiten hängt davon ab, für wie schwerwiegend man den Unterschied zwischen dem *illa* (62) und dem sogleich folgenden *at tu* (63) hält. An der Tatsache, daß das Gedicht auf den Effekt aus ist, kann das nicht irre machen. Könnte doch sonst nicht gesagt werden, sie

Da fing ich zuerst an, mich schuldig zu fühlen;
die Tränen, die sie vergoß, waren mein Blut.
Dreimal aber wollte ich bittflehend vor ihren Füßen niederfallen,
dreimal stieß sie die verabscheuten Hände zurück.
Du aber zaudere nicht – die Rache wird den Schmerz mindern –,
sogleich mit den Nägeln gegen mein Gesicht loszufahren,
und schone nicht meine Augen und mein Haar!
Der Zorn hilft auch noch so schwachen Händen!
Und damit die so traurigen Zeichen meines Verbrechens nicht
übrigbleiben, lege dein Haar wieder geordnet zurecht! (Vgl. S. 373.)

solle sogleich *protinus* ihre Vergeltung üben, natürlich nachdem sie seine Beichte eben vernommen hat und einem so versöhnlichen Scherz zugänglich ist. Der Aufbau ist dadurch gekennzeichnet, daß die Situation jeweils mit sich steigernden Betrachtungen umkreist wird. Man wird nicht verkennen, daß die rhetorische Schule dabei eine Rolle spielt, wo man in den Suasorien immer neue sich übersteigernde Aspekte an dem gesetzten Faktum entdecken mußte. In 1–4 wird im Hilferuf an die Freunde die Situation dramatisiert, daß wegen seines *furor* sein Mädchen, von seiner rasenden Hand verletzt, weint. 5–10 enthält die Betrachtung über die Schwere der Tat, die nur im Mythos Vergleichbares hat. In 11 sinkt der Gedanke auf die Situation zurück, wobei auf den Anfang seiner Tat zurückgegriffen wird. In überraschender Wendung wird die Schönheit des gelösten Haares bedacht und mit dem Mythos parallelisiert. Die Reaktion des Publikums auf das Verbrechen gegen die Schönheit, die in dem Scheltwort »Barbar« gipfelt, erlaubt es, die stumme aber im empörten Ausdruck beredte Reaktion der Gestraften entgegenzusetzen. Und schon ist das Gedicht ein drittes Mal bei der Situation, in der ihr Schweigen ihn zum Angeklagten macht (22: doch sicher in Umkehr des zugrundeliegenden Tatbestandes). Hier geht es in der Besinnung bewegter zu. Für ihn wäre es ein Nutzen gewesen, keine Hände gehabt zu haben. So folgt der Ausbruch gegen seine Arme wie gegen etwas Fremdes, dessen man sich entledigt. Und die Paradoxie der Situation wird in der Sphäre des Rechtes und des Mythos noch weiter gesteigert. Diese bewegte Betrachtung ist besonders kunstvoll in drei mal vier Verse gegliedert, wobei 23–26 die Verse 5–6, 27–30 die Verse 1–4, 31–34 die Verse 7–10 anklingen lassen, und das Gedicht in Rückkehr zum Anfang zu einem ersten Ruhepunkt, zu einer Fermate, gelangt. Es folgt als Mittelstück, das mit *i nunc* das traurige Resultat aus Situation und Betrachtung zieht, die Aufforderung zum Triumph über das schwache Mädchen, mit den Konjunktiven in die Zukunft ausgreifend und auch ihre bleiche Schönheit betonend: *si sinerent laesae, candida tota, genae* mit einem fast makabren Farbenspiel zwischen Rot und Weiß, etwas, das sich aus Vergleichen der Ilias herleitet. Die Ausmalung des Triumphes selbst mit ihrer sarkastischen Färbung paßt dabei nicht recht zu ernster Zerknirschung. Aber so ernst ist sie ja auch nicht; das wird noch deutlicher bei der Aufzählung dessen, was sich eher geschickt hätte, wobei die Erinnerung an Liebesspiele ihren Effekt auf die Herrin haben wird (35–40 und 41 bis 48).
Die erprobte Bewegung der ersten drei Stücke vor dem Mittelstück wiederholt

sich schließlich ein viertes Mal, wobei 49/50 dem Vers 19, 51–58 den Versen 20–22, 59–62 den Versen 23–26 entsprechen. In den ersten beiden Versen holt sich Ovid in die Situation der Gegenwart zurück. Das Bild der bleich Dastehenden beherrscht die nächsten acht Verse, wobei ihre Schönheit, vor allem aber ihre Hilflosigkeit durch die drei Vergleiche hervorgehoben werden. In den letzten vier Versen aber erreicht die Wirkung auf Ovid ihre äußerste Stärke: er fühlt sich nicht nur als *reus*, sondern als schuldig, als Schädling, *nocentem*; er spürt körperlich ihre Tränen fließen, als wäre es das eigene Blut und versucht dreimal, ihr zu Füßen zu fallen, wird aber von ihr dreimal zurückgestoßen. Damit steht das Geschehene in seinem ganzen Ablauf, immer von neuen Erwägungen begleitet, vor Augen.

Und hier, auf dem Gipfel der Demut, nachdem sich Ovid mit soviel Schmeichelei der Wirkung seiner Trauer sicher sein kann, kommt die schon erwähnte überraschende Schlußwendung. Mit dem Imperativ *at tu ne dubita* fordert er die Geliebte auf, die gleiche Rache zu üben und mit den Fingernägeln ihm ins Gesicht zu fahren. In der Parenthese fügt er den Grund hinzu wie in 1 und 48. Diese Parenthesen, den Blick freigebend auf eine andere, rationalistischere Gedankenebene, sind charakteristisch für den Abstand, den der Dichter von seinen Gedanken hält (ganz im Unterschied zu Tibull). Rache wird den Schmerz mildern, sagt er: er hatte es ja – mit was für Erfolg! – selber versucht. Und dieser Rat wird weiter ausgeführt. Weder Augen noch Haar soll sie schonen. Sich ganz in ihre Schwäche hineinversetzend, spendet er sogar noch Zuspruch: der Zorn hilft auch schwachen Händen! Aber so ernst ist auch das nicht gemeint; denn damit das Geschehene vergessen sei und keine Zeichen mehr daran erinnern, soll sie ihr Haar erst wieder in die alte Ordnung legen! Das Angebot, die gleiche Rache über sich ergehen zu lassen, wird bei einer solchen Aufforderung sicher nicht mehr angenommen werden, sondern alles wird sich im Einverständnis des Lachens auflösen.

Von dem Schluß lebt das Gedicht. Es ist der wohlberechnete, das Ganze nach rückwärts erhellende Schlußeffekt. Er verbietet, das Gesagte im vollen Sinne ernst zu nehmen. Das ist keine Zerknirschung, die sich zuletzt einer Erkenntnis bewußt wird, daß nämlich ihre Tränen sein Blut waren. Vielmehr zeigt der Aufbau, daß der Schuldgedanke über mehrere Stufen bewußt gesteigert wird: die Betonung der Schwere des Verbrechens und des Frevels an der Schönheit; die Umkehr des Schuldverhältnisses beim Anblick ihrer Wehrlosigkeit; die Vorstellung des Triumphes und der Möglichkeit, wie es hätte sein sollen; und schließlich das Innewerden der eigenen Schuld angesichts ihrer Tränen; bis durch eine Identitätsmetapher jene Stufe der Demut erreicht ist, die selbst das Angebot der Rache ablehnen und grotesk erscheinen läßt und mit der Aufforderung, die Frisur wieder zu ordnen, alles wieder ins Gleis bringt. Parallel geht damit der andere werbende Zug. Ovid wird nicht müde zu betonen, wie schön die *puella* doch in dieser Situation war: 13, 40, 52, auch hier gesteigert bis zum parischen Marmorbild. Wäre es echte Zerknir-

Amores 1,9

Militat omnis amans et habet sua castra Cupido;
Attice, crede mihi, militat omnis amans.

schung, würde diese zunehmende Betonung der Sinnlichkeit stören. In Wirklichkeit unterstützt sie die Berechnung des Aufbaus.

Das Ganze ist ein psychologisches Spiel. Ovid weiß, wie man ein Mädchen versöhnt. Er führt seine Reue in immer neuen Aspekten vor und vergißt nicht, der Eitelkeit des Mädchens zu schmeicheln, um dann mit dem Fußfall das äußerste der Demütigung zu erreichen – freilich wohl wissend, wie entwaffnend eine solche Geste und das Angebot auf gleiche Rache wirken muß. Eine solche psychologische Bewußtheit aber ist weit entfernt von einer *unio mystica*, sondern sie meistert den andern. Wenn Catull von den *unanimi sodales* spricht, wenn Horaz den Vergil ›die Hälfte seiner Seele‹ nennt, wenn bei Vergil Mezzentius die Wunde seines Sohnes Lausus am eigenen Leibe spürt, wenn Tibull im Miteinander mit Delia auf alles verzichtet und glücklich ist, sind sie der *unio mystica* näher als Ovid. Und man sieht, woher die spielerische Steigerung der Identitätsmetapher, die Fränkel zum Grundstein seines Ovid-Bildes machte, stammt: aus dem römischen Transzendieren, seiner Selbstaufgabe im Gemeinwesen und dem Nächsten. Es soll dabei nicht eine angeborene Zärtlichkeit Ovids geleugnet werden, nur wird sie hier raffiniert als Mittel in einem Gedicht eingesetzt, das von einer Idee lebt.

Hier aber steht Ovid in einer langen Tradition. Wir hatten gesehen, wie Catull sich in schwerem Ringen mit der Untreue der Geliebten auseinandersetzt. Tibull, dessen Formulierungen bei Ovid besonders stark anklingen, hatte dieses Problem verallgemeinert: Da die Herrin die Göttin ist, in deren Dienst der Elegiker seine Lebenserfüllung findet, reißt aus dem Himmel die Götter, wer seine Herrin schlägt. Properz hatte in 1,18 die einmalige Erkenntnis Catulls und seinen Entschluß zum Habitus des Elegikers gemacht. Ovids geniale Frechheit dreht den Spieß um: er hat sich von seinem Zorn zur Rache hinreißen lassen – die Situation wird wie bei Properz (1,18) nur angedeutet, wenn auch deutlich markiert –, und da er als Elegiker das *discidium* vermeiden, mit dem *obsequium* aber seine Geliebte erhalten muß, vollbringt er nun das Kunststück, sie zu versöhnen, wobei er die Motive der Vorgänger, besonders Tibulls, geschickt einbringt. Schon hier zeigt sich der Psychologe, der in den Briefen der Heroinen sich in die Seele nun nicht seiner besonderen Geliebten, sondern des römischen Mädchens einfühlen kann und der dann in dem Lehrgedicht der *ars amatoria* zum Lehrmeister einer Sache wird, die sich rationaler Darlegung entzieht. Weit entfernt also, daß mit Ovid etwas Neues beginnt, endet in ihm eine Bewegung der Durchforschung der menschlichen Seele und ihrer dichterischen Gestaltung.

Spielerisch werden von ihm auch die bis dahin feststehenden Werte umgekehrt. Bekannten sich die Vorgänger zu ihrer *nequitia*, so entdeckt Ovid im psychologischen Ringen um die Seele des Mädchens etwas Entgegengesetztes. Sieht man nämlich nur auf die Anstrengungen und Fähigkeiten, die psychologische Mechanik des Eroberns – wie er in 1,7 –, so ist die Kunst des Eroberns von römischer *virtus* nicht allzuweit entfernt. Diesen genial-frechen Gedanken entwickelt er in

Im Kriegsdienst ist jeder Liebende und Cupido hat sein eigenes Lager,
Atticus, glaube mir, ein Soldat ist jeder Liebende.

Quae bello est habilis, veneri quoque convenit aetas:
Turpe senex miles, turpe senilis amor.
Quos petiere duces annos in milite forti,   5
Hos petit in socio bella puella viro.
Pervigilant ambo; terra requiescit uterque:
Ille fores dominae servat, at ille ducis;
Militis officium longa est via: mitte puellam,
Strenuus exempto fine sequetur amans;   10
Ibit in adversos montes duplicataque nimbo
Flumina, congestas exteret ille nives,
Nec freta pressurus tumidos causabitur Euros
Aptaque verrendis sidera quaeret aquis.
Quis nisi vel miles vel amans et frigora noctis   15
Et denso mixtas perferet imbre nives?
Mittitur infestos alter speculator in hostes,
In rivale oculos alter, ut hoste, tenet.
Ille graves urbes, hic durae limen amicae
Obsidet; hic portas frangit, at ille fores.   20
Saepe soporatos invadere profuit hostes
Caedere et armata vulgus inerme manu;
Sic fera Threicii ceciderunt agmina Rhesi
Et dominum capti deseruistis equi;
Saepe maritorum somnis utuntur amantes   25
Et sua sopitis hostibus arma movent.
Custodum transire manus vigilumque catervas
Militis et miseri semper amantis opus.
Mars dubius nec certa Venus; victique resurgunt,
Quosque neges umquam posse iacere, cadunt.   30
Ergo desidiam quicumque vocabat amorem,
Desinat; ingenii est experientis amor.
Ardet in abducta Briseide maestus Achilles;
Dum licet, Argoas frangite, Troes, opes.
Hector ab Andromaches conplexibus ibat ad arma   35
Et, galeam capiti quae daret, uxor erat.
Summa ducum, Atrides, visa Priameide fertur
Maenadis effusis obstipuisse comis.
Mars quoque deprensus fabrilia vincula sensit;
Notior in caelo fabula nulla fuit.   40
Ipse ego segnis eram discinctaque in otia natus;
Mollierant animos lectus et umbra meos;
Inpulit ignavum formonsae cura puellae
Iussit et in castris aera merere suis.
Inde vides agilem nocturnaque bella gerentem.   45
Qui nolet fieri desidiosus, amet!

Man fragt sich, ob man dieses kecke Gedicht noch ein lyrisches Gedicht nennen soll. Freilich persönliches Bekenntnis und die Stimmung glücklicher Tätigkeit in der Liebe sind am Schluß ausgesprochen. Aber von echter Leidenschaft für die

Das Lebensalter, das für den Krieg geschickt ist, steht auch der Venus an.
Etwas Häßliches ist ein greiser Soldat, etwas Häßliches Greisenliebe.
Die Jahre, die die Führer bei einem tapferen Soldaten wünschen,
wünscht das hübsche Mädchen auch bei dem verbündeten Manne.
Beide durchwachen die Nacht, beide ruhen auf dem Boden:
dieser bewacht die Tür der Herrin, jener die des Feldherrn.
Dienst des Soldaten ist der lange Marsch. Schick das Mädchen fort,
unbegrenzt wird ein wackerer Liebhaber folgen.
Er wird in die sich entgegenstellenden Berge und die vom Regen verdoppelten
Flüsse steigen, er wird den gehäuften Schnee zertreten
und im Begriff das Meer zu befahren, wird er nicht den geschwellten Südwind
vorschützen
und nicht ein passendes Sternbild für das Fegen der Gewässer suchen.
Wer außer dem Soldaten oder dem Liebhaber wird die Kälte der Nacht
und den mit dichtem Regen gemischten Schnee ertragen?
Der eine wird als Späher gegen die bösen Feinde geschickt,
der andere hält ein Auge auf den Rivalen wie auf den Feind.
Jener belagert gewichtige Städte, dieser die Schwelle der harten
Freundin. Dieser bricht Tore, jener Türen auf.
Oft war es von Nutzen, die Feinde im tiefen Schlaf anzugreifen
und die unbewaffnete Masse mit bewaffneter Hand zu morden.
So fielen die Scharen des Thrakers Rhesus und ihr,
ihr Rosse, habt, gefangen, den Herrn im Stich gelassen.
Freilich nutzen so die Liebhaber den Schlaf der Gatten
und bewegen ihre Waffen, wenn die Feinde eingeschläfert sind.
Die Scharen der Wächter und die Rotten der Aufpasser zu umgehen
ist immer das Werk des Soldaten wie des unglücklichen Liebhabers.
Mars ist schwankend und nicht gewiß Venus: Besiegte erheben sich,
und von denen du nie sagen würdest, daß sie zum Erliegen kommen, sie fallen
doch.
Also, wer Liebe Trägheit nennt,
hör damit auf. Liebe ist Sache wagenden Genies.
Es erglüht der grollende Achill für die entführte Briseis.
Solange es erlaubt ist, Troer, erbrecht die argivischen Tore.
Hektor ging aus Andromaches Umarmungen in den Kampf,
und wer den Helm auf das Haupt setzte, war die Gattin.
Der Gipfel der Führer, der Atride, soll, als er die Priamostochter sah,
von Staunen erfaßt worden sein ob der gelösten Haare der Mänade.
Mars auch hat, ertappt, die Fesseln des Handwerkers gespürt;
keine Geschichte war bekannter im Himmel.
Ich selber war träge und geboren für gelockerte Muße.
Schatten und Bett hatten meinen Mut verweichlicht.
Da traf den Faulen die Sorge um ein schönes Mädchen
und befahl, in ihrem Lager Sold zu verdienen.
Seitdem siehst du mich rührig und nächtliche Kriege führen:
wer nicht faul werden will, soll lieben!

Eine ist nichts zu spüren. Die Liebe wird psychologisch als ein seelischer Vorgang
des Eroberns angesehen. Dann liegt der Vergleich mit ähnlichen Verhaltensweisen
nahe. Ob es sich um Feind oder Freund handelt, spielt dabei keine Rolle, wenn

man das Ziel der Eroberung setzt. Der Vergleich wird zunächst, nachdem er ausgesprochen worden ist, bewiesen. Mit geistreicher Wendung wird jeweils die schlagende Ähnlichkeit hervorgehoben. Gerade die Reihung und die sachliche Ordnung des Verglichenen machen den komischen Effekt. Nacheinander werden Dienstalter, Innendienst, Außendienst, die Situation vor dem Kampfe, die Eroberung, der Überfall genannt und geistreich die verblüffende Ähnlichkeit festgestellt. Den Abschluß bildet die allgemeine Bedingung beider Lebensformen, im Mythos gefaßt: Mars ist *dubius* und seine Venus *non certa*. Für den Kühnen ist das nur ein Ansporn. Diese Folgerung (31) wird sogleich gezogen, und hier geschieht nun das Groteske, um dessentwillen die Komödie aufgeführt wurde. Wer die Liebe Müßiggang nennt, *desidia*, der soll schweigen, das Gegenteil ist richtig. Das Catullische Motiv *otium Catulle, tibi est molestum*, das Bekenntnis Tibulls zur *inertia*, Properzens Überzeugung von seiner *nequitia*, doch als ausgefallen und als Absonderung verstanden, das wird hier vom Psychologischen her umgewertet. Kühn behauptet Ovid, daß *ingenium* und *experientia* einschließlich der Fähigkeiten der *virtus* sich im Liebenden verkörpern. Als Beweis rückt die Phalanx mythischer Helden heran, die in allen möglichen Situationen der Liebe verfielen. Die Reihe gipfelt im Kriegsgott selbst. Er selber aber, Ovid, kann es am besten bezeugen. Bis ihn die Liebe traf, war er untätig; jetzt ist er agil. So kommt am Schluß die generelle Mahnung passend, daß die Liebe gegen die verachtete Trägheit schützt, und macht das ganze Gedicht zu einer Suasorie.

Mit Christentum hat das natürlich ebensowenig zu tun wie römische *virtus*. Die Liebe wird hier als menschliches Phänomen unter die Aktivitäten eingeordnet, die ihre eigenen Qualitäten verlangen und eine besondere, aber doch als solche mit anderen vergleichbare, *disciplina* haben. Wenn Properz von seinem »Amor« feststellte »*non cogitat artes*«, so ist dem Ovids Position genau entgegengesetzt. Der Grund dafür liegt darin, daß es ihm nicht um das Grunderlebnis der Liebe und

Amores 3,11

      Multa diuque tuli; vitiis patientia victa est.
         Cede fatigato pectore, turpis amor.
      Scilicet adserui iam me fugique catenas,
         Et quae non puduit ferre, tulisse pudet.
      Vicimus et domitum pedibus calcamus amorem;   5
         Venerunt capiti cornua sera meo.
      Perfer et obdura! dolor hic tibi proderit olim:
         Saepe tulit lassis sucus amarus opem.
      Ergo ego sustinui, foribus tam saepe repulsus,
         Ingenuum dura ponere corpus humo.   10
      Ergo ego nescio quoi, quem tu conplexa tenebas,
         Excubui clausam servus ut ante domum.
      Vidi cum foribus lassus prodiret amator,
         Invalidum referens emeritumque latus.
      Hoc tamen est levius quam quod sum visus ab illo.   15
         Eveniat nostris hostibus ille pudor!

nicht um den Dienst und das Ausgeliefertsein gegenüber der Einen geht, sondern um die Betätigung eines menschlichen Grundbedürfnisses, des Sexuellen, das seinen Rang neben der Stillung des Hungers hat. Freilich weiß Ovid – das zeigt sich auch später immer wieder – um Einmaligkeit und Gegebenheit der Liebe. Selbst in diesem Gedicht heißt es zum Schluß: *inpulit ignavum formosae cura puellae*, als handle es sich um ein der *ratio* nicht mehr ganz zugängliches Geschehen. Aber das andere macht das Gedicht: aus dem Bekenntnis wird das psychologische Spiel. Dies ist die Stärke Ovids und macht den Reiz seiner Gedichte aus. Mit seinem Neuansatz, der Absenkung des Spirituellen und dem Einstieg ins Leben gewinnt er neue Dimensionen, mögen sie auch veräußerlicht sein. Sprachlich und stilistisch ergeben sich neue Möglichkeiten, vor allem der Paradoxie: Das Vergleichbar-Unvergleichbare wird in immer neuen überraschenden Parallelen ausgekostet. Die Dinge werden auf den Kopf gestellt, und dabei ergeben sich die unerwarteten Effekte. Das setzt sich fort und steigert sich bis zu den Metamorphosen, dem Hauptwerk, wenn in der Geschichte von Narziß, der sich in sein Spiegelbild verliebt und es nicht fassen kann, formuliert wird: *inopem me copia fecit*. Der Dichter freilich hat soviel Versabilität, daß er aus der ähnlichen Lage, in der der Künstler in die Schönheit seines eigenen Werkes verliebt ist, einen anderen – märchenhaften – Ausweg weiß: Venus selbst erweckt das Bild des Pygmalion zum Leben. Seine Venus und sein Amor stehen dem Menschlichen näher. In unserem Gedicht bietet das zweite Distichon gleich den Beweis. Hatte Properz in 1,8 gedichtet, sein graues Haar möge seine Liebe noch sehen, so stellt Ovid realistisch fest, daß für den Krieg wie für die Liebe die Jugend geschickt ist, und formuliert von seiner psychologischen Generalisierung her: *turpe senex miles, turpe senilis amor*.
Selbst an das Catullische Grundmotiv *odi et amo* hat er sich herangewagt, ein Motiv, das Horaz in seinen Episteln aufgegriffen hatte und dessen Tragweite bedeutend ist.

Vieles und lange habe ich es getragen; meine Geduld ist durch ihre Laster
               besiegt.
Weiche aus der gequälten Brust, häßliche Liebe.
Natürlich habe ich mich jetzt freigemacht und bin den Ketten entflohen
und, was ich mich nicht schämte zu ertragen, das schäme ich mich jetzt ertragen
               zu haben.
Wir haben gesiegt und treten den bezwungenen Amor mit den Füßen:
spät wuchsen meinem Haupt doch die Hörner.
Halte aus und sei hart: dieser Schmerz wird dir einst nützen:
oft brachte Erschöpften bitterer Saft Hilfe.
Ich habe es also fertiggebracht, so oft von der Tür zurückgestoßen,
den freigeborenen Körper auf den harten Boden zu legen?
Also habe ich für einen Beliebigen, den du umfangen hieltst,
vor dem verschlossenen Haus wie ein Sklave gewacht?
Ich habe es gesehen, als aus deiner Tür ermattet der Liebhaber herauskam,
kraftlose und ausgediente Lende zurückbringend!
Das aber ist weniger hart, als daß ich von jenem gesehen wurde:
möge unseren Feinden eine solche Schande zuteil werden.

Quando ego non fixus lateri patienter adhaesi,
  Ipse tuus custos, ipse vir, ipse comes?
Scilicet et populo per me comitata placebas:
  Causa fuit multis noster amoris amor.   20
Turpia quid referam vanae mendacia linguae
  Et periuratos in mea damna deos?
Quid iuvenum tacitos inter convivia nutus
  Verbaque conpositis dissimulata notis?
Dicta erat aegra mihi; praeceps amensque cucurri;   25
  Veni et rivali non erat aegra meo.
His et quae taceo duravi saepe ferendis:
  Quaere alium pro me qui velit ista pati.
Iam mea votiva puppis redimita corona
  Lenta tumescentes aequoris audit aquas.   30
Desine blanditias et verba, potentia quondam,
  Perdere; non ego sum stultus, ut ante fui.
Luctantur pectusque leve in contraria tendunt
  Hac amor hac odium, sed, puto, vincit amor.
Odero, si potero; si non, invitus amabo: 35
  Nec iuga taurus amat; quae tamen odit, habet.
Nequitiam fugio, fugientem forma reducit;
  Aversor morum crimina, corpus amo:
Sic ego nec sine te nec tecum vivere possum
  Et videor voti nescius esse mei.   40
Aut formosa fores minus aut minus inproba vellem:
  Non facit ad mores tam bona forma malos.
Facta merent odium, facies exorat amorem:
  Me miserum, vitiis plus valet illa suis.
Parce, per o lecti socialia iura, per omnis,   45
  Qui dant fallendos se tibi saepe, deos,
Perque tuam faciem, magni mihi numinis instar,
  Perque tuos oculos, qui rapuere meos!
Quidquid eris, mea semper eris; tu selige tantum
  Me quoque velle velis anne coactus amem.   50
Lintea dem potius ventisque ferentibus utar,
  Ut, quam, si nolim, cogar amare, velim.

Das Verständnis dieses Gedichtes ist wieder eng mit einer philologischen Frage verknüpft, nämlich der, ob es zwei Gedichte sind. Eine neue Elegie hatte nach
Hampke Lucian Müller mit 33 beginnen lassen und viele Herausgeber, darunter
zuletzt Kenney, sind ihm gefolgt.
Doch scheint die erste Hälfte keine Elegie im Sinne Ovids. Er beginnt mit der
Feststellung der Lage. Er hat viel erduldet in seiner Liebe, seine Geduld ist erschöpft. Er hat gesiegt über diese Liebe und tritt Amor mit Füßen, so wie Properz
umgekehrt in 1,1 unter den Füßen Amors versklavt lag. Wie Catull ruft er sich zu,
hart zu sein (7); und in Umwandlung der Lukrezischen Bilder von den Ärzten
sagt er sich, daß dieser bittere Saft ihm einst nützen wird. Mit *ergo* – wir denken

Wann habe ich nicht fest an deiner Seite geduldig gehangen,
selber dein Wächter, selber dein Mann, selber dein Begleiter?
Natürlich gefielst du auch dem Volke, von mir begleitet:
Grund für Liebe war für viele unsere Liebe.
Was soll ich erwähnen die Lügen einer nichtigen Zunge
und die Götter, bei denen Meineide geschworen wurden zu meinem Schaden,
was das schweigende Nicken der Jünglinge beim Gelage
und die versteckten Worte mit ausgemachten Zeichen?
Sie war mir krank geheißen: Hals über Kopf und von Sinnen komme ich
                              gelaufen;
ich kam an und für meinen Rivalen war sie nicht krank.
Dies und was ich verschweige häufig ertragend bin ich hart geworden:
suche einen andern statt meiner, der solches erdulden will.
Schon hört mein Schiff bekränzt mit dem Kranz des Gelübdes
fühllos die schwellenden Wasser des Meeres.
Höre auf, Schmeicheleien und einst wirksame Worte
zu vergeuden: ich bin nicht der Tor, der ich einst gewesen.
Es ringen und ziehen das wankelmütige Herz in die entgegengesetzte Richtung
hier die Liebe, dort der Haß; aber es siegt, glaube ich, die Liebe.
Ich werde hassen, wenn ich kann; wenn nicht, werde ich wider Willen lieben:
auch der Stier liebt nicht das Joch; was er aber haßt, hat er doch.
Ich fliehe vor der Nichtswürdigkeit, die Schönheit führt den Flüchtigen zurück;
ich wende mich ab von dem Tadel der Sitten, den Körper liebe ich.
So kann ich weder ohne dich noch mit dir leben
und scheine meinen eigenen Wunsch nicht zu kennen.
Ich möchte, du seist weniger schön oder weniger böse:
es paßt eine so schöne Gestalt nicht zu schlechten Sitten.
Dein Tun verdient Haß, das Antlitz heischt Liebe:
ich Unglücklicher: durch ihre Fehler hat sie mehr Macht.
Verschone mich bei dem vereinten Rechte des Lagers, bei allen
Göttern, die sich dir oft zum Betrug überlassen,
bei deinem Antlitz, mir soviel wie eine große Gottheit,
und bei deinen Augen, die mir die meinen raubten.
Was du mir bist, du wirst immer mein sein; du wähle nur,
ob du willst, daß auch ich will oder ob ich gezwungen liebe.
Lieber würde ich die Segel setzen und dahintragende Winde haben,
so daß ich die lieben möchte, die ich, wenn ich nicht wollte, doch gezwungen
                              wäre zu lieben.

an am. 1,9 – wendet sich der Blick zum Vergangenen. Er, der Freie, hat vor ihrer Tür gewacht, während ein Rivale bei ihr war, hatte sozusagen das Amt des Begleitsklaven, der auf seinen Herrn wartet, ausgeübt. Nicht nur das, er hatte ihn herauskommen sehen, und noch mehr, er war von ihm gesehen worden! Die Phantasie Ovids – denn um ein Erlebnis dürfte es sich nicht handeln – geht von einem zum andern und steigert sich in immer kompliziertere Bilder (9–16). Und dies alles hat er erduldet, obwohl er doch der treueste Diener der Geliebten war und sie seiner Begleitung wegen dem Volke gefiel (17–20). *Patienter*, geduldig, hat er das getan. Der Gedanke der *patientia* verknüpft dieses Stück mit der Erinnerung an das Ausgeschlossensein. Freilich taucht hier zugleich etwas Erfreuliches mit auf, etwas, das den Abschied wie bei Catull erschweren könnte. Ovid lenkt aber mit einem nüchternen *quid referam* in die Aufzählung der *iniuriae* zurück, nicht ohne zum Abschluß Bild und Pointe anzufügen: man hatte gesagt, sie sei krank. Er eilt schleunigst zu ihr, um festzustellen, daß sie für den Rivalen nicht krank war (21 bis 26). Er faßt zusammen, fast prosaisch nüchtern: das und anderes, was er verschweigt, hat er ertragen und ist hart geworden: jetzt soll sie sich einen andern suchen. Das Gedicht ist wieder auf der Stufe des Anfangs. Aber neu ist die Hinwendung an die Geliebte.

Während bis jetzt einsame Lyrik vorlag, nimmt Ovid mit »such einen anderen, der das statt meiner ertragen will« die Auseinandersetzung mit der Geliebten auf. Ihr sagt er, daß sein Schiff im Hafen ist. In der lebhaften Vergegenwärtigung aber kann sich Ovid ihre Reaktion nicht anders vorstellen, als daß sie jetzt schmeichelt und ihn umzustimmen versucht. Es ist dieselbe Lage wie bei Properz 1,15,25 *desine iam revocare*. Auch dort hatte man das Gedicht aus ähnlichen Gründen teilen wollen. Man müßte auch hier wohl das Neue mit der Wendung an die *puella* beginnen lassen. Aber Properz zeigt, daß eine solche Vergegenwärtigung möglich ist. Am schwersten wiegt, daß die Antwort auf ihr fingiertes Schmeicheln, »ich bin nicht der Tor wie früher«, nicht als Gedichtschluß gelten kann. In dem behandelten Teil ist nichts geschehen, als daß die Situation geschildert wurde. Die Auseinandersetzung hat erst begonnen. Die Ovidische Elegie aber führt die Problematik des Anfangs – hier, daß er Schluß gemacht hat – über ihre erschöpfende Behandlung zu einem oft überraschenden und pointierten, immer aber befriedigenden Schluß. Eine einfache Absage ist weder ein Gedicht noch wie in unserem Falle ein Teil, in dem bestimmte Verse auf die Schwierigkeiten des Abschieds hindeuten, ohne daß sie wirklich zum Tragen kämen. Dies folgt erst in dem ›zweiten Gedicht‹, der Auseinandersetzung, die freilich schon vier Verse vorher beginnt. In ihr rückt die *puella* in den Vordergrund. Vergegenwärtigt, nicht wirklich anwesend, wie im ersten Teil. Das zeigt das Schwanken zwischen der zweiten (39 und 41) und der dritten Person (44), bis zum Schluß die beschwörende Hinwendung an die *puella* erfolgt (47 ff.).

Nach der scharfen und derb begründeten Absage von 31/32 ist eine Pause anzusetzen. Ovid erschrickt und spürt: Liebe und Haß kämpfen in seinem leichtfertigen Gemüt. Und er weiß auch: die Liebe wird siegen. Hassen wird er, wenn er es vermag, andernfalls wird er wider Willen lieben. Auch der Stier liebt sein Joch nicht, aber er hat nun einmal, was er haßt. Das Bild des Stieres kehrt in a.a. 1,19 wieder. Amor ist ein ungebärdiger Knabe, Ovid sein *magister*, wie der Kentaur der des kleinen Achill:

> Sed tamen et tauri cervix oneratur aratro,
>   frenaque magnanimi dente teruntur equi.

> Aber auch der Nacken des Stieres wird mit dem Pflug belastet
>   und der Zügel wird vom Zahn des stolzen Rosses gewetzt.

Hier geht die Phantasie des Dichters in dieselbe Richtung wie in der ars amatoria. Darum wird man das Distichon, obwohl es nur in einer Handschrift überliefert ist, nicht mit Heinsius, dem Kenney folgt, streichen. Es deutet vielmehr auf den

Schluß vor und gibt die Überleitung zum Folgenden, in dem jeweils das Hassenswerte dem Liebenswerten gegenübergestellt wird. Das Hassenswerte sind *nequitia, morum crimina, facta*; das Liebenswerte *forma, corpus, facies*. Nach der ersten Antithese erkennt Ovid die Paradoxie, daß er weder mit ihr noch ohne sie leben kann, also nicht weiß, was er will, und er formuliert den unmöglichen Wunsch, sie müßte entweder weniger schön oder weniger ruchlos sein. Grund: so schlimme Sitten passen nicht zu so großer Schönheit. Die Wiederaufnahme der Antithese (43 f.) führt einen Schritt weiter zu der Erkenntnis, daß sie mehr Macht hat durch ihre Fehler, mehr Macht doch wohl als er im Haß gegen ihre Taten. Er ist ihr – es ist die Situation von Catulls c. 72, die er mit dem berühmten Epigramm c. 85 kombiniert – gerade wegen ihrer Laster hörig. So bleibt nur die beschwörende Bitte an sie, bei allem, was sie gemeinsam erlebten, und bei ihrer Schönheit, ihn zu schonen. Sie wird immer sein bleiben, wie auch immer sie ist – Properz hatte das einmal so ausgedrückt –, sie soll nur wählen, ob er freiwillig oder gezwungen liebt. Er, Ovid, möchte ihre Gunst, damit er die, die er gegen seinen Willen zu lieben gezwungen wäre, auch wirklich gern lieben würde.

Das ist die logische, in der Form der komplizierten Lage angemessene Lösung des Konfliktes, der mit der Situation des Anfangs ähnlich wie bei Catull (c. 8) vorgeführt worden war. An dieses Gedicht erinnert manches, vor allem, daß es sich um einen Abschied handelt, der keiner ist und für den Elegiker auch nicht sein kann, solange er Elegien schreibt. Diese Grundidee wird nur erfüllt, wenn man beide Teile zusammen nimmt. Was aber bei Catull eine einsame Vergegenwärtigung des Verfallenseins an die Erinnerung war, ist hier nach Vergegenwärtigung der erlittenen Unbill und der Absage an die *puella* zum Räsonnement über den Kampf zweier Mächte geworden, die in Ovids Brust ringen, die moralische Entrüstung und – nach Catulls c. 85 – der Haß auf der einen Seite und die Verführung der Schönheit auf der andern. Der zum *servitium* verdammte Elegiker weiß, was siegt, und verlegt sich aufs Bitten: in ihrer Macht ist es, daß seine Liebe mit seinem Willen übereinstimmt (dieser Gedanke fordert, daß man in der letzten Zeile gegen Kenney bei dem überlieferten *ut* bleibt). Das ganze ist ein glasklares Spiel der *ratio*.

Was entsteht, ist die Komödie der Liebe. Ovid versichert zwar *quicquid eris, mea semper eris*, und hierin drückt sich das Wesen der Elegie aus, die aus der Ich-Du-Beziehung zur *domina* entstand. Aber das Gegenüber ist verblaßt. Gemeinsamkeit kann man mit jeder Frau haben, die Rolle des Beschützers, des Mannes, des Begleiters kann jeder spielen, die Bewunderung der körperlichen Schönheit, der verlockenden Augen ist allgemein. Und das Negative sind Erlebnisse, die ebenfalls in den Bereich des Alltäglichen gehören bis zu der typischen Komödienszene, daß der Geliebte den Rivalen aus dem Hause der *puella* kommen sieht, ja von ihm gesehen wird. Wenn dann als Lösung bleibt, daß sich außer dem Wunsche, ohne Spannung lieben zu können, nichts regt, so ist für Tragik kein Platz. Die Existenz ist nicht betroffen.

Weder würde Ovid wie Catull aufschreien zu den Göttern, ihn von dieser Seuche zu befreien, noch wie Tibull die Furchtbarkeit erkennen, daß er mit der anderen Geliebten Nemesis in das Verbrechen der Eisernen Zeit verstrickt ist, noch wie Properz in leidenschaftlichem Ringen die Geliebte zu reiner und großer Leidenschaft führen. Der Gedanke schon, daß er mit ihrem Verlust vor dem Nichts steht, daß die Beendigung seiner Dummheit ihn um sein Glück bringt, läßt ihn erkennen, daß Amor – und das ist die ganze sinnliche und physische Liebe gegenüber der Identität als moralischer Persönlichkeit – den Sieg erringen wird. Diese banale Einschätzung der Mächte, charmant vorgespielt, ist der Grund seiner Elegie. Dies zeigt sich auch in den beiden anderen Gedichten (1,7 und 1,9) wie in den ganzen drei Büchern. Damit stellt sich Ovid aber auf den Boden der Realität, wie sie immer ist, und kann sie psychologisch in den Griff bekommen. Zwar klingt es am Anfang unseres Gedichtes in der Tradition der Elegie noch so, als habe sein moralischer Entschluß zur Niederwerfung Amors geführt, aber das Gedicht selbst und vor allem die Lösung des Schlusses ebenso wie die anderen Gedichte lassen sich eher unter das Motto der ars amatoria bringen: *arte regendus amor*. Kann und will man die erkannte Urmacht nicht gänzlich verneinen, hofft man auch nicht, Schicksal im Miteinander gestalten zu können, so bleibt die Psychologie, mit der man bei festgestecktem, durchaus nicht transzendentem Ziel zum Erfolg kommen kann. Der ›Überbau‹, die Geistigkeit der Vorgänger in der Elegie ist der Interpretation des Normalverhaltens und der Erkenntnis seiner Gesetzmäßigkeit gewichen.

Es ist kein Zufall, daß die Ovidische Dichtung zu immer stärkeren Objektivierungen des Phänomens der Liebe führt. Von den Amores geht es zu den Heroides, den fingierten Briefen der getäuschten Frauen des Mythos. In ihnen versetzt sich Ovid in die kritische Situation und in die Seele der Liebenden, aber in einer Weise, daß das Typische und ewig Gleiche, mithin das Psychologische zu seinem Rechte kommt. Nach dem Versuch einer Tragödie Medea, die offenbar sehr berühmt wurde, erfolgte der Schritt zu einer neuen Form, die eine weitere Stufe der Objektivierung darstellt und Ovids Können besonders entgegenkam, dem Lehrgedicht. Über »Schönheitspflege« – die medicamine faciei –, über die »Liebeskunst« – drei Bücher ars amatoria –, »Heilmittel gegen die Liebe« – remedia amoris. In einem neuen Stil werden dabei die Motive der Amores und Heroides gefaßt, wobei die Ironie ausgekostet wird, daß auf Technik reduziert wird, was aus dem Ganzen des Menschlichen verstanden werden will. Und in einer letzten Wendung erscheinen die Leiden der Liebe und die Begebnisse des Mythos in den großen Werken der Fasten und vor allem der Metamorphosen, das eine die Deutung des römischen Festkalenders, das andere die Verwandlungen der Welt von Anbeginn bis hin zu Augustus. Über diese beiden letzten Werke sei in diesem Rahmen nur soviel gesagt, daß die Liebe als eine der großen Hauptmächte dort eingewoben ist in den großen Teppich des Lebens. So objektiv die Begebenheiten im neuen Stil des Epos (in den Metamorphosen) mit der ganzen Erfahrung der zurückliegenden Liebesdichtungen erzählt werden, so fließt doch hier vielleicht am stärksten in die Darstellung das persönliche Urteil: die Menschlichkeit ist es, die der Leidenschaft ihre Grenze setzt.

Doch vom Ausblick auf Tragödie, Lehrgedicht und Epos zurück zur Lyrik, die letztlich aus psychologischem Interesse und psychologischer Erkenntnis Selbsterlebtes in jenem Spiel der ratio vorführt. Die neue Wendung bringt unverkennbar als neue Form der Gattung Vorzüge, Universalität, und neue stilistische Möglichkeiten werden gewonnen. Freilich wird auch deutlich das Ende der großen römischen Lyrik markiert, die die bedeutenden Themen der Menschenwelt im allgemeinen und besonderen erschöpft hatte, nach der sprachlichen Erneuerung und Verzierung der aus dem Erlebnis erwachsenen Resultate wird sie nun rhetorisch oder manieriert.

Bei Ovid führt diese Übergangssituation zu glücklicher Souveränität und Eleganz, und so gewähren seine Amores ein unerschöpfliches intellektuelles Vergnügen, das nicht ohne Verweischarakter ist. Wenn man sich auf den Boden einer großen Realität stellt und sie verabsolutiert, dann bekommen die Dinge dieser Welt einen Sinn auf sie hin. Wie z. B. für den Christen alles auch einen christlichen Sinn im Positiven und Negativen hat, so ergeben sich für Ovid durch die dichterische Ausschöpfung Amors eine Fülle von Sinnbezügen, in denen sich die Welt spiegelt wie in einem Brennspiegel. Alles hat einen negativen oder positiven Bezug zum Problem Liebe. Die Thematik seiner Liebesdichtung reicht weit über die Möglichkeiten eigener innerer Erlebnisse hinaus; sie wird erschöpfend dargestellt. Das ist mit dem Begriff Universalität gemeint. Sie ist der Gegenpol zu einer Beschränkung wie sie Tibull übte, dem es um das Eine geht; oder selbst dem Ausprobieren aller seelischen Bewegungen in Liebe und Haß, wie wir es von Catull kennen. Bei Ovid ist die Welt gegenwärtig.

Liest man daraufhin noch einmal das zuletzt interpretierte Gedicht, fallen sogleich eine ganze Reihe von Vorstellungen auf, die auf weite Zusammenhänge verweisen. 4: die zeitliche Paradoxie, daß man sich schämt, etwas getan zu haben, obwohl man sich nicht schämte, es zu tun; 6: das Wachsen des Widerstandes, symbolisiert in den Hörnern, ein Motiv, das Horaz auf den Armen bezieht, der nach Weingenuß freimütig wird; 8: die bittere Medizin, die Hilfe bringt, ein lukrezischer Gedanke; 10: das Entwürdigende, daß er, der Freigeborene, unwürdig auf der Schwelle der Geliebten liegt und dabei nicht Amor dient, sondern sozusagen für den Herrn als Sklave das Geleit gibt usw. Die Universalität der Beziehungen fordert vom Leser ein waches Bedenken der ganzen Wirklichkeit und belohnt ihn andrerseits mit dem Genuß, überraschend in die Präsenz dieser Wirklichkeiten eingeführt zu werden.

Freilich stört die Unrast des Blickwechsels die Ausbildung einer einheitlichen, dichten Stimmung. Es ist eine besondere Kunst, so aus dem direkten Gang des Gedankens und der Sprache auszubrechen. Immer wieder überraschend ist es, wie Ovid in stets neuer Wendigkeit die Unendlichkeit der Anspielungen doch unter sein Hauptmotiv zwingt. Daher die sprachliche Vielfalt, die Eleganz der Gedankenregung, die Genauigkeit der Benennung, die ein waches Mitdenken fordert. Die Präzision ist stets so groß, daß der Sinn nicht in Frage steht, aber wem der Faden der Assoziation abgerissen ist oder wer ihn noch nicht gefunden hat, dem bleiben die Verse oft lange dunkel. Es versteht sich von selbst, daß dadurch die Biegsamkeit der Sprache, die Genauigkeit des Begriffs und die Nuance unendlich gewinnt. Der neue Stil Ovids hat die Sprache nicht wie bei Tibull geklärt, wie bei Properz aufgebrochen, sondern unendlich bereichert und geschärft. Ovids Sprache ist der Standard römischer Dichtersprache geworden.

Aber Standard verträgt sich mit Lyrik als erstem Sprechen schlecht, wenigstens in dem von uns verwendeten Sinne. Und so ist noch etwas über das behauptete Ende der römischen Lyrik bei Ovid anzudeuten. Es ist nicht die Kunst, das bewußte Schaffen, das dem Gefühl, der Stimmung und dem besonderen Einmaligen Abbruch tut. Seit Catull sind alle römischen Dichter *poetae docti*, und das gilt in bestimmtem Maß auch schon von seinen Vorgängern. Es ist vielmehr der Wechsel auf eine ausschließlich andere Ebene, der dem Lyrischen in welchem Sinne auch immer schadet. Das Spiel des Intellekts, das nicht mehr den engen Bezug zu dem Persönlichen, dem festen Grund des erschütternden Erlebnisses hat und sich nicht mehr mit der eigenen Welt begnügt, sondern sich alles aneignet, ist nicht mehr Lyrik im Sinne der Selbstaussprache und des direkten Bekenntnisses, der direkten Seinsauslegung neben der erzählenden und dramatischen, wie eingangs definiert, sondern, wenn es sich wie in den Amores als derartiges gibt, ein Zwischending. Erzählerisches und Dramatisches werden in der Ich-Person voragiert. Im Medium der Elegie werden verschiedene Rollen gespielt. Auch von diesen Überlegungen kommt man zur Definition des geistreichen Spiels. Ein solcher Geistreichtum kann aber auf die Dauer weder den Hörer noch den Autor fesseln: vor allem der Hörer erfährt nicht das absolut Neue, das Einmalig-Besondere.

Es ist hier noch nicht von dem Rhetorischen zu sprechen und von einem Manierismus, der von einem verbalen Überdruck lebt. Alles ist ja präzis, in der Metaphorik sparsam, von einer Sache zur anderen schreitend. Aber das Rhetorische, die geprägte Formel und die Figur, die man wiederholen kann, liegt hier näher als bei allem, was bis jetzt zu behandeln war. Das konventionelle Gefühl auf der Ebene einer humanen Bildungswelt, das Weiterformulieren an den gefundenen Wendungen, hinter denen man nicht zurückbleiben darf, hat die Zukunft bestimmt und hat die Dichtung noch weiter vom Lyrischen entfernt. Nicht, daß die Amores nicht elegante und meisterliche, geistreiche und universale Gedichte wären, steht zur Diskussion, sondern daß sie in Ovids Lebenswerk ebenso wie in der Geschichte der römischen Lyrik einen Abschied von der Lyrik bedeuten. Bei Statius, dessen ›Lyrik‹ dann alle Gegenstände dieser Welt bedichtet mit einer unerhörten Versalität des Poetischen und Sprachlichen, spürt man die Fesseln, die in dieser Entwicklung für den gegeben sind, der nun von Besonderem und Einmaligem sprechen will. Wenn dieser zum Beispiel von seiner Schlaflosigkeit als der Krankheit seiner nervösen Epoche dichten will, muß man unter der Manier die persönliche Aussage erkennen.

Zu ihr aber ist auch Ovid noch einmal gekommen, nachdem Schicksal und Leben ihm hart zugesetzt hatten und er in Tomis, dem heutigen Konstanza in Rumänien, über sein Leben und auch seine Bedeutung nachdenken konnte.

Das Leben Ovids und der »Abschied von Rom«

Der 43 v. Chr. Geborene, durch seine Amores berühmt geworden, hatte die Liebesdichtung – die Heroides, dazwischen die Medea, die 2. Auflage der Amores in drei statt fünf Büchern, die ars amatoria mit dem angefügten dritten Buch (1 v. Chr.) und die remedia amoris (2 n. Chr.) – etwa um Christi Geburt zum Ende geführt und die Fasten bis zur ersten Hälfte, die Metamorphosen fast zum Abschluß gebracht, als Augustus ihn verbannte. Es war die milde Form der Strafe, relegatio, die lediglich die Verbannung aus Rom betraf. Aber welch ein Unglück für einen Mann, der ähnlich wie Cicero die Luft Roms zum Leben brauchte. Das war im Jahre 8 n. Chr. Ovid spricht in den folgenden Jahren oft von diesem Ereignis und von seiner Schuld. Da er es aber mit Absicht nur in andeutender Form tut, ist der Tatbestand nicht mehr voll zu erfassen, zumal Sidonius Apollinaris (c. 23,158) ihn im Widerspruch zu Ovids Aussage eines Verhältnisses mit der Enkelin des Augustus, Julia, bezichtigt. Aber wir dürfen die Aussagen Ovids, daß er die Hände nicht an die Götter gelegt hat, daß er der Aktäon war, der schuldlos die Göttin beim Bade sah und von ihren Hunden zerrissen wurde, daß es sich nicht um *crimen*, sondern um *carmen* und *error* gehandelt habe, ernst nehmen. Die Zeitgenossen wußten Bescheid und hätten eine Lüge nicht ertragen. Nach allem wird es so gewesen sein, daß Ovid im Jahre 8 n. Chr. Zeuge des Ehebruchs gewesen ist, den Julia, Gemahlin des L. Aemilius Paulus, mit D. Silanus beging. Wenn Ovid bei dieser Gelegenheit von *timor* spricht, so wird diese Furcht ihn gehindert haben, das, was er ungewollt sah, aus Scheu vor weiteren Konsequenzen vorzubringen; man mag ihm auch Mitwisserschaft vorgeworfen haben. Soweit der Anlaß.

Der tiefere Grund aber war nicht *error*, sondern Ovids *carmen*, seine Liebesdichtung, sie ist zur Rechenschaft gezogen worden als Angeklagte eines damit verbundenen Vorwurfs, *adiuncti criminis rea*. Gemeint war vor allem die ars amatoria. Ovid mag sich dagegen verteidigen: er befürworte ja nicht den Ehebruch, was man ihm vorwerfe; sondern es handele sich um erlaubte Verhältnisse mit *meretrices*: erstens war der Unterschied in der ars amatoria durchaus nicht so klar erkenntlich, und zweitens war Augustus nicht geneigt, eine Autonomie der Dichtung anzuerkennen. Er nahm die ars amatoria stofflich und bestrafte die auflösende Wirkung. Ovid hat sich im 2. Buch der Tristien, das aus einem einzigen Gedicht besteht, dagegen verteidigt. Auf der einen Seite stehen politische Macht und Sorge, auf der anderen Seite ist der berühmte Dichter, der, wie er behauptet, nichts anderes getan hat, als andere Liebesdichter auch, und der jetzt mit seinem Publikum eine vom Staat unabhängige geistige Macht geworden ist. Das ist ein Problem der römischen Literaturgeschichte überhaupt. Es handelt sich um die Entwicklung der autonomen Bereiche Religion, Staat und Kultur.

Die Notwendigkeit, unter dem Spruch des *princeps*, in der Verbannung zu leben, hat in Ovid eine neue Form der persönlichen Dichtung, der Lyrik, hervorgebracht. Jahr für Jahr hat er zunächst ein Buch Tristien – es waren fünf Bücher, noch ohne Nennung des Adressaten, da es gefährlich scheinen konnte, mit dem Verbannten in Verbindung zu stehen –, dann die Epistulae ex Ponto nach Rom geschickt (8 n. Chr. Trist. I; 9 Trist. II; 10 Trist. III; 11 Trist. IV; 12 Trist. V; 13 n. Chr. Epist. ex Ponto I–III; 16 n. Chr. Epist. ex Ponto IV). Im Jahre 17/18 n. Chr. ist er gestorben, immer noch in der Hoffnung auf Begnadigung.

In diesen Gedichten lebt eine Fülle von Welt und neuen Erkenntnissen – über seine Schuld, über die römische Welt, die er jetzt von der Peripherie sieht –, und in immer neuen Wendungen wird Leid und Klage formuliert. Man hat von Wehleidigkeit gesprochen und vom Moralischen her über diese Dichtung geurteilt. Wir wollen zum Abschluß der Würdigung Ovids *Tristien* 1,3, den »Abschied von Rom«, ein Gedicht, das Goethe bewegte und für ihn Symbolwert bekam, betrachten und dabei auch erkunden, ob dieser Vorwurf zutrifft.

Cum subit illius tristissima noctis imago,
    qua mihi supremum tempus in urbe fuit,
cum repeto noctem, qua tot mihi cara reliqui,
    labitur ex oculis nunc quoque gutta meis.
iam prope lux aderat, qua me discedere Caesar   5
    finibus extremae iusserat Ausoniae.
nec spatium fuerat nec mens satis apta parandi:
    torpuerant longa pectora nostra mora.
non mihi servorum, comites non cura legendi,
    non aptae profugo vestis opisve fuit.   10
non aliter stupui, quam qui Iovis ignibus ictus
    vivit et est vitae nescius ipse suae.
ut tamen hanc animi nubem dolor ipse removit,
    et tandem sensus convaluere mei,
adloquor extremum maestos abiturus amicos,   15
    qui modo de multis unus et alter erant.
uxor amans flentem flens acrius ipsa tenebat,
    imbre per indignas usque cadente genas.
nata procul Libycis aberat diversa sub oris,
    nec poterat fati certior esse mei.   20
quocumque aspiceres, luctus gemitusque sonabant,
    formaque non taciti funeris intus erat.
femina virque meo, pueri quoque funere maerent,
    inque domo lacrimas angulus omnis habet.
si licet exemplis in parvo grandibus uti,   25
    haec facies Troiae, cum caperetur, erat.
iamque quiescebant voces hominumque canumque
    Lunaque nocturnos alta regebat equos.
hanc ego suspiciens et ab hac Capitolia cernens,
    quae nostro frustra iuncta fuere Lari,   30
›Numina vicinis habitantia sedibus‹, inquam,
    ›iamque oculis numquam templa videnda meis,
dique relinquendi, quos urbs habet alta Quirini,
    este salutati tempus in omne mihi.
et quamquam sero clipeum post vulnera sumo,   35
    attamen hanc odiis exonerate fugam,
caelestique viro, quis me deceperit error,
    dicite, pro culpa ne scelus esse putet,
ut quod vos scitis, poenae quoque sentiat auctor.
    placato possum non miser esse deo.‹   40
hac prece adoravi superos ego, pluribus uxor,
    singultu medios impediente sonos.
illa etiam ante Lares passis adstrata capillis
    contigit extinctos ore tremente focos,
multaque in adversos effudit verba Penates   45
    pro deplorato non valitura viro.
iamque morae spatium nox praecipitata negabat,
    versaque ab axe suo Parrhasis Arctos erat.

Wenn mir das so trübe Bild der Nacht aufsteigt,
in der ich die letzte Zeit in der Stadt verbrachte,
wenn ich zurückdenke an die Nacht, in der ich soviel mir Liebes gelassen,
gleitet aus meinen Augen auch jetzt noch der Tropfen.
Schon war das Licht nahe herangerückt, bei dem Caesar
mir aus den Grenzen von Ausoniens Land zu weichen geheißen.
Und es war keine Zeit und kein Sinn gewesen, genügend Passendes vorzu-
       bereiten:
erstarrt war mein Herz durch das lange Zögern.
Ich trug keine Sorge um Diener, keine, Begleiter auszuwählen,
keine um eine für den Verbannten passende Kleidung oder um Mittel.
Nicht anders war ich benommen als einer, der, von Juppiters Feuer
       getroffen,
doch lebt und selber seines Lebens nicht gewahr wird.
Sobald aber der Schmerz selber diese Wolke der Seele verscheuchte
und endlich meine Sinne erstarkten,
rede ich ein letztes Mal die trauernden Freunde beim Weggehen an,
von denen, aus eben noch vielen, einer und der andere da waren.
Die liebende Gattin hielt den Weinenden, selber heftiger weinend,
ein Tränenregen fiel beständig über ihre Wangen, die es nicht verdienten.
Die Tochter war in der Ferne weit weg unter libyschen Gestaden
und konnte von meinem Geschick nicht wissen.
Wohin du blicken wolltest, tönten Jammern und Klagen,
und drinnen herrschte das Bild eines lauten Begräbnisses.
Frau und Mann, auch die Kinder trauern über mein Begräbnis,
und im Haus hat jeder Winkel seine Tränen.
Wenn es erlaubt ist, bei Geringem große Beispiele zu gebrauchen:
so war der Anblick Trojas, als es genommen wurde.
Und schon ruhten die Stimmen der Menschen und Hunde,
und Luna lenkte in der Höhe ihre nächtlichen Rosse.
Zu ihr schaute ich auf und erblickte bei ihrem Schein das Kapitol,
das vergebens mit unserem Lar verbunden war,
und sagte: »Ihr Mächte, die ihr in den benachbarten Sitzen wohnt,
und ihr Tempel, die nun nie mit meinen Augen zu sehen sind,
und ihr Götter, welche die hohe Stadt des Quirinus besitzt, die ich euch
       verlassen muß,
seid mir für alle Zeit gegrüßt.
Und obwohl ich zu spät nach der Verwundung den Schild nehme,
so entlastet doch diese Flucht von Haß,
und sagt dem göttlichen Manne, welcher Irrtum mich getäuscht hat,
daß er nicht anstelle von Schuld an ein Verbrechen glaubt,
damit, was ihr wißt, auch der Urheber der Strafe merke:
wenn der Gott besänftigt ist, vermag ich nicht elend zu sein.«
Mit solcher Bitte betete ich zu den Himmlischen: mit mehr die Gattin,
wobei das Schluchzen hindernd mitten in ihre Laute drang.
Sie lag auch mit gelöstem Haar vor den Laren
und berührte mit zitterndem Mund den erloschenen Herd
und schleuderte viele Worte gegen die mißgünstigen Penaten,
Worte, die keine Kraft haben sollten für den schon als tot beweinten Mann.
Und schon verweigerte die sinkende Nacht dem Zögern den Raum,
und gewendet von ihrer Achse hatte sich die arkadische Bärin.

quid facerem? blando patriae retinebar amore,
  ultima sed iussae nox erat illa fugae.   50
a! quotiens aliquo dixi properante ›quid urges?
  vel quo festinas ire, vel unde, vide.‹
a! quotiens certam me sum mentitus habere
  horam, propositae quae foret apta viae.
ter limen tetigi, ter sum revocatus, et ipse   55
  indulgens animo pes mihi tardus erat.
saepe ›vale‹ dicto rursus sum multa locutus,
  et quasi discedens oscula summa dedi,
saepe eadem mandata dedi meque ipse fefelli,
  respiciens oculis pignora cara meis.   60
denique ›quid propero? Scythia est, quo mittimur‹, inquam,
  ›Roma relinquenda est, utraque iusta mora.
uxor in aeternum vivo mihi viva negatur,
  et domus et fidae dulcia membra domus,
quosque ego dilexi fraterno more sodales,   65
  o mihi Thesea pectora iuncta fide!
dum licet, amplectar: numquam fortasse licebit
  amplius. in lucro est quae datur hora mihi.‹
nec mora, sermonis verba inperfecta relinquo,
  complectens animo proxima quaeque meo.   70
dum loquor et flemus, caelo nitidissimus alto,
  stella gravis nobis, Lucifer ortus erat.
dividor haud aliter, quam si mea membra relinquam,
  et pars abrumpi corpore visa suo est.
sic doluit Mettus tunc cum in contraria versos   75
  ultores habuit proditionis equos.
tum vero exoritur clamor gemitusque meorum,
  et feriunt maestae pectora nuda manus.
tum vero coniunx umeris abeuntis inhaerens
  miscuit haec lacrimis tristia verba meis: 80
›non potes avelli. simul hinc, simul ibimus‹, inquit,
  ›te sequar et coniunx exulis exul ero.
et mihi facta via est, et me capit ultima tellus:
  accedam profugae sarcina parva rati.
te iubet e patria discedere Caesaris ira,   85
  me pietas. pietas haec mihi Caesar erit.‹
talia temptabat, sicut temptaverat ante,
  vixque dedit victas utilitate manus.
egredior, sive illud erat sine funere ferri,
  squalidus inmissis hirta per ora comis.   90
illa dolore amens tenebris narratur obortis
  semianimis media procubuisse domo,
utque resurrexit foedatis pulvere turpi
  crinibus et gelida membra levavit humo,
se modo, desertos modo complorasse Penates,   95
  nomen et erepti saepe vocasse viri,

Was hätte ich tun sollen? Von verlockender Liebe zur Heimat wurde ich
                           zurückgehalten,
aber jene Nacht war die letzte vor der befohlenen Verbannung.
O wie oft habe ich, wenn jemand eilte, gesagt: »Was drängst du?
Sieh doch, wohin du zu gehen dich mühst, oder von wo hinweg!«
O wie oft log ich vor, ich hätte eine festbestimmte Stunde,
die für die vorgesetzte Reise geschickt sei.
Dreimal berührte ich die Schwelle, dreimal wurde ich zurückgerufen
und der Fuß selbst, dem Herzen nachgebend, war mir träge.
Oft sagte ich »Lebe wohl!« und redete doch wieder viel,
und als wollte ich weggehen, gab ich letzte Küsse.
Oft gab ich dieselben Aufträge und täuschte mich selbst,
mit meinen Augen schauend die Unterpfänder der Lieben.
Schließlich sagte ich: »Was eile ich? Skythien ist es, wohin wir geschickt werden,
Rom ist zu verlassen. Beides ist gerechte Verzögerung.
Die Gattin wird mir zu Lebzeiten lebend für ewig versagt,
und das Haus und die süßen Glieder des treuen Hauses,
und sie, die Gefährten, die ich auf brüderliche Art geliebt habe,
Herzen, o mir in der Treue eines Theseus verbunden!
Solange es erlaubt ist, will ich sie umarmen. Nie wird es vielleicht mehr erlaubt
                           sein.
Ein Gewinn ist die Stunde, die mir geschenkt wird.«
Kein Säumen mehr und ich lasse unvollendet die Worte der Rede,
umarmend alles, was meinem Herzen am nächsten.
Während ich spreche und wir weinen, war am hohen Himmel
der strahlende Morgenstern, für uns das drückende Gestirn, aufgegangen.
Ich trenne mich, nicht anders, als wenn ich meine Glieder zurückließe,
und ein Teil schien von seinem Körper losgerissen zu werden.
So empfand Mettus damals Schmerz, als er die ins Entgegengesetzte gewendeten
Rosse als Rächer seines Verrates hatte.
Da aber erhebt sich Geschrei und Stöhnen der Meinen,
und trauernde Hände schlagen die nackte Brust.
Da aber mischte die Gattin, an der Schulter des Scheidenden hängend,
folgende traurigen Worte unter meine Tränen:
»Du kannst nicht weggerissen werden. Zusammen werden wir, zusammen von
                           hier gehen«, sagte sie,
»ich werde dir folgen und verbannt die Gattin eines Verbannten sein.
Auch für mich ist die Reise gemacht, auch mich empfängt das Ende der Erde:
ich werde als geringes Gepäck zu dem Verbanntenschiff hinzukommen.
Dich heißt aus dem Vaterland zu gehen der Zorn Caesars,
mich die Gattenliebe. Diese Gattenliebe ist für mich Caesar.«
Solches versuchte sie, wie sie es vorher versucht hatte,
und mühsam streckte sie ihre Hände, besiegt vom Nutzen.
Ich schreite hinaus oder sei's, daß jenes hieß, ohne Begängnis getragen zu werden,
struppig im Haar, das über das rauhe Gesicht hing.
Sie soll sinnlos vor Schmerz in befallendem Dunkel
halbentseelt mitten im Hause zusammengesunken sein.
Und wie sie sich wieder aufgerichtet mit von häßlichem Staub entstelltem
Haar und die kalten Glieder vom Boden erhoben hatte,
habe sie gejammert, daß sie, daß die Penaten verlassen,
und habe oft den Namen des entrissenen Gatten gerufen,

> nec gemuisse minus, quam si nataeque virique
>   vidisset structos corpus habere rogos,
> et voluisse mori, moriendo ponere sensum,
>   respectuque tamen non periisse mei.
> vivat, et absentem, quoniam sic fata tulerunt,
>   vivat ut auxilio sublevet usque suo.

Man kann wohl behaupten, daß es sich um Lyrik in einem doppelten Sinne handelt, und zwar in einer Form, die es bis dahin in der Antike weder im Griechischen noch im Römischen gegeben hatte. Ovid nimmt an, daß das große Leid, das ihn betroffen hat, auch andere angeht; er will es aber auch für sich deuten, sich darüber mit einem Menschen, vor allem seiner Frau, verständigen und sich aussprechen. Er kann es nicht anders, als daß er es in die Welt erhebt, in der er ganz lebt, in seine Dichtung. So erneuert er in bestimmter Situation etwas, das die Elegie am Anfang wohl gewesen war, Klagegesang in einer bestimmten Situation des Leidens. Das alles zeigt, daß hier etwas Neues vorliegt, noch nicht, daß es auch Lyrik in unserem Sinne ist. Was uns vielleicht auf den ersten Blick befremdet, ist dies, daß der Strom der Klage nicht etwa frei daherfließt, sondern daß die Mittel der Ovidischen Poesie hier eine letzte Phase durchlaufen, eine Metamorphose erfahren, in der sie ihren Wirklichkeitsgehalt mit Erfolg erproben.

Die Sprache und der Vers sind erlesen einfach. Die Präzision ist bei aller Schlichtheit noch größer geworden, das Spiel mit der Paradoxie hat nicht aufgehört. Es gilt, was Ovid in Tristien 4,10,26 von sich sagte: *et quod temptabam dicere versus erat*. Es scheint bezeichnend, daß dieser Pentameter eben in den Tristien steht: so schlicht hätte es Ovid früher wohl nicht sagen können, und diese bewundernswerte Eleganz im einfachsten ist auch das Kennzeichen des »Abschieds von Rom«. Zugleich hinzuzufügen ist freilich, daß es nicht an erprobten Wendungen, an Umschreibungen, Metaphern, Vergleichen, Reden fehlt; Ovid kann nicht anders als kultiviert dichten.

Das Gedicht ist eine Vergegenwärtigung der letzten Nacht in Rom; auf der Reise lebt er noch in der Vergangenheit, die Tränen kommen ihm bei dem Gedanken an den Abschied (1–4). Der letzte Tag war da, und nichts war vorbereitet. So sehr hatte Lethargie ihn erfaßt. Er war – und so schließt ein Vergleich dieses Stück ab – wie vom Blitz Juppiters getroffen. Er lebte und wußte nicht, daß er lebte. Mit der paradoxen Zuspitzung schließt dieses zweite Stück (5–12). Eben der Schmerz ist es, der ihn am letzten Abend zu sich bringt. Die letzten Worte will er an die wenigen verbliebenen Freunde richten. Die Tochter war, ohne von dem Schicksal zu wissen, in Afrika, die Gattin aber weinte mit ihm, und in dieses Weinen stimmte das ganze Haus ein bis zu den Burschen wie bei einem Begräbnis. Um Großes mit Kleinem zu vergleichen, so führt er den Abschluß elegant ein: es war wie der Untergang Trojas (13–26).

Mit einer epischen Zeitangabe setzt sich das Geschehen in der Nacht selbst fort. Dem Schweigen der Stimmen von Mensch und Tier und dem stillen Dahinziehen des Mondes stehen Ovid und die Gattin gegenüber; der eine beim Anblick des an sein Haus anschließenden Kapitols sein Gebet an die Götter richtend, vor allem

und sie habe nicht weniger geschlachzt, als wenn sie gesehen hätte,
wie den Körper von Tochter und Mann der aufgeschichtete Scheiterhaufen
besäße,
und habe sterben wollen, durch Sterben ihr Empfinden ablegen
und sei doch nicht in Rücksicht auf mich verendet.
Sie soll leben und soll leben, damit sie den Abwesenden,
da es so das Schicksal gefügt hat, mit ihrer Hilfe ständig stütze.

besorgt, sie möchten Augustus davon überzeugen, daß es kein Verbrechen, sondern ein Irrtum war, dessentwegen er verbannt wurde; die Gattin inständig aber vergebens die Götter des Hauses, die Laren und die Penaten anflehend. Die Frage seiner Schuld bohrt noch in ihm, aber versöhnlich, wenn auch nicht ohne Berechnung, möchte er, menschlich wie immer, daß die Verbannung nicht von Haß belastet sei (27–46).
Auch die beiden folgenden Stücke, die Stufen des eigentlichen Abschieds, sind an das kosmische Zeitgeschehen, das unerbittlich seinen Gang geht, angeknüpft (47 bis 70 und 71–90). In 47 wiederholt Ovid dieselbe Figur wie in 27: *iamque morae spatium nox praecipitata negabat*, in 71 wird der prächtige Aufgang des Morgensterns dem endgültigen Abschiedsschmerz entgegengestellt. Variation und Steigerung, bewußte Kunst sind mit Händen zu greifen. Die beiden Stücke sind parallel gebaut. Nach der Schilderung des jeweiligen Zustandes werden im ersten Stück vor allem die Freunde bedacht, im zweiten die Gattin, der Schluß bringt die abbrechende Handlung. Im ersten wird das Zögern, die Ansätze zu gehen, die immer wieder abgebrochen werden, Wort und Form. Und wer ihn drängt, bekommt, sogar gleich zweimal, zu bedenken, wohin er eilt und von wo hinweg, ein Gedanke, der beim zweiten Mal konkretisiert und abschließend zugespitzt wird: *utraque iusta mora est*. Das Gelungene zu wiederholen, ist eine echt Ovidische Schwäche. Zugleich muß man empfinden, daß in dem Fund dieser Antithese eine geistige Befriedigung zu spüren ist, Trost am eigenen Können. Das Stück endet mit direkter Rede Ovids, klagend alles, vor allem der Gattin und der Freunde gedenkend, den Mythos bei den Freunden mit der Treue der Freunde Theseus und Peirithoos beschwörend, bis er die Rede unvollendet abbrechen muß und nur mit dem Herzen alles, was ihm nah, umfaßt: der Morgenstern ist inzwischen aufgegangen.
Die nächste Stufe (71–90) bringt den endgültigen Trennungsstrich. Ein Exempel aus der römischen Geschichte stellt sich ein. Diese Abtrennung war wie der Schmerz des Mettius – Mettus ist eine Nebenform des gewöhnlicheren Mettius –, der wegen seiner Treulosigkeit von den römischen Bundesgenossen geviertelt wurde, indem ein Viergespann an seine Glieder gebunden in die vier verschiedenen Himmelsrichtungen gejagt wurde – die letzte unmenschliche Grausamkeit der römischen Geschichte, wie Livius vermerkt. Die Klageschreie, die sich bei der Trennung erheben, gipfeln in einer tränenuntermischten Rede der Gattin, die seine Verbannung teilen will, auch sie mit einer antithetischen Redefigur abschließend: ist für Ovid der Caesar die Ursache der Verbannung, so für sie die Gattenliebe. Für sie ist die Gattenliebe Caesar. Mit Mühe nur läßt sie sich von Vernunftgründen bewegen, im Hause zu bleiben. Ovid tritt hinaus.
Von Erzählungen nur weiß er – und das bildet den Schluß 91–102 –, daß sie ohn-

mächtig zusammenbrach, daß sie, wieder zu sich gekommen, wie beim Begräbnis gejammert und seinen Namen wie den eines Toten gerufen habe. Sterben wollte sie und ist nur am Leben geblieben aus Rücksicht auf ihn. Und so wendet sich das Schlußdistichon dem Tröstlichen zu: sie soll leben und ihn durch ihre Hilfe stützen.

Hier ist, gewiß geordnet und geformt, glaubwürdiges Erlebnis gestaltet, bis in realistische Einzelheiten hinein. Es ist durchtränkt von der Stimmung schmerzlicher Erinnerung und Vergegenwärtigung, die am Schluß eine Aufhellung erfährt im Gedanken an die Gattin. Freilich ist das Gedicht weit entfernt von Natürlichkeit. Es ist stilisiert, nicht nur gebaut in Anlehnung an ein episches Bauprinzip. Die Abschnitte haben auch in sich ein eigenes intellektuelles Leben, das meist in einer Schlußpointe gipfelt. Die Paradoxien, die Ovid mit Glück in den Geschichten des Mythos aufspürte, mußte und konnte er hier im eigenen Erleben entdecken. Und Vergleiche, historische *exempla*, mythische Beispiele zusammen mit den Gegebenheiten seiner römischen Existenz, dem Haus am Kapitol, dem Verhältnis zum Kaiser, sie machen alle aus einem wirklichen Schicksal den exemplarischen Fall. Hatte er früher den Mythos aus dem Leben gedeutet, so jetzt das Leben aus der Welt, die er gedichtet hatte. Sein trauriges Schicksal gewinnt dadurch Anteil am Geistigen, an einer objektiven Welt der Formen und Inhalte, des Mythischen, worin er wie in der gelungenen Form einen Halt und einen Trost findet. Insofern ist auch dies echt.

Zum bloßen Wort, zur Manier, zur rhetorischen Abundanz aber kann diese Eigenart werden, wenn nicht das persönliche Erlebnis dahintersteht, sondern Beliebiges in vorgeprägten Formeln und Bildern bedichtet wird. Da stirbt die Lyrik ab. Die Dichtersprache war eine solche Macht geworden, daß sich ursprünglich neues Empfinden immer seltener als neu ausweisen und durch die geforderte Manier hindurch behaupten konnte. Von diesem Kampf und den Möglichkeiten zur Lyrik vor allem durch Rückgriff auf Volkstümliches und Volkssprache soll in einem letzten Kapitel gesprochen werden.

Ausklang   6

Statius

Es ist nicht einfach, aus der folgenden Zeit lyrische Gedichte auszuwählen, die das Bild abrunden. Es ist merkwürdig, aber doch auch wieder aus der dichterischen Entwicklung Ovids sehr verständlich, daß die Liebeselegie aufhört. Zwar erfährt man von einem Dichter zur Zeit des Tacitus, der Gedichte im Stil des Properz geschrieben habe, selber ein Nachkomme dieses Dichters. Aber es ist unwahrscheinlich, daß uns hier etwas Originelles entgangen ist. Das Überwuchern des Rhetorischen und Mythologischen ist der persönlichen Aussage und Stimmung, eben dem, was wir mit lyrisch bezeichnen, nicht günstig gewesen. Die Leichtigkeit der Produktion, die man bei Ovid bewundert, nimmt zu; der Anspruch an die poetischen Mittel wird höher, der gesellige Zweck, dem die Lyrik – etwa das Festgedicht, das Trostgedicht, die epideiktische Schilderung irgendeiner Preziose – immer mehr dient, lebt von zierlichen Einfällen, nicht von der Bemeisterung der Welt. Aus Tiberianischer Zeit läßt sich nichts anführen, was auf den Namen Lyrik Anspruch erheben könnte. Caesius Bassus, Herausgeber des Persius, damals hochbetagt, ein großer Metriker, war als Lyriker berühmt. Quintilian empfiehlt ihn neben Horaz zu lesen. Aber so sehr man das literarische Urteil des spanischen Pädagogen schätzen muß, er hat doch vor allem danach gefragt, was für den Jünger der Redekunst bei der Lektüre der im 10. Buch genannten Autoren herausspringt. Und so dürfte mit seinem Urteil eher die formale Qualität des Caesius Bassus gesichert sein. Die Bukolik, die unter Nero mit den Einsiedler-Eklogen und Calpurnius Siculus in Vergil-Nachahmung eine gewisse Blüte erlebte und den erhofften Anbruch des Goldenen Zeitalters feierte, ist nicht so sehr Lyrik als höfische Poesie.
Im Geiste Ovids und mit fast gleicher Virtuosität hat in der Zeit der Flavier Statius (ca. 40–96 v. Chr.) unter dem Titel »Silvae« (= vermischte Gedichte wie etwa griechische Titel, z. B. λειμών, die »Wiese«) herausgegeben. Statius war ein Dichter, vor allem aber ein großer Improvisator. Ribbeck hat in seiner »Römischen Dichtung« die von ihm nicht ohne Sympathie beschriebene umfangreiche »Lyrik« des Statius mit der Fest- und Paradepoesie verglichen, die zu seiner Zeit schon aus der Übung kam, und mit dem aufkommenden Journalismus seiner Tage. Der Dichter gab den Ereignissen und Sensationen einer verwöhnten Gesellschaft mit seinem Namen und seiner Kunst, die immer mehr den Charakter eines subtilen Handwerks annahm, Ruhm und Dauer über den Tag hinaus. Erst einmal aber mußte das Gedicht aktuell sein, damit das Interesse am Gegenstand nicht erkaltet war. Statius rühmt sich, daß er für kein Gedicht seiner Sammlung länger als zwei Tage gebraucht habe. H. Friedrich bezweifelt das und spürt das Augenzwinkern des Verfassers dieser ausgefeilten Gedichte. Bedenkt man, welche Proben Petron seinen Improvisatoren in den Mund legt und daß die Gesellschaft die fruchtbare Leichtigkeit des Talentes beobachten konnte, so scheint die Aussage dem Latinisten nicht unmöglich. Soviel stand an Wendungen, Inhalten, metrischen Formeln zur Ver-

fügung, daß mit gutem Gedächtnis, dichterischem Geschmack und einem hochge-
züchteten Können auf einem durch die Konvention beschränkten Sprachraum sich
rasch ein Gedicht schreiben ließ. Statius war sehr gut in den Augen der Zeit, technisch perfekt, menschlich liebenswürdig, einfallsreich und aktuell.

Wollte man ein Buch über römische Dichtung wie Ribbeck schreiben, so verdienten
die *Silvae* des Statius eine ausführlichere Behandlung. Da es uns auf den römischen

Silvae 5,4

> Crimine quo merui, iuvenis placidissime divum,
> quove errore miser, donis ut solus egerem,
> Somne, tuis? Tacet omne pecus volucresque feraeque
> et simulant fessos curvata cacumina somnos,
> nec trucibus fluviis idem sonus, occidit horror   5
> aequoris et terris maria adclinata quiescunt.
> Septima iam rediens Phoebe mihi respicit aegras
> stare genas; totidem Oetaeae Paphiaeque revisunt
> lampades et totiens nostros Tithonia questus
> praeterit et gelido spargit miserata flagello.   10
> Unde ego sufficiam? Non si mihi lumina mille,
> quae sacer alterna tantum statione tenebat
> Argus et haud umquam vigilabat corpore toto.
> At nunc heu! si aliquis longa sub nocte puellae
> bracchia nexa tenens ultro te, Somne, repellit,   15
> inde veni, nec te totas infundere pennas
> luminibus compello meis – hoc turba precetur
> laetior –: extremo me tange cacumine virgae,
> sufficit, aut leviter suspenso poplite transi.

Das fast unübersetzbare Gedicht ist mit Absicht so wörtlich wie möglich übersetzt
worden. Es ist ein lyrisches Gedicht; freilich bleibt der Eindruck zwiespältig. Auf
der einen Seite: wer könnte sich dem lyrischen Fluß entziehen? Der Klagende liegt
auf seinem Lager schlaflos und sucht die mögliche Schuld an diesem Zustand. Hat
er sich vergangen, daß er allein die Gaben des Sanftesten der Götter entbehren
muß? In der Isolierung dieser Schlaflosigkeit bemerkt er mit hellwachen Sinnen,
wie die ganze Welt in Ruhe versunken ist, während er nun schon die siebente
Nacht mit offenen Augen daliegt. Ein Zustand, der schlimmer ist als der des mythischen Wächters Argus, der ewig wachte, aber doch nur immer mit einem Teil
seiner tausend Augen. Wie soll er selber dies aushalten? Und so folgt aus der Hilflosigkeit das Gebet an die göttliche Macht des Schlafes, den Somnus. Er soll, verschmäht von den Liebenden, die seiner nicht bedürfen, doch zu ihm kommen, und
nun zärtlich tändelnd: er bittet ja um nichts Großes. Nicht mit dem ganzen Ge-
fieder soll er sich auf ihn senken, sondern ihn nur mit seiner Rute berühren oder
leicht vorbeigehen. Ihm ist nicht der tiefe Schlaf des üppig gesunden Haufens gegeben, er wäre dankbar schon für den Schlummer am Ende der Nacht. Man glaubt

Beitrag zur Lyrik ankommt, wählen wir von Statius ein Gedicht aus, in dem gegen den Zeitgeist und trotz der Manier echte Stimmung, auch echtes Leiden, jedenfalls persönlicher Ausdruck und persönliche Aussage zu spüren sind: das Gedicht an den Schlaf. Es steht im letzten Buch der Sammlung, das schon, neben der Epik geschrieben, das Gesellschaftliche zugunsten persönlicherer Themen zurücktreten läßt und wohl als Nebenwerk nicht ganz für die Herausgabe vorbereitet wurde.

> Durch welches Verbrechen, sanftester Jüngling der Götter, habe ich
> es verdient oder durch welchen Irrtum ich armer, daß ich allein, o Schlaf,
> deine Geschenke entbehre? Es schweigt alles Vieh, die Vögel, das Wild,
> und die Gipfel ahmen mit ihrer Biegung ermatteten Schlaf nach,
> auch die trotzigen Flüsse haben nicht denselben Klang, in sich zusammen brach
> die Dünung
> der See, und das Meer ruht an das Land gelehnt:
> schon das siebente Mal zurückkehrend, sieht Phoebe beim Zurückblicken, daß
> mir
> die kranken Lider offenstehen; ebenso viele Fackeln des Oeta und von Paphos
> schauen nach mir
> und ebensooft geht die Gemahlin des Tithonos an unseren Klagen
> vorbei und besprengt mitleidig mich mit kalter Peitsche.
> Wie soll ich dem genügen? Nicht wenn ich die tausend Augen hätte,
> die der gottgestrafte Argus doch nur auf wechselnder Wache
> hielt und so nie mit dem ganzen Körper wachte.
> Aber jetzt, ach! Wenn einer, in langer Nacht des Mädchens
> Arme verschlungen haltend, von selbst dich, Schlaf, zurückstößt,
> komme von dort; und ich zwinge dich nicht, dein ganzes Gefieder
> auf meine Augen zu senken – das erbitte der
> kräftigere Haufe –: berühre mich nur mit der Spitze der Rute,
> das genügt, oder gehe leicht mit schwebendem Knie vorüber.

diesem späten Menschen sein Leiden, empfindet mit ihm seine Not und ist gerührt, daß er in solcher Lage so überlegen scherzen kann, daß er dem Leiden das Gedicht mit seiner stillen Besinnlichkeit abgewinnt. Insofern hat das Spiel mit den Formen, der Mythologie, dem Manierismus Funktion.

Doch wird man auf der anderen Seite nicht verkennen, daß bei aller Echtheit und Grazie der Aussage der Intellekt des Dichters und Lesers so eingespannt ist, daß das elementare Empfinden aufgelöst wird in eine fast bodenlose Welt intellektuellen Spiels. Sie hat ihre eigene Selbständigkeit und setzt sich die Aufgabe, das gewonnene poetische Gemeingut meist durch Übersteigerung zu vermehren.

Es beginnt verhältnismäßig schlicht mit einer Frage an den Schlafgott, der hier zum ersten Mal als der friedlichste der Götterjünglinge bezeichnet wird, warum er es verdient hat, allein seiner Gaben zu entbehren. *Crimen* und *error* sind uns von Ovid her ebenso bekannt, wie die Frage *quid tantum merui?* von Properz. Aus der Konvention ist also ein neues Gebilde entstanden (1–3). Es folgt die Situationsschilderung. Sie besteht in einem Kontrast. Die ganze Welt schläft, Statius liegt schon die siebente Nacht wach. Da der erste Teil der Antithese für sich nicht ge-

nügt, muß man 3–10 zusammennehmen. Mit der beliebten Dreiteilung ist es also nichts, geschweige denn mit einer Abtrennung in Strophen.
Im ersten Teil der Antithese wird nun die Welt in ihren Teilen bedacht. Zunächst die Tiere. Hier findet sich die erste Unklarheit: *pecus* und *ferae* kann man als sich ausschließende Gegensätze ›zahme und wilde Tiere‹ noch verstehen, *volucres* legt einen anderen Maßstab an, die *volucres* gehören zu beiden Gruppen. Der scheinbar gliedernde Blick schweift also flüchtig über die Welt der Tiere hin. Wie eine der angewendeten Formen entsprechende Gliederung aussieht, kann man bei Lukrez studieren. Der nächste Vers sollte die Pflanzen bringen, und diese Erwartung hat die Übersetzer dazu gebracht, cacumina mit Wipfel zu übersetzen. Schwierigkeit macht aber das pikant dazugesetzte *curvata* (4). Eine Spitze ist nicht gekrümmt. Warum nun die Baumspitzen gekrümmt sein sollen, ist nicht einzusehen. Wohl aber kann man an die Berghöhen – so übersetzt Izaac – denken mit ihrem gekrümmten Rücken. Es sieht so aus, als ob sie ermattet seien und schliefen. Die sprachlichen Raffinessen haben die Anschaulichkeit verdunkelt. Das setzt sich fort.
Auf die Berge folgen die Gewässer (5). Die Flüsse werden als trotzig bezeichnet, und es wird von ihnen gesagt, daß sie nicht denselben Klang haben. Selbst sie, die ja ewig weiterrauschen, scheinen sich dem Nachtfrieden nicht zu entziehen. Vom Objektiven der Ruhe und des Schlafes ist hier aber zu einem subjektiven Eindruck hinübergewechselt. In der Stille der Nacht hört man anders. Das Meer ist zweimal bedacht. Einmal vom Optischen her: die glatte Fläche – *aequor* –, die sonst durch Wellenschlag ›aufgerauht‹ ist, liegt jetzt wirklich glatt da. Der *horror aequoris*, wie ebenso oxymorisch formuliert wird wie bei *curvata cacumina*, ist in sich zusammengebrochen, eine Erscheinung, die nicht an die Nacht gebunden ist und im Gedicht wieder nur als subjektiver Eindruck gerechtfertigt ist. Das Meer ruht, besagt noch einmal dasselbe – man spürt die Rhetorik der Zeit –, es kommt aber noch eine besonders raffinierte Nuance hinzu: das Meer lehnt sich ans Land, wie ein Schlafender sich an etwas oder jemanden anlehnt (6). Alles dies leitet sich her aus dem alten Motiv, daß die eigene Unruhe, vor allem die Liebe, der Stille der Nacht entgegengesetzt wird, in der man allein nicht ruht (Sappho, Apollonios von Rhodos, Vergil). Die Übersteigerung, der Drang, neue Sensationen sprachlich adäquat auszudrücken, läßt das Gefühl nicht bei dem schlichten Gegensatz verweilen und ausruhen, sondern wird in die Phänomene und ihre Problematik verwickelt.
Der zweite Teil der Antithese umschreibt den Zustand des Statius. Während alles ruht, liegt der Dichter schon sieben Nächte wach. Die magische Siebenzahl steht für die lange Dauer – man stelle sich vor, er hätte sechs oder acht gesagt –, und das verstärkt das elegische Pathos der Situation. Es schwächt aber die Antithese: »alles ruht – nur er wacht«, weil sie sich nun auf siebenmal Unterbrochenes bezieht, nicht Zustand gegen Zustand setzt. Die Siebenzahl steht am Anfang und wird von *totidem* (8) aufgenommen und dieses in *totiens* (9) wiederholt. Kosmisches Geschehen, mythisch verkleidet, wird dem menschlichen Leiden gegenübergestellt, dieses nicht einfach ausgesprochen. Der Mond kehrt schon das siebente Mal zurück und sieht sich umdrehend, daß seine Lider ›stehen‹, sich nicht in Ruhe lösen. Ebensoviele Sterne vom Oeta und von Paphos – d. h. vom Westen, wenn man vom griechischen Zentrum aus denkt, und vom Osten, denn der Abendstern und der Morgenstern schauen nach ihm – finden ihn in dem gleichen Zustand (ist zu er-

gänzen). Und ebensooft geht die Gemahlin des Tithonos, Aurora, die Morgenröte, an seinen Klagen vorbei, nicht ohne Mitleid: sie erquickt ihn mit der Kühle des Taues (10).

Was ist aus der schlichten Aussage »ich aber liege schlaflos«, wie sie seit Homer bis zu Vergil und Ovid zu finden ist, geworden! Das Faktum an sich genügt nicht mehr, aber es zeigt sich Manierismus auch nicht in stilistischem Überdruck; bezeichnend ist vielmehr die sentimentalische Umdeutung des kosmischen Geschehens: Mond, Abend- und Morgenstern, Morgendämmerung nehmen an der Schlaflosigkeit teil, der Mond blickt zurück, derselbe Abend- und Morgenstern sieht nach, Aurora beweist ihr Mitleid mit ihrem kühlen Anhauch. Es handelt sich also um eine unruhige, das kosmische Geschehen über den Mythos auf sich beziehende Phantasie.

Auf die Situation folgt mit der Frage *Unde ego sufficiam?* (11) das Resultat. Der Dichter ist der Lage nicht mehr gewachsen. Dafür tritt wieder ein mythisches Bild ein. Wenn er die tausend Augen des Argus hätte, vermöchte er es nicht, zumal dieser nur mit der Hälfte jeweils wachte. Bekannt ist das homerische, oft abgewandelte Motiv, daß etwas nicht aussagbar ist, auch wenn man eine Unzahl Münder hätte. Das steht offenbar hinter dem Einfall, hier Argus und seine tausend Augen ins Spiel zu bringen. Als ob die Schlaflosigkeit leichter zu ertragen wäre, wenn man mehr Augen hätte. Umgekehrt sollte es vielmehr so sein, daß dann das Leiden vermehrt würde. Die Logik hat offenbar Schaden gelitten, weil Statius eine vergilische Gebärde anbringen wollte und ihm der Gedanke vorschwebte, daß dann wenigstens ein Teil Ruhe finden könnte, während er *corpore toto* wacht (13). Wahrlich fast schon die Phantasie eines vom Wachsein Kranken, wenn man auch wohl weniger eine solche Art Mimesis als das poetische Spiel hören soll.

Zum Schluß wird die klagende Anrede des Anfangs zur Bitte. Er erbittet nicht viel: einen kleinen Rest von der Tätigkeit des Gottes. So hatte, vgl. S. 184 ff., Vergil in *Cat.* 5 Abschied von den Musen nehmen müssen, aber einen seltenen Besuch in Ehren erbeten und für möglich gehalten. Diese vergilische Gebärde steht auch hier dahinter, freilich originell gefaßt in Bild und Symbol. Wenn die liebende Jugend den Schlaf von sich weist, so soll *Somnus* zu ihm kommen und dabei nicht mit vollen Flügeln den Schlaf auf seine Augen senken, sondern ihn nur mit der Spitze der Rute berühren und auf Zehenspitzen vorübergehen. Um das andere, den tiefen Schlaf, möge der gesündere Haufe beten; *precatur* ist überliefert (17). Man ändert eine solche Überlieferung ungern. Aber da für die *turba laetior* der Schlaf etwas so Selbstverständliches ist, daß er gar nicht darum beten wird, so muß wohl geändert werden: »darum möge die strotzende Menge beten« (*precetur*). Statius vergleicht sein Gebet nicht mit einem wirklichen, sondern nur seine bescheidene Bitte mit der vollen Erwartung der anderen, denen ein entsprechendes Gebet angemessen wäre, wenn man es überhaupt für notwendig hielte.

Das Gedicht ist echte, einsame Lyrik. In der Form freilich ist es eine Anrede, aber doch die Anrede an ein eigenes Vermögen oder Unvermögen, symbolisiert in der Gestalt eines Gottes. Somnus wird übrigens hier zum erstenmal als Jüngling dargestellt. Trotz des Formenspiels, das mit dieser Symbolisierung verknüpft ist, wird doch alles in eine einzige Stimmung getaucht, die resignierter Klage und Ergebenheit, welche der eigenen Lage noch das Lächeln des Ohnmächtigen abgewinnt.

Der Fluß der fragenden und bittenden Anrede ist nicht so sehr logisch gebaut, sondern besitzt trotz aller Verwendung herkömmlicher Bauelemente, was die besten römischen Gedichte auszeichnet, Bewegungsphantasie und Dynamik. Es geht aus von einer thematischen Frage, schildert dann in breiter Antithese den Tatbestand, zieht daraus das Fazit der Ohnmacht und wendet sich schließlich zur bescheidenen Bitte. Ist das Gedicht als echtes lyrisches Gedicht im Sinne einsamer Lyrik auch nicht typisch für Statius, so scheint etwas anderes um so bezeichnender für die römische Lyrik der Kaiserzeit. Die Sprache, ihre Schemata ebenso wie die des Gedankens, haben soviel Gewicht und Macht, daß es zum ersten Sprechen etwa im Catullischen Sinne nicht mehr kommt.

Erneuerung der Lyrik aus alten Liedformen

Lyrik läßt sich vom Gesang vor allem in den Anfangszeiten nicht trennen. Macht die Buchlyrik die seelische Bewegung ganz frei, so existierte und existiert in der Gemeinschaft von eh und je das Bedürfnis, hochgehendes Empfinden rhythmisch und melodisch ausströmen zu lassen. Der Sänger, mag er anonym bleiben, ist dem Kunstlyriker durchaus verwandt; denn daß der Volksgeist selbst singe, ist eine romantische und aufgegebene Idee.

Auch in Rom hat er überall gesungen. Und auf diese Erscheinung muß ein Blick geworfen werden, weil aus ihrer Gegenwärtigkeit sich die Kunst erfrischen konnte. So geschah es etwa in Catulls Hochzeitsgedichten, die Beziehungen zu den Hochzeitsliedern, den Fescenninen, nicht verleugnen. Diese Spottlieder auf den Bräutigam vor allem, die in der Stadt Fescennia gepflegt wurden, fanden bald in Rom Eingang und konnten Vorbild werden für Kunstgedichte, die etwas von der Ausgelassenheit der Hochzeitsfreude einfingen. Aber auch die anderen markanten Einschnitte des Lebens fanden ihren Sänger, ebenso wie Arbeit, Schlaf, Spiel und eine Reihe besonders römischer Anlässe wie Triumph, Totenklage, Kultlieder, Zaubersprüche, Grabdichtung, Rätsel, ebenso wie Gebete, die sich zum *carmen* fügen.

Am Tag der Geburt scheint es nüchtern zugegangen zu sein. Was die Parzen dem Kinde zusprachen, war griechisch. Doch wurde der Geburtstag gefeiert, wie wir aus den Kunstgebilden der Geburtstagsgedichte wissen. So mag es auch Lieder dieser Art gegeben haben. Von den Hochzeitsliedern war schon andeutend die Rede. Neben dem Spott werden dabei auch herzliche Töne aufgeklungen sein, wie Ausonius etwa bei dem anderen großen Ereignis, dem Tod (seiner Gattin), echtes Empfinden sentimental ausströmen läßt (das Epitymbion aus den *Parentalia*):

> admittunt alii solacia temporis aegri:
> haec graviora facit vulnera longa dies.

> Andre gewähren Eingang der Zeit als Trost in der Trauer:
> diese Wunde macht schwerer die Länge der Zeit.

Vor allem aber ist die *naenia* hier zu erwähnen, von der *praefica* angestimmt, dem Chor der Trauernden bestärkt, die in einer Mischung von dramatischen, epischen und lyrischen Elementen leidenschaftlicher Trauer Ausdruck gab. Sie hatte Einfluß auf die verschiedensten Gattungen. Die Kinder sangen beim Spiel:

rex erit qui recte faciet, qui non faciet, non erit

König ist, wer's richtig macht, doch wer's nicht macht, ist es nicht.

Das *carmen* mit seinem sprachlichen Spiel der etymologischen Figuren, seinen Antithesen spürt man in diesem trochäischen volkstümlichen Tetrameter.
Liebeslieder hat es natürlich wie bei uns in Fülle gegeben und sicher auch einen Austausch zwischen dem Kunstlied und dem Volkslied oder Schlager. Uns hat sich von dieser Tagesproduktion kaum etwas erhalten. Einen Hinweis geben die ›Carmina Epigraphica‹, Aufschriften in Gedichtform, die sich auch von den großen Dichtern nähren. Und wie selbstverständlich solche Liebeslieder vorausgesetzt werden, zeigt eine hübsche Szene im ›Iter Brundisinum‹ des Horaz, wo es heißt, daß am Abend, als das Treidelschiff am Lande festgemacht hat, der Schiffer seine Freundin besingt: nauta . . . cantat amicam.
Gern würden wir uns auch von den Wiegen- und Arbeitsliedern eine genauere Vorstellung machen. Zweifellos haben sie existiert. Und wieder ist es ein Klassiker, der ihre Poesie gespürt hat. Wir wissen nicht, wer das parodische Idyll ›Moretum‹ gedichtet hat: Vergil kommt kaum in Frage, unter dessen ›Opera minora‹ es in der Appendix segelt, aber der Verfasser war ein großer Könner. Dort heißt es von der Magd des Bauern Simylus, der sich zum Aufbruch ins Feld rüstet, einer Negerin, die das Mehl mahlt, daß sie sich durch ein Lied die Arbeit erleichtert: *solatur laborem.*
Auf dem Marsch hat der Soldat seine Lieder gesungen. Der trochäische Septenar, der *versus quadratus*, wahrscheinlich ein altererbter Vers, eignete sich vorzüglich dafür. Bei besonderen Gelegenheiten zeigt sich da der ganze treffsichere Witz, die *Itali sales*, der sich ausgelassen auslebt, so wenn die Jugend in alter Zeit noch in Saturniern einen schlechten politischen Ratgeber in folgendem Vers verhöhnt:

Malum consilium consultori pessumum est   (Gellius 4,5,34).

Ein schlechter Rat ist für den Ratgeber am schlimmsten.

Als Crassus, der Gegner Carbos, gestorben war und Carbo nun aufatmen konnte, ertönte das politische Lied, wenn es auch nur aus einem Verse bestand:

Postquam Crassus carbo factus, Carbo crassus factus est.

Als der Crassus ward zur Asche, setzte Carbo an den Speck.

Vor allem aber herrschte in den Triumphliedern, die von den Soldaten am höchsten Ehrentage ihres Feldherrn gesungen wurden, tolle Laune. Mehr noch: der juppitergleiche Imperator wurde, damit er nicht übermütig wurde, seines Nimbus entkleidet. So sangen die Soldaten auf Caesar:

Urbani servate uxores, moechum calvum adducimus

Römer, sperrt die Frauen ein: den kahlen Buhler bringen wir.

Geformtes Wort und wenn nicht gesungene, so doch feierlich getragene Sprechweise herrschte in den Gebeten, die der Hausvater sprach. Die altertümlichen Wörter und der Parallelismus dieser *carmina* im ursprünglichen Sinne mußten zusammen mit der kultischen Zeremonie einen auf alle Sinne wirkenden Eindruck machen. Der alte Cato hat in seinem Werke über die Landwirtschaft nüchtern, so-

> Mars pater
> te precor quaesoque
> uti sies volens propitius
> mihi, domo familiaeque nostrae,
> quoius rei ergo   5
> agrum, terram fundumque meum
> suovetaurilia circumagi iussi.
> ut tu morbos visos invisosque,
> calamitates, viduertatem vastitudinemque,
> calamitates intemperiasque   10
> prohibessis, defendas averruncesque.
> Utique tu fruges, frumenta, vineta virgultaque
> grandire beneque evenire sinas.
> Pastores pecuaque
> salva servassis   15
> duisque bonam salutem valetudinemque
> mihi, domo familiaeque nostrae.
> Harunque rerum ergo
> fundi, terrae agrique mei lustrandi
> lustrique faciendi ergo,   20
> sicuti dixi
> macte hisce suovetaurilibus lactantibus
> immolandis esto.
> Mars pater, eiusdem rei ergo,
> macte hisce suovetaurilibus lactantibus esto.   25

Öffentlich oder hinter den verschlossenen Türen ihres Amtsraums tanzten und sangen zum Maße des Saturniers die Priesterschaften, die Salier bei den Umzügen, die Arvalbrüder in ihrer Abgeschiedenheit, was aber wohl nicht bedeutet, daß diese Lieder geheim geblieben wären. Das Lied der Arvalbrüder ist auf einem Steinpro-

> Enos Lases iuvate   (dreimal)
> neve lue rue Marmar sins incurrere in pleoris   (dreimal)
> satur fu, fere Mars, limen sali, sta berber   (dreimal)
> semunis alterni advocapit conctos   (dreimal)
> enos Marmor iuvato   (dreimal)
> triumpe triumpe triumpe triumpe triumpe

Volksliedforschung im modernen Sinne ist uns verwehrt. Es ist nicht möglich, jenen Austausch zwischen dem anonymen Lied und dem Kunstlied, das darauf zurückgreift, im einzelnen zu verfolgen. Aber daß in Formen, in Metrik und Sprache ein

zusagen als Rezepte, wie man mit den Göttern umgehen muß, ein solches Gebet
überliefert:

> Vater Mars,
> dich bitte und zu dir bete ich,
> daß du wohlwollend, daß du geneigt bist,
> mir, dem Hause und unsrem Gesinde.
> Weswegen ich
> den Acker, das Land und meinen Grund
> mit den Suovetaurilia umschreiten lasse,
> daß du Krankheiten, gesehene und ungesehene,
> Unglück, Mißwuchs, Verödung
> Unglück, Unwetter
> fernhältst, abwehrst und verscheuchst.
> Daß du Feldfrucht, Getreide, Weinberg und Weidicht
> groß werden und gut kommen läßt.
> Die Hirten und das Vieh
> bewahre heil
> und gebe gute Gesundheit und Kraft
> mir, dem Hause und unsrem Gesinde.
> Um dieser Dinge willen
> wegen der Sühnung des Grundes, des Landes, des Ackers
> und wegen der Durchführung der Sühnung,
> wie ich gesagt,
> sei beschenkt mit dem Opfer dieser
> Suovetaurilia, der fruchtbaren.
> Vater Mars, ebenderselben Sache wegen
> sei beschenkt mit diesen Suovetaurilia, den fruchtbaren.

tokoll des Jahres 218 n. Chr. erhalten, Urgestein aus frühester Zeit, den Angriffen
der Zeit gegenüber unversehrt, für uns vielfach dunkel, aber doch etwas von der
Magie der Sprache und dem Ringen mit dem Göttlichen vermittelnd.

> Herbei ihr Laren, helft,
> laß nicht Seuche, Sturz, Mars, einbrechen in die Menge.
> Sei satt, wilder Mars, spring auf die Schwelle, steh dort.
> Alle Semonen wird er abwechselnd herbeirufen.
> Mars soll uns helfen.
> Triumph Triumph Triumph Triumph Triumph.

Fundus neben der hohen Literatur vorhanden war, zeigen doch wohl diese Zeugnisse und Beispiele. Diese Poesie konnte Impulse geben zur Erneuerung und Befreiung.

Neoteriker zur Zeit Hadrians

Für die Vorstellung, die man sich vom weiteren Gang der römischen Lyrik zu machen hat, sind die verschollenen Dichter, die gegen Ende des ersten nachchristlichen Jahrhunderts im Gefolge des Properz Elegien dichteten, demnach nicht so wichtig. Auch Martials Bedeutung liegt weniger im Lyrischen als im skeptischen Epigramm. Aber einen Hinweis verdienen die Neoteriker der Zeit Hadrians, besonders Florus und sein Gedicht Pervigilium Veneris. Vielleicht daß neue Klänge schon bei der Sulpicia zu spüren waren, die wir durch Martial (10,35.38) kennen. Nach fünfzehnjähriger glücklicher Ehe mit ihrem Gatten hat sie nach seinem Tode (spätestens 98 n. Chr.) das Glück des vergangenen Lebens zärtlich, sinnlich und naiv bedichtet. Freilich waren auch bei ihr Catull und Calvus mit ihrem Stil und ihren Formen Vorbild.

Unter Trajan blühen die Künste, voran die Dichtkunst. Ein Plinius, der selber auch Gedichte schrieb, freut sich über die geistige Regsamkeit, während das Publikum der ewigen Deklamationen schon langsam müde wird. Mit Hadrian besteigt dann ein Kaiser den Thron, der selbst dichtet wie Nero, allerdings in leichtem, graziösem Stil. Noch auf dem Sterbebette soll er in einem Hist. Aug., Spart., Hadr. 25 überlieferten Gedicht sein scheidendes ›Seelchen‹ ein letztes Mal angeredet haben:

> Animula vagula blandula
> hospes comesque corporis,
> quae nunc abibis in loca
> pallidula rigida nudula
> nec ut soles dabis iocos.

> Ach liebes Seelchen unstet, schmeichlerisch,
> des Körpers Geist und sein Gefährt',
> das jetzt im Aufbruch ist zum Ort,
> der bleich und starr und etwas nackt,
> und nicht wie sonst dich übst im Scherz.

Mit leichter Wehmut, leicht sentimental, nicht ohne eine gewisse *ostentatio* der Überlegenheit selbst in der letzten Stunde, mit dem Festhalten am Spielcharakter des Lebens, im volkstümlich schlichten jambischen Dimeter und den Koseformen der von den ersten Neoterikern so geliebten Deminutiva ist das Gedicht eine einzige Anrede, ein mitleidiger Stoßseufzer, Einfangen einer komplexen Stimmung in die einfache Form: Wenn nicht alles täuscht, ein ›echtes‹ Gedicht und in seiner müden Bewußtheit verbunden mit zärtlicher Schlichtheit ein neuer sentimentalischer Ton in der Lyrik. Die gesprochene Sprache – vgl. im letzten Vers *ut soles* und *dabis iocos* – ist zusammen mit ihren spezifischen Mitteln wie den Koseformen das Tragende und Befreiende.

Hadrian hat die Dichter geehrt und gefördert, und darunter vor allem Florus, wohl den ältesten der unter ihm wirkenden *poetae neoterici*. Mit ihm trieb er intimen poetischen Scherz. Die Historia Augusta (Spart. Hadr. 16) zitiert die scherzhaften Anakreonteen – ein melodisches Versmaß, das die Zeit wiederentdeckt und liebt –, mit denen er sich an den Kaiser wendet:

> Ego nolo Caesar esse
> ambulare per Britannos

⟨latitare per recessus⟩
Scythicas pati pruinas.

Ich möchte nicht den Caesar spielen,
ziehen schweifend durch Britannien,
mich verstecken in den Wäldern,
in Skythien den Frost erleiden.

Der dritte Vers ist eine Ergänzung, die den Sinn zu treffen sucht; denn vier Verse
müssen es gewesen sein, da der Kaiser parodisch auf jeden Vers den Gegenvers
setzte:

Ego nolo Florus esse
ambulare per tabernas,
latitare per popinas,
culices pati rutundos.

Ich möchte nicht den Florus spielen,
ziehen schweifend durch die Kneipen,
mich verstecken in den Küchen,
der runden Schnaken Stich erleiden.

Geistreich und vorzüglich gelungen ist die Parodie der fast gleichen ersten Zeile
und die Parallelität der zwei nächsten, bei der man das volkstümliche Mittel nicht
verkennen wird, mit der Betonung des Verbs am Anfang und der adverbialen Bestimmung, wie sie in der Umgangssprache üblich ist. Schwieriger war die letzte
Zeile. Hier hatte Florus den Rhythmus umgebrochen, indem er das Adjektiv *Scythicas* als den Gipfel der Strapazen in Sperrung an den Anfang stellte. Hadrian
ahmt das mit der Voranstellung *culices* nach, behält auch *pati* geschickt bei, ist
aber nicht so glücklich mit dem etwas nachhinkenden und nicht sehr bezeichnenden
Adjektiv *rutundos*.

Florus und »Pervigilium Veneris«

Unter Florus' Namen sind uns eine Reihe Gedichte erhalten. In trochäischen Sep-
tenaren (PLM IV 347). Landleben, Leben der Kinder und kleinen Leute, Natur-
betrachtung sind die Gegenstände dieser Neoterici. Und so betet Florus zu Bacchus
für seine Weinfässer, er schneidet den Namen der Geliebten in die Rinde der Bäume, besinnt sich in einem Gedicht (*sperne mores transmarinos*, schätze nicht die
Art der Griechen . . .) auf alte Römerart, hier in einer engen Weise, die an Juvenals
dritte Satire erinnert und zu einem Freunde Hadrians nicht zu passen scheint.
Aber einen Zweifel an der Identität kann man damit kaum begründen. Von feiner
Beobachtung zeugen seine Gedichte über die Rosen (Riese, Anth. 87), von denen
eines mitgeteilt sei.

Venerunt aliquando rosae. Pro veris amoeni
ingenium! Una dies ostendit spicula florum,
altera pyramidas nodo maiore tumentes,
tertia iam calathos; totum lux quarta peregit
floris opus. Pereunt hodie, nisi mane leguntur.

Endlich kamen die Rosen. Natur o des schönen
Frühlings. Der erste Tag hat die Spitzen der Blüten gezeigt,
schwellend der zweite mit größerem Knoten die Knospe,
schon der dritte den Kelch. Der vierte vollends das ganze
Blütenwerk. Heute vergehen sie, wenn früh man sie nicht noch abpflückt.

Umgangssprache auch hier mit den prosaischen, aber das stetige Aufgehen treffend malenden Zahlen, den prägnanten Bezeichnungen für die Stadien, fast technisch genau. Epigrammatisch, wenn nicht einfach ein Sein beschrieben würde, wie es die Früheren nicht taten. Hinter dieser sinnlichen Erfassung aber steht der wehmütige Gedanke an das Ende. Diese Verbindung zwischen Sinnlichkeit und Spiritualität machen die Verse zum Gedicht und zu etwas Neuem. Ist dieser Florus mit dem P. Annaeus Florus identisch, der einen Dialog mit dem Titel *Vergilius orator an poeta* geschrieben hat, dessen reizende Einleitung uns erhalten ist? Dann wüßten wir aus dieser etwas über die Lebensumstände. Er wäre demnach in Afrika geboren, dann in dem Dichteragon, den Domitian seit 86 n. Chr. mit den Capitolinischen Spielen verband, aufgetreten, freilich – wegen Domitians Aversion gegen die Afrikaner – ohne den nach aller Meinung verdienten Preis erhalten zu haben. Aus Ärger darüber sei er auf Reisen gegangen und habe sich schließlich in Tarraco als Schulmeister niedergelassen. Dort sei ihm geraten worden, wieder nach Rom zurückzukehren – kurz nach dem dakischen Triumph des Trajan, also im Jahre 103 oder 106 –, was er getan habe; dies also unter der Voraussetzung, daß er mit dem Florus, dem Dichterfreund Hadrians, identisch ist. Wie dem auch sei, für die Zeit bezeichnend ist die Geschichte des Annaeus Florus ebenso wie sein Aufstieg zum Freunde Hadrians.
Seinem Geist und dem Geist der Zeit entspricht jedenfalls das Pervigilium Veneris

Pervigilium Veneris

Cras amet qui numquam amavit quique amavit cras amet!

Ver novum, ver iam canorum; vere natus orbis est,
Vere concordant amores, vere nubunt alites,
Et nemus comam resoluit de maritis imbribus.
Cras amorum copulatrix inter umbras arborum   5
Implicat casas virentis de flagello myrteo,
Cras Dione iura dicit fulta sublimi throno.

Cras amet qui numquam amavit quique amavit cras amet!

Tunc cruore de superno spumeo pontus globo
Caerulas inter catervas inter et bipedes equos   10
Fecit undantem Dionen de marinis imbribus.

Cras amet qui numquam amavit quique amavit cras amet!

in hohem Maße. R. Schilling hat in seiner Ausgabe die These der Verfasserschaft des »identischen« Florus mit guten Gründen verfochten. Das Pervigilium Veneris steht im codex Salmasianus (oder besser: auch). Zuerst fand es sich nämlich im codex Thuaneus des Pierre Pithou 1577; dann entdeckte es 1619 Claude de Saumaise im Salmasianus und 1871 wiederum K. Schenkl in einem codex Vindobonensis. Fruktifiziert wurde es erst in der Ausgabe von Sir Cecil Clementi, Oxford 1936.

Das Gedicht rührt uns beim ersten Lesen eigentümlich verwandt an. Und es ist sicher kein Zufall, daß am Anfang des 19. Jahrhunderts über Bürgers Übersetzung oder besser Nachdichtung der Nachtfeier der Venus eine breite Debatte in den literarischen Zeitschriften geführt wurde (vgl. Bürgers Gedicht »Die Nachtfeier der Venus«, hrsg. von W. Stammler, Lietzmanns Kleine Texte, Bonn 1914). Das hängt wohl vor allem mit dem Schluß zusammen. Der Dichter, der vor dem Aprilfest der Venus die Pracht des sizilischen Frühlings und die Macht der Liebe schildert und preist, steht selbst einsam daneben:

> Jene singt, ich aber schweige. Wann kommt wohl der Frühling mir?
> Wann werd tun ich wie die Schwalbe, daß ich nicht mehr schweigen mag?
> Ließ durch Schweigen meine Muse, Phoebus sieht mich nicht mehr an.
> So ließ Stille einst Amyklai untergehen, als es schwieg.

Diese andeutenden Worte eines geheimnisvollen Leidens, des Schweigens eines Dichters, der von dem lebensvollen Treiben ausgeschlossen ist, hat etwas Romantisches, macht das Gedicht zur einsamen Lyrik und schafft einen nicht mehr durchdringbaren Hintergrund. Vor allem aber sind es das Versmaß, der trochäische Tetrameter und der Refrain, die dem Gedicht etwas eingängig Liedhaftes geben.

Morgen lieb', wer nie geliebt hat, wer geliebt hat, morgen lieb'!

Lenz ist's jetzt, Lenz voller Töne; Welt entstand im Lenze einst,
Liebe eint im Lenze sich, im Lenze paaren Vögel sich,
und der Hain vom befruchtenden Regen trägt das Haupthaar aufgelöst.
Morgen flicht der Liebe Mutter unterm Schattenlaub des Baums
Hütten, grünend von der Myrte biegsam glattem Geißelschoß,
Morgen spricht Dione Recht von luftigem Thron erhoben hoch.

Morgen lieb', wer nie geliebt hat, wer geliebt hat, morgen lieb'!

Damals hat vom Blut der Höhe Meer vermischt mit Ball aus Schaum
unter wasserblauen Scharen, unter zweifüßigem Roß,
wogend aus dem Meeresnaß, Dionen sich geschaffen einst.

Morgen lieb', wer nie geliebt hat, wer geliebt hat, morgen lieb'!

Ipsa gemmis purpurantem pingit annum floridis,
Ipsa surgentes papillas de Favoni spiritu
Urget in nodos tumentes; ipsa roris lucidi,   15
Noctis aura quem relinquit, spargit umentis aquas.
Et micant lacrimae trementes de caduco pondere:
Gutta praeceps orbe paruo sustinet casus suos.
En pudorem florulentae prodiderunt purpurae:
Umor ille, quem serenis astra rorant noctibus,   20
Mane virgineas papillas soluit umenti peplo.
Ipsa iussit mane ut udae virgines nubant rosae:
Facta Cypridis de cruore deque Amoris osculis
Deque gemmis deque flammis deque solis purpuris,
Cras ruborem, qui latebat veste tectus ignea,   25
Unico marita voto non pudebit soluere.

Cras amet qui numquam amavit quique amavit cras amet!

Ipsa Nymphas diva luco iussit ire myrteo:
It Puer comes puellis; nec tamen credi potest
Esse Amorem feriatum, si sagittas vexerit.   30
Ite, Nymphae, posuit arma, feriatus est Amor!
Iussus est inermis ire, nudus ire iussus est,
Neu quid arcu neu sagitta neu quid igne laederet.
Sed tamen, Nymphae, cavete, quod Cupido pulcher est:
Totus est in armis idem quando nudus est Amor.   35

Cras amet qui numquam amavit quique amavit cras amet!

»Conpari Venus pudore mittit ad te virgines:
Una res est quam rogamus: cede, Virgo Delia,
Ut nemus sit incruentum de ferinis stragibus.
Ipsa vellet te rogare, si pudicam flecteret;   40
Ipsa vellet ut venires, si deceret virginem.
Iam tribus choros videres feriatis noctibus
Congreges inter catervas ire per saltus tuos
Floreas inter coronas, myrteas inter casas.
Nec Ceres nec Bacchus absunt nec poetarum deus.   45
Detinenda tota nox est, perviglanda canticis:
Regnet in silvis Dione! Tu recede, Delia!«

Cras amet qui numquam amavit quique amavit cras amet!

Iussit Hyblaeis tribunal stare diva floribus:
Praeses ipsa iura dicet, adsidebunt Gratiae.   50
Hybla, totos funde flores, quidquid annus adtulit!
Hybla florum sume vestem, quantus Aetnae campus est!
Ruris hic erunt puellae, vel puellae montium,
Quaeque silvas, quaeque lucos, quaeque fontes incolunt:
Iussit omnes adsidere Pueri Mater alitis,   55
Iussit, et nudo, puellas nil Amori credere.

Sie ist's, die den Glanz des Jahres malt mit Blumen-Edelstein,
sie ist's, die, von Zephyrs Hauche sich erhebend Knospen spitz
drängt zu prallem Knoten hin; sie ist's, die von hellem Tau,
den der Hauch der Nacht gelassen, sprengt des Wassers feuchten Quell.
Und es schimmern Tränen zitternd von dem fallenden Gewicht,
doch der Tropfen, stürzend, hält mit kleinem Rund den Fall noch auf.
Sieh, der Blüten Purpur hat jetzt preisgegeben seine Scheu:
jene Feuchte, die die Sterne tauen nur in heitrer Nacht,
morgens löst die keusche Knospe sie aus feuchtem Schutzgewand.
Sie ist's, die befahl, daß morgens freit die feuchte Rosenmaid:
aus der Kypros Blut geschaffen und aus Amors Küssen auch,
aus den Perlen, aus den Flammen, aus der Sonne Purpurglanz,
morgen wird die Röte, die versteckt im Feuerkleid sich barg,
sie zu lösen sich nicht scheuen, Gattin nun auf einz'gen Wunsch.

Morgen lieb', wer nie geliebt hat, wer geliebt hat, morgen lieb'!

Selber hieß die Göttin gehn die Nymphen zu dem Myrtenhain;
als Begleiter für die Mädchen geht der Knabe; doch kann man
glauben nicht, daß Amor fei're, wenn den Pfeil er mit sich führt.
Geht, ihr Nymphen, Amor legte ab die Waffen, feiert jetzt!
Waffenlos ward er geheißen, nackt zu gehn war der Befehl,
daß mit Bogen nicht noch Pfeilen noch mit Glut verletze er.
Doch ihr Nymphen, müßt euch hüten, weil Cupido ist so schön:
ganz in Waffen ist zugleich er, wenn der Amor nackt auch ist.

Morgen lieb', wer nie geliebt hat, wer geliebt hat, morgen lieb'!

»Gleich an Keuschheit sendet zu dir Venus uns die Jungfraun her:
Eines ist's, worum wir bitten: zieh zurück dich, Delierin,
daß der Hain nicht blutig werde von der Strecke deines Wilds.
Selber wollte sie dich bitten, könnt' die Keusche beugen sie;
Selber wollt' sie, daß du kämest, ziemt' für eine Jungfrau sich's.
Könntest in drei Festesnächten Reigen schauen, untermischt
gehen mit gepaarten Scharen über deine Berge hin
mitten unter Blütenkränzen, unter Myrten-Hüttendach.
Ceres nicht noch Bacchus fehlen, noch auch der Poeten Gott.
Durchzuhalten ist die ganze Nacht und zu wachen mit Gesang!
Herrschen mag Dione im Haine! Delia, du weich zurück!«

Morgen lieb', wer nie geliebt hat, wer geliebt hat, morgen lieb'!

Hieß die Göttin ihren Thronsitz doch in Hyblas Blüten stehn:
Selbst als Richter spricht das Recht sie, Beisitz werden die Grazien sein.
Hybla, schütte alle Blumen, alles was das Jahr gebracht!
Hybla, leg das Blumenkleid an, soweit reicht die Ätnaflur!
Hier wird sein des Landes Nymphe, sein der Berge Mädchenschar,
und die Wälder, die die Haine, die bewohnen ihren Quell;
alle hieß sie beizuwohnen, Mutter ihres Flügelkinds,
hieß es und zugleich dem nackten Amor ja zu glauben nichts.

Cras amet qui numquam amavit quique amavit cras amet!

. . . .
Et recentibus virentes ducat umbras floribus!
. . . .
Cras erit quo primus Aether copulavit nuptias.
Ut Pater totum crearet vernis annum nubibus,   60
In sinum maritus imber fluxit almae coniugis,
Unde foetus mixtus omnis aleret magno corpore.
Ipsa venas atque mentem permeanti spiritu
Intus occultis gubernat procratrix viribus.
Perque caelum perque terras perque pontum subditum,   65
Pervium sui tenorem seminali tramite
Inbuit iussitque mundum nosse nascendi vias.

Cras amet qui numquam amavit quique amavit cras amet!

Ipsa Troianos nepotes in Latinos transtulit;
Ipsa Laurentem puellam coniugem nato dedit;   70
Moxque Marti de sacello dat pudicam virginem;
Romuleas ipsa fecit cum Sabinis nuptias,
Unde Ramnes et Quirites proque prole posterum
Romuli, patrem crearet et nepotem Caesarem.

Cras amet qui numquam amavit quique amavit cras amet!   75

Rura fecundat voluptas, rura Venerem sentiunt;
Ipse Amor, puer Dionae, rure natus dicitur.
Hunc, ager cum parturiret, ipsa suscepit sinu;
Ipsa florum delicatis educavit osculis.

Cras amet qui numquam amavit quique amavit cras amet!   80

Ecce iam subter genestas explicant tauri latus,
Quisque tutus quo tenetur coniugali foedere.
Subter umbras cum maritis ecce balantum greges.
Et canoras non tacere diva iussit alites.
Iam loquaces ore rauco stagna cygni perstrepunt.   85
Adsonat Terei puella subter umbram populi,
Ut putes motus amoris ore dici musico
Et neges queri sororem de marito barbaro.
    Illa cantat, nos tacemus. Quando ver venit meum?
Quando faciam uti chelidon, ut tacere desinam?   90
Perdidi Musam tacendo nec me Phoebus respicit.
Sic Amyclas, cum tacerent, perdidit silentium.

Cras amet qui numquam amavit quique amavit cras amet!

Morgen lieb', wer nie geliebt hat, wer geliebt hat, morgen lieb'!

. . . .
und aus Grün den Schatten bilde mit entsproßtem Blumenflor
. . . .
Morgen ist's, da erstmals machte Vater Äther Hochzeit einst.
Daß der Vater schüf' das ganze Jahr mit Frühlingswolkenguß,
floß der Gatte Regen in der nahrungsreichen Mutter Brust,
daß vermischt er alle Keime zieh in großem Körper auf.
Selber steuert mit dem Hauch, der Adern und den Sinn durchdringt,
drinnen mit verborgnen Kräften sie die große Schöpferin.
Durch den Himmel, durch die Lande, durch das Meer darunter hin,
hat den Durchgang durch sich selber sie mit Samenpfaden sich
eingerichtet und den Kosmos kennen heißen des Werdens Weg.

Morgen lieb', wer nie geliebt hat, wer geliebt hat, morgen lieb'!

Sie hat die Trojanerenkel den Latinern eingepflanzt;
Sie vergab Laurentums Mädchen als Gemahlin an den Sohn;
aus dem Heiligtum dem Mars dann gibt die keusche Jungfrau sie;
Sie bewirkte Römerhochzeit mit Sabinerinnen selbst,
woraus Rhamnes und Quiriten und den Nachkommen zum Schutz
sie des Romulus erschüfe Caesar, Vater und den Neffen auch.

Morgen lieb', wer nie geliebt hat, wer geliebt hat, morgen lieb'!

Fruchtbar macht die Lust die Fluren, Fluren spüren Venus auch;
Amor selbst ist, Sohn Dionens, auf dem Land geboren, heißt's.
Ihn nahm Venus an den Busen, als der Acker prächtig war;
sie zog auf ihn dorten selber mit der Blüten zartem Kuß.

Morgen lieb', wer nie geliebt hat, wer geliebt hat, morgen lieb'!

Sieh, schon breiten unter Ginster Stiere ihre Flanke aus,
jeder worin er gehalten in dem ehelichen Bund.
Unterm Schattenlaub mit Gatten sieh der Schafe Herden dort!
Und die Göttin ließ nicht schweigen die sonore Vogelschar.
Schon durchtönt mit heisrem Munde der geschwätz'ge Schwan den Teich.
Und des Tereus Frau begleitet unter einer Pappel Laub,
daß du meinst, der Liebe Regung werde Wort mit Musenmund
und sie klag' nicht um die Schwester wegen des brutalen Manns.
    Jene singt, ich aber schweige. Wann kommt wohl der Frühling mir?
Wann werd tun ich wie die Schwalbe, daß ich nicht mehr schweigen mag?
Ließ durch Schweigen meine Muse, Phoebus sieht mich nicht mehr an.
So ließ Stille einst Amyklai untergehen, als es schwieg.

Morgen lieb', wer nie geliebt hat, wer geliebt hat, morgen lieb'!

Situation und Ankündigung erfüllen nach dem imperativen Refrain, der eine mächtige Einleitung gibt, die erste der durch diesen Refrain in ungleiche Abschnitte geteilten Strophen: Frühling ist's, Weltentstehungszeit, Paarungszeit der Vögel, Zeit des ersten sprossenden Grüns der Bäume. Am andern Tag ist darum das Fest des Geburtstages der Venus mit seinen Laubhütten, morgen wird sie die Macht haben und Recht sprechen. So klingen die Motive des Gedichts voraus (1–8).

In solcher Zeit – das muß das auf die Zeit der einstigen Geburt hinweisende *tunc* einschließen – ist Venus aus dem Blut von der Höhe, den Blutstropfen, die aus dem Glied des Uranus ins Meer fielen (Hesiod, Theog. 126 ff.), umhüllt von dem weißen Schaum des Meeres, unter den Meerwesen geboren worden (9–12).

Auf sie, die Schaumgeborene, wird aller Glanz des Frühlings zurückgeführt. Sie malt das Jahr mit den Edelsteinen der Blüten, läßt die Knospen schwellen, läßt den Tau vom Himmel sinken. Vor allem aber ist es die Blume der Venus, die Rose, auf die jetzt alle dichterische Kraft gerichtet ist (13–27).

Nach den drei Strophen, die gipfelnd in dem Symbol der Rose die Frühlingssituation umreißen, wendet sich in den nächsten das Gedicht den Festvorbereitungen zu. Venus hat die Nymphen in ihren Myrtenhain bestellt. Mit ihnen kommt der Knabe, waffenlos wie sich gehört, aber nackt und bloß (nudus) hat er seine stärksten Waffen, vor denen die Nymphen sich hüten müssen, wie es in hellenistisch-intimem Spiel heißt (28–36).

Diana aber soll fernbleiben, die Herrin der Haine, die Jägerin, die Jungfräuliche. Durch eine Gesandtschaft der keuschen Nymphen läßt Venus sie bitten, fernzubleiben, wenn in drei Festnächten nun die Scharen der Paare ihre Reigen tanzen mit Ceres, Bacchus und Apollo. Es soll das Wild sich sicher fühlen und kein Blut fließen. Charmant wird die Ausladung in eine Einladung mit Bedingungen gekleidet, die wesensmäßig unerfüllbar sind (37–48).

Hybla aber, am Abhang des Ätna, wo die Göttin ihren Sitz errichten wird, von dem sie mit den Grazien ihr Recht spricht, soll ganz in Blüten stehen. Das beste Blumenkleid soll es anlegen, wenn die Gäste kommen, die Nymphen der Flur, der Berge, Wellen und Quellen. Alle hieß Dione, Venus, wie sie nach dem Namen ihrer Mutter genannt wird, beiwohnen und ja dem nackten Amor nicht zu trauen. So wiederholt am Schluß diese dritte »Strophe« das Motiv des Anfangs dieses Teils.

Der vorletzte Teil preist die Macht der Venus als kosmische Göttin, als Mutter der Römer, als Herrin der Fluren und der Tierwelt. Am Anfang ist das verbunden mit dem alten Motiv der Hochzeit des Äthers mit der Erde. Am Geburtstage der Venus, wie er morgen wieder sein wird, fand auch diese Hochzeit am Tage der Geburt statt. Mit diesem ἱερὸς γάμος der Welt ist Venus verbunden, die in geheimnisvoller Weise als Zeugungstrieb alles durchdringt (59–68).

Der vorherige Vers hat nach vorn und hinten keinen Anschluß. Vermutlich ist etwas ausgefallen, das vielleicht mit Anspielungen an das Dunkel der Laubhütten den Übergang fand zu dem ἱερὸς γάμος.

Venus' Macht hat aber auch das römische Volk geschaffen, die Trojaner mit den Latinern verbunden, Aeneas mit Lavinia vereint, den Romulus und Remus aus der Liebesverbindung des Mars und der Ilia entstehen lassen, die Sabinerinnen in Ehe mit den Römern geeint und so das ganze Römervolk geschaffen und zum Schutz

der Nachkommen des Romulus die Begründer des Kaiserreichs Caesar und Augustus (69–75).
Auch die Fluren spüren die Macht der Venus. Hat sie doch Amor, ihren Sohn, wie es heißt, auf dem Lande geboren (76–80).
Schon sieht man, von Venus gepaart, die Stiere und Herden unterm Schattendach sich ausruhen, und die Vögel stimmen ihr Konzert an, selbst der Schwan mit rauher Stimme und die Schwalbe, von der man nicht annehmen möchte, daß sie um die Schwester klage, sondern daß die Liebe ihr den Mund öffne (81–88).
An die Schwalbe knüpft die letzte Strophe an. Plötzlich tritt der Dichter aus seiner objektiven Haltung heraus und spricht bekenntnishaft. Wann werde ich es machen wie die Schwalbe und aufhören zu schweigen? Und er klagt: durch Schweigen habe ich mein Lied verloren, Phoebus sieht mich nicht mehr an. So hat Schweigen auch Amyklai zugrunde gerichtet. Wie Catull c. 51 sein *otium* angeklagt hatte und seine Gefährlichkeit mit historischen Beispielen begründete, so führt der Dichter das sprichwörtliche Schweigen von Amyklai an. Dort hatten Gerüchte mehrfach die Ankunft der Feinde fälschlich gemeldet, so daß die Verbreitung solcher Gerüchte untersagt wurde. So konnte der Feind eindringen, da keiner das Schweigegebot verletzen und verdächtige Anzeichen zu melden gewagt hatte (Servius Aen. 10,564).
Man spürt durchaus eine Ordnung, die durch das Ganze geht vom Jetzt zum Morgen, zum Zeitüberlegnen, das in der Vergangenheit gründet und immer wieder in der Zukunft zurückkehrt, eine Bewegung, die sich auch in dem persönlichen Bekenntnis findet und leidend unter der Vergangenheit, noch vereinsamt vielleicht, sich doch vom Morgen etwas verspricht. Diese Ordnung ist jedoch nicht gedanklich abstrakt betont. Es ist das Konkrete, in dem sie sich darstellt; im Konkreten ist aber das Ganze gegenwärtig. Das Ganze: das ist der Frühling mit seiner Pracht und Werdelust, das ist metaphorisch-symbolisch Venus, das ist ihr Geburtsfest in Hybla mit seinem Blumenflor und dem Tanz der Natur mit Nymphen und Amor, mit den Laubhütten und den mit Ceres, Bacchus und Apoll Feiernden. Darum können in den konkreten Einzelbildern die Motive unter anderen Aspekten sich wiederholen. So zum Beispiel beim Thema Lenz in Strophe I die Vögel ebenso wie in X, die Rechtsprechung der Dione in I und VI, die Laubhütten in I und V, die Geburt der Venus in II und in Verbindung mit dem ἱερὸς γάμος in VII, der Scherz mit dem nackten Amor in IV und VI. So darf man sicher nicht 59–62 vor 9–11 stellen, um das rationale Konzept »Geburt der Venus« an einer Stelle zusammen zu vereinen. Da würde das *tunc* (9) die beiden mythischen Anschauungen in unverständlicher Weise zusammenbringen. Daß die Venus am Tage des ἱερὸς γάμος geboren sei, hat niemand behauptet. Und auch sonstige Umstellungsversuche haben zu keinem befriedigenden Ergebnis geführt.
Dem Dichter ist es gelungen, die konkrete Fülle der Feier in allgegenwärtiger Stimmung in geordneter Bewegung der Vorstellung zu vermitteln; er vermag zwei andere gegensätzliche Elemente zu binden: das familiär Vertrauliche der Umgangssprache und bei hoher Vorstellung das Feierliche, Erhabene; ein Gegensatz, der unter anderem Aspekt als einer zwischen raffinierter sinnlicher Beobachtung und spirituellem Anschauen erscheint, ohne sich mit dem andern zu decken.
Umgangssprachlich familiär ist etwa der schlichte Schluß: *illa cantat, nos tacemus*,

mit der volkstümlich knappen Antithese; *quando ver venit meum* im umgangssprachlichen Präsens statt des korrekteren Futur; *quando faciam uti chelidon* mit
dem blassen *facere*, das hier zum Hilfsverb wird, um das durchaus gewöhnliche
ut tacere desinam anschließen zu können. Auch der Rest hat diesen Charakter. Die
Poesie hat sich aus der Umgangssprache erneuert. Der Stil hebt sich bei höheren
Gegenständen, etwa bei der Beschreibung der Geburt der Venus (9–11): mit *cruore
de superno* wird verrätselt auf den alten Mythos angespielt. Das vom Dichter so
geschätzte *de*, das zwischen Ursprung, Grund und Stoff schillert, erlaubt es, die
genaue prosaische Beziehung wie beim Gebrauch des Ablativs oder Dativs der
Klassiker zu verwischen. Es folgt ein Ablativ, um das zweite Element mit dem erlesenen *spumeo globo* anzufügen, die Farben Rot und Weiß in ihrer Schönheit andeutend. Das Meer wird nach langer Tradition in den Meerwesen, den ›blauen‹
Scharen und den Meerrossen mit ihren Fischschwänzen verkörpert, die das hoch-
epische zusammengesetzte Adjektiv *bipedes* (10) als Beiwort erhalten. Subjekt ist
das Meer, das in seiner elementaren Kraft handelt: *fecit* (11) bezeichnet hier nicht
aus Verlegenheit ein archaisch undifferenziertes Tun, sondern seine kreative Macht.
Das Objekt ist Venus, die nach poetischer Praxis mit dem kostbaren griechischen
Namen der Mutter Dione bezeichnet wird. Sie heißt *undantem de marinis imbribus*
(kaum wie überliefert *maritis imbribus*: *maritis imbribus* müßte sich auf *cruor* und
spumeus globus beziehen, was nicht möglich ist. Es stammt aus Zeile 4). *Imber* als
kühne Metapher für das Meer gibt es seit Ennius. Durch das Beiwort *marinis* ist es
deutlich bestimmt. *Undantem* ist schillernd: Venus schwankt, steigt und spielt auf
den Wogen als Anadyomene. Der geheimnisvolle Vorgang ist verrätselt mit allen
dichterischen Mitteln in seiner Pracht vergegenwärtigt. Wenn der Dichter das
Volkstümliche ins Poetische einschließt, so erkennt man: es ist ein *poeta doctus*,
der alle Register beherrscht.

Das andere läßt sich vielleicht gut an den Versen über die Rose verdeutlichen. Sie
selber, Venus, der verkörperte Frühling, malt die Jahreszeit mit Purpurblüten; so
beginnt mit einem Bild, das schon Lukrez gebrauchte, im Stil idyllisch schildernder
Priapeen die Beschreibung des Frühlingsausbruchs. Venus selbst – die Anapher
(13 ff.) ist ein besonders beliebtes Mittel des Dichters – stößt die kommenden
Knospen mit dem Frühlingshauch in ihre schwellenden Knoten. Sie selbst versprengt
die Feuchtigkeit des schimmernden Taus, den der Nachthauch hinterlassen hat. Der
Vers (15/16) ist durch den vorausgehenden Genitiv über die Versgrenze gespannt,
während sonst jeder Vers eine liedhafte Abgeschlossenheit hat. In den perlenden
Tau versenkt sich die Anschauung des Dichters: wie Tränen, eine Identitätsmetapher, schimmert er auf, wenn der Tropfen zittert unter dem Gewicht, das ihn zum
Fall bewegen will. *Caducus* wird nicht im gewöhnlichen Sinn des Hinfälligen gebraucht, sondern so wie es Horaz verwendet hatte: etwas, das stürzen will. Der
Tropfen, *praeceps* vor dem Abgrund gleichsam, zieht sich zusammen und hält so
seinen Sturz hin. Ein Äußerstes an feiner Beobachtung ist hier in seinem Sinn komprimiert. Der Blick ist mit raffinierter Sinnlichkeit wie ein Mikroskop auf die
letzte Einzelheit gerichtet und geht dabei doch den geheimen Sinnströmen nach.
Dabei wird im Aufblühen der Rose unter dem Tau der Frühe ein hochzeitliches
Geschehen gespürt, das sinnlich fein Beobachtete spiritualisiert.

Wurden schon die Knospen *papillae* (14) genannt, so heißt es jetzt, daß der blumige Purpur – erst jetzt merkt man, daß besonders an die Rose gedacht ist – seine Scheu aufgibt (19). Der Tau ist es, der die jungfräulichen *papillae* aus ihrem feuchten Gewand in der Frühe löst, eine Frühe, die zugleich das Morgen ist (*mane* – 21 – ist in seiner eigentlichen Bedeutung zu nehmen, man versteht aber, wie in der Umgangssprache daraus ein italienisches *domani* werden kann). Venus selbst hat befohlen, daß die jungfräulichen Rosen morgen heiraten. Und nun zusammenfassend: aus Cypris' Blut, aus Amors Küssen geschaffen, geschaffen aus Edelstein, Flammen und dem Purpur der Morgensonne, wird sie sich nicht schämen, die Röte, die wie unter einem Brautschleier verborgen war, zu lösen; eine Gattin, zu einer einzigen Hochzeit bestimmt, eine *univira* nach römischer Vorstellung. Hier sind die genauen Anschauungen zu einer spirituellen Ansicht des Hochzeitswunders zusammengefaßt im Symbol der aufgehenden Rose.

Es ist nicht so, daß bedeutende Stoffe und Tiefe der Empfindungen und Gedanken den Dichtern der hadrianischen Zeit durchweg gefehlt hätten, wie Ribbeck urteilt (III 321). In den Kleinformen glückt ihnen echtes lyrisches Empfinden, und die Großen schaffen dabei etwas Neues. Es ist in hohem Maße bezeichnend für den Synkretismus dieser Zeit, in der auf dem Forum im Neuerwachen des Kultus der Venus ein Doppeltempel der Venus und Roma gebaut wird. In der Venus vereinen sich kosmisch-philosophische, römisch-patriotische und hellenistisch-spielerische Züge; ältester Mythos dient dazu, pralle Gegenwart zu deuten; Volkstümliches findet sich neben Gelehrtem, schärfste Beobachtung neben Geheimnis, Ahnung, Spiritualisierung. Der seit Jahrhunderten nicht mehr gebrauchte Septenar unterstreicht, immer wieder innerhalb der Zeile neu abgewandelt, das Liedmäßige. Der Vers steigert sich bisweilen zum Enjambement; die Formen wie die Aretalogie liegen bereit und dienen hymnenartigem Aufschwung auch an Stellen, in denen das Gedicht noch nicht im Gedankenablauf bei den Prädikationen, den »Litaneien«, angelangt ist.

Es gibt noch viel mehr Gegensätze in dieser weit gewordenen Beziehungswelt, die sich wieder mit dem ursprünglichen Lied vereinigt. In der Form brauchte das Epigramm nicht mehr aufgebrochen zu werden. Aber es scheint, daß sich das Gedicht letztlich an seiner Bewegung orientiert. Situation, rätselhafte Spannung, unerwartete Lösung ist auch im Bau dieses Gedichtes festzustellen, aber erst in der überraschenden Schlußwendung. Die Schilderung der Frühlingssituation, die Vorbereitung zum Fest, der Preis der Venus gewinnen aber soviel Selbstverständlichkeit, soviel Eigenrecht, daß eine Spannung nur leichter Art aufkommt. Die Dinge (bis zum Tautropfen) werden in ihrem Sein nicht angerührt, sie bestehen vielmehr in sich. Und der Dichter mit seinem Leiden stellt sich am Schluß einfach daneben und bildet den Kontrast. Offenbar ist es aber dieses Leiden, das die Fülle des Lebens in so disparater Mächtigkeit erst hat bewußt werden lassen. Die künstlerische Gestaltung dieses urtümlichen Gegensatzes zwischen Natur und Ich ist das Neue. Er gibt die Kraft der Integration und vermittelt die einheitliche, wehmütige Stimmung der Einsamkeit, die sich ihrer überdrüssig ist. Es ist eine späte Stimmung, in der der Dichter noch einmal alles vereint und allen Sinn in seiner Pracht aufleuchten läßt mit tiefem Wissen und schwacher Hoffnung.

Es wird nicht viele gegeben haben, die ein solches Gedicht noch schaffen konnten. Die meisten werden sich in ihrem virtuosen Können und ihrer Gelehrsamkeit an die

Gegenstände und das Spiel der Konvention verloren haben. Wir haben noch Beispiele: Dieser Mann aber, der römisch und griechisch zugleich ist, der lange geschwiegen hat und nach seiner Odyssee und seinem ersten Scheitern ein ›großer‹ Dichter zu hoffen nicht mehr wagen kann, jener Florus, der dann der Freund Hadrians wird und der so verwandt ist in seinem Epigramm auf die Rose – er könnte wohl, wie man vermutet hat, mit unserem Dichter identisch sein.

Der Kreis des Naucellius

Von den vielen andern, die oft nicht einmal dem Namen nach bekannt sind, haben wir Sammlungen aus der Antike. Und vor nicht langer Zeit ist eine solche aus der Epoche, in der zum letzten Male Heidentum und Christentum miteinander im Streite lagen, gefunden worden: die Gedichte aus dem Kreis des Naucellius (ca. 305–400). Er darf als ein Schüler des Ausonius (ca. 310–395) gelten, der sich im 4. Jahrhundert für uns besonders durch seine Mosella einen Namen gemacht hat. Über ihm steht mit großen Formen zweifellos Claudian; hinzuweisen ist auch noch auf Rutilius Namatianus, der seine Rückkehr von Rom nach Gallien frisch und mit tiefem Romgefühl beschrieb. Diese drei sind aber keine eigentlichen Lyriker; sie meistern die Form. Eine originelle Metrik haben wir in dem Werk des Terentianus Maurus, der die metrischen Gesetze jedes Versmaßes in ihnen selbst beschreibt (am Ende des 2. Jahrhunderts). Soweit man aber erkennen kann, geht die lyrische Stimmung meist in dem Bestreben, sprachlich die häufig griechischen Muster zu übertreffen und besonders raffinierte Sprachverbindungen zu schaffen, vor allem aber in der damit oft verbundenen Objektivität weitgehend verloren. Diese Dichter singen nicht mehr, sie bedichten. Das Epigramm ist die herrschende Form.

Wir haben eine Sammlung dieser Gedichte, die sich freilich mit der griechischen Sammlung der Anthologia Palatina nicht vergleichen läßt. Sie stammt aus späterer Zeit und enthält antike Sammlungen von Dichtern vor allem des ausgehenden 4. Jahrhunderts. Es ist der schon erwähnte codex Salmasianus, dessen verlorene erste sechs Bücher durch andere Handschriften teilweise ersetzt werden können. Zwei Richtungen sind es, die bei diesen Gedichten vorherrschen. In dieser zweisprachigen Kultur ist natürlich das griechische Epigramm, das bis zum Ende weitergepflegt wird, dauernder Rivale. Und so hat F. Munari eine Richtung unterscheiden können, die sich an dem griechischen Epigramm mit seinen vielfältigen Gegenständen orientiert und in Ausonius einen Höhepunkt hat, ohne daß ihm aber etwa die Originalität abgesprochen werden sollte, und eine zweite, die sich von Martial, dem Meister des Spottepigramms, herleitet und im 6. Jahrhundert in Luxorius gipfelt. Natürlich haben die einen ebenso das Griechische gekannt wie die anderen den Martial.

Naucellius, Mitkämpfer des Symmachus im Kampf gegen das Christentum, von ihm als Dichter hochgelobt, geringerer Schüler des Ausonius, des Professors aus Bordeaux, der zum Prinzenerzieher aufstieg und auf diesem Wege zum Konsulat kam, stellt sich so vor:

Naucellius c. 5

Parcus amator opum, blandorum victor honorum
  hic studia et Musis otia amica colo,
Iunius Ausoniae notus testudinis ales,
  quodque voluptati est, hinc capic atque fruor:
rura domus, rigui genuinis fontibus horti   5
  dulciaque imparium marmora Pieridum.
Vivere sic placidamque iuvat proferre senectam,
  docta revolventem scripta virum veterum.

Sparsam liebend Besitz, die lockenden Ehren besiegend
  pflege ich hier die Kunst, Muße der Musen so lieb,
Junius, der bekannte Schwan der ausonischen Leier,
  und was Genuß mir schafft, nehm' und genieß' es von hier:
Land und Haus, und von echten Quellen bewässerte Gärten
  und der süße Stein ungleicher Pieriden.
So erfreut es zu leben und friedliches Alter zu längen,
  auf das gelehrte Werk schlagend des alten Geschlechts.

Im Jahrhundert des Biographischen und Selbstbiographischen stellt sich Naucellius mit dem Vornamen Junius oder Julius – die Handschriften schwanken – vor, in Distichen, die das Wesentliche knapp zu fassen vermögen, ohne sich zur Pointe zuzuspitzen. Die Behaglichkeit eines maßvollen Lebens mit den Musen spricht sich darin aus. Die Distichen schließen lose aneinander:
(1) Er ist unabhängig vom Reichtum – die nominale Ausdrucksweise ist in der Zeit beliebt, geht hier aber sicher auf *parcus deorum cultor* des Horaz zurück – und schätzt die Ehren, die ihm zuteil geworden sind, richtig ein; er bleibt ihnen überlegen, wie Boethius es ein Jahrhundert später tun wird, und pflegt die *studia*, das heißt die Poesie, die den Musen liebe Muße.
(2) Horazische Formulierungen dienen der selbstbewußten Selbstvorstellung: er ist *notus ales Ausoniae testudinis*, er muß also schon bekannte Gedichte, Elegien wahrscheinlich, geschrieben haben. Und im leichten Gegensatz dazu wird der zweite Teil des ersten Distichons weitergeführt: angekündigt wird, was sein eigentlicher Genuß ist.
(3) Das wird syntaktisch lose im Nominativ angeführt: das Land, das Haus, der Garten, der von echten Quellen gespeist wird. Hier stammt *rigui* wohl aus Horaz, *genuini* ist aber eigene Verbindung, der Besonderheit entsprechend. Noch kühner wird er, als er auf die Statuen der Pieriden, der Musen zu sprechen kommt. Sie sind ihm *impares* (nach Horaz). Der Marmor aber ist süß – so hatte Vergil im Catalepton die Musen ›süß‹ genannt. In Verbindung mit dem Stein ist das nicht nur ein Oxymoron, sondern aus der Spiritualisierung entstanden, die in den Statuen an die Lektüre denkt.
(4) Der Schluß faßt alles zusammen und unterstreicht das Geistige, das ihn erfreut sein Alter ›vorwärts schicken‹ läßt (dies aus Statius Silv. 5,3,133). Er rollt die Schriften auf – wahrscheinlich waren es *codices*, d. h. die alte Metapher für ›lesen‹ wird festgehalten – der alten Männer, der Klassiker, wie es das Gedicht selbst bezeugt.
Etwas Mildes, Anheimelndes geht von dem Gedicht aus, etwas Gebildetes im besten

Sinne. Wie man mit Recht auch den Gedichten des Ausonius den Sinn für traute
Zurückgezogenheit, das häusliche Leben, nachgesagt hat (Munari) und wie es selbst
bei Claudian, dem Sänger Stilichos, in dem Gedicht auf den *Senex Veronensis qui*
suburbium numquam egressus est (carm. min. 20, zitiert bei Munari S. 138) zu
spüren ist.

In der Epigrammsammlung des Salmasianus von ehemals 24 Büchern — die ersten
sechs sind verloren —, die in Karthago um das Jahr 530 entstanden ist und in der
auch das *Pervigilium Veneris* stand, findet sich eine bunte Fülle des Inhalts: Vergil-
Centonen, Erotisches, Beschreibungen von Kunstwerken — auch Naucellius macht
Epigramme auf die Kuh des Myron, die so lebendig nachgebildet ist, daß sie immer
wieder den Vergleich mit dem Leben herausfordert —, Gedichte auf Schauspiele,
Schauspieler usw. Naucellius fügt sich in diese Tradition ein, aus der man mancherlei über Interessen und Leidenschaften dieser Zeit lernt, so wenn er ein Gedicht
auf die Aquae Maternae macht, die Heilquellen von Maternum, heute wohl Isola
Farnese:

Naucellius c. 1

> Maternis est nomen aquis: hoc aliger illas
>   nomine donavit matris honori puer.
> Vim dedit alma Salus duros propellere morbos
>   et qui Paeonia pollet in arte deus.
> Quis neget haec opis esse deum? quis numine eodem   5
>   res neget humanas arvaque et astra regi?
> adversa inter se coeunt sic corpora rerum
>   et sacer in vitreis ignis anhelat aquis.

> ›Mütterlich‹ heißt der Quell: der geflügelte Knabe beschenkte
>   mit diesem Namen ihn, ihn seiner Mutter zur Ehr.
> Salus gab ihm die Kraft, die verhärtete Krankheit zu scheuchen,
>   sie und der Gott, der stark in der päonischen Kunst.
> Wer könnte leugnen, daß dies der Götter Macht? Und daß mit gleichem
>   Willen werden der Mensch, Fluren und Sterne gelenkt?
> So unter sich gesellt sind die feindlichen Körper der Dinge,
>   und die heilige Glut keucht in dem gläsernen Quell.

Lukrez (corpora rerum), Horaz (sat. 1,2,6), Statius (silv. 5,3,170), also die Klassiker, sind die Väter auch dieses Gedichts, das das Wunder der heißen Quelle beschreibt. Es ist zweigeteilt. Objektiv wird in den beiden ersten Distichen die Quelle
vorgestellt. Ihre Bedeutung wird auf mythische Gegebenheiten zurückgeführt.
Amor hat ihr den Namen gegeben — das läuft rasch daher, gehört zum Hand-

Boethius I c. 1

> Carmina qui quondam studio florente peregi,
>   Flebilis heu maestos cogor inire modos.
> Ecce mihi lacerae dictant scribenda Camenae
>   Et veris elegi fletibus ora rigant.
> Has saltem nullus potuit pervincere terror,   5
>   Ne nostrum comites prosequerentur iter.

werkszeug und scherzt mit dem Namen. Salus und Aesculapius sind die beiden
Götter, die ihm die Kraft gegeben haben, die harten Krankheiten fortzutreiben,
wobei *durus* wohl nicht nur die Schwere der Krankheit meint, sondern mit dem
Gegensatz der lösenden Quelle und der Verhärtung des elastisch Lebendigen
spielt.
Da erhebt sich die Frage, die vom vorhergehenden Distichon schon beantwortet ist:
Kann man leugnen, daß dies die Macht der Götter bewirkt? Und ist dann nicht
die Folge, daß man glaubt, dieselben Götter sind es, die die Menschenwelt, die
Fluren und die Sterne lenken? Naucellius gibt eine Aufzählung, die in dieser Form
einmalig ist und eine Behauptung über die in Spannung stehenden, die Welt des
Naucellius bestimmenden Dinge, Menschenwelt und Natur, aufstellt: Beides wird
von den Göttern gelenkt. Gehen in dieser Quelle doch auch die gegensätzlichen
Elemente, Feuer und Wasser, eine Verbindung ein. Das begründende *sic*, das die
staunende Gebärde fortsetzt, braucht nicht geändert zu werden (cod. si, Mariotti
sic). Der einende göttliche Wille wird in der Quelle gespürt gegen den christlichen
Menschengott auf der Grundlage lukrezischer Anschauungen. Der Dichter zieht nur
die entgegengesetzte Folgerung, nämlich daß es Götter gibt. Es finden sich auch sonst
Gedichte auf Heilquellen, vorher, nachher und in Nachahmung dieses Gedichts,
das mit einer fast zu schweren Frage endet und staunend das Wunder der Natur in
religiösem Gefühl auf die Götter zurückführt. Es ließe sich noch manches geglückte
Einzelgedicht finden, es würde aber das Gesamtbild nicht ändern.

Boethius

Der Ausklang aber verdient einen besonderen Hinweis. Gemeint sind die Gedichte
des Boethius, die zwar nicht am Ende der imitativen und das konkrete Leben be-
dichtenden ›Epigramme‹ stehen, die mit ihren Bildern bis zur Form der Idylle reichen, aber doch in symbolischer Weise fast den Ausklang der Antike markieren.
Das Besondere dieser in ihren Rhythmen so vielfältigen Gedichte ist dies, daß sie
auf einen stufenweise sich erhöhenden philosophisch-psychologischen Gedankengang bezogen sind. Schon dadurch stellen sie eine besondere Leistung gegenüber der
vorhergehenden Dichtung, aber auch der Gedankenlyrik überhaupt dar.
Boethius (480–524), aus vornehmer römischer Familie stammend und längere Zeit
Ratgeber Theoderichs, befindet sich in denkbar mißlicher Lage – im Kerker, unter
Verdacht des Hochverrats, den möglichen Tod vor Augen – und gibt sich, bevor
die Philosophie ihn anspricht, der hemmungslosen Klage hin:

Der ich einst heitere Lieder in frischem Eifer vollendet,
    bin zum Beginne, ach, trauriger Weise gedrängt.
Siehe, zerrissene Musen befahlen mir, was ich schreibe,
    und mit Tränen benetzt mir das Gesicht Elegie!
Diese wenigstens konnten Gefahr nicht und Schrecken besiegen,
    daß sie nicht doch als Geleit folgten auf unserem Weg.

Gloria felicis olim viridisque iuventae
   Solantur maesti nunc mea fata senis.
Venit enim properata malis inopina senectus
   Et dolor aetatem iussit inesse suam.   10
Intempestivi funduntur vertice cani
   Et tremit effeto corpore laxa cutis.
Mors hominum felix, quae se nec dulcibus annis
   Inserit et maestis saepe vocata venit.
Eheu, quam surda miseros avertitur aure   15
   Et flentes oculos claudere saeva negat.
Dum levibus male fida bonis fortuna faveret,
   Paene caput tristis merserat hora meum.
Nunc quia fallacem mutavit nubila vultum,
   Protrahit ingratas impia vita moras.   20
Quid me felicem totiens iactastis, amici?
   Qui cecidet, stabili non erat ille gradu.

Die Elegie ist die angemessene Form, in der sich die Klage ausspricht, so wie Ovid
in Tristien und Epistulae ex Ponto aus dem Erlebnis ihre Funktion erneuert hat. In
den ersten vier Distichen (1–8) stellt sich Boethius vor – mit *ecce* weist er ausdrücklich auf sich hin: einen traurigen Gesang diktieren ihm die Musen; ihr Gesicht ist zerkratzt und mit echten Tränen benetzen sie ihm das Gesicht. Sie wenigstens bleiben ihm treu, einst Schmuck der Jugend, sind sie jetzt Trost im Alter. Das
ist das Stichwort, das weiterführt. *Dolor* (10) – Schlüsselwort der Elegie – hat ihm
verfrühtes Altern gebracht. Mit großer Kraft, die an diesem späten Stil oft zu bewundern war, wird das in dem Vers *tremit effeto corpore laxa cutis* versinnlicht.
Der Schritt zum Tod schließt sich sinnvoll an. Glücklich der Tod, der nicht in
blühenden Jahren kommt und in der Trauer, oft gerufen, erscheint (13–14). Ach,
wie taub ist er solchem Flehen gegenüber! Wie bei ihm: als es ihm gut ging, wäre
er ihm beinahe erlegen, jetzt im Unglück schleppt sich sein Leben dahin. Im Schlußdistichon wendet er sich an die Freunde, wie etwa Properz des öfteren. Warum
haben sie ihn so oft glücklich genannt? Und nun epigrammatisch: wer fiel, hatte
keinen festen Stand. Damit aber weist das Gedicht weiter: was ist Glück, was ist
der feste Stand?

Boethius II, c. 1

   Haec cum superba verterit vices dextra,
   Exaestuantis more fertur Euripi,
   Dudum tremendos saeva proterit reges
   Humilemque victi sublevat fallax vultum.
   Non illa miseros audit aut curat fletus   5
   Ultroque gemitus, dura quos fecit, ridet.
   Sic illa ludit, sic suas probat vires
   Magnumque tristis monstrat ostentum, si quis
   Visatur una stratus ac felix hora.

Die einst der ruhmvolle Stolz beglückter und prangender Jugend,
  trübe trösten sie jetzt meines, des Greises Geschick.
Denn durch Unglück gar rasch kam unerwartet das Welken,
  und es befahl mich der Schmerz eigenem Alter zur Rast.
Allzu frühe ergießt sich gebleichtes Haar um den Scheitel,
  zitternd erschlafft die Haut, matt, da der Körper erschöpft.
Glücklich der Tod, der nicht in die süßen Jahre der Jugend
  einschleicht oder der Qual, vielmals gerufen, erscheint!
Ach, wie fühllosen Ohres wendet er sich von dem Elend,
  weinende Augen versagt hart er zu schließen zur Ruh.
Als das treulose Glück den eitelen Gütern noch hold war,
  tauchte die dunkele Stund' fast ins Vergessen mein Haupt.
Aber weil es umwölkt den wendischen Blick wieder kehrte,
  längt das Leben die Frist frevlerisch mir ohne Dank.
Warum habt ihr so oft mich glücklich gepriesen, ihr Freunde?
  Nicht ist einem, der fiel, sicher gewesen sein Schritt.

Das Gedicht ist gebaut (4 : 2 : 4 : 1), es ist elegisch in seinem assoziativen Fortschreiten, klassisch in seiner Sprache, an Horaz, Properz, Ovid erinnernd, selbständig in der Angemessenheit des Ausdrucks und dem kühnen Ausschöpfen der
sprachlichen Möglichkeiten; bewußte Gedankenlyrik, die am Anfang eines wohlgestuften geistigen Geschehens maßvoll den Zustand der Verzweiflung und Todes-
sehnsucht in das Reich gültiger Form erhebt.
Bekanntlich erscheint Boethius im 1. Buch die Philosophie und erweckt ihn aus der
geistigen Lethargie zum Aufblicken, zur Frage und Prüfung. Die Philosophie erkennt den Grund seiner Leiden in der Selbstvergessenheit und will mit der Heilung
im nächsten Buch beginnen. In diesem geht es um das Wesen der trügerischen Fortuna, die wahre Güter nicht schenken kann. Es können nicht alle Gedichte interpretiert oder auch nur erwähnt werden, die in der Form der menippeischen Satire
den Gang des Gedankens begleiten und mit endgültiger Aussage poetisch unterbrechen. Zu Anfang wird die Fortuna (II c.1) in folgenden Versen in ihrem Wesen
gedeutet:

Wenn es mit stolzer Rechten seinen Lauf wendet
so stürzt es rückwärtsschäumend wie der Euripus,
zertritt es wild den König, der noch jüngst furchtbar,
und erhebet des Besiegten niedren Blick trügend.
Es hört nicht Unglück, Schluchzen rührt es nicht, sondern
des Stöhnens, das es fühllos selbst bewirkt, lacht's noch!
So spielt es, so beweist es seiner Macht Stärke
und legt ein großes Zeichen finster vor, sieht man
zur selben Stunde am Boden jemand und glücklich.

Das Gedicht wächst aus der Prosa heraus, in der die Unberechenbarkeit der Fortuna erörtert worden war. Der Hinkjambus, virtuos gehandhabt, ist der gemäße
Ausdruck für den unerwarteten Umschlag des Schicksals. In dem besonderen Bilde
des Euripus, der Meerenge zwischen Euböa und dem Festland, mit seinem täglichen
Strömungswechsel und dem um so häufigeren von Königsmacht und Königssturz,
wird die Macht der Fortuna gezeigt und ihre Fühllosigkeit, ja Bösartigkeit demon-
striert. Schließlich wird zusammengefaßt: man sieht ihre sich brüstende Macht, die

Boethius III c. 12

Felix, qui potuit boni
Fontem visere lucidum,
Felix, qui potuit gravis
Terrae solvere vincula!
Quondam funera coniugis   5
Vates Threicius gemens,
Postquam flebilibus modis
Silvas currere mobiles
Amnes stare coegerat
Iunxitque intrepidum latus   10
Saevis cerva leonibus,
Nec visum timuit lepus
Iam cantu placidum canem,
Cum flagrantior intima
Fervor pectoris ureret   15
Nec, qui cuncta subegerant,
Mulcerent dominum modi,
Immites superos querens
Infernas adiit domos.
Illic blanda sonantibus   20
Chordis carmina temperans,
Quidquid praecipuis deae
Matris fontibus hauserat,
Quod luctus dabat impotens,
Quod luctum geminans amor,   25
Deflet Taenara commovens
Et dulci veniam prece
Umbrarum dominos rogat.
Stupet terminus novo
Captus carmine ianitor,   30
Quae sontes agitant metu
Ultrices scelerum deae
Iam maestae lacrimis madent.
Non Ixionium caput
Velox praecipitat rota   35
Et longa site perditus
Spernit flumina Tantalus.
Vultur, dum satur est modis,
Non traxit Tityi iecur.
Tandem ›Vincimur‹ arbiter   40

wie ein unheimliches Wunder wirkt (*ostentum*), wenn zur selben Stunde einer am
Boden liegt und dann glücklich ist.
Nach der Entwertung der irdischen Güter wird im 3. Buch geschildert, warum
man sie sucht, und ihr Sinn entdeckt. Man sucht in ihnen etwas Geistiges und Un-
zerstörbares, letztlich die Allmacht Gottes, an der man selbst teilhaben kann, wenn
man die wahren Güter in sich sucht. Orpheus wird zum Symbol des Aufstiegs zur
Höhe des Lichts:

> Glücklich, dem es zu schaun gelang
> hellerstrahlend des Guten Quell!
> Glücklich der, dem zu lösen Kraft
> schwerbedrückender Erde Band!
> Einst beweinte der Gattin Tod
> traurig Thrakiens Sänger laut.
> Als durch klagender Weisen Macht
> Wälder er zu bewegen rasch,
> Ströme sich zu verweilen zwang,
> und der Hirsch ohne Furcht verband
> seine Flanke dem wilden Leu,
> Hasen nicht den erspähten Hund
> mieden, der vom Gesange sanft:
> da nur brennender Schmerzen Glut
> ihm das innerste Herz verbrennt
> und, die alles bezwungen doch,
> seine Weise nicht heilt den Herrn:
> klagend über der Götter Grimm
> stieg er nieder zur unteren Welt.
> Dorten stimmt er ein schmeichelnd Lied
> auf den tönenden Saiten an,
> was je schöpft' er aus jedem Quell,
> der der Mutter vor allem lieb.
> Trauer gab es ihm unbeherrscht
> und die Trauer erhöhnde Lieb'.
> Weinend rührt er den Tänarus,
> und mit süßem Gebet erfleht
> Gnade er von der Schatten Herrn.
> Selbst der dreifache Pförtner staunt,
> verzaubert von dem neuen Lied;
> die den Schuldigen schrecken wild.
> Rächerinnen der Freveltat,
> fließen traurig vor Tränen schon;
> nicht stürzt schmetternd Ixions Haupt
> das rasch rollende Rad herab;
> ob ihn langes Verdursten quält,
> reizt der Fluß doch nicht Tantalus;
> und der Geier, von Tönen satt,
> riß nicht Tityos' Leber los.
> Endlich spricht voll Erbarmen dann

Umbrarum miserans ait:
›Donamus comitem viro
Emptam carmine coniugem.
Sed lex dona coerceat,
Ne, dum Tartara liquerit,   45
Fas sit lumina flectere.‹
Quis legem det amantibus?
Maior lex amor est sibi.
Heu noctis prope terminos
Orpheus Eurydicen suam
Vidit, perdidit, occidit.   50
Vos haec fabula respicit,
Quicumque in superum diem
Mentem ducere quaeritis.
Nam qui Tartareum in specus   55
Victus lumina flexerit,
Quicquid praecipuum trahit,
Perdit, dum videt inferos.

Eine Mythenerzählung im stichisch gebrauchten Glykoneus beendet das 3. Buch, in dem die höchste Erkenntnis, Gott, erreicht ist. Am Anfang steht ein Makarismos (1–4): glücklich der, dem es gelang, die Quelle des Guten zu erschauen und das Niederdrückende der Erde zu verlassen. Den Schluß macht ein *fabula docet* (52 bis 58), der Mythos wird in der Weise des Lukrez (Ende III) auf die Menschen bezogen: wer wie Orpheus den Blick in den Tartarus, vom Himmlischen auf die Erde zurückwendet, verliert das Köstliche, das er errungen hat. Dazwischen entfaltet der Mythos sein eigenes Leben. Als vom Klagegesang um Eurydike zwar die ganze Welt verwandelt wird, nur der Sänger selbst sich nicht heilen kann – man denkt an Ovids Heilgott Apoll, der keine Medizin für die eigene Liebe hat –, steigt er in die Unterwelt (5–19). Dort rührt er mit dem an Pluto gerichteten Gesang die Wesen und Büßer der Unterwelt, so wie einst Horaz (c. 2,13) die Wirkung

Boethius IV c. 6

Si vis celsi iura Tonantis
Pura sollers cernere mente,
Aspice summi culmina caeli.
Illic iusto foedere rerum
Veterem servant sidera pacem.   5
Non sol rutilo concitus igne
Gelidum Phoebes impedit axem,
Nec, quae summo vertice mundi
Flectit rapidos Ursa meatus,
Numquam occiduo lota profundo,   10
Cetera cernens sidera mergi
Cupit Oceano tinguere flammas.
Semper vicibus temporis aequis
Vesper seras nuntiat umbras

sein »Besiegt« aller Schatten Herr.
»Als Begleiterin schenken wir
liederkauft sein Gemahl dem Mann.
Ein Gesetz doch die Gabe schränkt!
Eh sie nicht aus dem Tartarus,
wende nicht deinen Blick zurück!«
Wer gab Liebenden ein Gesetz?
Höhres Recht ist sich Liebe selbst.
Ach! Schon nahe dem Rand der Nacht
sah, verlor und verging dabei
Orpheus seine Eurydike.
Euch geht diese Geschichte an,
die ihr aufwärts zum obren Tag
euren Geist zu erheben strebt:
wer zur Höhle des Tartarus
unterliegend das Auge senkt,
der verliert, was er Köstliches
mit sich führt, wenn er Schatten schaut.

des Gesanges im Hades beschrieben hat (20–39). Endlich gibt Hades Eurydike frei
unter der Bedingung, daß Orpheus sich nicht nach ihr umkehrt; und es vollzieht
sich rasch das Drama der Liebe, die sich selbst Gesetz ist (40–51). Mit der Schilderung der Leidenschaft, die an das Irdische fesselt, in ihrer edelsten Gestalt gegenüber dem reinen Göttlichen, klingt das Buch voller Bedenken aus.
Inzwischen haben sich aber in Boethius, der im Geiste erstarkt ist, Zweifel geregt.
Wenn Gott die Welt regiert, woher kommt dann das Böse? Die Darlegung der
Philosophie, daß für die göttliche Ordnung auch das Böse gut ist, verlangt nach
Erfrischung durch das Lied. In bewegten akatalektischen anapästischen Dimetern
wird, viel Philosophisches aufnehmend, die gespannte Harmonie des Kosmos be-
sungen:

Wer des ragenden will, des Donnerers Reich
mit reinem Geist erspähen geschickt,
der blicke empor zu dem Gipfel des Pols;
im gerechten Bund bewahren dort
den alten Frieden die Sterne fest.
Es hindert nicht Sol, vom Feuer erregt,
dem gelben, des Monds erkalteten Lauf,
nicht begehret der Bär, der am Scheitel des Zelts
die reißende Bahn in Kreisen schlingt,
niemals getaucht in die Tiefe im West,
sieht er andres Gestirn versinken im Bad,
im Ozean zu netzen die Glut;
und immer gleich im Wechsel der Zeit
tut Vesper kund die Schatten spät,

Revehitque diem Lucifer almum.   15
Sic aeternos reficit cursus
Alternus amor, sic astrigeris
Bellum discors exsulat oris.
Haec concordia temperat aequis
Elementa modis, ut pugnantia   20
Vicibus cedant umida siccis
Iungantque fidem frigora flammis,
Pendulus ignis surgat in altum
Terraeque graves pondere sidant.
His de causis vere tepenti   25
Spirat florifer annus odores,
Aestas cererem fervida siccat,
Remeat pomis gravis autumnus,
Hiemem defluus inrigat imber.
Haec temperies alit ac profert,   30
Quicquid vitam spirat in orbe.
Eadem rapiens condit et aufert
Obitu mergens orta supremo.
Sedet interea conditor altus
Rerumque regens flectit habenas   35
Rex et dominus, fons et origo,
Lex et sapiens arbiter aequi,
Et quae motu concitat ire,
Sistit retrahens ac vaga firmat.
Nam nisi rectos revocans itus   40
Flexos iterum cogat in orbes,
Quae nunc stabilis continet ordo,
Dissaepta suo fonte fatiscant.
Hic est cunctis communis amor
Repetuntque boni fine teneri,   45
Quia non aliter durare queant,
Nisi converso rursus amore
Refluant causae, quae dedit esse.

Derselbe Umfang von 48 Versen und dasselbe anapästische Versmaß zeigen besonders deutlich, daß dieses Gedicht, das als Preis auf die gespannte Ordnung des
Schöpfers auch in sich ruht, nicht nur die poetische Verklärung der vorhergehenden Gedanken, sondern auch eine Antwort auf ein anderes Gedicht ist, nämlich auf
I c. 5, in dem sich die Klage ausspricht, daß im Kosmos alles wohlgeordnet ist, nur
das Handeln der Menschen davon ausgeschlossen bleibt:
I c. 5,25 *omnia certo fine gubernans / hominum solos respuis actus / merito rector
cohibere modo.* (Ob im klaren Bezirk du ein jedes gleich lenkst, / verschmähst du
allein doch, des Menschen Tat / mit verdientem Maß zu beschränken als Herr.)
Und das Geheimnis des Schlußgedichts von Buch II: *o felix hominum genus, / si
vestros animos amor, / quo caelum regitur, regat.* (o beglückt ihr, der Menschen Geschlecht, / wenn die Herzen die Liebe führt / so wie diese den Himmel lenkt!)
findet hier seine Deutung: Die göttliche Wesensordnung, die sich im Kosmos, sei-

führt Luzifer auf den gütigen Tag.
So erneuert den Lauf in Ewigkeit
gegenseitige Lieb, aus dem Sternengefild
ist weit so verbannt zwieträchtiger Krieg.
Dieser Einklang regiert im gerechten Maß
das Element, daß im wechselnden Kampf
die Feuchte weicht vor dem trocknen Stoff
und die Kälte der Glut ihren Treuschwur gibt,
das Feuer sich hebt freischwebend zur Höh
und die Erde beschwert vom Gewichte sich setzt.
Aus diesem Grund haucht das blumige Jahr
im linden Lenz seinen süßen Duft,
und der Sommer dörrt die Ceres in Glut,
kehrt der Herbst zurück an Früchten schwer,
und den Winter benetzt in Strömen das Naß.
Diese Harmonie läßt wachsen und nährt,
was immer da atmet sein Leben im All;
zugleich aber rafft sie, entführt sie und birgt
das Geborne zuletzt eintauchend im Tod.
Indessen thront der Schöpfer erhöht,
und regierend lenkt er der Dinge Zaum,
der König und Herr, der Ursprung und Quell,
das Gesetz und dem Recht der weise Hort.
Und was er im Schwung zur Bewegung treibt,
das hemmt er zur Ruh, macht das Schweifende fest.
Denn wenn er nicht holt den geraden Lauf
und wieder zwängt zum gebeugten Kreis,
so würde, was jetzt feste Ordnung hält,
von der Quelle entfernt erleiden den Riß.
Das ist die Liebe, die allen gemein,
und sie streben nach Halt durch des Guten Ziel,
weil auf andere Art ihnen Dauer versagt,
wofern sich nicht kehrt ihre Liebe zurück
und sie fluten zum Grund, der das Sein ihnen gab.

nen Kreisbahnen der Gestirne und dem Gleichgewicht der Elemente zeigt, ist nichts Äußerliches, sondern der innewohnende Trieb zum Guten, das man um seiner selbst willen liebt, um nicht ins Nichtige zu fallen. Gottes Ordnung ist Liebesordnung. Es ist kein Zufall, daß besonders Formulierungen der Vergilischen Eklogen und der Georgica neben Späterem aufklingen. Der gerechte Bund der Dinge – ein modifizierter Lukrez-Klang –, der Frieden im Sinne römischer *pax*; die Ordnung beherrschende Sonne und der Mond; die Bahnen der Gestirne; die Harmonie vereint die widerstrebenden Elemente – von *fides* ist die Rede, wenn es heißt: *iungantque fidem frigora flammis*, in komprimierter Metaphorik, die an Naucellius' Gedicht auf die *Aquae Maternae* erinnert –; der Wechsel der Jahreszeiten. Altehrwürdige Vorstellungen werden auf eine sinnhaft-einfache, aber komprimierte Form gebracht: Nähren und Wachsenlassen und wieder Vergehen.
Über allem aber thront Gott, der König und Herr, die Quelle und der Ursprung,

das Gesetz und sein Wahrer und läßt die Bewegungen nicht geradewegs treiben, sondern schlingt sie zum Kreise, auf daß kein Riß entstehen kann. Das ist die allen gemeinsame Liebe, in der man durch das Ziel des Guten gehalten wird, denn sonst kann nichts Bestand haben, wenn nicht alles zum Grund zurückströmt, der ihm das Sein gab.

Hier vereint sich – neuplatonische – Philosophie mit großer symbolischer Anschauung der Natur. Wie einst bei Lukrez stehen Philosophie und Dichtung im Einklang, hier in anderer Weise und leichter. Denn Boethius geht es nicht um die entlarvende Wissenschaftlichkeit Epikurs, sondern im göttlichen Geist, der die Natur beseelt, findet er etwas dem Preis der Liebe Verwandtes, der in allen Zeiten zu den höchsten Themen der Dichtung gezählt hat.

Boethius V c. 4

Quondam porticus attulit
Obscuros nimium senes,
Qui sensus et imagines
E corporibus extimis
Credant mentibus imprimi,   5
Ut quondam celeri stilo
Mos est aequore paginae,
Quae nullas habeat notas,
Pressas figere litteras.
Sed mens si propriis vigens   10
Nihil motibus explicat,
Sed tantum patiens iacet
Notis subdita corporum
Cassaque in speculi vicem
Rerum reddit imagines,   15
Unde haec sic animis viget
Cernens omnia notio?
Quae vis singula perspicit
Aut quae cognita dividit?
Quae divisa recolligit   20
Alternumque legens iter
Nunc summis caput inserit,
Nunc decedit in infima,
Tum sese referens sibi
Veris falsa redarguit?   25
Haec est efficiens magis
Longe causa potentior,
Quam quae materiae modo
Impressas patitur notas.
Praecedit tamen excitans   30
Ac vires animi movens
Vivo in corpore passio,
Cum vel lux oculos ferit
Vel vox auribus instrepit.
Tum mentis vigor excitus,   35
Quas intus species tenet

Schwierig wird es für ›Idealisten‹, wenn der Gedanke allzu weit sich in die eisige Höhenregion gegensätzlicher Begrifflichkeit emporschwingt. Das geschieht im 5. Buch, wo die Spannung zwischen freiem Willen und dem Vorwissen Gottes thematisiert wird. Sie wird so gelöst, daß in Gottes *providentia* eine zeit- und raumüberlegene Erkenntnisart entdeckt wird. Hier scheinen die Gedichte nicht ganz das frühere Gewicht zu haben und treten zuletzt ganz zurück. Das 5. Buch endet in allerdings ergreifender prosaischer Paränese. Die Gedichte, die ›Metren‹, aber fügen sich ein in die Behandlung des Themas, und Boethius zeigt, daß er im stichischen Glykoneus, einer eher leichten Form, sogar satirische Töne beherrscht:

Einstmals brachte die Stoa auf
alte Männer, getrübt im Geist,
welche glaubten, Empfindung und
Bilder würden vom Gegenstand
unserem Geiste her eingeprägt,
wie man wohl mit dem schnellen Stift
in die Glätte der Seite tief,
die noch keine Bemerkung weist,
einzusenken die Zeichen pflegt.
Doch wenn eigner Bewegung voll
nicht der Geist auseinanderklärt,
sondern einzig geduldig liegt,
unterworfen der Körper Druck,
und nach Art eines Spiegels nur
leere Bilder der Dinge gibt,
woher wirkt dann so sehr dem Geist
alles sehender Kenntnisdrang?
Welche Kraft nimmt die Dinge auf
oder welche zerlegt, was kund?
Welche eint das Zerlegte neu,
wählt abwechselnden Weg sich aus,
fügt ihr Haupt bald dem Höchsten ein,
steigt herab bald zum Niedrigsten,
weist das Falsche durch Wahrheit dann,
wendend sich auf sich selbst, zurück?
Dies bewirket vielmehr ein Grund,
der bei weitem zu mächtig ist,
um zu dulden allein des Stoffs
Stempel nur, der ihm eingepreßt.
Freilich geht das entfachende,
Kraft des Geistes bewegende
Leiden im lebenden Leib vorher,
wenn das Licht unsere Augen trifft
oder Stimme den Ohren tönt.
Dann, erweckt, ruft des Geistes Kraft
Bilder, welche sie drinnen birgt,

Ad motus similes vocans
Notis applicat exteris
Introrsumque reconditis
Formis miscet imagines.   40

Hier wird nach Widerlegung der Stoiker, die sich mit lukrezischer Schärfe gegen
Heraklit – dasselbe Wort *obscurus* taucht auf – messen kann, die Spontaneität des
Geistes gerettet und die eigene Erkenntnistheorie vorgetragen. Von Stimmung ist
hier nicht viel zu spüren; die Verse formulieren fachmännisch, aber im Rahmen der
weiteren poetischen Möglichkeiten, knapp, würdig und abschließend. Das Gedicht
ist darum auch nach vorn und hinten im philosophischen Gedankengang eingebaut.
Philosophie in poetischer Form gibt es in der Antike seit Urzeiten. Hier erneuert
Boethius diese Möglichkeit an der passenden Stelle in seinem Gedankengebäude.
Hält man die 39 Gedichte des Boethius, von denen hier nur fünf vorgestellt wurden, neben die Proben der Dichtung seit der Hadrianischen Zeit, wird ihr klassizi-
stischer Charakter deutlich, aber auch ihr hoher Rang. Nicht nur im metrischen
und sprachlichen Können und in ihrer Stilsicherheit sind sie den meisten Produkten
der späteren Zeit überlegen. Sie erneuern zwar nicht aus Quellbereichen wie der
Volkssprache die Dichtung; aber mit der Resonanz der römischen, vor allem klassischen Dichtung vor ihm, hat Boethius doch auch die poetische Sprache mit neuen
kühnen Bildern bereichert. Neu ist, daß er die Gedichte einordnet in sein seelisches
Geschehen, währenddessen er von der Philosophie aus Todesnot zur Überlegenheit
freien, Gott gehorsamen Geistes erweckt wird. Auch früher wollten in den Sammlungen der Klassiker und Elegiker die Gedichte nicht nur als Einzelgedichte verstanden werden, sondern als einer Ordnung – wie etwa dem Bereich der Liebe – zugeordnet. Boethius läßt sich aber auf einem wohlgestuften Gedankengang erst von
den gewöhnlichen, dann von den philosophischen Musen die entsprechenden Gedichte eingeben. Sie gewinnen dadurch eine weitere Dimension des Geistigen, verlieren freilich an Unmittelbarkeit. Es ist eine höchste Form die Vergangenheit inte-
grierender Gedankenlyrik, die dort symbolisch wird, wo sie mit ihrer verlockenden
Weise für das Unaussprechliche des Gedankens, für Stimmung, Gebärde, Wahrheit
aus dem Ganzen eintritt.

Ambrosius

Diese neue Möglichkeit kann man sich kaum fortgesetzt denken. Sie entfernt die
Lyrik immer mehr vom unmittelbaren Aussprechen der bewegten Seele, ihrer Spon-

Deus, creator omnium
polique rector, vestiens
diem decoro lumine,
noctem soporis gratia,

auf zu gleichen Bewegungen,
paßt sie dem äußeren Eindruck an,
und mit drinnen verborgenen
Formen mischt sie die Bilder dann.

taneität. Hier bedurfte es neuer Erschütterung, die neues Empfinden hervorbrachte und bewegend gestaltete. Boethius steht am Ende einer Bildungswelt, die Reich und Menschen fast ein Jahrtausend getragen hatte. Das Neue war etwa anderthalb Jahrhunderte in die Welt getreten, als die Christen ihr Herz im Gesang ausschütteten und sich in ihm stärkten. Mit Ambrosius, dem Schöpfer des lateinischen Kirchenliedes entsteht etwas gänzlich anderes, spricht eine neue Kraft die Menschheit an.
Boethius ist Christ; er hat aber noch einmal und gerade in höchster Not die ganze Pracht der antiken *humanitas* entfalten wollen. Ambrosius, 340 in Trier als Sohn eines hohen Reichsbeamten geboren, selber hoher Beamter (Statthalter von Ligurien und der Aemilia), noch als Katechumen durch Zuruf des gesamten Christenvolkes nach dem Tode des Bischofs Auxentius zum Bischof von Mailand berufen, hat im Kampf für den rechten Glauben gegen die Arianer deren Kampfmittel, das Kirchenlied, selber eingesetzt. In einer Osterpredigt widersetzte sich Ambrosius dem Verlangen des arianischen Hofes Valentinians II., die Basilika Portiana zu übergeben; davon hat er im Jahre 386 gesprochen:

> Hymnorum quoque meorum carminibus deceptum populum ferunt. Plane nec hoc abnego. Grande carmen istud est, quo nihil potentius. Quid enim potentius quam confessio Trinitatis quae quotidie totius populi ore celebratur? Certatim omnes student fidem fateri, Patrem et Filium et Spiritum sanctum norunt versibus praedicare. Facti sunt igitur omnes magistri qui vix poterant esse discipuli. (Sie sagen auch, das Volk sei getäuscht durch die Verse meiner Hymnen. Ich streite auch dies nicht ganz ab. Ein großes Gedicht ist das, das mächtigste, das es gibt. Was nämlich ist mächtiger als das Bekenntnis der Dreifaltigkeit, das täglich durch den Mund des ganzen Volkes gepriesen wird? Alle wetteifern, den Glauben zu bekennen, sie verstehen, den Vater, den Sohn und den Heiligen Geist in Versen zu preisen.)

Die ambrosianische Hymne wurde so sehr zum Begriff, daß auch die Texte so benannt wurden, die nicht von ihm stammten. Fünf aber sind durch Zitate und Zeugnisse gesichert; nach dem Stil lassen sich ihm aus dem Corpus weitere zuschreiben. Zu den sicher bezeugten gehört das Abendlied, ein Hymnus, der unter alten lateinischen Kirchenliedern zuerst mit Bestimmtheit erwähnt wird:

O Gott, du Schöpfer aller Welt,
des Himmels Lenker, der den Tag
mit schmuckem Licht bekleidet hat,
die Nacht mit Gnade tiefen Schlafs,

Artus solutos ut quies   5
reddat laboris usui
mentesque fessas allevet
luctusque solvat anxios;

Grates peracto iam die
et noctis exortu preces,   10
voti reos ut adiuves,
hymnum canentes solvimus.

Te cordis ima concinant,
te vox canora concrepet,
te diligat castus amor,   15
te mens adoret sobria.

Ut, cum profunda clauserit
diem caligo noctium,
fides tenebras nesciat,
et nox fide reluceat.   20

Dormire mentem ne sinas,
dormire culpa noverit,
castos fides refrigerans
somni vaporem temperet.

Exuta sensu lubrico   25
te cordis alta somnient,
nec hostis invidi dolo
pavor quietos suscitet.

Christum rogemus et patrem,
Christi patrisque spiritum,   30
unum potens per omnia,
fove precantes, trinitas.

Nach Augustin (Conf. 9,12), der sich beim Tode der Mutter Monica daran erinnert, war dieser Hymnus Ende 387 oder Anfang 388 schon sehr bekannt; er ist in
De vita beata (Kap. 35) bereits 386 zitiert. Das Gedicht ist in jambischen Dimetern
geschrieben, dem ›ambrosianischen‹ Metrum. Das quantitierende Prinzip ist durchweg durchgehalten. Wortakzent und Versiktus fallen zwar etwas häufiger zusammen als im klassischen Jambus, aber ihr Widerspruch findet sich durchaus. Ebensowenig ist die Wortbetonung an Stelle der Länge getreten, und der Reim ist für
diese Verse keineswegs charakteristisch. Hier ist Ambrosius durchaus der klassischen Dichtung verpflichtet.
Für den, der von der klassischen Dichtung kommt, fällt am meisten auf, daß Ambrosius ohne jede mythologische Anspielung auskommt. Der Betende, eingeschlossen in die Schar der Mitbetenden, steht seinem Gott unmittelbar gegenüber und

daß Ruhe den entspannten Leib
dem Gebrauch der Arbeit wiedergibt,
erhebt der Seele Mattigkeit,
beklommnes Jammern wieder löst,

Dank, da nun jetzt der Tag vollbracht
und beim Beginn der Nacht Gebet,
daß Hilfe bringst Erhörten du,
den Hymnus singend zahlen wir's.

Dich sing' des Herzens tiefster Grund,
dich schall der Stimme voller Ton,
dich liebe keusche Leidenschaft,
dich bete nüchtern an der Sinn,

daß wenn die tiefe Finsternis
der Nacht den Tag verschlossen hat,
der Glaube Dunkelheit nicht kennt
und Nacht vom Glauben widerstrahlt,

daß du den Geist nicht schlafen läßt,
doch zu schlafen lernt die böse Schuld,
der Glaube Keuschen Frische bringt,
des Schlafes Dünste lindert so:

Entrückt der Sinne Schlüpfrigkeit
des Herzens Tiefe träume dich,
damit durch List des scheelen Feinds
der Schreck die Ruhenden nicht stört.

Zum Sohn, zum Vater beten wir,
zu Christi und des Vaters Geist:
das einzig Mächtige im All,
hör gnädig uns Dreieinigkeit.

(An einigen Stellen nach der Übersetzung von Friedrich Wolters 1922.)

erhebt seine Stimme, indem er geistige Wirklichkeiten direkt anspricht oder in Bilder faßt.
Der Hymnus ist dreigeteilt. Die ersten drei Strophen rufen Gott im nominalen Stil – der nicht auf diese Zeit beschränkt, sondern der lateinischen Sprache besonders gemäß (Horaz) ist – als den Schöpfer und *rector* an. Der *rector* ist der Herr, der über alles gebietet und Ordnung stiftet – eine durchaus römische Konzeption –, der die Zeit in Nacht und Tag gliedert. Die elementaren Gewalten werden sparsam liebevoll in ihrem tiefsten Wesen angeschaut mit Dank für das *decorum lumen* des Tages und die Gnade tiefen Schlafes (der *gratia soporis*). Und es wird der Sinn für das menschliche Leben dabei aufgespürt, dem Stoischen nicht unähnlich. Die Ruhe dient dazu, den Körper zu entspannen (Kayser [S. 136] faßt *solutos* (5) im Sinne von *lassus*, von der Arbeit ermattet auf, verkennt dabei aber eine Redefigur, die als

erfüllt voraussetzt, was das Hauptverb bewirkt) und ihn dem nützlichen Gebrauch der Arbeit und Strapazen wiederzugeben bzw. ihn für diese tüchtig zu machen (*usui laboris reddere* wird in kühner »*iunctura*« komprimiert gesagt). Ferner soll sie die Mattigkeit der Seele erheben und beklommenes Jammern lösen (in *anxius luctus* wird das würgende Schluchzen dem *solvere* entgegengestellt).

Obwohl bis jetzt und auch sonst meistens jeder Dimeter bis zum Versschluß eine Anschauung enthält und die anklingenden Begriffe voll ausgeschöpft werden, ist eine einheitliche Spannung entstanden: der Anruf verlangt nach alter Hymnenform die Bitte. Sie wird hier noch nicht ausgesprochen, sondern verschoben. Statt dessen wendet sich Ambrosius Gott zu und erklärt, was er mit seinem Hymnus will. Der Tag ist vollbracht. Dafür wird Dank geschuldet, wobei mit *grates* (9) ein römisch-sakraler Ausdruck verwendet wird. Das Morgengebet ist in Erfüllung gegangen, der Sänger und die Gemeinde sind es schuldig (*voti reus*), das Gelobte einzulösen.

Alle Begriffe und Vorstellungen des Gedichtes lassen sich in den Schriften und Predigten des Ambrosius wiederfinden, nur *voti reus* (11) nicht, weswegen dieser Ausdruck noch in der Übersetzung von Wolters mißverstanden wurde. Ambrosius wendet hier eine dichterische Wendung der alten Religion an (vgl. Vergil, Aen. 5,236 f. *taurum constituam ante aras voti reus*). Das Gelobte freilich besteht nicht in einem Stier als Opfer, sondern im Dankgebet am Abend, in einem Gebet, das zugleich Bitte um weiteren Schutz ist; er bittet also, daß er Erhörten Hilfe bringe. So sind Dank, *grates*, und Gebet, *preces*, jene Dankesleistung, die mit dem Hymnus, dem Preis Gottes, abgegolten wird. *Solvere* (12): das ist die Einlösung des Versprechens am Morgen und zugleich im Hymnus weiteres Gebet. Die komplizierte Situation des ständigen Beisammenseins im Gebet wird mit Verwendung und Überwindung alter Vorstellungen höchst einfach zusammengefaßt.

Die folgenden Strophen führen den Hymnus aus. Sie sind alle von Wünschen und Wollen bestimmt, Konjunktive und Imperative herrschen vor. In den ersten drei Strophen (12–24) wird abgewehrt, in den beiden letzten (25–32) – wenn man die vierte nicht zu den drei vorherigen hinzunehmen will, die freilich zusammenfassend deren Bewegung positiv wiederholt – wird alles zusammengezogen.

Es ist keine Aretalogie, die folgt – sie war ja schon in den Prädikationen der ersten drei Strophen enthalten –, wohl aber in der Du-Form anaphorisch die Aufforderung, Gott zu preisen. Das geschieht ja im Hymnus. Deshalb könnte auch der Indikativ praesens stehen (Wolters übersetzt so). Aber der Dichter differenziert und bestimmt, wie der Hymnus sein soll: die Tiefe des Herzens soll ihn hervorbringen, der volle Ton der Stimme davon nur Zeugnis geben, Liebe an sich, ohne Sinnlichkeit ihn erfüllen, und das Gebet soll in heiliger Nüchternheit, im νήφων λογισμός erfolgen. Dies alles, damit bestimmte Wirkungen erzielt werden, in der Finsternis der Glaube die Dunkelheit nicht kennt und Licht in die Nacht bringt.

Der Schrecken der Dunkelheit steht in scharfem Gegensatz zum Licht des Glaubens, das zu jenen Zeiten noch bedrückender empfundene Elementare der Metaphorik des Glaubenslichtes. Ambrosius steht Lukrezens Epikur nicht allzu fern, der aus dem Dunkel so starkes Licht erhoben hat, nur daß es hier nicht um den forschenden Verstand geht, sondern um den festen Schutz der *fides* (20), in dem auch

die Nacht erstrahlt. In *fide esse* – *Dianae sumus in fide* läßt Catull seinen Mädchenchor in fast ähnlicher Religiosität singen.

Die nächsten Finalpartikel sind dem Vorigen untergeordnet und erstreben weitere
Folgen: daß der Geist wach bleibe im Lichte des Glaubens und – paradoxerweise –
die Sünde (*culpa* 22) schlafen lerne, daß die *fides*, die Keuschen erfrischend, den
Dunst des Schlafes mildere und zügele. Dieses letzte kühne, zunächst physiolo-
gische Bild vom Dunst der Nacht hat Ambrosius wohl die Aufnahme ins Römische
Brevier gekostet. Ob wirklich etwas Platonisches gemeint ist (Kayser [S. 143],
daß aus den niedrigen Seelenteilen wie aus einem Sumpfe Dünste aufsteigen, welche die Vernunft umhüllen und blenden), bleibe dahingestellt. Der Glaube jedenfalls läßt durch die Schwüle der Nacht nicht die Keuschheit verderben. Die Sün-
denangst bezieht auch das Unbewußte und Körperliche, die Erhitzung im Schlafe
mit ein.

Die Tiefe des Herzens – abgewandelt wird ein Thema des Anfangs der vierten
Strophe aufgenommen – soll Gott träumen, befreit von der Verführung der Sinne,
exuta sensu lubrico (25 f.). Damit wird doch wohl in kühnem Bild das ganze
Schlafgeschehen zusammengefaßt. Die größte Tiefe des Herzens ist entkleidet der
Empfindungen, die täuschen und verführen können, und im Glauben soll sie, wenn
sie träumt, von Gott träumen. *Lubricus*, in der klassischen Dichtung beliebt, meint
das Schlüpfrige, das zu Fall bringt und verführt. Auch hier wird das Ziel genannt,
aber nun in größerer christlicher Allgemeinheit: durch die List des neidischen Feindes sollen die Ruhenden nicht aufgestört werden, soll also der Segen der Nacht
voll wirken können. *Pavor* (28) ist ein starkes Wort und *suscitet* entspricht dem.
Wie ein handelndes Wesen wird dieser *pavor* gesehen, der in der *fides dei* nicht begründet ist, sondern nur auf den neidischen Feind (wieder durchaus römisch nach-
empfindbar), also wohl auf den *diabolus*, den Teufel, zurückgeführt werden
kann.

Ihm wird in der letzten Strophe Christus, der Vater und der Heilige Geist gegenübergestellt und die Bitte endlich und vorbereitet ausgesprochen. Sie folgt nach der
zusammenfassenden Feststellung, daß das Gebet sich an die Dreieinigkeit richtet.
Sie ist eins und als das Eine allmächtig in allen Dingen. Sie soll die Betenden wär-
men (fovere), sie hüten wie die Mutter ihr Kind, ein weniger strenges, fast liebliches
Bild. Denn diese Dreieinigkeit wird auch darüber entscheiden, ob das Gebet Erfolg
hat, ob die vielen Konjunktive der Aufforderungen durch rechten Glauben in Erfüllung gegangen sind.

So geht eine große Bewegung von der Deutung der Situation über den mächtig
einsetzenden Hymnus mit seinen Wünschen und Absichten hin zur kraftvollen
Zusammenfassung in der abschließenden direkten Wendung zur Dreieinigkeit. Die
Bewegungsphantasie, die sich im Aufbau ausspricht, haben wir als spezifisch römisch von Catull an kennengelernt. Ambrosius handhabt sie mit Meisterschaft.
Auch sonst konnte ein solches Gedicht nur im Römischen entstehen. Hier wirkt
nicht nur die römische Sprache an sich, sondern auch die ganze Tradition der
Dichtung mit ihren Formen und ihrer Metaphorik. Bilder aus der juristischen Ge-
betssprache wie *voti reus* oder eine Verbindung wie *vapor somni* oder *lubricus sensus* wurzeln in römischen Metaphern. Römisch ist auch die nüchterne Präzision des
Ausdrucks und der Vorstellungen. Man ist eingeladen, über die so komprimiert

eingefangenen Wirklichkeiten weiter nachzudenken und kann sie in ihren genau bestimmten Zusammenhang einfügen.

Das Ganze aber ist von einem neuen Geiste erfüllt. Hier tritt der Gläubige unter die Gläubigen und erhebt seine Stimme, sich mit ihnen eins wissend. Das ›Wir‹ der Gemeinschaft, nicht das Ich der Persönlichkeit ist beherrschend. Die Fülle der Welt, die im Gedicht versammelt ist, zeigt die kosmische Weite des Empfindens des Dichters und verstößt dabei doch nicht gegen die festen Strukturen der Glaubensüberzeugungen einer Gemeinschaft. Sie läßt ihm Spielraum, Glanz und Gefahr der Welt poetisch aufscheinen zu lassen. War schon bei den römischen Gedichten auf die Dynamik und die voluntativen Züge hinzuweisen, so bewegt dieses Gedicht des Ambrosius im Einklang mit den Überzeugungen der den Hymnus Singenden das Empfinden und Wollen zu einem Ziel hin, öffnet ihnen neue Aspekte in poetischer Schönheit, damit sie, indem sie singen, selber Lehrer der Dreieinigkeit sein können.

Dieser neue Atem ist es, die Unbedingtheit und Sicherheit, die hier nicht mehr nur eine Bildungswelt bewahrt und immer feiner ausgestaltet, sondern mit mächtigem Schwung eine neue Welt schafft, ohne Anlehnung an die Mythologie oder die Quelle der Volkssprache aus dem neuen Geiste des Glaubens heraus, nicht mehr in eigener Verantwortung, sondern wie einst die urtümlichen Sänger erfüllt von Gott in anderer Weise.

Dies möge als Beispiel dienen, wie schon lange vor der Zeit, in der Boethius, selber Christ, an der gesamten Bildungswelt Anteil haben wollte und damit auch in gewissem Sinne etwas Neues schuf, eine andere Kraft am Werke war, lyrisch der bewegten Seele Ausdruck zu geben, mit sprengender Wirkung.

Erläuterungen

Catull c. 73

Das Gedicht besteht aus ganz einfachen Wörtern und Wendungen. Sie sind aus der gesprochenen Sprache genommen und mit poetischem Atem geadelt worden.

1 Von der Häufigkeit des *bene mereri* braucht nicht gesprochen zu werden, doch ist das innere Objekt *quicquam* (Vergil ahmt es Aen. 4,317 nach) etwas Besonderes. Das überlieferte *quisquam* haben spätere Handschriften zu Recht in *quicquam* geändert: Catull will keine allgemeine Gesetzgebung vortragen, sondern meint sich; es handelt sich um einsame Lyrik.

3 *omnia sunt ingrata* (so auch 64,103; 76,6 *ingratus*) wird durch Plautus, Asin. 136: *ingrata atque irrita esse omnia / intellego, quae dedi et quod bene feci* als umgangssprachlich erwiesen. Auch das besondere *pium* hat seine prosaische Parallele als Steigerung von *benevolus* bei Cicero, fam. 1,9,1 ... *te perspicere meam in te pietatem* ... *quid enim dicam benevolentiam. fecisse benigne* — mit präsentischer Bedeutung des Perfektinfinitivs — läßt sich in der Prosa belegen: Cic., Deiot. 36 *dicere est solitus benigne sibi a populo Romano esse factum.*

5 Das *graviter urgere* ist nicht pathetisch-episch. Tibull, der Wählerische, hat es 2,1,79 *quos hic graviter deus urget* in seiner mittleren Stillage, aus der Umgangssprache oder aus Catull schöpfend.

Die Textkritik hat vom sprachlichen Habitus auszugehen. Darum ist es verführerisch, an der zweiten textkritisch schwierigen Stelle, der Lücke, nach Cic., Mil. 34 *non modo nihil prodest, sed obest etiam* ein *prodest* zu ergänzen (vgl. für die Antithese Verr. 2,169; Ovid, met. 11,320). Doch ist das wohl zu utilitaristisch gedacht und vor *obestque* schiebt sich ein *taedet*, zu dem der Gegensatz gesucht werden muß (die Überlieferung *magisque magis* ist eine einfache willkürliche Auffüllung des Metrums wegen). Darum geht es auch nicht an, den dritten Vers als abgeschlossen zu betrachten — im Sinne des umgangssprachlichen *nihil est* = es ist nicht gut (vgl. Plautus, Capt. 344; Cas. 286; Truc. 769) und zur Ergänzung des Metrums *taedet* zu wiederholen: *immo etiam taedet, taedet obestque magis. nihil est* ist kein Gegensatz zu *taedet; nihil* muß zweitens wegen der negativen Verben, zu denen ein positives *fecisse benigne* Subjekt sein muß, starke Negation sein und zum Verb gehören, das ergänzt werden muß, und schließlich sind die Wiederaufnahmen desselben Wortes c. 38,1 und c. 107,4 anders, nämlich lose. Hier würde der behagliche, besinnliche Rhythmus dem verzweifelten Aufschrei schaden. Am besten erfüllt die Bedingungen das ergänzte *iam libet* (Munro hatte schon *iam iuvat*). Es ist die passende Antithese zu *taedet*, läßt *fecisse benigne* positiv fassen und vermeidet die Iteration. Vor allem aber hat Properz denselben Versanfang (2,10,3).

Für den Sprachstil ist charakteristisch das Spiel mit den Pronomina, hier zu ernsthafter Verstärkung (bei Plautus, Pseud. 134 *quorum numquam quicquam quoiquam venit in mentem ut recte faciant* mit komischer Übertreibung); die Übertreibung *omnia – nihil*; die starke Sperrung zwischen *nihil – iam*; die Nachdrücklichkeit der Partikel *immo etiam – magis* (im Sinne von vielmehr, vgl. franz. mais); das gemütvoll Pleonastische, nicht ohne wehmütige Sentimentalität gesagt, in *unum atque unicum* (vgl. Plautus, Asin. 208; Gellius 18,4,2; Apul. met. 4,31; es handelt sich nicht um einen der Versfüllung dienenden Pleonasmus, wie Kroll will). Die Umgangssprache mit ihren Möglichkeiten wird zum besonderen, einmalig treffenden poetischen Ausdruck.

Catull c. 5

1 *vivere* in der Bedeutung ›Leben genießen‹ scheint in dieser Zeit aufzukommen: Varro, Sat. fr. 87 *properate vivere puerae;* Copa 37; Carm. epigr. 190,7.

2 *rumores senum severiorum* wird von Prop. 2,30,13 gewählt aufgenommen: *ista senes licet accusent convivia duri.* Bei dem moralischen handelt es sich zugleich um ein Generationsproblem.

5 Das einsilbige Wort *lux* am Schluß ist selten, malt aber das Abrupte.

6 *perpetua una:* dieselbe Wortfülle bei Cicero in der Invektive in Pis. 33 *ut omnes ... male precarentur, unam tibi illam viam et perpetuam esse vellent,* also wohl Umgangssprache.

7 *basia:* bei Plautus und Terenz kommt nur *savium* und *osculum* vor. Das Wort hat Catull als Fremdwort wie *ploxenum* aus seiner Heimat eingeführt, und es ist dann in die Volkssprache eingedrungen.

11 *conturbare,* in Verwirrung bringen, nämlich die Rechnungsbücher, wenn man Bankrott gemacht hat: Cic. Att. 4,7,1; Q. fr. 2,12,2 Planc. 68; Mart. 9,3,5; Petron. 38,16; Dig. 15,3,16.

Catull c. 51

2 *si fas est* geht nicht auf das Handeln, sondern die Aussage und entschuldigt mit einem Zwischensatze »wenn man das sagen darf«, wie es auch in der Prosa üblich war (Cic. Tusc. 5,38). Unwahrscheinlich, daß diese Vorsichtsformel bei der Übersetzung eines konventionellen ἴσος θεοῖσιν (›glücklich wie ein Gott‹) gebraucht worden sein soll. *Par* und *superare* weisen auf die Stärke, die nötig ist, um Lesbias Gegenwart bei vollen Sinnen ständig aushalten zu können.

5 *miser* wird zum Lieblingswort der Elegiker für den von der Liebe Überwältigten, oft besonders für den, der nicht erhört ist. Catull empfindet sein Ausgeliefertsein als *miseria,* bejammernswerten Zustand.

8 Der ausgefallene Vers beweist mit anderen, daß unsere Überlieferung auf *einem* Exemplar beruht. Der Sinn ist klar, die Ergänzung stammt von Ritter.

11 *gemina nocte:* »mit doppelter Nacht« poetische Enallage; der Begriff der Doppelheit wird von den Augen auf das Dunkel übertragen, statt rationaler Klarheit wird eine dichterische Gesamtempfindung bewirkt.

13 *otium* ist im Lateinischen der Gegensatz zu Begriffen wie *labor, officium* etc. Im *otium* – und Catulls Leben war zum permanenten *otium* geworden – überschreitet man die Grenzen (*exultas*), die sinnvolles Tun auferlegt. Man tummelt sich wie Böckchen auf der Weide – davon wird *gestire,* »Gebärden machen« gern gesagt.

15 Nach altrömischer Weise wird das Gefährliche dieses Nichtstuns erkannt und historisch belegt. Wenn von Städten und Königen die Rede ist, die durch *otium* zugrunde gingen, mag man an Erzschlemmer wie Sardanapal oder Städte wie Sybaris denken. Notwendig ist das nicht und der Gedanke auch nicht eigentlich moralistisch: vielmehr sieht Catull im *otium* (nach einer im übrigen griechischen Erkenntnis) eine ungeheure Macht, der nicht nur er, sondern die größten Gebilde nicht gewachsen sind. Zu Recht betont das Römische des Gedankens zuletzt J.-M. André, L'otium dans la vie morale et intellectuelle Romaine, Paris 1966, S. 223 ff.

Catull c. 2

1 Passer, der Spatz, erfreute sich bei den Alten größerer Beliebtheit als bei uns. Plautus läßt in der Casina ein Mädchen also anreden: *meus pullus passer, mea columba, mi lepus.* Sollte darunter eine Blaumerle zu verstehen sein, würde es nicht viel ausmachen. Bei den Brasilianern gilt der Sperling übrigens als besonders schön.

2 ff. Das Nächste ist in der Konstruktion sehr lose und kommt der Prosa nahe: *primus digitus* mit prädikativem Attribut ist der Finger an der Spitze, aus dem *quoi* ist ein *cuius* zu entnehmen: *cuius morsus.* Das Bild ähnlich schon bei Meleager AP 7,207 (von einem Hasen).

5 *desiderium* nach dem griechischen ὁ πόθος μου (AP 12,152), von Cicero für Terentia gebraucht.

6 *carum nescio quid iocari:* der Akk. des Inhalts ist ebenso wie das verallgemeinernde Pronomen fast prosaisch und folgt auf den hohen Ton des vorhergehenden Verses mit leichter Ironie. Es wird die Gleichgültigkeit des Gegenstandes auf diese Weise gut mit dem Mittel der Umgangssprache eingefangen.

7 *et solaciolum* ist überliefert. Es läßt sich aber weder parallel zu *deliciae* (1) noch als von *libet* oder *iocari* abhängig verstehen. So muß man wohl mit Guarinus in *ut* ändern und den Satz als Apposition zu allen Relativsätzen verstehen. – *Solaciolum,* das erste Deminutivum, das in der Sammlung erscheint, ist überaus passend: Lesbia braucht nur ein kleines Trösterchen, das Spiel mit dem Spatz, und alles ist gut. Das beliebte Stilmittel erstreckt sich sogar auf Adjektive und Namen: 3,16 *o miselle passer!*; 12,16 *haec amem necesse est ut Veraniolum meum et Fabullum.* Der Freundeskreis, der allem Pathos abhold ist, der sich befreit von den erdrückenden Fesseln altrömischer Strenge und starrer Konvention, sucht das Feine, Kleine, das Lebendig-Warme im Geringen lieber als das Tote und Unehrliche im Gigantischen und Monumentalen. Das Deminutivum ist in seinem reichen Gebrauch geradezu Programm und Kampfansage gegen die *severitas severiorum,* gegen das überlebte Pathos der hohlen Annalenform, ist also moralische und literarische Ausdrucksform zugleich.

8 *credo ... adquiescet. credo* vor dem Futur ist volkstümlich, vgl. *credo impetrabo* (Terenz, Andria 3,3). Darum wird man das Futur nicht ändern dürfen und das überlieferte *ut cum* in *tecum* ändern müssen. Zum Schluß wird durch eine Parenthese das Gefüge noch länger in der Schwebe gehalten und dabei die Quintessenz auf einer neuen glossierenden Ebene des Gedankens intensiv hervorgehoben.

10 *tristis curas* sind die quälenden und sorgenden Gedanken der Liebe und Leidenschaft und werden als solche für die spätere Elegie topisch.

Catull c. 8

Das Gedicht ist in Hinkjamben geschrieben, die mit ihrer Synkope am Schluß vortrefflich die innere Zerrissenheit Catulls widerspiegeln. Es ist in der Sprache schlicht, nur daß das Bild des Sonnenscheins für sein Glück gebraucht wird (3), das in eigentümlicher Weise zwischen dem Glanz der Sonne und der Bedeutung Tag schillert, und das möglicherweise Theokrit 11,75 anklingt (10).

Es ist ungemein schwer zu übersetzen, weil es ganz aus der Umgangssprache herauswächst, die einerseits noch das Unmittelbare der gesprochenen Sprache an sich haben kann, andererseits schon in der alten Dichtung geadelt war.

Zum ersten gehört 10: *vivere* in der Bedeutung von *esse;* 11: *obstinata mente* fast wie das spätere Adverb in den romanischen Sprachen; wohl auch 15: *vae te* mit dem Akkusativ statt dem üblichen Dativ; 14: *nulla* in der Bedeutung von *non.*

Zum zweiten die Häufung von Formen des gleichen Verbs. (2) Vgl. Plautus, Trin. 1026; das italische Asyndeton, das durch Dopplung Intensität erreicht (11). Hinzukommt das mehrfache Spiel mit *velle* und seinem Gegenteil (7 und 9). Die Anrede hindert nicht, daß es sich um bekenntnishafte einsame Lyrik handelt: Das inkonsequente *nobis* verrät, was gemeint ist (5). Was unter dem *non vult* zu verstehen ist, wird nicht deutlich: ist es ein Euphemismus dafür, daß sie untreu ist? Das wäre trotz des Schlusses ebenso möglich, wie daß es sich um eine, allerdings entschiedene, Abweisung handelt. Aus dem Kommentar von

Fordyce (S. 110) erfährt man, daß Macaulay bekannte, dieses Gedicht nicht ohne Tränen lesen zu können.

Catull c. 11

1 Furius und Aurelius sind uns nicht weiter faßbare Freunde des Catull (Furius will man mit dem Invektivenschreiber Furius Bibaculus identifizieren). Sie spielen in den Gedichten c. 15; 16; 21; 23; 24; 26 eine Rolle. Catull übergießt sie gern mit seinem Spott vor allem als Hungerleider. Doch gehören sie auch zu den ›Schönen‹, der eine wird auch einmal einem geliebten Knaben gefährlich. Sie müssen andererseits auch Catulls intimste Gedichte vor der Veröffentlichung kennengelert haben. Das unflätige gegenseitige Anulken darf nicht tragisch genommen werden, vielmehr zeigen diese Potenzposen gerade, daß es seine guten Gesellen sind. Wollte man aber in der Übertriebenheit der ersten drei Strophen ironische Verspottung von Feinden sehen, würde man das ganze Gedicht dadurch verderben, daß man auf die Nebensache das Hauptgewicht legte.

2 Beide sind bereit, zu den Indern am Rande der Welt, *in extremos Indos*, als Freunde mit ihm zu ziehen. Die Stärke ihrer Freundschaft wird durch Transponierung ins Räumliche versinnbildlicht, wie es etwa auch Horaz c. 2,6 tut. Die Vermutung eines hellenistischen Topos ist naheliegend. Kosmische Weite und Aufgliederung durch *sive – sive*, wie sie im Hymnenstil üblich ist, erhöhen den Stil ins Ungemessene. Die ungewohnte Höhe weist sie in ihrer Absicht fassen?

3 *ut* heißt hier ›wo‹ wie offenbar früher, da es bei Plautus an einigen Stellen angenommen werden kann. Stilistisch besonders ist die traiectio, das Verstecken der Konjunktion, großartig musikalisch das Bild mit dem kostbaren Adjektiv und den dunklen Vokalen des Adoneus.

5 *Hyrcanos Arabasve molles*. Die Hyrkaner sind ein seit Herodot bekanntes, sagenumwobenes Volk an der Südküste des Kaspischen Meeres, die Araber gelten als weichlich. Das schmückende Attribut, das hier keine Funktion hat, steigert die Fülle und die Höhe des Stiles, ebenso wie die ›ennianischen‹ zusammengesetzten Adjektive *sagittiferos* für die Parther im Iran und *septemgeminus*, siebenfach, für den Nil bzw. sein Delta. Die Saker leben im Pamir. Catull kann sich nicht genugtun, immer dunklere Fernen zu entdecken.

9 ff. Nach dem Osten wendet sich der Blick zu dem ebenso unheimlichen, jetzt aber durch Caesars Triumphe in besonderes Licht gerückten Norden. Zu den bisherigen stilistischen Sensationen kommen nun die kühnen Sperrungen. *Caesaris – magni* ist sicher bewundernd und emphatisch, das Wort *magnus* ein Lieblingswort aller Römer; die leichte Ironie wird man bei dem feinfühlenden Catull dennoch nicht überhören.

13 Zum Schluß wird alles mit *omnia haec ... temptare simul parati* zusammengefaßt. Hier wird das Baumeisterliche deutlich. Die Zusammenfassung erinnert an die im 51. Gedicht. Der Abschluß der Anrede ist fast noch feierlicher als die vorausgehenden Strophen: einmal durch die übertreibende Verallgemeinerung, stilistisch aber durch das ennianische Wort *caelitum*. Auch hier spürt man das Parodische. Was wird parodiert?

15 Vor allem aber gewinnt der Stil seine Höhe dadurch, daß bis hierher der Atem einer einzigen Anrede reicht. Um so eindrucksvoller ist das plötzliche Absinken des Stilniveaus in den Versen 15/16, die nach Wortstellung und Wortwahl reine Prosa, freilich von einer unheimlich drohenden Kraft sind.

17 Das setzt sich fort: *vivat valeatque* ist eine gewöhnliche, geringschätzige Verabschiedungsformel (Terenz, Andria 889 *immo habeat, valeat, vivat cum illa*); *trecentos* ist eine Übertreibung der Volkssprache (Horaz, s. 1,5,12 *trecentos inseris ...*), grimmig und wahrscheinlich der Sondersprache des Kreises zugehörig; keinesfalls überhöht ist

das *sed identidem ilia rumpens*, ebensowenig *respectet* (Lukrez 5,975; Cic., Planc. 45, *ne par ab eis munus in sua petitione respectent*).

23 Einer der seltenen Vergleiche Catulls. Seine Spontaneität und Subjektivität läßt ihn sie eher vermeiden als suchen. Sie sind darum für die größeren Kompositionen wesentlich. Der Vergleich soll nicht nur sagen, daß seine Liebe durch Lesbias Schuld völlig geknickt ist. Dazu brauchte man wohl kein Bild. Er ist genauso besonders wie der Vergleich in c. 72. In merkwürdiger Weise wird hier die Zukunft und die Vergangenheit mit einbezogen in die verglichene Gegenwart. Die Blume ist vom gehenden Pfluge gestreift, nicht umgebrochen worden oder abgerissen, geknickt fristet sie nur ein karges Leben und welkt unheilbar dahin. Die Wörter sind besonders und gewählt, um diese besonderen Nuancen zu fassen: *cecidit* von der Liebe, *praeterire* persönlich von der streifenden unaufhaltsamen Bewegung des Pfluges, *tactus* statt eines gewöhnlichen *ictus*. Es ist ein Milderwerden und ein Sicherheben des Tones zu spüren, jetzt aber in wahrer Einfachheit und Erlesenheit. Zweimaliger Tonwechsel.

Catull c. 76

Das Gedicht bedarf keiner besonderen Hilfen für das Verständnis: keine Reminiszenzen, keine Metaphern, keine Manieren. Seine Schönheit besteht ganz in der Echtheit des Gefühls und der Erkenntnis und der Genauigkeit der moralischen Begriffe. Die wenigen Sprachmittel entwickeln sich aus der gesprochenen Sprache.

3 *fidem ... foedere*, durch Alliteration sind die wesentlichen Worte hervorgehoben. Die Begriffe aus der Sprache der römischen politischen Gemeinschaft sind, wie R. Reitzenstein gelehrt hat, in den Beziehungen der Liebe entdeckt. Vgl. 87,3 *nulla fides ullo fuit umquam foedere tanta*. *foedere nullo·* die doppelte Negation ist archaischer Pleonasmus.

6 Von *gratia* gilt dasselbe wie für *fides* und *foedus*. Der Begriff harrt noch weiterer Klärung. *ingratus amor* ist eine Liebe, die kein Echo findet. Vgl. 73,3 *omnia sunt ingrata*.

10 Überliefert ist *cur te iam | amplius*. Der Hiat ist nach 66,48; 67,44; 99,8; 68,157 anzuerkennen. Er zeigt, daß es Catull hier nicht in erster Linie auf die metrische Form ankommt, obwohl das Gedicht sonst strengen Gesetzen genügt.

16 Die polare Ausdrucksweise ist im gesprochenen Latein zuhause. In der Dichtung durch die Situationen und den Vers erhöht auch bei Seneca, *Medea* 567 ganz ähnlich: *incipe, quicquid potes Medea, quicquid non potes*.

18 *extremo* ist schwierig. Es heißt hier soviel wie in äußerster Lage, endlich. Vgl. Sueton, Vesp. 7,3. In der Prosa heißt es »am Schluß der Reihe«, was hier unmöglich ist.

21 Überliefert ist *seu*, was unsinnig ist. Die Änderung *hei* würde dem Gang des Gedichtes, der hier keinen Ausruf erträgt, widersprechen. Zu schreiben ist *quae*.

Catull c. 68

Das Gedicht, das wir vor uns haben, ein Begleitbrief, ist in sich vollständig, aber im Gegensatz zu c. 65, dem Begleitbrief, mit dem Catull die Übersetzung der »Locke der Berenike« des Kallimachos an den großen Redner Hortensius übersendet, merkwürdig ungleichmäßig in der Durcharbeitung. Während der Hortensius-Brief ein geschlossenes Kunstwerk ist, hat man bei dem vorliegenden das Empfinden, er könne ohne das folgende Gedicht, die Beilage, nicht bestehen.

Textkritische Schwierigkeiten:

11 und 30. Nach der Überlieferung wird der Adressat mit *mali* angeredet, die späteren Handschriften haben *Manli* oder *Malli*. Wenn *mali* ein Vokativ sein muß, in der Elegie

von einem *Allius* die Rede ist (41); wenn dieser *mali* ein *hospes* (12) ist und das in 68 erklärt wird; wenn ferner der Brief nur auf dieses Allius rühmende Gedicht zielt, muß der Vokativ *mali* dieselbe Person bezeichnen wie *Allius*. Bestätigt wird das dadurch, daß im Epilog, der auf den Einleitungsbrief Bezug nimmt, der Freund mit *Alli* (V aliis, ς *Manli*) angeredet wird. Also beruht das *Manli* der späteren Handschriften auf falscher Konjektur; denn zwei Gentilnamen, wie es sowohl *Allius* wie *Manlius* sind, kann der Römer nicht haben. Schöll hat *mali* in *mi Alli* aufgelöst. Aber 150 heißt es nur *Alli*, die Zärtlichkeitsform *mi* verbindet Catull nur mit Cognomen, wie sonst üblich: *mi Fabulle* (c. 28,3 und c. 13,1); sonst gern *o Memmi* (c. 28,9). Sicher kein Zufall ist es, daß *mi* vor Konsonanten bei Catull steht. Darum liegt es näher, mit Lachmann in *mali* den Vokativ des römischen Vornamens *Manius* zu sehen und *Mani* zu schreiben. Wir gewinnen damit einen ersten Hinweis für den persönlich-intimen Charakter dieses echten Briefes.

29 Überliefert ist *tepefacit* V, die späteren Handschriften ς haben des Metrums wegen das Intensivum gesetzt – *tepefactat* –, das neben *frigida* vorzüglich paßt, freilich Hapaxlegomenon ist. Bergk konjizierte *tepefactet*, die Herausgeber folgen. Nun handelt es sich aber zweifellos um ein Zitat des Briefes des Allius wie 5 ff. Da dort gegen den erwarteten obliquen Konjunktiv der Indikativ steht, ist auch hier der Indikativ der Humanistenkonjektur vorzuziehen. Er spielt sozusagen die Rolle der Anführungszeichen. Daß es sich um genaue Zitate handelt, ist für Charakter und Stil des Gedichtes wichtig. Catull zitiert aber nicht nur den Brief des Allius – er hat ihn gleichsam vor sich liegen –, die Struktur dieses Gedichtes ist die eines Normalbriefes. Mit *quod* (1) beginnen Briefe wie Cic. Att. 3,7,1; Plin. epist. 3,5,1; bei der Behandlung des ersten Punktes wird mit *quare quod* Bezug genommen (27) wie Cic. fam. 12,2,2; mit *nam* (33) wird eine zweite Bitte abgeschlagen in Form der praeteritio wie Cic. epist. 1,7,2; Att. 3,24,1. Schließlich faßt 37 im Briefstil (Kroll) *quod cum ita sit* zusammen. – Es ist nun noch nicht beobachtet, daß sich metrisch und stilistisch die zitierten Partien von Catulls teilweise fast prosaischer Darlegung dadurch abheben, daß sie höheren Stil repräsentieren. Um anderes zu übergehen, so ist es doch höchst auffällig, daß sich nur in den wörtlichen Zitaten (7 und 29) die künstliche Sperrung der Adjektive von den Substantiven in der Form *a b A B* findet, die von den Augusteern gern gebraucht wird. Allius hatte in hohem Stil, und zwar, was sich hier nun sicher entscheiden läßt, sein Leid in Versen geklagt. – Stilistisch läßt sich zeigen, daß die Zitate auch in der Wortwahl als gesucht und preziös herausfallen aus einem nüchternen, oft prosaischen Catullischen Text. Allius hat dabei eine Vorliebe für die Dynamik intensiver Verben. Hier aber kommt nun noch eine dritte Passage höheren Wortstiles hinzu:

15–24. Mit Hilfe der Studien von Axelson über die unpoetischen Wörter läßt sich das genau nachweisen. Die Erlesenheit dieser Verse aber überrascht nicht, da 20–24 wörtlich 92–96 entsprechen und hierher übertragen worden sind. Das Umgekehrte kann man sich darum kaum vorstellen, weil sie in dem nüchternen Briefe überraschen. Auf jeden Fall aber wäre es merkwürdig, wenn Catull die Absicht gehabt haben sollte, diese Klage über den Tod des Bruders zweimal in derselben Form zu veröffentlichen.

41 ff. Der Neubeginn läßt sich nicht verkennen, da der Anruf der Musen an den Anfang gehört. Die Musen werden nicht um Inspiration gebeten – handelt es sich doch um eine persönliche Danksagung –, sondern Catull will die Verdienste des Allius den Musen nennen, damit diese ihn und seine Tat bekanntmachen, d. h. das gelungene Gedicht ihn verewigt, was ja geschehen ist.

Es ist im Hinblick auf die Zusammengehörigkeit der Teile des Gedichtes wie bei Homer von Chorizonten und Unitariern zu sprechen. Es kann nicht bezweifelt werden, daß 41–148 ein einheitliches Gedicht bilden, von dem sich Vorwort und Nachwort deutlich abheben. Der Stil ist nicht periodisierend, sondern beschwingt und überströmend: darum sollte 43 das überlieferte *nec* behalten, nicht in das periodisierende *ne* geändert werden, zumal »*sed dicam* . . .« keine geradlinige Antithese zu »*non possum reticere* . . .« ist.

49 Nach dem beschwingten Anfang, der mit den Musen vertraulich in hellenistischer Manier (vgl. Apollonios) verkehrt und abgesehen von gesuchten Attributen – *caeca nocte* und *carta anus* – mit volkstümlichen Stilmitteln wie Wortwiederholung und Steigerungsformel arbeitet, erhebt sich der erste Abschnitt zum Schluß zu dem Bild der Spinne, die in der Luft hoch oben ihr Werk auf des Allius Namen verrichtet. Fraglich, ob Catull wie Properz 2,6,35 an ein verlassenes Monument denkt; sicher ist, daß in dem Bild in sehr plastischer Weise Moder und Ungestörtheit des Vergessens gefaßt sind, wobei dem Gewebe an sich ein rühmendes Beiwort zuteil wird und der verweilende Gedanke zu kostbarer Wortstellung führt: *a b B A.* Hierin ist Catull in der Elegie selbst viel gewählter und kühner als im Brief an Allius. In 54 z. B. versucht er mit der Stellung *A b a B* etwas, das in der Klassik aufgegeben wird. Die Stellung *a b A B* findet sich z. B. 55, 60, 79, die *a b B A*, eine typisch epische, 44, 49, 67.

51–66 Mit einem gewöhnlichen *nam* eingeleitet, wird die Erklärung gegeben, für welches Verdienst der Dienst der Musen beansprucht wird. Allius hat Catull in äußerster Liebesnot geholfen. Mit welchen Mitteln wird noch nicht gesagt; das wird 68 ff. mit archaischem *is* angereiht. Zunächst geht es nur um die Größe der Hilfe. Catull erzählt zunächst den Musen vertraulich, wie sehr er liebeskrank war; die Musen wissen es aus seinen Gedichten, und Catull braucht sie nur ganz im hellenistischen Stil daran zu erinnern. Aus diesem koketten Einleitungssatz entwickelt sich ein höchst preziöses Gebilde, das fast ganz aus zwei Vergleichen besteht. Zusammenhang und Gewichtsverteilung der Vergleiche sind umstritten. *Cum* (53) schließt an den ersten Begründungssatz, der die Hauptaussage noch in der Schwebe läßt, unmittelbar und unlöslich an, weil sonst ein unbegründetes Asyndeton entstehen würde. Catull versenkt sich, wie es etwa in c. 2 geschieht, immer tiefer in die Vorstellung des eigenen Leids. Seine Glut wird in kostbaren elementaren Vergleichen ins Unermeßliche gesteigert, die Beschreibung der endlosen Tränen verwendet Metaphern – *tabescere* und *imbre madere* –, die aber doch wohl der Parallelität wegen erst recht eines Vergleiches bedürften.

Er scheint auch in dem mit *qualis* (57) eingeleiteten ausführlichen Bilde zu folgen, zumal mit *qualis* eingeleitete Vergleiche bei Catull in der Regel folgen (Klingner). Skutsch freilich (Kleine Schriften, S. 49) hat diesen Vergleich zum Folgenden genommen, weil dem *qualis* das *tale* (66) entspreche, *levamen* (61) nicht gut zu dem *tristis imber* passe und weil – hier wird deutlich, daß diese Frage die Auffassung des ganzen Gedichts betrifft – so die beiden Vergleiche den beiden Vergleichen 119 ff. entsprächen. Er kommt dabei freilich nicht ohne Änderung des Textes aus: er muß *hic* (63) in *ac* ändern, um den folgenden Vergleich anzuknüpfen (so auch Weinreich konsequent: wie man diese Auffassung teilen und doch, einen Punkt nach 56 setzend, *hic* stehen lassen kann – Mynors, Pöschl –, ist mir unverständlich). Nicht nur das: *qualis* (57) würde asyndetisch abrupt einsetzen, obwohl sonst der Fortschritt pedantisch-ausdrücklich stets angegeben wird. Schließlich würde dieser Vergleich den andern (63 – Hilfe in äußerster Sturmesnot) in seiner Mattigkeit nicht steigern, sondern schwächen. Catull hat vielmehr seine Tränen einen *tristis imber* genannt (Kroll nach Vahlen), um den Tränenstrom mit dem Bergquell vergleichen zu können. Er hat den Vergleich Homers aber nach Aischylos Agamemnon 901 und Asklepiades AP 5,169 erweitert, welche beide die dem Wanderer als Erlösung erscheinende Quelle haben, und er hat in dem Dynamisieren des Bildes, wie es sich in c. 11 beobachten läßt, in aller Traurigkeit der unendlichen Tränen (*tristis imber*) etwas von der Erleichterung, die doch auch darin liegt (*levamen*), spüren lassen (dieselbe Aufteilung ohne Interpretation bei Svennung).

67 Trotz der Exuberanz fast expressionistischen Ausdrucks heißt *lato limite clausum* kaum

»durch breite Grenze abgeschlossen«, sondern *lato limite* mit *patefecit* verbunden, »er hat es mit breitem Pfade geöffnet«, wie es Vergil, Aen. 9,323 übernommen hat. Fülle des Ausdrucks: 43, 61, 64, 76, 86, 110.

68 Trotz Vahlen II 663 ist das überlieferte *dominam* in *dominae* zu ändern. Vgl. 156 *in qua ⟨nos⟩ lusimus et domina. dedit dominam* könnte nicht »verschaffte mir eine Zusammenkunft« heißen. Bedeutsam ist, daß wie später in der Elegie die Geliebte *domina* genannt wird. 136 wird dafür noch unanfechtbarer – d. h. selbst wenn man hier wegen der sprachlichen Schwierigkeiten sich auf den Text nicht verlassen wollte – *erae* gesetzt. Das Liebesverhältnis wird damit als ein Willens- und Herrschaftsverhältnis aufgefaßt, in dem der Liebende als *servus* dem Wink und der Gnade der Herrin gehorcht. Bei den freien Verhältnissen mit Hetären im Hellenismus ist dieser Gedanke unmöglich (Lieberg hat, vor allem nach Klingner, diese Konzeption ihrer historischen Bedeutung nach untersucht).

70–74 In 66 ist zu einem ersten Abschluß gekommen, was in 51 eingeleitet wurde: die Begründung des Dankes mit der Größe der Hilfe in Liebesnot. 67/69 konkretisieren das mit dem archaischen weiterführenden *is*. An den Begriff des Hauses fügt sich mit relativem Anschluß etwas an, was viel wichtiger ist und beherrschend hervortritt: die Epiphanie der Geliebten in dem Hause, das Allius zur Verfügung stellte. *Diva*, Göttin, wird die »Herrin« hier schon genannt. Mit einer Fülle von Beiworten, die das Strahlende, Helle, Zarte ausdrücken, wodurch das Alltägliche ausgelöscht wird – *mollis, candida, arguta* –, wird das Faktum so bedacht, daß es mit seinem Eigengewicht alles Vorhergehende zurücktreten läßt. Die Danksagung an Allius erscheint plötzlich als bloßes Vorspiel gegenüber dem das Folgende beherrschenden Ereignis.

75–106 Ein Ereignis von göttlichem Rang, mythischer Größe, könnte man formulieren. Wir erwarten wie bei der Vergegenwärtigung der eigenen elementaren Liebe den Vergleich. Er folgt in der Tat sofort, eingeleitet mit *ut*. Hier verstärkt sich die Form der Gedankenbewegung, die im Ansatz auch bei den ersten Vergleichen festzustellen ist. Catull bohrt sich in das Verglichene immer tiefer ein und entdeckt dabei neue Aspekte, bis die Hauptsache schließlich, beladen mit einer Fülle von Assoziationen, wieder hervortritt. Der neue Gedanke wird jeweils relativisch – statt dessen kann wie 75 *inceptam frustra* ein angehängtes Partizip eintreten – angeschlossen: 70 *quo*, 85 *quod*, 91 *quaene*, 97 *quem* (vgl. das Zurücklenken 25 *cuius ego interitu*), 101 *ad quam*, 105 *quo casu* (111 *quod*, 121 *qui*, 126 *quae* sind dagegen Relativsatz-Einleitungen, die Erläuterungen des Gegenstandes einführen), 131 *cui*, 135 *quae*. Gegen Schluß bewegt sich der Gedanke wie vor der Apotheose wieder etwas freier. Das ist bewußter Stil, durch den ein freier Wechsel zwischen verschiedenen Vorstellungskreisen – Geliebte, Laodamia, Troja, Tod des Bruders – ohne logische, d. h. aber prosaische Präzision ermöglicht wird. Darum auch die Vorliebe für das unbestimmte *tum*, das erlaubt, einzelnes aus der Sage willkürlich – freilich mit poetischer Notwendigkeit – herauszugreifen, ohne sich an den Ablauf der Sage zu binden: 101 *tum*, 105 *tum* (vgl. 73 *quondam*), 118 *tunc* (vor Vokal), leicht anders 131 *tum*. Dasselbe Mittel findet sich im Epos: c. 64,19; 20; 21; 56; 68; 126; 128; 231; 249; 254; 276; 312; 313; 320.

Lesbias Erscheinen wird mit dem Kommen Laodamias verglichen, die vor dem Hochzeitsopfer in glühender Liebe zum Manne ging. Alles, was über diese meistliebende Frau des Altertums gesagt wird, geht von Homer, Il. 2,698–701 aus. Catull nimmt außer Homer – δόμος ἡμιτελής – auch etwas von der erweiterten Sage auf (Eustath. zu Il. 325,22, von Euripides stammend: Zorn der Aphrodite, der die Liebe über den Tod fortdauern läßt), fügt aber vor allem aus Eigenem, den Anfang betonend, hinzu, daß der Frieden der Götter durch Opfer noch nicht errungen war, als sie zum Gatten kam (Lieberg 214 ff.). Der bedenkliche Anfang tritt also nach der Vergegenwärtigung der Erscheinung im Vergleich hervor. Hier ist Catull wegen der Ähnlichkeit seiner Lage besonders beteiligt. In einem Anruf an die Nemesis, die in Rhamnus ihr Heiligtum hat (77), verwahrt er sich bangend davor, daß er je etwas gegen den Willen der himmlischen Herren tun wolle. Eine persönliche Gnome wird ca aus dem Schicksal der Laodamia gewonnen und als Beleg für sie in Ausführung des *inceptam frustra* (75) der Mythos nicht erzählt, aber immer tiefer bohrend in den Hauptpunkten vergegenwärtigt.

Laodamia wurde für die Unterlassung dadurch bestraft, daß sie den Mann verlor, ehe sie ihre Liebe hätte sättigen und nach dem Verlust hätte weiterleben können. Sie wurde einer Liebe beraubt, die ihr teurer war als Leben und Atem. Catull kommt es nicht darauf an, was nach dem selbstverschuldeten Verlust geschah – der Mythos hatte da allerlei Versionen bereit –, sondern auf die elementare, über den Tod dauernde, vor allem aber sich am Beginn zeigende Leidenschaft: 106 *ereptum est vita dulcius atque anima / coniugium* und 117 *altus amor . . . qui tunc indomitam ferre iugum docuit* (*tuum domitam* ist in *tunc indomitam* aufzulösen, vgl. die Bemerkungen über *tum*; jede Einschränkung, und sei es auch nur zu *indomitam*, ist hier fehl am Platze). Diese Liebe und ihre Stärke ist das Ziel des Gedankens. Dieses Ziel wird nicht direkt erreicht, sondern bei der Vorstellung Trojas, vor dem Protesilaos sein Leben lassen mußte, bricht die Erinnerung an den Tod des Bruders hervor, die sich zur Anrede an ihn lyrisch steigert (der Tod des Bruders ist auch in c. 65,7 mit Troja verknüpft; *attulit* (92) entspricht *abstulit* (20), das sekundär scheint). Da der Gedanke sich so weit hat verlocken, das Empfinden hinreißen lassen, muß sich Catull zum Ausgangspunkt, der schon auf das Ziel vordeutete, zurücktasten, der elementaren Liebe der Laodamia. Catull tut es in raschen knappen Schritten: das Zurücklenken beginnt mit *quem nunc* (97) der letzten beklagenswerten Vorstellung, nämlich des Grabes bei Troja am Rande der Welt. 101 bis 104 entsprechen 87–88, 105–106 entsprechen 84–86, 106–107 entsprechen 73–83, so daß die 10 Verse des Zurücktastens den etwa 20 des Abgleitens entsprechen. Es entsteht auf diese Weise eine Ringkomposition. Catull gleitet zweimal ins Schmerzliche ab: bei *inceptam* (75) in Erinnerung an eigenes Leiden und bei der Vorstellung Trojas (90/91) im Gedanken wieder an die eigene Trauer. Dabei verläuft er sich gleichsam, so daß eine Rückkehr notwendig wird. Catull dichtet dabei sein eigenes Schicksal in den Mythos hinein, so daß Mythos und Leben ineinander übergehen, der Mythos lyrisiert wird.

Die Liebe der Laodamia, das Ziel des Gedankens, ein Thema, das mit *flagrans amore* (73) angeschlagen ist, tritt jetzt beherrschend hervor. In drei Vergleichen wird das Unerhörte eingefangen.

107–118   1. Die Liebe hatte sie in einen Abgrund gestürzt, tief wie die *Katawothren* bei Pheneos am Kyllenegebirge in Arkadien. Aber tiefer noch als dieser Abgrund, heißt es am Schluß, war ihre Liebe. Das Unergründliche wird im Elementaren erspürt. Nach den einleitenden Worten, die an den Verlust des Gemahles anknüpfen, gewinnt zwischendurch das Verglichene ein Eigenrecht. Der Grund dürfte im Gedanken an Hercules zu suchen sein, der diese Katawothren gegraben haben soll im Dienst eines schlechteren Herrn. Das Mißverhältnis zwischen Herrn und Abhängigen in der Qualität interessiert Catull in bezug auf sich.

119–124   2. Die beiden nächsten Vergleiche geben sich als Begründung des ersten. Dadurch wird die Parallelität der drei Vergleiche verschleiert. Der zweite Vergleich stammt aus dem Bereich der römischen Familie und ist so besonders wie der von c. 72. Der Großvater, der mit Leidenschaft an seinem spät geborenen Enkel, dem Sohn der einzigen Tochter, hängt, liebt nach bangem Warten und in schon fast sicherer Verzweiflung an dem Überleben der Familie und dem Fortbestehen des Erbes um so inniger und im wahrsten Sinne existentieller, weil seine Existenz, in einem höheren Sinne, dem des Hauptes der Familie, von ihm abhängt. Wenn gesagt wird, Laodamias Liebe war größer, so ist gemeint, daß sie ganz im andern lebte. Nach der elementaren Gewalt und

Tiefe wird sie hier im Ethischen von einer Seite beleuchtet, die überrascht, aber in übersinnliche Tiefen vordringt.

125–128 3. Damit nicht genug, kehrt ein dritter Vergleich noch eine andere Seite hervor, die triebhaft unbändige Leidenschaft. Sinnbild sind die Tauben als Symbol hier nicht ehelicher Treue, sondern unersättlicher Sinnlichkeit. Ein vierter Vergleich ist insofern darin integriert, als von der Taube gesagt wird, daß sie schamlos-frecher liebt als eine besonders leidenschaftliche Frau, eine *multivola. multivolus* ist ebenso wie *omnivolus* (140) Catullische Neubildung. Auf diesen Begriff kommt es ihm also besonders an. Er gibt damit etwas wieder, was sich wéder mit πάθος noch mit den lateinischen Übersetzungen wie *perturbatio* oder *affectus* ausdrücken ließ, die aktive begehrende Leidenschaftlichkeit.

129–130 Auf den *furor*, etwas Bedenkliches, bei Lesbia Catulls Glück, weil sie sich ihm schenkte und selbst zu ihm kam, und zugleich Unglück, weil sie mit einem nicht zufrieden war, kommt es also an. Und dies wird zum Schluß archaisch genau (129/130) hervorgehoben, wodurch die Begründung für den Satz, daß Laodamias Liebe tiefer war als die Schlünde der Katawothren, Ausgangspunkt für eine neue Aussage wird, die ihrerseits fast identisch ist mit der Behauptung in 117/118. Es entsteht dabei wieder eine Ringkomposition, die das Wesentliche klar hervorhebt: die rational kaum noch zu verstehende Leidenschaft der Laodamia.

Lesbias Epiphanie hatte zu diesem immer breiteren Raum einnehmenden Vergleich mit Laodamia geführt. In jedem mitempfindenden Leser des Gedichtes muß eine Spannung immer stärker werden, die begann, als die bedenkliche Seite dieses Kommens hervorgekehrt wurde: was hat das mit Lesbia zu tun? Abstrakt logisch wird diese Frage nicht beantwortet. Aber daß jetzt von Lesbia gesprochen wird, zeigt, daß diese Spannung nun aufgehoben werden soll.

131–134 Lesbia stand Laodamia in nichts oder nur wenig nach, als sie sich zu Catull begab. Wenn man dieses letzte Zurückgreifen auf ein zu Anfang angeschlagenes Thema allerdings in dem Sinne versteht, daß Lesbia so schön wie Laodamia gewesen sei, würde man das ganze Gedicht verfehlen. Es kann nur heißen, daß ihre Leidenschaft von fast mythischer Größe sie zu diesem Schritte führte. Sonst hätte wahrlich der ganze Mythos keine Funktion, er wäre – was man auch vielfach annimmt – ein bloßer Exkurs. Eine Interpretation, die seine Funktion aufzeigt, hat von vornherein den Vorzug. Das Erscheinen der Lesbia wird mit allem sinnlichen Zauber erneut vergegenwärtigt. *Cupido* selbst war in ihrer Begleitung. Dann aber kommt eine direkte Aussage so schlicht und rührend, daß man spürt, hier liegt der eigentliche Kern des Gedichtes. In einem Einräumungssatz wird das entscheidende Faktum euphemistisch und zugleich den Leitmotiven des Mythos gemäß angedeutet, daß nämlich Lesbia nicht allein mit Catull zufrieden ist, um sogleich zu dem Entschluß Catulls vorzudringen. Catull will keine Kritik üben.

135–140 Der Satz ist zentral, aber nur zu verstehen, wenn man von der lange akzeptierten Deutung radikal Abschied nimmt. Wenn man in Vers 136 aus der hierin schwankenden Überlieferung *verecundae*, nicht *verecunde*, wählt und mit *dominae* verbindet, muß man nicht nur einen Pleonasmus in Kauf nehmen – Kroll und Fordyce: *verecundae* sagt noch einmal dasselbe wie *rara*, es geht auf die Seltenheit der Eskapaden –, sondern muß glauben, daß Catull seine Geliebte *verecunda* nennt in dem Augenblick, wo er von ihrer Untreue erfahren hat. Man muß weiter annehmen, daß er im Gegensatz zu den leidenschaftlichen Äußerungen der anderen Gedichte hier zu einem so schweren Entschluß kommt, zufrieden, daß die Seitensprünge selten sind oder daß Lesbia Rücksicht auf den guten Ruf nimmt, obwohl es ihm sonst auf wesentliche Klärung ankommt. Aber nicht nur der Beweis aufgrund des Wesens führt zu diesem Schluß. Ein weiteres Argument ist die Struktur des Gedichtes. Wozu wird mit allen Mitteln die Leidenschaftlichkeit der Laodamia herausgearbeitet und Lesbia in diesem Lichte gesehen, wenn sie dann nicht *multivola* u. ä. genannt wird, sondern mit *verecunda* ihre züchtige Scheu hervorgehoben werden soll?

Hinzu kommt das Sprachliche: *verecundus* hat wie alle sechs Verbaladjektive – Leumann-Hofmann 222: noch *facundus, fecundus, iracundus, iucundus, rubicundus* – aktive Bedeutung und bezeichnet eine Fertigkeit oder Eigenschaft, hier also den Habitus, daß jemand Scheu hat, *veretur*. Man wird zugeben müssen, daß das dem Begriffe der Herrin, der hier gewählt ist, diametral entgegensteht. Nicht die Herrin, sondern der Knecht hat Scheu. So gibt es im Lateinischen keine *domina verecunda*, eine contradictio in adiecto, sondern in der folgenden Elegie nur eine *dura, mitis, inmitis, mollis, saeva* etc. Schließlich die Tradition: Properz hat 1,18,25 diesen Vers, das elegische Credo, nachgeahmt, indem er jedes Wort übernahm, aber intensivierte. Er schreibt: *omnia consuevi timidus perferre suberbae iussa*, hat also Catulls Entschluß zur Gewohnheit erhoben und mit *timidus verecunde* übersteigert, es also nicht auf Lesbia, sondern auf Catull bezogen und damit als Adverb aufgefaßt.

Die stilistische Durchführung im einzelnen zielt in die gleiche Richtung: Catull gibt die Absicht dieses Entschlusses sogleich in einem Finalsatz: *feremus ... ne nimium simus stultorum more molesti*. Gemeint ist, daß er sich nicht wie die Moralisten benehmen will, die nun Anklagen, Vorwürfe und empörte Ausrufe erheben. Vom Sinn ethischer Gesetze weiß er hier noch kaum etwas. Das einfache *feremus* genügt aber nicht, um die Gegenhaltung auszudrücken; denn man kann, wie c. 72 zeigt, durchaus Untreue ertragen, aber in bohrender Ursachenforschung vernehmlich genug seine Meinung sagen und damit noch einigermaßen lästig fallen. Sinn erhält der Satz erst, wenn das *feremus* durch *verecunde* näher bestimmt wird: voll Scheu will er nichts sagen und nicht urteilen, damit er nicht beschwerlich fällt (*verecunde ferre* ist singulär, nahe kommen *humane ferre* Afr. com. 290; *placide ferre* Cic. Verr. 2,84; *placate ferre* fam. 6,13,3 als Gegenteil von *permoleste* Cic. Verr. 4,131; *moleste* Att. 5,21,1). Auf Catulls Verhalten kommt es jetzt an, das der Lesbia ist genügend klar in Faktum und Motiven.

Darum wird dieses Verhalten in einem höchsten mythischen Vergleich sanktioniert: in drei Versen, also in der gleichen Ausdehnung freilich mit anderer Ponderierung, wird der Entschluß Catulls mit dem Verhalten Junos gerechtfertigt, die bei den zahllosen Betrügereien Juppiters ihren lodernden Zorn hinunterschluckt. Weil es auf Catulls Verhalten ankommt, wird das der Juno besonders herausgearbeitet; *saepe etiam Iuno, maxima caelicolum, coniugis in culpa flagrantem concoquit iram*. Diese beiden Verse entsprechen 136, wobei aus *coniugis in culpa* aus dem entsprechenden vorausgehenden *rara furta ... erae* der Gedanke der Schuld abgespalten werden konnte. Die exemplarische Verhaltensweise der Juno wird so in Kontrast gestellt, daß einmal die Größe der Göttin betont wird, der etwas Derartiges widerfährt, im Gegensatz zu dem schlichten Catull, zum andern dem *verecunde feremus* eine ebenso doppelt bestimmte, aber viel stärker gespannte und dynamisierte Handlung entgegengehalten wird: dem *feremus* entspricht *concoquit*, »sie verdaut es«, dem *verecunde* das *flagrantem ... iram*: bei Catull ist es Scheu vor der mythischen Größe seiner Herrin und Göttin, die ihn schweigen läßt, bei Juno lodernder Zorn, den sie doch in ihrer Ohnmacht beherrscht. Das antizipierte Verhalten der Juno macht aber noch einen weiteren erklärenden Vers notwendig (140), der zugleich Catulls eigenes Leiden als geringfügig gegenüber Junos Leistung erkennen läßt. Er entspricht als Mitteilung des Faktums in gewissem Sinne 135, bezieht sich aber auch auf 136. Es sind nicht *rara furta*, von denen Juno erfahren muß, sondern *plurima furta*, und sie beruhen wie bei Lesbia auf einer göttlichen Urkraft, gegen die Juno machtlos sein muß: Juppiter ist der *omnivolus*, der Allesbegehrende. Als Gegensatz steht hier natürlich Lesbia dahinter, nun aber doch wirklich nicht eine verecunda, etwa in einem Juppiter tadelnden Sinne, sondern als die Lesbia, die der Laodamia zu vergleichen ist, deren Leidenschaft die einer bloßen *multivola* weit übertrifft.

Bliebe man bei der Lesung *verecundae*, würde man einer Scheinparallelität zwischen 136 und 140 zum Opfer fallen, die sich als uncatullisch dadurch stilistisch verrät, daß die manierierte Wortstellung *a b A B* bei der schlichten Diktion und Metrik dieser bekennenden Passage deplaziert wirkt. Um sie zu erhalten, darf man nicht versuchen, *verecundae* im Sinne von ›verehrt‹ zu verstehen wie Lieberg, der sonst sein Buch ganz auf dem richtigen Verständnis aufbaut. Abgesehen davon, daß diese Bedeutungsmöglichkeit, die der lateinischen Wortbildung widerspricht, erst 100 Jahre später an zwei nicht eindeutigen Stellen sporadisch erscheint (Quint. 6,3,33; Curt. Ruf. 3,6,20): es ist damit nichts gewonnen, sondern alles verdorben. Lesbia ist nicht αἰδοῖος, verehrt, in einem gesellschaftlichen Sinne, oder auch – sprachlich ganz unmöglich – von Catull. Sie ist die Herrin, die Überlegene, dem kosmischen Prinzip eines Juppiter vergleichbar, und vor dem höheren Sein beugt sich Catull, ist der Sklave, verehrt in Scheu, so wie man in Ciceros Werk *de oratore* voll Scheu schweigt, wenn man sich in Gegenwart eines höhergestellten Menschen befindet. Nur so versteht man die Funktion des Laodamia-Mythos im Gedicht.

141–148 Ein paar Worte sind auch noch nötig für den Rest des Gedichtes, der in der Überlieferung arg geschädigt ist. Nach dem Vergleich ruft sich Catull hart zurück (141). Darauf folgt eine Lücke. Sie ist trotz Lieberg (S. 261) anzuerkennen. Nach ihm begründet Catull seine Haltung von einem neuen Gesichtspunkt aus: »weg mit der unangenehmen und nur Undank einbringenden Last eines zitternden Vaters«, das hieße »ich bin doch nicht der Hüter Lesbias«. Aber: a) *tremulus* ist nicht der Vater, der um die Keuschheit seiner Tochter bangt, sondern der zittrige Greis, der in c. 61,51 den Hymenaios anruft, um Enkel zu haben; b) *tolle* heißt nicht »weg mit«, sondern wie 123 »befreie von einer drückenden Last«; c) der Vater der Lesbia, der drei Söhne und drei Töchter hatte, ist 76 v. Chr. gestorben; es wird sich also um Catulls Vater handeln; d) Catulls Vater hat Lesbia nicht ins elterliche Haus geleitet, heißt es – es ist nicht überliefert, daß der Vater der Braut die Tochter ins Haus des Bräutigams leitet –, also wird man die Verse 142–143 auf denselben Vater beziehen. Vielleicht: man darf die Götter nicht vergleichen; wenn sie ihm doch als Frau verbunden würde und – Anruf an Hymenaios – die Hochzeit dem Vater die Sorge um das Geschlecht abnähme! Freilich, der Vater war bis jetzt nicht beteiligt.

149–160 Auch das Postskriptum, in dem Catull weiter auf den poetischen Brief des Allius antwortet, stellt Probleme. Mit *hoc carmen* (149) setzt sich Catull von seinem Gedicht als einer Einheit ab. Während die Elegie für sich Bestand hat, ist weder das Vorwort noch das Nachwort ohne sie denkbar. *quod potui* (149) nimmt Bezug auf *cum nequeo* (32). Das Nachwort ist also nicht nur auf die Elegie, sondern auch auf den vorhergehenden Begleitbrief bezogen. Das gilt auch für 150: Catull schickt das Gedicht *pro multis officiis*, eine Wendung, die sich gleicherweise auf 12 und 41 ff. bezieht. Auf den Anfang der Elegie bezieht sich auch die Begründung (151 f.). Es beginnt also der leichte Briefstil wieder – Anrede, Erklärung, prosaische Wiederholung eines poetischen Bildes aus 68 b. *vestrum* (151) statt *tuum* ist darum keineswegs anstößig. Auch hier ist die Annahme statthaft, daß sich Catull auf Allius' Brief bezieht. Es folgen Wünsche, die Allius mit der Geliebten umschließen, aber auch das Haus nicht vergessen, von dem das Gedicht seinen Ausgang nahm, und schließlich wird in dritter genannt, der zuerst Hilfe brachte. Der Vers ist korrupt, die Heilung noch nicht geglückt. Es liegt aber dieselbe Art andeutenden Stiles vor wie in 1–40. Verständlich ist die Andeutung nur für Allius. Am Schluß wird Lesbia in die Wünsche eingeschlossen, wobei man nicht weiß, wo sie sich befindet. Also auch dieses Stück ist – und das ist für die Vorstellung, die man sich von den Verfassern der Sammlung zu machen hat, wichtig – nicht aus sich heraus verständlich, ergänzt den Begleitbr.ef.

Vergil 10. Ekloge

Arethusa (1), die Quellennymphe, die in Syrakus – heute noch zu sehen – ihre Quelle hatte, wird vom bukolischen Dichter angerufen, w.e er in ecl. 4 die *Sicelides Musae*, die sizilischen Musen anruft, weil Theokrit daher stammt. Arethusa wurde vom Flußgott Alpheios auf der Peloponnes verfolgt, stürzte sich ins Meer und floß mit ihrem Wasser unter dem Meer dahin, bis sie bei Syrakus wieder ans Tageslicht trat. Mit einer solchen Nymphe kann der bukolische Dichter seinem Stil gemäß leichter scherzen als mit einer Muse vom Olymp. Hier droht er ihr lächelnd, das Meerwasser soll sich mit ihr vermischen, wenn sie nicht anfängt zu singen, d. h. ihn zu inspirieren.
Es ist die bukolische Welt, in der das Gedicht spielt. Sie hat sich für Vergil in dem Begriff Arkadien symbolisiert. Diese Landschaft der Peloponnes, die allein nicht vom Meer bespült wird, ist mit ihren geographischen Gegebenheiten gegenwärtig, mit dem Maenalusgebirge und dem Lycaeus (15 und 57), dem Partheniusgebirge (57) und ihrem Gott, dem Pan (26).
Mit ihm aber ist schon das Poetische gegeben. Die Najaden und die Hamadryaden, die Baumnymphen (62) sind dem Dichter lieb und greifen über räumliche Grenzen hinaus. Der Parnaß und der Pindus in Boötien (11), wo wir aus der sechsten Ekloge wissen, seine Schafe weidete, und die Aganippe, jener Quell in Aonien, wie Boötien mit altem und für den Römer kostbar klingendem Namen hier (12) genannt wird, der Quell, aus dem der Permessos entströmt, würden die Nymphen nicht dort festhalten; denn Gallus ist ihnen wohlbekannt.
Vor allem aber wird, als ob ein Überblick über alle bukolischen Motive gegeben werden sollte, die ganze bukolische Welt in diesem Arkadien vorgeführt: da sind die Ziegen (7) und die Schafe (16 und 17), die Schweine werden nicht vergessen (19), die in Vergils mehr bäuerlich orientierter Welt eine Rolle spielen, ferner die Hirten mit ihren klangvollen Namen Menalcas (20), Amyntas (37, 38, 41), das Hirtenmädchen Phyllis (37), Schafhirten (19) und Schweinehirten (19). Es erschienen die Götter oder Göttergleichen, selber mit der Hirtenwelt verbunden, Adonis (18), der Liebling der Aphrodite und einst die Schafe weidete, Apollo selbst (21), der größte Sänger, der als Hirt bei Admetos diente, da ist Vergil selber ein Hirt. Pan aber ist der eigentliche Gott Arkadiens. Alles spielt in einer reichen Natur der Lorbeerbäume (13), der Tamarisken (13), der Blüten, des Gertenkrautes und der Lilien, die Silvanus, ein Gott, der gleichfalls zu Wäldern und Wildnis gehört, zum Schmuck trägt, des Klees (30) und des Laubschattens, der Felsen und Quellen, des *locus amoenus*, zu dem sich die Schilderung verdichtet (42).
Dies alles gehört zur poetischen Welt als einem Symbol der Seele, anderes zur Geschichte und Tradition der poetischen Formen. Hinter dem Ganzen steht vielfach verwandelt Theokrit und besonders sein erstes Gedicht, der *Thyrsis*. Dort singt Thyrsis auf Bitten eines Hirten vom Tode des Daphnis, dem sizilischen Hirtenheros, von dem verschiedene Sagen gehen. Nach dem Lied Theokrits hatte sich der Rinderhirt Daphnis, Liebling der Musen und der Nymphen, gerühmt, der Macht der Liebe widerstehen zu können. Das erregte den Zorn der Aphrodite, die ihm Liebe zu einem Mädchen einflößte, das ihn seinerseits wiederliebte. Daphnis wollte sich von dieser Leidenschaft nicht besiegen lassen, unterlag aber in diesem Kampfe. Als Aphrodite sich seiner erbarmen wollte, war es zu spät, und er verschied.
Der gebildete Römer erkannte an der Situation des Vergehens vor Liebe, den Fragen an die Nymphen, der Klage der Natur, den Fragen der Götter, daß Gallus hier eine merkwürdige Doppelrolle spielte. Sein – anderes – Leiden an der Liebe machte es möglich, ihn

in die bukolische Welt zu versetzen. Vergil hat freilich nur den Anfang des Theokrit-Gedichtes so anklingen lassen – jeder Vers ist abgewandelt – bis zur Rede des Gallus.

Von den Formen bedürfen noch der Erklärung die schmückenden Adjektive (59), die durch Nennung des Besten einer Gattung individualisieren; die Nennung der Weltenden in Verbindung mit Gefahren oder der Unverbrüchlichkeit von Treueverhältnissen (65 ff.) – in den Georgica wird Vergil dann die Weidewirtschaft dieser Gegenden in ihrer Gegensätzlichkeit darstellen –; die Transponierung ins Räumliche.

Schließlich hat der bukolische Stil seine Eigenart, die vor allem im Einleitungsteil hervortritt und von dem die priamelartige Vergleichsreihe (29/30) hervorgehoben werden soll. Vgl. dazu die Darstellung der Eklogen.

Horaz 16. Epode

Das Metrum

Horaz läßt auf den Hexameter als Nachvers, als *epodus*, von dem dann das ganze Gedicht den Namen bekam, den jambischen Trimeter folgen. In diesem Versmaß war der Margites verfaßt, das Gedicht vom Dümmling, das Homer zugeschrieben wurde. Es sind die Urmaße, von denen man später die anderen Metra ableitete. Horaz legt sich dabei die strengsten Gesetze auf: er baut den Jambus rein ohne Auflösungen der Längen, mit fester Zäsur, und dasselbe gilt für den Hexameter, der den klassischen Anforderungen voll entspricht. Ein besonderes Kunstwerk ist es, daß alle Verschleifungen vermieden werden; genug: das strengste Gesetz und die reinste Form, scheint es, sollen das Recht zur höchsten Aussage geben.

Horaz hat dieses Gedicht vor das Schlußgedicht gestellt, das in reinen Jamben stichisch gehalten ist. Bis zum sechzehnten wächst das daktylische Element, indem nach den ersten zehn Gedichten, die aus jambischen Trimeter und Dimeter zusammengesetzt sind, daktylische Elemente in Hauptvers und Epode eindringen, um in der Ausgewogenheit der beiden Versarten in der sechzehnten Epode zu gipfeln. Das metrische Kalkül bestimmt die Anlage der Sammlung, eine Dichtungswelt zusammenhaltend.

Der Stil

Der Stil ist prägnant, vor allem in den Verben, gehorcht einem unerbittlich aufs Wahre gehenden Willen in Neubildungen wie etwa *renarint* (25), ist sparsam in den Mitteln, wie etwa in den beiden einzigen Schetliasmen (11 *heu*; 14 *nefas videre*), baut lange Perioden, wo es sachlich erforderlich ist, scheut sich dabei nicht vor Gewaltsamkeiten, wenn der Sinn es erfordert (15 f.), benützt den Vers, um zu akzentuieren (die seit Catull mögliche traiectio des *et* z. B. gleich in 2), spielt mit den Partikeln und Negationen, läßt also auch das Winzige nicht unkontrolliert. Alles zielt auf ein Höchstmaß an Präzision und ›Realität‹, um den Goethischen Begriff zu gebrauchen.

Aufbau

Das wird unterstrichen durch den Bau, der getragen ist von den drei Reihen der Feinde Roms 3–8, der Adynata 25–34 und der Beschreibung der glücklichen Inseln 43–60. Hier zeigt sich jugendliche Exuberanz mit der Tendenz zur Vollständigkeit.

Von der Reihe der Feinde Roms, die sich steigert bis zum gefährlichsten Gegner, wissen wir (durch H. Fuchs, Westöstliche Abhandlungen für R. Tschudi, Wiesbaden 1954, S. 39 ff., der die Stelle auct. ad Herennium herangezogen hat), daß Horaz hier einen Topos der politischen Rede Roms poetisiert. Wenn ein rhetorisches Handbuch dieses Motiv behandelt, muß es üblich gewesen sein, diesen Kontrast, daß Rom jetzt durch die Bürgerkriege sich selbst zugrunde richtet, während es äußere Feinde nicht zu zerstören vermochten, gegeneinander auszuspielen.

Die zweite Reihe knüpft an das exemplum der Phokäer an, das es nachzuahmen gilt. Wie diese bei ihrer Flucht einen Eisenklumpen ins Meer warfen – so erzählt Herodot 1,165,3 – und schworen, nicht eher zurückzukehren, als dieser Eisenklumpen wieder emportauche, so sollen es auch die Mitbürger tun, die dem Rufe des Horaz folgen. Die symbolisch-magische Geste des historischen Ereignisses wird aber nicht mehr als Exempel gegeben, sondern allgemein gefaßt. Sie wird zur Kunstfigur des ἀδύνατον, das seit Homer eine lange Geschichte hat. Und daran fügt sich eine lange Kette von Unmöglichkeiten, die geschehen sollen, wenn es keine Sünde mehr ist zurückzukehren. Sie geht von der unbelebten Natur über die Paarungsgesetze der Tierwelt zu ihrem gattungsmäßigen Verhaltensweise. Dabei scheint die feste Ordnung der Natur auf, und dies wieder wird nicht nur in erlesener Variation und barocker Phantasie ausgearbeitet, sondern steht auch in einem großen Bildungshorizont; 31 f. rührt von Lukrez 3,750 ff. her, 34 von den Adynata des Archilochos, die er nun für möglich hält, da sich plötzlich die Sonne verfinstert hat (648 v. Chr., wonach Archilochos' Zeit bestimmt werden kann).
Die dritte Reihe ist die ausführlichste und besonders kunstvoll. Sie beginnt mit sechs positiven Versen über den Reichtum des Wachstums der Bäume und Pflanzen, wird fortgesetzt durch sechs Verse über die Tiere, wobei die Negationen hervortreten und spielerisch betont und variiert werden: wie die Pflanzen ohne Menschenwerk gedeihen, so schadet nichts den Herden. Vier Verse dehnen das glückliche Heilsein auf die kosmische Harmonie aus, und die letzten vier betonen als Höchstes das Freisein von Frevel und die Reinheit der moralischen Welt: die mythischen Täter haben diese Inseln nicht erreicht. So sind alle vier Bereiche vertreten: das Pflanzliche, das Zoologische, das Kosmische, das Moralische, wie so oft im Mythischen verkörpert. Die herrschenden Negationen aber prägen ein, daß sich auf den Inseln eine Welt findet, die ein Gegenbild zu aller denkbaren wirklichen ist. Auch hier spielt die Tradition hinein, nämlich die seit Hesiod sich entwickelnde Schilderung der Goldenen Zeit, die Horaz zu seiner wirklichkeitsverneinenden Inselwelt verdichtet.

Philologische Probleme

Zwei besondere philologisch-historische Probleme sind für das Verständnis des Gedichtes nicht unwichtig. Sie sollen hier kurz berührt werden (Weiteres vgl. Verf. Studien VIII).
15 f.: Es erwächst aus der Schilderung der Situation die Frage, was löst aus der Verstrickung, *quid expediat*. Die bohrende Frage ist typisch für die meisten Epoden. Sie wird nach Bereitstellung von Argumenten in bildlicher Form am Schluß jeweils beantwortet. Aus diesem Typus ergibt sich, daß es sich nicht um eine beiläufige Frage – vielleicht fragt ihr, was es nützt, frei zu sein ... – handeln kann, sondern um die Grundfrage, die ihre Antwort findet am Schluß: *secunda fuga datur*. Der Infinitiv *malis carere laboribus* ist dann als kühn epexegetisch-final »um frei zu sein von den schlimmen Mühen« zu verstehen. In ihm wird sozusagen der Schrei nach Erlösung zusammengefaßt und mit der suggerierten Frage verbunden.
Datierung: Von ihr hängt ab, ob 33 und 49 aus der vierten Ekloge Vergils entlehnt sind und die Vorbilder des Horaz vermehren, oder ob umgekehrt Vergil in seinem Gedicht Horaz anklingen läßt, weiter, wer zuerst dem Dichter in Rom die Rolle und Würde des *vates* errungen hat. Der Vergleich ergibt, daß die beiden Verse für die horazischen Reihen geformt und von Vergil als Züge der Goldenen Zeit in seiner Ekloge zusammengebunden wurden. Außerdem scheint es unmöglich, die verzweifelte Stimmung, die sich vor allem in dem präsentischen *teritur* ausdrückt, nach dem Frieden von Brundisium im Herbst 40 v. Chr. anzusetzen. Anderes führt in dieselbe Richtung. Die 16. Epode ist also vor der vierten Ekloge Vergils entstanden, bei deren Behandlung das Problem noch einmal wichtig wird: Vergil zitiert den Jüngeren und stellt seiner Verzweiflung die Hoffnung gegenüber.

Horaz c. 3,4

Calliope, die Muse der Könige, die von allen die vornehmste ist (Hesiod, Theog. 79), wird angerufen und um ein langes Lied gebeten. *dic age* ist c. 1,32,3 gesagt. Dort die Bitte zur Situation, daß der Dichter sich gerufen fühlt. Die Parallelität entscheidet wohl für *poscimur*.

7 Die Inspiration versetzt ihn in die Gefilde der Seligen: *videor pios errare per lucos*. Sie erinnern an die *sedesque discretas piorum* von c. 2,13,23.

9 *fabulosus*, auf die Tauben des Volturgebirges in Apulien bezogen, erweckt die Stimmung des Mythischen und Geheimnisvollen wie *fabulosus* in c. 1,22,7. Dort ist die Situation ähnlich: *ultra terminum curis vagor expeditis*, nur daß im Musengedicht alles auf kindliches Maß reduziert ist. *extra limina* ist weniger als *ultra terminum*. Denn die Lesart *Apuliae* ist aus verschiedenen, vor allem metrischen Gründen abzulehnen: es handelt sich um die Amme Pullia.

12 *fronde nova* ist frisches Laub, wichtiger ist wohl, daß Kindliches und Frisches zusammenkommen, wie in c. 1,31,2 erstes Gebet und erstes Opfer, *novum liquorem*.

13 ff. Daß *mirum quod foret* an c. 2,13,33 *quid mirum* erinnert, sei nur kurz erwähnt, weil die Funktion des Wortes anders ist. Die Gegend der Jugend erwacht im Geiste des Dichters. Solche Jugenderinnerungen sind nicht selten (vor allem in den Satiren). Die kleinen Dörfer erhalten ihre plastische Charakterisierung: Das Bergnest Aceruntia, heute Acerenza, liegt dreißig Kilometer von Venusia entfernt; Bantia ist in der Abbadia di Banzi bewahrt; Forentum, heute Forenza, liegt nicht mehr in fruchtbarer Ebene, sondern ist auf einen Berg umgesiedelt.

17 *tuto corpore* erinnert an c. 1,17,5 *inpune tutum nemus*. Dort fällt nicht nur das Wort *amoenum* c. 1,17,1, sondern auch die Schlangen sind da, die das Gefährliche symbolisieren – c. 1,18,8 *nec viridis metuunt colubras* vgl. 3,4,17 *ab atris ... viperis*, nur daß die Bären hinzukommen, die wir erst seit dem 16. Epode kennen. *Devota arbor* ist nur verstärkt bei direkter Bezugnahme auf c. 2,13.

22 Sabini, der Stammesname, steht für die Gegend und Horazens Sabinum.

23 Es sind musische klare Orte, an die er als Schützling der Musen geht und die wie Palestrina (Praeneste), Tivoli (Tibur) und Baiae musisch-bezeichnende Beiwörter erhalten: es wird sozusagen das Musische in ihnen erspürt.

26 Philippi wird in c. 2,7 und auch sonst ohne Scheu genannt: die Schlacht in Thessalien, in der römisches freies Mannestum gebrochen wurde und die Triumvirn über die Caesarmörder siegten.

28 Von der Lebensgefahr am Vorgebirge Palinurus wissen wir sonst nichts.

29 Diese Strophe beginnt mit dem seltenen *utcumque*, das in c. 1,17,10 verwendet wird.

30 Der Schiffer, der den Bosporus fürchtet bzw. jene Gefahr, die Horaz nicht scheut. – *insanientem navita Bosphorum temptabo* ist in c. 2,13,14 vorgekommen: *navita Bosphorum Poenus perhorrescit*.

31 *Urentis harenas* klingt an *Syrtis aestuosas* in c. 1,22,5 an, nur daß sie nach Syrien verlegt sind.

33 Die Britannen, die als *hospitibus feros* gekennzeichnet sind, erinnern an *Caucasus inhospitalis*.

34 Die Concaner mit ihrer barbarischen Lebensweise sind ein spanischer Stamm.

35 Die Phantasie spielt bei den *pharetrati Geloni* (nördlich des Schwarzen Meeres) mit dem Kriegswerkzeug des Köchers, der in c. 1,22,3 f. ausgemalt worden war.

36 Der skythische Strom ist der Tanais, der Don.

38 Von der Ansiedlung von Hunderttausenden von Veteranen hat Augustus selbst in seinem Tatenbericht gesprochen (Mon. Anc. 3,19).

39 Die Vorstellung, daß der hohe Caesar seine Mühen zu enden sucht, läßt an *laborum dulce lenimen* von c. 1,32,14 f. denken.

40 *Recreare* in Verbindung mit der Musenkunst, ein Neuwerden, erscheint sowohl in c. 3,4,40 wie c. 2,13,36.

42 Die Musen werden *almae*, die nährenden, segnenden genannt wie die Mutter Mercurs, Maia, in c. 1,2,42, einem ebenfalls frühen Gedicht. Der Mythos vom Gigantenkampf wird eingeleitet mit einem *scimus*, das an das an den Anfang des Satzes gestellte *vidimus* in c. 1,2,13 anklingt, vor allem in der emphatischen Gebärde.

44 Der Blitz wird *caducus* (nicht wie gewöhnlich ›hinfällig‹, sondern ›hinfallend‹) genannt, vgl. *caducus* in c. 2,13,11.

45 *terram inertem* hat in c. 1,34,9 *bruta tellus* ein Gegenstück: man sieht, in welchen Bereichen die horazische Phantasie spielt und hier zu sprachlicher Variation führt.

71 Der Riese Orion, der in c. 2,13,39 sich in der Unterwelt vom Lied erquicken läßt, erscheint hier als Sinnbild bestraften Übergriffs gegen die *integra Diana*. *Integer* ruft den Anfang von c. 1,22 nicht nur des Wortes wegen in Erinnerung: *integer vitae*, sondern läßt auch den Gegensatz von göttlich geschützter *integritas* und feindlichem Angriff aufklingen, wobei die Göttin sich freilich ausgerechnet mit dem Pfeil schützt, also das Motiv von c. 1,22 spielerisch umgekehrt wird.

Es zeigt sich eine solche Fülle von Gemeinsamkeiten in dem Gebrauch auch besonderer und seltener Wörter mit den frühen Oden, daß man mit Recht von einer Sammlung der Motive in komplexerer Komposition schon von hier aus sprechen kann. Im übrigen wird nicht dem Mythos entsprechend zwischen Titanen- und Gigantensturm unterschieden, sondern es werden beide wie schon von Naevius vermischt. Zuerst werden die Titanen genannt, die *fidens iuventus horrida bracchiis* (50), dann die Brüder, die Aloiden Otos und Ephialtes (51), die den Pelion auf den Olymp türmen wollten, dann folgen außer dem Einzelkämpfer Typhoeus (53, vgl. Hesiod, Theog. 820 ff.) lauter Giganten. Gyges (69) gehört zu den Hekatoncheiren, hundertarmigen Unholden. Tityos (77) griff Leto an, Peirithoos suchte mit Theseus Persephone in der Unterwelt in seine Gewalt zu bringen.

Vergil Cat. 5

Das Gedicht ist in Hinkjamben geschrieben.

1 Ampullae sind Flaschen. Die Übertragung auf Worte wie beim griechischen λήκυθος rührt wohl daher, daß die Worte hohl und schallend klangen, wenn man in sie hineinsprach.

2 Der Dichter verwendet das seltene griechische Wort ῥοῖζος für die Geschwollenheit, die Brandung. *non Achaico*, nicht *Attico*, stellt alles Griechische im prägnanten Sinne über rhetorische Aufgeblasenheit.

3 Selius, Tarquitius, Varro können wir nicht identifizieren, doch besteht sowohl vom Wort *scholastici* wie auch von *pingui* her – die Gesalbtheit: *pingue* ist seit den Alexandrinern ein literarkritischer Begriff – die größte Wahrscheinlichkeit, daß es sich um die Rhetoriklehrer, nicht Mitschüler handelt.

5 Dann muß *iuventutis inane cymbalon* heißen, sie sind ein leeres Geklingel für die Jugend. *cymbalon* ist der Schellenbaum.

6 *cura curarum*, eine Steigerung des neoterischen Begriffes *cura* – eigentlich innere Beunruhigung für die oder den Geliebten. Sextus Sabinus, der Freund, ist sonst nicht bekannt.

8 Mit den *beati portus* ist der Hafen der Philosophie gemeint mit einem traditionsreichen Bilde.

9 *docta dicta* ist ennianische Formulierung. Siro ist Epikureer, philosophischer Lehrer Vergils und hatte in Kampanien einen Zirkel um sich versammelt.

10 Spiel mit dem Begriff *cura*: die Philosophie befreit von den *curae*, den Leidenschaften, also auch von der *cura* von 6.

11 Angeredet sind die *Camenae*, die an Stelle der Musen getreten sind. Schon Livius Andronicus hatte die Muse im ersten Vers der *Odusia* durch die *Camena* ersetzt.

13 Das Papier sollen die Musen besuchen, so wie Catull eine Zwiesprache mit dem *papyrus* gepflogen hatte: die Dichtung ist nicht mehr an die Gelegenheit gebunden, sondern sucht sich ihr eigenes Publikum. So kann wie auch hier einsame Lyrik entstehen.

Vergil 4. Ekloge

1–3 Im dreizeiligen Vorspruch werden die sizilischen Musen angerufen, das heißt die Musen Theokrits, des Vaters der Gattung. Es ist der einzige Anruf dieser Art in den Eklogen. Denn der zu Beginn der 10. Ekloge an Arethusa, die Quellennymphe, bleibt im bukolischen Rahmen. Hier wird symbolisch die theokritische Dichtung beschworen. Die *Sicelides Musae* sind eine Art Metapher, und es wird auch nichts von ihnen erbeten, sondern etwas mitgeteilt: *paulo maiora canamus*. Vergil will etwas Größeres besingen, wofür diese Musen eigentlich keinen Raum bieten. Aber mit der Kunst der Versöhnung, die schon in den vergilischen Catalepton-Gedichten zu beobachten war, fügt der Dichter erklärend und damit entschuldigend hinzu, daß nicht alle ihre Freude an Buschwerk und niedrigen Tamarisken haben und daß darum, wenn er von Wäldern singt, diese Wälder eines Konsuls würdig sein sollen. Bescheidenheit der Gattung und weltliche Größe stehen im Kontrast, und der Dichter wird zwischen ihnen dadurch vermitteln, daß er von »Wäldern«, von »Hainen« singen wird, die auch anspruchsvollen Ohren genügen. In drei an die Faszination eines Zauberspruches erinnernden abgeschlossenen Versen mit Ankündigung, ihrer Begründung und Erklärung haben Vorstellungen und Wörter nicht eigentliche Bedeutung, sondern aus den Verhältnissen der bukolischen Welt heraus sind sie metaphorisch zu verstehen: auf ein nicht zu erwartendes großes Thema wird hingedeutet.

4–7 Mächtig setzt in anderem Stil nun das Lied ein. Schon die dreimalige Anapher des *iam* in den ersten Versen des Komplexes von sieben Zeilen deutet es an. Die Höhe der vier Konzeptionen, die alle einen Neubeginn, wie er mit dem »jetzt« des *iam* gegeben ist, bezeichnen, symbolisieren und unterstreichen die Erhabenheit des prophetischen Beginns, der so – musikalisch – in einen Gegensatz zu den mehr spielenden ersten drei Versen tritt. Es handelt sich dabei um das letzte Zeitalter des kumäischen Spruches. In der breit gesperrten Umschreibung birgt sich ein sibyllinisches Orakel – nach der Sibylle von Cumae – über den Ablauf der Zeitalter. Im letzten Zeitalter bricht nach einer Katastrophe ein neues besseres an.

Die zweite Vorstellung ist mit der ersten durch nichts verknüpft und hat auch nichts damit zu tun. Es ist vielmehr an eine große Ordnung von Zeitaltern gedacht, die von neuem beginnt. Ist hier der Neuansatz besonders deutlich, so ist der Ort des Symbols nicht so klar wie bei der ersten Vorstellung abzugrenzen. Es steht eine zyklische Ansicht vom Verlauf der Geschichte dahinter, wie sie etwa nach Plato von den Stoikern vertreten wurde. Die Jungfrau (6) ist ohne Zweifel die Dike, die Gerechtigkeit, die nach Arat, 100–136, nach der Goldenen Zeit als letzte die Erde verläßt. Sie kehrt zurück, d. h. damit beginnt wieder die Goldene Zeit, jene Zeit, wie es nach dem italischen Mythos gesagt wird, in der Saturn herrschte, daher die *Saturnia regna*. Die Parallelität von Rückkehr der Dike und Beginn der Goldenen Zeit prägt sich in der Parallelität des Verses aus, die durch die Anapher *redit* und *redeunt* unterstrichen wird. Wie hier wird auch bei der letzten Vorstellung durch das anaphorische *iam* der Anfangspunkt einer neuen Entwicklung betont. Eine neue Menschheit, ein neues Geschlecht, sicher nicht ein einzelner Mensch, senkt sich vom hohen Himmel herab, so wie viele angenommen hatten, daß die Seelen der Menschen von den Sternen stammen. Zusammenfassend darf gesagt werden, daß große Mythen der Menschheit, die, Ausdruck ihrer Sehnsucht nach besserer Zukunft oder ihrer Verzweiflung an der Gegenwart, aber nicht voneinander abhängig sird, zu einem Symbolkosmos verbunden worden sind. Sie unterstreichen gleich zu Beginn ein prophetisch geschautes Neues. Sprachlich sind sie streng parallel geordnet, durch die Anaphern gesteigert und auf das Ende, die Vorstellung einer neuen Menschheit zugespitzt.

8–10 Bewegung setzt aber eigentlich erst m.t den drei abschließenden Versen der Gruppe ein. Der Dichter wendet sich mit dem einschränkenden Wunsch – du nur, *tu modo*, wie oft in den *Georgica*, wo mit dieser Wendung der Mensch aufgefordert wird, ein Gesetz zu realisieren – an Lucina, die Geburtsgöttin. Die Gebärde besagt, daß bei der Geburt der göttliche Beistand erfleht werden muß. Der Geburt wessen? Eines Kindes, eines Knaben, mit dem sogleich – *quo* sc. *nascente primum* – das Eiserne Zeitalter aufhören und ein goldenes Geschlecht sich in der ganzen Welt erheben wird.

Eine rätselhafte Vision, die immer wieder die Gemüter der Menschen bewegen wird. Mit der Geburt wird statt der Eisernen Zeit die Goldene eintreten, wie schon in den vier prophetischen Aussagen von dem Jetzt behauptet worden war, und der Knabe wird dabei nichts tun. Es heißt nicht *a quo* oder *per quem*, sondern *quo* sc. *nascente*; und auch im folgenden entsprechen zwar die Stufen seines Heranwachsens bestimmten Zuständen der Weltverfassung, aber er wirkt dabei nicht mit.

Ist das noch ein irdisches Wesen, sicher nicht der Sohn des Pollio, aber vielleicht des Octavian oder des Antonius? Ist es der Aion, dessen Fest in Alexandria bei Anbruch des Jahres gefeiert wurde (Norden)? Aber, wie sich zeigen wird, befinden wir uns im Herbst des Jahres 40 v. Chr. Auch ein beliebiger Knabe, der etwa das Glück hätte, als erster im neuen Zeitalter geboren zu werden, dürfte es kaum sein: dafür ist er zu eng mit der sich verwirklichenden Goldenen Zeit verknüpft. Scheint es nicht, als ob so einfach von dem Kind, das da geboren wird, nur gesprochen werden könnte, wenn eine gewisse Identität besteht? Gewiß nicht so, daß es die Goldene Zeit ist, aber so, daß es das Wesen ist, dessen Heranwachsen und Gedeihen die Goldene Zeit bedeutet? Anlaß für solchen Glauben konnte in dieser Zeit die Einigung der beiden Machthaber Octavian und Antonius sein. Der Knabe, dessen Geburt unmittelbar bevorsteht, ist der Friede von Brundisium, Anbruch einer Goldenen Zeit des Rechts, Abschluß verruchter Generationen.

So hatte Cicero den Entwicklungsgang des römischen Gemeinwesens mit Geburt und Heranwachsen eines Knaben verglichen in *de rep.*; in *de legg.* aber die Einrichtung des Tribunates, hier freilich mit der Geburt eines ungeratenen Kindes. Der Einwand also, daß man derartige Symbolik oder Metaphorik sonst nicht fände, hat keine Kraft.

Vergil versetzt sich nach den freudvoll prophetischen Worten in der Bitte an Lucina auf die Ebene seines visionär erschauten Bildes einer Geburt und fährt auf dieser Ebene fort. Es ist also die Situation einer Identitätsmetapher. In der Begründung aber steigt er von dieser Ebene zunächst herab. Die Bitte an die keusche Lucina, gnädig zu sein, begründet der Dichter, anknüpfend daran, daß Lucina mit Artemis gleichgesetzt wird, damit, daß ihr Bruder Apollo schon herrscht. Hier auf Erden. Daraus ist nicht zu folgern, daß sie zur Hilfe für die Geburt des Kindes bewegt werden soll. Auch diese Verse sind bewußt dunkel und rätselhaft. Apollo ist der Gott der Klarheit und der Vernunft, Octavian hat sich später, wie Sueton, Aug. 70, berichtet, aber auch schon in dieser Zeit ihm besonders verbunden gefühlt. Der Vers wird sich also auf ihn und die Vernünftigkeit seiner Herrschaft beziehen müssen. Soll das aber die Begründung für Lucinas Hilfe sein, so muß das Kind wesentlich mit dieser Herrschaft verbunden sein, es muß sozusagen Krönung und Beginn des ganz Neuen zugleich sein. Auch das weist über Biologisches hinaus, würde zum Frieden (von Brundisium) und anbrechender Goldener Zeit passen. Die Mächtigkeit der verrätselten, mit großen Visionen und Göttern befaßten Verse ist eine weit ausholende, über die Verse hinausgehende (Enjambement) Bewegung, die in der Begründung zur Ruhe kommt.

11–17 In den nächsten sieben Versen und erst da wird das Verkündete und im speziellen das Kind mit Pollio verknüpft. Damit wird das unbestimmte *consule dignae* (3) in seiner Intention deutlicher. Asinius Pollio ist der Gönner vergilischer Dichtung (3. Ekloge), dem auch noch die 8. Ekloge gewidmet wird. Die Triumvirn hatten ihn für das Jahr 40 zum Konsul vorherbestimmt. Wegen des perusinischen Krieges konnte er sein Amt erst im Herbst 40 antreten. Wenn es in 11 und 13 heißt *te consule* bzw. *te duce*, konnte dies nur gesagt werden, als es sicher war, daß Pollio sein Amt auch würde antreten können. Danach bestimmt sich die Datierung der 4. Ekloge auf Herbst 40, auf den Frieden von Brundisium.

Decus hoc aevi (vgl. ecl. 5,34 denselben Ausdruck für den Heros der Hirtenwelt Daphnis) wird mit *hoc* zurückweisend dieses Kind genannt. Mit emphatischer Anapher *teque adeo ... te consule* heißt es: unter deinem Konsulat wird es beginnen, wird es geboren werden. *inibit* (11) wird intransitiv gebraucht wie sonst nur in Wendungen wie *ineunte anno* usw. Das ist wieder ein Zeichen dafür, daß es sich bei dem *puer* um etwas Unpersönliches handelt. Wird doch sogleich auch angefügt, daß damit die »großen Monate« vorzurücken beginnen. Die großen Monate werden sich nicht trennen lassen vom »großen Jahr«. Andrerseits ist jene etwa bei Plato vorliegende Konzeption der Rückkehr der stellaren Konstellation zum selben Ausgangspunkt, den Cicero im Somnium Scipionis auf 11 000 Jahre berechnet, hier nicht realisierbar. Wieder haben wir eine Vision, die das bedeutende Ereignis der Gegenwart in kosmischen Maßen sieht, so auch die Bedeutung Pollios ins Unfaßbare erhöhend. Verständlich ist das, wenn das Geburtsereignis der endliche Friede nach Selbstzerstörung und Verzweiflung ist, kaum, wenn der Vater gepriesen werden sollte ob seines noch nicht geborenen und wie jeder Mensch zu einem unvorhersehbaren Schicksal bestimmten Kindes.

In der Tat wird die Geburt des Kindes darauf auch mit der schrecklichen Vergangenheit und der Zukunft in Verbindung gebracht. Spuren des Verbrechens – *nostri sceleris* (13) drückt das Sündenbewußtsein der Zeit aus, ein für die Frühzeit der augusteischen Dichtung charakteristisches Motiv – werden gewichtlos, nichtig, ungültig, und dadurch wird die Erde von ständigem Schrecken befreit, eine Wirkung also, die für alle gilt. Der Knabe – Vergil rückt den gestalthaften Aspekt seiner Konzeption in den Vordergrund – wird ein Götterleben erhalten, wird die Gegenwart der Götter und Heroen genießen und den Erdkreis, der befriedet ist, mit den alten Tugenden regieren. Auch hier schlichte, wenn auch feierliche Wörter und Vorstellungen. Das Leben unter Göttern und Heroen hatte Catull (c. 64,384–408) als Kennzeichen der mythischen Goldenen Zeit gepriesen, die sich die Menschheit durch ihre Verbrechen aller Art verscherzt hatte. Und wenn es heißt, daß jenes Kind – *ille* (15) – ein Leben der Götter empfangen wird, so kann es sich nicht um Apotheose handeln – mit welchem Gewicht würde ein junges Leben belastet, wenn es solcher Prophezeiung zu entsprechen gezwungen wäre –, sondern um eben das Leben in jener Goldenen Zeit.

Diese Goldene Zeit aber wird in dieser Welt angesiedelt. Sie ist das Regiment der Gerechtigkeit in der befriedeten Welt. Auch hier freilich machen Beziehung der Wörter und die Verknüpfung mit dem Knaben Schwierigkeiten. Soll wirklich gesagt sein, daß der Erdkreis durch die Tugenden (nicht die *virtus* im Singular, die man dann erwarten würde) befriedet worden ist und daß der Knabe den ganzen Erdkreis lenken wird, etwa ein Sohn des Pollio, der selber ein Mann des Friedens war und einer der großen Vermittler bei Brundisium (Perret)? Hier sollten die Historiker sprechen. Statt auszurechnen, wer mehr Macht im Jahre 40 besaß, Antonius oder Octavian, und dann zu vermuten, es müsse sich um einen Sohn des Antonius handeln (Syme), müßten sie doch wohl sagen, daß schlechterdings unmöglich in diesem friedlichen Moment, wo sich zwei mächtige Männer die Welt teilen – Octavian den Westen, Antonius den Osten –, ein Dichter verlauten lassen kann, daß einer der Väter den ganzen Erdkreis befrieden, das heißt den andern ausschalten wird, und sein Sohn ihn wie ein Kaiser beherrschen wird. Denn das heißt *reget* (17), ein Wort, das Cicero tunlichst vermieden hat. Anders, wenn gemeint ist, daß Gerechtigkeit und Frieden herrschen, wenn also das Kind der Friede ist. Im übrigen wird man nicht verkennen, daß die Bewegung in den letzten drei Versen ähnlich verläuft wie bei der ersten Gruppe.

18–45 Das Mittelstück, dem die zwei mal sieben Verse (4–10; 11–17) vorausgehen und auf das weitere zwei mal sieben Verse (46–52; 53–59) folgen, umfaßt achtundzwanzig Verse (18–45). Das Gedicht ist von höchster Ausgewogenheit und Parallelität, so gliedert sich dieses Stück in 8,11 und 9 Verse. Es bleibt also innerhalb des Ganzen genügend Spielraum für Variation in der Ausdehnung. Die drei Glieder sind jeweils zweigeteilt. Drei Stufen der allmählichen Verwirklichung der Goldenen Zeit werden drei Stufen des Heranwachsens des Kindes zum Manne zugeordnet, je mit dem Reifegrad identifiziert. Die Umschreibung dieser Reifegrade nimmt in der Verszahl ab: in der ersten Stufe sehen wir in vier Versen das Kind in der Wiege, das Jünglingsalter wird in zwei Versen angedeutet – es sind die Zeit beim grammaticus, dem höheren Lehrer, bei dem man die Heldentaten der Heroen und das geschichtliche Handeln der Väter liest, und die Lehre beim Philosophen gemeint, bei dem man lernt, was die Tugend, die Bestimmung des Menschen ist –, die dritte Stufe des Mannesalters wird mit einem einzigen Vers bezeichnet.

Dies gilt, wenn man mit R *parentum* liest, nicht *parentis* (26). Abgesehen von der Güte der aus dem 4. Jh. stammenden Handschrift ist *parentum* auch die *lectio difficilior*. Hatten sich die Interpreten einmal auf die Suche nach dem Kind begeben, was noch zu Vergils Lebzeiten begann und sich bei den Christen fortsetzte, dann war es leicht, statt *parentum parentis* zu schreiben, das Umgekehrte wäre völlig unverständlich. So fügt sich diese Auffassung zu der von *patriis virtutibus* (17).

Das andere Problem ist schwieriger. Der Vers *ipsa tibi blandos fundent cunabula flores* (23) stört den Zusammenhang. Vorher (22) wird davon gesprochen, daß die Herden die Löwen nicht fürchten, hinterher (24), daß die Giftschlangen und Giftkräuter zugrunde gehen. Das sind Anzeichen der beginnenden Goldenen Zeit, von der es hieß, daß die Verbrechen verschwänden und dadurch die Menschen von Schrecken befreit würden. Zur Goldenen Zeit gehört sicherlich nicht der Zug, daß die Wiege das Kind mit Blumen überschüttet wird. Das ist vielmehr Ausmalung der Gaben für das eben Geborene, an denen sich Erde und Wiege beteiligen. Es ist auch klar, wohin der Vers gehört, nämlich zu den Geschenken, nach 20. Dann nimmt *fundent* (23) *fundet* (20) anaphorisch auf, also in einer Stilfigur, die konstitutiv für die Ekloge ist. Und das schillernde *nec ... metuent* wird – auch dies ein Charakterzug der Ekloge, daß Angedeutetes später präzisiert wird – durch das sogleich folgende *occidet et serpens*, dahin bestimmt, daß sie darum die Löwen nicht zu fürchten brauchen, weil sie zugrunde gegangen sind. Diese Reihenfolge der Verse wurde zuerst vom Verfasser wiederhergestellt; Snell, Mountford und Rüstow schlossen sich unabhängig voneinander dem an; die Ausgabe von Marius Geymonat (CSLP 1973) übernimmt sie in den Text.

Keine Stufe des Lebensalters weist aber auch nur im mindesten darauf hin, daß es mit dem Knaben etwas Besonderes auf sich habe, daß er etwa ein gewaltiger Kriegsheld, ein Herrscher, ein Friedensfürst werden solle. Ganz anders ist das bei Catull, wo dem Sohn der Thetis und des Peleus von den Parzen sein großes Schicksal prophezeit wird.

18–20 In der ersten Stufe bringt die Erde vielmehr ihre schönsten Blüten und Gewächse zum Geschenk, *nullo cultu* (18), ohne daß man sie angebaut hätte. Wie sollte man auch. Ein Rausch von kostbaren Namen für diese Geschenke umgibt vielmehr das Wunder des Neugeborenen und läuft aus in ein wirkliches: selbst die Wiege überschüttet ihn mit freundlichen Blüten.

21–25 Entsprechend diesem Zustand des Anfangs aber heißt es von der Stufe der Goldenen

Zeit zunächst negativ, daß alles Böse verschwindet und ganz zum Schluß im Kontrast, daß überall assyrischer Balsam entstehen wird. Dies, daß so klar zwischen Geschenken und Wesensverwandlung unterschieden wird, erweist 23 entschieden als Fremdkörper. Er ist also wirklich wie 61/62 in Epode 16 in der Überlieferung offenbar sehr früh – im Autorenexemplar? – an seiner Stelle beim Abschreiben vergessen und beim Bemerken des Irrtums an späterer Stelle nachgetragen worden.

26–27 Dabei wird man nicht verkennen, daß dem kindlichen Zustand, der Freude über das Neue, die besondere Unschuld des Weltzustandes entspricht. So ist es auch in der zweiten Stufe. Der Gedanke, daß mit ihr ein hesiodisches Zeitalter, die Heroenzeit, und damit eine rückläufige Bewegung der verschiedenen Weltalter gemeint sei, ist völlig fernzuhalten. Vielmehr geht es nur um die Verwirklichung der Goldenen Zeit, und zwar um den zweiten Reifegrad. Es ist das Jünglingsalter dieser Goldenen Zeit, die in ihrer allmählichen Erstarkung erschaut wird. Die beiden Verse über den Fortschritt des Kindes betonen dabei zunächst überraschend das Schulmäßige, das Rezeptive dieses Lebensalters. Während es hier heißt, der Jüngling könne nun lesen und erkennen, was *virtus* sei, heißt es bei der dritten und letzten Stufe, das Alter, die Zeit, habe ihn zum – wirklichen – Manne gemacht, der also *virtus* besitzt. Nicht ohne Grund wird dort gesagt: *te virum fecerit* (37).

28–36 Das Wunder der Verwandlung der Zeit ist positiver und wesentlicher: Brot, Wein, Honig wird es überall geben. Freilich – und wer würde hier verkennen, daß diese Zeitstufe damit etwas jünglingshaft Heroisches hat – wenige Spuren der *prisca fraus* werden noch vorhanden sein, der alten, fast altehrwürdigen Tücke – *prisca* heißt es, nämlich der Prometheischen (31). Genannt werden Schiffahrt, Städtebau, Landbestellung, alle gefaßt als gewalttätige Eingriffe in einen unschuldigen Naturzustand (32–33). Ja auch Kriege, heroische, vom Mythos verklärte Unternehmen wie den Argonautenzug und Trojakampf mit einem zweiten Achill wird es geben (34–36). Hat Vergil geahnt, daß für die Goldene Zeit noch gekämpft werden muß? Er ist jedenfalls mit diesen Versen der Prophet von Actium geworden.

37–45 Erst die männliche Stufe bringt die volle Reife. Sie ist dadurch gekennzeichnet, daß der Zwang zur Kultur, zu jenen eben aufgeführten Verletzungen des Natürlichen nicht mehr besteht, weil die Erde alles trägt (39) – eine positive Deutung wird diese Notwendigkeit dann im ersten Buche der *Georgica* erfahren – und daß in wunderbarer Weise jede Lüge verbannt ist. Die perfekte *iustitia* und die vollendete Wahrheit, sie ist mit der *iustitia* des Mannes so verbunden wie das Heroische mit dem Jüngling. So hat es auch Horaz in der 2. und 3. Römerode gesehen. Mit einem Rausch von Farben schließt die Vision, wie sie mit der Fülle der Blumen begonnen hatte.

Das Kindliche, Jünglingshafte und Männliche ist symbolisiert im heranwachsenden Knaben und jeweils Leitmotiv für die teils konventionellen, teils eigenen Symbole der Wesenszüge der Stufen der sich verwirklichenden Goldenen Zeit. Die Idee, die Goldene Zeit in ihrer Entfaltung, historisch werdend darzustellen, nicht statisch wie Horaz, ist sonst nicht belegt, sicher also Vergils Eigentum. Mit ihr ist der Knabe und sein Heranwachsen verbunden. Seine Funktion besteht darin, eine wesentliche Entwicklung zu versinnlichen. Hier ist sie beendet, wenn der Dichter auch auf seine Geburt zurückgreift. Der Knabe ist eine Erfindung Vergils.

46–52 *Talia saecla*, solche Zeiten spinnt ab, heißt es darum auch, hätten die Parzen zu ihren Spindeln gesagt, nicht etwa, laßt einen solchen Knaben geboren werden. Damit wird wieder die Identität von der – mit dem Frieden von Brundisium beginnenden – Goldenen Zeit und dem Kind unterstrichen. Im Schicksalslauf der Welt ist der Anbruch der Goldenen Zeit unverbrüchlich bestimmt. Das Bild stammt aus Catulls Epyllion. Nicht aber ist gesagt oder läßt sich herauslesen, daß die Prophezeiung Vergils ein Par-

zenlied wiedergeben solle. Es handelt sich also um eine unterstreichende Zusammenfassung: der Dichter weiß um den unerschütterlichen Beschluß der Fata – wie in der *Aeneis*.
Und darum kann aus dieser letzten Einsicht die Aufforderung an den *puer* erwachsen, anzutreten und nicht nur einzustimmen in die Freude des Alls über das kommende Zeitalter, sondern sich von ihr bestimmen zu lassen, tätig zu werden. Wie könnte ein noch nicht Geborener tätig werden? Man hat in den nächsten beiden, zunächst besonders dunklen Versen (48–49) darum *magni honores* auf die Ämterlaufbahn bezogen, auf die großen, die kurulischen Ämter, und gemeint, der Dichter ziele visionär auf eine vierte Stufe, auf die Vollendung der Laufbahn. Aber abgesehen davon, daß diese *honores* doch in das Mannesalter, die dritte Stufe fallen, kehrt auch alles hier zum Ausgangspunkt zurück: jetzt freut sich das All über das Bevorstehende, doch nicht auf eine Zeit 40 Jahre später (mit 43 Jahren wird man *suo anno* Konsul).
Magnus ist ein Lieblingswort der 4. Ekloge – 1 *maiora*, 5 *magnus ordo*, 12 *magni menses*, 22 *magni leones*, 36 *magnus Achilles*, 48 *magnos honores*, 49 *magnum incrementum* –, siebenmal kommt es vor. Es ist wenig konkret, sicher aber nicht aus Verlegenheit gesagt: die Größe und Bedeutung des Geschehens, Gegenwart hoher Dinge wird dadurch spürbar. Dann wird man die *honores* nicht von all dem Erwarteten, angefangen mit den Geschenken der Erde, trennen können. Der Knabe soll die Ehren, die für ihn bereit sind, entgegennehmen, sie antreten wie die Ehren, die als höchste dem römischen Manne beschieden sind; denn es ist jetzt Zeit – *aderit iam tempus* (48). Vergleichbar und doch nicht vergleichbar sind diese schon bei der Geburt beginnenden »Ehrungen«. Ist er doch, dieser Knabe, anderen Wesens.
Mit *cara deum suboles* (49) wird er angeredet: Abkömmling der Götter, der ihnen lieb ist, ein Zuwachs des Zeus. Nazarius in Panegyricus Konstantins (37,5) redet Konstantin an: *te vero, Constantine, Caesar incrementum maximum boni publici*. In diesem Sinne möchte man das seltene Wort in der Bedeutung einer Stärkung Juppiters, seines gerechten Waltens auf Erden ansehen. Hohle und selbst in Mythos und Sage keinen Anhalt vorweisende Schmeichelei wäre das, wenn es auf ein irdisches Wesen ginge, ebensowenig, wie die Freude des Kosmos, auf die mit anaphorischem *aspice* hingewiesen wird – ein Tanz von Himmel, Land und Meer, wie beim Erklingen des Musischen (ecl. 6) –, sich auf ein wirkliches Kind beziehen kann. Dieses Götterkind ist das Göttliche selber, das jetzt die Gegenwart durchwirken soll, der Friede, die Goldene Zeit. Das Rechte erfährt wieder seine Ehre, wie sie sie dem Pflug in den *Georgica* wieder zuteil werden soll.
Der Ton hat sich in diesen sieben Versen erhöht. Das wird nicht so sehr durch die Wahl hoher Wörter oder gewählter Konstruktionen bewirkt, sondern durch die refrainartige Metapher, Entsprechungen der Gewichte, tanzartige Ekstase, der Freude des Kosmos entsprechend.

53–59 Das setzt sich in den nächsten Versen, der letzten Siebenergruppe, fort. Vergil verknüpft das eigene Dichterschicksal mit den Taten des Knaben. Er möchte ein langes Leben haben, genauer den letzten Teil eines langen Lebens und Dichteratem genug, *tua dicere facta* (54). Nicht wie Horaz, der mit der Selbstherrlichkeit des *vates* eine Schar Gleichgesinnter zu den glücklichen Inseln führt, um Dichterruhm unbesorgt, sondern ganz in der Sorge um Vollendung befangen, sieht der Dichter eine ferne Möglichkeit, wenn er die Taten des Knaben besingen darf, am Ende seines Lebens die großen mythischen Sänger zu übertreffen und vor dem Forum Arkadiens und Pans, der von ihm kreierten Inbegriffe des Musischen, den Siegespreis zugeteilt zu erhalten.
Hier setzt das Wiegen des Gedankens, das vor allem in der 1. Ekloge sichtbar wurde, besonders stark ein, hier festlich ausschwingend in der Vorstellung, daß diese mythischen Sänger ja einen göttlichen Beistand hatten, und bei der Erinnerung an Pan, den Gott der musischen Landschaft schlechthin. Das Refrainartige, Tänzerische drückt den

Rausch der Vision möglicher eigener Vollendung aus. Kann man so das eigene Dichterschicksal, den höchsten Anspruch an ein neugeborenes Kind knüpfen, dessen spätere
Taten dem Preisenden womöglich alle Schande machen? Entsprechenden Sinn erhalten
die Verse nur, wenn Vergil seine Dichtung zwar im Zusammenhang mit einem Gegenstand sieht, aber einem höchsten, dem Preis friedlicher Taten, der Feier des Friedens
und der Gerechtigkeit der Goldenen Zeit.

60–63 Asyndetisch, ins Intime zurückfallend, kehren die vier Schlußverse zur Gegenwart,
der bevorstehenden Geburt, zurück mit der Aufforderung an das Kind zu beginnen.
Auch diese Verse sind vielumstritten, gerade weil ihre einzigartige Intimität dazu reizt,
den genauen Gehalt zu fassen. Man darf davon ausgehen, daß *parentes* (62) die einzige
Lesart ist, die in der Antike bekannt ist. Dann muß die Überlieferung *cui* im selben
Vers richtig, das *qui* des Quintilian, auf dem freilich seine Verwendung des Verses als
Beispiel der Syllepsis beruht (inst. orat. 9,3,8), falsch sein. *ridere aliquem* gibt es nicht in
der Bedeutung »jemandem zulächeln« (trotz Perret, der Plautus, Capt. 481, Cic. De
optimo g.o. 11; Petron 61,4; Statius, Silv. 3,1,151 vergleicht). Zudem lachen Neu-
geborene nicht. Ein Lachen ist aber mit *ridere* gemeint; denn es nimmt *risu* (60) auf,
und an das Erblicken des Lichtes ist gedacht, wie *incipe* zeigt.
In den beiden letzten Versen wird somit das Kind zu dem wagemutigen Schritt in die
Welt aufgefordert mit einer verlockenden Aussicht: nur wem die Eltern gelacht haben,
d. h. wer geboren wurde, kann Höchstes erlangen, Vergöttlichung wie Hercules, der des
Tisches der Götter, wie Peleus, der des Lagers der Göttin gewürdigt wurde. Nach dem
Verständnis der beiden letzten Verse hat sich das der beiden ersten zu richten. Sie be-
ginnen mit dem refrainartig in catullischer Manier dann wieder aufgenommenen *incipe,
parve puer* (natürlich ans Licht zu treten). Vergil wählt eine andere Metapher für das
Geborenwerden: *risu cognoscere matrem* (am Lachen die Mutter zu erkennen). Das
Lachen, das Glück der erlösten Mutter steht im Vordergrund und das unterstreicht die
Begründung. Die zehn Monate vor der Geburt haben ihr schwer zu schaffen gemacht.
Das Kind erkennt natürlich nichts, aber das Lachen der Mutter ist das erste, was ihm
begegnet, und so hat es ein instinktives Zugehörigkeitsgefühl.
Die vier Schlußverse fassen im Intimsten Beschwernis, Freude der Erlösung und Aus-
sicht auf traumhafte Zukunft zusammen und lassen das Gedicht mit dem Symbol der
Geburt leise zuredend ausklingen.

Properz 1,8a und b

15 Es ist schwer vorstellbar, daß nach *auferet* (14) ein richtiges *patietur* in *patiatur* geändert worden sein sollte; also muß das überlieferte *patiatur* gehalten werden. Dann ist
et in *ut* zu ändern. Es hat seine nächste Parallele in 19: Properz liebt es, eine Vorstellung mit einem konsekutiv-finalen *ut* bis in ihre Konsequenz zu verfolgen.

27 *erat* ist von allen wesentlichen Handschriften überliefert, das in der zweiten Hand von
P und δ gegebene *erit* ist eine Konjektur nach dem vermeintlichen Sinn. Es soll aber
festgestellt werden, daß der in der Vergangenheit bis in die Gegenwart reichende Zustand auch von der Gegenwart in die Zukunft dauern wird, wobei Properz das im
Umgangssprachlichen übliche, hier auf *iurata* gestützte Präsens, weil nachdrücklicher,
verwendet; *erit* würde tautologisch dasselbe besagen.
Die Frage hängt mit der Trennung der Gedichte zusammen. Es kann nicht bezweifelt
werden und ist symptomatisch für properzisches Dichten, daß Gedichte in der Überlieferung verschmolzen sind. Abrupte Neueinsätze und Umbrüche ließen solche Gebilde
aus zwei Gedichten als mögliche Einheiten erscheinen. Doch gibt es m. W. keinen Fall,
in dem die Grundsituation faktisch so verschieden wäre wie hier, daß nämlich einmal
die Geliebte bereit ist abzufahren, zum andern sich entschlossen hat zu bleiben. Das

erste Gedicht ist zudem der Grund für die Umstimmung (40), und man erwartet, daß Cynthia inzwischen dieses Gedicht zur Kenntnis genommen hat. Außerdem hat Ovid das Gedicht 1,8 in am. 2,11 und 2,12 nachgeahmt. Wenn er in am. 2,12 mit *vicimus* die Situation der zweiten Hälfte von Properz 1,8 aufnimmt, wird er das Gedicht als Gedichtpaar verstanden haben. Schließlich sind die Verse 25/26 ein triumphierender Abschluß, wie ihn Properz auch sonst liebt (1,4; 6; 12; 14; 18; 19), der seinem unerschütterlichen Glauben Ausdruck gibt, daß Cynthia trotz allem ihm gehört. Wir gehen hier also von der Voraussetzung aus, daß es sich um zwei Gedichte handelt.

Der Stil hat weder die Geschliffenheit des Horaz noch die Musikalität des Vergil noch die Erlesenheit Tibulls. Er ist vielmehr von der Leidenschaft bestimmt und dem Bemühen, ihr den stärksten Ausdruck zu geben, ja er ist eine bewußte Provokation des Poetischen. Dazu gehört die prägnante Verwendung abgebrauchter, fast zu Hilfsverben herabgesunkener Verben wie *posse* (5,6,8) oder *ire* (4,30), die Verwendung zahlreicher und genauer Konjunktionen, die Dynamisierung der Verben (z. B. *elevet* 12 oder *subsidere* 13), auch grammatische Kühnheiten wie 19; dort wird prädikativ zu einem Akkusativ des Pronomens ein Partizip im Nominativ gesetzt, der wohl vokativisch aufzufassen ist: die Vorstellung, daß sie glücklich die gefährlichen Klippen überwunden hat, macht sich selbständig.

Hierher gehört auch der Wandel der Aspekte in der Bedeutung: *fulcire* (7) heißt stopfen, stützen und wird meist für die Richtung von unten nach oben gebraucht. Properz dagegen verwendet es im umgekehrten Sinne: Cynthia stampft den schartigen Schnee, der festgefroren ist, was seinerseits mit einem prägnant verwendeten, aber sonst schon abgeblaßten *positas* ausgedrückt wird.

Zum Schluß kommt nach einem prosaischen *licet* (26) erlesene mythologische Gelehrsamkeit ins Spiel: *oris Hylleis* ist eine kostbare Umschreibung der Grenze von Illyrien. Hyllos ist (nach Apollonios von Rhodos) der Sohn des Herakles und der Flußnymphe Melite aus dem Phäakenlande. Er verläßt seine Heimat, läßt sich mit einer Schar Phäaken, den Hylleern, an der Küste von Illyrien nieder und fällt im Kampf mit den Mentores. Atraciis ist noch schwieriger zu deuten. *Atrax* ist der Name eines Lapithen, Vaters der Hippodameia, der Gattin des Peirithoos. So kann *Atracius* zu einer Bezeichnung Thessaliens werden. Properz muß, sich auf eine uns nicht mehr faßbare gelehrte Tradition stützend, den Namen auf Illyrien übertragen haben.

Vorher haben geographische Namen das Ziel der Fahrt mit dem Rivalen eindeutig genannt: Oricos (20) ist eine Hafenstadt an der Grenze von Illyrien und Epirus, die Ceraunia (19) sind gefährliche Klippen in der Nähe, die auch Horaz nennt (c. 1,3,20). Galatea, die bekannteste der Nereus-Töchter, um glückliche Fahrt zu bitten, ist nicht ungewöhnlich (Ovid, am. 2,11,34).

Tibull 1,10

Der Gedankenfortschritt wird nicht in komplizierter Periodik erzielt, sondern mit den einfachsten Konjunktionen der Anreihung oder Entgegensetzung – *et*, *atque*, *tum* oder *sed* und *at* –, mit Fragen oder konjunktionsloser Fortführung eines Begriffes. Hinzukommt aber eine Dichte und Genauigkeit der Vorstellungen, die es erlaubt, zu zwei auch heute noch umstrittenen Fragen Stellung zu nehmen.

15 ff. Die Bitte an die Laren hatte zu einer »Abschweifung« geführt. Die Laren waren in ihrer altertümlichen Schlichtheit vor Augen getreten. Sie sollen sich nicht deswegen schämen. Ist sie doch auch ein Zeichen der alten Zeit, wo man besser die *fides* hielt und wo – die *fides* ist auch für das Verhältnis zwischen Gott und Mensch entscheidend – die Götter die bescheidenen Gelübde mit der Erfüllung des Wunsches lohnten. Wenn er nun mit einem scharfen *at* seinen Wunsch an die Laren konkretisiert – *at nobis*

aerata, Lares, depellite tela (25) –, so sollte auch er, wie die Früheren, ein bescheidenes Opfer versprechen in Verbindung mit einer ebenfalls vorher geschilderten innigen Begehung. Alles steht da: *porcus* (26) und *hanc pura cum veste sequor* (27). Darum ist kaum anzunehmen, daß zwischen 25 und 26 eine Lücke klafft. Da man die Laren und die Gabe kaum als Subjekt von *depellite* zusammenfassen dürfte, wird man in 26 ein *est* oder *sit* ergänzen, bevor das betonte *hostia* auf den Imperativ antwortet, wie öfter ein mit *et* angefügter Satz: wehrt ab, und das Opfer ist dann für euch ein *porcus*. Das ist mit leichtem Humor gesagt.

45 ff. Hier wird der Friede gepriesen. Im Frieden – als Angabe eines Zustandes, so daß wohl die Auffassung als Göttin (mit Großschreibung) hier und in den vorhergehenden Fällen unmöglich ist – stehen Hacke und Pflug in Flor, die Waffen aber verkommen (50).

51 f. Schildern, wie der Bauer *e luco*, aus dem Haine der Gottheit, selber nicht ganz nüchtern, seine Familie nach Hause führt. Das *-que* bei *lucoque* ist zu weit weg, als daß es den *rusticus* anknüpfen könnte, und *e luco* ist zu knapp, als daß es ausreichte, um ein Fest anzudeuten. So dürfte ein Distichon ausgefallen sein des Inhalts, daß bisweilen das Leben des Landmannes durch ein heiteres Fest, der Gottheit zu Ehren, unterbrochen wird.

So müssen wir uns gerade umgekehrt wie Wimmel entscheiden, der nach 25 eine Lücke ansetzt, nach 50 aber alles in Ordnung glaubt.

Im übrigen ist die Sprache erlesen einfach. Die Sachen sprechen in ihrer Reinheit. Das Besondere ist die Gewähltheit der Prädikation, die teilweise kühn ist – *dira mors* (4), *corde micante* (12), *audax Cerberus* (35) –, zum andern die Vorliebe für bestimmte Vorstellungen: *priscus* und *vetus, tener, purus*. Symbolwert haben die Farben, der Gegensatz zwischen Hell und Dunkel.

Properz 1,1

Vorab ist in diesem merkwürdigen, ungleichmäßigen Gedicht hinzuweisen auf die Wörter, die teilweise aus der Sprache Catulls beziehungsweise der Liebessprache generell, wie sie etwa Gallus weitergeführt haben muß, stammen. Auffällig etwa das Deminutivum *ocellis* (1), *miser* (1) für den in Liebesleiden Gestürzten, *furor* (7) für das Rasen in der Liebe, *saevus* (10) für die abweisende Geliebte, *cura* (36) für die ethisch bestimmte Liebe, *dolor* (38) für den Liebesschmerz.

Daneben gibt es für die Elegie speziell des Properz zentrale Vorstellungen, die unkonventionell ausgedrückt werden, etwa *malum* (35) für seine *nequitia*. Die Stilhöhen und Stilbereiche wechseln aber mit den Wendungen des Gedichtes, und es ist ratsamer, sie von dem Zusammenhang her zu bestimmen als umgekehrt.

Neben scheinbar schlichten Stellen finden sich solche von erlesener Mythologie. Das gilt vor allem für die Sage von Milanion, der die in Kallimachos' drittem Hymnus erwähnte Tochter des Trojaners Jasios, Atalante, errang. Properz hält sich an die arkadische Fassung der Sage, nach der sie von dem Kentauren Hylaeus geliebt wurde, der den Rivalen Milanion verletzte, heroisch und wenig elegisch das Ganze. Möglich, daß das Beiwort ›die rasche‹, obwohl es zur Jägerin paßt, von jener Atalante stammt, die ihre Freier zum Wettlauf einlud und durch die goldenen Äpfel gewonnen wurde, die einer von ihnen fallen ließ. – Ganz erlesen besonders für römische Ohren das Beiwort *Cytaeinis* (24). Gemeint sind die Sprüche der Zauberin Medea, des Mädchens aus Kolchis. Es leitet sich ab von *Cytaea*, einer Stadt in Kolchis.

Die größte Schwierigkeit machen aber die Schritte des Gedankens oder bewegten Empfindens. Man hat versucht, sie logisch nachzuvollziehen (Stroh). Properz wende sich nach Beschreibung seiner Lage um Hilfe an Amor. Da er in seinem Falle nicht helfe, versuche er es bei den Zauberinnen und den Freunden. Am Schluß rate er diesen, bei ihrer sicheren Liebe zu bleiben und sich nicht an die äußersten Enden der Welt zu begeben, was zu veranlassen er die Freunde gebeten hatte. Das sei das *malum* (35), das vermieden werden solle, 33/34 seien eine Unterbrechung, über die zurückgegriffen werde. So logisch, so falsch. Von einer Bitte an Amor steht nichts da. So ist die Wendung an Zauberinnen und Freunde auch anders aufzufassen. Wenn aber zum Schluß (33/34) von seiner Qual gesprochen wird, so ist es unmöglich, die Wendung *hoc malum* nicht auf diese Verse zu beziehen. Die Bewegung und die Struktur des Gedichtes sind in der Verbindung mit seiner Sprache viel komplizierter und erschließen sich nur sehr behutsam. Sie müssen auch dem römischen Zeitgenossen chaotisch vorgekommen sein: Trümmer aus vielen Welten in einen neuen Strom der Bewegung und des ersten Sprechens gerissen.

Properz 1,18

Das bewegte Gedicht weist in den Zäsuren (1), der Gestaltung des Pentameterendes (4silb. Wort in 6 und 22, 3silb. in 16) und den Sperrungen einige Freiheiten auf (die sonst beliebte Sperrung *ab AB* kommt nur in 17 vor, sonst wird lediglich das Adjektiv vom Substantiv mehr oder weniger weit getrennt): der möglichst dichte Ausdruck komplizierter Seelenlage ist das Ziel, nicht der schöne Vers.

Im Sprachlichen ist die Vorliebe für dynamische Verben bemerkenswert (2 *possidet*, 14 *venerit* statt *erit*, 16 *deiectis*, 30 *cogor*, 32 *vacent*). Da die Dynamik gegenüber der Kontur und dem Profil herrscht, findet sich eine gewisse gewollte Härte und Dunkelheit, was auch zu Unsicherheiten in der Beurteilung der Überlieferung geführt hat.

1 *taciturna*, wohl in Anlehnung an Lukrezens *taciturna silentia* (4,583), ist ein Zeitadjektiv, schimmernd zwischen schweigend und verschwiegen (Leumann-Hofmann S. 222).

6 Cynthia wird wie die Muse um den Anfang des Klagens gefragt: für den Elegiker ist die *domina* die Muse seines Liedes.

8 *habere notam*, ein Mal tragen, wie es der Zensor anhängt.

9 Hier bieten die Handschriften einheitlich *carmina*. F. Leo und K. Prinz (Zu Properz 1,18, WSt 50, 1932, 105–114), denen sich M. Schuster anschließt, setzen die Lesart *crimina* in den Text, die sich, sicher als Konjektur, in späten Handschriften findet. *Crimina* würde aber nur *quid tantum merui?* rhetorisch erweitern, während Properz solches nicht kennt und hier doch nach immer neuen Gründen des *fastus* der Cynthia sucht. Da liegt aber der Gedanke an Zauberlieder immer sehr nahe (vgl. programmatisch 1,1,21 *convertite* und 24 *carminibus*). So haben wir kein Recht, von der Überlieferung abzugehen.

12 Schwurformel in genauer Logik; *limine* ist wahrscheinlich ein Dativ auf -e, der wohl auf Inschriften bis in augusteische Zeit, nicht aber bei den augusteischen Dichtern vorkommt (vgl. 1,14,5; 1,18,11; 4,8,10 und Leumann-Hofmann 563).

17 A^1 P D^3 V^2 haben *calore*, die übrigen *colore*. Nun kann *mutare calorem* soviel heißen, wie die Geliebte wechseln (1,12,17 *mutare calores*; 3,8,9 *nimirum veri dantur mihi signa caloris*). Aber im vorhergehenden Stück war die Eifersucht schon behandelt worden, hier muß etwas Neues folgen. Daß die Änderung der Farbe – nämlich zur Blässe – Zeichen der Leidenschaft ist, bezeugt wieder 1,1,22: *et facite illa meo palleat ore magis*. Schließlich müssen wie 3,8,9 die *signa* näher bestimmt sein. Das wäre nicht der Fall, wenn man *mutato calore* als Abl. abs. auffaßte »nach Änderung der Liebe«. Liest man *mutato ... colore*, werden die *signa* durch diesen Abl. instr. bestimmt. So bevorzugen wir das besser überlieferte *colore*.

18 *fides*, die Beteuerung der Treue schreit in seinem Munde: ein fast derbes Bild.

19 *si quos habet arbor amores*: Rothstein denkt, es heiße die Bäume hätten Liebe, aber wie das und zu wem? Gemeint ist in Vorausnahme der Bauminschriften doch wohl, daß die

Bäume Zeugen sind, sofern sie seine Liebesinschriften tragen. Die Buche (20) wird genannt, weil sich in ihre Rinde der Name leicht einschnitzen läßt, die Pinie (20) wird gewählt, weil sie dem Pan lieb ist. Das Einritzen des Namens der Geliebten in die Baumrinden bezeugt ein Scholion zu Aristophanes' Acharnern 144: ἴδιον ἐραστῶν ἦν τὰ τῶν ἐρωμένων ὀνόματα γράφειν ἐν τοῖς τοίχοις ἢ δένδροις ἢ φύλλοις, οὗτος ὁ δεῖνα καλός.

23 Schließlich hat noch bis in letzte Zeit (Prinz, Luck) das *ah tua quot* der späten Handschriften, das Lipsius zu *at tua quot* geändert hatte, Beifall gefunden. Wir müssen bei dem überlieferten *an tua quod* um so mehr bleiben, als uns so der Aufbau des Gedichtes klar wird. Hier jedenfalls ist ein Ausruf gänzlich fehl am Platze: will er doch alles ängstlich ertragen. So wäre eine solche Aufsässigkeit, noch durch den Ausruf unterstützt, ein Widerspruch in sich.

Die der Situation des Gedichtes zugrundeliegende Lage ist nicht leicht zu bestimmen, weil Properz sie gerade nicht aussprechen will. Was ist eigentlich geschehen? Es ist nötig, das deutlicher zu fassen, um das Ganze zu verstehen. In 23 wird von einer *iniuria* Cynthias gesprochen. Diese verbirgt sich offenbar hinter dem allgemeineren *fastus*, Verschmähen von 5. Properz empfindet dieses Verschmähtsein wie eine *nota*, einen Makel (8). Sein *dolor* würde ihn berechtigen, Cynthia viel Herbes zuzufügen. Das starke *debere* meint ein moralisches Recht (13). Schließlich ist die *iniuria* generalisierend zu den *iussa* der *domina* gerechnet, zu ihren Befehlen, die Properz grundsätzlich ohne laute Schmerzensäußerung erträgt.

Nach allem kann kein Zweifel sein, daß Cynthia Properz eines andern wegen verschmäht hat (*iniuria*), konkret gesprochen, daß sie ihm nicht Einlaß gewährte, weil sie einen andern bei sich hatte. Sucht man so konkret zu werden, versteht man, daß Properz so verhüllend spricht. Die Andeutungen lassen keine andere Wahl: Unpäßlichkeit, Streit oder was man sich ausdenken mag, rechtfertigen nicht einen so starken Ausdruck wie *iniuria* (vgl. Catull c. 72 *quod amantem iniuria talis / cogit amare magis, sed bene velle minus*).

Das führt zu einer letzten notwendigen Vorklärung. Das Gedicht steht in mannigfachen Bezügen. Außen den eben angeführten nimmt der Anfang offenbar auf 1,17,2 *desertas alloquor alcyonas* Bezug. In Verbindung mit 30 hat man dieselbe Vorstellung der Einsamkeit. Das hängt damit zusammen, daß 1,18 zu dem Paar 17/18 gehört. Beziehungen bestehen auch zu 1,12. Was 1,12,13 gesagt wurde, *nunc primum longas solus cognoscere noctes / cogor et ipse meis auribus esse gravis*, wird von 1,18,7 in der Einsamkeit ausgeführt. Der Schluß 1,12,20 wird in der Bewegung von 1,18,31 aufgenommen. Das Gedicht ist repräsentativ für die zweite Hälfte der Monobiblos und trägt die Züge der Gedichte dieses sozusagen negativen Teils.

Weiter wird man die Verse 1,18,19 ff. nicht von der Szene trennen wollen, in der Vergil in der 10. Ekloge (52 ff.) seine Liebe in die zarten Bäume einschneiden läßt, und wird vermuten dürfen, daß auch bei Gallus das Motiv vorgekommen ist. Besonders betont ist aber die Nachfolge Catulls. 1,18,9 *quae te mihi carmina mutant? an ...?* erinnert in Bewegung und Wörtern an Catulls 66,31 *quis te mutavit tantus deus? An quod amantes ...?*; 1,18,11 *sic mihi te referas* an Catulls 107,5 *ipsa refers te nobis*. 1,18,8 hat Catulls 87,4 in *amore tuo* die genaue wörtliche Entsprechung. Und 1,18,12 wäre die schlichte Beteuerung, daß keine andere sein Haus betrat, nicht so umschrieben worden: *levis ut non altera nostro limine formosos intulit illa pedes*, wenn Catull nicht in c. 68,70 das Erscheinen der Lesbia in seinem Haus so beschrieben hätte: *quo mea se molli candida diva pede intulit et trito fulgentem in limine plantam innixa arguta constituit solea*. Properz hat Catulls Doppelsatz zusammengezogen und verdichtet. Schließlich ist die wichtigste Catull-Imitation in 1,18,25 zu finden. *Omnia consuevi timidus perferre superbae / iussa* nimmt jeden Begriff von Catulls c. 68,136 auf *rara verecunde furta feremus erae*, steigert ihn und setzt ihn sprachlich so um, daß kein Wort ganz gleich ist. Doch kann an der Imitation bei der Gleichheit aller Begriffe nicht gezweifelt werden. Und sie bestimmt dann ihrerseits wieder den Inhalt des bei Properz Gesagten, das wir eben als Hintergrund zu fassen suchten.

Ovid am. 1,7

Auf die Reinheit und Eleganz des Verses sei nur hingewiesen; das zweisilbige Wort am Pentameterende ist ganz herrschend geworden. Eine besondere Eigentümlichkeit ist die, daß der Pentameter von der andern Seite ausführt, was im Hexameter gesagt war, und daß dasselbe Faktum über mehrere Distichen hin umschrieben wird. Hierin darf man mit Recht einen Einfluß der Rhetorik sehen.

1 Ovid redet von seinen Händen wie von etwas Fremdem, Eigengesetzlichem, ein Motiv, das sich bis zur Anrede und Absage an sie steigert: 25 ff. Diese Vorstellungen entwickeln Gedanken Tibulls weiter: 1,6,73 *sed venerit ipse si furor, optarim non habuisse manus* und 1,10,56 *sed victor et ipse flet sibi dementes tam valuisse manus*. Ovid übersteigert also paradox alte Motive.

4 *laesa* vgl. Tib. 1,6,29 *non ego te laesi prudens*.

5 *tunc ego ... potui* heißt nicht: damals war ich so in furor, daß ich mich gegen Eltern und Götter hätte vergehen können, sondern damals hätte ich auch – es wäre dasselbe gewesen – mich an anderen höchsten Dingen vergreifen können. Eltern und Götter sind die höchsten Maßstäbe. Lucilius formuliert im Virtusfragment (1326 ff.) *commoda praeterea patriai prima putare, deinde parentum, tertia iam postremaque nostra*. Das ist römisch. Bei Ovid sind wie bei den Griechen wieder die Götter an Stelle des Vaterlandes getreten. So ruchlos war also Ovids Tat, daß er im Stande gewesen wäre, sich am Heiligsten zu vergehen. Verstünde man »solchen furor hatte ich, daß ...«, wären die Attribute *caros* und *sanctos* bloße Beiwörter, während sie bei der vorgetragenen Auffassung Beziehungen zur *cara* und *sancta puella* haben.

7 f. Der Kommentar (Brandt) erklärt den Fortschritt des Gedankens: »Warum auch nicht? Haben doch auch Aias und Orestes ähnliches Unerhörtes begangen.« Das würde für Ovid also heroisches Recht verlangen. Dem widerspricht aber die Kritik am Mythos: *malus ultor*. Brandts Deutung ist die Folge davon, daß er das vorhergehende Verspaar nur auf die Stärke des *furor*, nicht auf die Beurteilung des Verbrechens, das in der Verletzung der *puella* liegt, bezieht. Also: wie? scheint das so unmöglich? Gibt es nicht Beispiele, wo mythischer Wahnsinn sich an Höchstes wagte? Ein Gedanke des Properz 2,8,21. Der Mythos ist Ovid in seiner ganzen Ausdehnung gegenwärtig und wird zur Steigerung, Ausmalung, Erläuterung fast wie ein Apparat benutzt. Aias wurde nach dem Urteil, das nicht ihm, sondern Odysseus die Waffen des Achill zugesprochen hatte, mit Wahnsinn geschlagen und tötete die erbeuteten Viehherden im Glauben, die Griechenführer zu vernichten, die für das Urteil verantwortlich waren (Sophokles, Aias; Ovid, Metam. 13,1 ff.). Orest wurde bekanntlich, nachdem er den Mord an Agamemnon durch Tötung seiner Mutter Clytämnestra gerächt hatte, von den Erinnyen verfolgt und richtete die Pfeile gegen die geheimnisvoll grauenvollen Göttinnen (Euripides, Orest 260). Das erste Beispiel ist vergleichbar durch die Größe des Wahnsinns in Ovids spielerischer Steigerung, das zweite hat mehr Bezug auf *caros parentes*. Bei beiden aber ist der Gedanke des Sichrächens beherrschend. Auch Ovids so fast grotesk erhöhte Untat wird Rache – natürlich wegen Untreue – als Motiv haben. Der Grund für seine Tat wird aber im Gedicht selbst nicht genannt, nur im Mythos gespiegelt.

11 f. *Ergo* am Anfang einer Frage ist eine Mischung aus Staunen und Unwillen nach Feststellung des Tatbestandes (Horaz c. 1,24,5 *ergo Quintilium perpetuus sopor urget?*

Ovid, am. 1,4,3 *vir tuus est epulas nobis aditurus easdem ... ergo ego dilectam tantum conviva puellam aspiciam?*). Auch daraus ergibt sich, daß die Auffassung »warum auch nicht? haben doch ...« falsch sein muß: denn dann bräuchte man doch nicht zu staunen. Also der Zusammenhang: Wahnsinn hatte mich erfaßt und hat mich noch im Griff. Denn Wahnsinn ist es gewesen, der meine Hände gegen die Herrin richtete, so daß sie jetzt weint. Das war so unmenschlich, wie wenn ich Eltern oder Götter angerührt hätte. Und hat man nicht Beispiele, wie Wahnsinn zu so unvorstellbaren Taten führen kann? Also, ich habe das tatsächlich getan? Von der Handlung selbst wird aber überraschend ein spezieller Zug herausgegriffen. »Ich habe das wohlgeordnete Haar in Unordnung bringen können?« *digestos:* sicher nicht proleptisch = zerzaust, sondern geordnet: Martial 3,63,3 *bellus homost flexos qui digerit ordine crines. nec.* = aber nicht (vgl. Theokrit 23,14 »aber auch so war er schön«) bringt die zweite Überraschung: der Affekt wird nicht mehr von seiner moralischen Seite, sondern plötzlich von der ästhetischen Wirkung angesehen. Das führt zu drei Beispielen mythischer Schönheit.

13–18 Solche Vergleiche bei Catull c. 68,131, die Dreizahl mit dreimaligem *qualis* bei Properz 1,3,1 ff. Schoeneida, Tochter des Schoenus oder aus Schoenus in Arkadien ist Atalante, Cressa ist Ariadne; ihre Verlassenheit wurde von Catull in c. 64 dargestellt. Cassandra, die mit der Gabe der Weissagung geschlagene Seherin, wurde von Aias bei der Eroberung Trojas verfolgt und suchte im Tempel der Athena Schutz. Der Vergleichspunkt von ausgefallener Gesuchtheit ist die Schönheit des aufgelösten Haares bei Atalante als der Jägerin, bei Ariadne in ihrer Verlassenheit, bei Cassandra als Priesterin mit losem, allerdings durch die Binde gehaltenem Haar. Die Korrektur dieses Details zeigt den überlegenen Humor Ovids selbst bei der ernstesten Sache.

19 f. *barbarus = inhumanus* seit Cicero.

27 f. Das tibullische Motiv wird durch das rhetorische Mittel der Prosopopoiie ins Emotionale und Dramatische gesteigert.

29 f. Komplizierte juristische Periodik. Statt *an, cum* (advers.), *si pulsassem ..., plecterer, in dominam ius mihi maius erit*, wird die Parataxe gewählt. Juristisches und Institutionelles ist ein Charakterzug römischer Poesie. Hier wird mit dem Begriff der *domina* gespielt, der seiner elegischen Herkunft entkleidet und im juristischen Sinne dem bloßen Vollbürger, Quiriten, entgegengestellt wird. Gegen den *dominus* besteht natürlich kein Rechtsanspruch (*ius*, vgl. am. 1,1,5). Verstand sich bei Catull am Anfang der neue Bereich der Liebe aus den Begriffen der römischen Gemeinschaft – *foedus, iniuria, servitium, domina, bene velle, amicitia* –, so wird jetzt der erworbene Besitz mit der Realität spielerisch verglichen, aus der die Begriffe der Liebessprache entstanden (Reitzenstein).

31 f. Zu *monimenta* vgl. Catull c. 11,10 *Caesaris ... monimenta magni.* In Ilias 5,330 ff. verletzt Diomedes Aphrodite. Die Gleichsetzung des Frevels ist möglich, weil seit Catull c. 68,70 *mea diva* die Göttin des Dichters ist. Und dabei kann dem Motiv noch eine Steigerung abgewonnen werden. Ovids Tat war schlimmer als die des Diomedes, richtete sich doch jener gegen einen Feind, Ovid gegen das geliebte Wesen.

34–48 Der Gedanke des Krieges leitet über zum Bild des Triumphes. Wieder »institutionelle« Phantasie (Williams). Triumph des Cupido in am. 1,2,23; vgl. Prop. 3,1,9 ff. Der klägliche Triumph über ein schwaches Mädchen, mit allem Sarkasmus bedacht, leitet über zu den anderen Möglichkeiten der Betätigung des Zornes. Da der Gegensatz des spielerischen Liebeskampfes durch das Ereignis verscherzt ist, erwägt Ovid die anderen Möglichkeiten, die doch auch ausgereicht hätten: *inclamare, intonare, tunicam deducere.* Sie sind die spielerische Umgestaltung von Tibull 1,10,59 ff. (vor allem *sit satis e membris tenuem rescindere vestem*; der nächste Vers *sit satis ornatus dissoluisse comae* ist dadurch verdrängt, daß er die Tat (11) auf dieses Delikt zusammenzog.

49 Mit *at* kehrt der Dichter wie der Elegiker so häufig vom Spiel seiner Vorstellungen zur Situation zurück. Vgl. Tibull 1,2,89; 1,3,83 u. a.

51 Die Ausmalung der Situation, zu der man wieder zurückgekehrt ist, hat ein gegensätzliches Pendant in *am.* 2,5,45 ff.

52 Vergleich mit parischem Marmor seit Pindar, Nem. 4,81; Theokr. 6,37; Horaz c. 1,19,6
geläufig.

54 Drei Vergleiche, eingeleitet mit *ut cum – ut – ve* sind das ornamentale Gegenstück zu
12 ff., hier der elementaren Natur entnommen.

58 *abiectus* (vgl. ars am. 2,232; tr. 3,10,13; Her. 7,1) bezeichnet, während das Wort sonst
nur übertragen gebraucht wird, den beiseite geworfenen Schneehaufen, ein Vergleich
von Ovidischer Anschaulichkeit.

59–62 Die Wirkung der Folgen seiner Tat auf Ovid muß bei der Interpretation eine besondere Rolle spielen. Er hat die Tibullische Mahnung 2,4,52 *illius est nobis lege colen-
dus amor* nicht befolgt, sondern gewagt, was Tibull 1,10,59 verdammte: *a lapis est
ferrumque, suam quicumque puellam verberat; e caelo deripit ille deos.*

60 Ähnliches Miterleiden fremder Wunde am eigenen Körper bei Vergil, Aen. 10,849
*morte tua vivens? heu, nunc misero mihi demum / exitium infelix, nunc alte volnus
adactum.*

61 *ter tamen* ist schwierig, Bornecque liest *tandem*, Kenney hält die Stelle für unverstanden. *Tamen* ist in klassischer Zeit immer adversativ, freilich wird oft der Gegensatz ergänzt (Leumann-Hofmann 671 f.). Vgl. Properz 2,5,5 ff., wo ein Zwischengedanke zu
ergänzen ist: obwohl so verlassen, werde ich finden. Bei Ovid nicht zeitlich steigernd;
denn Schuldgefühl und bittfällige Geste sind gleichzeitig (gegen Bornecque), sondern
»schuldig fühlte ich mich – aber ich wollte doch wenigstens...« Man hat hier einen
Übergang zu dem anreihenden *tamen* der späteren Latinität.

Literaturverzeichnis

Die Literatur zu einem so weit gespannten Gebiet wie der römischen Lyrik ist unendlich. Das ist natürlich nicht im Wortsinn gemeint, aber doch in dem, daß es eines eigenen Buches wie etwa Leemanns Sallust-Bibliographie bedürfte, um dieser Aufgabe gerecht zu werden. Sie wäre fast eine Lebensarbeit. Besser und im Rahmen des Möglichen, vor allem hier Nützlichen schien es zu sein, repräsentative Werke zu den einzelnen Kapiteln zu nennen, die den letzten Stand darstellen und von denen aus speziellere Literatur aufgespürt werden kann. Es werden dabei – ein weiterer Gesichtspunkt – alle im Text genannten Arbeiten in alphabetischer Reihenfolge in dem Kapitel, in dem sie zuerst vorkommen, zitiert.

Voraus sei bemerkt, daß das Buch den Arbeiten Friedrich Klingners besonders viel verdankt. Er scheint mir das Wesen der römischen Dichtung am reinsten erfaßt zu haben. Im angelsächsischen Bereich möchte ich weniger die Arbeiten von K. Quinn zu Catull als die von E. Fraenkel zu Horaz und von G. Williams über Tradition und Struktur der römischen Dichtung aufführen, die zur Auseinandersetzung aufgefordert haben. Im Italienischen ist rastlos auf dem Gebiet der vorneoterischen Lyrik, Catulls und der Elegie L. Alfonsi tätig. Und mit methodischer Klarheit und Vollständigkeit hat in Frankreich J. P. Boucher Properz ein wichtiges Buch gewidmet. Alle gehen eigene Wege, alle sind von der großen Bedeutung der römischen Dichtung und ihrer Originalität überzeugt.

Die einschlägigen Arbeiten des Verfassers sind leicht nachzuweisen in W. Wimmel, Der Philologe Karl Büchner, Marburg (Lahn) 1975, mit vollständiger Bibliographie.

Nicht wieder genannt werden die Titel, die in vorhergehenden Kapiteln angeführt sind, ferner solche, die in einem zitierten Werk bei Einzelstellen vermerkt sind.

Einleitung

L. Alfonsi, Poetae novi. Storia di un movimento poetico, Mailand 1945.

K. Büchner, Römische Literaturgeschichte, Stuttgart ⁴1970.

K. Büchner, Humanitas Romana, Studien über Werk und Wesen der Römer, Heidelberg 1957.

E. Burck, Die Rolle des Dichters und der Gesellschaft in der augusteischen Dichtung, in: Antike und Abendland 21 (1975) 12–35.

H. Friedrich, Die Struktur der modernen Lyrik, erw. Neuausg., Reinbek bei Hamburg 1967.

F.-R. Hausmann, Grf. E. v. Mandelsloh und H. Staub (Hrsg.), Französische Poetiken, T. 1, Stuttgart 1975. (Reclams Universal-Bibliothek Nr. 9789 [4].)

E. Howald, Das Wesen der lateinischen Dichtung, Erlenbach bei Zürich 1948.

W. Kayser, Das sprachliche Kunstwerk, Bern 1961 (München ¹⁶1973).

F. Klingner, Studien zur griechischen und römischen Literatur, Stuttgart 1964.

A. Körte, Die hellenistische Dichtung, Stuttgart ²1960 (erneuert von P. Händel).

M. Kommerell, Gedanken über Gedichte, Frankfurt a. M. ²1956.

G. Pfohl (Hrsg.), Das Epigramm, Darmstadt 1969.

A. Reiff, Interpretatio, imitatio, aemulatio, Diss. Köln 1959.

O. Ribbeck, Geschichte der römischen Dichtung, 3 Bde., Stuttgart 1887–92.

W. Suerbaum, Untersuchungen zur Selbstdarstellung älterer römischer Dichter, Livius Andronicus, Naevius, Ennius, Hildesheim 1968.

E. Staiger, Grundbegriffe der Poetik, Zürich ⁵1956.

J. Tar, Über die Anfänge der römischen Lyrik, Szeged 1975.

U. v. Wilamowitz-Moellendorff, Hellenistische Dichtung in der Zeit des Kallimachos, 2 Bde., Berlin 1924.

L. P. Wilkinson, Ancient Literature and Modern Literary Criticism, in: Proceeding of the classical Association 69 (1972) 13–26.

G. Williams, Tradition and Originality in Roman Poetry, Oxford 1968.

1 *Catull*

B. Axelson, Unpoetische Wörter, Lund 1945.

E. Benoist, Gaius Valerius Catullus, lat. und frz., T. 1.2, Paris 1882–90.

K. Büchner, Vom Wesen römischer Lyrik, in: Der altsprachliche Unterricht 2 (1951) 3–17.

K. Büchner u. J. B. Hofmann, Lateinische Literatur und Sprache in der Forschung seit 1937, Bern 1951.

B. Coppel, Das Alliusgedicht, Heidelberg 1973 [mit ausführlichen Literaturangaben].

C. J. Fordyce, Catullus. A commentary, Oxford 1961.

J. Granarolo, L'œuvre de Catulle. Aspects religieux, éthique et stylistiques, Paris 1967.

G. Herrlinger, Totenklage um Tiere in der antiken Dichtung, Stuttgart 1930.

O. Hezel, Catull und das griechische Epigramm, Stuttgart 1932. (Tübinger Beiträge zur Altertumswissenschaft 17.)

F. Klingner, Catulls Peleus-Epos, in: Sitzungsberichte der Bayerischen Akademie der Wissenschaften, München 1956.

F. Klingner, Catull, Römische Geisteswelt, Stuttgart 1979, 218–238.

G. Lieberg, Puella divina. Die Gestalt der göttlichen Geliebten bei Catull im Zusammenhang der antiken Dichtung, Amsterdam 1962.

V. Pöschl (Hrsg.), Catull, Heidelberg 1960. (Heidelberger Texte 31.)

K. Quinn, Catullus. An Interpretation, London 1972.

K. Quinn, Approaches to Catullus, Cambridge 1972.

K. Quinn, The Catullan Revolution, Melbourne 1959 (Cambridge ²1969).

R. Reitzenstein, Zur Sprache der lateinischen Erotik, in: Sitzungsberichte der Heidelberger Akademie der Wissenschaften, Heidelberg 1912.

I. Schnelle, Untersuchungen zu Catulls dichterischer Form, in: Philologus Suppl. 25 (1933).

F. Skutsch, Zum 68. Gedicht Catulls, in: Rheinisches Museum 47 (1892) 138–151. Auch in: F. S., Kleine Schriften, 46–58.

J. Svennung, Catulls Bildersprache, Uppsala 1945.

F. Tietze, Catulls 51. Gedicht, in: Rheinisches Museum 88 (1939) 346–367. Dazu und zu Bickel Rheinisches Museum 89 (1940) 194–215; Büchner-Hofmann, a.a.O., 34.

H. Tränkle, Ausdrucksfülle bei Catull, in: Philologus 111 (1967) 198–211.

A. Traglia, Poetae novi, Rom 1962.

O. Weinreich, Catull, lat. und dt., übertr., eingel. und hrsg. von O. W., Zürich 1969.

Th. Wilder, Die Iden des März, Hamburg 1953.

2 *Gallus und die Elegie*

B. Axelson, Lygdamus und Ovid, in: Eranos 58 (1960) 92–111; 281–297.

E. Bréguet, Le roman de Sulpicia, Genf 1946.

K. Büchner, Solons Musengedicht, in: Hermes 87 (1959) 163. Auch in: K. B., Studien 7, Wiesbaden 1968.

L. Castiglioni, L'elegia romana da Cornelio Gallo a Properzio, Milano 1955.

J. Dalfen, Zeus, die Hoffnung und die Klugheit der Menschen, in: Dialog 7, München 1974, 22–43.

Th. Haecker, Vergil, Vater des Abendlandes, Leipzig 1938 (München 1948; Fischer Bücherei 1958).

F. Jacoby, Zur Entstehung der römischen Elegie, in: Rheinisches Museum 60 (1905) 38–105.

F. Leo, Elegie und Komödie, in: Rheinisches Museum 55 (1900) 604–611.

G. Luck, Die römische Liebeselegie, Heidelberg 1961.

J. U. Powell, Collectanea Alexandrina, Oxford 1925.

F. Skutsch, Aus Vergils Frühzeit, Leipzig 1901. 18.

W. Stroh, Die römische Liebeselegie als werbende Dichtung, Amsterdam 1971.

U. v. Wilamowitz-Moellendorff, Griechische Verskunst, Berlin 1921.

3 Horaz

L. Amundsen, The ›Roman Odes‹ of Horace, in: Serta Eitremiana, Oslo 1942, 1–24.

C. Becker, Das Spätwerk des Horaz, Göttingen 1963.

K. Büchner, Horaz. Studien zur römischen Literatur, Bd. 8, Wiesbaden 1970.

N. E. Collinge, The Structure of Horace's Odes, London 1961.

E. Fraenkel, Horace, Oxford 1957.

E. Fraenkel, Das Pindargedicht des Horaz, in: Sitzungsberichte der Heidelberger Akademie der Wissenschaften, Heidelberg 1932.

H. Fuchs, Zu einigen Aussagen des Horaz, in: Westöstliche Abhandlungen, Festschrift für R. Tschudi, Wiesbaden 1954, 39–53.

F. Heinimann, Die Einheit der horazischen Ode, in: Museum Helveticum 9 (1952) 193–203.

R. Heinze, Der Zyklus der Römeroden, in: Neue Jahrbücher für Antike und deutsche Bildung 5 (1929) 675–687. Auch in: Vom Geist des Römertums, Darmstadt [3]1960, 190 bis 204.

J. G. Herder, Briefe über das Lesen des Horaz, an einen jungen Freund, in: J. G. H., Sämtliche Werke, hrsg. von B. Suphan, Bd. 24, Berlin 1886, 199–222.

H. Kleinknecht, Die Gebetsparodie in der Antike, in: Tübinger Beiträge zur Altertumswissenschaft 28, Stuttgart u. Berlin 1937.

F. Klingner, Horazische und moderne Lyrik, in: Die Antike 6 (1930) 65–84.

F. Klingner, Ohnmacht und Macht des musischen Menschen (2,13), in: Festschrift für O. Regenbogen, Heidelberg 1952, 119–126.

F. Klingner, Horazens Römeroden, in: Varia Variorum, Festschrift für K. Reinhardt, Münster u. Köln 1952, 118.

B. Kytzler, Nachwort zu: Horaz, Oden und Epoden, Stuttgart 1978, [2]1981. (Reclams Universal-Bibliothek Nr. 9905 [4]).

F. Leo, De Horatio et Archilocho, Programmata Göttingen 1900, in: F. L., Kleine Schriften, 2, 139–157.

G. E. Lessing, Rettungen des Horaz, in: G. E. L., Sämtliche Schriften, hrsg. von K. Lachmann, 3. Aufl. bes. von F. Muncker, Bd. 5, Stuttgart 1890, 273–309.

C. Morgenstern, Horatius travestitus, München 1961, 18.

R. Newald, Deutscher Horaz in fünf Jahrhunderten, Berlin 1933.

F. Nietzsche, Was ich den Alten verdanke, Abschn. 1, in: F. N., Götzendämmerung, Werke in drei Bänden, hrsg. von K. Schlechta, Bd. 2, München [6]1969, 1027.

E. Norden, Agnostos Theos, Leipzig 1913.

H. Oppermann, Zum Aufbau der Römeroden, in: Gymnasium 66 (1959) 204–217.

H. Oppermann (Hrsg.), Wege zu Horaz, Darmstadt 1972.

G. Pasquali, Orazio lirico, Florenz 1920.

V. Pöschl, Horazische Lyrik, Interpretationen, Heidelberg 1970.

V. Pöschl, Die große Maecenasode des Horaz, in: Sitzungsberichte der Heidelberger Akademie der Wissenschaften, Heidelberg 1961.

G. Reincke, De tripartita carminum Horatianorum structura, Diss. Berlin 1929.

E. Schäfer, Nachwort zu: Horaz, Ars poetica, Stuttgart 1972. (Reclams Universal-Bibliothek Nr. 9421.)

E. Schäfer, Deutscher Horaz, Wiesbaden 1976.

R. A. Schröder, Horaz, Gesammelte Werke, Bd. 5, Berlin u. Frankfurt a. M. 1952.

O. Seel, Freiheit und Bindung des Dichters, in: Dialog 7, München 1974, 72–101.

H. P. Syndikus, Die Lyrik des Horaz, Darmstadt 1972/73.

W. Theiler, Das Musengedicht des Horaz, in: Schriften der Königsberger Gelehrten Gesellschaft 12, H. 4 (1935).

W. Wili, Horaz und die augusteische Kultur, Basel 1948, ²1965.

L. P. Wilkinson, Golden Latin Artistry, Cambridge 1963.

L. P. Wilkinson, Horace and his Lyric Poetry, Cambridge ³1968.

4 Vergil

H. Bardon und R. Verdière (Hrsg.), Vergiliana, Recherches sur Virgile, Leiden 1971.

E. Bethe, Vergilstudien 2, in: Rheinisches Museum 47 (1892) 577–596.

Th. Birt, Jugendverse und Heimatpoesie Vergils, Leipzig 1910.

A. v. Blumenthal, Theokritos, in: Paulys Realencyclopädie der classischen Altertumswissenschaft, Bd. 5 A 2, Stuttgart 1934, Sp. 2001–2025.

K. Büchner, P. Vergilius Maro, in: Paulys Realencyclopädie der classischen Altertumswissenschaft, Bd. 8 A, Stuttgart 1955–58, Sp. 1021–1486. [Sonderabdruck 1955.]

K. Büchner, Vergil, Ecl. 4,23, Leipzig 1937. [Privatdruck.]

E. R. Curtius, Europäische Literatur und lateinisches Mittelalter, Bern 1948, 195.

M. Geymonat (Hrsg.), P. Vergili Maronis opera, Paravia, Turin 1973.

J. und M. Götte (Hrsg.), Vergil, Landleben. Bucolica, Georgica, Catalepton, München 1970 [K. Bayer, Vergil-Viten und erschöpfendes Literaturverzeichnis 842–876; 333 Titel].

G. Jachmann, Die dichterische Technik in Vergils Bukolica, in: Neue Jahrbücher für das klassische Altertum 49 (1922) 101.

F. Klingner, Virgil, Zürich u. Stuttgart 1967.

J. F. Mountford und A. Y. Campbell, Ecl. 4,23, in: Classical Review 52 (1938) 54–56.

E. Norden, P. Vergilius Maro Aeneis Buch VI, Darmstadt ⁴1957.

V. Pöschl, Die Hirtendichtung Virgils, Heidelberg 1964.

H. Reynen, Ewiger Frühling und goldene Zeit. Zum Mythos des Goldenen Zeitalters bei Ovid und Virgil, in: Gymnasium 72 (1965) 415–433.

B. Snell, Die 16. Epode von Horaz und Vergils 4. Ekloge, in: Hermes 73 (1938) 237–242.

W. Wimmel, Eine Besonderheit der Reihung in augusteischen Gedichten, in: Hermes 82 (1954) 199–230.

5 Die Elegiker

M. v. Albrecht, Die Parenthese in Ovids Metamorphosen und ihre dichterische Funktion, Würzburg 1963.

J. André (Hrsg.), Albius Tibullus, Elegiarum liber primus, Paris 1965.

Atti del Convegno Internazionale Ovidiano Sulmona 1958, 2 Bde., Rom 1959.

B. Axelson, Die Synonyme ›adulescens‹ und ›iuvenis‹, in: Mélanges Marouzeau, Paris 1948, 7–17.

C. Barth, Ausgabe von Statius' Thebais 1664 (Komm.).

J. P. Boucher, Études sur Properce: Problèmes d'inspiration et d'art, Paris 1965.

E. Burck, Römische Wesenszüge der augusteischen Liebeselegie, in: Hermes 80 (1952) 163 bis 200.

S. Döpp, Virgilischer Einfluß im Werk Ovids, Diss. München 1968.

H. Fraenkel, Ovid. A Poet between Two Worlds, Berkeley, Calif., 1945 (Sother Classical Lectures 18.)

H. Fuchs, Über griechischen und römischen Friedensgedanken in Rückschau und Ausblick im Arbeitsbereich der lateinischen Philologie, Basel 1948.

R. Heinze, Ovids elegische Erzählung [1919], in: E. Burck (Hrsg.), Vom Geist des Römertums, Darmstadt ³1960, 308–403.

K. Hennemann, Tibulls religiöse Dichtkunst, Diss. Freiburg i. Br. 1971.

H. G. Hölsken, Beobachtungen zur Landschaftsgestaltung römischer Dichter, Diss. Freiburg i. Br., 1959.

A. E. Housman, Emendationes Propertianae, in: Journal of Philology 16 (1888) 1–35.

M. Ites, De Properti elegiis inter se conexis, Diss. Göttingen 1908.

E. J. Kenney (Hrsg.), P. Ovidi Nasonis amores, medicamina faciei femineae, ars amatoria, remedia amoris, Oxford 1961.

U. Knoche, Tibulls früheste Liebeselegie? Navicula Chiloniensis, Kiel 1956, 173.

W. Kraus, P. Ovidius Naso, in: Paulys Realencyclopädie der classischen Altertumswissenschaft, Bd. 18,2,1, Stuttgart 1942, Sp. 1910 ff.

E. Lefèvre, Propertius Ludibundus, Heidelberg 1966.

F. W. Lenz, Die Liebeselegien, lat. und dt., Berlin 1965.

O. Mauch, Der lateinische Begriff disciplina. Eine Wortuntersuchung, Diss. Basel 1941.

L. Müller, De re metrica, Leipzig ²1894, 24.

E. Reitzenstein, Wirklichkeitsbild und Gefühlsentwicklung bei Properz, in: Philologus, Suppl. 29,2, Leipzig 1936.

E. Reitzenstein, Das neue Kunstwollen in den Amores Ovids, in: Rheinisches Museum 84 (1935) 62–88.

W. Schöne, De Propertii ratione fabulas adhibendi, Diss. Leipzig 1911.

I. Steurer, Catullzitate bei Properz, Staatsexamensarbeit Freiburg i. Br. 1964 [unveröff.].

H. Tränkle, Die Sprachkunst des Properz und die Tradition der lateinischen Dichtersprache, in: Hermes-Einzelschriften 15, Wiesbaden 1960.

J. H. Voss, Albius Tibullus und Lygdamus, Tübingen 1810.

J. van Wageningen, Tibulls sogenannte Träumereien, in: Neue Jahrbücher für das klassische Altertum 31 (1913) 350–355.

L. P. Wilkinson, Ovid Recalled, Cambridge 1955.

W. Wimmel, Der frühe Tibull, München 1968.

6 Ausklang

Ae. Baehrens, Poetae Latini minores, 5 Bde., Leipzig 1879–83; iterum rec. F. Vollmer, Bd. 1.2.5, ebd., 1910–23.

H. Bardon, La littérature latine inconnue, T. 1, Paris 1952; T. 2, ebd. 1956.

K. Büchner, Boethius, Trost der Philosophie, übers. und hrsg. von K. B., Einf. von F. Klingner, Stuttgart 1971. (Reclams Universal-Bibliothek Nr. 3154 [2].)

Epigrammata Bobiensia, detexit A. Campana, edidit F. Munari, Bd. 2, introduzione ed edizione critica a cura di F. Munari, Rom 1955.

Epigrammata Bobiensia, hrsg. von W. Speyer, Leipzig 1963.

H. Friedrich, Über die Silvae des Statius in ›Wort und Text‹, in: Festschrift für F. Schalk, Frankfurt a. M. 1963, 34–56.

U. Frings, Claudius Claudianus, Epithalamium de nuptiis Honorii Augusti, Meisenheim 1975. (Beiträge zur Klassischen Philologie 70.)

H. J. Izaac, Stace, Silves, Bd. 2, Paris 1944.

J. Kayser, Beiträge zur Geschichte und Erklärung der ältesten Kirchenhymnen, Paderborn 1881.

Sc. Mariotti, Epigrammata Bobiensia, in: Paulys Realencyclopädie der classischen Altertumswissenschaft, Suppl. – Bd. 9, Stuttgart 1962, Sp. 37–64.

G. Martin, Claudian and the ›Pervigilium Veneris‹, in: Classical Journal 30 (1935) 531 bis 543.

F. Munari, Die spätlateinische Epigrammatik, in: Philologus 102 (1958) 127–139.

A. Riese, Anthologia Latina, Bd. 1, Leipzig 1894; Bd. 2, ebd. 1906.

W. Schetter, Untersuchungen zur epischen Kunst des Statius, Wiesbaden 1960. (Klassisch-Philologische Studien 20.)

R. Schilling, La veille de Venus, Pervigilium Veneris. Texte ét. et trad. par R. S., Paris 1944.

W. Schmid, Panegyrik und Bukolik in der neronischen Epoche, in: Bonner Jahrbücher 153 (1953) 63.

W. Speyer, Naucellius und sein Kreis, in: Zetemata 21, München 1959.

F. Wolters, Ambrosiusübersetzung, Berlin 1922.

Erläuterungen

H. Bornecque, Ovide, Les amours, texte ét. et trad. par H. B., Paris ³1961.

P. Brandt, P. Ovidi Nasonis amorum libri tres, Leipzig 1911.

E. Norden, Die Geburt des Kindes, Leipzig 1924.

J. Perret, Virgile, Les Bucoliques, Paris 1961.

K. Prinz, Zu Properz I 18, in: Wiener Studien 50 (1932) 105–114.

M. Rothstein, Die Elegien des Sextus Propertius erklärt von M. R., 2 Bde., Berlin 1898.

A. Rüstow, [Anm. zu Vergils 4. Ekloge, in:] Revue de la faculté des sciences économiques de l'université d'Istanbul (1944) 224–252.

R. Syme, The Roman Revolution, Oxford 1939.

Chronologische Hinweise

753	Gründung Roms.
um 300	Appius Claudius Caecus, *Carmen de moribus.*
264–241	1. Punischer Krieg.
240	Livius Andronicus führt das erste nach griechischem Vorbild gedichtete Theaterstück auf. Jungfrauenlied (207).
201	Naevius, *Bellum Poenicum*, in Saturniern.
212–184	Komödien des Plautus, mit stark opernhaftem und lyrischem Einschlag.
239–169	Ennius. Starkes Hervortreten des Subjektiven in den *Satiren.*
218–201	2. Punischer Krieg. Rom herrscht über die westliche Mittelmeerhälfte.
166–160	Komödien des Terenz.
149–146	3. Punischer Krieg.
129	Tod des Scipio Africanus Aemilianus.
133–107	*Satiren* des Lucilius (»satura tota nostra est«).
106–43	M. Tullius Cicero. Seine Gedichte werden häufig unterschätzt.
102–44	C. Iulius Caesar.
98/97–55	Lukrez.
84–54	Catull.
54–51	Cicero, *De re publica.*
70–19	P. Vergilius Maro.
65–8	Q. Horatius Flaccus.
49–42	Bürgerkriege, erst zwischen Caesar und Pompeius, dann zwischen den Triumvirn Caesar Octavianus, Antonius und Lepidus gegen die Caesarmörder Brutus und Cassius.
64–26	C. Cornelius Gallus.
42–39	Vergil, *Eklogen.*
41	(erschlossen) Horaz, *16. Epode.*
40	Vergil, *4. Ekloge.*
40	Im Herbst Friede zwischen Caesar Octavianus und Antonius.
40–31	Horaz, *Epoden* und *Satiren.*
31	Schlacht bei Actium, Beginn des Kaisertums.
29	Triumph Octavians.
28	Einweihung des Apollotempels auf dem Palatin, erste öffentliche lateinisch-griechische Bibliothek.
27	Octavianus Augustus. Messallas Triumph (der letzte eines Privatmannes).
31–23	Horaz, *Carmina 1–3.*
29–19	Vergil, *Aeneis.*
vor 28–16	*Elegien* des Properz (etwa 47–2).
vor 27–19	*Elegien* des Tibull (etwa 50–17).
25 v. Chr. bis 17 n. Chr.	Dichtungen des Ovid (43 v. Chr.–17 n. Chr.)
17 v. Chr.	Säkularfeier; Horaz, *Carmen saeculare.*
14 n. Chr.	Tod des Augustus.
14–68	Kaiser des iulisch-claudischen Hauses.
65	Pisonische Verschwörung. Senecas und Lucans Tod.

69	Drei-Kaiser-Jahr: Galba, Otho, Vitellius.
69–96	Flavische Dynastie: Vespasian, Titus, Domitian.
	Unter Domitian P. Papinius Statius.
96–98	Nerva.
98–117	Trajan.
119–138	Hadrian. Unter ihm Florus; *Pervigilium Veneris.*
139–192	Adoptivkaiser.
193–211	Septimius Severus, darauf die Severer.
235–268	Schlimmste Wirren im Reich, Rückgang aller Kultur.
etwa 245–270	Plotin in Rom.
284–305	Diokletian.
306–337	Konstantin.
374–397	Ambrosius Bischof von Mailand.
382	Streit um den Altar der Victoria, Symmachus.
395–408	Stilicho Feldherr des Westreiches. Claudian. Kreis des Naucellius.
um 400	*Saturnalien* des Macrobius.
470	Alarich nimmt Rom ein. Augustinus beginnt *De civitate dei.*
etwa 480–524	Anicius Manlius Severinus Boethius (510 Konsul).
526	Tod Theoderichs des Großen.
529	Benedikt gründet Kloster auf dem Monte Cassino.
um 540	Cassiodor zieht sich in seine Klostergründung Vivarium zurück.

Stellenverzeichnis

(Ausführlich interpretierte und knapper behandelte Gedichte sowie kritische Stellen in Auswahl)

Alkaios
  fr. 39 (D)   103
  fr. 46 A (D)   105 f.
Ambrosius, hymn. 5   338 ff.
Arvallied (Schanz-Hosius ⁴I 19)   310
Augustinus, De vita beata 35   341
Ausonius, Parentalia   308

Boethius
  1 c. 1   326 ff.
  2 c. 1   328 ff.
  3 c. 12   330 ff.
  4 c. 6   332 ff.
  5 c. 4   336 ff.

Cato, agr. 141   311

Catull
  c. 1   24
  c. 2.   35 ff.
  c. 2,7   347
  c. 2,8   347
  c. 5   28 f.
  c. 8   38 ff.
  c. 11   40 ff.
  c. 16   20
  c. 38,7   54
  c. 43   27 f.
  c. 50   21
  c. 51   30 ff., 42
  c. 64   63 f.
  c. 68   48 ff.
  c. 68,11 u. 30   349
  c. 68,29   350
  c. 68,69   352
  c. 68,136   354 f.
  c. 68,141   356
  c. 73   15 f., N 345 f.
  c. 76   44 f.
  c. 76,10   349
  c. 76,18   349
  c. 85   16,291
  c. 93   25
  c. 105   19

Catulus
  fr. 1 (Mo)   13 f.
  fr. 2 (Mo)   14
Cicero, Somnium Scipionis   154

Domitius Marsus, Vita Tibulli   230

Euphorion, fr. 43 (Powell)   86

Florus
  PLM 4,347   313
  Riese, Anth. 87   313

Hermesianax, fr. 2,77 (D)   72
Hist. Aug. Spart. Hadrian
  25,9   312
  16,3   312 f.
Horaz
  epo. 7   101 f.
  epo. 9   103
  epo. 10   102
  epo. 11,25 ff.   100
  epo. 13   102
  epo. 15   22 f.
  epo. 15,1   87
  epo. 16   94 ff.
  epo. 16,15 f.   359
  sat. 1,6   170
  sat. 2,2,101–105   118
  sat. 2,5,62   144
  sat. 2,6   103
  sat. 2,6,58   155
  c. 1,3   222
  c. 1,6   181
  c. 1,7   116
  c. 1,14   104 ff.
  c. 1,17   126 ff., 142
  c. 1,22   122 ff.
  c. 1,28   116, 127, 143, 162
  c. 1,31   132 ff.
  c. 1,32   130 ff., 148
  c. 1,34   120 ff.
  c. 1,35   174
  c. 2,1,40   181

c. 2,2,13   13 ff., 146, 243
c. 2,7   162 ff.
c. 2,9   173
c. 2,18   114 ff., 132
c. 3,1   151 ff.
c. 3,1–6   150 ff.
c. 3,1,41–48   152 f.
c. 3,2   153 ff.
c. 3,2,13–20   154
c. 3,3   155 ff.
c. 3,3,70 ff.   156 f.
c. 3,4   138 ff., 245
c. 3,5   158 ff.
c. 3,5,15   158
c. 3,6   159 ff.
c. 3,8   135, 173
c. 3,14   180
c. 3,21   128, 164 ff.
c. 3,24   108 f.
c. 3,24,54 ff.   160
c. 3,25   142
c. 3,27,67   174
c. 3,29   168 ff.
c. 4,2   176 ff.
c. 4,8,28   146
epist. 1,7   170
epist. 1,17,35   155
epist. 1,18,111 f.   134
epist. 1,19   21 ff.
epist. 2,1,14   113
epist. 2,2   49 ff., 90

Kallinos, fr. 1 (D)   69

Lygdamus
  Tib. 3,2,3 ff.   85
  Tib. 4,57 f.   85
  Tib. 5,17   231 f.

Mimnermos, fr. 1   70

Naucellius (Epigr. Bob.)
  c. 5   235
  c. 58   326
Nossis AP 5,170   74

Ovid
  am 1,7   276 ff., 292
  am. 1,7,7 f.   373
  am. 1,7,60   280 ff.

am. 1,7,61   375
am. 1,9   282 ff., 292
am. 3,9,61   68
am. 3,11   286
trist. 1,3   296 ff.
trist. 4,10,51 ff.   68, 265

Pervigilium Veneris   313 ff.
Philodem AP 5,115   74
Pindar
  Pyth. 1   147 ff.
  Pyth. 8   147
Properz
  1,1   258 ff., 288
  1,1–20   268 ff.
  1,2,7 f.   86
  1,5,23 f.   86
  1,8   214 ff.
  1,8,15   368
  1,8,27   368 f.
  1,14,8   86
  1,18   272 ff., 283
  1,18,9   371
  1,18,17   371
  1,18,23   372
  1,21   267
  1,22   266 f.
  2,1,57 f.   86
  2,22,14   262
  2,31   265
  2,34,87   68, 85
  4,1,121–134   267 f.
  4,11   272

Quintilian
  i. o. 8,6,44   108
  i. o. 10,1,58   72
  i. o. 10,1,96   8

Sacerdos, p. 461 K = Mo S. 44   309
Sappho, fr. 2 (D)   32 f.
Serv. Aen. 10,564   321
Statius, Silv. 5,4   304 ff.
Sueton, gramm. 11   23
Sulpicia (Tib. 3,13–18 = 4,7–12)
  Tib. 3,13   234
  Tib. 3,14   235
  Tib. 3,15   235
  Tib. 3,16   236
  Tib. 3,17   236
  Tib. 3,18   237

Theokrit
  Id. 3,2–5   194
  Id. 7   192
  Id. 7,35 ff.   193
  Id. 11,42–49   194
Tibull
  1,1   240 ff.
  1,1,19   229 f.
  1,1,50   255
  1,3   238 ff., 252
  1,7,9 ff.   229
  1,10   219 ff., 244, 252, 277
  1,10,49 f.   226
  1,10,51 f.   370
  3,7   232 f.
  3,8   233
  3,9   233 f.

Valgius Rufus, fr. 2 (Mo)   27
Vergil
  ecl. 1   194 ff.

ecl. 4   204 ff.
ecl. 4,23   365
ecl. 4,26   365
ecl. 4,42 ff.   223
ecl. 4,60–63   368
ecl. 6,64 ff.   76 ff.
ecl. 9   144, 188 ff., 199
ecl. 9,50   203
ecl. 10   78 ff.
ecl. 10,46 ff.   218
georg. 3,16   161
Aen. 5,237   342
Catalept. 1   183 f.
Catalept. 5   184 ff., 307
Catalept. 8   186 f.
Versiculi popularia
  3 (Mo)   309
  5 (Mo)   309
Versus populares in Caesarem
  et similia (Mo 92) 2   309

Namen- und Sachregister

(Ohne die im Stellenverzeichnis aufgeführten Autoren und Werke)

Aeneis 150
Alkaios 103 ff., 130 ff., 137, 164
Allius 50
Amor 83, 228, 248, 258 ff., 292
Anrede 20, 25, 32, 35, 47, 104, 272, 307
Antimachos 19, 71
Apollonios von Rhodos 26, 306
Archaismus 64
Archilochos 26, 93, 164
Architektonik 31, 34, 152, 193, 209, 222, 233, 269
Artistik 16, 103, 151
Asinius Pollio 22
Assoziationen 47, 71, 222, 227, 248, 329
Augustus 92, 144, 149, 156 ff., 182, 187, 204, 213, 294
Ausdrucksweise, populare 349
Autonomie der Kultur 295

Bekenntnis 121, 174, 321
Bildungswelt 13, 15, 76, 96, 163, 188, 212, 237, 322
Bukolik 357
Bürger 315

Caesius Bassus 303
Calpurnius Siculus 303
Catullimitation 372
Claudian 324
consilium 144 ff.
Cornelius Nepos 23

desidia 286
Diatribe 112, 159, 173
Dichtersprache 10, 65, 89, 115, 205, 247, 293, 300, 338
Dichtertum 47, 119 ff., 137, 176 ff., 209 ff.
Dichtung, volkstümliche 308 ff.
domina 61, 88, 255, 277, 352
Dramatik 28, 100, 199 ff., 271
dulce 154
durus 84, 219
Dynamik 11, 26, 34, 61, 84, 98 f., 104, 109, 121 ff., 164, 209, 217, 222, 242, 248, 308

Elysium 245
Ennius 19, 26
Epigramm 15 ff., 73 ff., 184, 324
Erkenntnis 41, 61, 104, 124, 136, 160, 174, 217, 243, 264, 273, 295
Erlebnis 15 ff., 27, 55, 65, 67, 87, 93, 103, 121, 143, 148, 162 f., 182, 195, 237, 258, 271, 289, 305
Euphorion 27

fides 20, 75, 155
Form und Inhalt 16, 18 f., 175, 205, 210, 249
Formalismus 58, 93, 115, 122, 168, 171, 205
Freiheit 91, 99, 139, 154 f., 158 f., 178, 210, 212 f.
Freundschaft 16, 20, 50, 92
Frieden 90, 128, 225, 370
furor 224, 261, 354

Gebet 46, 132, 304, 309
Gedankenlyrik 329 ff.
Gedichtsammlung 23, 53, 65, 188, 231, 271, 358
Gemeinschaft 154
   religiöse 344
Gerechtigkeit 156, 364
Goethe 10, 127, 129, 136, 173, 295
Goldene Zeit 211, 223, 244, 248 f., 369 ff.

Hadrian 311
Hellenismus 14 ff., 19 f., 351
Helvius Cinna 19, 22 f.
Herder 125
Hermesianax 72
Herondas 193
Hesiod 69, 211
Homer 26
Horaz
   Glaubenswandel 105, 121
   Verhältnis zum Epikureismus 174
   zweigeteilte Gedichte 116, 170, 178
   humanitas 17
Humanität 199 ff.
Humor 374

Ich, moralisches   47, 228
Identitätsmetapher   107, 175, 178, 282
inertia   286
integritas   159
Intellektualismus   14, 16, 294, 305
Ironie   43, 121, 125, 139, 166, 189

Kallimachos   18, 26, 71 f., 247
Kausalität   120 f., 136 ff.
Klassik   42, 93, 115, 186, 188
Klientenpoesie   232
Konstantin   206
Kunst und Leben   16, 20, 22, 27, 65, 82, 92,
   104, 149, 162, 210, 229, 302

Laodamia   54, 61, 353
Leidenschaft   93, 218, 234, 264, 272
Lessing   104
Licinius Calvus   33, 311
Liebe   62, 75, 83, 218, 229, 249, 258, 271,
   277, 291 ff.
Lucilius   17

Maecenas   91, 170, 187
maior ordo   137, 157
Martial   311
Menander   71
Messalla   231
Mimik   26, 41, 97, 122, 175
Monumentalität   17, 48, 61, 119
mores   157, 161
Morgenstern   125
munera et Musarum et Veneris   50 ff., 125
Muse   19, 51, 84, 124, 143, 218
Musikalität   137, 199 ff., 248, 210
Musische, das   119 ff., 148, 175, 195
Mythos   61 ff., 64, 79, 119, 178, 249, 262,
   352, 370

Nietzsche   104

obsequium   84, 277, 282
Ordnungsgedanke   47, 90, 98, 139, 145 ff.,
   162, 186, 212, 227, 248, 321
Originalität   19, 25 f., 34, 68, 74, 84, 87,
   148, 174, 208
otium   168, 286, 346

Paradoxie   287, 300
Parenthese   226, 282

Parodie   102, 136, 166
Parthenios   73
pater patriae   113
patientia   62, 84
paupertas   114, 135, 153
Phanokles   72
Phantasie   68, 211, 289, 307
Philitas von Kos   72
pietas   20, 66, 128, 137
Pindar   26, 145 ff., 178
Plato   211, 259, 273
poeta doctus   208, 218, 266, 322
Politik und Dichtung   76, 98 ff., 112 ff.,
   144 ff.
Polybios   273
Provokation, stilistische   369
Psychologie der Liebe   283 ff., 373 ff.

ratio   81, 280, 292, 301
Realität   65, 96, 128, 139, 200, 208, 217 ff.,
   247, 257, 268, 292
Relativpronomen   352
religio   160
Religiosität   20, 47, 61, 119 ff., 143 ff., 248,
   258, 260
res publica   17, 53, 74, 157
Rhetorik   281, 294, 302, 306
rite   114, 168 f., 175
Romantik   315

Schicksal, römisches   98, 101, 119, 150, 161,
   164, 189, 195, 210
Schönheit der Dichtung   26, 32, 36, 41, 66,
   114, 123, 138, 213
Sinnfrage   55, 66, 96, 139, 154, 213, 225,
   249
Somnium Scipionis   154
somnus   307
Sondersprache   21, 50 ff., 348
Spiritualität (und Sinnlichkeit)   314
Spontaneität   26, 41, 65, 162, 178, 182, 237,
   293
Sündenbewußtsein   157, 159, 366
Superlative, elativische   233
Surrealismus   79
Symbolismus   99, 148, 194 f., 211, 225, 247,
   257, 320, 323, 338
Symbolkosmos   208, 363

Tacitus   126, 160
Theokrit   18, 26, 72, 188 ff.

Todesgedanke 55, 112 ff., 118 f., 134, 137, 159, 168, 225, 242
Transzendenz 21, 137, 259, 283
»Träumereien« (Tibull) 246
Triumph 374

Übersetzungsproblem 193
Umgangssprache 188, 262, 314, 321
unio mystica 257, 280, 283
Universalität 293
utile et honestum 106, 154

Valerius Cato (Diana) 22
Valgius Rufus 22
vates 114, 146, 162, 208 ff.

verecundia 114, 195, 355
Verfallenheit 21, 46, 61, 83, 99
Verfremdungseffekt 81, 149
Vergleich 349, 351–353
virtus 97, 154 ff., 253, 256, 283, 286
vis 146
voltus 202
Vorspann 26, 42, 153, 194, 347

Weltverständnis, polares 62, 84, 106, 219, 249, 253

Zielstrebigkeit 27, 47, 60 f., 61, 138, 152, 159, 222, 353
Zitat 83, 194